HANGIL
GREAT BOOKS
134

기적을 행하는 왕

마르크 블로크 지음 | 박용진 옮김

한길사

Marc Bloch
Les Rois thaumaturges

Translated by Park Yong-Jin

Published by Hangilsa Publishing Co., Ltd., Korea, 2015

연주창 환자를 치료하는 프랑스 왕
16세기, 왕립미술관, 토리노.

국왕은 이미 빵으로 영성체를 마치고 이제 막 성배의 포도주로 영성체를 할 참이다.
그리고 나서 환자들을 만질 것이다. 사제와 동등하게 영성체를 하고
치료의 기적을 행하는 프랑스 왕정의 빛나는 특권을 표현했다.

프랑스 왕에게 치료능력을 전하는 성 마르쿨
솜도에 있는 생리키에 수도원.

"오, 마르쿨! 연주창 환자가 당신에게서 완벽한 건강을 받는다.
당신이 프랑스 왕에게 부여한 능력 덕분에 그도 의사가 되어 연주창 환자에게
똑같은 능력을 발휘한다. 그렇게도 많은 기적으로 빛나는 당신 덕분에,
나도 건강하고 안전하게 별이 빛나는 광장으로 나아갈 수 있도다."

연주창 환자를 만지고 있는 프랑스 왕 앙리 4세
피에르 피렌스, 뷔랭 판화, 1594~1610, 국립도서관, 파리.
"주군이신 왕은 신의 살아 있는 초상이다.
그러한 이유로 나는 상기 왕의 모습을 동판에 새기는 것이 나의 의무라고 생각한다.
그것은 우리 왕에게 작동하는 신성한 능력을 찬양하고 명예를 드높이기 위한 것이다.
나는 위대한 신의 기적을 보여주려는 강렬한 열망을 가지고 있다."

기적의 궁정 행렬

로버트 화이트, 뷔랭 판화, J. Browne, *Charisma Basilikon*, 1684의 표지 그림.

영국 왕 찰스 2세가 연주창 환자를 만지고 있다.
영국 왕은 프랑스 왕과 달리 옮겨 다니지 않고 한자리에 앉아 있다.
성직자가 환자를 한 사람씩 왕 앞으로 데려왔다.

기적을 행하는 왕

마르크 블로크 지음 | 박용진 옮김

한길사

기적을 행하는 왕

제1부 기원

1 연주창 손대기의 시작

2 국왕 치료능력의 기원: 중세 초의 신성한 왕권

제2부 기적을 행하는 왕권의 번성과 변천

1 15세기 말까지의 연주창 손대기와 명성

2 영국 왕권의 두 번째 기적: 치료용 반지

3 연주창 손대기의 기원부터 르네상스까지 신성한 기적의 왕권

일러두기

- 원서는 책 한 권에 Livre 1, 2, 3으로 구분되어 있다. 그대로 번역하면 1권, 2권, 3권이 되겠지만, 번역서에서는 1부, 2부, 3부로 표기했다.
- 저자는 프랑스어 이외의 자료를 인용하는 경우, 인용문을 프랑스어로 번역해 본문에 신고 원문을 각주에 실었다. 이것을 우리말로 번역하면 본문과 각주에 같은 내용이 실리게 되므로, 각주에 있는 원문을 생략했다. 그러나 본문과 각주에 비슷한 문장이 있더라도 완전히 같지 않으면 각주의 원문을 번역했다.
- 각주에서 인용문헌을 표기하는 방법이 현재 한국 서양사학계에서 사용하는 방식과 차이가 있어서, 약간 수정했다. 대표적인 사례가 책의 판형 표기인데, 원서에는 책의 크기를 나타내는 in-4, in-12라는 표기가 있었으나, 번역서에서는 모두 생략했다.
- 지명은 현재 국가의 지명을 따랐다.
- 인명은 중세 초의 경우 라틴어로, 중세 말 이후의 경우 각국어로 표기하는 것을 원칙으로 했으나, 가독성을 위해 널리 사용되는 표기를 우선했다.
  예를 들어 샤를마뉴, 페팽의 경우 라틴어 표기(카롤루스 마그누스, 피피누스 브레비스)보다 널리 사용되는 표기를 따랐다.
- 성인의 경우 사람 이름 앞에 '성'을 붙였으나, 교회나 수도원, 도시 등 인명 이외의 경우에는 원어 발음 그대로 표기했다. 성 드니, 생드니 수도원.

기적의 역사와 기적을 믿는 역사

박용진 서울대학교 HK 연구교수·서양사학

　오랫동안 사람들은 프랑스 왕과 영국 왕이 연주창이라는 질병을 고칠 수 있다고 믿었다. 프랑스와 영국 사람들만이 아니라 이웃 나라 사람들까지도 이 왕들에게 찾아가서 연주창이라는 병을 치료하려고 했다. 뿐만 아니라 왕이 여행 중이라면 쫓아가서 치료를 받으려고 했고, 쫓겨난 왕에게 찾아가기까지 했다. 왕이 치료했다는 연주창은 오늘날의 병명으로는 결핵성 경부 임파선염으로서, 목 부위의 임파선에 염증이 생겨 부어오르는 임파선염의 일종이다. 그 증상이 목에 나타난다 하여 '경부'라는 단어가, '그 원인이 결핵균에 있으므로' '결핵성'이라는 단어가 붙는다. 왕은 이 질병을 어떻게 치료했을까? 놀랍게도 왕은 손으로 만지는 것만으로도 병을 고쳤다고 한다. 기껏해야 민간요법 보감이나 '세상의 놀라운 일에 관한 이야기들(Livre des merveilles du monde)'을 담은 기담집(奇談集)에 있을 법한 이야기가 이 책에서 다루는 소재다.

　더욱이 이런 민간요법을 소재로 이처럼 두꺼운 책을 쓴 사람이 다름 아닌 블로크(Marc Bloch, 1886~1944)라는 것도 왠지 어울리지 않는 듯이 보인다. 블로크가 누구인가? 역사가로서 훌륭한 저작을 남겼을 뿐만 아니라, 나치에 항거해 50세가 넘는 나이에도 레지스탕스로 활동하다가 붙잡혀 총살형을 당한, 실천적 지식인의 상징적 인물이 아니던가. 그의 저작 중 우리말로 번역된 것만 보더라도, 그의 역사관을 들여다볼 수 있는 『역사를 위한 변명』을 필두로 『봉건사회』, 『서양의 장원제』, 『프랑스 농촌사의 기본성격』 등 중세사회에 관한 저작을 비롯하여 제1차 세계대전을 분석한 『이상한 패배』에 이르기까지, 모두 역사상 중요한 주제를 철저하게 연구한 역사서들이다. 저서만이 아니다. 뤼시앵 페브르(Lucien Febvre)와 함께 아날학파를 창시한 인물로서 그에 대한 평전도 번역되어 있으며, 논문 또한 많다.[1] 어느 모로 보나 그가 민간요법, 어쩌면 미신이라고도 할 수 있는 이 현상에 대해 이야기한다는 것은 예외적인 일이라고 할 수 있다. 실제 이 책이 처음 출간된 1924년 이후 이 주제와 관련하여 블로크가 발표한 논문이나 저작은 거의 없다. 이러한 예외적인 성격에도 불구하고 오늘날 이 책은 심성사, 심리학적 역사학, 인류학적 역사학 등 50년이 지나서야 등장하기 시작한 역사연구 방법을 개척한 선구적 연구서로 평가받고 있다. 그러므로 우리는 이 책을 좀더 깊게 살펴볼 필요가 있다.

블로크는 이 기적의 기원, 발전과 확산 그리고 쇠퇴와 소멸을 차례로 설명했다. 간단히 말하면 왕이 손을 대서 치료하는 기적은 프랑스에서는 1000년경, 영국에서는 1100년경 시작되었다. 그러나 그것이 지속적이면서도 규칙적으로 이루어졌다는 증거는 없다. 그러다가 13세기 중반 이후 관습으로 정착된 것이 확실하다. 그리고 1500년에 들어서면서 왕의 손대기 치료는 만개했다. 프랑스의 프랑수와 1세는 1528년에는 최소 1,326명, 1630년에는 최소 1,731명을 치료했다. 이 시기에는 에스파냐에서 원정대가 조직되어 프랑스로 치료를 받으러 올 정도였고, 왕들도 해외 원정을 가서도 치료를 거행했다. 영국에서도 수많은 문헌이 이 시기가 전성기였음을 입증하고 있다. 그러나 영국에서는 1714년

---

1) 국내에 번역된 책이 많을 뿐만 아니라 책마다 블로크에 대해 소개되어 있다. 특히 블로크 평전도 나와 있으므로, 여기서 블로크에 대한 자세한 소개는 생략하겠다. 그 대신 관련 서지 사항을 다음과 같이 밝혀둔다. 저서: 고봉만 옮김, 『역사를 위한 변명』, 한길사, 2007; 한정숙 옮김, 『봉건사회』, 한길사, 2010; 이기영 옮김, 『서양의 장원제』, 까치, 2002; 이기영 옮김, 『프랑스 농촌사의 기본성격』, 나남, 2007; 김용자 옮김, 『이상한 패배』, 까치, 2002. 평전: 올리비에 뒤물랭, 류재화 옮김, 『마르크 블로크: 역사가 된 역사가』, 에코리브르, 2008. 관련 서적: 김응종, 『아날학파의 역사세계』, 아르케, 2001; 프랑수아 도스, 김복래 옮김, 『조각난 역사: 아날학파 신화에 대한 새로운 해부』, 푸른역사, 1998. 관련 논문: 성백용, 「마르크 블로크가 바라본 중세의 영국과 프랑스」, 『서양사론』, vol. 92(2007), pp.65~90; 이재원, 「마르크 블로크: 역사를 위한 삶」, 『역사와 문화』, vol. 12(2006), pp.254~282; 장클로드 슈미트, 「프랑스의 역사인류학」, 『서양중세연구』, vol. 32(2013), pp.173~206.

하노버 왕조가 시작됨으로써 더 이상 손대기 치료를 하지 않게 되었다. 프랑스에서는 이보다 늦은 1825년 샤를 10세가 마지막으로 손대기 치료를 한 뒤 사라지게 되었다.

이처럼 단순한 과정에 대해 블로크는 두 가지 관점에서 접근하고 있다. 하나는 손대기 치료라는 기적을 행하는 것 자체에 대한 것이고, 다른 하나는 기적이 어떻게 받아들여졌는가에 대한 것이다. 자크 르 고프(Jacques Le Goff)의 표현으로는 '기적의 역사'와 '기적을 믿는 역사'다.

먼저 '기적의 역사'는 손대기 치료가 어떻게 행해지며, 이 능력이 어디에 근거한 것인가, 궁극적으로는 이러한 능력과 행위가 정치적 권한에 어떤 영향을 미쳤는가 하는 것이다. 사료의 부족 때문에 어떤 방식으로 치료했는지는 알 수 없으나, 왕이 환자의 환부에 직접 손을 대고 성호를 그었을 것으로 생각된다. 성호를 그으면서 뭔가 말을 했다고 전해지는데, 16세기 이후에는 "왕이 너를 만지고, 신이 너를 치료하노라"라는 문구였음이 확실하다. 사실 어느 사회이든 병을 치료하는 주술사가 존재한다. 그리고 그 주술사가 환부를 만지며 주문을 외는 것은 당연한 것이다. 그러므로 왕이 치료하는 이 의식은 특별해 보일 것이 없다. 틀림없이 게르만 민족이동 이전, 이교도 시절에도 이러한 시술은 행해졌을 것이다. 그러나 한 가지, 성호를 긋는다는 것이 이전 시대와는 다른 점이었다. 프랑스에서는 로베르 2세 때부터, 영국에서는 처음부터 신성한 표시를 했다. 한마디로 이교적 관행에 기독교적 외형을 덧씌운 셈이었다. 즉 게르만적 요소와 기독교가 결합하여 중세사회가 탄생하는 과정의 일단을 보여주고 있다.

그렇다면 프랑스 왕이 환자를 치료하는 능력은 어디에서 오는가? 프랑스 왕은 랭스에서 대관식을 한다. 엄격하게 말하면 관을 쓰는 것도 중요하지만 그보다 더 중요한 것은 랭스 대주교가 해주는 도유식이다. 사실 도유식 자체보다는 도유식에 사용되는 기름, 즉 향유(香油)가 기적의 원천이라고 할 수 있다. 전설에 따르면 일찍이 클로비스(Clovis)가 랭스에서 세례를 받을 때, 성령이 비둘기 모습을 하고 하늘에서 내려왔다. 이 비둘기는 성스러운 향유가 담긴 유리병을 가지고 내려왔다. 그러므로 기름이야말로 '초자연적'인 것이며 하늘에서 직접 내려온 것이다. 이 기름으로 도유를 받아야 기적의 능력을 얻게 된다.[2] 그러나 이 성스러운 유리병 전설이 사실이라고 믿을 수는 없다. 이 전설은 아마도 카롤링 왕조시대, 구체적으로 말하면 페팽이 왕위를 찬탈한 이후 생겼을 것이다. 페팽으로서는 이러한 찬탈을 종교적 권위로 채색할 필요를 느꼈던 것이다. 그리하여 페팽은 "신이 우리를 도유에 의해 왕위에 오르도록 만들었음이 명백하다"라고 말했다. 그렇다면 클로비스가 받은 도유식은 무엇이었을까? 이미 갈리아 지방의 기독교에서는 전례에 따라 예비신도에게 도유를 해주는 관행이 있었다. 그러므로 클로비스가 받은 도유식은 다른 사람도 받는 것이었던 셈이다. 그런데 페팽은 이러한 도유식에 전설을 덧붙여 왕권에 신성한 성격을 부여했다. 신은 사제에게만 도유를 해주는데, 왕 역시 교황에게서 도유를 받으므로, 왕이 사제의 성격을 갖게 된다고 주장했다. 한마디로 왕은 절반은 사제라는 것이다.

여기에 두 번째 의례가 결합되었다. 800년 12월 25일 성 베드로 성당에서 교황 레오 3세는 샤를마뉴가 황제라고 선언하면서 머리에 대관을 해주었다. 이 왕관은 틀림없이 비잔티움 황제의 것과 마찬가지로 금으로 장식되었을 것이다. 콘스탄티누스와 그의 후계자들이 과거에 사용했던 진주와 보석으로 장식된, 천으로 된 머리띠가 있는 왕관이었을 것이다. 즉 대관은 로마적 기원을 가지고 있다. 816년 처음으로 랭스에서 샤를마뉴의 아들인 경건왕 루이가 황제 이름으로 교황 스테파누스 4세로부터 왕관을 받고 축성받은 기름으로 도유를 받았다. 그 이후 이 두 행위는 거의 불가분한 것이 되었다. 요컨대 샤를마뉴와 그 후손은 도유와 대관을 핵심으로 하는 축성식을 거쳐 황제이면서 동시에 사제인 존재가 되었다.

도유와 대관은 왜 필요했을까? 게르만족의 왕들은 신성함을 가지고 있어서, 이러저러한 초자연적 능력을 지니고 있었다. 그런데 기독교가 전파되면서, 이러한 신성함은 사제에게만 부여되는 것으로 변했다. 따라서 과거 로마제국의

---

[2] 그리하여 초상화에서 프랑스 왕은 항상 손에 장갑을 끼고 있는데, 이는 손에 있는 성스러운 기름이 다른 곳에 묻지 않도록 하기 위해서다.

서쪽에서는 정치적 지배자가 종교의 지배자는 아니었다. 이와 달리 비잔티움 제국의 황제는 사제장(Pontifex)을 겸했으므로 정치의 지배자임과 동시에 종교의 지배자였다. 샤를마뉴가 진정 서로마제국 황제가 되려 한다면, 비잔티움 제국 황제가 하는 것과 똑같이 사제로서의 성격도 가지고 있어야 했고, 그와 똑같은 왕관도 가지고 있어야 했다. 그런데 비잔티움제국에는 도유라는 '우스꽝스러운 행위'가 없었다. 도유는 기독교화된 프랑크족의 관습이었다. 그러므로 도유와 대관은 국왕에게 신성한 성격을 부여하는 의식으로서, 각각 기독교적 요소와 로마적 요소를 상징했다. 이 두 가지 요소가 프랑크왕국에서 결합된 것이다.

왕권이 자신에게 유리하도록 이용한 것은 기독교나 로마 황제에게 속하는 것에 한정되지 않았다. 왕권은 민간 속설과도 결합했다. 대표적인 것이 성 마르쿨과 관련된 전설이다. 코르베니라는 곳에서 성 마르쿨이 숭배되었는데, 이 성인은 연주창을 치료하는 성인으로 알려져 있었다. 성 마르쿨이 그러한 능력을 갖게 된 것은 말장난에서 비롯했다. 마르쿨(Marcoul)이라는 이름을 'mar' 와 'coul'로 분리해, 'mar'는 질병을 뜻하는 'mal'과 같은 것으로 보고, 'coul'은 맨 마지막 자음인 'l'의 발음이 약하게 나므로 '목'을 뜻하는 'cou'로 간주했다. 그리하여 마르쿨은 '목에 생기는 질병'을 잘 치료하는 성인이 된 것이다. 유래야 어찌되었든, 13세기부터 왕은 랭스에서 축성식이 끝나면 돌아오는 길에 코르베니에 들러서 성 마르쿨에게 예배를 드림으로써 연주창 치료능력을 전달받았다. 물론 왕은 이미 연주창을 치료하고 있었지만, "하느님이 특별히 연주창 치료능력을 부여해주었다고 생각되는 성인에게 예배를 드림으로써 그 이전보다 더 탁월한 치료능력이 자신에게 부여될 것이라고 믿었던 것"이다.

성 마르쿨의 전설과 더불어 일곱 형제 중 막내아들이 특별한 능력, 특히 질병 치료능력을 가진다는 민간의 속설은 성 마르쿨의 치료능력과 왕의 기적을 선전하는 역할을 했다. 이 일곱째 아들들은 성 마르쿨에게 예배드림으로써 치료능력을 부여받았는데, 이때 국왕이 하는 것을 그대로 모방했기 때문이다. 게다가 이들은 태어날 때부터 치료능력이 있음을 나타내는 일종의 표시가 있었는데, 대개 그 표시는 백합인 경우가 많았다. 이 백합이 왕가의 문장임은 말할 나위가 없다. 요컨대 질병을 치료하는 능력이 처음에는 국왕에게만 있었으나 점차 성인, 나아가 민간주술사에게 확대되었다는 것이다. 이러한 확산은 질병 치료를 원하는 민중들의 열망을 반영한 것이다.

성 마르쿨이나 일곱째 아들과 같은 민간 속설에 대한 설명이 보여주는 것은 왕권이 끊임없이 민중문화와 접촉하고 교류하며, 왕권 강화에 필요하다면 그 중 일부를 받아들인다는 점이다. 말하자면 정치권력의 상징체계와 민중문화 사이에 일종의 문화접변(acculturation)이 이루어진 셈이다. 나아가 이러한 민중문화는 교회의 의례와도 영향을 주고받았다. "기독교에 의해 도입된 기적의 세계와 자신들이 살고 있는 세계는 건널 수 없는 심연으로 구분되어 있는 것이 아니었다. 두 세계는 서로 침투해 있었다. 중세인은 저승세계에서 일어나는 일이 이승에서는 일어나지 않는다고 생각하지 않았던" 것이다.

이제 '기적을 믿는 역사'에 대해 살펴보자. 이것은 사람들이 기적을 어떻게 받아들였는가, 어떻게 해서 기적을 믿게 되었는가, 어떻게 해서 믿지 않게 되었는가를 설명하는 것이다. 블로크는 『역사를 위한 변명』에서도 "그리스도가 과연 십자가에서 처형당하고 다시 부활했는지 아는 것은 오늘날의 문제가 아니다. 오늘날의 문제는 왜 오늘날 수많은 사람이 십자가의 처형과 부활을 믿는가 하는 점이다"라고 말함으로써 사람들이 사건이나 현상을 어떻게 받아들였는지 살펴볼 것을 강조했다. 그가 줄곧 견지했던 설명 방식은 어떤 행위 자체보다는 그것을 받아들이는 방식에 중점을 두어 설명하는 것이며, 최소한 어떤 행위를 가하는 쪽과 받아들이는 쪽 모두의 관점에서 설명하는 것이었다고 할 수 있다. 가령 정치권력을 설명한다면, 권력을 행사하는 쪽에서뿐만 아니라, 그것을 받아들이는 피지배층 관점에서도 설명하려고 했다는 것이다. 그 당시까지의 역사연구의 흐름에 비추어보면, 가히 획기적 변화라고 할 수 있다. 그리하여 블로크는 이 책에서도 '지식인의 생각보다는 민중의 생각'이라는 표현을 사용하고 있으며, '집단적(collectif)'이라는 형용사를 많이 사용하고 있다. 가령 '집단의 생각', '집단적 의견', '집단적 표상' 등이 그것이다. 결국 블로크가 관심을 가졌던 것은 '집단의식(conscience collective)' 또는 '심성

(mentalité)'이다. 이러한 점에서 『기적을 행하는 왕』은 심성사의 첫걸음을 내디딘 저작이라고 할 수 있다.

이제 왕의 치료에 관한 집단의식에 대해 알아보자. 먼저 왕이 정말로 치료했을까 하는 의문이 든다. 물론 아니다. "그러므로 진정한 의문점은 왕이 치료하지 않았는데도 어떻게 사람들은 왕이 기적을 행할 수 있다고 믿었는가 하는 데에 있다." 합리성으로만 무장하지 말고, 그 당시 사람이 되어서 왕의 기적에 대해 생각해보자. 자신이 결핵성 임파선염에 걸렸다고 상상해보라. 갖은 수단을 다 동원해서 치료하려고 하지 않았겠는가? 그런데 주변의 어떤 사람이 왕의 손대기 치료를 받고 나았다고 한다. 연주창은 결핵성이므로 자연적으로 치료되는 경우도 있고, 목에 부풀어오른 종양이 줄어들기만 해도 병이 나았다고 생각할 수도 있었다. 더욱이 연주창이라고는 하지만 그와 비슷하게 목이 부풀어오르는 질병을 뭉뚱그려 연주창으로 지칭했을 것이기 때문에, 그러한 경우에는 더 쉽게 나았을 수도 있다. 게다가 그것은 치료 효과가 곧바로 나타나는 것이 아니어서 증상 호전에 다른 요소가 개입될 여지가 많았다. 가령 왕의 손대기 치료를 받고 나면 궁중 자선담당관에게서 자선금을 받는데, 이 자선금으로 영양을 보충해 건강을 회복했을 수도 있다. 말하자면 '자연이 기적을 행한 것'이라고 할 수 있다. 또 모든 사람이 다 치료되지 않아도 괜찮았다. 기적은 완쾌되는 환자의 수효에 있지 않았다. "천사가 일 년에 단 한 차례 베데스다 연못에 내려와서 물을 휘젓고 나면, 처음으로 그 연못에 들어가는 사람만이 치료되는 것과 마찬가지다. 사도들이 모든 병자를 치료하지 않았더라도, 완쾌된 사람에 대해서는 기적을 행한 것이다." 즉 단 한 명만 치료되었어도 그것은 기적이라고 할 수 있다는 것이다. 그리고 그것이 바로 자신일 수도 있다고 믿는 것이다.

어쨌든 왕의 손대기 치료를 받고 나서 건강이 회복된다면, 그것은 왕의 치료 덕분이다. 무서운 질병이 왕들의 손과 접촉하고 나면 치료된 것처럼 보이거나 때때로 정말로 치료되었는데, 사람들은 모두 거기에 신성함이 있는 것으로 생각했다. 시간이 지남에 따라 세대를 거듭해 증언이 축적되었고 점점 늘었다. 증언이 경험에 근거하고 있으므로 사람들은 그것을 전혀 의심하지 않았다. 반면 치료되지 않았다면, 그것은 환자가 잘못했기 때문이라고 생각했을 것이다. 왕의 손대기 치료가 끝나면 생활수칙처럼 지켜야 할 사항을 처방전처럼 적어주는데, 이를 지키지 않았을 가능성이 너무나 높다. 이러한 경우에 사람들은 그것을 빨리 잊어버렸다. 이것을 블로크는 한 문장으로 요약했다. "기적에 대한 믿음을 만들어낸 것은 기적이 있어야 한다는 생각이다." 그러므로 사람들이 기적을 믿은 것은 '집단적 오류(erreur collective)'의 결과라고 할 수 있다. 그러나 블로크는 이러한 오류가 "인간의 역사를 가득 채우고 있는 오류 대부분보다는 위험하지 않은 오류"라고 변호했다.

그렇다면 이러한 믿음은 어떻게 해서 사라지게 되었을까? 오늘날의 합리적인 관점에서 본다면 왕의 손대기 치료는 미신이며, 아무리 양보한다고 해도 '초자연적 현상'이거나 '기적'이라고밖에 볼 수 없다. 그러므로 그것은 합리성이 커지면서부터 사라졌을 것으로 생각할 수 있다. 16세기에서 18세기에 이르는 동안 종교개혁과 계몽사상의 영향으로 가톨릭에서 인정하는 기적은 배척받았다. 그런데 블로크가 지적하는 참신한 점은 기적을 옹호하려고 시도하면서 오히려 쇠퇴가 시작되었다는 설명에 있다. 이 시기에 사람들은 더 합리적으로 사고하게 됨에 따라 왕의 치료 기적 역시 합리적으로 설명하려고 했다. 치료능력이 피를 통해 전달된다거나, 자기 암시를 통해 스스로 회복된다고 하는 설명이 바로 그것이다. 그러나 이러한 설명은 반박되기 일쑤였다. 사실 왕의 기적은 초자연적 현상인데, 그것을 이성의 틀 안에 넣으려는 시도, 즉 합리적으로 설명하려는 시도가 성공할 수는 없었다. 결국 이러한 실패는 (이 책의 부제인) '국왕의 초자연적 성격'이 이성 중심의 사회와 함께할 수는 없음을 보여주는 것이었다. 결국 기적을 합리적으로 설명하는 것이 불가능하다고 판명된 순간, 옹호자들이 할 수 있는 일은 기적을 포기하는 것이었다. 그리하여 '양식 있는 사람들' 사이에서 기적에 대한 믿음은 현저히 줄어들었다. 물론 계몽사상가들에 이르러서는 노골적으로 비웃음의 대상이 되기도 했다. 가령 볼테르(Voltaire)는 루이 14세가 그의 정부 중 한 명인 수비즈 부인을 '실컷 만졌지만' 치료하지 못했다고 조롱하기도 했다.

그러나 학자들의 견해와 일반 민중의 견해 사이에는 간극이 있었다. 영국에서 손대기 치료가 중단된 것은 하노버 왕조가 들어서면서부터였는데, 그 당시 프랑스로 도망가 있던 스튜어트 왕가 사람들에게 영국 민중이 찾아가곤 했다. 민중의 믿음은 지속적이어서 20세기 초에 이르기까지 이러한 믿음이 없어지지 않았음을 볼 수 있다.

이 책에서 주목할 점은 블로크가 기적과 관련된 '집단 심성'을 보여주려고 했다는 사실 자체만이 아니다. 블로크는 중세인의 심성을 정확하게 이해하려고 새로운 사료와 대상을 이용했다. 먼저 왕이 시행했던 손대기 치료의 횟수는 영국과 프랑스의 회계장부에서 알아냈다. 회계장부는 겉으로 보기에는 숫자의 나열에 불과한 사료다. 거기에서 추출해낼 수 있는 인간의 모습은 경제활동과 관련된 것들이기 쉽다. 블로크 자신이 말했듯이 "겉으로는 차디차게 보이는 문서, 그 너머로 역사가 파악하고자 하는 것은 인간들"[3]이었던 것이다. 눈에 보이지 않는 집단 심성을 회계장부를 통해서 양적으로 나타낸 것이다. 그다음으로는 이미지의 사용을 들 수 있다. 오늘날에는 이미지를 분석하는 도상학이 널리 알려져 있지만, 블로크가 이 책을 썼을 당시에는 이미지가 거의 사용되지 않았던 때였다. 블로크는 왕의 손대기 치료가 행해지는 의례를 도상 자료의 해석을 통해서 보여주었다. 물론 그의 도상학적 방법은 체계적이지 않은데, 이것은 선구적 연구의 한계라고 할 수 있다. 마지막으로 블로크는 '표상(représentation)'의 중요성을 이미 간파하고 있었다. 정치권력에서 상징이나 표상이 어떤 역할을 하는지 보여주었다. 즉 앞서 언급한 클로비스의 성스러운 유리병이나 대관식 이외에도 백합꽃 문장, 화염 군기(오리플람, oriflame), 왕홀(王笏, faisceau), 신체에 나타나는 특별한 표지 등 신성한 상징을 정치권력이, 즉 왕들이 어떻게 이용해 스스로 강화해나갔는지 보여주었다.

집단 심성의 선구적 저작, 표상과 이미지를 이용한 연구, 영국과 프랑스의 비교 역사학, 인류학적 역사학의 선구자 등 이 책의 장점은 무수히 많다. 그런데 이러한 장점은 단지 왕이 기적을 행하는 능력을 어떻게 정치적으로 이용했

---

3) 마르크 블로크, 고봉만 옮김, 『역사를 위한 변명』, 한길사, 2007, 58쪽.

는지 밝히려는 것뿐이었을까? 좀더 깊이 보면, 도유식이라는 게르만족의 관습이 축성식이라는 기독교 의례로 통합되고, 여기에 왕관이라는 로마의 유산까지 더해져 카롤링시대에 중세 유럽의 독자성이 성립되는 과정을 읽어낼 수도 있다. 또한 왕권의 초자연적 성격이 점차 쇠퇴하는 과정에서 근대의 이성이 승리하는 과정을 읽어낼 수도 있다. 그렇다면 기독교 유럽의 탄생과 근대 이성의 승리라는 이질적인 과정을 설명하기 위해 800년에서 1800년에 이르는 긴 기간을 연구대상으로 삼았을까? 왕권의 초자연적 성격을 통해 드러나는 유럽의 '장기 지속'은 무엇일까? 아마도 그것은 성(聖)과 속(俗)의 대립일 것이다. 블로크는 프레이저의 연구를 인용해 왕의 초자연적 능력이 다른 사회에서도 볼 수 있는 보편적 현상이라고 했다. 그런데 서유럽에서는 기독교가 왕의 사제로서의 능력을 제한하려고 했고, 왕은 사제로서의 지위를 회복하려고 했다. 그리하여 11세기에 교황 그레고리우스 7세의 개혁으로 대표되는 성(聖)과 속(俗)의 대립이 시작되었다. 그레고리우스의 개혁은 당시에는 성공하지 못했고, 왕의 초자연적 능력은 지속되었다. 그러나 19세기에 이르러 왕의 기적은 사라졌고, 성과 속은 분리되었다. 블로크는 결론을 제외하면 마지막이라고 할 수 있는 2부 6장 마지막 부분에서 "이런 의미에서 그레고리우스 7세는 승리를 거둔 셈"이라고 했다. 성과 속, 즉 교권과 속권이 분리되어 대립하기도 하고 협조하기도 했던 점이 서유럽 정치사의 특징이며, 나아가 로마제국이라는 하나의 뿌리에서 나온 비잔티움제국이나 이슬람 세계와 구별되는 점이다. 한마디로 정치와 종교의 관계, 성과 속의 관계가 장기 지속된 셈이다. 프랑스에서는 20세기에 들어설 때까지 교권과 속권의 관계설정이 첨예한 문제였다는 점을 고려하면, 블로크에게 성과 속의 관계는 지나가버린 과거의 차디찬 이야기가 아니라 살아 있는 인간들의 현실적 문제였을 것이다. 그는 '죽은 사람에 관한 연구와 살아 있는 사람에 관한 연구를 결합'[4]하려고 했던 것이다.

---

4) 같은 책, 78쪽.

감사의 글

이 책만큼 신분 있는 사람들 덕택에 만들어진 책도 드물 터이다. 사실 기꺼이 나를 도와준 자발적 동료들을 친구라고 불러도 되지 않을까? 그들 중 몇몇은 나를 전혀 본 적이 없었으므로 개인적 관계였다면 베풀어주지 않았을 것이다. 그렇기 때문에 그들이 나에게 보여준 친절은 그만큼 더 놀라운 것이었다. 사료가 너무나도 흩어져 있었고, 다루어야 할 문제가 복잡했기 때문에 수많은 귀중한 도움이 없었다면 이 작업은 그야말로 불가능했을 것이다. 스트라스부르, 파리, 런던, 볼로냐, 워싱턴 그리고 다른 곳의 선생이나 동료들에게 정보를 요청하거나 어떻게 생각하는지 물어보며 귀찮게 했을 때, 그 사람들은 항상 더없는 열의를 가지고 대답해주었는데, 이것을 생각하면 얼굴이 화끈거린다. 여기서 그들 한 명 한 명에게 모두 감사를 표시하면 끝없이 긴 목록을 독자들에게 읽도록 강요하게 되므로 그렇게 할 수는 없다. 게다가 머리말에서 이름을 거명하지 않고 지나가도 서운해 하지 않을 정도로 그들은 친절한 사람들이다. 그럼에도 불구하고 문서고에서 나를 안내해준 도서관 사서와 문서보관소 담당자에게 지금 특별한 감사를 표시하지 않는다면, 그것은 내 의무를 저버리는 일이 될 것이라고 믿는다. 런던 공문서보관소(PRO)의 힐러리 젠킨슨, 파리 국립도서관의 앙리 지라르, 앙드레 마르탱, 앙리 몽셸, 랭스 도립문서고의 가스통 로베르가 바로 그들이다. 또한 수많은 유용한 정보를 꾸준히 제공해준 파카 여사와 윌리엄슨 목사의 친절에도 더 늦기 전에 여기서 감사드리고 싶다. 마지막으로, 매우 위험한 영역에서 내가 발걸음을 잘못 내딛지 않은 것은 매우 능력 있는 의학사가(醫學史家) 어니스트 위커스하이머의 거의 일상적인 도움 덕분이다. 또한 프랑스학사원에도 정중한 감사를 표시해야 하는데, 학사원은 런던지부를 이용할 수 있게 해주었다. 그 덕분에 영국의 도서관과 문서고에 쉽게 접근할 수 있었다.

무엇보다도 스트라스부르대학교 인문학부의 구성이나 친분관계가 공동작업을 하기에 매우 유리했는데, 바로 그 학부에 속해 있음으로써 나는 호의적인 자극으로 둘러싸여 있다고 느낄 수 있었다. 특히 동료인 뤼시앵 페브르와 샤를 블롱델은 이 책 내용 중 몇몇 부분에서 자신들의 생각을 발견하게 될 텐데, 진심어린 우정을 빙자해 그들의 생각을 빌려왔다고 밝히는 것 이외에 감사를 표시할 방법이 없다.[5]

이러한 작품을 출판하면서 2판 운운하는 것은 주제넘은 일일지 모른다. 그렇지만 적어도 보충할 가능성을 열어두는 것이 합당한 일이다. 이 연구에 대해 내가 기대하고 있는 주된 의의는 지금까지 너무나도 소홀히 다루어져왔던 문제들에 대해 주의를 환기시키는 것이다. 내 책을 읽은 사람들 중 많은 사람은 틀림없이 내 실수와 생략에 깜짝 놀랄 것이다. 예상치 못한 공백뿐만 아니라 급하게 처리하느라 메울 수 없었던 공백을 채워넣으려고 한다면, 영원히 가방 속에만 있어야 할 연구들이 많다. 지금 내가 공개하는 이 연구도 그런 것들 중 하나다. 항상 실수와 누락을 지적해주는 독자들에게 깊이 감사한다. 그것이 어떤 방식이든 독자들에게 편리한 것이라면 상관없다. 나에게는 그처럼 협력 작업을 계속해나가는 것보다 더 기쁜 일은 없다. 이미 이 책의 현재 형태야말로 바로 그러한 협력 작업의 소산이다.

마를로트에서, 1923년 10월 4일

---

5) 나는 또한 동료인 알파릭과 회프너에게도 특별한 감사를 표하고 싶다. 그들은 페브르와 함께 친절하게도 교정본의 검토를 맡아주었다.

교정하면서 이 짧은 감사의 말을 다시 읽던 중 도저히 그대로 두고 볼 수 없는 것이 있었다. 두 사람의 이름이 빠져 있는데, 감정적인, 또는 지나치게 까다로운 내 조심성 때문에 여기에 적지 못했던 이름이다. 더 이상 그 이름을 침묵 속에 놔두고 싶지 않다. 오랜 세월 형과 긴밀한 지적 공감을 나누지 않았다면, 틀림없이 이런 연구를 생각해내지도 못했을 것이다. 형은 의사로서 자신의 직업에 열성적이었는데, 왕이면서 의사인 사례에 대해 연구해보라고 조언해주었다. 그는 특히 비교민속학과 종교심리학에 열렬한 관심이 있었다. 그는 지칠 줄 모르는 호기심을 가지고 수많은 영역을 즐기듯이 섭렵했는데, 그가 좋아했던 것은 바로 이 영역이었다. 그리하여 내가 여기서 드러내기만 한 커다란 문제에 대해 관심을 가졌고 내가 이해할 수 있도록 도와주었다. 내가 역사가로서 자질을 갖추게 된 것은 아버지 덕분이었다. 아버지의 훈육은 어릴 때부터 계속되었는데, 나는 그것이 지워지지 않도록 가슴에 새기고 있다. 형은 이 책의 윤곽만 있는 단계 또는 거의 계획 단계만 알고 있었다. 아버지는 손으로 쓴 원고를 읽으셨고, 인쇄된 책은 보지 못하셨다. 만약 내가 여기서 그분들에 대한 기억을 떠올리지 않는다면, 나는 자식으로서, 그리고 형제로서 도리를 망각했다고 생각할 것이다. 이제 그 두 분의 추억과 자취만이 나를 인도해주고 있다.

1923년 12월 23일

서문

"이 국왕은 대단한 마법사야."—몽테스키외, 『페르시아에서 온 편지』, I. 24.

"기독교 세계와 프랑스 왕실에 영원히 남아 있는 유일한 기적……."

—피에르 마티외, 『프랑스 왕 루이 11세의 역사』, 1610, 472쪽.

1340년 4월 27일 수도사 프란체스코(Francesco)는 베네치아 총독 앞에 서 있었다.[1] 이 수도사로 말하자면 도미니크회 소속의 수도사로서 나폴리왕국의 왕 로베르 당주(Robert d'Anjou)의 전속사제이며 왕국 내 비사치아(Bisaccia) 주교였다. 때는 후일 백년전쟁이라고 불리게 되는 왕위계승전쟁이 영국과 프랑스 사이에 막 시작된 시점이었다. 적대행위는 이미 시작되었지만 외교전 역시 여전히 계속되었다. 맞서고 있던 두 국왕은 유럽 도처에서 동맹세력을 구하고 있었다. 수도사 프란체스코도 국왕에게서 임무를 받았는데 그것은 베네치아에 지지를 호소하고 베네치아가 기꺼이 제노아와의 중재에 나서달라고 요청하는 임무였다. 이 수도사가 했던 말을 요약한 글이 우리에게 전해지고 있

---

[1] 이 사람이 누구인지 밝히는 데에는 어려움이 있다. 아래 각주 2번에서 인용한 베네치아의 자료에서는 그를 리카르도라고 했다. "신의 은총으로 비사치아 주교이자 유명한 군주인 로베르토의 전속사제이며 왕실과 친한 수도사 리카르도." 그러나 1340년 비사치아 주교는 도미니크 수도회 소속 수도사였는데, 그는 프란체스코라는 이름의 '수도사'였다. Eubel, *Hierarchia catholica*, 2nd ed., 1913; Ughelli, *Italia sacra*, vol. VI, Venise, 1720, col. 841. 프란체스코가 총독을 알현한 것은 거의 틀림없는 사실이다. 베네치아의 기록을 이러저러한 이유로 읽거나 옮겨 적을 때 실수한 것 같다. 아마도 머리문자를 잘못 읽은 게 아닐까? 여기서는 바로잡아 쓴다.

다.[2] 그 자리에서 그는 당연히 영국 군주의 평화적 조치를 찬양했다. "지극히 공정하신 군주 에드워드(3세-옮긴이) 전하께서는 죄 없는 수많은 기독교인의 학살을 피하기를 진정으로 원하십니다." 그의 말에 따르면, 에드워드께서는 프랑스 국왕을 참칭하는 필리프 드 발루아(Philippe de Valois)에게 전쟁 없이 분쟁을 끝낼 세 가지 방안 중 하나를 선택하게 했다고 한다. 첫째 방안은 결투장(champ clos) 내의 결투다. 이것이야말로 신의 판결이라고 할 수 있다. 방식은 왕위 요구자 두 명이 결투해도 좋고, 좀더 확대하여 양측에서 기사 6~8명이 나와서 대결을 벌여도 좋다. 둘째와 셋째 방안은 아래와 같은 두 가지 시험 중 하나를 고르는 것이었다(여기서는 원문 그대로 싣는다). "필리프 드 발루아가 자기 말대로 신정 프랑스 국왕이라면 굶주린 사자 앞에 서 있어야 한다. 왜냐하면 사자는 진정한 왕에게는 상처를 입히지 않기 때문이다. 그것이 아니라면 관습적으로 진정한 다른 왕들이 해왔듯이 병자를 치료하는 기적을 보여주어야 한다. 진정한 왕이란 말할 필요도 없이 프랑스의 진정한 선대왕들을 의미한다. 만약 성공하지 못하면, 그는 왕이 될 자격이 없음을 인정해야 한다." 예의 그 수도사 프란체스코의 말에 따르면, 필리프 드 발루아는 거만하게 이 제안을 거절했다고 한다.[3]

---

2) Venise, Archivio di Stato, Commemoriali, vol. III, p.171. 이에 대한 분석은 다음을 참조하라. *Calendar of State Papers, Venice*, I, no. 25. 이 흥미로운 문헌의 사본을 입수한 것은 로마대학 교수 칸타렐리(Cantarelli)의 친절한 배려 덕분이다. 데프레(E. Deprez)의 책에서 비사치아 주교가 대사에 대해 언급했다는 내용은 없다. E. Deprez, *Les Préliminaires de la Guerre de Cent Ans*, 1902(Bibl. Athènes et Rome). 앞서 언급한 분석서(Calendar State Papers)의 분석에 실수가 없다고 할 수 없다. 예를 들어 '피카르디에 있는 퐁티외 백작령(comitatum de Pontyus in Picardiam)'을 퐁투아즈 백작령(the counties……of Pontoise)으로 번역한 것이 그 사례다.

3) "……지고하신 전하 에드워드께서는 이미 일어났고 또한 미래에 벌어질 것으로 생각되는 전쟁에서 그렇게도 많은 기독교인이 학살당하는 것을 피하기 위하여, 전쟁 초에 편지를 필리프에게 보냈다. 그 내용은 무고한 사람들에 대한 재앙을 피하기 위하여 다음 세 가지 중 하나를 선택하라는 것이었다. 즉, 양쪽 모두 각각 혼자서 결투장에 들어가거나, 6명이나 8명 또는 원하는 같은 수의 사람을 선택하고, 하늘 높은 곳에 판결을 맡기고 승리를 기원하며 그 사람들 사이에서 문제의 결말을 짓게 해야 한다. 또는 진정한 프랑스 왕이라면 굶주린 사자에게 몸을 맡겨서 이를 증명해야 한다. 굶주린 사자는 진정한 왕을 해치지 않는다. 또는 다른 왕들이 해왔듯이, 병자를 치료하는 기적을 행해야 한다. 그렇게 하지 못한다면 스스로 프랑스 왕으로서 자격이 없다고 인정해야 한다. 그(필리프)는 거만하게도 앞서 말한 모든 것, 그리고 다른 많은 평화

에드워드 3세가 정말로 그렇게 했는지는 의문이다. 영국과 프랑스 사이에 체결된 협약서는 현재까지 꽤 좋은 상태로 전해지고 있는데, 비사치아 주교가 요약했다는 편지 내용은 흔적조차 찾아볼 수 없다. 아마도 주교는 베네치아인을 현혹하기 위해 이야기를 완전히 꾸며냈을 것이다. 그렇지만 정말로 편지가 보내졌다고 가정해보자. 기적의 표지나 사자의 징표를 결투 초대보다 더 중요한 것으로 받아들일 필요는 없다. 이러한 것들이 이 당시 전쟁을 시작하는 순간 예의를 아는 군주들 사이에서 교환되던 고전적 결투신청 방식인데, 완전히 없다고 할 수는 없지만, 사람들의 기억 속에서는 어느 군주도 이렇게 결투장에 들어간 적은 없었다. 그런 것은 모두 단순한 외교적 수사에 지나지 않거나, 우리가 다루는 이 경우에는 기껏해야 수다스러운 외교관의 헛소리에 불과하다.

그러나 역사가로서는 이러한 헛소리를 음미해볼 만하다. 이 말은 겉으로는 무의미하게 보이지만 심층 문제에 대해서는 매우 밝은 빛을 비춰준다. 오늘날 전권대사가 비슷한 상황에 놓여 있을 때 할 수 있는 생각과 비교해보자. 그 차이는 두 사람의 사고방식을 갈라놓고 있는 심연을 드러내준다. 보는 사람을 염두에 둔 이러한 이의제기는 집단의식의 경향을 반영하기 때문이다. 수도사 프란체스코는 베네치아 총독을 설득하지 못했다. 에드워드 3세가 마지막 순간까지 평화 정신을 가지고 있음을 총독 앞에서 증명하고, 뒤이은 대화에서 긍정적인 약속을 했음에도 불구하고, 베네치아인은 중립적 입장을 취하는 것이 자신들의 상업에 유리하다고 생각해서 그 입장을 버리지 않았다. 그러나 사람들이 상상할 수 있듯이, 영국 왕이 맞수인 프랑스 왕에게 했다는 부당한 제안은 베네치아인이 보기에도 마찬가지로 믿을 수 없었을 것이다. 명백히 베네치아인도 필리프 드 발루아가 사자 구덩이로 내려들어갈 것이라고 생각하지는 않았다. 그러나 그 당시 모험담을 통해 다음과 같은 생각은 매우 익숙해져 있었다.

"왕의 아이들은 사자에게 먹히지 않는다."

프랑스 국왕이 기적적인 치료에 성공한다 하더라도, 에드워드 3세가 경쟁자에게 프랑스 왕국을 넘겨줄 생각이 없다는 것은 둘 다 너무도 잘 알고 있었다.

협정을 모두 묵살했다."

그러나 언젠가 영국 왕이 그렇게 했듯이, 프랑스 왕도 똑같은 기적을 행할 수 있다는 것은 14세기에는 아무리 의심 많은 사람이라도 의심한다는 것조차 꿈꿀 수 없을 정도로, 일종의 경험적 사실이었다. 이런 놀라운 능력이 실재한다는 것을 베니스에서도, 이탈리아의 다른 지역에서도 믿고 있었고, 필요하다면 이러한 능력에 의존하기도 했다. 운 좋게도 사라지지 않고 지금까지 전해지고 있는 한 문건을 보면, 수도사 프란체스코가 오기 33년 전인 1307년 선량한 베네치아인 넷이 필리프 미려왕에게 치료받기 위해 프랑스를 다녀갔다고 한다.4)

그러므로 중세는 물론이고 근대의 한가운데를 살았던 우리 조상들이 국왕에 대해서 우리와는 매우 다른 이미지를 가지고 있었다는 것을 다소 허풍떠는 이 외교관의 말에서 알 수 있다. 어느 나라에서건 국왕은 성스러운 인물로 간주되었다. 적어도 몇몇 나라에서 국왕은 질병을 치료하는 것으로 알려져 있었다. 오랫동안 프랑스 국왕과 영국 국왕은 오래된 표현을 빌리면 '연주창 손대기 치료(touché les écrouelles)'를 한다고 알려져 있었다. 이들은 단지 손을 대는 것만으로도 이 병에 걸린 환자들을 치료할 수 있다고 주장했다. 그의 측근들 역시 왕이 치료의 능력을 갖고 있다는 믿음을 공유하고 있었다. 그 정도는 아니지만 거의 비슷한 기간에 영국 왕은 백성들에게, 심지어 자기 백성 이외의 사람들에게까지 반지를 나누어주었다고 알려져 있었다. 그 반지는 '경련반지(cramp-ring)'라고 하는데, 일단 국왕에 의해 축성된 반지는 간질환자에게 건강을 되찾아주고 근육통을 완화해주는 능력을 갖게 된다고 사람들은 믿었다. 이러한 사실들은 적어도 큰 틀에서는 학자들이나 관심 있는 사람들 사이에 널리 알려져 있던 일이었다. 그러나 오늘날에는 그 사실이 종종 언급되지 않고 지나가는 것을 보면, 그 사실들이 요즘 사람들에게는 독특한 거부감을 불러일으키는 것 같다. 역사가들은 이에 대해서는 아무런 언급도 하지 않고 왕정의 이념에 대해서만 분량이 엄청난 책을 썼다. 이러한 간극을 메우는 것이야말로 앞으로 전개할 주요 주제다.

---

4) 사자와 관련된 믿음에 대해서는 이 책 289쪽, 베네치아인 네 명의 여행에 대해서는 이 책 131쪽을 참조할 것.

치료 의례라는 주제와 그 의례에 표현되어 있는 왕권 개념이라는 좀더 일반적인 주제를 연구하겠다는 생각은 몇 년 전 고드프루아의 『전례서』(Ceremonial)에서 프랑스 왕의 신성함과 관련된 문헌을 보다가 떠올랐다. 그 당시에는 내가 빨려들고 있는 문제의 진정한 범위를 전혀 상상하지 못했다. 내 마음을 사로잡은 그 연구는 규모나 복합성에서 예상을 훨씬 뛰어넘는 것이었다. 그런데도 내가 집요하게 파고들어야 할 이유가 있었을까? 내 계획을 들은 사람들이 나를 이상한 호기심이나 궁극적으로는 의미를 찾을 수 없는 호기심에 몸을 바친 사람으로 여기지 않을까 하는 의구심이 들기도 했다. 나는 어떤 샛길로 빠져버린 것일까? 한 영국인 동료가 '당신의 이상한 이 샛길'이라고 적절하게 표현해주었다. 그러나 나는 이 우회도로가 따라가볼 만한 가치가 충분하다고 생각했고, 경험상 그 길이 꽤 멀 것이라는 사실을 알고 있었다고 생각한다. 아직까지는 재미있는 이야기에 불과하지만 사람들이 이것을 역사로 만들어줄 것이라고 기대한다. 지금 이「서문」에서 내 계획을 구체적으로 정당화하는 것은 논의에서 벗어나는 일이다. 한 권의 책은 변호할 수 있도록 그 자체에 변명을 담고 있어야 한다. 나는 단지 내가 내 작업을 어떻게 받아들이고 있으며 나를 이끌어온 지도적 생각이 무엇이었는지를 여기서 아주 간략하게 밝히고자 한다.

왕의 '기적'을 이루는 모든 형태의 미신이나 전설을 제외한 채 치료 의례만 따로 떼어내 살피는 것은 불가능하다. 만약 그렇게 본다면 그 치료 의례를 집단의식의 전반적 경향과 관련짓지 않고 우스꽝스러운 일탈로만 간주하게 된다. 나는 이 의례를 영국과 프랑스에서 왕권에 오랫동안 부여되었던 초자연적 성격을 연구하는 데 하나의 실마리로 이용했다. 사회학자들에 의해 원래 의미가 다소 왜곡된 단어를 사용해 표현하면, 그것을 '신비로운' 왕권이라고 명명할 수 있다. 왕권! 그 역사가 유럽의 모든 제도적 발전을 지배해왔다. 오늘날까지 서유럽에 살았거나 살고 있는 인간집단은 거의 대부분 왕의 지배를 받아왔다. 우리가 다루고 있는 이 국가들에서 인간사회의 정치적 발전은 오랜 기간에 걸쳐 위대한 왕조에서 이루어진 권력의 변천이라는 단 한 가지로 거의 다 요약된다. 그러므로 과거 왕정이 어떤 것이었는지 이해하기 위해서, 특히 왕정이 오랫동안 인간정신에 끼친 영향을 생각해보기 위해서는 왕국의 신민들에게 부과된 행정, 법률, 재정과 관련된 조직을 아주 자세하게 살펴보는 것만으로는 충분치 않다. 추상적으로 분석하거나 몇몇 위대한 이론가가 말한 절대주의니 왕권신수설이니 하는 개념을 끌어대려는 것으로도 충분하지 않다. 그뿐만 아니라 왕가 주변에 떠도는 우화나 신앙도 꿰뚫어보아야 한다. 여러 가지 점에서 이러한 민속자료는 어떤 이론서보다 더 많은 것을 우리에게 일러준다. 클로드 달봉(Claude d'Albon)이 1575년에 『왕권의 존엄에 대해』(De la maiesté royalle)에서 '도피네의 법률가이자 시인'(프랑스 왕세자를 지칭함-옮긴이)이라고 적절히게 썼듯이, "국왕이 그에 걸맞은 존경을 받도록 만드는 것은 주로 신성한 덕과 권력이며 그것들은 국왕에게서만 나타날 뿐, 다른 사람에게서는 나타나지 않는다."[5]

물론 클로드 달봉은 신성한 덕과 권력이 왕권의 유일한 존재이유라고 여기지는 않았다. 나도 그렇게 생각하지 않는다고 거듭 주장할 필요가 있겠는가? 성왕 루이, 에드워드 1세, 루이 14세 등 가장 위대한 왕들을 포함해 과거의 왕들은 비법을 지닌 시골 치료사들처럼, 단순히 손을 대기만 해도 병을 고칠 수 있다고 주장했다. 그렇다고 해서 왕을 마법사로만 보려고 하는 것만큼 어리석은 일도 없다. 왕들은 국가의 우두머리이고 판사이며 전쟁의 사령관이다. 과거 사회는 왕정이라는 제도를 가지고 영원한 필요, 지극히 현실적이며 인간으로서 갖고 있는 본질적인 필요를 어느 정도 충족해왔다. 이 필요는 영원하므로 오늘날 사회도 마찬가지로 그러한 필요를 느끼고 있지만, 일반적으로 다른 방법으로 그러한 필요를 충족하고 있다. 무엇보다도 국왕은 충성스러운 백성들의 눈에 고위 공무원과는 다른 사람이어야 했다. 이리하여 왕을 둘러싼 '숭배'가 시작되었는데, 이러한 숭배는 단지 왕이 제공하는 공무에만 근거한 것은 아니었다. 만약 편견에 휩싸여 왕관을 쓴 머리 주변에 있는 이러한 초자연적 후

---

5) Cl. d'Albon, *De la maiesté royalle, institution et preeminence et des faveurs Divines particulieres envers icelle*, Lyon, 1575, p.29 v.

광을 보지 않으려 한다면, 역사의 몇몇 시대에 커다란 영향력을 발휘하고 특별히 강조되기도 했던 이러한 충성심을 어떻게 이해할 수 있겠는가?

'신비로운' 왕권이라는 이러한 개념의 기원이 무엇이며 첫 번째 원리가 무엇인지를 여기서 다루지는 않을 것이다. 그 기원은 유럽의 중세사나 근대사가의 몫이 아니다. 사실 그것은 역사의 영역을 벗어나는 것이다. 오직 비교민속학만이 그것을 어느 정도 규명할 수 있다. 우리가 직접 물려받은 문명은 좀더 오래된, 선사시대의 암흑 속에 묻혀 있는 문명에서 이러한 유산을 물려받았다. 그렇다면 여기서 우리가 연구 대상으로 삼을 수 있는 것이란 경멸조로 '유물'이라고 하는 것에 불과한가?

뒤에서 설명할 기회가 있는데, 치료 의례 자체로 보면 아무리 해도 이 단어를 치료 의례에 적용할 수는 없다는 것을 알게 될 것이다. 또한 연주창 환자를 만지는 것이 사실상 프랑스 초기 카페 왕조와 영국의 노르만 왕조를 형성하는 과정과 같음을 보게 될 것이다. 영국 군주들이 사용한 반지를 이용한 치료는 나중에야 신비로운 왕권의 목록에 편입된 것으로 보인다. 여기에 더하여 왕이 갖고 있는 신성하며 기적을 일으키는 특성이라는 개념 자체도 살펴볼 것이다. 이 개념은 본질적으로 심리적인 것인데, 그 의례는 여러 가지 표현 중 하나에 불과하다. 이 개념은 프랑스나 영국 역사의 고대 왕조보다 더 오래된 것으로서 우리는 그 탄생환경을 모르고 있지만, 그러한 환경 속에서도 오랫동안 살아남은 개념이라고 말할 수 있다. 그러나 일반적으로 그렇듯이, '유물'이 모든 실질적 삶이 빠져버린 제도나 신념만을 말한다면, 그리고 이미 사라져버린 시대에 대한 낡은 증거로, 즉 일종의 화석으로, 어떤 사건이 어느 날짜에 일어났는지를 밝혀주는 것에서만 존재이유를 찾을 수밖에 없다면, 우리가 연구하는 이 개념은 중세, 그리고 적어도 17세기까지 이러한 유물이라는 용어로 특징지을 수 있는 것이 아니다. 그 개념은 나이를 먹어도 쇠퇴하지 않았다. 그것은 아주 깊은 곳에 활력을 간직하고 있었다. 끊임없이 움직이는 감정적 힘을 부여받은 채 남아 있었다. 그것은 새로운 정치적 조건, 특히 새로운 종교적 상황에 자신을 맞추어나갔다. 그것은 그때까지 알려지지 않았던 형식을 갖추었는데, 정확히 말하면 치료 의식 자체도 거기에 포함된다. 나는 그 기원에 대해서 설명하지는 않을 것이다. 왜냐하면 그렇게 하려면 우리 연구의 고유 영역에서 벗어나야 하기 때문이다. 오히려 우리는 지속과 발전이라는 틀에서 그것을 설명할 것이다. 그리고 중요한 점은 그것이 전체적 설명이라는 점이다. 생물학에서 한 유기체의 존재에 대해 생각하는 것은 단지 어머니와 아버지를 찾아본다는 것만은 아니다. 무엇보다도 한 유기체가 생명력을 갖도록 만드는 상황이면서, 동시에 그것에 제한을 가해 변화하도록 만드는 상황이기도 한 바로 그 상황의 특징을 밝히는 것이 중요하다. 그것은 사회적 사건들에 대해서도 마찬가지다. 즉 필요하다면 적절하게 변경해 사용하는 것(mutatis mutandis)이다.

요컨대 내가 여기서 하고자 하는 것은 본질적으로 넓은 의미에서, 그리고 그 단어의 진정한 의미에서 유럽 정치사에 기여하는 것이다.

이 일의 특성상 정치사 시론은 비교사 시론의 형태를 취할 수밖에 없다. 프랑스와 영국 두 나라 모두에 의사의 성격을 지닌 왕이 있었던 데다가, 경이롭고 신성한 왕권이라는 개념이 서유럽 전체에 걸쳐 공통된 현상이었기 때문이다. 만약 우리가 물려받은 문명의 진화과정을 국가적 전통이라는 협소한 틀 너머에 놓고 검토할 때에야 그 진화과정이 비로소 명확해질 수 있다면, 나는 운이 좋은 편이다.[6]

여기에 더해 내가 이미 꽤 길어진 제목을 더 길게 만드는 것은 아닐지 두렵지만, 이 책에 두 번째 부제를 '기적의 역사'라고 붙이고 싶다. 비사치아 주교

---

6) 게다가 연구 과정에서 내가 비슷한 운명의 두 나라 사이에서 항상 균형을 유지한 것은 아니었다. 때로는 영국이 무시되기도 했을 것이다. 치료 의례의 역사를 연구하면서 프랑스에 대해서 철저했던 것과 마찬가지로 영국에 대해서도 몇몇 세부사항에서는 철저했을 것이다. 그러나 대체로 신성한 왕권을 연구할 때에는 그렇지 못했다. 현재 유럽에서는 공동도서관이든 사설도서관이든 외국서적을 구입하기 힘든 상황이다. 이것이 비교사를 전에 없이 어렵게 만들고 있다. 두말할 나위 없이 국제상호대차제도가 인쇄본이든 필사본이든 좋은 방안이다. 그러나 널리 알려져 있듯이 특히 영국이 이러한 제도를 시행할 준비가 되어 있지 않다. 이미 지적했듯이, 이 연구는 프랑스 학사원 런던 지부를 맡고 있는 로스차일드(Rothschild)라는 기부자의 관대함 덕택에 이루어졌다. 불행하게도 내가 영국을 방문할 기회는 이 작업을 처음 시작할 때 한 번밖에 없었다. 그때는 부족한 줄 몰랐다. 다시 말하면 문서가 범위와 복잡성을 완전히 드러내지 않았을 때였다. 그 범위와 복잡성은 나중에야 그 모습을 드러냈다. 그러므로 런던에 있는 친구들이 호의를 보여준다 하더라도, 나로서는 채울 수 없는 간격이 항상 있는 셈이다.

가 베네치아인에게 상기시켰듯이, 국왕이 손댐으로써 연주창이나 간질을 치료했다는 것은 사실 기적이다. 실로 대단한 기적이어서 과거가 보여주는 기적 중에서도 가장 눈에 띄며 지속적인 기적이다. 수많은 사람이 이를 증언했다. 그 빛은 대략 7세기 동안 민중의 지지를 받으며 거의 구름 한 점 없이 광채를 발하다가 사그라졌다. 이와 같은 초자연적 현시(顯示)를 비판적으로 검토하는 역사학이 종교심리학이나 인간 정신세계에 대한 지식과 무관할 수 있는가?

이 연구에서 직면했던 가장 어려운 문제는 사료의 상태에서 비롯되었다. 국왕의 치료능력과 관련된 증거는 전반적으로 보나 시초(始初)에 한정해서 보나 꽤 많은 편이었다. 그러나 증거가 극도로 분산되어 있고, 특징도 놀라울 정도로 다양했다. 프랑스 국왕의 연주창 손대기 치료와 관련된 가장 오래된 정보는 『성유물에 대해』(Traité sur les reliques)라는 작은 종교 논쟁서에 등장한다. 똑같은 제례가 영국에서 처음으로 확실하게 드러나 있는 것은 문체를 연습하는 듯한 사적인 편지에서였다. 효험이 있는 반지에 대해 영국 왕과 관련된 첫 언급은 왕의 칙령을 뒤져보아야 한다. 일련의 이야기를 만들기 위해서는 회계장부, 모든 행정서류, 문학작품, 정치적·종교적 저술, 의학논문, 제례서, 도상 기념물 등 다양한 문서더미의 도움을 받아야 했다. 나는 이 모든 것을 들여다보았다. 독자들은 트럼프카드에 이르기까지 눈으로 직접 보게 될 것이다. 프랑스에서나 영국에서나 왕실 회계는 비판적 검토 없이는 이용할 수 없었다. 나는 그 자료를 따로 연구했다. 그러나 그 연구는 공연히 이 「서문」을 혼란스럽게 만들고만 있었으므로 부록에 넣었다. 도상학 자료들은 양이 매우 적어서 분류하기 쉬웠다. 이 자료들의 정확한 상태를 적은 목록표를 작성하여 이것 역시 부록에 넣었다. 다른 사료들은 너무 많고 잡다해서 목록화를 시도할 수 없었다. 용도에 따라 그것을 인용하고 주석을 다는 것으로 만족해야 했다. 그밖에 이와 같은 자료에서 사료목록은 어떤 것이겠는가? 사실 예시목록과 같은 것밖에 없을 것이다. 그래서 그 자료가 기적을 행하는 왕의 역사에 대해 유용한 지침을 줄 것인가 아닌가를 미리 어느 정도 확실하게 말할 수 있는 자료는 거의 없다. 손으로 더듬어서 나아가야 하며, 운이나 직감에 맡기고, 많은 시간을 투여해 빈약한 수확을 올릴 수밖에 없다. 모든 사료 집대성에 색인이라도 있었으면 한다. 하다못해 주제별 색인이라도 있다면! 얼마나 부족한지 상기할 필요가 있겠는가? 연구에 필수적인 이러한 도구가 최근 사료와 관련될수록 더 적어지는 듯하다. 색인이 너무 없다는 것이 현재 출판 방법에서 좋지 않은 점 중 하나다. 내가 말하는 데에는 아마도 내 개인적인 억울한 감정도 있을 것이다. 왜냐하면 이러한 공백이 내 작업에 방해가 되었기 때문이다. 게다가 색인이 있는 경우에도, 저자가 치료 의례 같은 쓸데없는 관습이란 역사의 주목을 받을 만한 것이 아니라고 판단해서였는지 치료 의례와 관련된 언급을 색인에 체계적으로 포함시키지 않기도 했다. 밀폐된 상자가 수없이 많이 있는데, 그 상자들 중에서 몇몇은 금으로 가득 차 있고, 어떤 것에는 돌멩이가 가득 차 있다. 그런데 부묵과 자갈을 구별하도록 도와주는 어떤 표시도 나에게는 없다. 이러한 상자들 사이에 있는 것처럼 느낄 때가 자주 있다. 즉 나는 전혀 완전하지 않다는 것이다. 바라건대 이 책이 연구자들에게 용기를 주어 그들이 새로운 발견을 하는 계기가 되기를 바랄 뿐이다.

다행스럽게도 나는 새로운 영역에 들어선 것은 아니었다. 결코 그렇지 않았다. 내가 아는 한, 이 주제에 대해 내가 여기서 쏟아 부은 것만큼 많은 정보를 다루고 비판적 성격을 가진 역사 저술은 없다. 그렇지만 왕의 치료에 관련된 문학작품은 꽤 많다. 사실 그것은 이중적이다. 기원이 다른 문학이 두 개 있으며, 이 둘은 평행하며 서로 간섭하지 않는다. 하나는 직업적인 학자들의 작품이고, 다른 하나는 의사들의 작품인데, 의사들 작품이 훨씬 많다. 나는 둘 다 이해하고 이용하려고 노력했다. 나중에 나오는 참고문헌 목록에서 찾아볼 수 있는데, 꽤 길게 느껴질 것이다. 내가 끊임없이 참조했던 탁월한 몇몇 저작이 수많은 다른 저작 사이에 묻혀 있는 것을 원하지는 않는다. 여기서 주된 안내서 노릇을 해준 책을 언급하고 싶다. 이미 오래된 연구로는 로 허시(Law Hussey)와 워터튼(Waterton)의 연구가 크게 도움이 되었다. 살아 있는 저자들로는 프랑수아 들라보르드(François-Delaborde), 크로퍼드(Crawfurd), 헬렌 파커 등이 있는데, 이들에게는 말로 표현할 수 있는 것 이상으로 도움을 받았다.

또한 이전 시대의 선구자들에게도 큰 빚을 졌음을 인정해야 한다. 16세기에서 18세기 사이에 많은 사람이 치료 의례에 대해 썼다. 이러한 구체제 문학은 잡동사니까지도 흥미롭다. 왜냐하면 그 당시 정신상태에 대한 특이한 정보를 얻을 수 있기 때문이다. 그러나 잡동사니는 결국 잡동사니에 불과하다. 특히 18세기에는 몇 안 되지만 어리석은 저서와 소책자가 있으며, 이것들과 함께 주목해야 할 저작도 출현했다. 기욤 뒤 페라(Guillaume du Peyrat)의 『궁정의 교회사』(Histoire ecclesiastique de la Cour)에 연주창에 관련된 글이 몇 쪽 있는 것이 그 예다. 특히 다음 두 저작에 필적할 만한 책은 없었다. 그것은 모르호프(Daniel Georg Morhof)와 젠트그라프(Johan Joachim Zentgraff)의 책이다. 나는 여기서처럼 유익하고 풍부한 참고문헌 목록을 본 적이 없다. 두 사람의 논문 중에서 특히 후자의 혜택을 받은 것을 여기서 떠올리는 것만으로도 새삼 기쁘다. 내가 동료로서 그에게 인사할 수 있기 때문이다. 젠트그라프는 스트라스부르 사람이다. 그는 이 자유로운 도시에서 태어나 루이 14세의 신하가 되었고, 앙리 대왕(앙리 4세-옮긴이)을 찬양했다.[7] 그리고 자신의 고향에 있을 때 고향이 프랑스 땅이 되자 대학교수로서 빛나는 경력을 쌓았다. 여기 이 책도 부활한 문학부의 '간행물'로 나올 것이다. 시대 차이가 있기는 하지만, 과거 스트라스부르대학 총장이 시작한 과업을 어떤 방법으로든 지속할 수 있게 되어 무엇보다 기쁘다.

---

7) 1691년 5월 17일 연설은 다음 인쇄물에 실려 있다. *Speculum boni principis in Henrico Magno Pranciae et Navarrae rege exhibitum exercitatione politica Deo annuente, in inclyta Argentoratensium Academia ······ Argentorati, Literis Joh. Friderici Spoor*, plaquette pet. 소책자, p.54. 이 소책자는 매우 희귀한 것이다. 내가 알기로는 이 인쇄본의 사본이 국립도서관과 스트라스부르의 빌헬미나타 도서관(Bibl. Wilhelminata)에 있다. 이 책 12쪽에 낭트칙령에 대한 찬사가 실려 있다. 짧은 글인데도, 그 당시에는 중요한 문건이었다. 젠트그라프의 경력에 대해서는 다음 글들을 참고할 것. *Allgemeine deutsche Biographie & La France protestante*; O. Berger-Levrault, *Annales des professeurs des Académies et Universités alsaciennes*, Nancy, 1892, p.262.

1
기원

"프랑스와 영국에서 연주창 치료는
항상 엄격하게 군주에게만 한정된 특권으로 여겨졌다.
그것은 단 한 사람, 장자 가문의 우두머리,
즉 왕위의 적법한 계승자에게만 결정적으로 집중되었다.
그 사람이 기적을 행할 권리가 있는 유일한 자이다."

1 연주창 손대기의 시작

연주창

오늘날 의사들은 결핵성 임파선염을 지칭하는데 에크루엘(écrouelle, 연주창) 또는 종종 이보다 전문용어인 스크로퓔(scrofule, 결핵성 경부 임파선염)이라는 단어를 사용한다. 전문용어이건 일반 용어이건 둘 다 라틴어 스크로풀라(Scrofula)에서 나왔다. 결핵성 임파선염이란 결핵균이 임파선 마디에 염증을 일으키는 것을 말한다. 이것을 가리키는 두 단어는 모두 고대의학에서 나왔다. 세균학이 탄생하기 전까지는 이 둘을 구분하는 것이 불가능했다. 우리가 신경 마디에 생기는 여러 종류의 질환들을 제대로 분별해내기는 어렵다. 적어도 과학이 여전히 불확실한 상태에서 분류하려는 노력은 실패로 돌아갈 것이 뻔했는데, 실제로 분류를 시도했지만 그러한 노력은 현대 의학 용어에 어떠한 흔적도 남기지 못했다. 이 모든 질환을 통틀어서 프랑스어로는 에크루엘, 라틴어로는 스크로풀라 또는 스트루마이(Strumae)라고 부르는데, 라틴어의 두 단어는 대체로 동의어로 간주된다. 임파선염 중 많은 경우가 결핵성이라는 것은 맞는 말이다. 예를 들어 중세 의사가 연주창이라고 진단했던 사례 대부분에 대해 오늘날의 의사 역시 그렇게 진단할 것이다. 일반인의 단어사용은 전문가의 단어사용에 비해 부정확했다. 결핵균에 감염되는 신경절 부위는 목 부위이며, 치료하지 않은 채로 있으면 질병이 진전되어 고름이 생기고 얼굴에도 쉽게 전이된다. 이 때문에 여러 문헌에서 자주 드러나듯이 연주창은 얼굴이나 심지어 눈에 나타나는 다른 질병과 혼동되곤 했다.[1] 결핵성 임파선염은 오늘날에도 여전히 흔한 질병이다. 그렇다면 위생조건이 오늘날보다 열악했던 과거에 그것은 어떤 질병이었는가? 그 질병을 다른 임파선염과 한꺼번에 묶어서 생각하거나 사람들이 실수로 혼동했던 일련의 광범위한 질병과 묶어서 생각해보자. 그러면 고대 유럽에서 사람들이 연주창이라는 별명으로 불렸던 것이 입힌 피해를 알 수 있을 것이다. 사실 중세와 근대의 몇몇 의사의 증언에 따르면, 몇몇 지역에서 그것은 명백히 지역에 한정된 질병이었다.[2] 또 그 질병이 치명적인 경우는 별로 없었다. 그러나 특히 적절한 치료를 받지 못한 경우 그것은 성가셨으며 상처를 남겼다. 고름이 많이 나와 모습이 흉해 보이기도 했다. 고름의 공포가 여러 옛날이야기에 잘 표현되어 있다. 얼굴이 "썩었다"거나 상처가 "썩는 냄새를 풍긴다"는 표현이 그것이다. 많은 환자가 치료에 대한 강한 열망을 가지고 소문이 전해주는 치료방책을 기꺼이 사용하려고 했다. 왕의 기적을 연구하는 역사가가 눈을 떼지 말아야 할 그림의 배경이 바로 여기에 있다.

이러한 기적이 어떠했는가? 이것이 내가 앞에서 제기한 문제였다. 고대 프랑스에서 사람들은 연주창을 일반적으로 왕의 병(mal le roi)이라는 이름으로 불렀고, 영국에서도 왕의 병(King's Evil)이라고 했다. 프랑스와 영국의 왕들이 전통의례에 따라 단순히 손으로 만지기만 함으로써 연주창을 치료한 척했을까? 이러한 놀라운 능력이 언제 시작되었을까? 어떻게 사람들은 그것을 요구하게 되었을까? 어떻게 백성들이 그것을 인정하게 되었을까? 이 문제들은 미묘한 것들인데, 이것이야말로 내가 해결하고자 하는 문제다. 이 연구결과는 확실한 증거에 입각해야 한다. 그러나 기원에 대해 다룬 첫 번째 책인 이 책에서

1) 얼굴에 생기는 질병과 혼동하는 것은 오늘날에도 여전하다. 그래서 오늘날 의학서적도 임상의사들에게 이에 대해 주의할 것을 권고하고 있다. Brouardel, Gilbert and Girode, *Traité de Médecine et de Thérapeutique*, III, p.506 이하에 있는 드 젠(de Gennes)의 논문을 참조하라. 눈질환과의 혼동에 대해서는 다음을 참조하라. Browne, *Adenochoiradelogia*, p.140 이하, p.149, p.168. Cf. Crawford, *King's Evil*, p.99.

2) 이탈리아 루카 지방의 경우. 아르노드 빌뇌브(Arnaud de Villeneuve)의 증언 참조. 그 증거는 다음 책에 실려 있다. H. Finke, *Aus den Tagen Bonifaz VIII*(*Vorreformationsgeschichtliche Forschungen* 2), Münster, 1902, p.105, n.2. 스페인에 대해서는 이 책 349쪽 참조.

우리는 너무 희미한 과거를 다루고 있다. 그러므로 우선 가설에 크게 할애해보는 수밖에 없다. 역사가는 가설을 사용할 수 있다. 단 가설을 확실하다고 주장하지는 말아야 한다. 무엇보다 먼저 옛날 사람들이 말했듯이 '의사 군주'와 관련된 오래된 텍스트를 모아야 한다. 프랑스부터 시작해보자.

프랑스에서 의례의 등장

프랑스에서 '손대기'임이 틀림없는 맨 첫 번째 기록은 특이한 논쟁의 와중에 우연히 등장한다.[3] 12세기 초 무렵 수아송에 있는 생메다르(Saint-Médard) 수도원은 매우 특별한 성유물을 가지고 있다고 수상했다. 그것은 주 예수의 치아인데, 사람들 말로는 젖니라고 했다.[4] 자신들의 보물의 영광을 널리 퍼뜨리기 위해 수도회에서는 소책자를 만들었다. 이것이 우리에게까지 전해지지는 않지만, 다른 사례를 통하여 그 본질을 상상해볼 수는 있다. 아마도 순례자들이 가지고 갈 수 있도록 만든 소책자로서 기적을 모아놓았을 것이며, 틀림없이 외형이 조잡했을 것이다.[5] 그런데 그 당시 수아송에서 멀지 않은 곳에 당대 최고 작가 중 한 명으로서 노장 수 쿠시 수도원장인 기베르(Guibert, abbé de Nogent-sous-Coucy, 기베르 드 노장)가 살고 있었다. 그는 선천적으로 공정하고 순수한 지성을 가지고 있었다. 여기에 더하여 오늘날에는 기억할 수 없는 어떤 모호한 논쟁이 두 교회 사이에 벌어졌는데, 이러한 경쟁관계는 그 당시이 교회들의 역사를 가득 채우고 있었다. 여기에 자극을 받은 기베르는 '이웃'인 수아송 교구 사람들에게 반대했고,[6] 이로써 해당 문제의 진실을 엄격하게 밝히려는 열망이 더욱 강해졌을 것이다. 그는 그 치아가 진짜라고 믿지 않았

---

3) 뒤에 나오는 내용은 기베르 드 노장의 『성유물에 대해』(*De Pignoribus Sanctorum*, *Traité sur les reliques*)에 따른 것이며, 이 책을 편집한 책은 다음과 같다. Migne, *P.L.* t.156.(*P.L.*= Patrologia Latina로서 중세 문헌 집대성을 지칭하며, 중세 관련 연구서에서는 별도 표시 없이 *P.L.*로 사용한다.-옮긴이)

4) *P.L.*, t.156, col.651 이하.

5) Col.664, 3권 5장 4절 첫 부분. "그 이와 성스러운 장소의 기적에 대한 소책자."

6) Col.607 "우리에 인접한," col.651 "우리의 경계지역."

다. 그는 치아를 문제 삼아 글을 썼는데, 이는 생메다르의 '위조자들'에게 현혹된 신도들을 깨우쳐주기 위한 것이었다.[7] 그렇게 해서 바로 이 기묘한 책자인 『성유물에 대해』가 탄생했는데, 중세에는 이 책이 별 관심을 끌지 못했다(게다가 이 책은 아마도 기베르 자신이 직접 보는 앞에서 작성되었을 판본 하나밖에 전해지지 않는다).[8] 그러나 오늘날 우리는 잡동사니들 가운데서 자유로운 비판적 감각의 증거를 발견할 수 있는데, 이러한 감각은 12세기에는 매우 드문 것이었다. 이 책은 상당히 엉성한 저작으로서 재미있는 일화들과 더불어 전체적으로는 성유물, 환상, 기적의 표현 등에 대한 다소 잡다한 일련의 견해를 담고 있다.[9]

1권을 펼쳐보자. 기베르는 기독교 정통 교리에 정확하게 들어맞게도 기적이란 그 자체로서 성스러움의 지표가 아니라는 생각을 펼쳤다. 신만이 기적의 주체이며 신의 지혜는 도구로서, 그리고 '통로'로서 비록 경건하지 못하다고 하더라도 당신 계획에 어울리는 인간을 선택하셨다는 것이다. 뒤이어 성경과 고대 역사가들에게서 차용한 몇몇 사례를 들었다. 고대 역사가들에게서 차용한 사례란 당대의 학자라면 성경만큼이나 맹목적으로 믿던 것들로, 발람(Balaam, 선지자-옮긴이)의 예언, 가야파(가야바, Caiaphas, 대제사장-옮긴이)의 예언, 절름발이였다가 걷게 된 베스파시아누스(Vespasianus), 알렉산드로스 대왕 앞에서 갈라진 팜필리아(Pamphylia) 바다 그리고 마지막으로 수없이 언급된 군주들의 탄생과 죽음을 알려주는 표시 등이 바로 그것이었다.[10] 여기에다가 기

---

7) Col. 652 "사기꾼들을 조심하라."

8) 노장 수도원에서 직접 유래한 판본이 국립도서관(B.N.) ms. latin 2900이다.

9) 특히 아벨 르프랑의 흥미로운 논문을 보라. M. Abel Lefranc, *Le Traité des reliques de Guibert de Nogent et les commencements de la critique historique au moyen âge*; *Études d'histoire du moyen âge dédiées à Gabriel Monod*, 1896, p. 285. 르프랑은 기베르의 비판적 감각을 과장한 듯하다. 물론 그것을 부정할 수는 없지만 말이다. Bernard Monod, *Le Moine Guibert et son temps*, 1905.

10) Col. 615 et col. 616. 우연히 연주창과 관련된 내용이 이야기를 전개해나가는 도중에 이상하게도, 고대의 사례와 발람, 카야파스(Caïphe)의 예언을 상기하는 내용 사이에 삽입되어 있다. 이 논문은 전체적으로 잘 짜여 있지는 않다. 기베르 드 노장이 인용한 사례는 대부분 그 당시의 전형적인 것들이다. 예를 들어, 카야파스 예언으로부터 이끌어낸 부분은 시온주의자들의 전형적인 방법으로 간주된다. S. Pierre Damien, *Liber gratissimus*, c. X, *Monumenta*

베르는 다음과 같이 덧붙였다.

"나는 무엇을 말할 것인가? 우리의 주군인 국왕 루이께서 관례적인 기적을 행하시는 것을 목격하지 않았던가? 내 눈으로 직접 목에 또는 신체의 다른 부위에 연주창에 걸린 환자들이 무리를 지어 몰려와서 국왕의 손 접촉을 받는 것을 보았다. 국왕은 손을 댄 다음에 십자가 성호를 그었다. 나는 국왕에게서 아주 가까이에 있었고, 사람들이 국왕에게 성가시게 굴지 못하게 했다. 그러나 국왕은 그들에게 마음에서 우러난 관대함을 보여주셨다. 차분하게 손으로 그들을 이끌어 그들에게 십자가 성호를 그어주셨다. 그의 부왕 필리프 역시 열정적으로 이 영광스럽고 기적적인 권한을 행사했었다. 나는 그가 어떤 잘못을 저질렀기에 그 능력을 잃어버렸는지 모른다."[11]

이 부분은 17세기 이후 연주창 역사가들이 끊임없이 인용하는 문구다. 여기 언급된 두 왕은 루이 6세와 그의 아버지 필리프 1세다. 여기서 무엇을 얻어낼 수 있을 것인가?

우선 루이 6세는 1108년부터 1137년까지 왕국을 통치했는데, 연주창 치료 능력을 지녔다고 알려져 있었다. 환자들은 무리 지어 국왕에게로 왔고, 국왕은 하늘이 자신에게 기적의 힘을 부여해주었다는 것을 추호도 의심하지 않았으며, 그 힘을 원하는 자에게 베풀었다. 그리고 그것은 민중이 예외적으로 열정을 가졌던 시기에 우연히 단 한 차례만 이루어진 것이 아니었다. 우리가 보았듯이 그것은 이미 '관습적'으로 시행되고 있었으며 프랑스 왕정 내내 각각 독특한 형식을 갖춘 정기적인 제례였다. 국왕은 환자들을 만지고 그들에게 십자가 성호를 그었다. 이 연속된 두 동작은 전통이 되었다. 기베르야말로 직접 목격자이며, 사람들은 이 사실을 인정할 수밖에 없다. 기베르는 랑(Laon)에서 루이 6세를 만났고 아마도 다른 곳에서도 만났을 것이다. 수도원장이었던 덕분

Germaniae, Libelli de lite, I, p.31.

11) 내가 인용한 것은 필사본 fol. 14. *P.L.*, t.156, col. 616에 실려 있는 텍스트인데, 이것은 철자법을 제외하고는 잘못된 것이 없다.

에 주군과 가까운 곳에 자리를 얻었던 것이다.[12)]

이뿐만이 아니다. 사람들은 이 놀라운 능력이 국왕 루이 개인에게 부여된 것이 아니라고 생각했다. 기억해야 할 점은 루이에 앞서서 아버지이자 선왕인 필리프 1세가 그 능력을 행사했는데 그의 오랜 치세(1060~1108)가 11세기 중반까지 거슬러 올라간다는 점이다. 기베르의 완곡한 표현에 따르면, 필리프가 카페 왕조에 속해 있었고 오류를 수정할 능력을 지녔음에도 불구하고 '어떤 잘못을 했는지 몰랐기' 때문에 그 능력을 잃어버렸다고 사람들이 말했다고 한다. 의심할 바 없이 그것은 필리프가 베르트라드 드 몽포르(Betrade de Monfort)와 중혼한 것과 관련된 문제였다. 사람들은 국왕이 이 죄로 파문을 당했고, 신의 노여움을 사서 치욕스러운 여러 질병에 걸렸다고 믿었다.[13)] 바로 그것과 마찬가지로 국왕이 치료능력을 잃어버렸다고 하는 것은 전혀 놀라운 일이 아니다. 이러한 교회의 전설에서 우리가 알 수 있는 것은 거의 없다. 그러나 필리프 1세가 연주창 환자를 만진 최초의 프랑스 주군이라고 확실하게 말할 수 있다는 점을 알아야 한다.

이 귀중한 자료는 당시로서는 매우 독특한 것이었다. 시대를 흘러 내려오면서 프랑스 국왕이 수행한 치료를 차근차근 살펴보면, 성왕 루이 시대(1226~70)에 이르러서야 새로운 자료를 발견하게 된다.[14)] 게다가 이러한 발견조차 성왕 루이에 대한 자료가 많기 때문에 가능한 일이다. 만약 생 메다르 수도사들이 예수 그리스도의 치아를 보관하고 있다고 주장하지 않았거나, 기베르가 앞장서서 이들에 반대하는 논쟁을 펼치지 않았거나, 혹은 이러한 종류의 많은 다른 문헌이 그렇듯이 기베르의 문헌도 없어져버렸다면, 아마도 우리는 치료능력을 지닌 최초의 군주로서 성왕 루이를 지목했을 것이다. 사실 1137년과 1226년 사이에 신비로운 능력을 행사하는 것이 중단된 적이 있었을 것으

12) G. Bourgin, *Introduction* à son édition de Guibert de Nogent, *Histoire de sa vie*(*Collect. de textes pour l'étude et l'ens. de l'histoire*), p.xiii. 부르쟁은 『성유물에 대해』에 있는 연주창 치료 관련 구절에 주의를 기울이지 않은 것 같다. 그렇지 않았다면, 기베르와 왕의 만남을 단순히 '가능한 일'로 취급하지는 않았을 것이다.

13) Orderic Vital, liv. VIII, c. XX, éd. Leprévost, III, p.390.

14) 이 자료들은 이 책 151쪽을 참조하라.

로 생각할 수는 없다. 성왕 루이와 관련된 자료 역시 국왕의 능력을 전통적이며 상속받은 능력으로 간주하고 있다. 단순하게 보더라도, 1세기 동안 지속되면서도 문헌이 이에 대해 침묵한다는 것은 설명이 필요하다. 이에 대해서는 나중에 설명할 것이다.

지금은 그 제례의 등장을 다루는 것이 급하므로 방금 언급한 주의사항을 단지 신중히 하라는 충고로 기억해두기만 하자. 운 좋게도 우리가 가지고 있는 것 중에는 12세기의 한 작가가 의도적으로 쓰지는 않았지만 국왕이 연주창을 치료했다는 것을 상기시키는 문구들을 포함하고 있는 작품이 있다. 이보다 운이 좋지는 않지만, 우연히도 좀더 선대의 주군들과 관련하여 유사한 치료를 암시하고 있는 것도 있다. 더 이상 목삽한 섬도들 서지시 않고 산난하게 필리프 1세가 연주창 환자에게 손댄 첫 번째 왕이라는 점을 인정하면, 우리는 실수를 범할 우려가 있다. 그것은 마치 『성유물에 대해』라는 유일한 문헌이 전해지지 않았을 때, 성왕 루이 이전의 문헌이 없으므로 성왕 루이가 이 제례를 처음 시작한 왕이라고 결론짓는 것과 같다.

필리프 1세 이전으로 거슬러 올라갈 가능성이 있는가?

카페 왕조의 왕들이 주장하는 의사로서의 능력을 첫 번째 두 왕조(메로빙과 카롤링-옮긴이)의 왕들이 이미 지니고 있었는가는 새로운 문제가 아니다. 그것은 16, 17세기 학자들이 제기했던 문제다. 이 논쟁은 왕가 계보도에도 반영되어 있다. 부활절에 퐁텐블로에서 앙리 4세는 연주창 환자에게 손을 댄 다음 식사의 흥을 돋우기 위해 이와 관련한 논쟁을 벌이도록 했다. 국왕은 논쟁적인 학자들을 불러서 논쟁을 벌이게 했다. 국왕 수석의사 앙드레 뒤 로랑스(André du Laurens), 국왕 기록관 피에르 마티외(Pierre Mathieu), 자선담당관 기욤 뒤 페라(Guillaume du Peyrat) 등이 참석했다. 수석의사와 기록관은 자신들의 주군이 방금 다시 한 번 시행한 능력이 클로비스까지 거슬러 올라간다고 주장했다. 자선담당관은 메로빙 왕조나 카롤링 왕조의 왕들은 이런 능력을 결코 시행하지 못했다고 했다.[15] 이 토론에 우리도 참여하여 의견을 개진해보자. 이 문

---

15) Du Peyrat, *Histoire ecclésiastique de la cour*, p.817. 주목할 점은 프레이저 경이 뒤 로랑스와 마

제는 꽤 복잡하므로 좀더 단순한 여러 가지 문제로 나누어 차례대로 검토해야
한다.

먼저, 두 왕조에 속하는 어떤 왕이 연주창 환자를 치료했다면, 그 기록의 흔적이라도 찾을 수 있는가? 이 점에 관하여 뒤 페라, 스키피옹 뒤플레(Scipion Dupleix) 그리고 17세기의 다른 모든 지식인이 부정적 견해를 강하게 주장했는데, 우리는 어렵지 않게 이 부정적 견해에 동의할 수 있다. 그런 종류의 문서는 만들어진 적이 없다. 좀더 멀리 진전시켜보자. 고중세 시대는 사료가 별로 많지 않으므로 연구하기 쉬운 대상으로 알려져 있다. 몇 세기 전부터 각 국가의 학자들이 사료들을 성실하게 조사했다. 내가 언급했던 것과 같은 문헌에 대한 기록이 없다면, 그러한 자료가 없다고 결론을 지어도 잘못될 우려는 없을 것이다. 뒤에서 우리는 클로비스가 자신의 시종 라니세(Lanicet)를 치료한 이야기가 어떻게 해서 16세기에 탄생하게 되었는지 살펴볼 것이다. 이러한 전설은 근거를 잃어버린 것 같다. 성스러운 유리병 전설(클로비스 도유식의 유리병-옮긴이)이나 백합꽃 문장(카페 왕조의 상징-옮긴이)의 천상기원설의 동생쯤 되는 전설로서, 이미 오래전부터 그랬듯이, 먼저 생겨난 전설들과 더불어 시대에 뒤떨어진 역사적 기념품을 파는 가게에나 있어야 한다.

이제 좀더 포괄적인 형식의 문제를 제기하는 편이 좋겠다. 문헌 증거에 따르면 메로빙 왕조이건 카롤링 왕조이건 특정 질병, 즉 연주창에 적용되는 특별한 형태의 치료능력을 가지고 있지는 않았다. 그러나 다른 특별한 질병이나 질병 전체에 대해 치료능력을 가진 것으로 여겨지지는 않았을까? 그레구아르 드 투르(Gregoire de Tours)를 살펴보자. 그의 책(『프랑크족의 역사』-옮긴이) 9권에서 클로타르 1세(Clothair Ⅰ)의 아들인 군트람(Guntram)에 대해 이런 내용이 나온다.

"사람들이 한결같이 말하기를, 믿는 자들 가운데서 어느 여인이 군중 사이를

티외의 낡은 이론을 답습하며, 그 이론이 안고 있는 역사적 난점을 인식하지 못했다는 것이다. *Golden Bough*, I, p.370.

뚫고 국왕에게 다가왔다. 그 여인의 아들은 4일열이라는 병을 앓고 있어서 침대에 누워 꼼짝 못하고 있었다. 그 여인은 왕의 뒤쪽에서 다가와 왕이 알아채지 못하는 사이에 왕 망토의 가장자리 술 장식을 뜯어냈다. 그 여인은 그 술 장식을 물에 넣은 뒤 그 물을 아들에게 먹였다. 그러자 곧 열이 떨어지면서 아들이 나았다. 내가 보기에 이 일은 의심할 여지가 없다. 사실 나는 종종 신체에 살고 있는 악마가 이 왕의 이름을 부르고 왕에게서 나오는 능력에 의해 모습을 드러내며 자신의 죄를 고백하는 것을 직접 보았다."[16]

그러므로 군트람은 신하들과 추종자들에게서 치료자라는 평판을 얻었다. 사람들이 말하기를 그레구아르 드 투르 역시 주송자의 누리에 속한다고 한다. 왕이 만진 옷에도 기적의 능력이 부여된 것이다. 왕의 존재만으로도 또는 아마도 문헌에서 명확히 말하지는 않았지만 단지 그의 이름을 부르는 것만으로도 악마에게서 벗어났다. 이 놀라운 능력이 그의 왕조의 왕들 모두에게 부여되었는지 아니면 반대로 그가 개인적으로 가지고 있는 능력인지가 중요한 문제다. 비록 14세기에 이탈리아의 성인전 작가인 페트루스 나탈리부스(피에트로 나탈리, Pietro Natali)가 자신의 책 『성스러운 목록』(*Catalogus Sanctorum*)에 군트람을 넣어야 한다고 했지만,[17] 그의 기억에 따르면 그것이 공식적으로 인정된 숭배 대상은 아니었던 듯하다.

그러나 당시의 많은 사람, 누구보다도 투르의 주교 그레구아르가 왕을 성인으로 간주했다는 데에는 의심할 여지가 없다. 그 관습이 특별히 순수하고 부드러워서가 아니라 그가 매우 경건했기 때문이다! 그레구아르는 내가 위에서 인용한 문단보다 조금 앞 문장에서 "사람들이 '저 사람은 왕이 아니라 차라리 주교로군'이라고 말했다"라고 썼다. 다른 한편, 그레구아르는 군트람의 조상, 삼촌, 형제들에 대해 자세한 정보를 제공해준다.

포르투나투스(Venantius Fortunatus, 메로빙 왕조기의 시인-옮긴이)는 메로

---

16) *Historia Francorum*, IX, c.21.
17) *Bibliotheca Hagiographica Latina*, I, p.555.

빙 왕조의 많은 왕에 대한 찬가를 읊었지만, 어느 곳에서도 이처럼 경건하고 관대하며 용감하다고 찬양받는 주군이 사람을 낫게 했다는 문구는 찾을 수 없다. 카롤링 왕조에 대해서도 마찬가지다. 카롤링 르네상스가 절반은 정치적이고 절반은 도덕적인 관점에서 왕권을 다룬 논문이나 몇몇 주군을 다룬 일화집 또는 전기들을 포함하여 상대적으로 풍부한 문학작품을 남겼지만, 이러한 작품들에서 치료능력에 대한 암시를 발견하는 것은 불가능하다. 만약 그레구아르의 유일한 문장을 바탕으로 메로빙 왕조 초기 왕들이 의사로서의 능력을 가지고 있었다고 결론을 내리려 한다면, 동시에 카롤링 왕조 시대에 쇠퇴했다고 가정해야 한다. 결과적으로 군트람과 필리프 1세 사이에, 즉 6세기의 왕과 11세기의 왕 사이에 어떤 연속성도 없게 된다. 이러한 기적이 일반여론에 의해 군트람에게 부여된 것은 국왕의 속성으로서 부여된 것이 아니라, 왕의 지지자들이 인정한 신성한 성격에서 자연스럽게 나온 것이라는 설명이 더 그럴듯하다. 당시 사람들의 눈에 성인이란 기적을 행하는 자비로운 분이 아니라면 무엇이었겠는가?

나중에 살펴보겠지만, 여기에 더하여 군트람은 왕이 된 것만큼이나 쉽게 성인이 되었다. 그는 프랑크족이 오래전부터 신성하다고 간주한 가문에 속해 있었다. 그러나 그가 가지고 있던 신성성과 그에 따른 기적의 능력이 부분적으로 왕가의 혈통에 근거하고 있기는 했지만, 그 능력은 그의 조상이나 선조들 또는 후계자들이 결코 갖지 못했던 개인적 능력이었다. 중세 프랑스에서 의사 능력을 지닌 국왕이 연속해서 등장한 것은 그레구아르 드 투르가 마음속에 간직했듯이 경건한 주군에게서 시작된 것이 아니다.

이쯤에서 멈춰야 할지도 모른다. 확실히, 적어도 지금까지 전해지는 메로빙 왕조나 카롤링 왕조의 문헌들 중 어느 것도 왕이 연주창을 치료했다는 내용을 담고 있지는 않았다. 그리고 방금 살펴본 그레구아르 드 투르의 몇 줄을 제외하면 국왕이 치료했다거나 그랬다고 상상할 만한 비슷한 언급조차 없다. 여기에는 논란의 여지가 없다. 그러나 내가 위에서 언급했듯이, 이와 관련된 사료들은 매우 빈약하다. 사료가 침묵하고 있으므로 알 수 없다고 말하지 않고, 이 침묵에서 다른 사실을 알아낼 수는 없을까? 첫 두 왕조의 군주들이 환자들에게 손대기 치료를 했는데 우리가 모르고 있다고 생각할 여지는 전혀 없는가? 확실히 모든 과학의 영역에서 어떤 일이 일어나지 않았다는 부정의 증거란 위험한 법이다. 특히 역사 비평에서 '침묵에 근거한(ex silentio)' 주장은 항상 위험으로 가득 차 있다. 그러나 부정적이라는 이 두려운 단어 때문에 잘못 생각하지 말자. 우리가 여기서 다루는 문제에 대해 뒤 페라는 다음과 같이 탁월한 견해를 밝혔다.

"아마도 몇몇 사람은 나에게 '부정적인 권위로부터' 끌어낸 주장으로는 아무런 결론도 얻지 못한다고 말할지도 모른다. 그러나 코프토(Coeffeteau)가 플레시 모르네(Plessis Mornay)에게 대답했듯이, 나는 그런 사람에게 그것이 역사에는 맞지 않는 논리이며, 오히려 그것이 긍정적인 주장이라고 대답할 것이다. 성 레미(St. Remy), 그레구아르 드 투르, 힝크마르(Hincmarus) 그리고 두 번째 왕조 시대에 이들을 추종했던 모든 작가는 충실한 역사가로서 자신들의 시대에 이루어진 일로서 기억해야 할 일들을 기록으로 남겼으므로, 이 기적이 아무 데도 기록되지 않았다는 사실은 그 기적이 그 시대에는 알려지지 않았다는 것을 입증한다."[18]

달리 말하면 중요한 문제는 메로빙 왕조와 카롤링 왕조 시대에 왕의 치료 관습이 실제로 존재했다고 하더라도 그것을 언급했을 것인가에 있다. 이것은 특히 포르투나투스와 그레구아르 드 투르의 시대인 6세기, 그리고 융성했던 다음 왕조 시대(카롤링 왕조의 르네상스-옮긴이)에 대해서는 거의 부정적일 것 같다. 샤를마뉴나 경건왕 루이가 병자를 만졌다면 성 갈렌 수도원(St-Gall)의 수도사(중세 초 관련 문서가 많기로 유명한 스위스의 수도원-옮긴이)나 라스트로놈(l'Astronome-경건왕 루이 시대의 전기작가)이 이러한 경이로운 사건에 대해 잠자코 있었을까? 궁정과 가까웠고 카롤링 르네상스의 발군의 작가집단(pleiade)을 형성했던 이 작가들 중 어느 누구라도 이 커다란 사건에 대해 스

---

18) *Histoire ecclesiastique de la Cour*, p.806.

쳐 지나가듯이 암시라도 하지 않을 수 있었겠는가?

위에서 명백히 상기시켰듯이 루이 6세에서 성왕 루이에 이르기까지의 문서들은 침묵하고 있었다. 그러나 기껏해야 세 왕의 치세에 불과한 이 침묵에 대해 곧 설명할 것이다. 즉 그레고리우스 개혁의 중심이념은 위에서 언급한 작가들의 이념과 완전히 다른데, 이러한 그레고리우스 개혁이 일으킨 정치사상운동에서 어떻게 이러한 침묵이 나왔는지 설명할 것이다. 메로빙 왕조와 카롤링 왕조의 작품에서의 침묵, 특히 비교할 수 없을 정도로 긴 침묵은 본질적으로 설명하기가 불가능하다. 우리가 흔적을 찾으려고 했지만 헛수고였으므로, 제례가 존재하지 않았다고 간단하게 설명하는 길밖에는 없다. 클로비스의 후손이나 페팽의 후손이 왕으로서 환자를 치료했다는 주장을 믿어야 할 어떤 이유도 없다.

이제 초기 카페 왕조로 가보자. 주지하다시피, 이 왕조의 두 번째 왕인 로베르 경건왕의 일생에 대해서는 왕의 피보호민 중 한 명인 수도사 엘고(Helgaud de Fleury)가 썼다. 이 글은 찬양 일변도다. 로베르는 모든 덕성을 갖춘 사람으로 등장한다. 그는 특히 수도사들이 좋아하는 덕성을 갖추었다. 특히 엘고는 로베르가 나병 환자들에게 선행을 베푼 것을 찬양했다. 그리고 아래와 같이 덧붙였다.

"커다란 은총으로 신의 능력이 이 완전한 인간에게 부여되었다. 그것은 바로 신체를 낫게 하는 능력이다. 그렇게도 경건한 손으로 아픈 사람들의 상처를 만지고 성호를 그으면, 환자들이 고통과 질병에서 해방되었다."[19]

사람들은 이 몇 단어에 대해 수많은 논쟁을 벌였다. 뛰어난 학자들은 이것이 프랑스 국왕의 치료능력을 보여주는 최초의 증거라고 인정하기를 거부했다. 그 이유를 살펴보자.

---

19) *Histor. de France*, X, p.115a. Migne, *P.L.*, t.141, col.931. 이후에 논의를 전개하게 될 이 문구에 대한 해석은 커다란 줄기에서 보면, 크로퍼드 박사가 이미 지적한 것임을 말해두고 싶다. Dr. Crawford, *King's Evil*, pp.12~13.

로베르의 일대기는 정확하게 무엇을 말하고 있는가? 이 군주가 병자를 치료했다고 한다. 그렇다면 이것이 특별한 은총에 힘입은 것인가, 아니면 그 왕조의 모든 왕이 공통적으로 물려받은 자질 덕분인가? 그 문헌은 이에 대해 밝히지 않았다. 엘고는 놀라운 일을 한 국왕에 대해 기록하면서 존경심으로 가득차 있었을 것이고, 아마도 장차 있을지도 모를 시성식을 자신이 준비하기를 원했을 것이다. 그러므로 그가 자신의 영웅이 가지고 있을 것으로 여긴 그러한 신비로운 능력이란 철저하게 개인적 신성함이 표현된 것으로 생각하지 않았을까 하는 질문을 던져보는 것은 당연하다.

조금 전 인용한 그레구아르 드 투르의 글을 상기해보자. 거기서 우리는 군트람 왕이 성인으로 간주되었던 것은 개인적 자원의 일이고, 메로빙 왕조 역시 기적을 행하는 가문으로 간주되지는 않았다고 결론지었다. 엘고의 증언에도 마찬가지 의미를 부여할 수 있지 않을까? 그러나 가까이서 살펴보면 유사성은 피상적임을 알 수 있다. 그레구아르 드 투르의 문헌은 전반적인 긴 침묵 가운데서 등장한 예외적인 것이다. 클로타르의 아들이 가지고 있는 치료능력과 필리프 1세 시대 연주창 치료의 진정한 등장 사이에 연관성을 만들기 위해서는 세 왕조에 걸친 5세기를 연결해야 한다.

또한 이것을 감춰야 할 필요가 전혀 없는 수많은 작가가 침묵했다고 가정해야 한다. 그렇지만 여기 로베르의 일대기에서는 그러한 어려움은 없다. 로베르 2세와 손자인 필리프 1세 사이는 아주 짧은 간격만 있다. 29년, 즉 한 세대 차이이며, 그사이에는 딱 한 명의 왕, 즉 앙리 1세 치세만이 있다. 앙리 1세의 치세는 이 당시의 모든 치세 중에서 가장 알려지지 않은 시기다. 이 군주에 대해서는 아는 바가 거의 없다. 그가 환자를 만졌을 수도 있다. 이러한 행위에 대한 기억이 우리에게까지 전해지지 않았을 수도 있으며, 우리가 이에 대해 모른다고 해서 놀랄 일은 아니다.

현재로서는 로베르 2세가 우리가 서술하려는 이 놀라운 제례를 시작한 사람이라는 점을 받아들이자. 그리고 어떤 일이 일어났는지를 보자. 로베르의 신하들은 그가 병을 치료할 수 있다고 믿었다. 그의 전기를 쓴 작가에게서 그것을 확인할 수 있다. 무엇보다도 이들은 이러한 능력을 자신의 주군에게 부여된 성격으로 여겼을 것이다. 그러나 로베르 이후 그의 후손과 후계자들은 아버지의 특성이 상속되었다고 주장했다. 엘고가 자신의 영웅인 로베르 이후 오랫동안 더 살았는지 모르지만, 이들의 주장에 대해서는 말하지 않으며, 설사 알았다고 하더라도 이런저런 이유로 말하지 않고 지나갔을 것이다.

그러나 우리가 그들의 주장 여부에 대해 의심할 여지는 전혀 없다. 왜냐하면 우리는 의심할 여지가 없는 자료를 통하여 로베르가 죽은 지 몇 년 지나지 않아서 로베르의 손자가 똑같은 능력을 행사했다는 사실을 알았다. 사실 두 세대 사이가 그렇게 가깝기 때문에 똑같은 기적의 전통이 있다면, 더 나아가 똑같은 제례가 있다면 그것은 연속된 것으로 보는 것이 더 자연스럽다. 로베르 1세와 루이 6세의 경우 손을 대고 성호를 긋는 것과 같은 치료행위가 똑같이 나타나며 필리프 1세의 경우에는 이 부분이 언급되어 있지 않다. 엘고가 '위대한 은총'이라고 한 것을 보면 신이 왕에게 상속재산으로서 그 능력을 준 것으로 여기지는 않았던 것 같다. 이로부터 로베르 2세가 기적을 행한 첫 번째 왕이며 이 영광스러운 연쇄고리에 최초로 고리를 끼운 사람이라고 결론지으면 꽤 믿을 만하지만, 그 이후 어떤 왕도 치료를 하지는 못했다고 결론짓는다면, 그것은 사실과 맞지 않기 때문에 그렇게 결론지을 수는 없다.

어려움은 이것만이 아니다. 필리프 1세는 연주창 환자를 만졌다. 그런데 엘고의 글에서는 연주창에 대한 언급이 전혀 없다. 연주창 이야기는 나병 환자에 대한 시술과 관련된 이야기 뒤에 나온다. 그 언급이 특별히 나병 환자에 대한 것은 아니었던 것 같다. 왕의 추종자들이 말한 바에 따르면, 로베르가 치료할 수 있었던 것은 이런저런 질병, 즉 나병이니 연주창이니 하는 것이 아니라, 모든 질병을 가리지 않았던 것 같다.

들라보르드에 따르면, "우리 국왕들의 특별한 능력에 관한 첫 번째 언급이 있는 것으로 알려진 이 전기의 해당 문단에서 연주창이 언급되지 않았다는 점, 그리고 해당 문단이 문제로 삼은 것은 모든 성인이 공통적으로 가지고 있는 질병 치료능력이라는 점에 주목해야 한다."[20] 물론이다. 그러나 국왕에게 부여된

---

20) *Du toucher des écrouelles*, p.175, n.1.

능력이 처음부터 그렇게 '특별한 질병'에 적용되었다는 것이 확실한가? 이 점에서 우리는 익숙하게도 프랑스 군주들이 가지고 있는 기적의 능력이 오로지 연주창에만 효험이 있다는 사실에 익숙해져서 이러한 능력이 이처럼 극도로 제한된 형태만 가지고 있다고 해도 결코 놀라지 않는다.

그러나 처음부터 그러한 형태를 가지고 있었다고 확언하는 것은 타당성이 없는 가설이다. 한 가지 점에서 비교를 해보자. 진정 대중적인 성인 대다수는 각자 자신만의 능력을 지닌다. 눈에 장애가 생겼을 때에는 어떤 성인에게, 배가 아플 때에는 다른 성인에게, 다른 경우에는 또 다른 성인에게 호소한다. 그러나 사람들이 보는 만큼 그 전문화는 대개 처음부터 있었던 것이 아니다. 이에 대한 가장 좋은 증거는 그 전문성이 때때로 변한다는 것이다. 사람들에게 모든 성인은 의사다. 종종 모호한 개념이 결합됨으로써, 어떤 때는 단순한 말장난 때문에 그 성인을 믿는 사람들은 이런저런 특정 질병에서 오는 고통을 덜어주는 능력을 성인에게 부여하곤 한다. 그러면 시간이 해결해준다. 몇 년이 흐른 뒤, 이 능력에 대한 믿음이 잘 만들어져서 고통을 받는 자들의 세계에서 진정으로 숭배할 대상이 된다. 이 책 뒷부분에서 우리는 성 마르쿨 드 코르베니(St. Marcoul de Corbeny)라는 위대한 순례자 성인 중 한 명에게서 그 사례를 보게 될 것이다. 그는 프랑스 국왕과 마찬가지로 연주창을 치료할 수 있었다. 그는 이 분야에서 꽤 유명한 사람이었다. 그러나 그것은 나중에 만들어진 것이다. 그 이전에 그는 몇 세기 동안 다른 성인과 마찬가지로 질병 종류에 상관없이 사람들이 호소하던 성인 중 한 명이었다. 그의 이야기는 프랑스 국왕 이야기를 반복하는 것에 불과한 것처럼 보인다. 두 이야기는 시간상으로는 꽤 떨어져 있다.

그 이야기는 우리에게 잘 알려져 있지만, 프랑스 국왕 이야기는 뚜렷하게 알려져 있지는 않다. 성 코르베니와 마찬가지로 프랑스 국왕 역시 처음에는 수많은 질병을 치료하다가 나중에야 전문화되었을 것이다. 국왕의 치료능력이라는 개념을 낳은 집단적 표상은 그것의 모든 자취를 추적하기가 매우 까다롭기는 하지만, 이해할 수 없는 정도는 아니다. 나는 지금 그것을 재구성해보려고 한다. 그 표상은 우리가 이제 막 설명하려고 하는 왕권의 신성한 성격이라는 신앙을 다룬 일군의 전설과 관련되어 있다. 이해하기 힘든 것은 프랑스인이 갑자기 자신들의 국왕이 병을 치료하는 능력, 그것도 질병 전체가 아니라 연주창 종류나 연주창만 치료하는 능력이 있다는 생각을 해냈다는 점이다.

　거꾸로 사건이 성 마르쿨처럼 전개되었다고 가정해보자. 이런저런 질병에 걸린 모든 불쌍한 사람들이 국왕이 치료해준다는 명성을 듣고 몰려왔을 때, 예를 들어 경건왕 로베르 같은 초기 카페 왕조의 왕들은 이들을 만지고 성호를 그었다. 이 사람들 가운데 확실히 연주창 환자가 있었을 것이다. 연주창이 그 당시 유럽에서는 매우 흔하면서도 두려운 질병이었기 때문이다. 그러나 근본적으로 가벼운 질병이며 실제 위험하다기보다는 역겨워 보인다. 그리고 특히 외견상으로나 일시적으로 쉽게 차도가 있는 것처럼 보인다.[21] 국왕의 신성한 손이 스치기만 한 연주창 환자들 중에서 일부는 나았을 것이고 다른 많은 사람은 나은 것처럼 보였을 것이다. 오늘날 말로 하면 자연치료이고 11세기 말로 하면 왕의 능력에 의한 치료인 셈이다. 이런 것들 중에서 몇몇 경우는 이런저런 이유로 상상력을 자극하기에 적합한 특별한 조건을 가졌다고 생각해보자. 그러면 사람들은 이 방법으로 차도가 있는 환자와 국왕이 만졌으나 낫지 않은 다른 질병에 걸린 환자들을 대비시키게 된다. 이것만으로도 카페 왕조의 왕들이 연주창 환자를 치료하는 전문가라는 마음이 생기기에 충분하다. 명백히 이러한 종류의 연쇄를 재구성하려면 가설에 크게 기대야 한다.

　일반 치료사가 전문적인 치료사로 변하는 과정을 자세히 추적하기는 항상 쉽지 않다. 왜냐하면 그 과정은 수많은 작은 사건들의 결과로 나타나기 때문이다. 그 작은 사건들은 매우 다양한 성격을 가지고 있으며 누적될 때에야 비로소 결과가 나타난다. 그 사건들은 각각 떼어놓고 보면 언급될 가치가 없을 정도다. 역사가들이 '우연'이라고 하는 것은 바로 그것이다. 그러나 이 '과정'이 가능하다고 하더라도 성인 숭배의 역사는 이 우연을 지나치게 많이 보여주었다. 그런데 우리 주장을 견고하게 지지해줄 하나의 문헌이 여기에 있다. 엘고가 제공하는 증언을 거부할 이유는 전혀 없다. 우리가 재구성하려는 발전과

---

21) 이 점에 대해서, 그리고 왕의 기적에 대한 비판적 설명에 대해서는 3부를 보라.

정 속에 놓고 보더라도 신빙성이 전혀 떨어지지 않는다. 그러므로 받아들여야 한다.

다음과 같이 결론지으면 우리는 여전히 견고한 토대 위에 있는 셈이 될 것이다. 즉, 카페 왕조의 두 번째 왕인 경건왕 로베르는 병자를 치료하는 능력을 지닌 것으로 신하들에게 알려져 있었다. 그의 후계자들은 이러한 능력을 물려받았다. 그러나 세대에서 세대로 전해지면서, 이 왕조의 능력은 변화되거나 점차 정교해졌다. 사람들은 왕의 손대기가 주권에 해당하며 그것이 모든 환자에게 무차별적으로 적용되는 것이 아니라 질병 중에서 특별한 것, 무엇보다 가장 흔한 질병인 연주창에 특별히 작용한다는 것을 받아들이게 되었다. 로베르의 직계손자인 필리프 1세 이후 이러한 변화가 완성되었다.

이리하여 우리는 프랑스에서 연주창 손대기 치료가 시작된 것에 대해 그럴듯한 결론을 내릴 수 있게 되었다. 남은 문제는 단어의 고유한 의미에서 기원을 찾아보는 것이다. 이것은 곧 사람들이 어떻게 국왕을 기적을 행하는 의사로 간주하게 되었는지 이해하는 것이다. 그러나 이에 대한 조사는 현재로서는 거의 성과가 없다.

사실 국왕의 기적은 프랑스에서만큼이나 영국에서도 있었다. 기원에 대해 충분히 설명할 수 있는 연구를 하려면 두 나라를 따로 떼어놓고 보면 안 된다. 왜 치료 의식이 영국에 앞서 프랑스에서 먼저 나타났는지 설명할 수 있는가? 똑같은 의례가 영국에서 나타났던 시대를 결정하기 전에 여기에 대답할 수는 없다. 이처럼 사전에 반드시 조심해야 할 것에 주의하지 않고서 어떻게 프랑스 국왕이 해협 건너편의 경쟁자를 모방했는지 안 했는지 알겠는가? 이 의례가 반영되어 있는 왕권의 개념을 분석하는 문제는 어떤가? 기원의 단계부터 이웃한 두 국가에서 똑같은 집단 이념이 있었다. 그러므로 이제 무엇보다도 우리가 지금까지 프랑스의 문헌에 대해서 했던 것과 똑같은 비판적 논의를 영국에 대해서도 진행시켜야 한다.

영국에서 의례의 등장

12세기 말경 영국 헨리 2세의 궁정에 프랑스 출신 성직자 피에르 드 블루아(Pierre de Blois)라는 사람이 있었다. 오레오(Jean-Barthélemy Hauréau)의 말에 따르면, 그 당시 프랑스 왕 주변에 모여들었던 지식인들만큼이나 많은 사람이 플랜태지니트(Plantagenet) 왕조의 화려한 궁정에도 모여들었으며, 이들은 프랑스 궁정의 지식인보다 지적으로 더 우수한 사람들이었다. 피에르는 바로 그 지식인이자 성직자들 중 한 사람이었다.[22] 그의 저작들 가운데 귀중한 서한집이 한 권 있다. 그것을 살펴보자. 거기에는 맞붙어 있는 편지가 두 통 있는데 두 통 모두 국왕 측근 성직자에게 발송된 것이다. 한 통에서 피에르는 궁정과 궁정인의 온갖 악행에 대해 말했다. 두 번째 편지에서 피에르는 개영시(palinodie, 앞의 시에서 말한 내용을 취소하는 시-옮긴이)를 노래했다.[23] 몇몇 역사가가 말했듯이,[24] 주군의 불만 때문에 태도가 위축된 것일까? 내 입장에서는 이 두 편지를 심각하게 다루고 싶지 않다. 이 편지는 수사학이나 궤변술, 즉 그 당시에 유행했던 긍정과 부정(sic et non)의 방법을 연습한 것에 불과했다. 그렇지만 상관없다. 두 번째 편지는 다음과 같은 구절을 담고 있다.

"고백하건대 나는 국왕을 돕는 것이 성직자로서 성스러운 일을 마무리하는 것이라는 점을 말해두고 싶습니다. 왜냐하면 국왕 자신이 성인이기 때문입니다. 그는 그리스도이자 하느님입니다. 그가 도유식을 통해 성스럽게 되는 것은 헛된 일이 아닙니다. 어떤 사람들은 도유식의 효과에 대해 모르거나 부정하지만,

---

22) *Journal des Savants*, 1881, p.744.

23) Migne, *P.L.*, t.207, ep. XIV, col. 42; ep. CL, col. 439.

24) 예를 들어 *Mém. Acad. Sc. Morales*, t.171 (1909), p.375에서 뤼셰르(A. Luchaire)는 피에르 드 블루아에 대한 흥미로운 글을 썼다. 피에르 드 블루아의 서신과 그 편지의 진실성에 대한 정당한 평가를 위해서는, 그가 편지 작성법 교본(*Libellus de arte dictandi rhetorice*)을 썼다는 사실을 기억하는 편이 좋다. Ch.-V. Langlois, *Notices et extraits*, XXXIV, 2, p.23. 피에르의 경력에 대해서는 다음을 참조하라. J. Armitage Robinson, "Peter of Blois," *Somerset Historical Essays* (published for the British Academy), London, 1921.

서혜부에 감염된 페스트를 사라지게 만든 것이나 연주창을 치료한 것만으로도 그 효과를 충분히 보여주셨습니다."[25]

그렇게 헨리 2세는 연주창 환자를 치료했다. 또 서혜부에 침투한 페스트 (inguinariae pestis)를 제거한 것(defectus) 역시 국왕의 능력에 속했다. 질병을 가리키는 단어들인 서혜부 페스트가 어떤 질병을 암시하는지 제대로 알 수는 없다. 훌륭한 의학사가인 크로퍼드(Dr. Crawfurd)가 입증해주고 있듯이 그 당시 사람들은 여러 형태의 임파선 페스트(peste bubonique)와 서혜부 염증을 혼동할 수 있었다.[26] 피에르 드 블루아는 의사가 아니었다. 그는 보통 사람들이 하는 실수를 저질렀다. 블루아는 자신을 비롯한 수많은 인물들이 헨리 2세가 물리친 것으로 간주했던 서혜부 페스트를 광범한 신경절 질환 중에서 특수한 하나의 형태로 간주했을 가능성이 높다. 중세인들은 이러한 신경절 질환을 연주창이라는 이름으로 통칭했기 때문이다. 요컨대 연주창은 헨리 2세의 전문과목이었던 셈이다. 그의 치료능력은 개인적인 것이 아니었다. 그는 자신의 직분으로서 그 능력을 지니고 있었다. 그는 국왕 자격으로 기적을 행했던 것이다. 그는 1189년 죽었다. 그다음 세기에, 특히 1300년에 가까울수록 일련의 문헌이 점점 더 많아지는데, 거기서 헨리 2세의 후계자들이 같은 능력을 행사했음을 볼 수 있다.[27] 그런 점에서 그는 사람들이 기적의 능력을 처음 행사한 주군이라고 단언할 수 있는 위치에 있다. 국왕의 기적에 관한 역사에서 헨리 2세가 영국에서 차지하는 위치는 필리프 1세가 프랑스에서 차지하는 위치와 같다. 그는 연주창 환자를 만졌다. 그러나 몇 가지 추측을 인정하면, 헨리 2세 이전 시대로 거슬러 올라가지 못할 이유는 없다.

앞서 우리는 앙시앵레짐 시대의 몇몇 프랑스 학자가 해협 이쪽 편인 프랑스

---

25) *P.L.*, t.207, col. 440 D. 국립도서관 판본(ms. nouv. acqu. lat. 785)과 이 편집본은 중요하지 않은 단어의 도치(인용된 편집본은 'accepit unctionis regiae sacramentum,' 국립도서관 판본은 'unctionis regie accepit sacramentum')를 제외하고는 일치한다.

26) *King's Evil*, pp.25~26. 나는 이 책의 설명을 많이 참조했다.

27) 이와 관련된 문헌들은 이 책 140쪽과 157쪽 이하 참조.

에서 처음 시작한 사람이 클로비스였다고 주장했음을 살펴보았다. 16세기 영국의 성직자 윌리엄 투커(William Tooker)는 기독교도로는 처음으로 영국을 통치한 국왕 루키우스(Lucius)에게 클로비스와 유사한 지위를 부여했다.[28] 이 이야기는 신빙성이 없는 데다가 여기서 어떤 것도 얻어낼 수 없다. 적어도 클로비스는 실존인물이지만, 루키우스는 학자들의 상상 이외에는 존재하지 않는다. 역사로 돌아가보자. 앵글로색슨 시대 내내 거의 국왕이 어떤 종류이든 치료능력을 부여받았다는 언급을 찾아볼 수는 없다.[29] 옳건 그르건 치료사 반열의 첫머리에 올라야 한다고 생각되는 군주를 찾으려면 노르만 정복 직전까지 거슬러 올라가야 한다. 오늘날 영국식 제례를 만든 사람으로 일반적으로 인정되는 사람은 에드워드 고해왕이다. 셰익스피어는 흔히 그랬듯이 홀린셰드(Raphael Holinshed)에서 착상을 얻어 자기 작품에 이용하곤 했는데, 이 전통 역시 가장 널리 읽히는 탁월한 희곡 『맥베스』에서 자기 것인 양 이용했기 때문에 그만큼 더 힘을 갖게 되었다. 맬컴과 맥더프는 스코틀랜드 폭군의 증오를 피해 도망가면서 에드워드의 궁정으로 피신했다. 맬컴은 이 궁정에서 놀라운 기적의 증인이 되어 그것을 동료에게 전해주었다.

"이상한 병에 걸린 환자들이 있었다. 온통 부풀어올라 있었고 종양으로 뒤덮여 있어서 보기에도 애처로웠다. 의사에게 절망한 그 환자들을 왕이 치료했다. 목에 금화를 매달고 성스러운 기도를 하자 환자들이 치료되었다. 그러자 사람들

---

28) *Charisma*, p.84. 투커는 또한 그렇게 확신하지는 않지만 영국 의례의 창설자로서 조세프 아리마티(Joseph d'Arimathie)를 꼽았다. 비드의 책(Bede, *Historia ecclesiastica*, I, 4)을 통해 영국에 이름이 알려진 루키우스가 의례의 기원이라고 하는 설은 우리가 알고 있듯이 교황전(教皇傳, *Liber Pontificalis*)의 한 언급에 근거를 두고 있다. 그 언급은 사실 '브리튼 섬의 왕 루키우스(Lucius roi breton)'가 교황 엘레우테루스(Eleutherus)에게 보내는 편지에 있는 내용이다. 하르낙(Adolt von Harnack)은 엘레우테루스 전기를 작성한 사람이 에데사(Edessa) 왕을 브리튼 섬의 군주로 잘못 적었음을 입증했다. *Sitzungsberichte der kg. preussischen Akademie*, 1904, I, pp.909~916.

29) J.F. Payne, *English medicine in the Anglo-Saxon times(Fitzpatrick Lectures)*, Oxford 1904, p.158.

은 이러한 치료의 능력이 후대 왕들에게도 전승되었다고 말했다."[30] (『맥베스』
4막 3장)

우리가 셰익스피어의 견해에 동조해야 하는가?

에드워드 고해왕의 삶, 특히 그의 초자연적 능력은 네 문헌을 통해서 우리에
게 알려져 있다. 윌리엄 오브 맘스베리(William of Malmesbury)의 『왕국의 역
사』(Historia regum)의 몇몇 구절, 그리고 세 종류 전기가 그것이다. 그중 첫 번
째는 익명의 전기이며 다른 두 가지는 오스버트 오브 클레어(Osbert of Clare)
와 에일리드 오브 리보(Ailred of Rievaulx)의 전기다. 에일리드는 1163년 헨리
2세 치세에 썼고 오스버트는 1138년 스티븐 오브 블루아(Étienne de Blois)가
가 있던 시대에 썼다. 윌리엄은 좀더 오래되었다. 그가 처음 쓴 『역사』는 헨리 1
세 치세 후반기인 1124년 또는 1125년에 씌었다. 마지막으로 『익명 전기』(Vie
Anonyme)는 대체로 그 영웅(에드워드 고해왕-옮긴이)과 동시대에 쓰인 것으
로 알려져 있다. 아마도 에드워드가 죽은 뒤인 1067년이나 좀더 늦게 잡으면
1076년에 작성되었을 것이다. 적어도 여기까지는 공통된 견해다. 나는 다른
글에서 그것이 근거가 없으며 그 『생애』(Vie)의 작성 시기가 헨리 1세 치세이
지만 앞부분은 1103년에서 1120년 사이에 작성되었음을 밝히려고 했다. 나는
여기서 그 결과를 기정사실로 간주할 것이다.[31]

에드워드 고해왕은 일찍이 성인으로 간주되었다. 그에 대한 숭배는 아직 공
식적 축성이 없던 헨리 1세 때 이미 활발하게 이루어지고 있었다. 오스버트는
그의 시성(諡聖)을 추진한 대변인이었다. 에일리드가 일을 시작할 때 오스버
트는 이미 그 일을 마친 상태였다. 결과적으로 여기에 열거한 네 작품이 모두
치료 기적을 에드워드에게 돌리는 것은 놀라운 일이 아니다. 그는 성인이었으

---

30) 『맥베스』 4막 3장. 참조문헌은 Holinshed, *Chronicles of England, Scotland and Ireland*, I. VIII,
   chap. 7, éd. de 1807, I, Londres, p.754.
31) 에드워드 고해왕의 전기(傳記)에 관한 모든 것은 내가 편집한 오스버트 오브 클레어 편집본
   의 서문에 근거했음을 밝히며, 이후로는 따로 표시하지 않겠다. *Analecta Bollandiana*,
   XLI (1923), p.5 이하.

므로 당연히 기적을 행할 수 있었다.

이 일화들 중 단 하나만 전통적으로 '연주창 손대기 치료'를 연구한 역사가들이 다루었다. 그 내용은 네 작품에서 거의 똑같이 반복된다. 에일리드는 다른 곳에서와 마찬가지로 여기서도 오스버트의 말 많고 어수선한 전개를 단지 좋은 문체로 바꾸기만 했다. 오스버트는『익명 전기』를 알고 있었다. 게다가 오래전의 두 작가, 즉 윌리엄 오브 맘스베리와 '전기작가'라는 이름으로 불리는 『익명 전기』의 작가를 보면, 분명히 웨스트민스터에서 작성된 기적 집성(集成)을 공통의 원천으로 했을 것으로 생각되며, 오스버트 역시 이 책에서 인용했다. 여기 그 유명한 일화를 간략하게 싣는다.[32]

영국에 끔찍한 병에 걸린 젊은 여자가 있었다. 목의 임파절이 부어 있었는데 안좋은 냄새까지 났다. 꿈에 계시를 받고 국왕에게 치료를 호소하러 갔다. 국왕은 물병에 물을 가득 담아서 가져오게 한 다음 손가락을 집어넣었다가 빼내서 환부를 만지며 성호를 여러 차례 그었다. 곧 국왕이 손으로 누르자마자 피고름이 흘러나왔다. 그리고 병이 치료되었다. 환자는 궁정에 남아 있었지만 더 이상 처치가 이루어지지는 않았던 것 같다. 그런데도 거의 일주일이 지나서 운 좋은 그 여자는 급속도로 나았다. 무슨 말을 하겠는가? 병이 치료되었을 뿐만 아니라 심지어 그녀를 괴롭히던 끈질긴 불임조차 나았다. 그해 그녀는 남편과의 사이에서 아이를 낳았다.

이것이 이야기의 전체 줄거리다. 작가들이 주석을 붙이는 경우가 있는데, 여기에 대해 우리는 문헌 자체만큼이나, 또는 그보다 더 관심을 가져야 한다. 여기 윌리엄 오브 맘스베리에 대한 주석이 있다.

---

32) *Vita Aeduuardi regis qui apud Westmonasterium requiescit*, dans *Lives of Edward the Confessor*, éd. Luard(Rolls Series), p.428; William of Malmesbury, *Historia Regum*, II, I, 222, éd. Stubbs(Rolls Series), I, p.272; Osbert de Clare, chap. XIII; Ailred, éd. R. Twysden, *Historiae anglicanae scriptores X*, London, 1652, col. 390. 그리고 Migne, *P.L.*, t.195, col.761.

"오늘날 몇몇 사람은 이러한 기적, 즉 에드워드가 젊은 여자에게 한 기적, 혹은 에드워드가 젊은 시절에 했던 유사한 기적에 대해 잘못 생각하고 있다. 그들은 국왕이 이러한 질병을 치료할 능력을 지녔다고 주장하는데, 그것이 개인의 성스러움에 근거해서가 아니라 왕실의 특권을 상속받은 자로서 지니고 있다고 주장한다."[33]

이 글은 이중적 의미로 매우 가치 있는 견해다. 이 글이 윌리엄의 견해와 그와는 다른 동시대인의 견해를 동시에 보여주기 때문이다. 맘스베리는 성인만이 그런 기적을 일으킬 수 있다고 생각했다. 국왕이 성인이라면 기적을 수행할 수 있으니 국왕 자격으로는 그렇게 알 수 없나고 생각했던 것이다. 기적을 행하는 왕조는 없었다. 이것은 훨씬 뒤 우리가 교황 그레고리우스 7세를 상기할 때 그레고리우스파의 견해라고 할 만한 개념이다. 우리가 특히 관심이 있는 것은 반대편의 견해. 윌리엄은 이 견해와 싸우면서 반박할 수 없는 증언을 한 셈이다.

우리가 1124~25년의 영국에 있다고 하자. 에드워드 고해왕은 60년 전에 사망했는데, 병자들의 고통을 덜어준 것으로 알려져 있다. 이러한 치료의 성질이 모두 똑같았을까? 모든 사람이 그렇게 생각하지는 않는다. 어떤 사람들은 연주창 치료의 기적이 다른 사람들에게만 통용되는 것으로 생각하기도 한다. 에드워드가 치료를 시행했다면 그것은 종교적 능력 덕분이 아니라 왕가의 일원이었기 때문이다. 이것을 믿는 사람들은 국왕이 연주창을 치료한다는 사실을 믿을 만한 이유가 충분히 있다. 이런 생각은 어디에서 나왔을까? 그 일이 눈앞에서 명백히 이루어졌기 때문이다. 그들의 왕은 헨리 1세다. 사람들이 알기로는 헨리 2세가 했다고 주장하는 이러한 능력을 할아버지인 헨리 1세가 이미 보였다는 것인가? 그러한 결론을 피하기는 어려워 보인다.

그리고 『왕국의 역사』와 거의 동시대의 다른 문헌도 여기서 검토해보아야 한다. 여기서 잠시 유명한 기베르 드 노장의 구절을 인용할까 한다. 그 구절은

---

33) *Loc. cit.*, p.273.

프랑스의 의례와 관련된 가장 오래된 증언이다. 그러나 예전에는 마지막 몇 단어를 일부러 생략했는데, 이제는 그것을 원래대로 인용해보자. 기베르는 다음과 같이 말했다.

"연주창 치료라는 문제에 대해 다른 왕들은 무엇을 했는가? 나는 이 점에 대해 언급하지 않을 것이다. 내가 알기로 영국 왕은 이러한 치료를 시도해볼 엄두조차 내지 않았다."[34]

오래전부터 프랑스 역사가들은 기베르 드 노장의 『성유물에 대해』가 작성되던 시대에 카페 왕조의 왕들이 이미 가지고 있었던 놀라운 특권을 같은 시대인 헨리 1세 치세에 영국 왕들은 전혀 가지고 있지 않았다고 주장했는데, 그 근거를 이 짧은 구절에서 이끌어냈다.[35] 이러한 해석은 기베르 드 노장을 기쁘게 했을 것이다. 이러한 해석이야말로 나중에 그가 부여하기를 원했을 법한 것이기 때문이다. 그러나 그것은 너무 단순하다. 노장의 수도사 기베르가 과도한 애국심을 가지고 있었던 것은 잘 알려진 사실이지만 그가 프랑스 왕조의 특권을 보호하려는 열망에서 그랬다는 것에 대해서는 조금 의심이 든다. 유럽의 많은 군주 중에서 의사로서 재능을 결코 부여하지 말아야 할 왕으로 이 노르만족 출신 왕을 선택해야 할 특별한 필요가 있었을까?

크로퍼드 박사가 멋있게도 붙여놓았듯이 '왕위를 찬탈하려 한다는 뜬소문'[36]이 영국에서 기베르의 귀에까지 이르기라도 했던 듯하다. 따로 떼어놓고 보면 이런 의미에서도 저런 의미에서도 증명되지 않는 그의 증언은 윌리엄 오

---

34) "Super aliis regibus qualiter se gerant in hac re, supersedeo; regem tamen Anglicum neutiquam in talibus audere scio." 적어도 이것은 최초 필사본이며 편집자가 채택한 텍스트이기도 하다. Migne, *P.L.*, t.156, col. 616. 12세기경 어떤 사람이 'scio'를 'comperio'로 바꾸었다. 'sc' 자리에 약자표시(-)가 된 'p'가 쓰여 있고 그 위에 'co'가 적혀 있다.

35) 예를 들어 Mabillon, *AA. SS. ord. S. Bened.*, IV. 2, p.523. 이것은 오늘날에도 여전히 통용되는 들라보드르의 해석이다.

36) *King's Evil*, p.18. 크로퍼드 박사는 헨리 1세가 연주창 환자를 치료한 것으로 간주하지 않았다. 그는 기베르의 문장이 성 에드워드의 기적을 암시하는 것이라고 보았다.

브 맘스베리의 증언을 옆에 놓고 보면 위에서 말한 우리의 결론을 의도하지는 않았지만 간접적으로 입증하고 있는 셈이다. 가장 그럴듯한 설명은 헨리 1세가 연주창 환자에게 손을 댔다는 것이다.

우리가 가지고 있는 수많은 사료 중에서 앞서 언급한 윌리엄 오브 맘스베리의 구절이 연주창에 걸린 여자 환자가 치료받는 이야기에 대한 유일한 주석은 아니다. 이제 나는 다른 세 사람의 저작에 거의 똑같이 나오는 한 구절을 인용하려고 한다. 그 세 사람은 '전기작가', 윌리엄, 오스버트이다. 이 구절은 앞의 두 사람, 즉 '전기작가'와 윌리엄이 최초의 기적 이야기에서 끌어다 쓴 것이므로 그 기적 이야기에 이미 실려 있다. 나는 가장 오래된 '전기작가'의 문헌부터 살펴보겠다. 내용을 이해하기 위해서는 에드워드가 데인족의 침입으로 자기 땅에서 쫓겨난 뒤 젊은 시절을 친척인 노르망디 공작의 궁정에서 보냈다는 사실을 기억하는 편이 좋다.

> "이 기적은 우리에게 새로운 것이었다. 그러나 국왕은 젊은 시절에 오늘날 노르망디라고 부르는 뉴스트리아(Neustria) 지방에 있으면서 종종 그 기적을 수행했다. 우리는 프랑스인의 증언에서 그것을 알고 있다."[37]

자, 매우 놀라운 언급 아닌가! 명백히 동가지구(東家之丘), 즉 이웃의 공자는 공자가 아니었던 셈이다(nul n'est prophète en son pays, 사람의 진가를 가까운 사람들은 모른다-옮긴이). 마찬가지로 추방당한 젊은이인 에드워드가 자신의 고향 왕국에서는 이미 잊힌 기적을 행하는 능력을 왜 외국인들을 위하여 사용했는지 알 수는 없다. 나아가 이 일이 일어났다는 관념이 어떻게 성인전을 쓰는 작가들의 정신 속에서 자라나기 시작했는지 이해하기 힘들다. 게다가 해협 건너편 사람들, 즉 프랑스인에게 특별히 영국 성인을 상기시킴으로써 무엇을 하려고 했을까? 헨리 1세 치세의 역사를 좀더 가까이에서 살펴보자. 그 역사가

---

37) *Osbert of Clare*, p.429.

이 신비에 대한 열쇠를 제공해줄 것이다.[38]

헨리 1세는 군주로서의 정통성이 빈약했지만 정치인으로서는 매우 능란했다. 그는 현지 신하들의 기분을 맞추려고 애썼다. 노르망디 귀족들의 조롱을 무릅쓰고 섬나라의 오랜 왕족 가문 출신 여자와 결혼해서 아들을 낳았다. 그때 그가 예언했는데, 어린 왕자가 백성의 소망(aspiration nationale)을 상징하는 인물로 등장할 것이며 해럴드(Harold Godwinson)의 왕위 찬탈(해럴드가 노르망디 공작 윌리엄과의 약속을 저버리고 윌리엄에게 돌아가야 할 왕위를 빼앗았다고 보는 입장-옮긴이)과 정복(윌리엄의 잉글랜드 정복-옮긴이)으로 잘린 오래된 나무줄기의 새로운 싹이 될 것이라고 했다. 이러한 예언에는 예언자가 필요한 법이다.

헨리와 그의 측근 조언자들은 에드워드 고해왕을 선택했다. 그는 앵글로색슨 왕조의 마지막 왕으로서 죽음에 임박하여 예정된 아이의 도래를 예언해야 할 인물이었다. 이 이야기가 성인의 생애에서 한 자리를 차지하고 있다. 이 이야기가 위에서 열거한 작품들 속에서 완전히 똑같거나 거의 똑같은 형식으로 되어 있음을 볼 수 있다. 우리가 알고 있기로는 그 이야기의 공통기반은 아주 그럴듯하게 꾸며진 기적 집성인데, 오늘날 전해지지는 않는다. 그 공통기반은 정치적 이념, 즉 헨리 1세의 정치적 이념의 영향을 받았다.

이러한 사실에 비추어 이제 연주창에 걸린 여자 환자 이야기를 해석해보자. 성인 에드워드의 모든 전기는 그 사실에 대해 언급하고 있다. 물론 그들의 증언이 있다고 해서 고해왕이 정말로 목 임파선염을 치료했다거나 치료했다고 믿게 만들었다고 결론지어도 좋다는 뜻은 아니다. 그들의 증언은 단순히 가장 오래된 전기 문학이 쓰인 시대에 사람들이 이러한 기적에 대해 이야기했다는 것을 입증해줄 뿐이다. 그 시대는 바로 헨리 1세 치세다. 헨리 1세가 연주창 환자를 만졌다고 생각할 만한 상당한 이유가 있다. 그는 어떤 근거에서 그러한 능력을 주장했는가? 윌리엄 오브 맘스베리는 우리가 놓치지 말아야 할 것을

---

38) 그 이후에 대해서는 오스버트 오브 클레어가 쓴 『전기』의 「서문」으로 내가 작성한 글, 특히 20쪽과 35쪽을 참조하라.

보여주고 있다.

　즉 열성적인 사람들이 군주의 놀라운 행위를 먼저 실행한 선배가 있기를 바라고 있던 차에, 성 에드워드가 했던 기적에서 그 선배를 발견했던 것이다. 그것은 명백히 공식적인 해석이다. 매우 경건한 군주로 기억 속에 남아 있고, 영국인의 마음속에 소중한 존재로 남아 있는 군주이자 윌리엄 정복왕 자신이 후계자가 되고 싶어했던 바로 그 군주에게 그러한 성격을 부여하는 것보다 더 좋은 기원이 어디 있겠는가? 그러므로 12세기에 작성된 성인 전기는 우리가 보았듯이 매우 뚜렷하게 통치 흔적을 담고 있다. 사람들은 여기에 예언을 첨가했다. 여기에다가 치료를 슬쩍 집어넣지 않았을까?

　그렇지만 나중에 조심성 없게 개작한 사람이 이 젊은 영국 여인의 모험을 완전히 꾸며냈을 것 같지는 않다. 연주창 환자를 치료하는 것은 성인에게는 매우 자연스러운 행위다. 고전적으로 말하면, 장님이 눈을 뜨게 하고 마비 환자가 손과 발을 움직이도록 만드는 것처럼 자연스러운 일이다. 그밖에도 성인 전기는 잊지 않고 에드워드 고해왕에게 막강한 능력을 부여했다. 그러나 다른 유사한 표상들 중에서 이 기적이 형성과정에 있는 전설 속으로 들어갈 때, 헨리 1세의 측근들은 자연스럽게 이 기적을 특별히 취급하여 그들의 군주가 기적을 행하는 능력이 있다는 것을 이 기적을 이용해서 정당화하게 된다.

　여기에는 한 가지 난관만이 있다. 이 기적은 단 한 차례만 일어났다는 사실이다. 에드워드는 그의 치세 동안 연주창 환자를 단 한 번밖에 '손대지' 않았다. 국왕 헨리가 그 지위의 계승자로서 특별한 치료능력을 가졌다고 주장하기에는 근거가 빈약했다. 이 부분에 대한 전설은 이미 확실하게 세워져 있었다. 여기에 어떤 변화를 주는 것은 쉽지 않아 보이며 심지어 신성모독일 수도 있다. 즉위 이전 에드워드는 노르망디에서 산 적이 있었는데, 바로 이처럼 대륙에서 거주했다는 것에 대해서 영국의 전설은 아무런 언급도 하지 않았다.

　적어도 헨리 1세의 직계조상의 궁정이 있는 바로 그곳에서 에드워드가 연주창 치료를 여러 차례 시행한 것으로 꾸몄다. 이러한 수정은 초기 성인전에 포함되었다. 우리는 과거의 모든 전기에서 그러한 수정을 찾아볼 수 있다. 윌리엄 오브 맘스베리는 에드워드와 관련한 노르망디의 기적에서 나오는 결론을 받아들이지 않았다. 그러나 그 이야기가 제공하는 정보의 내용까지 거부할 정도로 배짱이 있지는 않았다. 세상 사람들처럼 그 역시 외국에서 벌어진 기적을 믿었다. 우리는 이러한 기적이 '잘못 생각한 결과'라고 생각한다.[39]

그러므로 에드워드 고해왕과 선왕들이 주장하지 않았듯이, 앵글로색슨 왕들도 마찬가지로 연주창 치료능력을 주장했다고 믿을 만한 아무런 이유가 없다. 헨리 2세가 이 능력을 시행했던 것은 확실하다. 헨리 1세가 이미 시행했을 수도 있으며, 이것을 정당화하기 위해 위대한 성 에드워드의 이름을 빌렸을 수도 있다.[40] 우리가 아는 한 이것이 영국에서 의례가 시작된 경위다.[41]

---

39) 에일리드의 작품에서는 노르망디의 기적에 대한 암시를 찾아볼 수 없다. 그가 살았던 헨리 2세 치세에 기적을 행하는 왕의 능력에 대한 신앙은 확고하게 확립되어 있었다. 에드워드 고해왕이 시술한 많은 연주창 치료를 더 이상 강조할 필요가 없어졌다. 반면 이처럼 외국에서 이루어져서 알려지지 않은 사실을 상기시키는 것은 부적당하게 여겼을 것이다. 이러한 이유로 공식적으로 오스버트의 문헌을 다듬어야 할 의무를 지고 있던 에일리드가 문제의 구절을 삭제했던 것이다.

40) 옥스퍼드에 있는 애슈몰린박물관(Ashmolean Museum)에는 17세기에 옥스퍼드 근처에서 발견된 메달이 보관되어 있다. 그 메달이 스칸디나비아에 기원을 두었는지 앵글로색슨족에 기원을 두었는지는 알 수 없다. 그 메달 윗부분에는 구멍이 뚫려 있고 해독하기 어려운 문자가 새겨져 있다. 발견 당시에는 두 글자를 알아볼 수 있었다고 한다. 그 글자는 E와 C였다. 이상한 착각으로 몇몇 학자는 그것이 에드워드 고해왕(Eduardus Confessor)을 나타내는 것으로 해석했다. 마치 에드워드가 살아생전에 성인 지위를 가졌던 것처럼 해석한 것이다. 근대 영국 왕들은 자신이 손대기 치료를 시행한 환자들에게 손대기 동전(touch-piece)이라고 불리는 동전을 나누어주었는데, 환자의 목에 걸기 위해 메달에 구멍을 뚫었다. 이에 대해 앞서 말한, 지나치게 창의력이 풍부한 학자들은 사람들이 성 에드워드의 손대기 동전에 손을 댔다고 상상했다. 그들의 의견은 반박할 필요조차 없는 것이었다. Farquhar, *Royal Charities*, I, p.47 이하.

41) 헨리 1세와 헨리 2세 사이에 스티븐 오브 블루아의 치세가 있다. 스티븐은 헨리 1세의 조카로서, 헨리 1세와는 모계로만 관계가 있을 뿐이었고, 삼촌의 유언이 있었지만 통치를 했다. 그럼에도 아저씨가 시작한 치료능력을 그가 계속 주장했을까? 아니면 장차 왕이 될 헨리 2세가 잠시 중단되었던 전통을 부활시켰을까? 문헌증거가 부족해서 이 사소한 문제는 여전히 미제로 남아 있다.

2 국왕 치료능력의 기원: 중세 초의 신성한 왕권

신성한 왕권의 발전, 축성식

지금 우리 관심을 끄는 문제는 두 가지다. 왕의 기적은 무엇보다도 최고의 정치권력을 나타내는 어떤 관념을 표현하는 것으로 보인다. 이러한 관점에서 보면, 그것을 설명하는 것은 그 표현을 이념이나 신앙 전체와 관련짓는 일이 될 것이다. 이러한 이념과 신앙 전체를 가장 특징적으로 표현한 것 중 하나가 바로 왕의 기적이다. 좀더 일반적인 현상 속에 특별한 경우를 대입하는 것이 모든 과학적 '설명'의 동일 원리 아닌가? 그러나 우리 연구를 그런 지점까지 이끌고 왔을지는 모르지만, 아직 목표에 도달하지는 못했다. 우리가 그쯤에서 멈춘다면 우리는 특수한 것을 거의 다루지 않고 놔두게 될 것이다. 유럽 전체에서 공통적으로 나타나는 사상과 감정의 변화에서 나온 치료 의례가 다른 시기도 아닌 그 시기에, 다른 곳도 아닌 영국에서, 마찬가지로 프랑스에서 나타나게 된 이유를 생각해보는 일이 남아 있다. 요컨대 한편으로는 깊은 원인, 다른 한편으로는 우연, 즉 오래전부터 인간정신 속에 자리 잡고서 그 의례를 제도로 만들어낸 미세한 추진력과 같은 것, 이 두 가지가 문제다.

그렇지만 사람들은 이렇게 말할 것이다. 연주창 손대기 치료의 원천이 되는 집단 표상을 찾아내기 위해 오랫동안 조사해야 할 필요가 있느냐고 말이다. 첫눈에 보기에도 매우 독특한 이 의례가 중세와 근대 사회에 남아 있는 원시 신앙의 마지막 잔향이라는 것은 너무도 명백한 일 아닌가? 오늘날 과학은 원시 부족에 대해 연구함으로써 그러한 원시 신앙을 이미 복원해내지 않았던가? 이러한 관습을 이해하고자 한다면 제임스 프레이저(James Frazer)가 주의 깊고 정교하게 모아놓은 『황금가지』나 『왕권의 마술적 기원』의 긴 목록을 훑어보는 것만으로도 충분하지 않은가? 레나크(Salomon Reinach)가 썼듯이, "만약 사람들이 루이 14세에게 연주창 환자를 만지는 것이 폴리네시아 족장을 모델로 했음을 입증해 보였다면 루이 14세가 뭐라고 말했겠는가?"[1] 이미 몽테스키외 (Montesquieu)가 페르시아인 우스베크(Usbeck)의 입을 빌려서 그 군주에 대해 이렇게 말한 바 있다. "이 왕은 위대한 마술사야. 그는 백성들의 정신조차도 조종하여 제국을 통치하지. 심지어 왕은 신하들로 하여금 왕이 모든 질병을 만지기만 해도 치료한다고 믿도록 만들 지경이라네. 이 정도로 그의 힘과 권력이 백성들의 정신에 미치는 영향은 막대하다네."[2] 몽테스키외가 한 말의 맥락에서 마술사라는 단어는 단지 농담에 불과하다. 이제 임의로 그 단어에 완전한 의미를 부여해보자. 이 짧은 구문을 이 책 서두에 인용한 바 있다. 사물의 성격에 대한 오래된 몇몇 개념과 인간이 만들어놓은 초기의 정치적 제도 사이에 있는 관계는 오랫동안 무시되어왔는데, 그 관계를 파악할 수 있게 만든 것이 제임스 프레이저의 훌륭한 저서이므로 그 서문에 내 인용문을 끼워넣는 편이 훨씬 더 그럴듯해 보인다. 물론 연주창 치료의 기적은 의심할 바 없이 전적으로 심리학적 구조(système psycologique)에 속하며, 두 가지 점에서 '원시적'이라고 할 수 있다. 첫 번째 이유는 비합리적인 것에 근거를 두고 거의 발전하지 못한 사고의 표시를 지녔기 때문이고, 다른 이유는 우리가 '원시적'이라고 부르는 사회 속에서 특별히 순수한 상태로 발견되기 때문이다. 그러나 그렇게 말하면 그것이 우리 연구가 지향하는 심성적 표상을 나타내는 것 이상이 될 수 있지 않을까? 역사적 현실은 덜 단순하며 비슷비슷한 관례적 문구보다 더 풍부하다.

제임스 프레이저 경은 이렇게 썼다. "태평양이나 다른 지역의 섬들에서 어떤

---

1) *Cultes, mythes et religions*, II, p.21.

2) *Lettres Persanes*, I, 24.

왕들은 영적인 전기 같은 것을 띤 대기 속에 살면서, 그 마법의 영역 안으로 침입하는 조심성 없는 사람이 있으면, 즉시 벼락을 쳐서 내쫓는다고 하며, 단순히 손을 댐으로써 건강을 회복시키는 특권도 가지고 있는 것으로 간주된다. 영국 왕의 조상도 과거에 유사한 능력을 가지고 있었던 것으로 추측할 수 있다. 연주창은 왕의 병으로 불리는데, 그것은 왕이 손대면 병을 줄 수도 있고 치료할 수도 있을 것이라고 믿었기 때문이다."[3] 잘 살펴보자. 제임스 프레이저 경은 11, 12세기에 영국이나 프랑스의 군주가 자신의 주변에 연주창을 퍼뜨리고 동시에 그 환자들을 치료할 능력을 지녔다고 주장하는 것이 아니다. 그는 오래전 역사가 어둠에 싸여 있던 시절 그들의 조상들이 양날의 칼을 사용했다고 상상할 뿐이다. 전차 사람들은 국왕이 지닌 새능의 가공할 측면을 잊어버리고 단지 자비로운 측면만 기억하게 된 것이다. 사실 우리가 잘 알듯이 11, 12세기에 기적을 행하는 왕은 조상들의 유산 중 하나인 이 능력을 거부할 필요가 없었다. 왜냐하면 그들이 가진 기적의 능력에서 어느 부분도 아주 오래전부터 전해 내려온 것이 아니었기 때문이다. 이러한 주장은 충분한 듯이 보였다. 그러나 잠시 그러한 주장을 미뤄놓자. 원한다면 노르만 왕조나 카페 왕조의 군주들이 지닌 치료 능력의 기원이 아주 오래되었다고 상상해도 좋다. 그러한 상상이 제임스 프레이저 경의 가설을 좀더 더 설득력 있게 만드는가? 나는 그렇게 생각하지 않는다. 그의 가설은 폴리네시아 통가 섬의 사례에 근거한다. 그 섬에서는 어떤 족장들이 일종의 유사요법(homéopathie, 질병증상과 유사한 증상을 유발시켜 그 증상을 낫게 하는 대체의학-옮긴이)을 행한다고 한다. 그러나 이러한 유사성에서 추론해내는 것이 가치 있는 일인가? 비교라는 방법은 매우 생산적이다. 그러나 그것은 일반화에서 벗어나지 않는다는 조건에서만 그렇다. 비교는 구체적 사실을 재현해내는 데 도움을 주지는 못한다. 사회생활 전체에 영향을 미치는 몇몇 집단 표상은 큰 틀에서 보면 다수 민족에게서 유사하게 나타나며, 특정 문명의 상태를 나타내는 징후일 수도 있다. 그것은 문명의 상태에 맞추어 변화한다. 상대적으로 최근의 불완전한 보고서를 통해서만 알려져 있는 다

---

3) *Golden Bough*, I, p.371(강조는 블로크). *Ibid.*, III, p.134.

른 사회 내에서는 집단 표상이 역사적으로 입증되지 않는다. 그렇다면 이러한 사회에서는 정말로 없었던 것일까? 아마도 그렇지 않을 것이다. 비교사회학을 이용하여 그것을 아주 그럴듯하게 재현해볼 수 있다. 그러나 인류에게 공통으로 나타나는 이러한 거대한 개념은 적용되는 시간과 장소에 따라 다르게 받아들여진다. 오세아니아 지방의 부족에 대한 연구에 따르면 이곳에서는 다른 하늘 밑에서, 즉 중세유럽, 심지어 근대유럽에서도 번창했던 것과 같은 성스러운 왕권이라는 개념이 명백히 존재했다. 그러나 오세아니아에서와 똑같은 제도를 유럽에서 찾을 것이라고 기대하기는 어렵다. 단 하나의 사례만 들었지만, 폴리네시아제도에서 족장은 질병을 일으키는 사람인 동시에 치료사다. 그는 자신이 가지고 있는 초자연적 능력을 그런 방식으로 나타낸다. 그러나 똑같은 능력이라도 다른 곳에서는 다른 방법으로 표현된다. 예를 들어 나쁜 성격을 갖지 않고 선한 자로만 나타나는 경우도 있다. 초기 선교사들 중에서 많은 사람들은 지금은 어느 정도 없어져버린 모든 기독교적 사고를 '원시인'에게서 발견할 수 있을 것으로 믿었다. 우리는 그 반대의 실수를 저지르지 않도록 주의해야 하며, 대척지인(Antipodes, 지구 반대편 사람들-옮긴이)을 파리나 런던으로 데려오지는 말아야 한다.

그러면 이제 서유럽 두 나라에서 손대기 치료라는 의례를 가능하게 만든 신앙이나 감정의 움직임을 그 모든 복잡한 것 속에서 추적해보자.

프랑스와 영국의 왕들은 기적의 치료사가 될 수 있었다. 왜냐하면 그들은 오래전부터 신성한 인격체였기 때문이다. 피에르 드 블루아는 자신의 우두머리인 헨리 2세에게 기적을 행하는 능력이 있음을 정당화하기 위해 "실로 그는 신성하며 하느님의 도유를 받은 왕이시다"라고 말했다. 우선 어떻게 왕권의 신성한 성격이 인정받게 되었는지 언급하는 편이 좋을 것 같다. 그다음으로 일종의 명백한 결론으로서, 이러한 성격을 가진 자가 치료능력 또한 가지고 있다는 생각에 이르게 되는데 이러한 생각들이 결합되는 과정을 설명해야 한다.[4]

---

4) 뒤이어 나오는 논의는 케른의 훌륭한 책(Kern, *Gottesgnadentum*)에 의존하고 있다. 이 책에는 완전한 참고문헌 목록이 있다. 다만 그 목록이 분류되어 있지 않다는 단점이 있기는 하지만 말이다. 이 책 덕분에 참고문헌에서, 특히 축성과 관련된 참고문헌에서 많은 생략을 할 수 있

카페 왕조의 왕들은 항상 자신들이 카롤링 왕조의 적자(嫡子)라고 주장했다. 그리고 카롤링 왕조의 왕들 역시 자신들은 클로비스의 적자이며 그 후예들의 적자라고 했다. 영국의 노르만 왕조 왕들은 세습재산으로서 앵글로색슨 군주의 계승자임을 자처했다. 예전의 프랑크족이나 앵글족 혹은 색슨족의 우두머리부터 12세기 프랑스나 영국의 군주에 이르기까지 계보는 바로 연결되어 있으며 끊긴 적이 없었다. 그러므로 우리가 우선 살펴보아야 할 것은 오래전 게르만족의 왕권이다. 그렇게 함으로써 우리는 매우 오래된 생각과 제도의 밑바닥을 살펴볼 것이다.

불행하게도, 우리는 그것에 관해서 거의 알지 못한다. 기독교화 이전의 모든 게르마니아에 대해서는 기록된 문헌사료가 없어서 재현 불가능할 정도로 캄캄하다. 우리는 몇몇 섬광만 볼 수 있을 뿐이다. 이 섬광을 가지고 우리가 할 수 있는 일이라고는 게르만족에게 있어 왕권이라는 개념이 그 정도 문명 단계의 모든 족속과 마찬가지로 종교적 흔적을 가지고 있다는 점을 밝히는 정도에 불과하다.[5] 타키투스(Tacitus)가 이미 지적했다시피, 게르만족 사회에서 왕이

었다. 요스 폰 헬트(Jos von Held)의 논문과 관련하여 말하자면, 내가 보기에 그 논문에서는 어떤 유용한 것도 발견할 수 없을 것이라고 말해주는 편이 다른 연구자들에게 도움이 될 것 같다. Jos von Held, "Königtum und Göttlichkeit; Am Ur-quell," *Monatschrift für Volkskunde*, III(1892). 축성과 관련해서 케른의 책이 나온 이후 유용한 작품이 나왔다. Reginald Maxwell Woolley, *Coronation rites*(The Cambridge Handbooks of Liturgical Study), Cambridge 1915, 그리고 툴루즈 법학부의 조르주 페레의 논문도 유용하다. Georges Péré, *Le sacre et le couronnement des rois de France dans leurs rapports avec les lois fondamentales*, s.l, 1921. 이 논문은 법학적 지식을 제공하기는 하지만, 유감스럽게도 문학적 자료를 완전히 무시했기 때문에 가치가 떨어진다. 그리고 다음 작품도 참조하라. Ulrich Stutz, "Reims und Mainz in der Königswahl des X. und zu Beginn des XI. Jahrhunderts," *Sitzungsber. der preussischen Akademie*, 1921, p.414.

5) 고대 게르만 왕권의 신성한 성격은 여러 차례 조명을 받았다. 특히 다음을 참조하라. H. Munro Chadwick, "The ancient Teutonic priesthood," *Folklore*, 1900. 같은 저자의 다음 작품도 참조하라. *The origin of the English nation*, Cambridge 1907, p.320. 시사점을 주는 작품으로는 J. Flach, *Les origines de l'ancienne France*, III, pp.236~237. 그리고 Paul Vinogradoff, *Outlines of Historical Jurisprudence*, I, Oxford 1920, p.352. 나는 뒤쪽에서 스칸디나비아의 여러 종족에게서 나온 몇몇 정보를 이용했다. 게르만의 여러 종족에서 볼 수 있는 것과는 반대로, 이 종족들에게는 전문 사제직이 없었기 때문에 왕권의 신성한 성격이 더욱 강화되었다는 것을 모르는 바가 아니다. 북유럽의 왕은 항상 사제였다. 게르만족의 왕들은 침입할 당시 대

란 일시적인 전투의 우두머리와는 달리 개인적 장점에 근거해 자유롭게 선택
된 자들로서 특정 귀족가문에서만 선출되었다. 두말할 나위없이 타고난 신성
한 성격을 세습하는 어떤 가문들에서만 선출되는 것이다.[6] 왕은 신성한 존재
로 여겨지며 적어도 신의 후손이다. 요르다네스(Jordanes)의 표현을 빌리면,
"고트족은 승리하게 되면 그것이 자신들의 군주에게서 비롯된 행운 덕택이라
고 여기므로 자신들의 군주가 단순히 군주에 머무르기를 원치 않아서 군주에
게 반신(半神)이라는 뜻의 아세스(Ases)라는 이름을 붙여주었다."[7] 아세스라
는 단어는 스칸디나비아 고어(古語)에서 찾아볼 수 있다. 실제 그 단어는 신이
나 신과 인간 사이의 어느 범주를 나타내는 데 사용되었다. 우리는 몇몇 앵글
로색슨 왕가의 계보를 알고 있다. 그들 모두는 보탄(Wotan, 북유럽 게르만족
신화의 최고 신-옮긴이)까지 거슬러 올라간다.[8] 왕이 초자연적인 기원을 가지

부분 이러한 역할을 아예 맡고 있지 않았거나 더 이상 가지고 있지 않았다. 그러나 이러한 차
이가 아무리 중요하다고 하더라도, 그것은 우리 관심사 밖이다. 북유럽과 마찬가지로 남유럽
에서도 기본 개념은 동일했다. 우리가 천착해야 할 문제는 바로 그것이다.

6) *Germania VII.* "왕은 고귀한 가문에서, 장군은 용맹함으로 선출된다." 타키투스의 이 문장은
종종 그리고 적절하게도 그레구아르 드 투르가 프랑크족의 기원에 대해 썼던 내용과 비교해
볼 수 있다. "그곳에서는 마을과 도시마다 최고의, 이른바 가장 고귀한 가계 중에서 긴 머리
왕을 선출한다." Grégoire de Tours, *Historia Francorum*, II, 9.

7) *Getica*, c. XIII, éd. Mommsen(*Mon. Germ. A A.*, V), p.76에서 아말 왕가에 대해 한 말이다. 아
세(Ase)라는 단어의 뜻에 대해서는 다음을 참조할 것. Maurice Cahen, *Le mot "Dieu" en vieux-
scandinave*(Collect. linguistique Soc. linguistique de Paris, X, et *thèse Fac. Lettres, Paris*), 1921,
p.10, n.1. 홉스(Hoops, *Reallexikon der germ. Altertumskunde*)가 편찬한 사전의 '아센(Asen)'
항목을 집필한 모크(E. Mogk)는 이 단어가 죽은 뒤 신격화된 왕에게만 사용되는 단어로 보인
다고 했다. 그러나 나는 요르다네스에게서 그와 같은 것을 발견하지 못했다. 유스티누스의 기
묘한 문헌(Justin, *Histor. Philippic.* vii, 2)에서 마케도니아인이 어린 왕을 전장에 데리고 나갔다
는 내용을 볼 수 있는데("전쟁에서 자신들의 왕에게 하늘의 가호가 부족해서, 신에 의해 패배
했다는 듯이"), 여기서 요르다네스가 고트족에게서 보았다는 것과 유사한 신앙을 볼 수 있다.

8) 특히 Kemble, *The Saxons in England*, 1876, éd., London, I, p.336; W. Golther, *Handbuch der
deutschen Mythologie*, 1895, p.299; J. Grimm, *Deutsche Mythologie*, 4e éd., Berlin, 1878, III,
p.377. 계보에 대한 가장 최근의 연구로는 하켄베르크의 소논문이 있다. E. Hackenberg, *Die
Stammtafeln der anglo-sächsischen Königreiche*, Berlin, 1918. 나는 아직 이 소논문을 보지 못했
다. 주요 결론에 대한 요약은 Alois Brandl, *Archiv für das Studium der neueren Sprachen*, t.137,
1918, p.6 이하(특히 p.18). 비엔(Vienne)의 주교 아비투스(Avitus)가 클로비스의 세례식 때
썼던 유명한 편지에 메로빙 왕가의 신성한 기원에 대해 암시하는 구절이 있다. Junghans,

고 있다는 이러한 믿음에서 충성심이 생겼다. 이런저런 개인에게 부여된 속성이 아니므로 장자상속권도 없으며, 왕조 내부에서만 세습되는 권리라는 생각도 고정되어 있지 않았다. 사람들은 군주를 바꿀 수는 있지만 같은 왕조의 사람이어야만 한다고 믿었다. 아탈라릭(Athalaric)은 로마 원로원에 이렇게 편지를 보냈다. "여러분의 후손들이 원로원에 기원을 두고 있는 것과 마찬가지로, 모든 귀족을 압도하는 아말 가문(Amales, 동고트족 왕가-옮긴이) 출신은 통치할 자격을 갖추고 있다." 로마의 단어에 게르만의 개념을 혼합해 그 군주는 "아말 가문이 자줏빛(로마 황제의 색깔-옮긴이) 옷을 입을 자격이 있다"라고 말했다.[9] 이 종족만이 유일하게 진정 효율적인 주인을 제공할 능력이 있었다. 왜냐하면 이 종족민이 이 신비로운 행운, 요르다네스의 표현에 따르면, '행운 비슷한 것(quasi fortuna)'을 가지고 있었기 때문이다. 사람들은 자신들이 승리한 원인이 이런저런 우두머리의 군사적 능력보다는 행운에 있다고 보았다. 개인적 정통성이라는 개념은 매우 희박했으나, 왕조의 정통성이라는 개념은 매우 강했다.[10] 6세기에 헤룰리족(Herules, 북유럽 게르만족 일파-옮긴이)에서 떨어져나온 한 집단이 다뉴브 강 유역에 정착했다. 이들은 전통적 가문의 한 분파를 따라왔는데, 그 가문에서 족장을 배출했다. 어느 날 그 가문의 대가 완전히 끊기게 되었다. 폭력이 난무하던 시대의 다른 군주들과 마찬가지로 그 가문의 마지막 자손 역시 자신의 신하에게 죽임을 당했다. 그러나 자신들의 왕을 죽인 그 야만인들은 왕의 혈통 없이 지내는 것을 받아들이지 않고, 혈통을 대표하는 사람을 찾으러 과거에 자신들이 이주를 시작했던 먼 곳까지 특사를 보냈다. 프로코피우스(Procope)에 따르면 그곳의 이름은 '툴레(Thulé)'였는데 이 이름은 의심할 바 없이 스칸디나비아반도를 가리키는 것이었다. 첫 번째로 선택된 사람은 여행 중 죽었다. 특사가 다시 여행을 떠나 다른 사람을 데려왔다. 그사이 헤룰리족은 기다리다 지쳐서 오직 개인적 능력에 따라 그들 중 한 명을 우두머

Histoire de Childerich et de Chlodovech, trad. Monod(*Bibl. Hautes Études*, fasc. 37), p.63, n.4.

9) Cassiodorus, *Variae*, VIII, 2 : IX, 1.

10) 독일 역사가들이 '혈통권(Geblütsrecht)'과 '상속권(Erbrecht)'을 구분해 표현하는 것을 말한다.

리로 선출하기로 했다. 아마도 과감하게 그들 스스로 선출하지는 못하고 황제에게 한 명을 지명해달라고 요청했던 것 같다. 그러나 적법한 계승자가 도착하자, 전혀 모르는 사람이었음에도 불구하고 하룻밤 만에 모든 사람이 그를 지지하게 되었다.[11]

진정 신성한 왕들은 자연에 대해 어떤 능력을 지닌 것으로 간주되었다. 다른 민족에게서 볼 수 있는 개념, 특히 중국 사회에서 강력하게 발전된 개념에 따르면, 사람들은 왕들이 만물의 질서를 책임지고 있는 것으로 여겼다. 13세기 『헤임스크링라』(Heimskringla)라는 책에 수집된 전설에 따르면, 노르웨이 왕인 할프단 검은왕(Halfdan le Noir)이 수확하는 데서는 모든 왕들 중에서 가장 뛰어났는데, 그가 죽었을 때, 그의 시신은 모두 한 장소에 매장되지 않고 네 부분으로 나뉘어 그 나라의 주요 네 지역에 있는 묘지에 묻혔다. 왜냐하면 신체를 소유하거나 신체 일부를 소유하는 것은 그것을 가진 사람들에게 풍작에 대한 기대를 주기 때문이었다.[12] 12세기에도 데인족은 탁월한 군주가 어린아이와 밀을 만져서 사람들에게 다산과 풍년을 가져다준다고 여전히 믿고 있었다.[13] 이들은 때때로 수확이 줄어들면 왕을 갈아치우기도 했다. 마르켈리누스

---

11) Procopius, *De Bello Gothico*, II, 15. Kern, *Gottesgnadentum*, p.22 참조. 프로코피우스의 관점에서 보면, 툴레에 정착한 헤룰리는 자신들이 오래전부터 살던 흑해 지역에서 뒤늦게 출발해 도착한 집단이었다. 그러나 이것은 명백히 잘못된 견해이며 누구도 이 견해를 받아들이지 않는다.

12) *Heimskringla*, éd. Finnur Jonsson, I, *Halfdana Saga Svarta*, K.9. 이 문헌 및 이후에 나오는 문헌의 번역은 동료 모리스 카엥(Maurice Cahen)의 도움을 많이 받았다.

13) 이 부분은 덴마크 역사가 삭소 그라마티쿠스(Saxo Grammaticus)의 구절에서 따온 것이다 (Liv. XIV, éd. Holder-Egger, Strasburg, 1886, p.537). 이 구절에 따르면 덴마크의 발데마르 1세(Waldemar Ier)가 1164년 독일을 지나 돌에서 열리는 회의에 참석하러 갈 때, 왕의 손대기를 받기 위해 엄마들은 아이들을 데리고 왔고, 농민들은 곡식을 가져왔다. 이들은 모두 처지가 나아지기를 바라고 있었다. 이렇듯 사람들은 발데마르가 가지고 있는 기적의 능력을 믿고 있었고, 심지어 외국 사람들조차 그랬다. 이것은 명백한 과장이며 삭소 그라마티쿠스의 과도한 애국심이 낳은 결과였다. 그러나 이 일화는 매우 시사적이다. 이것은 게르만족의 정신상태를 보여주는 것이 아니라 데인족의 정신상태를 말해주는 일화다. 자기 나라의 왕을 자랑하기 위해 삭소가 생각해낸 것은 무엇일까? 그것은 이웃한 종족들까지도 왕의 신성한 손으로 치료받으러 오는 광경이었다. 그 행위가 같은 종족사람들에게 행해지는 경우는 말할 필요도 없을 정도로 일상적이었을 것이다. 그가 묘사한 신앙은 그가 창작해낸 것은 아

(Ammianus Marcellnus)의 증언에 따르면, 부르군드족의 왕들도 유사한 경우에 마찬가지 운명에 처해졌다. 평범한 이해력을 가진 이 로마 역사가(마르켈리누스-옮긴이)는 신성한 왕권의 전형적인 나라인 옛날 이집트의 관습과 비교해볼 것을 권하고 있다. 똑같은 관습이 이교 시대 스웨덴에서도 활발하게 행해졌던 것 같다.[14]

풍년의 주인이었던 게르만족의 왕들이 병자에게까지 자신들의 재능을 확대한 것일까? 내가 방금 상기시켰듯이, 13세기에 아이슬랜드의 성직자 스노리 스투를루손(Snorri Sturluson)이 쓴 『헤임스크링라』에는 11세기 초 노르웨이를 통치하던 왕이자 해럴드(Harald)의 아들인 올라프(Olaf) 왕이 치료능력을 가시고 있다고 되어 있다.[15] 그러나 올라프는 성(聖) 올라프로서 기독교의 성

닐 것이다. 그는 어디서 그 아이디어를 얻었을까? 이야기의 효과를 더하기 위해 단지 나라만 바꾼 것이라고 생각할 수도 있다. 아마 그 자신도 그 신앙을 믿고 있었을 것이다. 그는 교회의 교리를 의심 없이 믿었으므로, 그 신앙에 다소 미신적인 성격이 있다는 생각을 떨쳐버릴 수 없었을 터인데도, 그 믿음에 대해 호의적으로 말했다. "미신을 상당히 믿는 농민들……."

14) Ammienus Marcellinus, XXVIII, 14. "이 종족들 주변에서 왕은 헨디노스(Hendinos)라고 불리는데, 만약 그의 지휘 아래 전쟁의 운명이 호의적이지 않거나 대지의 수확이 부정적일 때에는 오래된 관습에 따라 권력에서 추방된다. 이집트의 경우 이러한 관습이 그들의 지도자들에게 흔히 적용되었다." 스웨덴에 대해서는 다음을 참조할 것. *Heimskringla*, I, *Ynglinga*, K.15, K.43. 이 부분의 두 번째 문단에서 흉년이 기적의 능력, 요르다네스의 표현에 따르면 '행운 비슷한 것'을 가진 왕의 부재 때문이 아니라 왕의 명백한 잘못, 예를 들어 희생제를 게을리 수행한 것과 같은 잘못 때문이라는 생각이 나타났다는 점에 주목하라. 이것은 합리적 해석을 향한 첫걸음으로서, 이러한 해석이 낡은 신앙을 뒤흔들었다. 원시 민족들 사이에 있는 이와 같은 미신에 대해서는 수많은 작품에서 찾아볼 수 있다. 가장 최근의 권위자인 레비 브륄을 보라. L. Lévy-Bruhl, *La Mentalité primitive*, 1922, p.366 이하.

15) *Heimskringla*, II, *Olafs Saga Helga Konungs*, II, K.155, K.189. 올라프는 1030년 죽었다. W. Ebstein, *Zur Geschichte der Krankenbehandlung*, *Janus*, 1910, p.224에 이 문헌의 일부가 실려 있다(후반부에서 올라프가 목에 종기가 난 작은 소년을 치료하는 장면을 볼 수 있다). 그리하여 연주창 치료를 스칸디나비아에 기원을 두고 있는 것으로 보기도 한다. 즉 북유럽국가에서 잉글랜드(특히 에드워드 치세 때)를 거쳐 프랑스에 도달했다는 것이다. 이러한 이론은 명백히 길게 논박할 필요조차 없다. 단지 연대를 살펴보는 것만으로도 충분하다. 올라프의 치료능력은 13세기 문헌에서야 입증되며, 노르웨이 왕들이 가문에 전해지는 능력으로서 그 능력을 행했다고 믿을 만한 근거가 전혀 없다. 에드워드 고해왕의 기적은 12세기 초 문헌에 의해 알려지게 되었지만, 모든 면에서 의심스럽다. 프랑스에서 확실히 의례가 활발히 시행된 것은 11세기 후반부터, 즉 필리프 1세 때부터였으며, 프랑스 군주의 기적을 행하는 능력은 10세기 말까지 거슬러 올라가는 듯이 보인다. 즉 올라프가 수행한 치료 의례 이야기를 담

인이었다. 아이슬랜드 무훈담(saga)에서 그가 가지고 있었다고 하는 기적의 능력은 성인전의 줄거리를 반복한 것에 불과하다. 게르만족 중 어느 누구도 국왕을 치료사로 보지 않았다는 점을 확신하기에는 우리가 가지고 있는 문헌이 너무도 적다. 따라서 의심을 품은 채 이 지점에서 멈추는 것이 신중하고 지혜로운 일이다. 자료가 부족할 때 항상 비교사회학에 의존하곤 하는데, 이에 따르면 고대 게르만 사회에서 왕들이 신의 능력을 부여받았으므로 당연히 완전하게 또는 부분적으로 치료사였을 것이라고 하는데, 이 주장을 반드시 받아들일 필요는 없다는 점 역시 기억해야 한다. 왜냐하면 치료사이자 왕인 사례는 언제 어느 곳에서나 흔하게 나타나는 것이 아니기 때문이다. 적어도 제임스 프레이저 경의 저술이 주는 인상은 그렇다. 이 방대한 모음집에서 국왕의 마술이 이러한 형태로 나타나는 사례는 그리 많지 않다. 세네갈 족장 우알로스와 통가 제도의 폴리네시아인이 반복적으로 나타나는데, 마치 군대의 행진을 나타내기 위해 무대의 한 곳을 빙빙 돌고 있는 단역 배우와 같다.[16] 사실 이러한 자료 부족은 놀랄 일이 아니다. '원시인들'이 자신들의 왕에게 부여한 기적의 능력은 일반적으로 집단 전체에 안녕을 제공하려는 집단적 목적을 위해 사용되는 것으로 간주되며, 개인적 목적을 위해 행해지는 것으로 간주되지는 않는다. 그 역할은 개개의 고통을 덜어주는 것이 아니라 비가 내리게 하거나 규칙적인 수확을 보장하는 것이었다. 누구나 알다시피, 사실 인종집단에 대한 여러 기록에

고 있는 사가뿐만 아니라 올라프와 같은 시기인 성 에드워드왕의 치료 의례보다 더 앞선 시대에 시작되었다.

16) 여기에 더하여 아라비아의 몇몇 귀족 가문을 들 수 있다. 그들의 치료능력은 광견병에 특별한 효과가 있었는데, 그 기원은 이슬람 시대 이전으로 거슬러 올라간다. 이 책 1부 2장 각주 64 참조. 고전 고대에 관한 한 문헌 증거는 모호하다. 플루타르코스의 피루스(Pyrrhus) 3장의 한 문단을 보면 사람들이 피루스에게 치료능력이 있다고 여긴 것을 알 수 있다. 이러한 기적의 능력이 자리 잡은 곳은 그의 엄지발가락이었다. 그러나 그가 에피루스(Epirus)의 다른 왕들과 이 능력을 나누어 가졌다는 것은 어디에서도 찾을 수 없다. 아마도 이것이 메로빙 왕조의 군트람과 유사한 사례라고 할 수 있을 것이다. 왕권의 주술적 성격에 대한 일반적 믿음을 가문 전체에 부여하는 것이 아니라 특정한 유명인에게만 적용하는 것이다. 게다가 나병과 황달은 고대 문헌에서 '왕의 병(morbus regius)'이라고 했다(특히 Law Hussey, On the cure of scrofulous diseases, p.188 참조). 그렇지만 이 이름의 기원이 왕의 '기적'과 관련이 있는지를 입증할 수 있는 어떤 수단도 가지고 있지는 않다.

서 '비를 내려주는' 족장의 사례를 추려내서, 그것으로 이 책의 페이지를 채우는 것은 매우 쉬운 일이다. 이러한 사실로부터 우리가 알 수 있는 것은 대개 인간집단의 생활을 지배하는 우주의 특별한 현상에 대해 왕이 영향력을 행사하지 못하도록 종교가 금지하는 사회일수록 우리의 주제인 손대기 의례가 더 쉽게 발전했다는 사실이다.

사실 게르만족 사회에서는 왕권이 신성하다는 관념이 발전해 있었는데, 이러한 신성한 왕권 관념에 결정적 타격을 가한 것은 종교상의 혁명이었다. 기독교의 전파는 이 관념에서 자연에 근거한 부분을 제거해버렸다. 즉 종족의 전통신앙(pagan)을 제거해버린 것이다. 왕은 국가의 우두머리로 살아남았다. 그리고 게르만족의 침입 이후 어떤 순간에 그들의 정치적 권력은 그 어느 때보다 강하게 되었다. 그러나 적어도 공식적으로는 신성한 존재로 여겨지지 않게 되었다. 의심할 바 없이 낡은 관념은 한순간에 지워지지는 않는다. 그것은 다소 암암리에 민중의 의식 속에서 계속 살아남은 것처럼 보인다. 우리가 가지고 있는 문헌 자료들은 어느 정도 그러한 흔적을 드러내준다. 우리 자료가 교회에 기원을 두고 있어서 그 결과 이러한 과거 사실들에 대해 적대적이지만,[17]

---

17) 나는 확실히 남아 있는 것만으로 한정하려 한다. 사람들은 다른 것을 끌어들이기도 한다. 몇몇 역사가는(예를 들어 Grimm, *Deutsche Rechtsaltertümer*, 4e éd., I, p.314 이하. 그리고 Chadwick, *loc. cit.*) 아인하르트가 메로빙 왕조 말기 왕들이 탔다고 말한, 소가 끄는 마차를 신성한 마차라고 했다. 이 마차는 타키투스가 네르투스(Nertus) 여신 행렬에 사용했다고 언급한 마차와 유사하다(게르마니아 40장). 이 가설은 꽤 그럴듯해 보이지만, 순전히 가설에 불과하다. 가짜 프레데가리우스(pseudo-Fredegarius)가 처음 나오는 전설에서 메로베우스(Mérovée)는 바다 괴물의 아들로 되어 있다(III, 9.『프랑크족의 역사』3권 9장). 이것은 오래된 이교 신화의 흔적일까? 아니면 갈리아에서 메로베우스라는 이름을 이용하여 단어놀이를 하는 과정에서 만들어진 것으로서 어원에 얽힌 완전히 날조된 전설일까? 등장한 순수한 어원에 얽힌 전설일까? 누가 알겠는가? 신중하지 않으면 안 된다. 성급한 민속학자가 빠지기 쉬운 과도함에 얽힌 재미있는 사례를 여기서 들어보겠다. 그림의 책(Grimm, *loc. cit.*, I, p.339)을 보면, 피에라브라스(Fierabras)가 지은 프로방스어로 된 시의 한 구절이 언급되어 있다. "말을 죽게 한 왕은 통치권을 가지지 못한다." 이것은 '금기(taboo)'였을까? 텍스트를 다시 보자. 피에라브라스는 이교도 왕이지만 용맹한 기사였다. 그는 올리비에(Olivier)와 싸웠다. 우연히 상대의 말을 쓰러뜨리는 바람에 마상시합의 기사도 규칙을 심각하게 위반하게 되었다. 상대의 말을 제압함으로써 승리하는 것만큼 비열한 짓은 없기 때문이다. 이리하여 올리비에가 그것을 비난했다. "그런 짓을 한 왕은 왕국을 통치할 자격이 없다." 그림이 인

만약 그렇지 않았더라면 우리는 더 많은 흔적을 발견했을 것이다. 머리카락을 기르는 것은 프랑크 왕가의 전통적 특징이다. 프랑크족의 다른 자유민들은 성년에 이르면 머리를 짧게 잘랐다. 이들의 긴 머리카락은 원래 초자연적 질서의 상징에서 기원한 것이다. 더 그럴듯한 설명은 결코 자르지 않는 머리카락은 선택받은 종족의 후예들에게 부여되는 기적의 능력이 자리 잡는 장소로 간주되었다. '긴 머리 왕(reges criniti)'은 삼손과 같은 것이었다. 아주 오래된 것으로 알려진 이 관습이 끝까지 주술적 가치를 가지고 있었는지 알 수는 없지만, 적어도 민중 사이에서는 메로빙 왕조 내내 지속되었다.[18] 앵글로색슨 왕가에 속한 많은 인물이 사후에 성인으로 존경받았다. 비록 많지는 않지만 메로빙 왕조에서도 마찬가지였다. 이 왕조가 특별히 종교적 능력이나 개인적 능력이 많았다고 볼 수는 없다. 오히려 그 반대다. 그러나 사람들은 자발적으로 가족 구

용한 문구는 프로방스어로 된 다음과 같은 문구였다. "rey que caval auci non a dreg en regnat(말을 죽인 왕은 왕국을 통치할 권리를 갖지 못한다)."(I. Bekker, *Der Roman von Fierabras*, Berlin, 1829, v. 1388) 프랑스어로 된 시구는 "Rois ki ceval ocist n'a droit en ireté(말을 죽인 왕은 상속권이 없다)."(éd. Guessard, *Les anciens poètes de la France*, 1860, v. 1119) 이리하여 피에라브라스는 말에서 내려왔다. 두 영웅은 이제 동등한 조건에서 싸울 것이었다. 그리고 전투는 정당하게 계속될 수 있었다. 전체 시에서 내가 인용한 시구 한 줄을 분리해보면, 왕의 신비에 대한 가장 기묘한 정보를 얻을 수 있다. 그것은 그림(Grimm)이 이해한 결과였다. 그러나 장면을 전체적으로 연결해보자. 그러면 기사도에 입각한 창시합에 대한 흔해 빠진 내용만 발견할 것이다.

18) 명백히 가장 오래된 증거는 클라우디우스 4세의 책에 수록되어 있다. Claudius IV, *Consul. Honor.*, 446; *Laud. Stilic.*, I, 203; Avitus, lettre à Clovis au sujet de son baptême, éd. U. Chevalier, *Oeuvres de St. Avit*, Lyons, 1890, epistolae XXXVIII, p.192; Priscus, Ιστορία Γοθίχη, c.16. 베즈롱스(Vézeronce) 전장에서 클로도미르(Clodomir, 클로비스 아들-옮긴이)의 시신은 '왕가의 명예를 나타내는' 그 긴 머리 때문에 알아볼 수 있었다. 다음 책의 더 기묘한 구절을 참조하라. Agathias, *Histor.*, I, chap. 3. 그레구아르 드 투르에 따르면 프랑크족 성인들은 머리를 짧게 유지하는 관습을 가지고 있었다고 한다. Gregory of Tours, *Histor.*, III, 18. 나는 여기서 긴 머리가 다른 게르만 부족에서도 왕가의 상징이었는지를 규명하지는 않을 것이다. 적어도 게르만족들 중 일부에게 이러한 특권이 모든 자유민에게 공통적이었던 것은 틀림없다. 타키투스 시대의 수에비족(Tacitus, *Germ.*, XXXVIII)이나, 고트족(F. Dahn, *Die Könige der Germanen*, III, p.26)의 경우도 마찬가지였다. 긴 머리의 마술적 힘에 대해서는 다음 책을 참조하라. J. Frazer, *Folk-lore in the Old Testament*, II, London, 1919, p.480 이하.

성원을 제단 위에 올려놓고 성인으로 여기게 되었다.[19] 다고베르트(Dagobert, 623~639, 프랑크족 왕-옮긴이) 이후 메로빙 왕조는 무능력에 빠졌다. 그러나 단순한 꼭두각시에 불과한 왕들은 한 세기 반 동안이나 그 이름으로 통치했다. 왕조에 대한 첫 번째 쿠데타는 그리모알드(Grimoald)가 시도했지만 비참하게 실패했다. 샤를 마르텔(Charles Martel)은 매우 강력하게 성장하여 잠시 왕권을 정지시킬 정도였으나, 그것은 왕위를 찬탈하기 위한 것이 아니었다. 틀림없이 그리모알드의 실패와 마르텔의 신중한 절제는 부분적으로 유력자들의 적대감 때문이었다고 설명할 수도 있지만, 이는 부분적인 설명에 지나지 않는다. 정통성을 가지고 있는 왕조는 쇠퇴기에도 일종의 위신을 유지한다고 믿는 수밖에 없다. 클로비스의 후계자들이 궁재에 의해 대표성만 지닐 정도로 약화된 상황은 때때로 고대 일본에서 주위가 쇼군으로 둘러싸인 천왕의 상황에 비유되기도 한다. 일본의 천왕과 마찬가지로 프랑크족 군주들도 오랫동안 보호되었는데, 다른 조건들이 같다면 가장 그럴듯한 설명은 군주들의 신성한 본성까지는 아니라고 하더라도 최소한 오래전에 사람들의 정신에 남겨놓은 군주들의 역할을 사람들이 흐릿하게나마 기억하고 있기 때문에 그러한 보호가 가능했다는 것이다. 그러나 공식적인 외형에만 한정해보면, 8세기까지 프랑크족의 왕(12세기까지 프랑스 왕의 명칭은 프랑크족의 왕(rex francorum)이었다-옮긴이)이나 영국의 왕들은 다른 사람들과 마찬가지로 평범한 기독교도였으며, 이러한 표현이 가능할지 모르겠는데, 순수한 속인이었다. 교회의 어떤 의식도 그들의 즉위를 축성하지 않았고, 즉위 절차는 매우 유동적인 관습에 따라 엄격하지 않게 치러졌다. 그들의 이마에 어떤 특별한 종교적 흔적도 남겨지지 않았다.[20]

---

19) 똑같은 사실이 비잔티움에서도 발견된다. Bréhier, 아래 각주 21의 책, 72쪽. "황제 숭배의 유산 중에서 또 다른 중요한 사실은 황제 시성의 빈도이다."

20) 야만족 왕조의 즉위식에 관련된 사료들은 다음 책에 편리하게 수집되어 있으며, 훌륭한 주석까지 달려 있다. W. Schuecking, *Der Regierungsantritt*, Leipzig, 1889. 요컨대 메로빙 왕조에서 새로운 왕이 권력을 갖게 되는 것은 여러 가지 다양한 관습을 동반한다. 이러한 관습은 지금껏 하나의 유기적 의례로서 집합으로 만들어지거나 정리된 적이 없다. 방패 들어올리기, 창 수여, 경건한 왕국 순회순찰 등이 그것이다. 이 모든 관습은 공통된 특징이 있다. 이 관습들은 명백히 세속적인 것이다(고대의 이교적 특성이 엷어진 것으로 볼 수 있다). 여기서

게르만족 족장들 중 몇몇은 이동 이후 메로빙 왕조와 마찬가지로 로마화된 지역을 통치했는데, 이들은 정복지 주민의 전통에 따라 로마제국의 종교적 광채(황제 숭배-옮긴이)를 물려받았다. 말할 필요도 없이 이러한 지역에는 기독교가 전파되어 있었다. 비록 몇몇 형식을 서서히 변화시키기는 했지만, 여전히 근본적인 것을 변화시키지는 못했다. 비잔티움제국에서 황제 숭배는 제국만큼이나 오래 지속되었다.[21] 우리는 그 의식의 화려함을 알고 있다. 그러나 우리는 그러한 화려한 의식이 사람들에게 미칠 수 있는 실질적 영향력에 대해서는 거의 고려하지 않고 있다. 몇몇 황제들은 기적을 행했다고 알려져 있다. 메시아에 대한 희망이 팽배하던 상황에서 동로마에서 즉위한 베스파시아누스(Vespasianus)는 몇 명을 치료했다. 그러나 그곳은 알렉산드리아로서, 그곳에서는 사람들이 수천 년 전부터 우두머리를 신과 같은 존재로 경배하는 데 익숙해 있었고, 그러한 기적의 장면을 세라피스 신전(Serapeum)의 솜씨 좋은 신관들이 연출해낸 것이 아니었을지 의심스럽기도 하다. 하드리아누스(Hadrianus)는 여자 장님을 치료했다고도 한다.[22] 이러한 사례는 예외적인 것이다. 당시에 황제가 일으키는 기적을 정말로 일어나는 일로서 받아들일 정도로 황제의 신으로서의 성격이 강력했는지는 알 수 없다. 그러나 황제 숭배가 통치의 놀라운 수단이었음은 의심할 수 없다. 야만족들의 침입으로 그것은 약화되었다.[23] 물론 메로빙 왕조는 로마제국의 후예로서 행동한 것은 아니다. 그

교회는 아무런 역할도 하지 않았다. 최근에 나온 견해로서 이에 반대되는 것은 제르맹 모랭을 참조하라. Germain Morin, *Appendix* III, p.463.

21) Louis Bréhier et Pierre Batiffol, *Les Survivances du culte impérial romain*, 1920, 특히 p.35, p.43, p.59. J. Ebersolt, *Moyen Âge*, 1920, p.286 서평 참조.

22) 베스파시아누스에 대해서는 Tacitus, *Hist.*, IV, 81 ; Suetonius, *Vesp.*, 7 ; Dion Cassius, LXVI, 8. 하드리아누스에 대해서는 다음 참조. *Vita Hadriani*, c. 25. Cf. Otto Weinreich, *Antike Heilungswunder(Religionsgeschichtliche Versuche*, VIII, I), Giessen, 1909, p.66, p.68, p.75 ; H. Dieterich, *Archiv. fur Religionswissenschaft*, VIII, 1905, p.500, n.1. 베스파시아누스와 메시아주의에 대해서는 르낭의 훌륭한 글을 참조하라. Renan, *L'Antéchrist*, chapitre IX.

23) M. Batiffol(*loc. cit.*, p.17, n.2), 이탈리아의 동고트왕국에는 황제 숭배 흔적이 있었다고 바티폴이 말했는데, 이것은 옳은 지적이다. 테오도리쿠스(Theodoricus) 치세에 황제의 자주색이 숭배되었다. Cassiodorus, *Variae*, XI, 20, 31. 그러나 정치 제도의 관점에서 보면 테오도리쿠스의 왕국은 불확실한 상태에 있었다. 즉 적어도 이론상으로 테오도리쿠스의 왕국은 제국의

레구아르 드 투르에 따르면 클로비스는 비잔티움제국 주권자의 행정관직을 받아들이면서 일종의 찬탈을 통하여 아우구스투스라는 직위를 만들었다.[24] 내가 보기에 이러한 그레구아르의 증언을 못 믿을 이유는 없다. 그의 후계자들은 이 직위를 계속해서 사용하지는 않았다. 그러나 그의 후계자들은 클로비스보다 더 자유롭게 보스포러스해변의 아우구스투스(비잔티움제국 황제-옮긴이)와 관계를 유지할 수 있었을 것이다. 유스티니아누스 황제의 정복으로 '로마' 군대가 서유럽으로 다시 진출했고, 이 정복으로 프랑크족의 왕들은 결정적으로 과거 세계의 주인에 대해 가지고 있던 의존적 관계를 끊게 되었다. 그때까지 프랑크족 왕들은 멀리 떨어져 있는 황제의 불명확한 우위권을 받아들이고 있었다. 이제 너무 가깝고 위협적인 이 이웃에 대해 비록 모호하기는 하지만 종속관계에 묶인 채 남아 있기를 원하지 않았다. 그러나 프랑크족 왕들은 자신들의 이름으로 된 화폐를 주조할 정도로 자율성을 확보하면서도, 한편으로는 고대 칭호에 대한 존중이 남아 있기도 하고 다른 한편으로는 이에 대해 무관심하기도 해서 군주의 신성성을 불러일으키는 수많은 용어가 있는 고대의 칭호들 가운데서 어떤 용어도 차용하지 않으려고 했다. 갈리아 지방에서 황제의 의례는 로마의 지배가 사라짐과 동시에 사라졌다. 게다가 이들은 정치적인 범주와 신의 범주를 혼동하는 경향이 있었는데, 이처럼 오랫동안 유지되어 온 사고방식이 황제 숭배와 더불어 완전히 사라지지는 않았다고 생각해볼 수 있다.

후일 샤를마뉴는 로마 전통과의 연결고리를 다시 연결했다. 제국은 부활했

___

일부에 불과했다. 카시오도루스가 관례적인 문구에 따라 '최고 재정관리관(primiscrinii)'과 '최고 신관(primicerii)'이라고 표현한 것은 그들이 제국의 행정관으로서 전통 의례를 수행했음을 보여준다.

24) 여기서의 논점에서 완전히 벗어난 이 주제에 대해 논란을 벌이고 싶지 않다. 나는 다만 제국 행정관인 군사령관(magister militum)이었던 테오도리쿠스를 이탈리아 비문에서는 '영원한 황제(semper augustus)'라고 했다는 점을 말하고 싶다. *Corpus Inscriptionum Latinarum*, X, 6851. 이미 로마화된 지방을 야만족이 지배하면서 위와 같은 언어상의 혼동이 일어났으며, 기존 관습도 이러한 혼란을 막지 못했다. 물론 몇 가지 점은 여전히 불분명하며, 그레구아르 드 투르의 책 내용 중에서 황제 아나스타시우스가 클로비스에게 부여한 지위와 관련해서는 특히 불분명하다.

다.[25] 그러나 이 제국은 완전한 기독교제국이었다. 황제 숭배는 본질적으로 이
교적이었던 데다가 오랜 기간 효력이 정지되어 있었으므로 제국과 더불어 부
활하지는 못했다. 비잔티움제국에서 황제는 계속해서 신의 자격을 지녔다. 샤
를마뉴가 직접 썼는지, 아니면 그의 이름을 빌려 자문위원 중 한 사람이 썼는
지 모르지만, 『샤를마뉴 서책』(*Libri Carolini*)의 서문을 쓴 사람은 정교회의 높
은 자부심을 비난했다.[26] 그러나 비잔티움제국에서 사용하던 아첨하는 언어
습관에서 빌려온 몇 가지 사소한 표현들이 이 시대 서유럽에 다시 등장했다.
사람들은 신성한 황제, 매우 신성한 아우구스투스, 신성한 궁전 등의 단어를
다시 사용했다.[27] 힝크마르는 속인 군주에게 사제로서의 성격을 부여하는 것
을 열렬히 부정하면서도, 어느 날 자신이 황제의 '신성한 눈동자'라는 표현까
지 썼음을 잊어버렸을까?[28] 그러나 잘못 생각해서는 안 된다. 이 단어는 적어

25) 카롤링 시대의 정치·종교 이론에 대해서는 릴린파인의 책에 유용한 참고서지가 있다. H.
Lilienfein, *Die Anschauungen von Staat und Kirche im Reiche der Karolinger*, Heidelb. *Abh. zur
mittleren und neueren Gesch.*, I, Heidelberg, 1902. 유감스럽게도 저자는 모든 것을 로마적인
것과 게르만적인 것의 대립으로 설명하려는 경향이 있다. 학자들은 언제쯤 되어야 이런 유
치한 구분법을 포기하려나? 오어의 다음과 같은 책은 큰 도움이 되지는 못했다. W. Ohr, *Der
karolingische Gottesstaat in Theorie und in Praxis*, Leipzig, 1902.

26) I, I, 3, Migne, *P.L.*, t.98, col. 1014, col. 1015. 훨씬 뒤에 바르바로사(Frédéric Barberousse)는
이 주제에 관한 비난이 자신에게도 향할 수 있음에도 불구하고 비잔티움 황제가 '성'이라는
단어를 사용하는 것에 대해 주저없이 비판했다. Tageno de Passau, *Monumenta Germaniae*,
SS. XVII, p.510, lignes 51 이하.

27) E. Eichmann, *Festschrift G. von Hertling dargebracht*, p.268, n.3. 여기서 아이히만은 몇 가지
사례를 들고 있다. 독자들로서는 여기에 몇 가지를 더 부가할 수 있는데, 거기에는 다음 저작
들의 색인을 참조하는 것만으로도 충분할 것이다. *Capitularia regum Francorum*, 그리고
*Monumenta Germaniae*의 *Concilia*. 또 Sedulius Scottus, *Liber de rectoribus christianis*, chap. 9,
éd. S. Hellmann(*Quellen und Unters. zur latein. Philologie des Mittelalters*, I, 1), p.47;
Paschasius Radbertus, *Epitaphium Arsenii*, I, II, ch.9 and 16, éd. Duemmler(*Kgl. Preussische
Akademie, Phil.-hist. Klasse, Abhandl.*, 1900, II), p.71, p.85.

28) *De ordine palatii*, chap. XXXIV, éd. Prou(*Bibl. Ec. Hautes Études*, fasc. 58), p.90, "in sacris ejus
obtutibus." 힝크마르의 이 논문은 그 이전에 있었던 아달라르 드 코르비(Adalard de Corbie)
의 작품을 개작한 것에 불과한 것으로 알려져 있다. 아달라르의 작품은 전해지지 않는다. 내
가 인용한 표현은 힝크마르의 생각이라기보다는 아달라르의 생각에 가까울 것이다. 아마
힝크마르가 이 문구를 아달라르에게서 차용했을 것이다.

도 프랑스에서는 카롤링 시대 이후로는 살아남지 못했다.[29] 이미 로마에서는 원래의 가치를 상실했다. 신앙과 관련된 이 문구들은 단순한 예의의 문구에 가깝게 되었다. 결국 9세기 작가들에게 이 문구들은 라틴 문헌에 사용되는 친숙한 표현에 불과하게 되었다. 초기 프랑크족 황제들의 동시대인들은 외견상 오래된 단어에 가끔 완전한 의미를 부여하곤 했는데, 그것은 유사한 단어에 한때 표현되었으나 지금은 사라진 낡은 숭배를 염두에 둔 것이 아니라 본질적으로 기독교적이며 새로운 의례를 염두에 둔 것이었다. 새로운 제도 덕분에 서유럽 군주들은 다시 신성화되었다. 그 새로운 제도란 즉위식에서 이루어지는 교회의 축성과 더불어 그보다 더 독특하고 근본적인 의례, 즉 도유식을 말한다. 우리가 이미 보았듯이 도유식은 7세기이 8세기에 야만족의 왕국에서 등장했다. 반대로 비잔티움제국에서는 이러한 의식이 매우 늦게서야 도입되었으며, 그것도 외국의 관습을 모방한 것이었다. 샤를마뉴 시대에 반대편에 있는 사람들 (비잔티움제국의 사람들-옮긴이)은 뜻도 모르는 행위를 기꺼이 따라서 했다. 비잔티움 사람들은 교황이 프랑크족 황제의 '머리끝에서 발끝까지' 기름을 발라주었다고 아마도 조롱의 뜻을 담아서 말했을 것이다.[30] 때때로 역사가들은 동방과 서방의 군주제의 화려한 의식 차이가 어디서 왔는지 문제 삼기도 했다. 내가 보기에 그 이유는 명백하다. 동로마에서는 제국의 종교가 항상 살아 있었으므로 새로운 의례가 필요 없었던 것이다.

요컨대 게르만족의 침입으로 만들어진 왕국에서는 군주들이 게르만 또는 동로마 등 다양한 기원을 가지고 있었으므로 왕권 주변에 종교에 가까운 숭배의 분위기를 유지했다. 그러나 이러한 모호한 감정에 구체성을 부여해줄 어떤 합법적인 제도도 없었다. 결국 신성한 왕권이라는 유서 깊은 생각은 기독교의 정통성 속으로 다시 통합되었는데, 그 방법을 제공한 것이 바로 성경이었다. 무

---

29) 이것이 독일에서 사용된 것은 작센 가문이 제위에 있을 때였다. Waitz, *Verfassungsgeschichte*, 2nd éd., VI, p.155, n.5. 그리고 자연스럽게 호헨슈타우펜 왕조 아래에서 새롭게 인기를 끌었다. Max Pomtow, *Ueber den Einfluss der altrömischen Vorstellungen vom Staat auf die Politik Kaiser Friedrichs* I, Halle, 1885, 특히 p.39, p.61. 그리고 이 책 353쪽.
30) 이 책 부록 3의 3절.제국의 도유식 참조. 비잔티움에 도유식이 소개되는 과정에 관한 논쟁은 이 책 부록 3의 8절.비잔티움제국 참조.

엇보다 성경은 유용한 유사성을 제공했다. 창세기 14장에는 아브라함이 어떻게 살렘의 왕이자 신의 사제인 멜기세덱의 손에 있던 빵과 포도주를 얻게 되었는지 나와 있다.[31] 그것은 현대 해석학자들조차 설명하기 힘든 신비로운 일화다. 초기 주석가들은 상징적 의미를 부여함으로써 궁지에서 벗어났다. 멜기세덱이 예수 그리스도의 형상이라는 것이다. 사람들은 수많은 성당에 멜기세덱이 표현되어 있는 것을 볼 수 있는데, 그것은 바로 이러한 이유 때문이다. 그런데 이러한 수수께끼 같은 등장이 왕권옹호자들에게는 매력적인 것이었다. 사제이자 왕인 이 사람 덕분에 왕에게 초인적 성격을 부여하려는 자들은 자신들의 이상을 위엄 있는 과거까지 거슬러 올라가도록 만들 수 있었다. 교회와 황제 사이에 커다란 논쟁이 있었던 시기인 11, 12세기에 멜기세덱, 특히 생타망(St-Amand)의 카롤링 성찬 기도서에 나와 있듯이[32] '성' 멜기세덱은 유행이었다. 메로빙 시대 이래로 사람들은 그를 모범으로 내세웠다. 포르투나투스는 힐데베르트(Childebert)에 관해 이렇게 말했다.

"우리의 멜기세덱은 바로 왕이자 사제이며 속인으로서 종교의 임무를 수행했다."[33]

그러나 구약성경은 단지 상징의 원천만은 아니었다. 그것은 제도의 구체적 모델을 보여주었다. 고대 동양에서 왕이란 물론 성스러운 존재였다. 많은 민족에서 왕의 초자연적 성격은 명확한 의미를 가진 의례로 표현되었다. 왕은 즉

---

31) 창세기 14장 18절; 시편 109장 4절; 멜기세덱의 상징적 역할은 이미 히브리서에 나타나 있다.

32) *Mémoires de l'Acad. des Inscriptions*, XXXII, I, p.361.

33) II, 10: 중세 초 멜기세덱의 도상학적 역할에 대해서는 다음 논문을 참조하라. F. Kern, *Der Rex und Sacerdos, in biblischer Darstellung; Forschungen und Versuche zur Geschichte des Mittelalters und der Neuzeit, Festschrift Dietrich Schäfel …… dargebracht*, Jena, 1915. 세속군주에게 덧붙여진 '사제(sacerdos)'라는 단어는 공식적 찬사를 나타내는 어떤 문구인 듯하다. 그 흔적은 5세기 비잔티움제국에서도 발견되며, 비슷한 시기 교황청 문서국 역시 황제에게 문서를 보내면서 때때로 이 표현을 사용하는 것을 꺼리지 않았다. 이 책 2부 3장 각주 4, 특히 390쪽 참조. 그러나 테오도시우스 2세나 마르키온(Marcion, 100-c 160, 그노시스파 성향을 지닌 그리스도교의 이단 사상가, 마르키온파의 창시자-옮긴이)이나 레오 1세보다 한 세기 이상 앞선 시점에서 자유롭게 사용된 단어와 포르투나투스의 시어들 사이에 유일한 관련성이 있다면 그것은 황제 숭배의 전통이 사람들 마음속에 공통적으로 있었다는 점일 것이다.

위식에서 신체의 특정 부위에 미리 축성된 기름으로 도유를 받았다. 텔엘아마르나 서판(Tablettes de Tell-el-Amarna, 이집트 유적지. 파라오 문서가 다량 출토됨-옮긴이)의 글귀에 따르면, 기원전 1500년 시리아의 한 왕 아두니라리(Addou Nirari)는 파라오 아메노피스 4세(Amenophis IV)에게 편지를 보내 "이집트의 왕이며 당신의 조부이신 마나비리아(Manahbiria)가 나의 조부이신 타쿠(Takou)왕에게 누아세(Nouhassché)에서 머리에 기름을 부어주었던" 날을 상기시켜주었다. 우리가 아직 못하고 있지만 우리 왕들의 즉위식에 대한 문서들을 모아서 편찬한다면, 이 거룩한 점토판을 옮겨 적은 내용이 그 저작의 첫머리를 차지할 것이다. 그 이유는 7, 8세기 기독교도들이 성경을 읽음으로써 신기하게도 고대 시리아 문명이나 가나안 문명에 친숙해졌고, 이러한 고대 문명에서 생겨난 왕의 도유식이 우리에게 전해졌기 때문이다. 여러 종족들 중에서 이스라엘의 자손들은 이 도유식을 관습으로 가지고 있었다. 게다가 그들 중에서 그리고 아마도 그들 주변에서 도유식은 왕에게만 실행하는 것이 아니었다. 도유식은 헤브라이족의 모든 의식 중에서 가장 중요한 것이었다. 도유식은 사람이나 사물을 세속적 범주로부터 신성한 범주로 옮기는 통상적인 절차의 일부였다.[34] 기독교도들은 구약성경으로부터 이를 차용하여 전반적으로 적용했다. 도유식은 새로운 숭배 의식에서 매우 중요한 역할을 담당했다. 특히 서유럽, 그중에서도 프랑스식(Gallican) 의례를 수행하는 지방, 즉 에스파냐, 갈

---

34) 아두니라리(Addu-Nirari)의 편지의 본문 참조. J.A. Knudtzon, *Die El-Amarna Tafeln*, Leipzig, 1915, I, no.51, II, p.1073, p.1103. 유대인의 숭배에서 도유에 대해서는 T.J. Cheyne and J. Sutherland Black, *Encyclopaedia Biblica*, 'Anointing' 항목 참조. 아두니라리의 편지는 자연히 왕의 도유식이 고대 이집트에서도 시행되었는지 아닌지에 대한 의문을 불러일으킨다. 이 점에 대해 동료인 몽테(M. Montet)는 친절하게도 다음과 같이 자기 생각을 나에게 밝혔다. "이집트의 모든 의식은 축제의 영웅이나 신, 왕 또는 죽은 사람을 씻겨주는 것으로부터 시작된다. 그리고 난 후 그 사람을 향유로 도유해준다. 그 이후에야 의식이 본격적으로 시작된다. 대관식 마지막에도 똑같은 순서가 진행된다. 먼저 정화와 도유를 한 다음 왕위 계승자에게 표지를 넘겨준다. 상속자나 상속예정자가 두 세계의 지배자인 파라오로 변하는 것은 도유식에 의해서가 아니었다." 텔엘아마르나 서판은 확실히 도유식이 중요한 역할을 하는 시리아식 의례를 암시하고 있는 듯하다. 파라오로 축성되는 것은 아마도 이 의례에 따랐을 것이다.

리아, 영국, 이탈리아 북부에서 그러했다. 그곳에서 도유식은 특히 예비신자의 견진성사 그리고 사제나 주교의 서임에 사용되었다.[35] 고대 이스라엘의 관습을 전반적으로 다시 실행하면서, 사제나 예비신도의 도유에서 국왕의 도유로 전이시킨다는 생각이 자연스럽게 사람들의 머릿속에 떠올랐을 것이다. 다윗과 솔로몬의 사례는 기독교도 국왕들이 신성한 성격을 복원할 수 있도록 만들어주었다.[36]

새로운 제도는 우선 에스파냐의 서고트 왕국에서 형성되기 시작했다. 이곳에서는 아리우스파가 사라진 다음에 교회와 왕조가 매우 밀접한 관계를 맺었다. 그리하여 이곳에서는 7세기에 이 제도가 나타났다. 그 이후는 프랑크족 국가에서 나타났다.

메로빙 왕조의 왕들은 도유식을 왕으로서 받은 것이 아니었다. 상기할 필요도 없이 클로비스는 다른 사람과 마찬가지였다. 그가 받은 유일한 도유식은 갈리아식 제례가 예비신도에게 주는 바로 그것이었다. 앞으로 보게 되겠지만, 성 레미가 랭스에서 행한 예식을 첫 번째 국왕 축성식으로 간주하게 된 전설은 나중에 가서야 만들어졌다. 사실 그것은 단순한 세례식에 불과했다. 그러나 751년 페팽은 자신의 아버지 샤를 마르텔이 감히 시도하지 못했던 일을 하기 위해 클로비스의 마지막 후계자를 수도원에 처넣고, 자신을 위해 왕권과 권위를 장악하기로 결심했을 때 이러한 찬탈을 일종의 종교적 권위로 채색할 필요를 느꼈다. 틀림없이 고대의 왕들은 신민들 눈에 좀더 뛰어난 인물로 보이도록 끊임없이 노력했을 것이다. 그러나 왕을 둘러싼 신비하고 흐릿한 후광은 이교시대부터 지속되고 있는 흐릿한 기억이 제공하는 집단 의식에만 근거하고 있었다. 반대로 새로운 왕조는 진정으로 신성한 가문이었고, 그들의 축성 또한 명확한 규칙에 근거하고 성경에 의해 정당성을 부여받아 완전히 기독교적이었다. 골

---

35) L. Duchesne, *Origines du culte chrétien*, 5e éd., 1920; *Liber Pontificalis*, II, 1892, p.38, n.35. 갈리아 교회의 의례에서 첫 세례자에게 시행되는 도유식의 특징, 즉 클로비스가 랭스에서 받았던 도유식의 특징에 대해서 의식 전문가 또는 신학자들 사이에 논쟁이 있는데, 그것은 여기서 논의할 문제가 아니다. 그에 대해서는 다음 논문을 참조하라. Dom de Puniet et R.P. Galtier, *Revue des questions historiques*, t.72(1903), *Revue d'histoire ecclésiastique*, XIII(1912).

36) 왕 도유식의 탄생에 관련된 참고문헌과 논쟁은 부록 3, 510쪽 참조.

지방의 신학자들은 이러한 유대 관습의 부활을 기꺼이 받아들였다. 왜냐하면 당시 그들의 경향은 구약성서에 우호적이었기 때문이다. 부분적으로는 아일랜드의 영향도 받았고 여기에 더하여 모세의 율법이 교회 규율로 침투한 것도 한 이유였다.[37] 헤브라이 민족의 우두머리의 사례에 따라 사제의 손으로 도유를 받은 최초의 프랑스 왕은 바로 페팽이었다. 그의 문서 중 하나에서 그는 거만하게 이렇게 말했다. "신이 도유를 통하여 우리를 왕위에 오르도록 만들었음이 명백하다."[38] 그의 후계자들은 그 사례를 따라서 했다. 8세기 말경 이 의례는 영국으로 이식되었고 그곳에서 프랑크족 땅에서 이루어지던 것을 그대로 따라했다. 그리고 곧 거의 서유럽 전역에 보급되었다.

동시에 기원이 다른 두 번째 의례가 성사와 결합되었나. 800년 12월 25일 성 베드로 성당에서 교황 레오 3세가 샤를마뉴를 황제라고 선언하면서 그의 머리에 대관을 해주었다. 그 관은 틀림없이 비잔티움 황제의 것과 마찬가지로 금으로 장식되어 있었을 것이다. 콘스탄티누스와 그의 후계자들이 과거에 사용했던 진주와 보석으로 장식으로 된 천 머리띠가 있고, 왕관형으로 장식되어 있었을 것이다. 동로마제국 황제가 차용한 왕관과 왕관형 장식(왕관형 장식은 아마도 페르시아 왕국에서 나왔을 것이다)은 종교적인 능력에 기원을 두고 있었음이 틀림없다. 그러나 샤를마뉴 시대 기독교인의 눈으로 보면, 왕위의 신성한 성격은 군주에게 왕위를 부여하는 손(비잔티움의 경우 총대주교의 손이고 로마의 경우 교황의 손)에서, 그리고 성직자를 중심으로 전개되는 교회의 의례

---

37) P. Fournier, *Le Liber ex lege Moysi et les tendances bibliques du droit canonique irlandais*; *Revue celtique*, XXX(1909), p.231 이하. 왕을 다윗이나 솔로몬에 비유하는 것은 축성의식에서는 공통적인 현상이라는 점을 알아야 한다. 교황도 프랑크족 군주들에게 보낸 서신에서 자유롭게 이 비유를 이용했다. 몇 가지 사례가 다음 책에 수록되어 있다. *Epistolae aevi carolini*(*Monumenta Germaniae*), III, p.505, n.2; *Pestschrift G. von Hertling dargebracht*, p.268, n.10의 아이히만(E. Eichmann)의 작품도 참조. 샤를마뉴가 측근들 사이에서는 다윗이라는 이름으로 불리지 않았을까? 도유식의 역사는 십일조의 역사와 비교되어야 할 필요가 있다. 왜냐하면 십일조 역시 도유식과 마찬가지로 모세의 법률로부터 기원했기 때문이다. 오랫동안 십일조는 단순한 종교적 의무로 교회의 벌칙에 따라서만 실행될 수 있는 것이었다. 그런데 페팽은 여기에 법률적 강제성을 부여했다.

38) *Monumenta Germaniae, Diplomata Karolina*, I, no. 16, p.22.

에서 나오는 것이었다. 이미 왕으로서 도유를 받은 샤를마뉴는 황제로서 또다시 도유받을 필요는 없었다. 816년 처음으로 랭스에서 샤를마뉴의 아들인 루이 경건왕이 황제의 이름으로 교황 스테파누스 4세에게서 왕관과 더불어 축성된 기름으로 도유를 받았다. 그 이후 이 두 행위는 거의 불가분한 것이 되었다. 황제를 축성하기 위해서는 두 행위 모두 수행해야 했고, 곧이어 왕을 축성할 때도 적용되었다. 프랑스에서는 샤를 대머리왕(Charles le Chauve) 이후 그리고 영국에서는 9세기 이후부터 국왕의 도유와 축성이 연속으로 이루어졌음을 알 수 있다. 각국에서는 이 두 가지 기본 제례를 중심으로 풍부한 의례가 급속도로 발전했다. 새로운 주권자에게 전해지는 국왕의 표지가 매우 빠르게 늘어났다. 이미 샤를 대머리왕 치세에 왕관 말고도 왕홀이 등장했다. 가장 오래된 영국의 의전 문헌에서도 마찬가지 사실을 볼 수 있다. 이러한 상징은 대부분 오래된 것이었다. 혁신적인 것이 있다면, 그것은 이러한 상징에 미래의 종교적 의례 속에서의 역할을 부여하는 것이었다. 결국 경건함이란 항상 이중적이다. 한편으로는 표지를 전해주는 것이다. 이러한 표지 중에는 왕관이 본질적인 것으로 남아 있다. 다른 한편으로는 도유식이 있다. 이것은 마지막까지 최고의 신성한 행위로 남아 있다. 이렇게 해서 축성식이 탄생했다.[39]

성경의 표현에 따르면, 이리하여 국왕은 '하느님의 도유를 받은 자'가 되었고 신성한 말씀에 의해 사악한 시도로부터 보호받게 되었다. 왜냐하면 하느님은 "나의 기름부음 받은 자를 손대지 말라"고 하셨기 때문이다. 모든 가능성을 고려해보면, 이 계명을 상기시키며 아마도 영국에서 처음으로 도유식을 거행한 곳도 787년 이후 열린 첼시 공의회였을 것이다.[40] 이에 따라 국왕의 적은 신성모독으로 간주되었다. 역사적으로 판단해보면 폭력으로 가득 찬 혼란한 시대에 그것은 명백히 헛된 보호장치였을 것이다.[41] 그러나 군주들이 오늘날

---

39) 이 책 부록 3, 520쪽 참조.

40) 이 책 부록 3. 켈트 왕국들 참조.

41) 주목해야 할 점은 9, 10세기 왕위가 불안했는데도 프랑스 왕들 중에서 악명 높은 찬탈자인 로베르 1세 한 사람만이 폭력으로 사망했다는 점이다. 그것도 전장에서 죽었다. 앵글로색슨 왕가 중에서는 978년인지, 979년인지 분명하지 않지만 에드워드 2세가 암살당했다. 그러나 그는 '순교자' 성 에드워드가 되었다.

우리가 상상하는 것보다 더 많은 가치를 이 장치에 부여했을지, 혹은 성경에서 유리한 구절을 자신에게만 부여하려는 욕심에서 교회의 축성을 원했던 사람이 한두 명이 아니었을지 누가 알겠는가?

성유는 주권자를 민중보다 훨씬 더 높은 지위로 올려놓았다. 이러한 권위를 주교나 사제와 나누어 갖지 않았을까? 확실히 동전에는 양면이 있게 마련이다. 의식을 진행하는 동안 노유를 담당한 성직자는 경건하게 도유를 받고 있는 국왕보다 높은 지위에 있다고 잠깐이나마 생각했을 것이다. 그때부터 사람들은 왕을 만들려면 사제가 필요하다고 생각했을 수도 있다. 이것은 세속에 대한 정신의 우위를 나타내는 명백한 징표였다. 샤를마뉴 이후 얼마 지나지 않아 몇몇 고위 성직자가 이와 유사한 생각을 이미 지지하고 있었다. 힝크마르드 랭스를 보라. 국왕의 축성에 그 사람보다 더 열성이었던 사람은 없다. 이 의식은 아주 짧은 역사만을 배경으로 가지고 있었다. 나중에 그를 살펴볼 기회가 있겠지만, 힝크마르는 있지도 않은 전설을 꾸며대기까지 한 것은 아니지만, 하나의 전설을 교묘히 이용하기는 했다. 그는 널리 알려진 기적의 선례를 이 의식의 짧은 역사에 덧붙였던 것이다. 큰 계획에 도움이 될 수 있는 모든 일 가운데 이 사람이 이러한 의례행위에 관심을 둔 것은 어떻게 된 일인가? 그의 태도를 이해하기 위해서는 그의 저작 중에서 두 문단을 비교해보는 것만으로도 충분하다. 그는 868년 샤를 대머리왕에게 이렇게 썼다. "전하가 가지고 있는 왕의 권위는 지상의 권력에서 나온다기보다는 교회의 영적 행위인 도유식과 그에 따른 은총에서 나온다." 그러므로 축성받지 못한 자는 왕위에 따르는 '지상에서의' 호칭이 무엇이든지 간에 진정한 왕이 아니다. 프랑크족의 첫 번째 도유식이 있은 지 100년도 되지 않은 시점에 교회의 어떤 집단에서는 이미 그렇게 생각하고 있었던 것이다. 게다가 힝크마르는 자신이 주도한 생트 마크르 공의회(concile de Sainte-Macre)에서 작성한 공의회 법령에서 이렇게 말하고 있다. "고위 성직자의 권위는 국왕의 권위보다 우위에 있다. 왜냐하면 국왕은 고위 성직자에 의해 신성한 왕이 되는 반면, 고위 성직자는 국왕에 의해 축성받을 수 없기 때문이다."[42] 사실 이보다 더 명확할 수는 없다. 아마도 이렇게 해석될까 봐 두려워서 다음 세기에 독일 국왕 하인리히 1세가 그 시대의 왕들 중에서 그리고 자신의 왕조에서 유일하게 마인츠(Mainz) 대주교가 제안한 도유식과 대관식을 거부하고, 어느 성인전의 저자가 사도 성 베드로의 말을 인용하여 그를 비난했듯이, '고위 성직자의 은총 없이' 통치했다.[43] 새로운 의례는 양날을 가진 칼이었다.

그러나 몇백 년이 지나 그레고리우스의 격렬한 논쟁이 시작되었을 때 정말로 양날의 칼로 나타날 수밖에 없었다. 처음 2, 3세기 동안 그것은 몇몇 교회이론가를 제외하고 특히 사람들 머릿속에서 국왕의 신성한 성격이라는 개념, 더 나은 표현을 사용하면, 국왕의 성격 중 절반 이상이 사제로서의 성격이라는 개념이 자리를 잡을 수 있게 만들었던 듯하다. 물론 본질적으로 세속적인 권위와 사제의 권위를 혼동하는 것이 교회에, 심지어 기독교 세계에도 적용될 수 있다는 위험성이 있었고, 몇몇 통찰력 있는 사람들이 이러한 위험성을 뚜렷하게 감지하지 않은 것은 아니었다. 우리는 여기서 다시 힝크마르를 만나게 된다. 예수 이후 어느 누구도 사제이자 왕인 사람은 없었다는 것을 더 이상 반복하지 않았다.[44] 그러나 그런 그조차도 그러한 말을 반복했다는 사실은 그가 싸웠던

---

42) *Quaterniones*, Migne, *P.L.*, t.125, col. 1040. "사실 사도 베드로가 말하기를 '너희는 선택받은 종족으로서, 왕이자 사제이다'라고 했는데, 다른 신도들이 보기에 그가 받아 마땅하다고 생각하는 그런 도유식을 받은 이후에야 이러한 직위를 받을 수 있다. 너희는 지상의 권력보다는 교회의 영적인 축성과 도유로 왕의 권위를 얻었다." 샌트 마크르 공의회는 Mansi, XVII, 538 참조. 879년 요한 8세가 밀라노 대주교에게 보낸 칙서도 똑같은 의미에 따른 것이다. *Monumenta Germaniae, Epist.*, VII, I, no.163, ligne 32. 힝크마르가 축성식에 부여한 중요성은 샤를 대머리왕의 명에 따라 작성된 *Libellus proclamationis adversus Wenilonem*에 나타나 있다. 그러나 그 책의 진정한 작가는 틀림없이 랭스 대주교 힝크마르였을 것이다. *Capitularia*, éd. Boretius, II, p.450, c.3.

43) 무엇보다 이 시기 프랑스 동부 또는 독일 지역은 고유의 프랑스 지역보다 도유의 전통이 강하지 않았다는 점을 잊지 말아야 한다. 어쨌거나 하인리히(Heinrich) 1세의 직계 계승자인 콘라트(Conrad)는 틀림없이 도유를 받았으며, 그 후계자들도 마찬가지였을 것이다. 하인리히 1세의 거부에 대해서는 부록(Appendice) 3, p.472 참조.

44) Lilienfein, *Die Anschauungen vom Staat und Kirche*, p.96, p.109, p.146. 똑같은 생각이 이미 교황 겔라시우스 1세가 쓴 *De anathematis vinculo*라는 책 중 비잔티움 황제의 주장에 대한 구절에 표현되어 있다. 이것은 11, 12세기 개혁논쟁의 과정에서 종종 인용되었다. Migne, *P.L.*,

이념이 얼마나 광범위하게 퍼져 있었는지를 입증해준다. 공식적 교리의 색채가 어떤 것이었는지를 어떤 다른 문헌자료보다 잘 보여주는 것이 바로 과거의 축성 의례다.

잠시 바로 그 오래된 문헌을 실제로 살펴보자. 사람들이 수집해놓은 것은 거의 유사한 두 의례, 하나는 사제직에, 다른 하나는 왕권에 접근하도록 만드는 두 의례를 혼동하기 쉽게 만드는 것들임을 어렵지 않게 알 수 있다. 전체적으로 필요한 형식을 제공한 것은 구약이었다. 카롤링 왕조 초기의 오래된 의례에는 이렇게 되어 있다. "왕과 '선지자'를 도유했던 성스러운 기름으로 네 손을 도유하라." 분명 좀더 후대에 속하는 어느 기도문은 똑같은 생각을 발전시켜 명확히 했다. 언제 이 글이 작성되었는지는 모른다. 아마노 샤를 대머리왕이 로렌 왕으로서 받은 대관식을 기록한 문헌 중에서 첫 번째 문헌일 것이다. 그날 축성을 해준 사람은 이상하게도 힝크마르 자신이었다. 이미 확립된 전통에 따라 그는 다음과 같은 말을 사용할 수밖에 없었다. "하느님께서 당신에게 영광의 관을 씌워주었습니다. 그리고 성령의 은총으로 만든 기름으로 도유식을 하여 당신을 왕으로 만들었습니다. 하느님께서는 사제, 국왕, 선지자, 순교자에게 기름을 부어주셨습니다." 그리고 오래된 앵글로색슨족의 의례 역시 "오 하느님, 당신은 도유식으로 아론(Aaron)을 사제로 축성하여 당신의 종으로 만드셨습니다. 그리고 그 후에는 똑같은 향유를 이용하여 사제, 왕, 선지자들을 축성하여 이스라엘 백성을 통치하도록 하셨습니다. 당신께 바라옵건대, 전지전능하신 하느님, 당신의 피조물 중 하나이자 당신의 종인 여기 이자에게 부어졌던 이 기름으로 당신의 은총을 내려 기꺼이 신성하게 만들어주시옵소서. 그리고 또한 그가 하느님을 섬김에 있어 아론의 예에 따라 부지런히 섬기도록 하옵소서."[45] 조상들이 했던 것과 같은 축성식이 있을 때 영국인이나 프랑크족의

---

t.59, col. 108~109. 그리고 힝크마르와 동시대인의 다음 작품도 참조하라. Nicolas Ier: Mansi, *Concilia*, XV, p.214.

45) 축성식의 전례서에 대한 진정한 비판적 검토는 어느 나라에서도 여전히 하고 있지 않다는 사실을 잊지 말아야 한다. 그러므로 나는 여기서 아주 짧고 불완전한 설명만 하는 데에 그쳤다. 그러나 그것만으로도 내가 살피려는 목적을 충분히 이룬 셈이다. 갈리아교회의 오래된 의례는 제르맹 모랭에 의해 출판되었는데(Dom Germain Morin, *Revue bénédictine*,

주권자 앞에서 사람들이 떠올린 것은 유대인 왕의 이미지만을 본 것이 아니라, 사제와 선지자의 이미지도 보았고, 헤브라이 민족 최초의 사제인 아론의 커다란 그림자도 보았다. 그 당시 어느 시인이 황제의 축성 의례가 시행되고 있는 교회를 향해 나아가며 축성식을 찬양하고 자신의 영웅에 대해 감히 "그는 곧 사제가 될 것이다"라고 말한 것은 놀라운 일이 아니다. 더욱이 이 황제는 불쌍한 베렝가르 드 프리울리(Berengar de Frioul, 이탈리아 왕으로서 915~924년 사이 로마 황제-옮긴이)였지만 그것이 무슨 문제랴![46]

물론 성직자의 우두머리라고 해서 항상 힝크마르와 같은 말을 하지는 않았다. 힝크마르가 매우 명확하게 신약성경에 근거하여 국왕의 권위와 사제의 권위가 양립할 수 없다는 반론을 제기했을 때는 왕조가 점차 허약해져서 고위 성직자들이 국왕의 조언자 역할을 하려고 하던 때였다. 카롤링 왕조의 전성기에는 이러한 경향이 전혀 없었다. 794년 이탈리아 북부의 주교는 프랑크푸르트 종교회의에 참석하여 스페인 사람들의 양자론(養子論, 예수는 본래 보통 인간이었으나 성령으로 신의 아들이 됐다는 주장-옮긴이)에 반대하며, 공개적으로 정통 교리를 옹호했다. 이러한 신학적 발표 끝에는 주권자에게 신앙의 수호자

XXIX(1912), p.188), 위에서 인용한 축복의 문구가 이 책에 들어 있다. 이 기도문 문구는 샤를 대머리왕(*Capitularia regum Francorum*, éd. Boretius, II, p.457)과 루이 말더듬왕(*Ibid.*, p.461) 때 사용된 문구다. 이것은 '랭스 주교 전례서(Rheims Pontifical)'에도 나온다. G. Waitz, *Die Formeln der deutschen Königs-und der Römischen Kaiser-Krönung; Abh. der Gesellsch. der Wissensch. Göttingen*, XVIII(1873), p.80. 아마도 그 기원은 『겔라시우스 성사 전례서』(*Sacramentaire Gélasien*), éd. H.A. Wilson, Oxford, 1894, p.70에 있는 '기름의 축복 (Benedictio olei)'에 있을 것이다. 본문에 인용된 앵글로색슨 기도문은 다음 책들에 수록되어 있다. *Pontifical* d'Egbert, éd. de la *Surtees Society*, XXVII(1853), p.101; *Bénédictional* de Robert de Jumièges, éd. H.A. Wilson, *Bradshaw Society*, XXIV(1903), p.143; *Missel* de Léofric, éd. F.E. Warren, in-4, Oxford, 1883, p.230. 약간 차이가 있지만 다음 책에도 수록되어 있다. *Ordo* dit Ethelred, éd. J. Wickham Legg, *Three Coronation Orders*, Bradshaw Soc., XIX(1900), p.56. 가장 마지막에 나온 두 선집은, 샤를 대머리왕과 루이 말더듬왕이 사용한 카롤링 시대의 기도문에 가까운 기도문을 이 기도문 앞에 수록했다. 아마도 두 기도문 중 하나를 선택했던 것 같다. 『베렝가리우스 업적록』(*Gesta Berengarii*)을 쓴 시인은 축성 의식을 길게 설명하면서 성스러운 기름이 히브리인들 사이에서 왕과 예언자를 도유하는 데 사용되었다고 언급하고 있다(IV, v.180: *Monumenta Germaniae*, *Poetae Latini*, IV, i, p.401).

46) *Gesta Berengarii*, IV, v.133~134(*Monumenta Germaniae*, *Poetae Latini*), IV, i, p.399.

가 되라고 호소하는 내용이 있다. 그 안에서 샤를마뉴는 '영주이자 사제'이며 '모든 기독교인 중에서 가장 사려 깊은 사람'이라고 불렸을 뿐만 아니라 '왕이자 사제'라고도 불렸다.[47] 게다가 몇 년 전 교황 스테파누스 3세는 샤를(샤를마뉴-옮긴이)과 카를로만(카를로만 2세, 샤를마뉴의 동생-옮긴이)의 도움을 필요로 했으므로 이들의 비위를 맞추려고 했는데, 베드로전서에서 사도가 선택된 자들에게 적용한 표현을 찾아낸 다음, 프랑크 왕조를 영광스럽게 만들기 위해 본래의 의미를 약간 왜곡하는 것을 생각해냈다. "당신은 왕이자 사제인 신성한 가문에 속한다."[48] 온갖 어려움에도 불구하고 결과적으로는 그 시대에 힝크마르 같은 사람들이라면 누구나 인용할 수 있게 되었고, 이와 유사한 표현은 결코 잊히지 않게 되었다.

그리하여 이미 오랫동안 대를 이어 숭배를 받아오던 서유럽의 군주들은 자신들이 신성함이라는 결정적 봉인까지 받았음을 알았다. 이것은 그들과 영원히 함께할 것이었다. 프랑스의 카페 왕조나 영국의 노르만 왕조, 무엇보다도 독일의 작센이나 잘리에르 왕조는 이에 관련하여 카롤링 왕조의 전통을 버리지 않았다. 오히려 그 반대였다. 11세기에 그들의 모든 부분이 예전에 볼 수 없었을 정도로 순수한 형태로 사제로서의 국왕에게 맞는 권위를 갖추어나갔다. 이러한 노력에 대해서는 잠시 뒤에 한두 마디 덧붙이겠지만, 지금 우리의 관심사는 아니다. 사제와 정확하게 일치하는가 하는 문제와는 별개로, 우리가 특히 관심을 지닌 두 나라에서 국왕이 지속적으로 신성한 존재로 여겨졌는지 알

---

47) 이 소책자(libellus)는 파울리누스 아퀼레이아가 작성했다. Paulinus d'Aquileia, *Monumenta Germaniae, Concilia*, II, i, p.141. "불쌍한 포로를 너그럽게 대하고, 억압받는 자들을 구제하고, 핍박받는 무리들을 해방시키고, 과부들을 위로하고, 불쌍한 자들에게 위안을 준다. 그는 주인이자 아버지이며, 왕이자 사제이고, 가장 절제된 모든 기독교인의 통치자다." 이런 문서에서는 흔한 모순이지만, 이 문서에 앞서서 주교들은 교회의 '눈에 보이는 적'에 대한 왕의 전쟁과 '눈에 보이지 않는 적'에 대한 주교들의 싸움을 대비하고 있다. 이것은 확실히 세속권과 교회권을 대비하려는 시도라고 할 수 있다. pp.191~192 참조.

48) Jaffé-Wattenbach, 2381. 원본은 *Prima Petri* II, 9. 인용문은 힝크마르의 저작에서 볼 수 있다. Hincmar, *Quaterniones*(인용문은 위의 각주 45 참조). 그러나 이것은 왕과 함께 첫 번째 도유식(세례 도유식-옮긴이)을 받는 모든 신자에게 적용되었다. 그러므로 힝크마르가 샤를 대머리왕에게 교훈을 주기 위해 성경 어구를 본래의 의미에서 인용한 것임은 의심할 여지가 없다.

아보는 것으로 충분하다. 문헌을 보면 논란의 여지가 없다. 우리가 가지고 있는 문헌은 로베르 경건왕 시대의 존경받는 고위 성직자 중 한 명이었던 샤르트르 주교 퓔베르가 로베르 경건왕에게 보낸 편지다. 주교는 국왕에게 '성부' 또는 '성하(聖下, Sainteté)'라는 칭호를 수여하기를 주저하지 않았다. 오늘날 가톨릭에서는 이 칭호를 교회의 최고 수장에게만 부여한다.[49] 그리고 피에르 드 블루아가 어떻게 도유식으로부터 국왕의 신성성을 이끌어냈는지 위에서 이미 살펴보았다. 이 주제에 관한 한 명백히 대부분의 동시대인 역시 그와 마찬가지로 생각했다.

그러나 피에르 드 블루아는 좀더 나아갔다. 그는 다음과 같이 말하기까지 했다. 나의 주군은 신성한 존재다. 그러므로 나의 주군은 병자들을 치료할 수 있다. 언뜻 보기에 이상한 추론인 듯하다. 그러나 12세기의 정상적인 정신을 가진 자라면 전혀 놀라운 일이 아니었을 것이다.

축성받은 자의 치료능력

중세인들, 적어도 대다수 중세인들은 종교적인 것이라고 하더라도 그것이 실체를 갖는 이미지, 말하자면 지극히 현실적인 이미지라고 생각했다. 왜 이렇게 달랐던 것일까? 기독교 의례가 열어주는 기적의 세계는 자신들이 사는 세계와 건널 수 없는 심연으로 구분되어 있는 것이 아니었다. 두 세계는 서로 침투해 있었다. 저승세계에서 행한 행동이 어떻게 이승에서도 일어나지 않는다고 생각할 수 있단 말인가? 물론 이러한 상호간섭은 어떤 사람에게도 충격을 주지 않는다. 왜냐하면 어떤 사람도 자연의 법칙에 대한 명확한 개념을 가지고 있지 않았기 때문이다. 그러므로 신성한 행동, 신성한 물건, 신성한 사람은 현

---

49) *Histor. de France*, X, lettre XL, p.464 E; LXII, p.474 B. Fulbert(L. LV, p.470 E 그리고 LVIII, p.472 c). 카롤링 시대에 부활한 고대 로마제국의 관습에 따라 왕의 편지를 '신성한 편지 (sacra)'라고 한다(Lupus of Ferrières, *Monumenta Germaniae*, *Epist.*, VI, 1, no.18, p.25). 후일 외드 드 되유는 이 단어를 '제국(비잔티움 황제와 관련된 것)'의 편지에만 사용한 것으로 보인다. Eude de Deuil, *De Ludovici Francorum Regis profectione in Orientem*, Migne, *P.L.*, t.185, I, 13, II, 19.

94

세의 범위를 넘어서는 능력을 내부에 담고 있을 뿐만 아니라 현세에 즉각적인 영향을 미칠 수 있는 힘의 원천으로 간주되었다. 게다가 중세인은 이러한 힘을 매우 구체적인 이미지로 나타냈으므로, 때때로 무게가 있는 것으로 표현하기도 했다. 그레구아르 드 투르가 우리에게 전하는 바에 따르면, 베드로나 마르티누스 같은 위대한 성인들이 자신의 힘을 보여주기를 원하면 그 성인의 제단을 덮고 있는 천이 예전보다 무거워졌다고 했다.[50]

성직자는 신성한 능력을 지니고 있으므로 많은 사람에게 일종의 마술사로 간주되었고, 그러한 이유로 한편으로는 숭배되고 다른 한편으로는 증오의 대상이 되었다. 어떤 지역에서는 사람들이 성직자가 다니는 길에 표시를 해두었으며, 그들을 만나는 것은 불길한 전조라고 생각했다.[51] 11세기 덴마크 왕국에서 사람들은 사제를 마법사로 간주하여 기후 불순이나 전염병의 책임자로 간주했고, 경우에 따라 악의 실행자로 박해하기도 했는데, 그 정도가 심해서 그레고리우스 7세가 항의해야 할 정도였다.[52] 왜 그렇게 먼 북쪽을 보는가? 프랑스에서, 그것도 13세기에, 대표적 일화라고 할 만한 이야기가 여기 있다. 설교작가 자크 드 비트리(Jacques de Vitry)는 우리에게 그 이야기를 전해주고 있으며 그 이야기의 '확실한 근거'를 알고 있다고 말했다. 어느 마을에 전염병이 돌았다. 이를 중단시키기 위해 농민들은 자신들의 사제를 희생시키는 것보다 나은 방법은 없다고 생각했다. 어느 날 사제가 사제복장을 갖추고 죽은 사람을 묻고 있었는데, 사람들은 구덩이 속 시신 옆에 그 사제를 밀어넣었다.[53] 이러한 우스꽝스러운 행동은 훨씬 완화된 형태이기는 하지만 오늘날에도 여전히

---

50) *In gloria martyrum*, chap. 27; *De virtutibus S. Martini*, I, chap. 11.

51) Jacques de Vitry, *Exempla ex sermonibus vulgaribus*, éd. Crane(Folklore Society), London, 1890, p.112, no. 268.

52) Jaffé-Wattenbach, no. 5164; Jaffé, *Monumenta Gregoriana*(*Bibliotheca rerum germanicarum*, II), p.413. "그동안 묵과할 수 없을 정도로 심각하게 사도들이 방해를 받았으며, 그것을 당신네 종족이 우리에게 행했음을 알고 있다. 즉 당신들의 기후 불순, 공기 오염, 신체 이상 등을 사제의 잘못으로 전가했다. 게다가 같은 이유로 여자들에게 야만인의 의식에서나 볼 수 있을 정도로 야만스럽게 이러저러한 불경을 저지르면서 당신들은 그것이 정당하다고 한다. 그렇게 여기지 않기를 바란다."

53) Jacques de Vitry, *loc. cit.*

행해지지 않는가?

그러므로 여론에 의해 신성한 사람이나 사물에 부여된 능력은 때때로 무섭고 해로운 성격을 지니기도 한다. 그러나 그보다 더 자주 그것이 은총으로 여겨진다는 것은 말할 필요도 없다. 건강보다 더 크고 민감한 축복이 있을까? 그리하여 축성 의례에 조금이라도 관련되어 있는 모든 것에 치료능력을 부여하는 것은 매우 쉬운 과정이다.[54] 성체 빵, 성찬식 포도주, 세례수, 성무 의례를 집전하는 사람이 신성한 물건을 만진 손을 담갔던 물, 사제의 손가락 등은 모두 치료제였다. 심지어 오늘날에도 여전히, 어떤 지방에서는 교회의 먼지나 교회 벽에 자란 이끼가 그러한 특성을 지닌 것으로 여겨진다.[55] 이러한 생각은 때때로 무지한 사람들에게 착각을 일으킨다. 그레구아르 드 투르는 몇몇 야만인 족장이 다리가 아팠을 때 성반(聖盤)에서 목욕했다고 전한다.[56] 물론 성직자는 이러한 과도한 행동을 비난했다. 그러나 그들은 숭배의 위엄에 손상을 입히지 않는다고 판단하여 그러한 관습을 그대로 유지했다. 게다가 민중 신앙은 대개 성직자들의 통제에서 벗어나 있었다. 모든 교회의 일 중에서 축성의 정상적 도구인 성유(聖油)야말로 특히 풍부한 능력을 갖춘 것처럼 보였다. 신명재판의 피의자들은 좋은 결과를 얻기 위해 성유를 마셨다. 특히 성유는 신체적

---

54) 신성한 물건에 관한 의료 미신에 대해서는 프란츠의 두 저서를 참조하라. 여기에는 여러 사례가 수집되어 있어서 유용하다. S. Franz, *Die Messe im deutschen Mittelalter*, Freiburg, 1902, p.87, p.107; *Die kirchlichen Benediktionen im Mittelalter*, Freiburg, 1909. 특히 II, p.329, p.503; A. Wuttke, *Der deutsche Volksaberglaube*, 2e éd., Berlin, 1869, p.131 이하. 성체성사에 대해서는 Dom Chardon, *Histoire des sacrements*, livre I, section III, chap. XV in Migne, *Theologiae cursus completus*, XX, col. 337 이하. 성체성사와 성수는 둘 다 똑같이 해로운 마법에도 유용한 것으로 여겨졌다. 그러한 이유로 이 두 가지는 중세 마법을 실제로 실행하든 실행한다고 상상만 하든 매우 중요한 역할을 수행했다. 수많은 자료는 다음 책을 참조하라. J. Hansen, *Zauberwahn, Inquisition und Hexenprozess im Mittelalter*(*Histor. Bibliothek*, XII), 1900, p.242, p.243, p.245, p.294, p.299, p.332, p.387, p.429, p.433, p.450.

55) P. Sébillot, *Le paganisme contemporain*, 1908, p.140, p.143; A. Wuttke, *loc. cit.*, p.135. 미사에 사용되는 포도주에 관해서는 다음을 참조하라. Elard Hugo Meyer, *Deutsche Volkskunde*, 1898, p.265.

56) *In gloria martyrum*, chap. 84. 브르타뉴 '백작'과 롬바르드 '공작'과 관련된 것으로, 두 사람은 서로 아무런 관련이 없었지만 이러한 특이한 생각을 했다고 한다.

질병에 대해서는 기적의 원천이었다. 그것이 담긴 병은 부주의한 신도들로부터 보호되어야 할 필요가 있었다.[57] 사실 그 당시 축성이라는 말은 치료능력이 있다는 것을 의미했다.

그렇다면 왕은 어땠는지 기억해보자. 피에르 드 블루아의 말에 따르면, 거의 모든 사람들이 왕의 '신성함'을 믿었다고 한다. 사실 그 이상이다. 왕의 '신성함'은 어디에서 오는가? 명백히 사람들은 이 가문의 예정된 운명으로부터 나오는 것으로 여겼다. 대중은 낡은 관념의 파수꾼으로서 끝없이 그러한 운명을 믿었다. 여기에 더하여 카롤링 시대부터는 더 정확하고 더 기독교적이 된 종교 의례, 즉 도유식에서 신성함이 나왔다. 즉 그렇게 많은 환자를 가장 효과적으로 치료해주는 신성한 기름으로부터 신성함이 나왔던 것이다. 그리하여 왕은 이중으로 자비로운 기적을 행하는 역할을 떠맡았다. 즉 하나는 자신에게 예정되어 있는 신성한 성격, 다른 하나는 좀더 독특하고 가장 고귀하며 명백한 것으로서 앞서 말한 신성한 성격을 만들어내는 원천, 이 두 가지에 의해 그 역할을 떠맡았던 것이다. 시간 차이가 있기는 하겠지만, 이들이 어떻게 치료사 모습으로 나타나지 않을 수 있겠는가?

그러나 국왕이 곧바로, 다시 말하면 국왕의 도유식이 서유럽국가에 접목되자마자 치료사가 된 것은 아니었으며, 모든 국가에서 그랬던 것도 아니었다. 지금까지 보여준 일반적 검토 항목들은 손대기 의례가 프랑스와 영국에서 나

---

57) 위 각주 54에서 인용한 작품에 더하여 다음 작품들도 참조하라. Vacant and Mangenot, *Dictionnaire de théologie catholique*, 'chrême' 항목. Dom Chardon, *loc. cit.*, livre 1, section II, chap. II, col. 174. 그리고 성스러운 기름을 마술에 사용하는 것에 대해서는 Hansen, *Zauberwahn*, p.128, n.3, n.245, n.271, n.294, n.332, n.387. 루이 11세가 임종할 때에 랭스의 성스러운 유리병과 성모 마리아가 성 마르티누스에게 주었다는 기적의 향유(香油)를 플레시레투르(Plessis-les-Tours)로 가져오도록 하여 이 성스러운 기름으로 건강을 회복하기를 기대하면서 둘 다 몸에 발랐다는 점도 기억할 필요가 있다. Prosper Tarbé, *Louis XI et la sainte ampoule*, Rheims, 1842(*Soc. des bibliophiles de Reims*). 그리고 M. Pasquier, *Bullet. histor. et philolog.*, 1903, pp.455~458. 왕이 주장하는 치료능력과 성스러운 기름에 있다고 믿는 치료 효력에 대한 비교 연구는 이미 진행되고 있다. Leber, *Des Cérémonies du sacre*, p.455 이하. 그러나 도유만이 이러한 능력 또는 이러한 능력에 대한 일반적 믿음의 유일한 원천이 아니었음은 물론이다. 여기에 더하여 세습되는 능력 또한 필요하다고 생각된다. 이 책 251쪽 참조.

타난 이유를 설명하기에 충분치 않다. 이 항목들은 사람들이 어떻게 마음의 준비를 했는가, 즉 유사한 관행들을 누가 상상하고 누가 받아들였는가를 보여줄 뿐이다. 이 치료 의례가 탄생한 정확한 날짜와 주어진 환경에 대해 생각해보기 위해서는 다른 차원에서, 나아가 사람들이 우연이라고 부르는 차원에서 사실들을 검토해야 한다. 왜냐하면 이것들은 높은 수준에서 작용하는 개인의 의지를 전제로 하고 있기 때문이다.

카페 왕조 초기 왕들과 헨리 1세 보클레르의 왕조 정책

환자를 치료할 수 있다고 여겨진 최초의 프랑스 군주는 로베르 경건왕이다. 그런데 로베르는 새로운 왕조의 두 번째 왕이다. 그는 왕위와 도유를 아버지 위그(위그 카페-옮긴이)가 살아 있던 987년에 받았다. 987년은 왕위를 찬탈한 이듬해였다. 카페 왕조는 성공했다. 그러나 초창기 그들의 권력이 얼마나 빈약했던지 그것을 묘사하기조차 힘들 정도다. 그렇지만 그들이 도전받았다는 것 정도는 알고 있다. 카롤링 왕조의 권위는 엄청났다. 936년 이후 어느 누구도 왕위를 가지고 시비를 걸지 않았다. 이 왕조는 사냥터에서의 사고(루이 5세가 시체로 발견된 사고)와 국제적 음모가 있은 뒤에야 몰락했다. 이 일은 987년에 있었는데, 이때는 물론이고 심지어 그 이후에도 이것이 결정적 몰락이라고 누가 알 수 있었겠는가? 많은 사람이 보기에, 989년인지 990년인지 확실하지 않지만 제르베르(Gerbert, 제르베르 도리악, 교황 실베스트르 2세-옮긴이)가 썼듯이, 공동 왕이 된 아버지와 아들은 국왕 대리 또는 '임시 왕(interreges)'에 불과했을 것이다.[58] 상스(Sens)나 남부의 다양한 지역에 오랫동안 반대 세력의 거점이 있었다. 사실 991년 부활절 직전 일요일(rameau)에 있었던 습격이 운

58) *Lettres*, éd. J. Havet(*Collection pour l'étude ······ de l'histoire*), no. 164, p.146. 초기 카페 왕조에 대한 반대에 대해서는 특히 다음을 참고하라. Paul Viollet, *La Question de la légitimité à l'avènement d' Hugues Capet*, *Mém. Académ. Inscriptions*, XXXIV, I(1892). 987년의 사건과 초기 카페 왕조에 대해서는 두말할 나위 없이 로트의 고전적인 저서를 참고해야 할 것이다. M.F. Lot, *Les Derniers Carolingiens*, 1891; *Études sur le règne de Hugues Capet*, 1903.

좋게 성공했기 때문에 위그 카페가 샤를마뉴의 왕위 계승권자를 자신의 영향권 아래 둘 수 있었다. 우두머리가 붙잡혔기 때문에 계승권자의 도당이 할 수 있었던 노력은 모두 헛일이 되었고 마지막 계승자는 사라지게 되었다. 옛 주군의 후계자들에 대한 충성은 아마도 카페 가문에게 진정 큰 위협이 되지는 못했을 것이다. 진정한 위협은 다른 데 있었다. 그것은 새로운 국왕이 왕위에 오른 987년의 바로 그 사건이 신하의 충성심을 악화시키고 왕위 계승에 타격을 입혔다는 데에 있었다. 상리스(Senlis)의 결정은 선출왕 원칙이 승리한 것처럼 보일 우려가 있다. 이 원칙이 새로운 것이 아니라는 점은 확실하다. 사람들이 보기에, 적어도 고대 게르마니아에서는 신성한 가문에서 왕이 나와야 한다는 것이 일종의 규제 장치로 작용했다. 그렇다면 이세는 자유롭게 선택할 권리가 아무런 제한 없이 행사될 수 있게 되었을까? 역사가 리셰(Richer de Reims)는 아달베롱(Adalbéron) 대주교의 입을 빌려 위그 카페에 유리하게 제후들에게 이렇게 놀라운 말을 했다. "왕권은 세습으로 획득될 수 없다."[59] 아봉 드 플뢰리(Abbon de Fleury) 역시 위그와 로베르에게 헌정된 저작에서 이렇게 썼다. "우리는 세 가지 선거에 대해 알고 있다. 국왕 또는 황제 선거, 주교 선거, 수도원장 선거."[60] 마지막 문장은 다른 어떤 것보다 중요한 의미가 있다. 성직자는 선거를 주교나 수도원장이 가지고 있는 교권의 원천으로 간주했으므로, 최고 정치권력의 원천을 선거에 두는 것 역시 환영할 만한 일로 보았다. 한 번 이루어진 선거에서 먼저 뽑힌 사람이 죽기를 기다리지 않고도, 심지어 어린아이의 계승권을 무시하고도, 다른 사람이 그 선거를 무효로 만들 수 있었다. 확실히 사람들은 50년 전 샤를 비만왕 폐위 이후 사정이 어떠했는지 잊지 않고 있었다. 그리고 그 출신이 어떻든 운 좋은 후계자를 신성화하기 위해 도유식이 행해졌다. 결국 카페 왕조에 부과된 긴급한 문제는 자신들에게 유리하게 정통성을 다

---

59) Richer, *Histoire de France*, IV, II. "그러나 이 문제에 관해서 말하자면, 왕위는 상속권으로 획득되지 않으며, 혈통상 고귀할 뿐만 아니라 현명한 정신을 가지지 않았다면 사람들이 왕위에 오르도록 만들지도 않는다. 왕위에 오르는 자는 믿음을 받는 자여야 하며 관대함이 흘러넘치는 자여야 한다."

60) *Canones*, IV(*Histor. de France*, X, p.628).

시 수립하는 것이었다. 그들은 자신들을 둘러싼 위험을 인식하고 있었고 후손들에게 닥칠 문제 또한 잊지 않고 있었다. 그리하여 이들은 실행된 적이 없었던 과시를 이용하여 자신들의 위광을 보여줄 필요를 느끼지 않을 수 없었다. 이와 거의 유사한 상황에서 카롤링 왕들은 성경의 의례, 즉 도유식이라는 방법을 동원한 적이 있다. 로베르 2세 때 치료능력이 등장한 것은 과거 페팽이 헤브라이 민족을 모방했던 것과 같은 논리로 설명되지 않는가? 그렇게 확신하는 것은 주제넘은 일일 것이다. 그러나 그렇게 추측해보는 것은 시도해봄 직하지 않은가.

물론 모든 것이 계산대로 될 수는 없다. 한 개인으로서 로베르는 매우 경건했던 사람으로 유명했다. 카페 왕조의 기적이 아버지인 위그 카페가 아니라 그로부터 시작된 것은 아마도 그런 이유 때문일 것이다. 개인으로서의 국왕에게 부여된 신성한 성격에다가 왕권의 상속에서 생겨난 신성함이 결합됨으로써 신하들은 아주 자연스럽게 국왕에게 치료능력이 있는 것으로 생각하게 되었다. 언제 그랬는지 알 수는 없지만, 처음 국왕에게 만져주기를 청했던 환자들이 자발적으로 그렇게 했다고 가정해도 틀리지 않을 것이다. 무엇보다도 마치 군트람의 치세에 그랬듯이, 이미 이보다 앞선 치세에 이와 유사한 다른 사건들이 단발성으로 일어났는지 누가 알겠는가? 그러나 아직 확고하지 않은 왕조를 위해서는 운 좋게도, 그때까지 유동적이었던 이 신앙이 어느 순간 형태를 갖추게 되었을 때, 사람들은 배후에 어떤 정치적 고려가 없었을 것이라고는 거의 믿지 않았을 것이다. 그것이 원래 형성될 때에도 그러한 고려가 있었는지 확실하지 않지만, 그것이 이른바 결정화될 때에는 그렇다고 할 수 있다. 게다가 로베르 자신이 개인적 능력에서 나오는 기적의 힘이 가진 효용성을 믿었으며 그의 신하들 역시 믿었다는 것은 의심할 여지가 없다. 기적을 활용하면서 회의할 필요는 없다는 것은 종교의 역사를 봐도 쉽게 알 수 있다. 그럴듯하게 설명하면, 궁중 측에서도 병자들을 궁정으로 불러들여 이들이 치료되었다는 소문을 널리 퍼뜨리려 노력했을 것이다. 우선 치료능력이 당시 주군 개인의 것인지 아니면 카페 왕조의 혈통에 따른 것인지를 알려고 힘쓸 필요가 없었을 것이다. 사실 이미 살펴보았다시피 로베르의 후계자들은 이 훌륭한 능력의 대가 끊기지 않도록 노력했다. 후계자들은 로베르처럼 병을 치료했고 재빨리 특정 질병으로 특화되었다. 그 질병이 바로 연주창이었다.

후계자 각각이 이러한 영광스러운 능력을 지니고 있음을 주장하면서 개인적 이해관계보다 더 먼 앞날을 내다보지 않았을까 의문을 품을 수도 있다. 그러나 그들의 노력이 합쳐져서, 의식적으로 그렇게 한 것은 아니겠지만 그들 가문에 초자연적 성격이 부여되기에 이르렀다. 게다가 주지하다시피 로베르의 뒤를 이은 왕들은 영국에서 치료 의례의 창시자인 헨리 1세 보클레르(Henry Beauclerc) 치세까지, 즉 이른 시기로 잡아도 1100년까지는 유럽에서 병자를 만져 치료할 수 있는 유일한 사람들이었다. '하느님의 도유를 받은' 다른 사람들은 치료를 시도해보지 않았다. 따라서 도유만으로는 치료하는 기적을 일으키는 능력이 부여되기에 충분치 않으며, 신성으로 왕을 신성한 존재로 만들기 위해서는, 즉 진정한 왕이 되기 위해서는, 선출에 이은 도유 이외에 다른 요소가 필요했다. 여기서는 또다시 조상의 능력이 중요했다. 카페 왕조 사람들이 치료능력을 지속적으로 주장했다고 해서 그것만으로 프랑스 왕권의 최고 버팀목 중 하나인 가문의 정통성에 대한 믿음을 만들어냈다고 할 수 없다. 오히려 그 반대다. 사람들이 기적을 세습재산으로 간주하는 관념을 받아들이게 된 것은 신성함이 유산으로 상속되는 가문이 있다는 과거의 낡은 개념의 어떤 요소가 사람들의 마음속에 여전히 남아 있기 때문이었다. 국왕이 치료하는 광경은 이러한 감정을 강화했고 오래된 개념을 새롭게 만들었다. 이것은 의심할 여지가 없다. 카페 왕조의 두 번째 왕이 이러한 기적을 일으켰다. 그의 후계자들은 왕정의 가장 탁월한 능력인 이 능력으로 단지 한 명의 국왕뿐만 아니라 하나의 왕조가 갖는 특권을 만들어냈다.

이제 영국으로 가보자. 그곳에서도 우리는 치료사인 국왕을 볼 수 있다. 역사가가 인접한 두 국가에서 유사한 제도를 발견할 때 당면하게 되는 영원한 문제는 그것이 우연의 일치인가 아니면 상호작용인가 하는 것이다. 그리고 만약 상호작용이라는 가정으로 생각이 기울게 되면, 어느 편의 어떤 왕조가 모델이며 어떤 왕조가 모방했는가 하는 것도 문제다. 이 문제는 해결책이 애국심과 관련되어 있었으므로 오래전부터 예민한 문제였다. 16, 17세기에 이 문제에 관심을 보인 초기 학자들은 항상 프랑스인인가 영국인인가에 따라 각각 프랑스나 영국에 유리하게 결론을 내렸다. 오늘날 우리는 어렵지 않게 이 문제를 공평하게 대할 수 있다. 물론 치료 의례의 기원에 해당하며 그 성공을 설명해줄 수 있는 집단신앙은 모든 서유럽에 공통적이었던 정치적·종교적 상황의 산물로서 프랑스에서만큼이나 영국에서도, 혹은 영국에서만큼이나 프랑스에서도 자연스럽게 만개했다. 그러나 어느 날 집단신앙은 해협 양쪽 국가에서 명확한 정식 제도 속에 구체화되었다. 국왕의 손대기 치료가 그것이다. 한 국가가 다른 국가에 끼치는 영향력을 감지할 수 있는 것은 바로 제도의 탄생 과정에서다.

그러면 연대를 검토해보자. 자신의 가문 가운데 처음으로 병자를 치료한 것으로 알려져 있는 보클레르는 1100년부터 통치했다. 그때는 선구자였던 프랑스 국왕 로베르 2세가 죽은 지 이미 69년이나 지났을 때였다. 그러므로 프랑스 왕들이 먼저 했음은 의심할 여지가 없다. 즉 카페 왕조가 모방한 것은 아니었다. 그러면 카페 왕조를 영국 왕들이 모방했던 것일까? 만약 영국에서 국왕의 기적이 외국을 모방하지 않고 독립적으로 발전했다면, 모든 가능성을 고려할 때 그 발전과정은 프랑스의 발전과정과 같아야 할 것이다. 우선 기적을 행할 수 있는 능력이 모든 질병에 구분 없이 적용되었을 것이다. 그다음에 우연한 기회에 특정 질병을 치료하는 방향으로 급속히 전문화되었을 것이다. 그 우연한 기회가 무엇이었는지는 우리에게 영원히 미스터리로 남아 있을 것이다. 그리고 여전히 이해하지 못할 일이기는 하지만, 우연히도 연주창이 선택되었을 것이다. 확실히 연주창은 기적을 행하기에 적절한 질병이다. 왜냐하면 이미 살펴보았듯이, 이 질병은 치료되었다고 착각하기 쉽기 때문이다. 그러나 그러한 경우라면 다른 질병도 얼마든지 있다. 연주창을 전문으로 치료하는 성인도 있다. 그렇지만 이런저런 성인들이 이런저런 질병에 특화되어 있다는 사례를 얼마나 더 나열해야겠는가? 영국에서 처음부터 국왕은 특정하지 않은 질병을 치료할 능력을 지녔다고 주장하지는 않았다. 처음부터 그들이 치료할 수 있다고 주장한 질병들은 이웃 프랑스 국왕이 완전히 자연스러운 발전과정을 거친 결과 치료할 수 있다고 주장한 질병과 정확하게 똑같다. 절반은 프랑스 군주인 헨리 1세는 자신의 주군이자 경쟁자인 카페 왕조의 왕들이 고친 질병을 무시할 수 없었다. 그는 카페 왕조의 위엄을 부러워했을 것이다. 헨리가 카페왕들을 모방했다는 것을 의심할 수 있겠는가?[61]

그러나 그는 모방한 것을 인정하지 않았다. 운 좋게도 그는 기적을 이루는 능력을 백성들의 위대한 인물의 가호 아래 둘 수 있었다. 그는 결혼을 통해서 앵글로색슨 왕가와 관계를 맺으려 했고, 왕가의 마지막 왕 에드워드 고해왕을 자신의 수호자이자 보호자로 선택했다. 에드워드야말로 능력 있는 군주로서 곧 공식적으로 왕국의 성인으로 인정받을 인물이었다. 그런데 자기 나라 영국의 종교적 여론과의 사이에 어떤 어려움이라도 생겼던 것일까? 로베르 경건왕이 프랑스에서 병자 치료를 시작했을 때, 그레고리우스 개혁은 아직 시작조차 되지 않은 상태였다. 그레고리우스 개혁에 대해서는 뒤에서 다루겠지만, 왕의 특권에 거의 동조하지 않았고, 특히 사제의 특권을 찬탈하는 모든 것에 대해 매우 적대적이었다. 그런데 치료 의례가 영불해협을 건넜을 때 개혁은 최고조에 달해 있었다. 앞서 살펴보았듯이, 그 주된 이념은 국왕의 충성스러운 지지자들이 시행한 '잘못 생각한 결과'(1부 1장 마지막 부분 65쪽 참조-옮긴이)를 비난한 윌리엄 오브 맘스베리의 냉소적인 문장 속에 잘 표현되어 있다. 그러나 영국의 모든 사제가 윌리엄과 같은 태도를 가지고 있었다고 생각해서는 안 된다. 헨리 1세가 기적을 행하던 시대에 요크 성당에 속한 어느 성직자가 논문을 35편 썼는데, 거기에 그레고리우스 개혁에 반대하는 모든 이념의 본질을 적어 놓았다. 여기에는 국왕 도유식의 능력, 왕권의 사제로서의 성격, 왕권의 거의 신적인 성격에 대한 절대적이며 양보할 수 없을 정도의 신뢰가 나타나 있다.[62]

---

61) 백년전쟁 이후 영국 왕이 여전히 공식 칭호로 프랑스 왕의 칭호를 가지고 있던 때에, 유럽에서는 영국 왕이 연주창 치료자로서 이 칭호를 주장하는 것은 일리 있는 일로 생각되었다. 이에 관해서는 베네치아인 대사 스카라멜리(Scaramelli)가 제임스 1세에 대해 쓴 편지와 이 책 2부 5장 각주 80에 인용된 작센 바이마르 공작 요한 에르네스트(Jean Ernest de Saxe Weimar, 1627~1683의 여행기를 참조하라. 본문에서 서술한 여러 사실에 비추어 이 이론을 여기서 논할 필요는 없다.

62) 특히 그 성직자의 네 번째 논문을 보라. *De consecratione pontificum et regum*. 이 논문에는 축성 의례가 빈번히 해설되어 있다. *Libelli de lite*(*Monumenta Germaniae*), III, p.662 이하. 『요크 익명 연대기』(*Anonyme d'York*)에 대해서는 다음 참조. H. Boehmer, *Kirche und Staat in England und in der Normandie im XI. und XII. Jahrhundert*, Leipzig, 1899, p.177 이하(미출간 발췌는 433쪽 이하).

헨리 1세는 적어도 치세 전반기에는 개혁가들과 미묘한 관계에 있었다. 그의 측근이 작성한 것으로 보이는 교황의 거짓 칙서는 새로운 원칙을 경멸하고 영국 왕을 "영국 내 모든 교회의 대리인이자 보호자이며 영원한 교황 특사"로 인정했다.[63] 틀림없이 이 시기에 그 국가에 기적의 관습이 이식되었다는 것이 놀라운 일은 아니다. 기적의 관습은 국왕의 신성한 능력에 대한 믿음이 극단적으로 고양된 것이다. 또한 이러한 관습이 그때부터 유리한 토양 위에서 번성했다는 것에 대해서도 놀랄 필요가 없다.

손대기 의례는 프랑스에서 1000년경에, 이보다 한 세기 뒤에는 영국에서 탄생했는데, 고대 게르만족의 풍습과는 반대로 장자상속제도가 지배적인 제도로 자리 잡기 시작한 왕조에서 나타났다. 초기 이슬람 시대에 무슬림 국가에서 왕의 피는 광견병을 치료해줄 수 있는 것으로 알려져 있었다. 그러나 신하들이 보기에 지배군주의 혈통, 즉 칼리프만이 이러한 능력을 가진 유일한 사람이 아니었다. 칼리프가 선출된 가문의 구성원, 즉 커라이시족의 구성원(Koraïchite)이라면 누구나 모두 혈관을 흐르는 핏속에 똑같은 기적의 능력을 지니고 있다고 여겨졌다.[64] 즉 국왕 가문 전체가 신성하다고 여겨졌다는 것이다. 물론 이슬람 국가들은 정치적인 문제에서 장자의 특권을 결코 인정하지 않았다. 반대로 프랑스와 영국에서 연주창 치료는 항상 엄격하게 군주에게만 한정된 특권으로 여겨졌다. 국왕이 아닌 후계자들은 그것을 나눠 갖지 못했다.[65] 신성한

---

63) H. Boehmer, *loc. cit.*, p.287 이하. 그리고 다음 책에 내가 쓴 서문 참조. Osbert de Clare, *Analecta Bollandiana*, 1923, p.51.

64) J. Wellhausen, *Reste arabisehen Heidentums*(*Skizzen und Vorarbeiten*, H.3, Berlin, 1887), p.142. Cf. G.W. Freytag, *Arabum proverbia*, I, Bonn, 1838, p.488; E.W. Lane, *An Arabie-English Lexicon* I, 7, Leipzig, 1884, p.2626, 2e col. 미신은 이슬람 이전 시대에 기원을 두고 있다. 바누 시난(Banou-Sinan) 혈통에 부여된 기적의 능력은 '아마사(Hamasa)'라는 고대 시 모음집에 언급되어 있다. 다음 번역본 참조. G.W. Freytag, II, 2, Bonn, 1847, p.583.

65) 이것은 구제도의 작가가 종종 지적한 내용이다. 그들은 치료능력이란 왕가에 부여된 가족적 특성, 즉 일종의 생리적 특성이라는 자연파의 주장을 논박할 좋은 근거를 여기서 찾았다(이 책 235쪽). 가령 du Laurens, *De Mirabili*, p.33 참조. 로베르 2세(노르망디 공작-옮긴이)나 영국의 헨리 1세 시대에 장자상속의 원칙이 아직 보편적으로 확립되었다고 말할 수는 없지만 이미 견고한 지지를 받고 있었으며, 프랑스에서는 카롤링 시대의 전통에도 불구하고 954년 로타르 즉위 이래 받아들여지고 있었음을 잘 알고 있다. 내가 아는 한, 왕국 법률에 이러

성격은 원시 게르만사회에서와 마찬가지로 한 가문의 범위를 넘어서 확장되는 일이 없었다. 그것은 단 한 사람, 장자 가문의 우두머리, 즉 왕위의 적법한 계승자에게만 결정적으로 집중되었다. 그 사람만이 기적을 행할 권리가 있는 유일한 사람이었다.

　모든 종교적 현상에 대해서는 전통적으로 두 가지 설명 방식이 있다. 하나는 볼테르적 방식이라고 이름 붙일 수 있는 것으로, 개인적 사상이 확신에 차서 의도적으로 만들어낸 결과물만을 연구대상으로부터 찾아내는 방식이다. 다른 하나는 정반대로 심층에 있는 모호한 사회적 힘을 연구대상으로부터 찾아내는 방식으로서, 내 마음대로 이름을 붙이자면 낭만적 방식이라고 할 수 있을 것이나. 낭만주의가 가장 크게 기여한 것은 인간사에서 자발성이라는 개념을 과도하게 강조한 것이 아닐까? 이 두 가지 해석방식은 겉으로는 모순되어 보인다. 명확한 목적에 맞추어 개인의 의지에 의해 만들어진 제도가 모든 사람에게 부과된다면, 그 제도는 집단의식이 기저에 흐르고 있어야 한다. 거꾸로 다소 모호한 믿음이 정식 의례로 구체화되기 위해서는 어느 정도 명백한 의도가 형태를 갖출 수 있도록 도와주는 것이 중요하다. 이러한 이중 작용의 예는 과거에서 수없이 많이 찾아볼 수 있는데, 위에서 보여준 가설이 받아들여질 만한 것이라면, 국왕의 손대기 치료의 기원을 밝히려는 역사는 이러한 수많은 사례 중 하나가 될 것이다.

한 고귀한 사상이 도입된 것에 대해 본격적으로 연구된 바는 없다. 그러나 여기서 그것을 시도할 수는 없다. 다만 왕국 개념의 발달로 인하여 어떤 사람들은 단순한 장자가 아니라 정당하게 왕으로 선언을 받았거나 그와 같은 축성을 받은 자에게서 태어난 아들이기 때문에 나이에 상관없이 장자로서가 아니라 아들로서 왕위에 오를 자격이 있다고 생각하게 되었다. 이러한 법학자들이 보기에 진정으로 왕의 아이가 되기 위해서는 왕자로 태어나는 것이 아니라 왕으로 태어나야 했다. 결국 이 생각은 법으로서 힘을 얻지는 못했지만, 작센의 하인리히가 형 오토 1세에 대해 반란을 일으켰을 때 구실로는 사용되었다(Boehmer-Ottenthal, *Regesten des Kaiserreichs unter den Herrschern aus dem sächsischen Hause*, p.31, p.33 참조). 그밖에도 다양한 문헌에서 그 반향을 읽을 수 있다. 예를 들어 Eadmer, Vita S. *Dunstani*(*Memorials of St Dunstan*, éd. Stubbs, *Rolls Series*, p.214, c.35); Matthew Paris, *Historia Anglorum*, éd. Madden, *Rolls Series*, I, p.353; *Chronica majora*, éd. Luard, *Rolls Series*, IV, p.546.

2
기적을 행하는 왕권의 번성과 변천

"클로비스가 세례를 받는 날,
성스러운 기름을 가지고 올 사제가 군중의 혼잡에 막혀 지각했다.
그러자 한 마리 비둘기가 하늘에서 내려와
프랑크족 군주에게 도유할 향기 나는 성유를 유리병,
즉 작은 약병에 담아서 성자 레미에게 갖다주었다.

문서가 증명하듯이, 옛 관습에 따르면
사자는 왕의 자식을 먹지 않는다.
오히려 그를 공경하고 보호한다."

1 15세기 말까지의 연주창 손대기와 명성

프랑스의 의례와 영국의 의례

지금까지 손대기 관습이 프랑스의 카페 왕조와 영국의 노르만 왕조에서 어떻게 등장했는지 살펴보았다. 이제 중세 말에 이것이 확산되는 과정을 살펴보자. 즉 15세기 말경 시작된 도덕적 위기가 여러 가지 낡은 사고 중에서 왕의 치료능력에 대한 믿음을 흔들어댔던 때까지 살펴보기로 하자. 우선 사람들이 보기에도 그 시기에 치료능력이 형태를 갖추도록 만든, 눈에 띄는 측면을 살펴보자.

프랑스와 영국의 의례는 처음에는 아주 유사했다. 어떻게 해서 다르게 되었는가? 영국이 프랑스를 모방하지 않았던가? 게다가 두 나라에서는 이 의례가 아직 덜 발달된 상태이기도 했다. 그러나 모든 의례에는 내적인 발전 동력과 같은 것이 있다. 손대기 의례 역시 이 공통의 법칙을 피하지 못했다. 두 나라 사이의 차이는 점점 심화되었다. 이러한 변천은 대체로 이번 장(章)의 범위를 벗어난다. 이러한 진화는 근대에 이르러서야 뚜렷하게 모습을 드러냈다.

그때에야 왕의 기적은 절대왕정을 둘러싼 정교하고 화려한 의식의 반열에 오르게 되었다. 지금은 매우 단순하면서도 유동적인 형태만을 다룰 것이다. 현재 이 형태는 불완전하게만 알려져 있으며, 특히 세세한 부분까지는 잘 알려져 있지 않은 상태이다. 왜냐하면 중세의 궁정에서는 예의범절이 엄격하지 않았던 까닭에, 중세 궁정의 의궤(儀軌)가 우리에게 전혀 남아 있지 않기 때문이다.

물론 초보적인 이 형식은 결코 독창적인 것이 아니었다. 오랜 전통에 따라

기적 주술사들이 시행하던 일정한 형식의 행위가 성인전에 의해 사람들 사이에 널리 퍼지게 되었고, 치료사인 국왕들이 자연스럽게 이 일정한 행위를 따라하게 되었던 것이다. 주변 사람들이 해준 이야기에 등장하는 성인이자 치료사였던 사람들처럼, 왕이자 치료사인 이 사람 역시 환자를 만졌고, 종종 환부에 직접 손을 댔다. 그는 그런 방식으로 오래된 관습을 반복했다. 인류의 가장 오래된 믿음을 현재에 재현한 것이다. 이런저런 방법으로, 특히 손을 매개로 한 두 신체의 접촉은 줄곧 개인과 개인 사이에 보이지 않는 힘을 전달하는 가장 효과적인 방법이 아니었던가?[1] 이 오래된 마술 같은 행위에다가 다른 하나의 행위를 더했다. 그 행위 역시 그 당시까지 행해지던 전통적인 방법이었지만, 동시에 기독교적인 것이었다.

그것은 환자에게 혹은 환자의 환부에 십자가 성호를 긋는 행위였다. 성인들이 여러 가지 상황에서 질병을 극복한 것은 바로 이러한 신성한 표시를 따라함으로써 이루어졌다고들 한다. 국왕들은 이러한 사례를 따라서 했다. 프랑스에서는 로베르 2세 때부터, 즉 처음 손대기 치료를 시작했을 때부터 성인의 사례를 따라서 했다. 게다가 독실한 신자에게 신성한 표시는 삶에서 중요한 모든 행위에 동반되는 것이었다. 어떻게 치료 의례를 신성한 것으로 만들었을까? 치료 의례를 시행함으로써 모든 사람의 눈에는 국왕이 신의 이름으로 기적을 행하는 것으로 보였다. 13세기 영국의 기록에서 사용된 표현은 매우 특징적이다. 국왕이 환자를 만졌음을 나타내기 위해 문서에는 단순히 국왕이 '표시 (signe)'를 했다고만 되어 있다.[2]

---

1) 십자가 표시가 치료요법에 사용된 사례에 대해서는 다음을 참조하라. Garin le Lorrain, *Li Romans de Garin le Loherain*, éd., P. Paris: *Les Romans des douze pairs*, I, p.273. 이 문헌에 따르면, 의사들은 베공(Bégon) 공작의 상처에 고약을 바르고 그 위에 성호를 그었다고 한다. 성호를 긋는 행위가 축복 의례나 퇴마 의례와 마찬가지로 당시 유행하던 모든 행동에서 매우 중요한 규칙이었다. 성 콜롬바누스의 『식사 수도회칙』(*Regula coenobialis*)에서는 마시기 전에 숟가락 위에 성호를 긋지 않거나 램프에 불을 켜기 전에 성호를 긋는 것을 잊어버린 수도사들에게 연장자 수도사가 6대를 때리도록 하고 있다. *Zeitschrift für Kirchengeschichte*, XVII, 1897, p.220.

2) 많은 저작들 중에서 다음 사례를 참조하라. Public Record Office, Chancery Miscellanea, IV, i, fol. 17 v, 27 mai 1378 "왕에 의해 '표시를 받은(signatis)' 환자 17명에게 17드니에"라는 사례

에드워드 고해왕 전기의 오래된 판본을 보면 흥미로운 기록이 있다. 성인전 작가들에 따르면 연주창에 걸린 한 여자 환자가 왕을 만나러 가라는 꿈을 꾸었는데, 이 여자는 이 계시를 '왕이 물로 씻어준다면' 병이 낫는다는 뜻으로 이해했다고 한다. 그 뒷이야기에 따르면, 성인이 물을 적신 손가락 끝으로 아픈 부위를 '도유'했다. 이 도유라는 표현은 『익명 전기』에 나와 있는 독특한 표현을 그대로 옮겨놓은 것이다. 여기에서도 역시 오랜 과거의 마술로부터 내려온 유산인 낡은 방법이 있음을 알 수 있다. 기적의 능력을 가진 사람이 손을 담근 액체는 이러한 접촉을 통해 기적의 속성을 전달받는다는 것이 그것이다. 그러면 왕들이 대체로 이 방법을 이용했다고 믿어야 하는가? 나는 그렇게 생각하지 않는다. 프랑스의 의례와 마찬가지로 영국의 의례에 대한 권위 있는 기록들은 한결같이 치료능력을 직접적인 접촉에 두고 있다.[3]

12세기 및 그 이후 영국 궁정에서 행해진 의례에 대한 정확한 정보를 성 에드워드의 전기에서 찾아낼 수는 없다. 분명히 헨리 1세의 자문위원들이 연주창에 관한 이야기를 왕의 기적의 원형으로 사용하면서 이야기 전체를 꾸며대지는 않았을 것이다. 그 이야기는 그들의 주군이 등장하기 전부터 고해왕에 관한 일련의 전기 가운데 일부를 이루고 있었을 것이다. 언급한 전기에서 고해왕 이야기에 이웃해 있는 다른 이야기들 역시 물에 중요한 역할을 부여했다. 여기에서 우리와 관련이 있는 것은 성인전의 주제들인데, 그 주제의 전설과 관련된 문헌 그리고 특히 영국에서 쓰인 작품들은 치료 의식의 원리적 특징에 대해서가 아니라, 실제 영국 왕이 어떻게 그것을 실행했는가에 대해 수많은 사례를 제공하고 있다.[4]

그러나 해협 양쪽의 이러한 의식에서 물은 비록 보잘것없기는 하지만 적어도 원칙적으로는 일정한 역할을 했다. 왕은 수많은 불쾌한 종양환자에게 손

가 있다.

3) 에티엔 드 콩티(Etienne de Conty)의 모호한 문헌에 대한 해석에 대해서는 아래 각주 5번을 참조하라.

4) Vie anonyme, éd. Luard, *Lives of Edward the Confessor*, p.429 참조. 특히 다른 사람들의 전기에 있는 관련 구절에 대한 서지사항을 제공받으려면 다음 책을 참조하라. Osbert de Clare, chap. XIV, XV, XVI, XVII; A. Franz, *Die kirchlichen Benediktionen*, I, p.79 이하, 특히 p.84.

을 갖다댄 뒤 당연히 손을 씻었다. 이 행위는 청결을 유지하기 위한 가장 기본적 행위였으므로 원래 주술적 성격을 가지고 있지는 않았다. 그러나 어떻게 사람들이 왕의 대아에 있는 물이 어느 정도 기적의 힘이 있다고 생각하지 않을 수 있겠는가? 치료 방법을 알고 있는 손을 물에 적시기 때문에 이번에는 물이 치료제가 되는 것으로 보였을 것이다. 코르비(Corbie) 수도원의 수도사 에티엔 드 콩티(Etienne de Conti)는 샤를 6세 즉위 초기에 프랑스 국왕에 관한 소논문을 썼는데, 이 소논문에서 연주창 환자를 만지는 의례에 대해서 언급하고 있다.

그에 따르면, 왕은 환자를 만진 다음 손을 씻는다. 환자들은 왕이 치료용으로 사용했던 물을 모아서 9일 동안 아무것도 먹지 않고 그 물만 경건하게 마셨다. 그렇게 하자 환자들이 "다른 약을 사용하지 않았는데도" 나았다.[5] 이 독특한 미신이 해협을 건너가지는 않았던 것으로 보인다. 프랑스에서조차 근대에는 그 흔적을 찾아볼 수 없다. 그러나 나중에 살펴보겠지만, 영국에서도 연주창 환자에게 수여한 동전이 유사한 형태를 가진 믿음의 대상이 되었다. 어느 경우이든 병을 치료하는 액체가 왕의 손에서 그 손이 접촉한 대상물로 옮겨진다고

---

5) Bibl. Nat. lat. 11730, fol. 31 v. "모든 프랑스 왕들은 신성한 도유식과 대관식 이후에는 일생 수많은 기적을 행하였다. 그것은 프랑스에서 연주창(escroelles)이라고 하는 독성을 품고 있으며 더럽고 불결한 질병을 치료한 것을 말한다. 그 치료방법은 다음과 같다. 왕은 미사를 들은 다음, 물을 가득 채운 그릇을 가져오도록 한다. 제단 앞에서 기도를 드린 직후 오른손으로 환자를 만지며 위에서 말한 물로 씻는다. 그러면 환자는 그 물을 받아서 9일 동안 다른 치료 없이 그것만 마시고도 완전히 낫게 된다. 실제로 수많은 프랑스 왕들이 수많은 환자들을 치료했다." 이 구절은 다셰리(d'Achery)가 기베르 드 노장의 『자서전』(De vita sua)에 주석을 달면서 이미 인용한 바 있다. 그 이후 미뉴 역시 인용했다. Migne, P.L., t.156, col. 1022~1023. 저자에 대해서는 델릴의 주석을 참조하라. L. Delisle, Le Cabinet des manuscrits de la Bibl. Nationale, II, p.127(책으로 출간되기 전에 Bibl. Ec. Chartes, 1860, p.421에 게재). 프랑스 왕권에 대한 소논문이 마르티니 연대기의 속편 첫 부분에 나와 있다. 이 연대기 역시 에티엔 드 콩티의 것으로 간주되고 있다. 속편 일부는 출판되어 있다. J.H. Albanès et U. Chevalier, Actes anciens et documents concernant le bienheureux Urbain V, p.73. 이 책에서 언급된 마지막 사건은 1396년 9월 25일에 있었던 니코폴리(Nicopoli) 전투다. 이 각주 첫 부분에서 인용된 문헌도 불분명한 점이 없지 않다. 사람들은 '씻다(lavat)'라는 단어에 자신들이 받아들일 수 있는 적극적인 또는 중립적인 의미를 부여하고 있는데, 이것은 고전적인 용법에 들어맞는 의미다. 사람들은 왕이 상처를 씻어주었다고 이해했거나 혹은 왕이 환자를 만진 다음 손을 씻었다고 이해했던 것이다. 나는 후자의 해석을 선호한다. 그러나 일반적으로는 전자의 해석이 받아들여지는데, 이 해석은 프랑스의 의례에서 얻어낸 정보와 완전히 어긋난다.

생각했던 것이다. 이리하여 공식의례가 만들어놓은 핵심적 요소의 초기 형태에 각종 토속신앙이 덧붙여지게 되었다.

왕이 기적의 행위를 완수할 때 침묵을 유지하지는 않았다. 예부터 프랑스 왕은 전통적으로 신성한 몇 마디 단어를 말하는 행위를 함께하는 관습을 가지고 있었다. 조프루아 드 볼리외(Geoffroi de Beaulieu)는 성왕 루이가 환자를 만지면서 말을 했다고 한다. 그것은 "상황에 어울리면서, 관습에 정해져 있고 완벽하게 신성하며, 가톨릭적인" 말이었다고 한다.[6] 사람들에 따르면, 필리프 미려 왕이 임종 당시 후계자인 루이에게 알려주었다는 말, 좀더 정확하게 말하면 전혀 비밀스러운 말이 아니었으므로 상기해주었다고 표현할 수 있는 말도 위와 똑같이 '신성하고 독실한' 말이었다.[7] 그 말은 무슨 말이었을까? 우리는 모르는 채 있을 수밖에 없다. 나중에 프랑스 왕들이 채택한 정형화된 문구는 "왕이 너를 만지고, 신이 너를 치료하노라"라는 것이었는데, 이 문구는 16세기 이후에야 사용되었음을 입증할 수 있다. 이 문구나 이와 유사한 문구가 해협 건너 편에서는 결코 사용된 적이 없다. 물론 영국에서도 왕이 침묵했다는 것은 아니다. 그러나 영국 왕의 입에서 나오는 것은 기도 이외에는 없었다.

물론 프랑스의 의식에 종교가 없었던 것은 아니다. 성호를 긋는 것과 더불어 다른 방법 역시 도입되어 있었다. 에티엔 드 콩티가 말하듯이, 국왕은 환자에게 가기에 앞서 기도를 했다. 이 관례는 분명히 아주 오래된 것이다. 그러나 이 것은 틀림없이 침묵의 기도가 아니었을까? 16세기가 되면 이 기도를 위한 특별한 문구가 나타나지만, 이것들은 매우 짧은 데다가 오래되지 않은 전설의 흔

---

6) *Histor. de France*, 20, p.20, chap. XXXV(p.191 n.1(2부 3장 각주 10에 인용되어 있다).

7) Ives de Saint-Denis, *Histor. de France*, XXI, p.207, C et D. "왕은 비밀리에 세자를 불러서 고해 신부만이 있는 데서 환자 다루는 법을 가르쳐주었다. 즉 아들에게 환자를 치료할 때 해야 하는 신성한 헌사를 가르쳐주었다. 또 아들에게 이르기를 환자는 최상의 경건함과 신성함과 순결함을 갖추고, 죄를 씻은 손으로 만지지 않으면 안 된다고 가르쳤다." 1314년 11월 26일 임종을 앞둔 필리프 미려왕을 그의 후계자가 알현했다는 사실은 마요르카(Majorca) 왕의 특사 역시 입증하고 있다. 그렇지만 그 특사는 거기서 무슨 대화가 오고 갔는지 알지 못했다. *Bibl. Ec. Chartes*, LVIII(1897), p.12.

적을 담고 있다.[8] 이러한 빈약함과는 대조적으로 영국은 우리에게 지극히 풍부한 자료를 제공한다. 영국에서 손대기 의식은 진정한 종교적 의례의 외형을 가지고 있었다. 왕은 전속사제의 도움을 받아 거의 미사를 집전하는 것과 같이 행동했다. 그렇지만 유감스럽게도 연주창 환자에 대한 영국의 전례(典禮)는 근대 이전의 기록에는 등장하지 않는다. 지금까지 전해지는 기록들 중 처음으로 '환자를 치료하기 위한 의무'를 담고 있는 것은 헨리 8세, 아무리 거슬러 올라가도 헨리 7세 시대의 것이다. 그러나 그것이 그 이전의 내용을 포함하고 있음은 의심할 여지가 없다. 특히 이처럼 독특한 의례가 좀더 이른 시기부터 발전했다는 것도 의심할 여지가 없다. 에드워드 3세의 국왕 전속사제였던 토머스 브래드워딘(Thomas Bradwardine)은 이미 1344년 쓴 철학책에서 왕은 치료에 앞서 '기도를 펼친다'고 기록했다.[9]

이뿐만이 아니다. 한 세기 전의 영국 왕실 회계장부(comptes)에는 국왕이 환자를 만졌음을 표현하기 위해 우리가 앞서 언급했듯이 국왕이 '표시'했다고 적혀 있으며, 좀더 자주 사용된 표현으로는 국왕이 환자들에게 '축복을 했다'는 것이 있었다. 거의 고전적 표현이 된 이 용어는 브래드워딘의 책이나 의사 존 오브 개즈던(John of Gaddesden)의 책에서도 찾아볼 수 있다.[10] 나중에 말하겠지만, 확실히 왕의 축복에 가치를 부여하는 것은 그것 자체로서는 이 시기 영국에만 있는 고유한 현상이 아니었다. 주군의 손에 부여된 신성한 능력은 병을 쫓아내는 행위 같은 이러한 종류의 보호행위에서 드러난다. 사람들은 자연스럽게 이 두 가지를 혼동하게 되었을 것이다. 프랑스의 사료에서는 이 둘이 결합되어 있지 않다. 반대로 영국에서는 항상 결합되어 있다. 이것은 영국인이

---

8) 이 책 322쪽 참조.

9) 아래 각주 20 참조.

10) 회계장부에 대해서는 특히 다음을 참조할 것. Public Record Office, Chancery Miscellanea, IV, 1, fol. 20, 3 June 1278. "환자 세 명이 왕의 손으로 축복(benedictis)을 받았다." Exchequer Accounts, 352, 18, 8 April 1289. "국왕의 자선담당관 헨리가 콩돔(Condom)에서 부활주간 성금요일에 왕의 축복을 받은(benedixit) 환자들에게: 21 드니에 스털링(d. st)." Bradwardine: 아래 각주 20에 인용되어 있음. John of Gaddesden: *Praxis medica seu Rosa anglica dicta*, s.l.n.d.(1492), fol. 54 v(이 책 142쪽 참조).

눈앞에서 치료 의식을 행하면서 어쩔 수 없이 교회의 용어에서 차용한 단어를 사용했을 것이기 때문이다.

영국과 프랑스에서 의례가 이 정도로 현저히 차이를 보이는 것은 어디서 유래한 것일까? 그 이유는 확실하지 않다. 아마도라는 단어를 사용한다고 하더라도 결국 가설에 지나지 않겠지만, 우선 영국의 관습이 성립되던 상황 속에서 그 이유를 찾아야 할 것 같다. 영국에서는 그레고리우스 개혁을 둘러싸고 일어난 논쟁으로 왕권의 신성한 역할이라는 개념이 문제가 되었다. 만약 헨리 1세의 측근들 중에서 『요크 익명 연대기』의 작가 같은 성직자가 많았다면, 헨리가 거의 성직자와 같은 태도를 취하도록 이들에게 설득당했고, 이 태도를 그 뒤의 후계자들이 따라했을 것이라고 주장하더라도 놀라시 않을 것이다.

처음에는 환자가 요청할 때마다 수시로 기적의 능력을 행사했던 것 같다. 기베르 드 노장이 말했듯이, 루이 6세 주위에 몰려들었던 사람들도 매우 무질서한 군중이었다. 서유럽의 강력한 왕정이 모든 면에서 점차 세련되고, 관료제의 규칙적이고 틀에 박힌 관례가 궁정 생활에도 침투되기 시작함에 따라 왕이 행하는 기적의 외면적 형태에도 일정한 규칙이 도입되었다. 성왕 루이는 날마다 또는 환자들의 요청이 있는 날이면 언제든 '환자를 만졌지만' 그것은 미사 후 한 시간으로 한정되어 있었다. 늦게 온 사람들은 궁정에서 밤을 보냈는데, 이들을 위해 잠자리와 음식이 마련되어 있었다. 그리고 다음 날 적절한 때에 왕 앞에 출두했다. 정해진 시각 없이 의례를 행하는 관행이 필리프 미려왕 시대의 프랑스에도 있었다. 영국에서도 똑같은 관행이 비슷한 시대인 세 에드워드왕(에드워드 1세~3세-옮긴이) 치세에 있었다. 영국에서는 아주 후대인 15세기 말까지도 이러한 관행이 지속되었던 것 같다. 헨리 7세는 환자를 만지는 날을 정해두지는 않았던 것 같다. 반면 프랑스에서는 루이 11세 치세(1461~1483-옮긴이)에 환자들을 모아서 일주일에 한 번만 왕 앞에 데리고 갔다. 활동적이고 바쁜 군주를 위해서는 확실히 훌륭한 시간 절약 방법이었다.[11]

---

11) 성왕 루이에 대해서는 기욤 드 생파튀스(Guillaume de Saint-Pathus)의 전기를 참조하라. éd. Delaborde(*Collection de textes pour servir à l'étude…… de l'histoire*), p.99. 필리프 미려왕과 영국 왕의 회계자료는 이 책 부록을 참조하라. 루이 11세에 대해서는 Commines, VI, c. VI,

아무리 늦춰 잡아도 15세기 이후에 프랑스에서도 마찬가지로 병이 나아지기를 바라면서 왕에게 모여드는 불쌍한 사람들을 분류하는 관습이 생겨났다. 이때부터 이 고귀한 의사의 전공이 확립되었기 때문이다. 왕은 연주창 환자를 치료했고, 오직 연주창 환자만을 치료했다. 그러므로 이 질병에 걸린 환자만 왕에게 오는 것이 적절했다. 다른 질병에까지 개방하는 것은 군주에게 불필요하게 시간을 소모하게 만드는 것이었다. 그리고 효력이 없을 것이 확실한 질병에 괜히 치료행위를 함으로써 왕의 위신을 위태롭게 할 위험도 있었을 것이다. 이러한 이유로 어느 정도 간략한 예비 진찰이 실시되었다. 이 진료는 틀림없이 궁정의사가 했을 것이다. 왕의 손대기라는 은총을 원하는 사람들은 누구이건 이 검진을 먼저 받아야 했다. 이로 말미암아 불만을 토로하는 자가 없을 수 없었다. 어느 날 샤를 7세는 랑그르(Langres)에 있었다. 랑그르 근처에 살면서 말의 편자를 만드는 제철공(蹄鐵工, maréchal-ferrant)인 앙리 파요(Henri Payot)라는 자가 연주창에 걸린 것으로 생각되는 자신의 누이를 왕에게 보이려고 했다. 왕의 하인들은 그녀가 연주창에 걸리지 않았다는 이유로 왕에게 데려다주기를 거부했다. 그렇지 않아도 전쟁의 피해로 불만을 품고 있던 앙리 파요는 절망에 빠져 왕과 왕비에게 신의 저주가 있으라고 말한 뒤 이 두 왕가의 인물들을 미친놈과 미친년 취급을 하며 욕설을 퍼부었다. 다른 좋지 않은 언사와 더불어 이 말이 소문이 났다. 이 불운한 남자는 나중에 사면장을 받기는 했지만, 틀림없이 상당히 비싼 대가를 치러야 했을 것이다.[12]

중세의 도덕관에 따르면 이승에서의 가난한 자에 대한 관대함은 군주에게 강력하게 요구되던 의무였다. 왕들 역시 인색하지 않게 이 의무를 수행했다. 왕실의 지출 장부를 훑어보면, 자선이 정말로 많았음을 알 수 있다. 이것은 이러한 종류의 자료가 비교적 잘 남아 있는 영국에서나, 불행하게도 이러한 자

éd. Maindrot(*Collection de textes pour servir à l'étude······ de l'histoire*), II, p.41.

12) 앞서 소개한 것은 1454년 10월 23일 로모랑탱(Romorantin)에서 작성된 사면장에 따른 것이다. 그 사면장은 '불쌍하고 순진한 제철공' 앙리 파요에게 내려진 것으로, 그가 '상스 바이야주와 랑그르 교구에 있는 페르세 르 프티(Persay le Petit)에 사는 사람'이라고 적혀 있다. Arch. Nat., JJ.187, fol. 113 v(샤르팡티에(Charpentier)가 지적한 것으로, 뒤 캉주(du Cange)의 『중세어사전』(*Glossarium*)의 'scroellae' 항목에 보충 설명이 되어 있다).

료가 별로 남아 있지 않은 프랑스에서나 사정은 마찬가지다.[13] 그런데 왕에게 치료받으러 오는 환자들 중에는 가난한 사람들이 많았다. 그들에게 돈을 약간 주는 것이 빠르게 관례가 되었다. 프랑스에서는 필리프 미려왕 치세에 멀리서 온 사람, 즉 외국인이나 왕국의 변경에서 찾아온 내국인에게만 기부했던 것으로 보인다. 기부 액수는 경우에 따라 달라서, 적어도 20수(sous)에서 6리브르(livre), 심지어 12리브르까지 변동이 있었다. 20수는 1307년과 1308년에는 보통 액수였다.[14] 필리프 4세부터 샤를 8세에 이르는 동안 이에 관한 정보는 완전히 백지상태다. 영국에서는 에드워드 1세, 에드워드 2세, 에드워드 3세 치세 동안 연주창 환자에게 지급된 자선금은 1드니에(denier)로 항상 똑같았다.[15] 이 액수는 프랑스보다 적은데, 그 이유는 영국에서는 자선이 좀더 널리 이루어졌기 때문이다.

사실 모든 환자 또는 거의 모든 환자는 자선금을 받았다. 초기에 한정된 일이겠지만, 아주 지체 높은 사람이나 부유한 사람들은 사양했을 것으로 추측된다. 항상 그렇듯이, 이러한 예외는 지극히 드물었을 것이다. 그렇지 않았다면 기록에 나와 있듯이 엄청난 액수가 지불되지는 않았을 것이다. 이제 곧 그 엄청난 액수를 확인할 수 있을 것이다. 의심할 바 없이 이런 예외는 매우 빨리 사라졌고 근대에는 더 이상 존재하지 않았다. 사람들의 눈에는 동전이 의례의 본질적 수단인 것처럼 보였다. 왕에게서 동전을 받지 못하면 잘해야 절반의 기적밖에 받지 못하는 셈이었다. 이러한 미신에 대해서는 뒤에서 좀더 자세하게 살펴볼 것이지만, 지금 당장 말해두어야 할 것이 있다. 그것은 이 미신의 기원이 오래되었는데 그것은 바로 중세라는 것이다. 왜냐하면 국왕의 치료행위에 자

---

13) 이후 내용은 왕실 회계장부에 따랐으며 부록 1에 연구결과를 수록했다.

14) 물론 회계장부에 명시적으로 나타나 있지는 않지만, 왕실 관습에 맞추어, 화폐는 파리지(parisis)로 표시했다.

15) 여기에 더해 몹시 가난한 사람들은 추가로 음식물로 도움을 받을 수 있었다. Exchequer Accounts, 350, 23. 이 주일은 1277년 7월 12일 일요일 시작되었다. "그 일주일 동안 환자 71명이 왕의 손으로 축복을 받았다. 왕실 자선담당자가 이 환자들에게 자선금으로서 5수 11드니에를 주었고, 그들 중 가난한 5명에게 자선금으로 7드니에 오볼(obole, 1/2드니에-옮긴이)을 주었다."

선금이 동반되는 관습이 영국의 궁정에 매우 일찍부터 퍼져 있었는데, 이 관습에 의해서가 아니라면, 이러한 미신의 기원을 설명할 길이 없기 때문이다.

우리는 지금까지 왕이 어떤 의례를 수단으로 사용하고 어떤 의식을 배경으로 이용하여 기적의 능력을 발휘했는지 살펴보았다. 남은 문제는 왕의 이러한 주장이 사람들 사이에서 어떤 성공을 거두었는지를 물어보는 것이다. 왕은 기적을 행하는 사람임을 자처했다. 그러면 누가 그들을 믿었는가? 왕은 의사임을 자처했다. 그러면 누가 환자였는가?

손대기의 명성

영국에서 에드워드 1세, 2세, 3세의 연속된 치세(1272~1377)에 왕이 손을 댔던 환자들 모두 또는 거의 모두 약간의 자선금을 받았으며, 그 금액이 1드니에로 고정되어 있었음은 독자들도 기억할 것이다. 또한 몇몇 회계장부에서 여러 시기의 자선금 지불에 사용된 금액을 알아낼 수도 있는데, 그 금액은 해당 연도의 자선금 전체일 때도 있지만, 대개 일간 합계, 주간 합계 또는 보름간 합계일 경우도 있다. 먼저 숫자로 하여금 말하게 하자. 그 숫자들은 일종의 강력한 웅변이다. 그다음에 그에 대해 해설할 것이다.[16]

위에서 인용한 세 국왕의 기적에 대한 기록은 우리가 가진 사료들 가운데 가

---

16) 영국과 프랑스의 회계장부에 대한 모든 기술적 세부사항은 부록 1을 보라. 특히 내가 참조한 영국 왕실의 연간 회계장부 목록을 살펴보라. 이 목록 덕분에 나는 참고문헌 목록을 간단히 만들 수 있었다. 에드워드 1세 시대 회계장부의 정보를 해석하기 위해 다음 책들을 이용했다. Henry Gough, *Itinerary of King Edward the first*, 2 vols, Paisley, 1900. 또 에드워드 1세의 여정은 런던 공문서보관소에 있는 크레이브(Th. Craib)가 타자기로 작성한 판본을 이용했고, 에드워드가 가스코뉴에 머물렀던 기간에 대해서는 베몽의 책을 이용하여 보충했다. C. Bémont, *Rôles gascons*(*Documents inédits*), III, p.ix 이하. 에드워드 2세에 대해서는 다음 책들을 이용했다. C.H. Hartshorne, *An itinerary of Edward II*, British Archaeological Association, *Collectanea Archaeologica*, I(1861), pp.113~114. 문서발령청의 기록에 근거해 작성한 다양한 여정은 모두 입증이 필요하며, 세세한 부분에서 왕실회계장부자체의 내부교정이 필요한 부분이 틀림없이 있을 것이라는 점을 나도 잘 알고 있다. 그러나 그 작업을 할 시간이 없었다. 게다가 내가 보려는 목적에 비추어보면, 큰 줄기만이 중요하다.

장 오래된 것이지만, 불행하게도 확실히 비교하기에는 너무 불완전하다. 에드워드 1세는 치세 28년차 1년 동안 983명을 '축복'했다. 32년차에는 1,219명, 18년차에는 1,736명이었다. 숫자가 적은 다른 해를 보면, 25년차 725명, 5년차 627명, 17년차 519명, 1년차 197명 등이다.[17]

에드워드 2세로 넘어가보자. 우리가 알고 있는 유일한 연간 수치는 매우 빈약하다. 치세 14년차(1320년 7월 8일부터 1321년 7월 7일 사이)에 79명이다. 그러나 같은 기간 범위를 적용하지 않은 다른 자료들은 의사로서 그의 능력이 덜하지 않았다는 인상을 준다. 1320년 3월 20일부터 7월 7일 사이, 즉 약 4개월 동안 환자가 93명 찾아왔다. 1316년 7월 27일부터 11월 30일까지, 즉 앞서 말한 기간보다 약간 긴 기간 동안에는 214명이 찾아왔다.[18]

에드워드 3세는 1337년 7월 10일에서 1338년 7월 10일 사이에 136명을 치료했다. 이해는 숫자가 매우 적은 연도였으므로 이해를 전형적인 해로 볼 수 없다. 1338년 7월 12일부터 1340년 5월 28일까지 22개월을 약간 웃도는 기간 동안 기적을 받은 사람은 885명이었다. 이를 연평균으로 계산해보면 500명 정

---

17) 즉위 28차년은 1299년 11월 20일부터 1300년 11월 19일까지다. 32차년은 1303년 11월 20일부터 1304년 11월 19일까지, 18차년은 1289년 11월 20일부터 1290년 11월 19일까지다. 25차년은 1296년 11월 20일부터 1297년 11월 19일까지, 5차년은 1276년 11월 20일부터 1277년 11월 19일까지, 17차년은 1288년 11월 20일부터 1289년 11월 19일까지, 12차년은 1283년 11월 20일부터 1284년 11월 19일까지다. 나는 부록 각주 14에서 16까지 언급한 다른 회계장부에 기재되어 있는 상세 항목의 수치를 더하여 위에서 인용한 총합계수치를 구했다. 에드워드 1세 치세와 관련해서는 런던 공문서 보관소의 '공문서 기타(*Chancery Miscellanea*, IV, i)'칸에 있는 일종의 왕실금전출납부를 이용할 수 있다. 기간은 1278년 1월 31일부터 11월 19일까지다. 그런데 손대기 치료와 관련된 수치를 이용할 수는 없었다. 왜냐하면 그 옆에 다음과 같은 문구가 아주 뚜렷하게 적혀 있었기 때문이다. '왕의 병 환자 30명에게'(fol. 9 v), 그리고 '치료받은 왕의 병 환자 192명에게'(fol. 11 v)라고 되어 있는가 하면, 다른 곳에는 단순히 '병자(pro egrotis)'라고 되어 있어서 헌금이 일반 환자에게 주어졌는지 연주창 환자로서 왕의 손대기 치료를 받은 자에게 주어졌는지 알 수 없었다. 마찬가지로 즉위 21차년 헌금 문서에서 '환자(pro infirmis)' 항목 역시 이용할 수 없다. Exchequer Accounts, 353, 16.

18) 첫 번째 숫자는 Brit. Mus., Add. mss. 9951, fol. 3 v, 두 번째 숫자는 Add. mss. 17632, fol. 5, 세 번째 숫자는 아래 각주 25에서 분석한 회계장부에 있는 구체적인 숫자를 더한 결과다. *Archaeologia*, 26, pp.319~320(아래 각주 25 참조).

도 된다. 반면 1336년 1월 25일부터 1337년 8월 30일 사이 19개월 동안 치료한 숫자는 108명을 넘지 않았다.[19)]

전체적으로 보면 이 숫자는 압도적이다. 이 숫자는 플랜태지니트 왕조의 기적과 관련된 위신을 높여준다. 1349년에 사망한 캔터베리 대주교 브래드워딘은 자신이 에드워드 3세의 전속사제로 있을 당시 작성한 작품에서 자신의 주군이 기적을 행했다는 것은 "치료된 환자, 치료할 때 입회했던 사람들, 치료 효과를 목격한 사람들, 그 나라 사람들 그리고 전체적인 명성 등 모든 것이 증명해주고 있다"[20)]라고 했다. 이 의례가 영국에서 누린 인기가 과장되었는가? 만약 우리가 회계장부를 자세하게 확인해보지 않았다면, 사람들은 과장이라고 생각할지도 모른다. 이 수치가 가져다준 명성은 수사학적 장식이 아니다. 이 인기로 말미암아 수많은 군중이 국왕에게 몰려갔고, 어떤 해에는 그 숫자가 1,000명이 넘었다.

프랑스 왕의 의료행위에 관해서 어떤 자료도 명확한 수치를 제공해주지 못한다. 그러나 같은 시대에 프랑스 왕의 평판이 이웃 나라의 왕에 비해 낮았을

---

19) 첫 번째 숫자는 Exchequer Accounts, 388, 5(마지막 롤), 두 번째 숫자는 Record Office, *Treasury of Receipt, Miscell. Books*, 203, fol. 177, 세 번째 숫자는 Brit. Mus. Cotton Nero C VIII, fol. 208(가난한 사람들에게 제공된 음식물과 관련된 정보는 fol. 207 v에 있는데, 이를 근거로 마지막 회계장부에서 손대기 치료를 받은 환자들의 숫자가 적용되어야 할 기간을 알 수 있었다). Cotton Nero C VIII과 Exchequer Accounts, 388, 5의 숫자 사이에 겹치는 부분이 있다. 이에 관해서는 아래 각주 23을 참조하라.

20) Thomae Bradwardini, *De causa Dei contra Pelagium et de virtute causarum ad suos Mertonenses libri tres*, gr. in-8, London, 1618, I, c.1, corol. pars 32, p.39. "그리스도의 기적을 부정하는 자는 누구든지 와서 지금까지 이 신성한 곳에서 계속되는 놀라운 기적을 직접 보라. 영국에 와서 영국 왕을 알현하라. 왕의 질병을 앓는 자는 누구든 기독교인인 너와 함께 오라. 오래되고 심하며 불결한 질병이 기도 낭송을 듣고 손을 얹어 축복하며 십자가 표시를 그리면, 예수 그리스도의 이름으로 치료될 것이다. 실로 영국, 독일, 프랑스 등지에서 무리를 지어 왕에게 몰려들어서, 왕은 이 일을 계속했고, 항상 가장 더러운 남녀를 만졌다. 이것은 일상적인 일로서, 치료받은 자, 참석한 자, 목격한 자 그리고 널리 알려진 사람들의 평가가 입증한다. 기독교도인 영국 왕은 항상 신의 뜻에 따라 이 치료행위를 해왔고, 고대의 책들과 왕국에서의 명성이 입증하듯이 프랑스 왕 역시 이 행위를 해왔으므로, 왕의 병이라는 이름이 생겼다." 중세 철학사에서 일정한 지위를 차지하고 있는 이 작품은 1344년에 작성된 것으로 되어 있다. F. Ueberweg, *Grundriss der Geschichte der Philosophie*, II, *Die mittlere……Zeit*, 10th éd., 1915, p.586.

리는 없다. 양국 모두 유사한 믿음이 유사한 의례를 지탱하고 있었다. 곧 살펴보겠지만, 필리프 미려왕은 자신이 직접 지배하는 신하에게서만 치유를 요청받은 것이 아니었다. 손대기 의례가 있는 날 스페인 사람, 이탈리아 사람, 프랑스 사람 중에서도 먼 봉토나 순순히 따르지 않는 봉토에 사는 사람들이 국왕에게 몰려왔다. 자신의 영지에 사는 사람들 역시 이 외국인이나 반 외국인만큼 국왕을 강하게 믿었다. 브래드워딘은 플랜태지니트 왕조와 마찬가지로 프랑스의 군주도 기적의 능력이 있다는 것을 알았으므로 '두 왕국에서 한목소리로 나는 명성'이 왕의 기적을 입증한다고 말했다. 영국에 관한 한, 사료들은 모든 면에서 그의 증언을 입증하고 있다. 만약 프랑스의 사료도 좀더 완벽해진다면 틀림없이 같은 결과를 얻을 것이다.

냉국의 수치 자료는 전체 양으로는 상당히 많지만, 자세히 보면 너무나도 변화가 심하다. 이러한 차이는 사료가 우리에게 전해지는 방법의 차이에서 기인한 것은 아닐 것이다. 우리가 정보를 얻는 왕실 회계기록과 관련하여 보면, 에드워드 3세 시대의 기록이 에드워드 1세 시대보다 덜 신경 써서 작성된 것은 아닐 것이며, 에드워드 1세의 12년째 되는 해의 기록이 18년째 되는 해의 기록보다 덜 정확하다고 할 수도 없다. 가장 빈약한 숫자가 가장 높은 숫자보다 믿을 만하지 않다고 할 수도 없다. 그렇다면 이러한 불규칙성은 왜 나타나는가?

몇몇 해에는 그 이유가 매우 단순하다. 국왕이 전쟁 중이거나 여행을 떠난 것이다. 왕이 평화적인 의례를 수행할 수 있는 경우는 거의 없었고 영토 밖에서는 아주 예외적으로만 행했다. 때때로 수 개월 동안 의례를 전혀 수행할 수 없는 경우도 있었다. 앞서 말한 대로 에드워드 1세는 치세 12년차인 1283년 11월 20일부터 1284년 11월 19일까지 197명에게 손대기 치료를 시행했다. 그러나 회계기록을 좀더 자세히 살펴보면, 위의 인원 중 185명은 3월 15일 이전에 왕을 알현했음을 확인할 수 있다.[21] 3월 15일은 바로 플랜태지니트 왕조가 웨

---

21) 사실 이 숫자는 완전히 정확하게 확정된 것은 아니다. Exchequer Accounts, 351, 15에 있는 자선금 장부에 따르면, 환자 8명이 3월 12일(대교황 성 그레고리오 축일) 시작하는 첫 번째 주에 왕의 손대기 치료를 받았다. 이것을 3월 15일 이전에, 즉 영국에서 행해졌다고 보아야 할 것인가, 아니면 그 이후, 즉 웨일스에 있을 때 행해졌다고 보아야 할 것인가? 나는 전자로

일스를 침입한 날짜다. 국왕은 완전히 복속시키려 했고, 그리하여 11월 19일에도 그곳에 있었다. 국왕이 국경인 체스터(Chester) 백작령에 잠깐 머무를 때 그곳에 남아 있던 3명을 포함하여 12명이 국왕에게 왔다.[22] 나머지 9명은 군인이거나 왕에게 동조한 웨일스인이었다. 왕실 회계장부에 따르면 1299년 11월 20일부터 1300년 11월 19일까지(치세 28년차) 983명이 기록되어 있지만 실제로 12개월에 걸쳐 시행된 것이 아니다. 이 장부에서 손대기 치료 기록은 12월 12일에 갑자기 중단되었다. 12월 13일 국왕이 군대와 더불어 여전히 반란의 와중에 있는 스코틀랜드를 침략했기 때문이다. 기록이 다시 시작되는 것은 1월 3일인데, 이는 에드워드 1세가 영국 땅으로 되돌아왔기 때문이었다. 6월 24일에는 두 번째로 기록이 중단되어 있다. 7월 5일 왕은 스코틀랜드에 있었다. 1296년 11월 20일부터 1297년 11월 19일 사이(치세 25년차) 환자가 725명 있었는데, 이들은 사실 8월 18일 사이 9개월 미만에 궁정에서 축복을 받았다. 같은 달 22일부터 27일 사이 에드워드 왕은 플랑드르로 가기 위해 바다를 건넜고 회계연도가 끝날 때까지(2월 19일) 그곳에 있었는데 그 기간에는 아무도 치료하지 않았다. 우리는 에드워드 3세에 대해서는 아는 바가 별로 없다. 우리는 긴 기간에 대해 전체적인 숫자만을 가지고 있을 뿐이다. 그러나 1338년 7월 12일부터 1340년 5월 27일 사이 약 2년 동안은 885명이라는 수치를 기록하고 있는데, 이는 평균적인 수치가 아니며, 곧 설명하겠지만, 대부분 대륙에서 이루어진 것이다.

다른 상황에서도 국왕은 치료 의례에 거의 시간을 할애하지 않았던 것 같다. 왜냐하면 더 긴급한 일이 생겨서 여유가 거의 없었기 때문이다. 1336년 1월 25일부터 1338년 7월 19일 사이에 에드워드 3세의 치료건수는 244명을 약간 밑도는 수치였다.[23] 기적을 행하는 활동이 약한 시기가 외교 활동이나 군

포함시켰다. 그것이 더 가능성이 있어 보였다. 후자를 택한다면 여기의 이 결과에서 약간만 변경하면 된다.

22) 이 주일은 9월 17일(마태오 축일 이전 일요일)에 시작한다.

23) 1336년 1월 25일부터 1337년 8월 30일 사이 108명, 1337년 7월 10일부터 1338년 7월 10일 사이 136명으로 총 244명이다. 그러나 이 숫자는 중복된 것을 포함한 것이다. 에드워드 3세의 8차년에서 11차년 사이의 보관용문서고의 문서(Contrerôle de la Grarderobe,

사 활동이 매우 활발한 시기와 일치한다는 점은 주목할 만하다. 이 시기 전체는 프랑스와의 전쟁 준비에 바쳐졌다. 마찬가지로 웨일스 국경을 넘기 직전해인 1283~84년에, 에드워드 1세는 4개월 동안 187명에게만 축복을 주었을 뿐이다. 이 수치는 평상시 환자 수에 비해 훨씬 적은 것이었다. 틀림없이 왕은 오래된 켈트 왕국을 복속시키려는 중요한 조치들을 논의하고 명하는 데에 시간을 썼을 것이다.

여행, 전쟁, 전쟁 준비 등 우발적인 사건들로 말미암아 어느 해에는 아주 낮은 수치를 기록했다. 그러나 왕의 손이 가지고 있는 능력에 대한 믿음이 손상되지는 않았다. 우리가 모든 것을 알고 있다고 자부할 수는 없다. 오늘날 우리가 알 수는 없지만 위와 비슷한 성격을 지닌 원인들, 예를 들어 군주의 와병, 궁정 축제, 전염병, 기근, 불안한 도로 치안 등이 어느 때에는 작용하여 치료사인 국왕이 기적을 행하는 것을 방해하거나 잠시나마 많은 신자가 왕에게 오는 것을 방해했을 수도 있다. 우리가 가지고 있는 수치들은 전부 혹은 대부분 불규칙적인데, 연주창의 기적적 치료에 대한 신앙이 변동하기 때문에 이러한 불규칙성이 나타난다고 설명하는 것은, 그 변동이 무엇인지 모르지만 헛수고일 뿐이다. 우리가 가지고 있는 에드워드 3세의 세 가지 회계기록을 보면 이 세 수치모두 에드워드 1세 치세의 것보다 훨씬 낮음을 알 수 있다.

이러한 사실을 근거로 믿음이 퇴조했다고 할 수 있겠는가? 그렇게 하는 것은 잘못이다. 왜냐하면 이 자료 중 어느 것도 정상적인 시기의 것으로 간주할 수 없기 때문이다. 그러나 손대기 치료의 통계자료는 군주에 대한 충성심의 변화를 추적하려고 하는 역사가에게는 흥미로운 자료다. 이 감정에 대해 문헌자료나 공식 기록은 변형된 이미지나 항상 의심스러운 이미지만을 제공해준다. 영국과 프랑스의 회계기록은 이러한 감정을 가장 특징적이고 자발적인 형태 속

Counterroll of the Wardrobe)는 '자선금 목록(Titulus de elemosina)'이라는 제목으로 대영박물관에 보관되어 있는데(Brit. Mus. Cotton Nero C viii), 그것은 8차년(1334년) 7월 31일부터 1337년 8월 30일 사이의 기록을 담고 있다. 그러나 8차년, 즉 1334년 7월 31일부터 10차년, 즉 1336년 1월 24일 사이 손대기 치료를 받은 환자에 대한 기록은 없다. 에드워드는 이기간 대부분을 스코틀랜드와 북부 지방에서 보내며 스코틀랜드 원정에 몰두하고 있었다.

에서 생생하게 파악할 수 있도록 해준다. 여기에는 때때로 예외적이기는 하지만 그 변동까지 기록되어 있다.

우선 에드워드 2세를 보자. 모든 연대기 작가, 그리고 이들을 근거로 한 근대 역사가들 모두 동의하는 점은 이 군주의 성격과 지적 능력이 평범했으며, 나쁜 사람들에게 둘러싸여서 혐오스러운 짓을 저질렀다는 혐의를 받았고, 마침내 측근에게 배신당하여 비참한 최후를 맞은 인기 없는 군주였다는 것이다.[24] 그러나 이러한 종류의 증언에는 의문의 여지가 있다. 즉 그것이 단지 몇몇 제후의 증오를 단순하게 반영한 것은 아닐까 하는 의문이다. 일반 민중은 왕을 어떻게 보았는가? 회계기록을 검토해보자. 그의 치세에 관해서는 세 가지 수치가 있는데 셋 모두 매우 낮다. 국경 밖으로 원정을 했다거나 군사적 준비를 했다고 하더라도 이처럼 낮은 수치를 해명해주지는 못한다.[25] 특히 그 수치는 점점 낮아졌다. 1316년에는 약 4개월 동안 214명이 축복을 받았고, 비슷한 기간인 1320년 3월 20일부터 7월 7일 사이에는 93명 이상이 축복을 받았다. 1320년 7월 8일부터 1321년 7월 7일까지 1년 동안에는 79명으로 떨어졌다. 1320년에서 1321년 사이에는 이 허약한 왕에 대해 토머스 오브 랭카스터(Thomas

---

24) T.F. Tout, *The place of the reign of Edward II in English history*(*Manchester Historical Series*, XXI), 1914, p.9. 다음과 같이 기록되어 있다. "연대기들이 모든 점에 대해 일치하고 있지는 않지, 에드워드 카나본(Edward of Carnavon)의 성격을 묘사하는 데에는 놀라울 정도로 일치한다."

25) 정확성을 완벽하게 기하기 위해서는 다음과 같은 사실을 지적해두는 편이 좋겠다. 1320년 6월 20일부터 같은 해 7월 21일까지 에드워드 2세는 (프랑스) 피카르디 지방을 단기간 여행하고 있었다(*Collectanea Archaeologica*, I, 1861, p.135 이하). 따라서 그가 93명에게 치료를 시행한 1320년 3월 20일부터 같은 해 7월 7일까지의 기간에서 부재 기간인 18일을 공제해야 한다. 그리고 14차년, 즉 1320년 7월 8일 시작된 1년에서도 14일을 공제해야 한다. 그러나 이러한 공제는 너무도 미미하여 한 번은 4개월, 다른 한 번은 만 1년이라는 기간의 시행 건수 합계에 뚜렷한 영향을 미친다고 보기에는 부족하다. 10차년(1316년 7월 8일~1317년 7월 7일)에 대해 아는 것은 *Archaeologica*, 26, p.318 이하에 분석되어 있는 수치뿐이다. 만약 이 분석이 완벽하다면, 거기서 왕의 치료에 대해 언급한 것은 1316년 7월 27일부터 11월 30일까지뿐이다. 그러나 이처럼 한 해의 나머지 기간에 대해 언급이 없는 것은 설명하기가 매우 어렵다. 그 회계장부는 런던 고고학협회(Society of Antiquaries of London)의 도서관에 있다. 현재 이 연구를 본 영국학자들이 여기서 내가 제기한 사소한 문제에 대한 해답을 탐구하기를 바란다.

of Lancaster)가 반란을 일으켰다. 에드워드와 마찬가지로 토머스 또한 별 볼일 없는 인물이었지만, 민중이 생각하기에 토머스는 영웅이었다. 1322년 3월 22일 토머스가 사형집행인의 도끼에 처형되었을 때, 사람들은 그가 기적의 능력을 가지고 있다고 믿고 있었다.[26] 명백히 1320년부터 에드워드의 인기는 라이벌인 토머스의 끝없는 광채 앞에서 사그라들었다. 위엄을 잃은 군주에게서 치료받기를 바라는 사람은 더 이상 없었다.

앞서 우리는 1299년과 1300년 사이에 에드워드 1세가 스코틀랜드에 발을 내딛는 순간 갑자기 기적의 힘을 잃었음을 보았다. 이때 스코틀랜드에서는 거의 모든 사람이 영국 침략자에 맞서 있었다. 그렇다면 이제 에드워드 치세 32년차(1303~1304) 당시 스코틀랜드로 가보자. 정복이 달성되었다. 과거에 적이었던 많은 사람이 에드워드와 손을 잡았다. 2월에는 섭정 자신과 백작들 대부분이 복종하게 되었다. 병합은 관습에도 침투하는 법이다. 에드워드는 1304년 8월 25일까지 트위드(Tweed) 강 북쪽에 머무르면서, 1303년 11월 20일부터 995명이나 되는 많은 환자에게 축복을 내렸다. 왕을 찾아온 사람들이 모두 그를 따라온 영국인으로만 이루어져 있었다고 단정할 수는 없다. 확실히 여기에는 많은 스코틀랜드인이 포함되어 있었다. 과거에 반란을 일으켰던 이 나라에서 상당히 많은 사람이 플랜태지니트 왕을 적법한 왕으로 인정하기 시작했다. 스코틀랜드인은 영국 왕에게 기적을 간청했던 것이다.

프랑스 왕도 영국 왕도 똑같이 자신들에게 치료능력이 있다고 주장했다. 그런데 영국 왕은 대륙에 프랑스 왕에게서 받은 봉토를 가지고 있었다. 절반은 프랑스이고 절반은 영국인 이 지방에서 연주창 환자들은 경쟁적으로 기적을 행하는 두 경쟁자 중 어느 쪽으로 갔을까? 우리가 가지고 있는 아주 상세한 기록에 따르면, 에드워드 1세는 치세 17년차 상반기에 자신의 아키텐 영지(Etats d'Aquitaine)를 여행하던 중 치료행위를 수행했다. 왕은 리부른(Libourne)에서 가까운 콩다(Condat), 콩돔(Condom) 그리고 그밖의 장소에서 몇몇 환자에게 손을 대서 치료했지만, 그 수는 적었다. 대략 7개월 동안 124명에게 치료

---

26) J.C. Davies, *The baronial opposition to Edward II*, Cambridge, 1918, p.109.

를 시행했다. 영국으로 돌아온 8월 12일 이후 3개월 약간 넘는 기간 동안 395명을 치료했다.[27] 틀림없이 보르도 사람들이나 가스코뉴 사람들에게는, 주군의 위엄이 봉신의 위엄을 해치고 있는 것으로 비쳤을 것이다. 좀더 뒤에 확인해보겠지만, 보르도 사람들조차 카페 왕조의 왕에게 치료를 요구하지 않았다.

플랜태지니트 왕조가 프랑스 왕의 지위를 얻게 되자 상황은 변했다. 먼저 1297년, 에드워드 1세는 플랑드르 지방으로 갔는데 이곳에서 갑자기 치료를 멈췄다. 왜냐하면 이 지방은 명목상 프랑스 땅이었고 어쨌든 영국 왕과는 아무런 관련성도 없었으므로 외국의 군주나 다를 바 없었기 때문이다.[28] 그러나 에드워드 3세는 달랐다. 앞서 말했듯이, 왕실 지출 요약표는 1338년 7월 11일부터 1340년 5월 27일 사이에 에드워드 3세가 환자 885명을 치료한 것으로 되어 있다. 그런데 이 22개월 동안 에드워드는 영국에 두 차례, 그것도 도합 4개월 동안만 체류했다.[29] 나머지 모든 기간을 에드워드는 해협 건너편에서 보냈고, 필리프 드 발루아와 전투를 벌이거나 네덜란드의 영주나 도시민과 협상하고 있었다. 특히 그는 플랑드르 지방과 노르(Nord) 지방의 프랑스 고유 영토를 돌아다녔다. 결국 에드워드는 자신이 상속권을 주장했던 카페 왕조의 영토를 떠나지 않고 있었던 것이다. 885명이나 되는 사람이 4개월도 채 안 되는 기간 동

27) 자선금 장부(Alms-Roll), Exchequer Accounts 352, 18. 6월 29일부터 7월 1일까지 에드워드는 푸아투(Poitou)에서 지냈다. 8월 12일에는 도버에 도착했다. 그사이에 왕은 프랑스에서 자신의 영지인 아키텐에서 벗어나 다른 곳에 체류하거나 여행을 하고 있었다. 그러므로 자연히 그는 어느 누구에게도 손대기 치료를 할 수 없었다. 7월 29일부터 8월 4일 사이에는 적어도 퐁티외 백작령에 머물러 있었던 것은 사실이다. 퐁티외는 솜 강 입구에 있는 곳으로 에드워드에 속하는 땅이었다. 그러나 그는 그곳에서 자신의 치료능력을 발휘하지 않았던 것 같다. 대륙에서 마지막으로 손대기 치료를 시행한 것은 6월 26일로 끝나는 주간이었다. 영국에서 시행을 재개한 것은 8월 14일로 끝나는 주간이었다(membrane 4).

28) 1289년의 여행은 프랑스의 아키텐 이외의 지역에서 이루어졌다. 이에 대해서는 바로 앞의 각주를 참조하라.

29) 에드워드 3세는 1338년 7월 16일 앙베르에 도착했다. 그리고 1340년 2월 20일 대륙을 떠났다. W. Hunt and Reginald L. Poole, *The political history of England*, III, p.335, p.344에 있는 T.F. Tout의 글. 장 르무안(Jean Lemoine)이 『리샤르 레스코 연대기』(*Chronique* de Richard Lescot)(*Soc. de l'ist. de France*)를 편집 출간하면서 부록에 수록한 *Itinéraires d'Edouard III d'Angleterre pendant ses expéditions en France*는 매우 불충분하다.

안에 기적의 치료를 받았다거나 모두 영국에서 왕을 따라온 사람들이라고 믿기는 힘들다. 그들 중 대부분은 대륙에 살던 사람들이었을 확률이 높다. 영국 왕은 1340년 1월 26일 헨트 시민(Gantois)으로부터 프랑스 국왕으로서 신서를 받았고, 당연히 프랑스 땅에서 기적의 능력을 발휘할 수 있었다.

우리는 영국의 회계기록을 따라서 프랑스의 역사로 들어가게 되었다. 계속 살펴보자. 그리고 조금 더 시대를 거슬러 올라가서 카페 왕조의 정통성에 대해 어떤 이의도 제기되지 않았던 시대로 가서, 필리프 미려왕 치세에 왕실 금고의 지출 장부로 사용된 밀랍 서판(Tablettes de cire)을 살펴보자. 우리가 가지고 있는 그대로 보면, 1307년 1월 18일부터 6월 28일까지가 하나이고, 1308년 7월 1일부터 12월 30일까지가 다른 하나다. 이 서판은 르노 드 루아(Renaud de Roye)가 가지고 있던 것이나. 이 인물은 매우 꼼꼼한 관료여서, '왕의 병을 앓는' 사람들에게 지출된 금액의 용도를 전임자들처럼 다른 기부와 섞어서 기록하기는 했지만, 정확하게 기록해두었을 뿐만 아니라, 매번 환자의 이름과 출신지를 애써서 기록해놓았다. 역사가에게는 매우 귀중한 이 자료를 르뵈프 신부(abbé Jean Lebeuf)를 제외하고는 어느 누구도 오늘날까지 그 가치를 알아보지 못한 것 같다.[30] 앞서 지적했듯이 연주창 환자 전원에게 돈을 준 것이 아니라, 멀리서 온 사람들에게만 돈을 주었다. 영국의 회계장부에서 얻을 수 있는 통계가 불완전하듯이, 프랑스 왕실 회계장부로는 완전한 통계자료를 작성할 수 없다. 그러나 르노 드 루아의 놀라운 꼼꼼함 덕분에 기적의 치료를 받은 사람들의 모습은 놀랍도록 생생하게 되살아난다.[31]

일반적으로 치료를 받은 개개인의 사회적 지위가 명시되어 있지는 않다. 그

---

30) *Mémoire touchant l'usage d'écrire sur des tablettes de cire*, *Mém. Acad. Inscriptions*, XX(1753), p.307. "자선금을 받은 사람들은 이름, 특징, 출신지를 기입했다. 이것의 세부내역을 검토할 필요가 있다.

31) 르노 드 루아의 서판은 *Recueil des Historiens de France*, XXII, pp.545~565에 수록되어 있다. 참고서지는 이 책에 나와 있다. 서판은 글씨를 알아보기 힘들며, 손대기 치료와 관련되어 있는 몇몇 조항은 원래의 자료가 해독하기 어려워서 편집자가 읽을 수 없었던 것들도 있다. 이러한 항목은 아래 포함되지 않았다. 나는 이 판본과 국립도서관 라틴 필사본 9026호(Bibl. Nat. lat. 9026)로 되어 있는 1307년 서판의 오래된 사본과 비교해보았다.

럼에도 불구하고 국왕에게 치료를 받으러 온 사람들이 모든 사회 계층에 속해 있음을 어렵지 않게 알 수 있다. 1307년 5월 12일 푸아티에에서 손대기 치료를 받은 뒤, 비비앵이라는 문지기를 통해 60수를 받은 잔 드 라 투르(Jeanne de la Tour)는 귀부인이었음이 틀림없다.[32] 수도사들도 전혀 거리낌 없이 왕의 치료를 받으려고 했다. 1307~1308년 사이 약 12개월 동안 단지 외국인과 프랑스 변경지역에서 온 사람들 중에서만 보더라도, 아우구스티누스 수도사 한 명, 프란체스코 수도사 두 명, 코르들리에 수녀 한 명이 포함되어 있었다.[33]

일반적으로 궁정 근처에 사는 환자의 이름은 모른다. 해당 연도인 1307~1308년 사이 필리프 미려왕이 푸아티에 너머 남쪽으로 간 적이 없으므로 궁정 근처란 푸아티에 이북 지역의 주민을 말한다. 이들은 원칙적으로 자선금을 받지 않았다. 그러나 엘뵈프를 포함한 노르망디, 몽트뢰유쉬르메르(Montreuil-sur-Mer)를 포함한 아르투아, 생트므느우(Sainte-Menehoud) 근처 앙스(Hans)를 포함한 샹파뉴 등이 르노 드 루아가 예외적으로 출신지를 표기한 지역이다. 엘뵈프 출신의 아녜스, 몽트뢰유 출신의 질레트 라 샤틀렌, 앙스 출신의 마르그리트는 틀림없이 가난한 여자여서 이들에게 약간의 돈을 주는 것에 대해 사람들이 거부감을 갖지 않았을 것이다.[34] 좀더 먼 지방에 대해 언급한 것은 특별히 흥미를 끈다. 이 언급에 따르면, 카페 왕조가 기적을 행하는 능력이 있다는 믿음은 중부 지방 전체는 아니지만 여러 지역, 프랑스에 편입된 지 얼마 되지 않은 툴루쟁, 왕이 접수한 지 20년도 되지 않은 저 멀리 피레네 계곡의 비고르(Bigorre), 반쯤 독립적인 브르타뉴, 마요르카 왕에게 복종하는 몽펠리에, 대륙에서 플랜태지니트 왕조의 고향인 보르도 등지에도 퍼져 있었다.[35]

32) 554 d: "잔 드 라 투르 부인(Domicella Johanna de Torre), 왕의 질병 환자로서 같은 곳, 같은 장소에서 비비앵(Vivianus)을 통해 60수." 비비앵의 역할에 대해서는 다음을 참조하라. *Ibid.*, 511 j, 538 f, 543 e.('554 d'에서 앞의 숫자는 *Recueil des Historiens de France*, XXII의 쪽번호다. 이 문서는 쪽마다 일정한 간격으로 구분하는 표시가 되어 있는데 그것이 쪽번호 다음의 알파벳이다–옮긴이).

33) 560 k; 557 h; 553 k.

34) 558 b; 559 b; 558 b.

35) La Souterraine(Creuse): 557 e; La Marche(?), 557 h; Toulouse and Toulousain: 554 c, 558 g,

잠시 이 문제에 대해 생각해보자. 지금 대상이 되는 시기는 1307년과 1308년이다. 이해는 비극적인 해였다. 지속적으로 문제가 되었던 재정부족으로 인하여 카페 왕조의 군주는 템플기사단과 관련된 불미스러운 사건에 빠졌다. 왕실 재정은 민중에게 참기 어려운 압박으로 작용하기 시작했음에 틀림없다. 그것이 무슨 상관있으랴! 왕국의 도처에서 환자들이 프랑스 왕에게 몰려왔다. 브르타뉴 본래의 전통언어를 사용하는 브르타뉴 지방의 중심지인 갱강(Guingamp)에서, 툴루즈 근처의 마을에서, 랑그도크 지방에서, 오래된 알비 지방에서, 연주창에 걸렸다고 느끼는 불쌍한 사람들이 여행 지팡이를 짚고서, 험난하고 때로는 위험하기까지 한 길을 지나서 그들의 주군이 있는 일드프랑스나 루아르 강 계곡에 있는 왕의 성채에 도달했다.

그들은 왕에게 기적을 바라고 왔던 것이다. 1307년 12월 13일 한겨울에 왕의 처소는 루앵(Loing) 지방의 변경지역인 느무르(Nemours)였다. 그곳에 길렘(Guilhelm)이라는 남자가 도착했다. 그는 오타두르(Haut Adour) 지방이 내려다보이는 고원 위에 있는 비고르 지방 오방(Houban)에서 출발했다.[36] 그는 손대기 은총을 받기 위해 먼 길을 왔다. 왕권, 왕권의 위신, 그 신성한 역할 등에 대한 모든 문헌 기록을 통해서 우리가 알아낼 수 있는 것이 이 평범한 남자의 이야기보다 더 웅변적이겠는가?

그들은 파리에서 그토록 멀리 떨어져 있는 랑그도크 사람, 보르도 사람, 브르타뉴 사람이었지만, 무엇보다 프랑스 사람이었던 것이다. 그들이 치료해주기

---

558 l; Bigorre: 561 a; Bourgogne: 558 l; Nantes: 557 c; Guingamp: 557 c; Montpellier: 558 c; Bordeaux: 553 k. 이 도시들의 정치적·봉건적 상황에 대한 참고문헌으로는 다음 책이 결정적 자료이다. A. Longnon, *La Formation de l'unité française*, 1922. 보르도에 있는 코르들리에 수도회의 아녜스 수녀에게 지급된 총액은 비정상적으로 높은 액수(12리브르)인데, 손대기 치료가 있기 바로 직전에 다녀간 롬바르드인과 나바르인 4명에게만 지급되었던 금액이다(553 j). 프랑스 왕 정부가 훌륭한 헌금을 미끼로 영국 왕의 신민인 환자를 끌어오려고 했다는 것이 설명될 수 있지 않을까?(뒤에 나오는 16세기 스페인 사람들에 대한 정책을 참조하라)

36) 561 a: "비고라의 알바 출신인 기욤, 왕의 질병 환자로서 같은 곳, 같은 장소에서 피에르 드 카모토를 통해 20수." '알바(*Alba*)'를 오방과 같은 지명으로 본 것은 추측이 아니다. 게다가 그 것은 별로 중요하지 않다. 왜냐하면 '비고라(*Bigorra*)'라는 단어가 확실하게 지리적 정보를 제공하기 때문이다.

를 바랐던 사람이 그들의 왕인 것이다. 마찬가지로 스코틀랜드 사람들은 자신들이 복종하게 된 에드워드 1세에게서 축복을 받았고, 플랑드르 사람들은 프랑스 왕위의 진정한 계승자라고 생각한 에드워드 3세에게서 축복을 받았다. 그들은 그 왕들이 자기들의 적법한 주인이라고 생각했기 때문에, 그들의 군주에게서 기적을 바랐다. 기적을 행하는 군주 주변에 모여든 고통받는 행렬 속에서 해협 양쪽에서 온 사람들 가운데 진정으로 외국인이라고 할 만한 사람들이 있는가? 브래드워딘은 영국, 독일, 프랑스 등 도처에서 무리를 지어 우리의 주군에게 몰려온다고 적고 있다.[37] 영국의 회계기록에는 숫자밖에 기재되지 않기 때문에, 이 기록을 검증할 수는 없다. 그러나 이 왕실 전속사제의 말은 어느 정도 믿을 만하다. 그의 직무 자체가 왕이 기적의 의식을 집행할 때에 그것을 보좌하는 것이었기 때문이다. 여기에 더하여 지금까지 살펴본 바로는, 그의 기록은 항상 정확했다. 플랜태지니트 왕조의 왕들에게 손대기 치료를 받은 수천 명 속에는 아마도 왕의 직접 신민이 아닌 사람도 있었을 것이다. 카페 왕조에 관해서 말하면, 필리프 미려왕 시대의 궁정 서판을 볼 때, 왕의 평판이 유럽 전역에 걸쳐 있었다는 강한 인상을 받는다.

그러면 제국령은 어떨까? 프랑스의 서쪽 국경선을 쭉 따라서 기다란 땅이 북에서 남으로 펼쳐져 있다. 이 땅은 과거 카롤링제국이 분할될 때 로타르(Lothaire)의 상속분이었다. 이 땅은 명목상으로는 독일 군주에 속했지만 실질적으로는 프랑스의 영향력이 제국의 영향력과 경합하던 곳이었다. 필리프 미려왕은 특히 이 지역에 대해 적극적이었다. 사람들은 종종 그의 '확장 정책'에 대해 이야기하곤 하지만,[38] 대개 그것은 연대기나 외교문서에 적힌 것만을 되풀이하고 있다. 도시나 영주와의 조약, 재판 관련 문서, 공동영주권 등이 여기에 속한다. 그러나 사건의 밑바닥으로 좀더 깊숙이 들어가보자. 카페 왕조의

---

37) 위 각주 20 참조. 브래드워딘이 책을 쓴 1344년 당시 플랜태지니트 왕조에 충성스러운 도당들이 보기에 프랑스 사람들은 에드워드 3세의 신하로 간주될 수 있었다. 그러나 독일 사람들은 여전히 외국인이었다.

38) 이것은 케른의 유명한 책의 제목이다. F. Kern, *Die Anfänge der französischen Ausdehnungspolitik bis zum Jahr 1308*, Tübingen, 1910.

권력이 점점 더 확립되던 지역에서 사람들이 백합문장으로부터 왕을 떠올리게 되었음을 발견할 수 있다. 하지만 어떻게 발견할 수 있을까? 적어도 르노 드 루아 덕분에 백성들이 기적을 행하는 사람을 대하듯이 왕을 향했다는 것을 알 수 있다. 로렌 지방, 특히 메스 시에서 사람들은 손대기 치료가 효과가 있다고 믿었다. 이 도시의 주교는 당시에 프랑스 정부가 몇 번이고 동맹을 맺으려고 했던 사람이었다. 남쪽에서도, 가령 사부아 지방의 로잔에서도, 그리고 론 강 유역의 프로방스 지방인 타라스콩에서도 마찬가지로 사람들은 손대기 치료의 효험을 믿었다.[39]

똑같은 믿음은 더 먼 곳, 완전히 외국이라고 할 수 있는 곳에서도 꽃피었다. 피레네 산맥 너머 자은 왕국인 나바라 왕국은 프랑스 왕비가 지참금으로 프랑스 왕에게 가져온 왕국인데, 이곳에서는 물론이고, 진정한 의미의 에스파냐에서도 마찬가지였다. 특히 알프스 너머도 마찬가지였다. 1307~1308년 동안에만 16명의 이탈리아인이 프랑스 왕에게 치료를 받으러 왔다. 롬바르디아인, 특히 이 중에는 밀라노, 파르마, 피아첸차 사람들이 포함되어 있었고, 베로나의 조바니, 베네치아인 네 명, 토스카나인 한 명, 로마나 사람들 여럿, 우르비노 여인 한 명, 페루자 근처 수도원의 수도사 한 명 등이다.[40] 우리가 지금 다루는 시기는 단테가 카페 왕조를 일컬어 어두운 그림자를 도처에 드리우는 '못된 나무'라고 했던 때와 거의 비슷한 시기다.[41] 이 군주들은 무기를 들고 다니는 셈이었다. 다른 모든 무기 중에서도 기적이라는 무기를 가지고 있었다. 만약 환

---

39) Metz: 558 b; Lorraine: 553 k; Lausanne: 554 d; Savoy: 551 g; Tarascon: 554 b. 메스와 카페 왕조의 외교에 대해서는 다음 책을 참조하라. Kern, *loc. cit.*, p.172, p.144. 잘 살펴보면, 외국인에게 지불되는 금액이 때때로 상당한 액수인데, 다른 사례에서는 20수라는 낮은 금액까지 떨어졌다는 것을 알 수 있다. 이 수치는 최소한이며 왕의 손대기 치료에 따른 헌금으로는 정상인 것이다.

40) Navarra: 522 c, 553 j, 554 a; Spain: 553 m, 554 c, 557 c, 559 e("에스투리아의 마리아 데 가르다, 왕의 질병 환자로서 롱고폰스 근처에서"); Lombardia: 553 j 그리고 lat. 9026, p.13의 서판. "……롬바르디아 출신으로서 왕의 질병 환자"(편집본에는 생략되어 있음); Milano: 560 a; Parma: 551 h; Piacenza: 560 f; *Johannes de Verona*, 558 d; Venezia: 553 f; Romagna: 558 h, 560 h; Bologna: 553 m; Toscana: 554 c; Urbino: 557 k; 페루자 근처 도시인 'Gando': 560 k.

41) *Purg.*(연옥편), XX, 43 이하.

자가 왕을 접촉한 다음 우연히도 낫게 된다면, 정말로 훌륭한 선전 도구가 아니었겠는가! 그러한 예에 속하는 사람들이 움브리아의 수도원에서 왕의 손대기를 받은 아우구스티누스 수도회 소속 수도사 그레고리오라든가, 고향인 '음탕한' 볼로냐에서 손대기를 받은 키아라 부인 등이다.[42]

필리프 미려왕의 교회 정책은 일종의 역사적 역설인 것처럼 보인다. 이 군주는 교황권에 그토록 난폭한 짓을 했으면서도, 한편으로는 의심할 여지없이 신앙심 깊고 헌신적인 사람으로서 고행자라고 할 만한 인물이었다.[43] 그는 호헨슈타우펜 가문의 프리드리히 2세와는 완전히 달랐다. 필리프의 태도를 어떻게 설명할 수 있을까? 사실 수수께끼는 처음 보기만큼 풀기 어렵지는 않다. 사람들은 너무도 쉽게 보니파키우스 8세가 어떤 인물인지를 잊어버린다. 이 교황은 교황에게 필요한 최소한의 적법성만을 가지고 있었다. 이 적법성은 전임교황의 '위대한 거부(grand refus)', 즉 의심스러운 상황에서 이루어진 적절하지 못한 사임에서 나온 것이었다. 게다가 성령주의자들을 박해한 이 교황은 많은 순수한 기독교도에게 불미스러움의 대상이었다.

그를 순교자로 만든 것은 샤라 콜로나(Sciara Colonna)와 노가레(Nogaret)였다. 그런데도 이 경건한 왕의 정신세계 속에 애매한 문제는 여전히 남아 있다. 그의 이름과 함께 떠오르는 잊을 수 없는 습격사건을 허가하거나 방조했기 때문이다. 아마도 대부분 선량한 가톨릭 신자였을 그의 부하들이 왕보다 항상 무자비했던 것으로 알려져 있는데, 이들의 심성에 대해 어떻게 이야기할 것인가? 연주창 손대기 치료에 대한 연구는 아마도 이 심리학적 문제에 약간 빛을 던져줄 것이다. 노가레와 플레지앙(Plaisians)은 1310년에 작성된 해명서에서 어떤 점에서는 최고라고 할 수 있는 다음과 같은 단어로 긴 찬사를 끝마치고 있다. "신은 손으로 환자들에게 명백한 기적을 행하신다."[44] 이 문구를 변호

---

42) 560 k: "페루자 출신으로서 아우구스투스 수도회 소속 수도사 그레고리우스 데 간도, 왕의 질병 환자……"; 553 m: "볼로냐 출신의 클라라(Clara de Bononia Crassa)와 에스파냐의 마리아, 왕의 질병 환자……"(편집자는 Bononia와 Crassa 사이에 쉼표를 찍어서 이 둘을 구분했으나 여기서는 제거했다.) (Bononia Crassa는 이탈리아 볼로냐를 가리킨다–옮긴이)

43) Ives de St-Denis, *Histor. de France*, XXI, p.202, p.205; Wenck, *Philipp der Schöne*, p.67, n.2.

44) P. Dupuy, *Histoire du differend d'entre le pape Boniface VIII et Philippe le Bel*, 1655, p.519. 회상

사의 궤변쯤으로 치부하지 말자. 당시 사람들에게 이것은 이론의 여지가 없는 문구로서 모든 감각의 원천이었다. 위대한 성지로 순례를 떠나는 것과 같은 희망이 치료를 바라는 민중들을 카페 왕조로 향하도록 만들었다. 적어도 이론상으로 성 베드로에 속하는 도시들인 페루자나 우르비노 같은 도시에서조차 아나니 사건 이후 불과 5년 만에 프랑스 국왕에게 찾아가는 연주창 환자가 있었다. 프랑스 왕은 하늘의 은총으로 선택된 도구이며 거의 모든 가톨릭 세계에서 사람들이 간청하는 기적의 의사이자 성인과도 같은 존재였으므로 자신이 보기에나 신하들이 보기에나 단순한 세속군주가 아니라, 신성함이 너무도 지나쳐서 로마 앞에서 고개를 숙이는 존재다. 어떤 비밀스러운 교만함이 필리프 미려왕의 마음속에 자신이 기적을 행하는 능력이 있다는 믿음을 심어주었는지 어떻게 알겠는가! 왕의 신민들은 여러 나라에서 온 많은 환자들이 문전성시를 이루는 광경을 보고 어려운 시절에 어떤 위로를 받았겠는가?

14세기 후반 그리고 15세기 전 기간은 먼저는 프랑스 왕실에게, 그다음에는 영국 왕실에게 똑같이 위기의 시대였다. 프랑스에서는 발루아 왕조와 플랜태지니트 왕조의 대립, 외국 세력의 침입, 모든 정치적·사회적 혼란 등이 국가의 뼈대를 뒤흔들었고, 영국에서는 왕조의 혁명과 내란이 그런 작용을 했다. 이러한 혼란 속에서 왕의 기적에 대한 신앙은 아무런 타격도 받지 않고 온전히 유지되었는가?

이것을 알고 싶기는 하지만, 불행하게도 정확한 정보가 없다. 프랑스의 회계 기록은 없어져버렸다. 영국의 왕실 회계장부는 일부분이 남아 있지만, 우리가 다루는 주제에 관해서는 아무런 도움이 안 된다. 이전 시기의 기록과 달리, 이 시대 기록은 연주창 환자에게 분배된 자선 금액을 전혀 적어놓지 않았다. 때때로 사람들은 이러한 기록의 침묵 속에서 왕이 치료행위를 그만두었다거나 적어도 예전처럼 빈번하게 시행하지는 않았다는 증거를 발견하려고 한다. 내가 보기에는 그렇지 않다. 줄어든 것처럼 보이는 것은 기재 양식의 변화에 의해

록의 연대에 대해서는 다음을 참조하라. R. Holtzmann, *Wilhelm von Nogaret*, Fribourg, 1890, p.200; Georges Lizerand, *Clément V et Philippe IV le Bel*(thèse lettres, Paris), 1910, p.209.

아주 간단하게 설명될 수 있다. 명백히 과거와 마찬가지로 자선담당자는 환자에게 돈을 주었다. 그러나 지출 기록부에 자선담당자가 지출한 금액은 다른 지출과 합해서 한 항목 아래 기입되었다. 그러므로 왕의 자선 총액은 알지만 구체적인 내용은 모른다. 백년전쟁과 장미전쟁 시대 프랑스에서나 영국에서나 왕들이 연주창 환자를 계속 만진 것은 의심할 여지가 없다. 양도 상당히 많고 종류도 여러 가지인 사료, 즉 연대기, 의사들의 저작 그리고 정치적 논쟁 등의 사료가 그러한 사실을 확인해준다.[45] 그러나 우리는 그러한 사료에서 치료 의례의 인기를 측정할 수는 없다.

그러나 영국을 무대로 펼쳐졌던 왕가 내부의 서로 다른 종파 간의 투쟁이 민중의 감정에 동요를 일으키지 않았다고 말하기는 어렵다. 또 추측의 범위 아래에 맡겨놓을 수만은 없지 않은가? 이러한 동요에 대해 위대한 법률가로서 줄곧 헨리 6세를 지지한(헨리 6세는 유폐와 복위를 반복했다-옮긴이) 존 포테스큐 경(Sir John Fortescue)이 인상적인 증거를 제공하고 있다. 1461년에서 1463년 사이에 스코틀랜드로 추방당한 포테스큐는 주군에게 유리한 다양한 글을 썼는데, 그것이 지금까지 남아 있다. 그는 이 당시 왕위에 오른 에드워드 4세(요크 가문의 후계자-옮긴이)가 기적의 능력을 가지고 있음을 부정했다. 그에 따르면 헨리 6세만이 그 능력을 가지고 있다고 했다.

"그 순수한 손과 접촉하면 왕의 병을 앓던 환자들, 심지어 의사들이 절망적이라고 했던 사람도 신의 가호로 그렇게도 원하던 건강을 회복하는데, 심지어 오늘날에도 이것을 볼 수 있다. 그리하여 전지전능한 신에 대한 찬양으로 귀결된다. 왜냐하면 건강이라는 축복은 신의 은총에서 유래하기 때문이다. 이러한 사실을 목격한 자들은 국왕에 대해 훨씬 더 충성하게 된다. 그리고 이러한 사실을 목격한 증인들 역시 국왕에 대해 더 높은 충성심을 갖게 된다. 이 군주가 왕이라는 직위를 얻게 된 것은 논란의 여지가 없는데, 그것은 신이 인정한 것이기 때문이다."[46] 그러므로 랭카스터 가문은 요크 가문의 왕들이 기적의 힘

---

45) 포테스큐의 글은 아래 각주 46에 인용되어 있다. 의학 관련 자료는 140~141쪽, 다른 자료(신학, 정치철학)는 158쪽 이하 참조.

46) *De titulo Edwardi comitis Marchie*, c. X, 다음 책에 수록되어 있다. *The works of Sir John*

을 가지고 있었다는 사실을 인정하기를 거부했다. 그들의 정치적 반대파들도 마찬가지로 인정하지 않았을 것이다. 각 진영은 상대 진영에서 이루어지는 의례의 권위를 떨어뜨리려고 노력했다. 이러한 권위 실추가 어떻게 전체 의례에 조금이라도 영향을 미치지 않았겠는가? 사람들은 정통성을 가진 왕이 치료법을 알고 있다고 생각했다. 그러나 누가 정통성 있는 왕인가? 이 미묘한 문제에 너무나도 자주 부딪치게 됨으로써 발생한 이러한 애매한 상황으로 인하여 과거에는 손대기 치료를 시행하는 날이면 성황을 이루던 인파가 조금도 줄어들지 않았다고 할 수는 없을 것이다. 위에서 살펴본 대로, 결정적인 수량 증거를 댈 수는 없지만 줄어들었음을 나타내는 몇몇 표시들은 있는데, 그것은 다음과 같다.

장미전쟁 직후 헨리 7세와 헨리 8세의 회계기록에 손대기 치료에 대한 언급이 다시 등장한 것을 볼 수 있다. 이런 언급은 드물고, 게다가 어떻게 봐도 불완전하다. 환자 대부분이 자선 총액란에 서명한 것이 확실하지만, 그 구체적인 내용은 알 수 없다. 우리가 아는 것은 몇몇 지출이 국왕의 정기 자선사업과는 무관한 인물에게 예외적인 명목으로 집행되었지만, 국왕의 자선사업이었으므로 왕실 회계장부에 기록되어 그 일부가 현재까지 전해진다는 점뿐이다. 그러므로 에드워드 1세, 2세, 3세 치세에 대해 우리가 작성했던 연간 통계에 비교될 만한 통계 작성을 초기 튜더 왕조에 대해서 한다는 것은 직전 시기와 마찬가지로 포기해야 한다. 그렇지만 합계를 열거하는 대신, 헨리 7세의 회계기록 중에

Fortescue …… *now first collected by* Thomas Lord Clermont-1권이 Sir John Fortescue, knight, his life, works and family history, London, 1869(개인 배포용으로 인쇄함. 사본은 대영박물관에 한 부 소장되어 있다), p.70*. 이어지는 문단은 이 책 252쪽. 같은 저자, 같은 시기의 다른 자료는 다음 참조. *Defensio juris domus Lancastriae*(éd. Clermont, p.508); 이 글은 다음 책에도 실려 있다. Freind, *The History of Physick*, 5e éd., II, 1758, p.[32], 그리고 Crawfurd, *King's Evil*, p.45(이 책 2부 2장 각주 37 참조). 포테스큐는 여왕에게 부여되지 않은 왕가의 여러 능력 중 하나로 연주창 환자 치료를 들고 있다. 그의 책(*Defensio*)에서 인용한 이 문구는 세 번째 논문에 거의 그대로 번역되어 있다. 물론 같은 시기에 이루어졌다. *Of the title of the House of York*(éd. Clermont, p.498; Crawfurd, *loc. cit.*, p.46). 포테스큐의 생애와 작품 목록에 대해서는 다음 책의 편집자 서문을 참조하라. C. Plummer, *On the governance of England*, Introduction, Oxford, 1885.

서 '치료'와 관련된 기타 항목만을 떼어내서 검토해보자. 기적을 받은 사람들은 모두 똑같이 6실링 8드니에를 받았다. 이미 앞서서 지적했듯이, 세 에드워드 왕 치세에도 그 금액은 고정되어 있었는데 1드니에로 훨씬 적은 금액이었다(1실링=12드니에-옮긴이). 물론 단순한 숫자 비교만으로 가치의 차이를 따질 수는 없다. 6실링 8드니에가 80드니에라는 것은 아무런 소용이 없다. 왜냐하면 드니에라는 같은 이름을 사용하더라도 화폐의 귀금속 함량은 13세기 말보다 헨리 7세 시대에 더 적었기 때문이다. 화폐에 포함된 귀금속 양이 지속적으로 줄어든 것은 중세 경제사의 기본적인 사실 중 하나다.

그럼에도 불구하고 헨리 7세가 베푼 자선금액이 에드워드 1세나 에드워드 3세 시대의 환자가 만족했던 금액보다 훨씬 많았던 것은 확실하다. 에드워드 3세 치세에 1드니에는 은화 한 닢이었는데, 무게가 1과 2분의 1그램에 약간 못미쳤다.[47] 헨리 7세 치세와 헨리 8세 초기 치세에 6실링 8드니에는 금화 한 닢으로 무게가 5그램을 약간 상회했다.[48] 이 금화는 성 미카엘의 초상화가 새겨져 있었기 때문에 엔젤화(Angel貨)라고 불렸다. 튜더시대에는 원칙적으로 엔젤화가 손대기 치료에 지불되는 단위였다. 이 화폐의 역할은 스튜어트 시대까지 지속되었다. 명목 화폐로 계산해보면 이 화폐의 가치는 다른 귀금속의 가치와 마찬가지로 화폐 정책에 따라 변동한다. 예를 들면, 1526년 헨리 8세는 1엔젤을 7실링 6드니에에 해당하는 것으로 정했다.[49] 이것은 화폐의 '평가절하'이지만, 이 조작으로 환자들은 손해 보지 않았다. 그 이후 환자들은 정확하게 7실링 8드니에를 받았다. 이 말은 과거와 똑같은 금화를 받았다는 의미다. 항상 고

---

47) 적어도 즉위 18년까지는 정확히 22그램(grains) 2/9였다. 그랭은 0.0648그램이다. 그 이후 드니에의 가치는 급속히 하락해 18그랭이 되었다. E. Hawkins, *The silver coins of England*, 3e éd.(R.L. Kenyon의 수정판), London, 1887, p.207.

48) 정확한 양은 80그랭이다. R.L. Kenyon, *The gold coins of England*, London, 1884, p.89. 주어진 무게는 헨리 8세 치세 때의 것이다. 그러나 틀림없이 헨리 7세 치세에도 거의 똑같았을 것이다. 튜더 왕조 아래서 이루어진 손대기 치료와 관련된 화폐의 역사에 대해서는 파카 여사의 글을 참조하라. Farquhar, *Royal Charities*, I.

49) Farquhar, I, p.84. 나는 '같은 금화'라고 말함으로써 다소 단순화했다고 할 수 있다. 왜냐하면 화폐의 액면은 시기에 따라 변화했고 그에 따라 변화해야 하지만 여기서 그 변화는 중요하지 않기 때문이다.

정된 일정량의 귀금속으로 환자들을 실망시키지 않는 것이 필수 요소였다. 서로 다른 시대의 구매력에 관한 한, 현재 연구단계에서 아무리 구체적으로 계산한다고 하더라도 의심의 여지는 남는다. 그런데도 흑사병 이전의 1드니에는 평상시 건초 노동자, 즉 저임금 노동자의 일당에 해당하고, 16세기의 1엔젤은 저명한 의사의 관례적 진찰료이니, 둘의 차이가 심하다는 것을 알 수 있다.[50] 요컨대 에드워드 3세에서 헨리 7세에 이르는 동안 연주창 환자에 대한 자선은 은화에서 금화로 올랐고 이와 더불어 경제적 가치도 상당히 올랐다는 것이다. 이러한 변화는 언제 일어났을까? 헨리 7세 치세인가, 그 이전인가? 갑작스럽게 변했는가, 단계적으로 변했는가? 우리는 알 수 없다. 에드워드 4세가 엔젤화를 최초로 주조한 왕인 것 같다.

그러니 그가 그 금화를 치료 의례에 필요해서 주조한 것인가? 확인할 방법이 없다. 그럼에도 하나는 확실하다. 연주창 환자들에 대한 자선이 사실상 경품, 즉 손대기 치료를 받으러 오기를 주저하는 환자들을 끌어들이는 미끼가 된 이러한 기묘한 변화가 위기의 시대, 즉 왕들이 서로 왕위를 놓고 다투며 서로 상대방의 기적의 능력을 부정하던 시대에 이루어졌다는 것이다. 이것은 단순한 우연의 일치일까? 도저히 그렇게는 생각할 수 없다. 왕위를 주장하는 양측 모두 치료를 원하는 연주창 환자들을 자기 쪽으로 끌어들이기 위해 갖은 수단을 동원했을 것이다. 왜냐하면 포테스큐가 말한 바와 같이, '기적의 능력'만큼 '왕의 자격'이 있다는 것에 대한 '의심할 여지없는' 확실한 '증거'는 없었기 때문이다. 이러한 경쟁이 없었던 프랑스에서 접촉의 축복을 받은 자들에게 베풀어진 금액은 매우 낮은 수준으로 동결되어 있었다. 루이 12세와 프랑수아 1세 치세에 2수투르누아(sous tournois)였는데, 이것은 작은 은화 두 닢에 해당하는

---

50) 드니에에 대해서는 다음 책 참조. *Statute of Labourers*, 1350, *Statutes*, I, p.311. "건초를 만드는 자나 잡초를 뽑는 자는 1일 1드니에 이상을 받아서는 안 된다(nul preigne en temps de sarcler ou feyns faire for que j. d. le jor)." 내 생각에 'feyns faire'는 'faner(건초를 만들다)'로 번역해야 한다. 왜냐하면 'sarcler(잡초를 뽑다)'와 비슷한 말로 사용되었기 때문이기도 하고, 특히 그다음 항목에 초지의 풀을 베는 사람이 나오기 때문이기도 하다. 물론 후자가 일당을 더 많이 받는데, 1에이커당 5드니에 또는 하루에 5드니에를 받았다. 엔젤화(angel)에 대해서는 다음을 참조하라. Farquhar, I, p.73.

금액이었다.[51] 영국의 자선 금액이 놀라울 정도로 올라간 것은 경쟁하던 두 가문이 금액에서도 경쟁한 결과라고 보아야 하지 않을까?

어쨌든 왕의 기적에 대한 믿음은 정치적 격변 속에서도 성공적으로 살아남았다. 곧이어 어떤 깊은 심리적 요인들이 이러한 지속을 가능하게 했는지를 살펴볼 것이다. 이러한 믿음은 절반은 무의식적인 정신적 경향에서 나오지만 우리가 지금 다루는 시대에는 그 이외에 다른 요인이 있었다. 의학, 신학, 정치철학 등이 이러한 믿음을 지배하고 글로써 그것을 인정해주었던 것이다. 이제 책을 쓴 사람들, 그중에서도 우선 의사들의 영향을 살펴보자.

중세 의학서적에 나타난 연주창 손대기

오랫동안 의학서 저자들은 왕의 기적 능력에 대해 언급하는 것을 피한 듯하다. 사실 이들 대부분은 고대 그리스인이나 아랍인의 의서를 다소 맹목적으로 베끼거나 주석을 다는 데에 그쳤다. 그러므로 그들이 침묵하는 것은 대체로 모델이 된 의서에 나와 있지 않기 때문에 자연스럽게 그렇게 된 것이라고 할 수 있다. 아마 분명히 다른 이유가 있었을 것이다. 그들이 처음 침묵을 깨뜨린 시기를 고찰하면 다른 이유가 쉽게 밝혀질 것이다.

질베르 당글레(길베르투스 앙글리쿠스(Gilbertus Anglicus))의 저서로 알려진 『의료 개론』(Compendium Medicinae)은 중세 시대에는 꽤 알려진 책이었다. 이 인물에 대해서 확실한 것은 아무것도 없다. 그의 별명으로 보아 영국과 모종의 관계가 있는 것 같지만, 그것이 출신지 때문인지 가문 때문인지, 그곳에 머물렀던 탓인지 모른다. 어떻게 해서 그렇게 불렸는지 전혀 알 수 없다. 그 책

---

51) 이 책 2부 5장 각주 3. 루이 12세 치세에 1507년 11월 19일 칙령으로 12드니에 투르누아(화폐의 가치를 투르 화(Tours 貨), 즉 투르 주조소에서 주조된 화폐를 기준으로 표시하는 것. 이외에 드니에 파리지로 표시하는 방법도 있다-옮긴이)의 명목가격을 지닌 '그랑블랑(grand blanc)' 화폐는 2.85그램에 약간 못 미쳤고, 프랑수아 1세 때부터 1519년 사이에도 똑같았다. 블랑화(blanc貨, 12드니에 투르누아)는 1519년에서 1539년 사이에 2.66그램이었다. 두젠화(douzaine貨, 마찬가지로 12드니에 투르누아)는 2.08그램을 약간 상회했다. A. Blanchet and A. Dieudonné, *Manuel de numismatique française*, II, p.308, p.314 참고.

의 저작 연대에 관한 한, 13세기 전반이라고 단정해도 틀리지 않을 것이다. 하지만 그 이상 자세한 것은 모른다. 그런데 내가 아는 한 수수께끼 많은 이 책이 이러한 종류의 책 중에서 최초로 손대기 치료를 다루고 있다. 실제로 제3권에는 "연주창은 …… 왕이 치유하기 때문에 '왕의 병'이라고도 불린다"라고 되어 있다.[52] 물론 지나가면서 흘린 암시에 불과하고, 게다가 저자는 정면으로 치료법으로서 권장하는 것은 아니라며 단어의 뜻을 해설하고 있다.

진정으로 마땅히 학문에서 다루어져야 할 자격을 지닌 치료법으로서 왕의 기적을 다룬 작가는 프랑스인이자 필리프 미려왕의 신하였던 사람들로서, 베르나르 드 구르동(Bernard de Gourdon),[53] 로제 드 파르므(Roger de Parme)와 롤랑 드 파르므(Roland de Parme)[54]의 위끼 의학서적에 주석을 단 익명의

---

52) *Compendium medicinae*, éd. de Lyons, in-4, 1510, "De scrophulis et glandulis"장(章). 이 문장이 나중에 삽입된 것이 아닌지 걱정이 되어서, 이 책의 오래된 필사본과 대조해보았다. 그 필사본은 13세기의 것으로서 방돔도서관에 있다(ms. 173, Bibl. de Vendôme). 이 문장은 그대로였다(fol. 122 a). 이 책의 연대에 관한 한 다음과 같이 확정할 수 있다. 눈병에 관해 말하면서 질베르는 '영주 지블레(H. de Jubileto)의 아들 베르트랑(Bertranus)을 위해 만든 바르는 약(ms. de Vendôme, fol. 94b, p.137 de l'édit. de Lyons)'이라고 했다. 그런데 지블레 가문(Giblet, Djebaïl)은 성지(Terre Sainte 예루살렘 왕국-옮긴이)의 유력 영주 가문이었다. 이 가문의 계보는 다음 책에 있다. Du Cange, *Les Familles d'Outremer*, éd., E.G. Rey(*Documents inédits*), 1869, p.325; 문제의 인물은 다름 아닌 위그의 아들 베르트랑 2세라고 할 수 있다. 베르트랑은 1217년 십자군에 참여했고, 그해 이 문서의 증인으로 나온다. 위그는 1232년 사망했다. 이 문장은 리트레가 지적한 바 있다. Littré, *Histoire littéraire*, XXI, p.394. 페인은 이 문장을 가필한 것으로 간주하여 받아들이지 않았다. M.J. Payne, "English Medicine in the Anglo-Norman Period," *British Medical Journal*, 1904, II, p.1283. 필사본에 대한 심화된 연구만이 이 문제를 결정적으로 해결해줄 것이다. 나는 방돔 필사본에 의식과 관련된 내용이 있다는 것만 지적하겠다. 게다가 페인은 질베르의 연대를 1200년경으로 잡았다. 그는 전통적 견해, 즉 17세기에 처음 확인된 견해를 받아들였는데, 그 견해에 따르면, 질베르가 캔터베리 대주교 월터(Hubert Walter)의 주치의였다는 것이다. 그러나 그처럼 과거의 어떤 근거 사료도 없이 후대 사람들이 전하는 소문을 어떻게 믿을 수 있다는 말인가? 나는 다음 책을 참고하지는 못했다. H.E. Handerson, *Gilbertus Anglicus(published posthumously for private distribution by the Cleveland Medical Library Association*, 클리블랜드 의학도서관 협회에 의해 사후에 개인 배포용으로 출간), Cleveland, Ohio, 1918. 핸더슨은 린 손다이크를 언급했다. Lynn Thorndike, *A History of magic and experimental science*, II, London, 1923, p.478, n.1. 그러나 질베르에 대한 손다이크의 설명은 연대 문제에 대해서는 명시적으로 말하지 않고 있다.

53) *Lilium Medicinae*, 1550 éd., pars I, p.85. 이 책은 1305년에 쓰였다.

54) *Collectio Salernitana*, II, Naples, 1853, p.597. 이 작가는 프랑스 사람일 개연성이 있지만, 확

주석가 네 명 그리고 국왕의 전속 외과의사로서 자신의 주군에게서 주군과 자신이 같은 직업에 종사하고 있다는 동료의식을 발견하려고 한 앙리 드 몽드빌(Henri de Mondeville) 등이 있다. 앙리 드 몽드빌은 순진하게도 이렇게 썼다. "우리의 구세주 예수 그리스도께서 당신 손으로 수술을 하심으로써 외과의사들이 명예롭게도 그 일을 하도록 하셨듯이, 우리의 고귀한 주군이신 프랑스 국왕께서도 단지 만지기만 해서 연주창 환자를 치료함으로써 외과의사와 그 일에 명예를 주었다."[55] 물론 모든 사람이 그러한 열정을 공유하지는 않았을 것이다. 1325년경 이프르(Ypres)에 장(Jean)이라는 외과의사가 있었다. 그는 의술에 관한 저술을 남겼다. 그는 당시 플랑드르를 분열시킨 정치투쟁에 참여했는데, 백합파(프랑스 지지세력-옮긴이)에 적대하는 처지에 있었다.

카페 왕조가 지닌 기적의 능력을 단언하는 프랑스 의사들의 의견에 대해서 그가 의심을 표명한 것은 명백히 이와 관계가 있다. "이제 말할 수 있다. 많은 사람은 한 번 만지는 것만으로도 연주창을 고칠 수 있는 힘을 신이 프랑스 왕에게 내렸다고 믿는다. 확실히 만져준 사람 대부분이 쾌유했다. 그러나 낫지 않은 사람도 있다."[56] 고전적 치료법이 권장하는 처방전에 왕의 손대기 치료를 포함시키는 것은 의사인 장이 보기에 아직은 새로운 것이었다. 그러나 얼마 지나지 않아서 더는 그렇게 여겨지지 않았다. 사실 이후 시기 저자들, 예를 들어 프랑스에서 1363년에 편찬되어 근대에 이르기까지 임상의사들이 안내서의

실하지는 않다. Gurlt, *Geschichte der Chirurgie*, I, p.703 참조.

55) J.L. Pagel, *Leben, Lehre und Leistungen des Heinrich von Mondeville, Theil I, Die Chirurgie des H. von M.*, Berlin 1892(이 자료가 처음 출간된 것은 *Archiv für klinische Chirurgie*, 40 and 41), Tract. II, *Notabilia introductoria*, p.135; Tract. III, doctr. II, cap. IV, p.470. 이 두 구절은 프랑스어 번역본에는 빠져 있다. 세 번째 논문 전체가 빠져 있으며, 두 번째 논문의 서론은 요약되어 있을 뿐이다. *La Chirurgie de maître Henri de Mondeville*, éd. A. Bos, 2 vols, 1897~98(*Soc. des anciens textes*). 앙리 드 몽드빌의 연대에 대해서는 다음을 참조. Wenck, *Philipp der Schöne*, p.16, n.4.

56) *La Chirurgie de maître Jehan Yperman*, éd. Broeckx, *Annales académ. archéolog. Belgique*, 20, 1863, p.259. 이 문구(중세 플랑드르어로 되어 있음-옮긴이)의 번역은 브뤼셀에 있는 동료 학자 간스호프(Ganshof)의 도움을 받았다. 장 이페르만(Jean Yperman)에 대해서는 브루크스(Broeckx)를 참고하라. "그는 1325년 백작 루이와의 전쟁 중에 이프르 군대에서 군의관으로 복무했다."(p.134) Gurlt, *Geschichte der Chirurgie*, II, p.137 참조.

하나로 선호한 『대외과학(大外科學)』(*Grand Chirurgie*)을 쓴 기 드 숄리악(Gui de Chauliac)이라든가[57] 영국에서 에드워드 3세 시대의 존 오브 개즈던[58]과 리처드 2세 시대의 존 오브 머필드(John of Mirfield)[59]와 같은 저자들조차 1300년경의 프랑스인 의사들이 제공하는 것을 그대로 받아들였다. 나중에 더 이야기하겠지만, 교회의 교의가 그때까지 거의 만장일치로 치료 의례에 가했던 공격을 멈춘 시기와 똑같은, 또는 거의 비슷한 시기에 치료 의례가 과학 분야에서도 인정을 받았다는 사실은 매우 놀라운 일이다. 의사들이 치료법에 관해 그토록 오랫동안 침묵한 것은 신학이 나름대로 이유를 대면서 보여주었던 신중한 유보적 태도를 의사들이 그대로 따라서 했던 것에 불과하다.

나머지 사람들의 태도는 변하지 않았다. 왕이 기적에 직접 관심을 갖고 있는 프랑스인과 영국인만이 적어도 가끔 왕의 기적에 자신들이 쓴 책의 지면을 할애해주었다. 외국의 동료들은 이들을 따라하지 않았다. 물론 보통의 외국인 의사라면 연주창 치료능력을 의심하는 데까지 이르지는 않았다. 이런 상황에서 앞서 말한 이프르의 장이 플랑드르 지방에서 벌어진 여러 자치도시들 사이의 투쟁으로 인하여 카페 왕조에 극심한 증오심을 가지고 있었는데, 이러한 경우는 매우 예외적인 것이었다. 대개는 아무런 말도 하지 않는 데 그쳤다. 침묵한 이유는 무엇이었을까? 어떤 사람들은 잘 몰랐거나 관례에 따랐을 것이다. 다른 사람들은 확고한 태도를 가지고 있었을 것으로 보인다. 14세기의 위대한 의사 아르노 드 빌뇌브(Arnaud de Villeneuve)라는 사람을 예로 들어보자. 분명히 출신은 아라곤이며, 프랑스와 아비뇽(당시 아비뇽은 신성로마제국 영토였

---

57) Tract. II, doct. I, cap. IV; 라틴어 판 *Chirurgia magna Guidonis de Gauliaco*, Lyons, 1535, p.79; 프랑스어 판 éd. E. Nicaise, 1890, p.127.

58) *Praxis medica, rosa anglica dicta*, Book II, '§' 표시된 목차 중 "Curatio scrophularum……," éd. 1492, in-8, s.l.n.d., p.54 v.

59) *Breviarum Bartholomaei*, B.M. Harleian ms. 3, fol. 41, col. I(이미 인용한 바 있음, Crawford, *King's Evil*, p.42). 나는 랜프랭크가 자신의 책, *Science of Cirurgie*(Early English Texts, O.S. 102, III, II, 13)에서 왜 한 장이나 할애해 연주창에 대해서 기술하면서도, 왕의 치료능력은 언급하지 않았는지 모르겠다. 아마도 이전의 어떤 저자의 책을 베꼈는데, 그 책에는 이에 관한 언급이 없었을 것으로 생각된다.

다-옮긴이)에서 살기도 했다. 그런 그가 어떻게 발루아 왕조가 시행하는 치료 소문을 듣지 못할 수 있었겠는가? 그런데도 그가 지은 『실용 의학 개론』(*Traité de médecine pratique*)의 「연주창에 대해」(De scrophula)라는 장(章)에서 이에 관한 언급을 찾으려는 것은 헛수고이다.[60] 독립적이며 나름대로 독창성도 있는 인물이라서 분명히 그는 당시 사람들의 맹목적 믿음에 동조하지 않았을 것이다. 내가 살펴본 바에 따르면, 왕의 치료능력이라는 개념은 16세기 이전의 국제적 의학 문헌에 등장하지 않는다.[61]

그뿐만 아니라 중세의 의사들이 영국이나 프랑스의 의사들처럼 치료 의례에 대해 열광적으로 묘사했다고 생각해서는 안 된다. 그들에게 기적은 매우 친숙한 일로서 자신들의 세계관과 모순되는 것이 아니었다. 기적은 성인에 의해 일어나듯이 세속군주에 의해 이루어질 수도 있는 일이었다. 그들은 기적을 믿었지만, 평온한 마음으로 믿었지 열광적으로 믿지는 않았다. 게다가 그들에게 기적은 자연적 치유와 잘 구별되지 않았다. 일반적으로 그들에게는 자연적 치유 과정도 충분히 신비롭게 보였다. 가장 많은 경우, 그들은 다른 모든 처방이 듣지 않게 된 연주창 환자를 왕에게 보냈다. 베르나르 드 구르동은 『의사의 백합』(*Lis de la Médecine*)에서 "외과의사에게 도움을 청해야 한다. 그렇지 않다면 왕에게 가라"[62]고 적어놓았다. 존 오브 개즈던은 이 순서를 반대로 했다. 그의 『실용 의학』(*Pratique Médicale*)에는 "치료가 효과가 없으면, 환자는 왕의 곁에 가서 손대기 치료를 받고 축복을 받아야 한다. …… 다른 모든 조치들이 효과가 없으면, 마지막 수단으로 외과의사에게 가야 한다"[63]라고 했다. 이것은 역

---

60) *Compendium medicinae practicae*, lib. II, cap. V (éd. de Lyons, 1586, p. A 54 v. 이하).

61) 내가 아는 한 프랑스나 영국 이외 지역의 의사로서 왕의 치료능력에 대해 언급할 뿐만 아니라 믿었던 것으로 보이는 의사로는 이탈리아인 제로니모 메르쿠리알레(Geronimo Mercuriale)가 처음이다. 그의 책 『소년의 죽음』(*De morbis puerorum*)은 1583년 처음 출판되었다. 1588 éd., Venice, p. 35. 그다음으로는 이탈리아인 파브리초 다쿠아펜덴테(Fabrizio d'Acquapendente)인데, 그는 과학적 해부학의 창시자 중 한 사람으로 그의 책(*Pentateuchus*)은 1592년 초판이 나왔다(Gurlt, *Geschichte der Chirurgie*, II, p. 451에 인용되어 있다).

62) *Loc. cit.* 존 오브 머필드(Jean de Mirfield)도 유사한 표현을 사용했다.

63) *Loc. cit.*

설이 아니다. 존 오브 개즈던은 외과의사가 왕보다 훨씬 더 우위에 있다고 생각하지는 않았다. 오히려 수술은 위험하므로 어떻게 해서든 피해야 하고, 기적을 포함해 그 외의 모든 방법을 시도한 이후에야 의사에게 도움을 요청해야 한다는 견해다. 왕은 반드시 치료해야 하는 것은 아니다. 그 점에서는 성인보다 낫지 않다. 그렇다고 왕이나 성인의 능력을 의심하는 사람은 없다. 16, 17세기에는 기적을 행하는 왕의 능력을 옹호하는 자들은 다른 어조로 말했다. 그 이유는 예전과 똑같은 환경이 아니었기 때문이다. 그들은 민중이 왕의 기적을 예전만큼 믿지 않으므로 귀를 기울일 수 있도록 전보다 큰 목소리로 말했다. 단순한 신앙은 단순하고 순진한 방법으로 표현된다.

이렇게 프랑스에서도 영국에서두 연주창 손대기 치료는 공통의 의학 영역이 되었다. 기술적 안내서가 나름의 방법으로 왕권의 영광에 봉사한 것이다. 명백히 적잖은 임상의사가 그 안내서에서 지식을 얻었고, 고전이 된 이 진단, 즉 "왕한테로 가시오"라는 진단을 자신이 환자에게 해주었다. 이제 교회 박사들이 신자에게 한 말을 살펴보자.

연주창 손대기에 대한 교회의 견해

11세기 프랑스에서 치료 의례가 시작된 직후 교리를 둘러싼 큰 운동이 일어났는데, 이것이 장차 서구 가톨릭 세계의 종교생활을 뿌리부터 뒤흔들 것이었다. 역사가들은 보통 이것을 교황 그레고리우스 7세의 이름을 따서 그레고리우스 개혁이라고 부른다. 여기서도 이 관례를 따르기로 하자. 다만 이러한 종교적 '각성(reveil)'이 깊은 감성에서 시작되었으며 무엇보다 집단적 작업이었다는 사실을 기억해야 할 것이다. 일단의 수도사와 고위 성직자들이 교회에 혁명을 가져왔다. 이들은 행동이 매우 강력하여, 운동을 제창한 사람의 사상의 범주에 머물러 있지 않았다. 이들이 집요하게 주장한 견해는 이미 다른 사람들이 만들어놓은 것이었다. 그들의 독창성은 다른 곳에 있었다. 그들의 독창성은 전통에서 계승한 원칙, 그것도 오랜 관행으로 둔화되어버린 원칙을 극한에 이르기까지 적용하도록 만드는 집요한 논리적 감각에 있었다. 또한 그들의 입을 통해서라면 가장 진부한 이론조차 새로운 특징이 있는 것처럼 만드는 그들의 엄격한 성실성 역시 새로운 점이었다. 특히 대다수 사람에게 기독교의 연륜만큼이나 낡아빠졌으나 오랫동안 사람들이 신학이나 도덕의 세계에서 이탈하지 않았기에 익숙해진 여러 이념을 현실 생활의 규범으로 바꾸겠다는 영웅적 노력을 펼쳤다는 점에 독자성이 있었다. 그들의 영향력은 왕의 기적에 대해 교회 문헌이 취할 태도를 오랫동안 규정해왔다. 이 영향이 어떤 방향으로 작용했는지 살펴보자.[64]

때때로 그레고리우스파의 정치적 견해를 이해하기 위해서 그들이 무엇에 반대했는지를 정확히 파악하는 것이 중요하다는 점을 망각한다. 그들이 그토록 집요하게 싸운 세속 권력은 훨씬 뒤에 다른 가톨릭 사상가가 공격하게 되는 세속 국가와는 아무런 공통점도 없다. 세속 권력은 종교와 관계를 완전히 끊은 것이 아니라, 반대로 근본적으로 종교적 성격을 띠기를 원했다. 당시 세속 권력이란 신성한 왕권으로서, 이것은 구시대 유산이자, 8, 9세기에 교회가 아마도 부주의하게 인정해버렸던 것이다. 국왕 도유식 의례는 서유럽에 도입된 이후 줄곧 왕권의 중요성과 위신을 증대시켰다. 나중에 더 자세히 살펴보겠지만, 사람들은 적어도 특정 환경에서는 전에 없이 노골적으로 군주가 반(半)사제 성격이 있다는 관념을 불러일으킬 수 있었다. 황제와 왕은 이 성스러운 기름을 근거로 성직자, 나아가 교황청 자체까지 종속시키려 했다.

그리하여 성스러운 성격(聖格)을 가지고 있다고 믿고 있는 세속군주들의 초자연적 인상을 제거하는 것이 개혁파의 첫 번째 목표였다. 신봉자들이야 어찌 보든 간에, 세속의 사실만을 지배하는 단순한 인간으로 국왕을 끌어내리기를 원했다. 그러한 이유로 여기서 우리는 역설에 부딪히게 되는데, 그 역설

---

64) 여기서 그레고리우스 개혁운동에 대한 참고문헌 목록을 간략하게 작성하는 것은 어리석은 일이다. 최근 연구실적은 다음 논문에 요약되어 있다. J.P. Whitney, "Gregory VII," *Eng. Historical Review*, 1919, p.129. 이 기간 정치이론의 역사를 다룬 최근의 훌륭한 저작으로는 R.W. and A.J. Carlyle, *A history of mediaeval political theory in the West*, III and IV, Edinburgh and London, 1915 and 1922. 다음 책은 나에게 거의 도움이 되지 않았다. E. Bernheim, *Mittelalterliche Zeitanschauungen in ihrem Einfluss auf Politik und Geschichtsschreibung*, I, Tübingen, 1918. 다른 한편 케른의 책은 항상 언급할 가치가 있다. F. Kern, *Gottesgnadentum*.

이란 종교적 문제에서 권위를 광신적으로 옹호하는 자들 중에서 국가의 민중 기원론을 지지하는 자들, 즉 일종의 사회계약설의 이론가들을 발견되게 된다는 점이다. 그레고리우스 7세 시대 알자스의 수도사 마네골트 폰 라우텐바흐(Manegold von Lautenbach)는 교황 정치를 옹호하기 위한 논문에서 어떻게 해서 왕이 악인을 억제하고 선인을 지키도록 선택되었는지를 설명하고, 만약 그 조건을 갖추지 못했다면 왕은 권위를 잃게 될 것이라고 했다. "왜냐하면 이 경우 자신이 왕이 된 근거가 된 협약을 스스로 어긴 것이기 때문"이라고 주장했다. 인민과 지배자 사이의 이 협약은 근본적으로 취소할 수 있는 것이다.

마네골트는 몇 줄 뒤에서는 주저 없이 협약을 '정당한 급료'를 대가로 자신이 고용한 목동에게 돼지를 맡기는 약속에 비유했다.[65] 이 말은 매우 특별한 범주에 속한다. 아마 필자 자신도 그 의미의 엄청난 중요성을 완전히 파악하지는 못했을 것이다. 물론 이 말은 그것을 낳은 사상운동의 기저에 있는 논리를 담고 있다. 이 운동을 역사가들은 종종 속권을 교권에 복종시키려 한 시도로 그렸다. 맞는 말이기는 하지만 그것만으로는 불완전하다. 무엇보다도 먼저 그것은 정치 영역에서 속권과 교권의 오래된 혼란을 타파하고자 하는 강인한 노력이었다.

게다가 우리는 왕권에 대한 그레고리우스 7세 자신의 의견도 알고 있다. 그 것은 1081년 3월 15일 메스 주교 에르만(Hermann)에게 보낸 유명한 편지에 표명되어 있다. 교황은 막 황제 하인리히 4세에 대한 두 번째 파문을 선고한 직후였다. 교황은 물러설 수도 없고 점잖게 대할 수도 없는 투쟁의 장에 들어간

---

65) *Ad Gebehardum liber*, chap. XXX (*Monumenta Germaniae*, *Libelli de lite*, I, p.365). "인민이 왕을 자신들 위에 놓는 것은 참주와 같은 노릇을 할 자유를 부여하기 위한 것이 아니라, 몇몇 참주와 부정한 자들을 방지하기 위한 것이다. 악한 사람을 억누르고 정직한 사람을 보호하기 위해 선출된 사람이 악을 권장하고 선을 해치는가 하면, 배격해야 할 폭정을 스스로 잔혹하게 실시하면, 이를 위해서 만들어진 협약을 그가 먼저 위반했으므로, 그가 명예롭게 물러나고 민중은 그의 지배에서 벗어나 자유롭게 되는 것이 자명하지 않은가? 흔한 일을 예로 들어보자. 만약 어떤 사람이 다른 사람에게 보수를 주고서 자신의 돼지를 길러달라고 위임했는데, 그 이후 그가 돼지를 기르기는커녕 훔치거나 잡아먹거나 잃어버린 것을 알았다면, 약속한 보수를 주지 않을 뿐 아니라 강제로 쫓아내지 않겠는가?" 마네골트에 대해서는 다음을 참조. A. Fliche, "Les Théories germaniques de la souveraineté à la fin du XIe siècle," *Revue historique*, CXXV (1917), p.41 이하. 그리고 R. W. and A J. Carlyle, *op. cit.* 참고.

다는 것을 알고 있었다. 그의 빛나는 선언에는 그의 사상이 적나라하게 표출되어 있다. 아마도 일부러 그렇게 표현했겠지만, 전체적으로 부드럽게 표현되어 있다. 과장도 있기는 하지만 그것조차도 아주 견고하고 긴밀한 전체적 구성에 맞추어 교리의 본질적 특징을 강조한 것에 불과하다. 격앙된 교황은 왕권을 교권 앞에 굴복시키고 아주 낮게 취급하며 거의 악마 같은 제도로 여겼다. 그런데 세속군주의 열등함은 도대체 무엇에 근거해서 한 말일까? 군주들은 속인이므로 초자연적 은총에서 어떤 몫도 가지고 있지 않기 때문이라는 것이 그 이유였다. 황제나 왕의 권력이 지상에서 아무리 강하다고 하더라도 '단 한마디 말로써' 빵과 포도주를 '하느님의 살과 피로' 바꿀 수 있는 사제와 비교해보면, 그들은 어떤 자들인가? 아니, 퇴마사(하급 3품 성직자를 의미한다)에 비해서조차 그렇다. 황제나 왕은 가신에게만 명령을 내릴 수 있는 데 비해 퇴마사는 '악마를 쫓는 황제' -이는 그레고리우스가 우연히 생각해낸 성직 서품식의 전례 용어인데-이다.[66] 그리고 교황은 다음과 같이 주목할 만한 말을 덧붙였다.

---

66) P. Jaffé, *Gregorii VII registrum*(*Bibliotheca rerum Germanicarum*, II), VIII, 21, p.453 이하, 특히 p.457. "왕이나 제후가 신을 알지 못하며, 세상의 군주, 즉 악마의 사주를 받아서 교만, 약탈, 배신, 살인 그리고 거의 모든 악행을 저지르며, 눈먼 욕망과 헛된 기대에 사로잡혀 동료들, 즉 사람들 위에 서려는 자들이라는 사실을 모르는 사람이 있는가?" 왕이 퇴마사에 비해 낮다는 언급에 대해서는 459쪽 참조. "형제여, 기억하라. 악마를 쫓아내도록 영혼의 황제가 임무를 부여받았을 때, 세속을 지배하는 근거를 부여받은 어떤 자보다 퇴마사에게 더 많은 권한이 부여됨을 기억하라." 사제에 대해서는 460쪽, 특히 "기독교에서 가장 위대한 점은 이것이다. 그들 중에 누가 자신의 입으로 하느님의 살과 피를 만들겠는가?" '악마를 쫓아내는 영혼의 황제(spirituales imperatores ad abjiciendos daemones)'라는 문구는 오늘날 교황이 퇴마사 서품식에서 사용하는 기도문에도 나온다. 가령 사제 마르텐이 수집한 다양한 '전례서(ordo)'를 참조하라. Dom Martene, *De antiquis ecclesiae ritibus*, Bassano éd. de Bassano, 1788, fol., II, p.30 이하. 그레고리우스7세가 정말로 시민의 권력에는 악마적 기원이 있다고 했나 안 했나 하는 문제에 관해서는 종종 논의된다. 특히 성당참사회원 코시(chanoine Cauchie)의 논변이 매우 흥미롭다(*Revue d'histoire ecclésiastique*, V(1904), pp.588~597). 코시에 따르면 그레고리우스7세가 이 문제에 대해 일관되지 않은 선언을 했는데, 이는 교황이 세속군주에 대한 호불호가 있음으로써 나타난 형식적 차이로 이해하려고 했다. 그의 결론은 이렇다(593쪽). "다음과 같은 말에는 아무런 모순도 없다. (1) 사실 그러한 능력은 악마적인 방법으로 이루어졌다. (2) 원칙적으로, 그리고 악에 기원을 두었는데도 그것은 신이 원했거나 허용한 것으로 간주해야 한다." 이 말은 그레고리우스7세가 이 세상의 어느 것도, 심지어 악마가 만든 것조차도 신의 허락을 받지 않은 것이 없다고 말했다는 뜻인가? 달리 말하

"황제나 왕 중에서 사도나 순교자에 필적하기는커녕 성 마르티누스, 성 안토니우스, 성 베네딕토에라도 미치는 자가 있는가? 죽은 자를 되살리고, 나병 환자에게 건강을 되찾아주고, 맹인에게 빛을 되찾게 한 황제와 왕이 있는가? 기억 속에 경건하게 남아 있는 황제 콘스탄티누스, 테오도시우스와 호노리우스, 샤를과 루이를 살펴보자. 모두 정의의 친구, 기독교의 전파자, 교회의 보호자다. 성스러운 교회는 그들을 칭찬하고 공경한다. 그러나 그들이 교회와 같은 기적의 영광으로 빛난 적은 없다."[67]

그레고리우스 7세는 세속군주가 아무리 경건하다고 하더라도 세속군주에게 기적의 능력이 있다는 것을 인정하기를 공공연히 거부했다. 이때 이미 두세 대 건부터 프랑스 왕이 주장하던 기적의 힘을 염두에 두었던 것일까? 교황의 사상에 나타난 전체적 형태로는 정확하게 암시하는 것이 무엇인지 알 수 없다. 게다가 교황의 눈은 당시 한낱 작은 왕국에 불과한 카페 왕국보다는 제국을 향해 있었다. 명백히 그는 정치권력의 방향성에 대해 스스로 구축한 관념에서 자연스러운 결론을 이끌어내는 것만 생각하고 있었다. 거기에 특별한 경우란 고려의 대상이 아니었다. 그러나 필연적으로 그레고리우스파의 여러 원칙에서 전개되어온 이 같은 관념은 그밖에 다른 방향으로 파급되었다. 그 관념이 프랑스와 영국의 왕들에게도 적용되었던 것이다. 의심할 바 없이 교회는 기적이 신성함의 증거가 아니라고 가르쳤다. 즉 기적은 신에게서 나오며 신께서 원하는 사람을 수단으로 이용한다고 했다.[68] 그러나 이러한 이론에 대해 기베르 드 노장 같은 유화적인 사람들은 정통 교리와 충돌하지 않으면서 왕의 치료를 받아

면, 그레고리우스 7세가 마니교였다는 뜻인가? 여기에 대해 사람들은 쉽게 동의한다. 요컨대, 그는 왕권의 기원에 어느 정도 악마적 요소가 있다고 보았음이 틀림없다. 리에주 주교 와종(Wazon)이 왕의 도유식과 사제의 도유식을 비교해 황제 하인리히 3세에게 보낸 유명한 답변서의 의미도 마찬가지였다. 사제의 도유는 '살게 만드는 것(vivificandum)'인 반면, 왕의 도유는 '죽게 만드는 것(mortificandum)'이다. *Anselmi Gesta Episcop. Leodensium, Monum German., SS.*, VII, p.229.

67) *Loc. cit.*, p.462.

68) St. Thomas Aquinas, *Summa Theologiae*, II, 2, p.178, art. 2 참조.

들이는 길이라고 믿었지만, 더 엄격한 신학자들은 보잘것없는 핑계에 불과하다고 간주했다. 그들은 민중이 결코 이렇게 생각하지 않는다는 것을 잘 알고 있었다. 세속군주가 군주의 자격으로 초자연적 치료를 할 수 있다고 인정하게 되면, 원하든 원하지 않든, 개혁파들이 열성적으로 파괴하려고 노력해왔던 바로 그 신성한 왕권이란 관념이 사람들 사이에서 오히려 강화될 수 있었다.

그들의 생각은 연주창 치료의 역사가 시작되던 때 윌리엄 오브 맘스베리가 완벽하게 표현한 바 있다. 기억하겠지만, 에드워드 고해왕이 행한 기적에 대해 "이 왕이 치료의 힘을 지닌 것은 그 신성성 때문이 아니라 왕가의 혈통에 근거한 특권을 상속했기 때문이다"라고 주장하는 자들의 '잘못된 생각'을 그가 규탄했던 적이 있다.[69] 특이한 점은 이런 공공연한 항의가 반복되지 않았다는 점이다. 똑같은 견해를 가진 문필가들이 나름대로 꽤 이의를 제기했으나, 큰 반향을 불러일으키지는 못했다. 프랑스에서는 약 2세기에 걸쳐 교회에서 나온 문서들, 즉 이 시대의 역사서와 교훈서 모두를 포함하는 문서들은 치료 의식에 대해 거의 침묵을 지키고 있다. 영국에서도 마찬가지인데, 영국에서는 그 기간이 더 길다. 우연히 그렇게 되었을까, 아니면 단순한 태만 때문일까? 누가 알겠는가? 예를 들어보자. 링컨 주교 로버트 그로세테스트(Robert Grosseteste)는 1235년부터 1253년까지 주군 헨리 3세에게 보낸 편지에서 국왕 도유식의 기도문, 본질, 효과 등을 설명했다.[70] 흔히 신성한 기름에 의해 기적의 능력이 부여된다고 생각했는데, 여기서 그에 관한 언급을 찾으려는 것은 헛수고다. 일부러 누락했다고 볼 수도 없다. 프랑스의 기베르 드 노장과 영국 궁정의 피에르 드 블루아 두 문필가만이 예외였다. 그들의 태도는 전혀 놀랍지 않다. 모든 면에서 두 사람은 그레고리우스파의 생각에 그다지 열성을 보이지 않았다. 이 가공할 교황의 동시대인인 기베르는 결혼한 사제를 박해하는 것에 대해 아무런

---

69) 이 책 1부 1장 각주 33의 본문에 인용되어 있다.
70) Ed. Luard(Rolls Series), no. CXXIV, p.350. 필리프 존엄왕 시대에 지로 드 캉브리(Giraud de Cambrie, Giraldus Cambrensis)는 자신의 책(*De principis instructione*)에서 카페 왕조에 우호적으로 썼지만, 거기에서도 왕의 기적에 대해서는 어떤 것도 쓰지 않았다는 점에 주목해야 한다.

동정을 느끼지 않았다.[71] 헨리 2세의 측근 피에르 드 블루아는 주지하듯이 주군의 교회정책이 성직자의 '특권(libertés)'에 결코 우호적이지 않은 것에 대해 반대했을 것 같지 않다.[72] 오직 개혁파의 훌륭한 이념에 냉담한 자들만이 왕의 기적에 대한 글을 자신들의 책에 남겼다. 다른 사람들은 다소 암묵적으로 자신들의 의식을 무겁게 짓누르는 일종의 지침에 복종하여 입을 다물었다.

프랑스의 의례와 관련해 역사가들의 천착에도 불구하고 문헌은 아무것도 말해주지 않는다는 것을 이미 앞서 설명한 바 있다. 사람들은 이제 그 이유를 알 것이다. 즉 그 이유는 11세기의 위대한 각성에서 찾을 수 있었는데, 이러한 각성 행위는 마치 연속되는 파동처럼 그 이후 2세기 동안 이어졌다. 그 당시 모든 문필가, 즉 신학자나 수도원 연대기 작가뿐만 아니라 속어 문학가나 음유시인에게도 그 영향이 능능하게 미쳤다고 해도 그다지 놀랄 일이 아니다. 이들 주변에서 실제 살아 있는 왕이 매일같이 기적의 치료를 수행했지만, 이들이 만든 무훈시와 모험담에서 전설의 왕이 기적의 치료를 수행한 예는 없다. 바로 그 과거세계가 과거 사람들이 상상했던 것보다 훨씬 더 교회의 영향력 아래에 있었음을 오늘날이 되어서야 알 수 있다.[73]

---

71) *De vita sua*, I, c. VII, éd. G. Bourgin (*Collection de textes pour servir à l'étude et l'ens. de l'histoire*), p.20.

72) 그는 대주교 리처드의 법률고문관이었으며, 토머스 아 베케트(Thomas à Becket)의 뒤를 이어 캔터베리 주교좌를 담당했다. 그의 정책은 전임자와 많이 달랐다. J. Armitage Robinson, *Sommet historical essays*, 1921, p.108.

73) 곧 다루게 되겠지만, 매우 엄격한 교회 사회에서조차 왕의 기적을 다루는 것을 배척하지 않게 된 이후에도, 소설 작가들의 침묵은 지속되었다. 내가 아는 한, 중세의 소설 작품으로서 연주창 손대기 치료를 다룬 것은 없다. 아마도 이렇게 위축된 것은 무엇보다도 소설 작가들이 인습에 젖어 있었기 때문일 것이다. 중세 말이 되면서, 이들은 앞선 세대부터 전해 내려오는 주제를 반복하는 것 이상으로 하지 않았다. 그런데 서둘러 지적해두고 싶은 점은 이 주제에 관한 나의 연구는 다른 어떤 분야보다도 완벽하지 못하다는 것이다. 게다가 나는 중세 초의 무훈시와 달리 중세 말기의 무훈시에 대해서는 도움을 받지 못했다. 중세 초의 무훈시와 모험 이야기 연구는 독일어 논문 약간에서 아주 큰 편의를 얻었다. 참고문헌의 원천으로서 매우 유용했다. 여기 그 목록이 있다. A. Euler, *Das Königtum im altfranzösischen Epos* (Ausg. u. Abh. 65), Marburg, 1886; O. Geissler, *Religion und Aberglaube in den mittelenglischen Versromanzen*, Halle, 1908; M. Hallauer, *Das wunderbare Element in den Chansons de Geste*, Basle, 1918; O. Kühn, *Medizinisches aus der altfranzösischen Dichtung* (Abh. zur Gesch. der

그러면 틀림없이 다음과 같은 의문이 들 것이다. 왜 그레고리우스 이념의 지지자들은 침묵의 길을 택했을까? 왜 이들 과감한 광신자들은 자신들이 혐오하는 치료 의례를 정면으로 공격하지 않았는가? 무엇보다도 그레고리우스파만이 상황을 지배한 게 아니라 성직자 중에도 흔히 능란하고 유창한 반대자가 있었음에도 불구하고, 왜 아무도 왕의 기적을 공공연히 옹호하려고 하지 않았는가? 중세 세계의 정치 교육에서 결정적인 논쟁이 모두 그레고리우스 개혁을 둘러싸고 이루어졌는데, 왜 연주창 치료가 그 안에 아무런 자리도 차지하지 않았는가? 해답은 간단하다. 프랑스와 영국은 거의 완전히 이 위대한 사상 투쟁의 전장 밖에 놓여 있었다. 영국인인지 노르만인인지 모르지만, 요크 익명작가라고 불리는 신비의 문필가만이 예외, 아마도 유일한 예외일 것이다.[74]

그의 시대에 치료 의례가 설사 탄생했다고 하더라도 거의 모르던 시대였으므로, 그의 침묵을 비난할 수는 없다. 그를 제외하고 책이나 소책자로 논쟁을 벌인 사람들은 독일인이나 이탈리아인이었다. 이들은 제국만 생각하고 서유럽의 왕국들은 염두에 두지 않았다. 물론 두 왕국에서 '왕권(regnum)'과 '교권(sacerdotum)'의 위대한 싸움이 다른 왕국만큼 국가를 흔들지 않았다는 것은 아니다. 다만 오랫동안 고위 성직자의 지명이나 성직자의 재정적·법률적 특권

Medizin, 8), Breslau, 1904; F. Laue, *Über Krankenbehandlung und Heilkunde in der Literatur des alten Frankreichs*, Göttingen, 1904; F. Werner, *Königtum und Lehenswesen imfranzösischen Nationalepos*.(Roman. Forsch. 25), 1908, Funck-Bretano, *Le Roi*, p.177, n.4의 정보를 바탕으로, 15세기 필사본이 Arsenal 3364에 남아 있는 『성 레미의 기적록』(*Mystère de St-Remy*)의 필사본에 손대기 치료에 관련된 내용이 있을 것이라고 결론지을 수도 있다. 그러나 조사해 보니 그렇지 않았다. 『기적록』은 오직 성스러운 유리병(Sainte Ampoule)의 기적만을 그리고 있다.

74) 요크 익명작가를 정치 이론가로 간주해 당대 프랑스인 위그 드 플뢰리와 비교할 수도 있을 것이다. 위그 드 플뢰리의 *Tractatus de regia potestate et sacerdotali dignitate*는 영국 왕 헨리 1세에게 헌정된 작품이다. 그러나 그 책에서 왕을 성부에, 주교를 겨우 성자에 비유한 유명한 문구(I, c.3; *Monumenta Germaniae, Libelli de lite*, III, p.468)에도 불구하고 이 사람이 황제권에 봉사하는 당파를 지지하지는 않은 것 같다. 더욱이 그 문구는 칼라일이 밝힌 바에 따르면 책 속에서나 하는 회고에 지나지 않는 것이었다. A.J. Carlyle, *A history of mediaeval political theory*, IV, p.268. 뤼셰르가 위그 드 플뢰리와 이브 드 샤르트르를 하나로 묶어서 적절하게도 프랑스의 '제3세력'이라고 불렀는데, 바로 그 집단에 속한다. Lavisse, *Histoire de France*, II, 2, p.219.

에 관련된 구체적 문제 이외에는 거의 문제가 생기지 않았다는 뜻이다. 구체적 안건의 영역에 한정되어 있더라도 맹렬한 논쟁이 계속되었다는 것은 그 배후에 사상적 대립이나 적대적 감정이 있었다고 생각할 수도 있다. 다만 여기에서는 대부분 이 뿌리 깊은 적대가 자각되지 않았다고 할 정도까지는 아니더라도 적어도 표면화되지는 않았다. 이 규칙에도 약간 예외는 있다. 그러나 그것은 매우 드물었던 데다가 나중에 말하겠지만 그중에 가장 중대한 큰 반향을 불러일으켰을 때에도 예외적 환경이었던 것을 감안하면 납득이 간다.

일반적으로 우리가 다루는 두 나라에서는 현명했기 때문인지(프랑스에서도 영국에서도 제국에서와 마찬가지로 투쟁이 무자비한 양상을 띠지 않았다), 아니면 이론적 사고의 취향이 부족했던 때문인지, 대부분 어려운 원칙론을 불러일으키는 것은 피해 갔다. 적어도 프랑스의 경우, 필리프 미려왕 시대에 카페 왕조가 유럽의 큰 세력이 되었고, 호헨슈타우펜 왕조가 세계 정치의 무대에서 퇴장하면서 남겨놓은 역할을 물려받은 듯이 보였다. 그 당시 프랑스 왕은 세속 권력의 보호자 역할을 스스로 맡았다. 주군에 이어 프랑스의 논객들도 논쟁의 장에 등장했다. 그러면서도 그들은 왕이 기적을 행하는 능력을 가지고 있다는 것을 잊지 않도록 주의했다. 이는 바로 뒤에서 설명한다.

그러나 프랑스에서는 적어도 13세기 중반 이후에는 이미 침묵의 금기도 풀리기 시작했다. 잘 알려져 있지 않은 두 교회 저술가, 즉 사비니 여러 성자의 기적(1242년부터 1244년 사이에 작성됨)을 쓴 익명 작가와 1260년경 노르망디의 사제 토마 드 비비유(Thomas de Biville)의 전기를 쓴 클레망, 이 두 저술가가 우연히 이를 언급했다. 전자는 '왕의 병'에 대해 언급했고,[75] 후자는 좀더 명확하게 '신의 은총으로 프랑스 왕이 그 손으로 치료하는 연주창이라는 병'이라고 썼다.[76] 그러나 정말로 무게 있는 성직자가 오래된 침묵의 금기를 과

---

75) *Histor. de France*, XXIII, p.597 c. "그것을 본 사람들은 그것이 왕의 병이라고 말했는데, 그것은 루푸스병(lupus)이었다."

76) *Histor. de France*, XXIII, p.565, 26. "연주창은 프랑스 왕이 손으로 만짐으로써 그 신성함에 의해 치료되는 병이다." 이 작품과 저자에 대해서는 다음을 참조. Paulin Paris, *Hist. littéraire*, XXXI, p.65; Leopold Delisle, *Mémoire sur le bienheureux Thomas de Biville*, St-Lô, 1912. 프랑스어 운문으로 번역되어 출판된 것은 de Pontaumont, *Vie du B. Thomas Hélie de Biville*,

감하게 깬 것은 성왕 루이 사후이며 그 왕의 치적과 관련된 것에서였다. 경건했던 이 왕은 치료와 관련되는 것은 모두 신성화했던 것 같다. 그러나 그의 전기작가들은 이 위험한 영역에 발을 들여놓으면서 매우 신중했음을 볼 수 있다. 기욤 드 생파튀스는 지나가면서 살짝 언급했을 뿐이다.[77] 반면 조프루아 드 볼리외는 상당히 진전된 형태로 기록했다. 거기에는 논란거리인 이 관행의 종교적 성격을 밝혀보려는 의도가 명백히 있었다. 그는 이 의례에 사용되는 말이 '진정 신성하고 기독교적인'이라는 점을 강조하는 데에 그치지 않았다. 그는 심지어 '치료를 국왕 전하의 행위가 아닌 십자가의 공덕으로 돌릴 수 있도록' 의례에 십자가 표시를 도입한 최초의 인물이 자신의 주군이라고까지 주장했다.[78]

물론 이러한 주장을 사실로 받아들일 수는 없다. 우리는 엘고와 기베르 드 노장을 통해서, 로베르 2세나 루이 6세가 이미 이러한 행위를 했다는 것을 알

Cherbourg, 1868. 그러나 이 책은 기적을 생략하고 있어서, 결과적으로 우리가 관심을 지닌 문단이 빠져 있다. 아마도 13세기 것인 듯이 보이지만 정확한 연대를 알 수 없는 한 기도문은 성 마르쿨을 찬양했는데, 이 기도문에서도 '왕의 병'이라는 표현을 사용했다. 이 책 2부 4장 각주 11 참조. 뒤 캉주가 『중세용어사전』(Glossarium)을 저술하고, 뒤를 이어 베네딕트 수도사들이 그의 책을 완성했는데, 그들은 사전의 '연주창(scroellae)' 항목에서 생제르맹데프레 수도원의 도서관에 있는 라틴어-프랑스 용어사전의 문구를 그대로 인용했다. 나는 그것을 다시 필사본과 비교해 수정했다. "연주창은 목에 오는 질병으로서 왕의 병이라 불린다." 앙투안 토마(Antoine Thomas) 덕분에 이 용어사전을 국립도서관 라틴어 필사본 13032호(Bibl. Nationale 13032 du fond latin)와 대조할 수 있었다. 문제의 문장은 139쪽 뒷면(fol. 139 v)에 있다. 이 필사본은 14세기의 것으로 위에서 언급한 문서보다 훨씬 뒤에 만들어졌다. 뒤 캉주 사전 '왕의 병(Malum Regis)' 항목에는 카르팡티에(Carpentier)가 인용한 『성 피아크르(St-Fiacre)의 기적록』(AA. SS. Aug., VI, p.618)이 있는데 이것 역시 훨씬 뒤의 것이다.

77) 이 책 2부 1장 각주 2.

78) Histor. de France, XX, p.20, c.XXXV. "대개 연주창이라고 부르는 질병에 걸린 환자를 접할 때 프랑스 왕들은 하느님에게서 이 환자들을 치료할 수 있는 특별한 능력을 받았다. 경건한 왕은 나머지 다른 왕들도 이 방법을 준수하기를 원했다. 그런데 다른 선왕들은 환부를 만지면서 이 경우에 적합한 주문을 외울 뿐이며, 그렇게 하는 데에 익숙해져 있었다. 물론 그 주문의 말도 신성하며 기독교적인 것이었으나, 십자가 표시를 하지는 않았다. 그 경건한 왕은 환부를 만지며 주문을 외우는 다른 선왕들의 관례에 덧붙여 신성한 십자가 표시를 그렸다. 그렇게 함으로써 치료는 왕의 존엄함보다는 십자가의 능력으로 간주되었다." 이 문단은 다음 책에도 수록되어 있다. Guillaume de Nangis, ibid, p.408.

왔다. 왜 이와 관련된 전승이 단절되었는지 알 수는 없다. 고드프루아는 부정확함이라는 과오를 범했다. 고의인가, 아닌가? 고의라면 누가 결정했는가? 게다가 이것은 중요하지도 않다. 고의든 아니든 두 경우 모두 설명된다. 그는 오로지 경건한 왕이 엄격한 정통 교리에 어울리도록 치료능력을 행사했다는 사실을 강조할 필요가 있었을 것이다. 연주창에 대한 교회의 견해를 이보다 정확하게 정의를 내린 사례는 없다.[79]

자, 이야기는 이제 필리프 미려왕에 도달했다. 앞에서도 지적했듯이, 교황청과의 대투쟁에서 처음으로 프랑스 왕권옹호자들이 왕의 치료 기적을 꺼낸 것이다. 노가레와 플레지앙의 이야기는 이미 들었다.[80] 이 이론의 더 발전된 형태는 보통 『양측에 대한 조사』(*Quaestio in utramque partem*)라는 짧은 논문에 있는데, 그 분량이 상당하다. 이것은 꽤 평판이 있었기 때문에, 발표와 거의 동시에 국왕 문서국(Chancellerie)의 기록부에 복사되었다. 다음 세기에 샤를 5세도 이것의 중요성을 인정해, 번역사 라울 드 프렐(Raoul de Presles)에게 프랑스어로 번역하게 했다. 내가 번역하는 것보다 그 번역을 그대로 인용하는 것이 좋을 것 같다. 익명의 저자가 프랑스 왕의 '정당한 왕위'에 대한 증거를 열거한 대목을 살펴보자.

"두 번째로 기적에 의해 똑같은 일이 입증된다. 그 기적은 온 세상에 분명히 알

---

79) 뒤 로랑스(du Laurens, *De mirabili*, p.17)나 롤랭(Raulin, *Panegyre*, p.179) 같은 구체제의 몇몇 작가는 프랑스 왕에게 부여된 기적을 행하는 능력을 인정하는 반(半)공식적 증거로서 성왕 루이의 시성에 관한 교황의 칙서를 인용하기도 한다. "축복은 연주창을 치료하는 데에 이용된다." 그러나 당연하게도 이 문구(*Histor. de France*, XXIII, p.159 d)는 왕이 죽은 뒤 신성한 몸에 의해 이루어지는 기적에만 적용될 뿐이다. 프랑스 왕가의 세습적 특권인 연주창 치료능력을 루이 9세가 신성하다는 사실의 증거로 제시하는 사람은 아무도 없다. 교황 칙서도 이것에 대해 말한 것이 아니었다. 게다가 사람들은 여러 가지 기적 중에서 성왕 루이가 살아 있을 때에도 어느 정도 능력을 보여주었던 질병치료를 그가 죽은 이후에도 시행해주기를 자연스럽게 바랐다. 그의 유해는 종종 연주창을 치료하는 특별한 능력이 있는 것으로 간주되었다. Jacobus Valdesius, *De dignitate regum regnorumque Hispaniae*, in-4, Grenada, 1602(카탈루냐의 포블레트에 있는 성유물); Cabanès, *Remèdes d' autrefois*, p.40, n.2.

80) 2부 1장 각주 2 참조.

려져 있고, 또 분명히 드러난다. 우리 국왕 전하는 자신의 정당한 왕위를 증명하기 위해서 바로 복음서에서 주 예수 그리스도가 유대인의 증상에 대해 대답한 것과 같은 말로 대답할 수 있다. '나를 믿지 않아도 내 행위는 믿어라'고 예수께서 말씀하셨다. 왕국의 상속에서 상속권에 의해 아들이 아버지를 상속하는 것과 같이, 우리 왕은 상속권을 통해 기적의 능력을 선대왕으로부터 세습한다. 이 기적은 신이 사제를 통해서 이루시듯이 왕을 통해서도 이루시는 것이다."[81]

앞사람의 발뒤꿈치에 뒷사람이 발을 갖다 붙이듯이, 공법학자들의 뒤꿈치를 역사가들이 뒤따른다. 필리프 미려왕 시대에 기욤 기아르(Guillaume Guiart),[82] 필리프 5세 시대에 일종의 공식 역사가였던 수도사 이브 드 생드니(Ive de Saint-Denis)[83] 등이 이제 주저 없이 자신들의 작품 안에서 연주창 치료의 '기적'을 언급한다. 더한 것도 있다. 이 시대에는 교회 웅변가들조차 카페 왕조의 기적을 행하는 특권에 봉사하기 시작했다. 1300년경 노르망디의 도미니크회 수도사 기욤 드 소크빌(Guillaume de Sauqueville)이 '다윗의 아들 찬양'[84]이라는 주제로 기묘한 설교를 했다. 웅변가는 거기에서 극단적으로 맹렬한 국가적 자부심의 소유자임을 드러냈다. 제국에 대한 프랑스의 자립을 집요

---

81) M. Goldast, *Monarchia S. Romani Imperii*, Hanover, 1612, I, p.49. 라틴어 원본은 *ibidem* II(éd. Amsterdam, 1631), p.102. 그러나 나는 국립문서보관소 필사본(Arch. Nat. JJ. 28, fol. 250)에서 직접 인용했다. 작품 자체에 대해서는 Richard Scholz, *Die Publizistik zur Zeit Philipps des Schönen und Bonifaz' VIII(Kirchenrechtliche Abhandl. hgg. von U. Stutz*, 6-8), p.224 이하. 최근 작품으로는 P. Fournier가 *Bulletin du Jubilé*에 수록한 것이 있는데 이것은 *Comité français catholique pour la célébration du sixième centenaire de Dante*, p.172, n.1에 출판되어 있다. 그는 *Quaestio*가 플레지앙에 따른 것일 수 있다는 가설을 강하게 주장하지는 않고 제기하는 수준에서 그쳤다. 사실 익명의 저자가 밝혀질 것 같지는 않다.

82) *Histor. de France*, XXII, p.175, v.198 이하. "하늘에 계신 하느님 아버지께서 진정 커다란 능력을 이 땅의 왕에게 주었다. 왕은 그것을 받아서 평생 아름다운 기적을 이룬다. 즉 연주창을 치료하는 것이다. 위에 고약을 바르지 않고 단지 손대는 것만으로도 치료한다. 다른 왕들은 할 수 없는 일이다."

83) 이 책 2부 1장 각주 7.

84) 마태복음 21장 9절.

하게 역설하고, 한심한 말장난(제국의 프랑스어 앙피르(Empire)를 발음이 같은 앙피르(en pire), 즉 최악이라는 뜻을 지닌 단어로 바꿔서 불렀다)까지 하면서 제국을 놀려댔다. 그 당시는 프랑스 문필가들이 교황권에 대한 대대적인 논쟁을 벌이면서 동시에 황제의 유럽 패권 요구에 대한 반론이 겹치던 때였다.[85] 수도사 기욤이 말하기를, 프랑스 왕이 다윗의 아들로 불릴 만하다면, 그것은 왜인가? 그것은 다윗이 '강한 손(manu fortis)'을 의미하기 때문이다. 왕의 손은 질병 치료에서 강하다. "프랑스 왕국을 상속하는 모든 군주는 도유를 받고 대관식을 하자마자 신으로부터 이 특별한 은총을 받는다. 이 특별한 능력은 손으로 만짐으로써 병을 치료하는 능력이다. 왕의 병을 앓는 환자들이 수많은 지역, 여러 나라에서 왕의 곁으로 온다."[86] 이론가들의 논쟁은 대부분 민중의 귀에 와닿지 않았다. 반면 똑같은 말이라도 설교단의 높은 곳에서 쏟아지는 웅변은 민중에게 얼마나 큰 영향을 미쳤겠는가!

거의 비슷한 무렵 이탈리아에 한 문필가가 있었는데, 치료 의식에 대한 그의 태도는 이후 교회 전체의 견해에 실로 강력한 영향을 미치게 된다. 그 사람은 바로 도미니크회 수도사 톨로메오(Fra Tolomeo da Lucca)로서 루카에서 태어나 1327년경 토르첼로에서 주교로 죽었다. 그는 매우 왕성하게 작품활동을 했던 역사가이자 정치 이론가다. 그 저작에서 체계적인 주장을 추출하는 것은 거의 불가능하다. 그는 자유 기고가로서 포용력이 큰 사상가는 아니었다. 그는 명백히 제국에 대해 적대적이었고, 교황의 우위권에 우호적이었다. 그러나 그 것도 교황에 대한 충성심 때문이라기보다는 오히려 앙주 가문을 지지하는 세력에 속해 있었기 때문이다. 그 당시 앙주 가문의 이해관계는 완전하게는 아니지만 적어도 많은 점에서 교황의 이해와 얽혀 있었다. 루카 사람으로서 이보다 더 자연스러운 것은 없었다. 왜냐하면 루카는 북부 이탈리아에서 앙주 가문의

---

85) Paul Fournier, "La Monarchia de Dante et l'opinion française: Comité français catholique pour la célébration du sixième centenaire de la mort de Dante," *Bulletin*, 1921, p.155 이하.

86) Bibl. Nat. latin 16495, fol. 96 d. 이하. 이 설교는 성 니콜라를 찬양하는 것이었으나, 그 성인은 너무 멀리 있는 듯이 보였다. 그 설교를 시작하는 문구를 인용한 것이다. 이 글은 발루아가 기욤 드 소크빌에 대해 쓴 논문에 수록되어 있다. N. Valois, *Histoire littéraire*, 34, p.298 이하. 이 설교문의 저자와 연대에 관한 정보는 이 논문에서 얻었다.

정책을 지지하는 가장 좋은 거점의 하나였기 때문이다. 토스카나의 황제 대리인이었던 샤를 당주(Charles d'Anjou)는 이 지역에서 매우 존경받았다. 톨로메오 자신도 그의 이름을 두 번씩이나 우리 주군, 우리 왕이라고 불렀다. 교황파의 위대한 정복자가 일단 죽자 이 도미니크 수도사는 그에게 바쳤던 충성을 그 가문에 바쳤다. 1315년 나폴리 왕 로베르의 조카로서 타란토 공작이었던 샤를이 몬테카티니의 전장에서 쓰러졌을 때, 승리한 피사(Pisa)인에게 가서 시신 인도를 요구한 사람도 그 당시 피렌체의 산타마리아노벨라 수도원장이었던 톨로메오였다.[87]

그런데 샤를 당주는 성왕 루이의 동생으로 카페 가문의 일원이었다. 그는 이탈리아 왕이 된 후, 그러한 이유로 왕의 기적을 어떤 의심도 없이 믿었고, 앞으로 살펴보겠지만, 자신도 기적의 능력을 지니고 있다고 한층 더 강하게 주장했다. 이러한 점을 고려하면, 톨로메오가 연주창 손대기 치료에 대해 호의적으

---

87) 톨로메오 다 루카(Tolomeo da Lucca, Bartholomew of Lucca)에 대해서는 수많은 작품이 있다. 그러나 그중 어느 것도 완전한 것이 없다. 유용한 작품 중 대부분은 몰라가 지적하고 이용했다. G. Mollat, *Étude critique sur les Vitae Paparum Avenionensium d'Étienne Baluze*, 1917, p.1 이하. 여기에 더해 최근에 나온 논문을 추가할 수 있다. Martin Grabmann, "La scuola tomistica italiana," *Rivista di filosofia neo-scolastica*, XV (1923). 이 논문의 §IV 부분이 톨로메오에 관한 것이다. 크뤼거의 책도 여전히 유용하다. Karl Krüger, *Des Ptolomiius Lucensis Leben und Werke*, Göttingen, 1874. 이 장 아래 각주 88에 인용된 판본에 실린 크라머(M. Krammer)가 쓴 서문도 참고하라. 그밖의 사항에 대해서는 몰라가 제공하는 참고문헌 서지사항만으로도 충분하다. 톨로메오의 정치사상을 다룬 저작으로는 Albert Bazaillas, "Etude sur le *De regimine principum*," *Rec. Académ. Sciences Belles Lettres et Arts de Tarn et Garonne*, 2e séries, 8, 1892, 특히 pp.136~143 참조. 그리고 젤러의 책(Jacques Zeiller, *L'Idée de l'État dans saint Thomas d'Aquin*, 1910, p.161)은 앙주 가문 지지자들과의 관계를 충분히 고려하지 않은 것으로 보인다. 루카 사람들과 앙주 가문의 관계에 대해서는 Krammer, *loc. cit.*, pp.XVI~XVII 참조. 톨로메오는 어느 책(*De regimine* IV, 8)에서는 샤를 당주를 '우리의 왕 샤를(rege nostro Karolo)'이라고 불렀고, 다른 책(*Determinatio*, 각주 88 참조)에서는 '우리의 주군이신 샤를 왕(dominus noster rex Karolus)'이라고 했다. *De regimine*, IV, 8에서는 프랑스인과 나폴리 왕국 현지인과 완전한 동화를 강조했다. 결국 『제국 사법권 요약집』은 샤를 당주가 가진 토스카나 대리인으로서의 권리를 합스부르크의 루돌프와 교황 마르티누스 4세로부터 보호할 목적으로 작성된 것이다. 이 점에 대해서는 앞서 말한 크라머의 편집본 서문 이외에 다음 책을 참조하라. F. Kern, "Die Reichsgewalt des deutschen Königs nach dem Interregnum," *Histor. Zeitschrift*, CVI (1911), pp.71~74. 1315년의 일화에 대해서는 다음 책 참조. R. Davidsohn, *Forschungen zur Geschichte von Florenz*, IV, Berlin, 1908, p.368.

로 말했던 것을 이해할 수 있다. 그가 이 주제에 대해 언급한 것은 두 군데서였다. 우선 1280년 전후 집필한『제국 사법권 요약집』(*Determinatio compendiosa de jurisdictione imperii*)이라는 이름의 정치논쟁을 담은 소책자에서였는데 그 목적은 당연히 로마인의 왕과 교황에 반대해 나폴리 왕의 이익에 봉사하려는 것이었다. 제8장에서 그는 왕권이 신으로부터 나왔음을 증명하기 위해 다음과 같은 주장을 전개했다. 이 이론은 "좋은 가톨릭(bon catholique)이며 교회의 일원인 이 시대 몇몇 군주의 사례에서 증명될 수 있다. 사실 특별한 신의 의지로, 또는 보통 사람보다 더 완벽한 절대적 존재가 개입한 결과로 그 군주들은 병자에 대한 특별한 능력을 갖고 있다. 가령 프랑스 왕이 그렇고 우리 주군인 샤를이 그렇다." 이 부분이 앙주 가문의 지지자라는 표시다. 그리고 "영국 왕도 그렇다고 들었다."[88]

만약 톨로메오가 이 '특별한 능력'을『제국 사법권 요약집』에서만 말했다면 그 책이 당시에는 많이 읽혔지만 14세기 이후에는 거의 잊혔으므로, 그의 이름은 우리가 여기서 논의하는 역사에서 미약한 지위만 차지했을 것이다. 그러나 그는 거의 비슷한 시기에 다른 책을 썼는데, 그 책이 훨씬 성공했다. 그는 토마스 아퀴나스의 제자였다. 스승의 작품 중에서 미완성인『군주의 통치에 대해』가 있음을 발견하고 그것을 꺼내서 완결지었다. 원래 원고에 장을 하나 추가하면서 그는 도유식, 특히 프랑스 왕이 받는 도유식에 대해 몇 줄 썼다. 거기에 다음과 같은 말이 있다. "클로비스의 후계자인 왕들은(과거 한 마리 비둘기가 하늘에서 가지고 온 향유로) 도유를 받고, 이 도유의 결과로 그들에게는 여러 가

---

88) Ed. Mario Krammer, Hanover and Leipzig, 1909(*Fontes iuris germanici antiqui*), p.39, c.XVIII. H. Grauert, "Aus der kirchenpolitischen Litteratur des 14. Jahrhunderts," *Histor. Jahrbuch*, XXIX(1908), 특히 p.502, p.519 참조. Grauert는 조약이 1300년에 작성된 것으로 생각했다. 그리하여 *rex Karolus*가 샤를 당주라고 생각한 것 같다. 그러나 사실은 그의 아들 샤를 2세였다. 나는 크라머의 연대가 맞는 것 같다. 톨로메오가『제국 사법권 요약집』의 저자라는 사실은 더 이상 의심할 여지가 없다. 왜냐하면 그라브만(Martin Grabmann, *Neues Archiv*, XXXVII(1912), p.818)이 톨로메오의 다른 작품 *Exaemeron*에서 *libellus sive tractatus de iurisdictione Imperii et Summi Pontificis*에 관한 서지를 발견했기 때문이다.

지 표시, 기적, 치료능력이 나타났다."[89] 먼저 인용한 문구보다 덜 노골적이지만 그럼에도 불구하고 전자와 전혀 다른 반향을 불러일으켰다. 『군주의 통치에 대해』가 성 토마스 아퀴나스 저작의 명성과 유행에 편승할 수 있었기 때문이며, 사람들이 '천사에 가까운 박사'가 쓴 내용과 그 후계자가 서술한 내용을 잘 구별하지 않았기 때문이다.[90] 특히 구체제에서 연주창 치료 옹호자들은 즐겨 성 토마스 아퀴나스의 권위를 이용했다.

사실상 그들은 수도사 톨로메오의 내용을 인용할 수밖에 없었던 것이다. 역사가에게는 좀더 정보가 많지만, 그 역사가에게조차 『군주의 통치에 대해』의 원전은 최근까지 어려운 문제였다. 왜 이 루카 사람은 교회와 교황권의 강력한 옹호자이면서 그때까지 교회와 교황이 호의를 보이지 않던 '기적'이나 '치료'를 거의 처음으로 인정하게 되었을까? 최근에 『군주의 통치에 대해』가 간행됨으로써 수수께끼가 풀렸다. 앙주 가문의 주장이 톨로메오를 연주창 치료 신봉자로 만든 것이다. 그리고 간접적으로, 기적의 의례는 거짓이기는 하지만 헤아릴 수 없는 가치를 지닌 성 토마스 아퀴나스의 지지를 받게 된 것이다. 기적을 위한 논거를 처음 마련한 프랑스의 정치 선전가들은 용기가 있었다고 할 수 있다. 그 후계자들은 성과를 손에 모았을 뿐이다.

---

89) *De regimine principum ad regem Cypri*, II, cap. XVI; *Sancti Thomae Aquinatis······ opera omnia*, in-folio, Parma, 1864, p.250, col. 1 and 2. "우리는 성 레미의 프랑크족의 업적에서 프랑크족의 왕들 중에서 처음으로 기독교인이 된 클로비스왕과 비둘기가 하늘에서 가져온 성유에 대한 성 레미의 기록, 즉 프랑크족의 업적에서 이들의 신성함의 논거를 찾아보자. 위의 왕들은 도유를 받았으며, 이러한 도유로 여러 가지 표시, 기적, 치료능력이 나타났다." 『통치론』(*De regimine*)에 대해서는 다음의 훌륭한 작품을 참고하라. Martin Grabmann, *Die echten Schriften des hl. Thomas von Aquin*, Munich, 1920(*Beiträge zur Gesch. der Philosophie des Mittelalters*, XXII, 1~2), p.216 이하. 이러한 연속 집필-이 부분을 토마스 아퀴나스가 쓰지 않은 것은 확실한데-을 톨로메오가 했는지 확실하지는 않지만 가능성은 매우 높다. 게다가 왕의 기적에 대한 언급을 『요약집』(*Determinatio*)에 있는 좀더 발전된 문단들과 비교해보면, 이러한 주장을 뒷받침하는 확실하고 강력한 논거를 발견할 수 있다. 연속작성을 한 연대는 논란거리다. 나는 뷔송의 결론에 동의한다. A. Busson, *Sitzungsber. der phil.-hist. Klasse der k. Akademie Wien*, LXXXVIII(1877), p.723.

90) 예를 들어 다음과 같은 책들이 있다. Meurier, *De sacris unctionibus*, p.261; Mauclerc, *De monarchia divina*, col. 1567; Du Peyrat, *Histoire ecclésiastique de la Cour*, p.806; Oroux, *Histoire ecclésiastique de la Cour*, I, p.180.

14세기 프랑스에서 그것을 최대한으로 이용한 것은 특히 샤를 5세의 측근이었다. 우선 1380년에 랭스의 성당참사회에 왕 스스로 수여한 엄숙한 증서가 있다. 문서 첫머리는 왕의 이름 머리글자 K와 A를(샤를 5세의 라틴어 이름인 Karolus임-옮긴이) 우아한 작은 그림으로 장식했으며, 거기에 고전적인 증여의 장면(왕이 참사위원에게 보클레르 영지의 영주권을 준다는 양피지를 수여하는 장면)과 나란히 클로비스가 받은 기적의 세례를 담은 그림이 있다. 사실, 서론에서는 신성한 유리병의 전설을 인용하고 있으며, 동시에 그것과 직접 관련된 치료능력을 언급하고 있다.

"랭스의 성스러운 교회에서, 당시이 프랭스 왕 클로비스는 이름 높은 주교이자 영광스러운 증거자인 성 레미의 설교를 들었다. 거기서 레미가 왕과 백성을 축복했을 때, 성령 또는 천사가 비둘기의 모습으로 나타나서, 하늘에서 내려오면서, 성유를 가득 채운 작은 병을 가져왔다. 그 왕과 그 이후 모든 선대 프랑스 왕 그리고 나 자신 등 모두가 축성식과 대관식 날 신의 가호로 도유를 받을 때 바로 그 기름이 사용되었다. 그것을 통해서 우리는 신의 관대함 아래 손대는 것만으로도 환자를 연주창으로부터 지키는 능력과 은총, 바로 프랑스 왕들에게 있는 그 능력과 은총을 받는다. 이것이야말로 수많은 사실과 수많은 사람이 분명히 증명하고 있다."[91]

기독교 왕이 기적을 행한다고 명시적으로 스스로 표현한 것으로는 최초의

---

91) 원본 Archives de Rheims, fond du chapitre métropolitan, Vauclerc, liasse I, no. 4; 편집본 éd. Dom Marlot, *Historia ecclesie Remensis*, II, p.660(프랑스어 판의 제목은 *Histoire de la ville de Reims*, 4, Rheims, 1846, p.631). 그리고 부분 게재 *Le Théâre d'honneur*, p.757. 이 증서에 대해 뒤퐁은 몰랐던 것 같다. 뒤퐁은 이 책에 '무늬'가 들어 있는 증서의 목록을 작성했지만, 이 증서에 대해서는 몰랐던 것 같다. E. Dupont, *Notices et documents publiés par la Soc. de l'Hist. de France à l'occasion du cinquantième anniversaire de sa fondation*, 1884, pp.187~218. 마찬가지로 델릴은 첫 글자가 샤를 5세의 '표상'을 제공하는 증서들의 목록을 만들었는데, 여기에도 이 증서는 없다. L. Delisle, *Recherches sur la librairie de Charles V*, 1, 1907, p.61. 나는 증서 원본에서 인용했다.

기록이 바로 위 인용문이다. 왕의 궁정에서 꽃을 피웠던 웅변가와 문필가를 보면, 이들이 손대기 치료능력을 자랑스러워했음을 알 수 있다. 『과수원의 꿈』(Songe du Verger)의 작가는 작품에 나오는 기사의 입을 빌려 사제에 대한 세속 권력의 신성한 성격을 주장했다.[92] 앞서 『양측에 대한 조사』의 프랑스어 번역자로 소개한 라울 드 프렐 역시 주군의 명으로 번역한 『신국론』 번역판 서문에서 프랑스 군주에게 과장된 찬사를 바쳤는데, 이 과정에서도 기적의 특권을 잊지 않고 말하고 있다.[93] 곧 자세히 살펴볼 장 골랭(Jean Golein)도 기욤 뒤랑(Guillaume Durand)의 『성무 교리』(Rational des divins offices)를 번역하면서 똑같이 말했다. 마찬가지로 1367년 4월 말일 앙소 쇼카르(Anseau Choquart)가 교황 우르바누스 5세가 로마 귀환을 만류하기 위해 왕의 이름으로 길게 논의를 늘어놓았을 때도 마찬가지였다.[94]

하지만 오해가 없기를 바란다. 당시 상황에서는 치유능력 찬양은 의미를 파악하기 어렵지 않은 일반적 경향을 지닌 자랑거리, 그것도 수많은 자랑거리 중 하나에 지나지 않았다. 사실, 샤를 5세와 그 자문위원들의 측근들은 모든 수단

---

92) 라틴어 판: Goldast, *Monarchia imperi*, I, lib. I, cap. CLXXII, CLXXIII, pp.128~129; 프랑스어 판: J.L. Brunet, *Traitez des droictz et libertez de l'église gallicane*, fol. 1731, II, lib. I, cap. LXXIX, LXXX, pp.81~82. 게다가 『과수원의 꿈』의 저자는 오컴의 문구를 자구 그대로 실었다(아래 각주 104 참조). 이러한 유사성을 보여준 사람은 뮐러였으나(Carl Müller, *Zeitschrift für Kirchenrecht*, 14, 1879, p.142), 상당히 중요한 문구들이 변형되어 수록되었다. 이에 대해서는 나중에(이 책 251쪽) 다시 다룬다.

93) Ed. de 1531, fol. Paris, fol. a III v. 라울은 도유식과 성스러운 유리병의 기적을 상기시킨 다음에 샤를 5세에게 직접 말했다. "전하께서는 이 축성이 매우 훌륭하고 신비로운 것이라는 사실을 아셔야 합니다. 왜냐하면 이렇게 축성을 받음으로써 전하와 조상들은 연주창이라 불리는 그렇게도 무서운 병을 치료하는 기적, 바로 그 위대하고도 빛나는 기적을 평생 수행할 수 있는 권한과 능력을 신에게서 부여받았기 때문입니다. 전하를 제외한다면 지상의 그 어떤 군주도 갖지 못한 것입니다." 이 문구는 다음 책에도 수록되어 있다. Guillebert de Metz, *Description de Paris*(1434년 직후에 출간); Leroux de Lincy and L.M. Tisserand, *Paris et ses historiens*(*Hist. génér. de Paris*), 1867, p.148.

94) C.E. Bulaeus(du Boulay), *Historia Universitatis Parisiensis*, IV, Paris 1668, p.408. "왕이 스스로 받는 영적인 도유식은 인간이 아니라 신의 것으로서 가장 신성한 것이므로, 이 때문에 왕은 거룩한 자다. 그리해서 가장 성스러운 도유식의 표시로 왕은 병자를 치료한다." 이 연설의 저자와 발표상황에 대해서는 R. Delachenal, *Histoire de Charles V*, III, 1916, p.517 이하(특히 p.518, n.5).

을 동원해 카페 왕조의 종교적·초자연적 특권을 강화하려는 노력을 정력적으로 펼쳤음을 우리는 알고 있다. 노엘 발루아가 제시한 대로, 프랑스 궁정에서 그때까지 평범한 말에 지나지 않던 '매우 기독교적인'이라는 말이 카페 가문의 고유한 명예를 나타내는 것으로 우리의 왕들에게게만 한정한다는 관념이 생긴 것도 이 시기였다.[95] 백합꽃의 왕실이 자랑하는 모든 기적의 전설이 이렇게 소리 높여 선전된 것은 전에 없던 일이었다. 더 심한 경우도 있었다. 뒤에 확인할 기회가 있겠지만, 왕실의 '출판원(Librairie)'을 근거로 한 왕당파의 작은 집단들은 조상에게서 전해진 전설의 유산을 다소간 늘리는 일도 불사했다.[96]

일반 민중의 눈에는 왕의 신성함의 원천이었던 축성 의식은 샤를 5세에게는 매우 특별한 관심의 대상이었다. 왕의 도서실에는 왕실 의례와 관계된 책이 적잖은 권수인 7권이나 있었지만, 여기에 더해 황제의 축성식에 관한 1권과 영국 축성식 성무(聖務)를 담은 시편을 추가했다.[97] 그뿐이 아니다. 고용 문필가 중 한 명인 갈멜회 수도사 장 골랭이 나중에 좀더 자세하게 살펴볼 왕과 왕비의 축성식에 관한 논술을 집필한 것도 왕의 직접적 권고에 따른 것이었다. 왕과 그의 측근들은 신성한 왕권과 관계되는 것은 무엇이든 하려고 했는데, 이러한 열정은 어디에서 왔을까? 물론 샤를 5세의 개인적 성향도 관계가 있을 것이다.

---

95) "Le Roi très chrétien," *La France chrétienne dans l'histoire, ouvrage publié …… sous la direction du R.P. Baudrillart*, 1896, p.317 이하. 발루아(N. Valois)가 인용한 텍스트에 더해 장 골랭의 축성론(이 책 부록 4)과 에티엔 드 콩티의 프랑스 왕권에 관한 논문을 추가할 수 있다. 에티엔 드 콩티의 책은 샤를 5세 시대보다 조금 뒤에 나왔지만(이 책 2부 1장 각주 5), 왕 측근들 사이에서 유행했던 이론을 보여준다. Bibl. Nat. latin 11730, fol. 32 v, col. I. "모든 로마 교황이 프랑스 왕에게는 항상 가톨릭 신앙에서의 거의 최상급인 '매우 기독교적인(cristianissimo)'이라는 칭호를 써왔고 쓰고 있다. 그러나 다른 모든 왕이나 군주에게는 단순히 긍정적인 뜻만 포함하는 '기독교적인(cristiano)'이라는 칭호를 써왔다." 발루아는 샤를 5세 주변에서 이루어지던 모든 선전 활동을 잘 알고 있었다. "왕위를 둘러싼 성직자들은 왕권의 존엄성을 높여줄 수 있는 사실들을 과거에서 찾아내는 데에 능숙했다……. 누가 그들보다 왕정의 신성한 성격을 더 자주 단언했겠는가? 누가 그들보다 더 쉽게 성스러운 유리병에 대해 말하고 백합문장의 천상 기원을 상기시켰겠는가?"(323)

96) 이 책 262쪽, 266쪽.

97) Léopold Delisle, *Recherches sur la librairie de Charles V*, II. *Inventaire général des livres ayant appartenu aux rois Charles V and Charles VI*, nos. 227~233, 226 et 59.

왕은 매우 경건하며 동시에 자신의 권위를 가슴 깊이 인식하고 있었기 때문에 자연스럽게 '왕의 위계(estat royal)'의 종교적 성격을 강조하게 되었을 것이다. 게다가 지적으로는 신학적 사변에도 능력이 있었다. 장 골랭처럼 말한다면, 이 '예민한 정신의 소유자'는 '신학용어'를 들으면 '그만큼 공부'를 했다.[98] 즉, 왕권과 축성에 관한 신비롭고 상징적인 이론을 존중하는 경향이 있었다. 그리고 그러한 이론이라면 당대 학자들이 얼마든지 제공했다. 그러나 당시 왕정의 기적에 대해 글을 쓰는 공식적·비공식적 문필가들이 만들어내는 모든 소란을 단지 군주의 순수한 관심에 아첨하려는 욕구로만 본다면 그것은 순진한 것이다. 이것이야말로 우리가 지금 여기서 연구하고 있는 역사 과정에서 아주 규칙적으로 되풀이해 나타나는 하나의 현상이다.

프랑스와 영국의 왕조를 여러 차례 흔들었던 심각한 위기에서 벗어나 왕가의 명성에 생긴 균열을 메워야 할 때, 국왕파가 선전에서 사용하기에 특히 좋아했던 주제는 신성한 왕권의 전설들, 특히 기적의 능력이었다. 시간상 더 뒤에 일어났고 더 명료한 예를 하나만 들면, 프랑스에서는 앙리 4세 시대, 영국에서는 찰스 2세 시절 정통성 있는 봉사자의 심금을 울린 것도 이 음조였다. 그런데 사실 샤를 5세 시대에 이 나라는 위험한 위기, 즉 푸아티에 전투의 패배가 몰고 온 왕국 전체의 위기에서 탈출했다. 오늘날의 몇몇 역사가는 당시 발루아 왕조와 왕정을 덮친 위기는 그다지 심각하지 않았다고 한다. 그러나 실제로 위험은 심각했던 것으로 생각된다. 왜냐하면 일부 지식인 집단이 정부를 신민의 통제라고 부를 만한 것에 종속시키려고 시도했기 때문만이 아니라, 그 이상으로 분명히 민중 전체가 귀족에게 봉기를 일으킬 만큼 심각한 증오와 반란의 움직임이 있었기 때문이다. 여기에는 상층 시민도 참가했다. 몇 세기 후에 그랬듯이 특권계급의 문을 부수는 데에 아직은 성공하지 못했지만 말이다. 왕권과 입장을 함께할 것처럼 보였던 단 하나 신분(귀족-옮긴이)의 신용마저 잃고 왕정은 한때 사면초가였다. 이 비극적인 몇 년 동안 사람들을 움직인 격렬한 감정을 의심하는 사람들이 있다면, 우연히 남아 있는 에티엔 마르셀(Etienne

---

98) 이 책 부록 4.

Marcel)의 편지 세 통을 읽으라고 권하는 것으로 충분하다. 그러나 어떻게 발루아 왕조가 이 동요를 극복했는가. 이것이 당면한 연구 과제는 아니다. 그러나 일련의 사건에 대한 강한 기억을 늘 가지고 있던 샤를 5세는 틀림없이 모든 수단을 다해 민심에 대한 왕정의 지배력을 강화하려고 노력했을 것이다. 이미 적절하게 지적했듯이, 일찍부터 '여론의 힘'을 높게 평가하고 있던 왕이 기적이라는 무기를 무시하지 않았다는 것이 놀랄 일인가?[99]

그러나 이 교묘한 정치가는 동시에 경건한 신자이기도 했다. 주위에서 그의 기적의 능력을 찬양하는 것이 때로는 조심성이 없기도 하거니와, 어떤 때에는 약간의 거리낌을 왕에게 불러일으키기도 한 것으로 보인다. 왕은 기적의 능력을 선전하는 자들이 정상적인 정통 교리의 테두리 내에 머물러 있기를 원했다. 지금까지 거의 알려지지 않은 한 사료에 왕의 우려를 담은 드문 증언이 있으니 그것에 대해 말해보자. 샤를이 비용을 대서 라틴어에서 프랑스어로 번역한 많은 작품 중에 중세의 전례에 관한 가장 중요한 논문이 하나 있다. 1285년경 망드 주교 기욤 뒤랑이 쓴 『성무 교리』가 그것이다. 번역은 갈멜회 수도사 장 골랭이 맡아서 했고, 1372년 왕에게 헌정되었다. 이는 잘 알려져 있는 사실이다. 1503년에는 인쇄되기까지 했다. 그때는 샤를 5세의 '출판원'에서 나온 교훈적 문학이 기업적 상업 출판에 좋은 재료를 제공해주던 때였다. 그러나 대개 별로 눈치채지 못하는데, 이것은 단순한 번역 이상이었다.

장 골랭은 원저자 망드 주교가 왕의 도유식에만 특별히 적용되는 것이 아니라 일반적 도유식에 적용되는 이론을 적어놓은 장의 마지막에 자신의 작품인 『왕의 축성에 관한 소론』을 덧붙여서, 1364년 5월 19일 프랑스 왕으로 축성된 '매우 강력한 분이시며 영주들의 주군인 분'에게 '경의를 표해야' 한다고 생각했다. 이 부분은 왕의 장서표(ex-libris, 책의 소유자를 적어놓는 표, 대개 표지 뒤에 나옴-옮긴이)가 달린 원본 원고에서 22장이나 되는데, 각 페이지는 모두 두 칸으로 나뉘어 있으며 좋은 필체로 적혀 있다. 이 『소론』이 묘사하고 연구

---

99) Delachenal, *Histoire de Charles V*, II, p.369. "샤를 5세는 왕이 되기 전부터 여론의 힘을 명확하게 알았다." 반 귀족운동에 대해서는 같은 책에 수록되어 있는 특징적인 증언을 참조하라. 같은 책, I, p.395 이하. 거기에 다른 증언을 덧붙이기는 어렵지 않을 것이다.

한 것은 군주 축성의 일반론이 아니라 오직 프랑스 왕의 축성이었다. 거기에는 상징적 의미의 지대한 발전은 차치하고라도, 랭스 의례의 '신비로운 의미', 프랑스 공법-특히 상속법의 전설적 기초-이라든가, 신성한 왕권과 그것의 기적과 관련된 성격에 대한 수많은 소중한 지적 등이 들어 있다. 그중 몇 가지는 이 책에도 이용되었다. 그것 이상으로 유용한 것이 있다. 적어도 한 가지 점에 대해, 특히 현재 우리에게 특별히 관계있는 점, 즉 치료능력에 대해 장 골랭은 분명히 주군의 사상에 대한 공식 주석자 역할을 했다. 라울 드 프렐은『신국론』번역판 서문에서 샤를 5세에게 "전하는 평생에 걸쳐 기적을 행할 수 있는 재능과 능력을 신으로부터 받으셨습니다"라고 썼다. 지금까지 인용한 많은 문헌에서 알 수 있듯이, 이런 표현은 당시 관례에 딱 들어맞는다.

그러나 아무래도 경건한 왕에게는 위화감이 있었던 것 같다. "전하는 자신을 성자로 여기는 것도, 기적을 일으키는 자로 여기는 것도 원하지 않았다"고 장 골랭이 여러 차례 간곡하게 말하고 있다. 이와 같은 일은 그의 '동의'가 없었음을 말해준다. 그리고 선한 갈멜회 수도사는 "신만이 기적을 일으키신다"고 설명하고 있다. 틀림없다. 왕과 그 대변자의 겸허함을 과대평가하지 말자. 이러한 움직일 수 없는 신학적 진리가 사실이기 때문에, 골랭은 성인은 물론이고 기적을 이루는 왕에 대해서도 여러 차례 우리에게 그것을 상기시키려고 노력했던 것이다. 어느 경우이든 그들이 기적을 실행했을 때에 작용한 것은 신의 힘이었다. 그러한 이유로 '신학의 단어'에 익숙하지 않은 사람들은 성자이든 왕이든 기적을 일으켜 이러저러한 병을 치료했다고 말한다. 성자와 왕의 비교는 왕의 자존심을 만족시킨 것이다. 이렇게 샤를 5세와 측근의 박사들은 정통 신학에 대한 배려와 "왕위는 합리성이 원하는 만큼 존경받아야 하며 그 이하여서는 안 된다"는 당연한 요구를 세심하게 양립시켰다.[100]

우선 필리프 미려왕 측근들에 의해 추진력이 생겼고, 그 뒤를 샤를 5세의 측근들이 이어받았다. 그 이후 기적의 치료는 프랑스 왕권을 찬양하는 데에 반드

---

100) 앞의 문구와 관련해 나는 부록 4에서 장 골랭의 논문을 길게 발췌, 분석해놓았다. 라울 드 프렐이 정중하기는 하지만 아주 신랄하게 비판했음에 주목해야 한다.

시 포함되었다. 샤를 6세 치세에 수도사 에티엔 드 콩티는 이것을 왕에게 부여된 훌륭한 특권 중 하나로 꼽았다.[101] 적어도 두 번, 즉 샤를 7세 치세와 루이 11세 치세에 교황청에 파견된 프랑스 대사들이 프랑스 왕가의 특별한 신성함과 그 결과 그들의 주군이 교회에 행사하는 권력의 적법성을 입증하기 위한 근거로 치료 기적을 인용했다.[102] 마지막 예는 특히 의미심장하다. 나중에 살펴보겠지만, 이러한 생각과 감정의 복합체가 교리 형태를 취하면 갈리카니슴(프랑스 교회파)이 되는데, 그 안에는 신성한 왕권이라는 오래된 개념이 자리 잡았다. 그 개념과 함께 이를 가장 구체적이고 알기 쉽게 표현한 것이 바로 기적의 능력이다. 그래서 교회 관계의 소송 사건에서 기적을 바탕으로 변론하는 변호사가 있다고 해도 놀라운 일이 아니다.

1493년 초 고등법원에서 중대한 정치적·종교적 이해관계가 얽힌 소송이 벌어졌다. 두 성직자가 싸웠는데, 둘 다 파리 주교라고 주장했다. 한 명은 주교좌 성당참사회에서 선출된 지라르 고바유(Girard Gobaille)였고, 다른 한 명은 왕이 임명하고 교황이 인증한 장 시몽(Jean Simon)이었다. 당연히 장 시몽의 변호인 올리비에(Oivier)는 성직자 임명에 간섭할 수 있는 국왕의 권리를 방어하려고 했다. 그 권리 중에서 가장 눈에 띄게 적용된 것은 교회에 대한 공위 성직록 취득권(régale spirituelle)이었다. 이것은 프랑스 왕실이 전통적으로 행사해 온 권리로, 특정 주교좌가 비어 있는 동안 해당 주교좌의 성직록에 대한 권리다. 그는 변론 중 이렇게 외쳤다. (이 변호인이 당시 관례에 맞추어 사용한 법률전문용어, 특히 라틴어와 프랑스어가 섞여 있는 법률용어를 프랑스어로 번

---

101) 이 책 2부 1장 각주 5 참조. 왕의 손대기 치료에 대해 말한 이 15세기 작가 이외에도 니콜라 드 라리스빌라(Nicolas de Larisvilla) 역시 소책자 "a treatise …… on the dedication of the Church of St-Remy …… in the year 1460"에서 언급했으며, 이 글은 마를로가 인용했다. Marlot, *Le Théâtre d'honneur*, p.758.

102) 1459년 11월 30일 만토바에서 비오 2세를 알현한 자리에서였다. d'Achery, *Spicilegium*, fol. 1723, III, p.821, col. 2; du Fresne de Beaucourt, *Histoire de Charles VII*, VI, p.256. 1478년에는 식스투스 4세 앞에서 이루어졌다. de Maulde, *La Diplomatie au temps de Machiavel*, p.60, n.2; J. Comblet, *Louis XI et le Saint Siège*(thesis, Nancy), 1903, p.170 참조. 첫 번째 문헌은 연주창 치료에 대해 분명하게 언급했으며, 두 번째 문헌은 왕이 수행한 기적들인데 자세한 사항은 언급되지 않았다.

역하여 여기에 싣는다.) "마찬가지로 왕은 순수한 속인이 아니다. 왜냐하면 단지 다른 왕들과 마찬가지로 대관식을 하고 도유를 받았기 때문이 아니라, 여기에 더하여 장 앙드레(Jehan André)-이 책 뒷부분에서 다시 살펴볼 14세기 이탈리아 교회법학자가 자신의 『교황령집』(Novelle sur les Décrétales) 「리케트」(licet) 장에서 말했듯이, 왕은 단순한 접촉만으로도 환자를 치료한다. 그러므로 그가 공위 성직록 취득권을 갖는다고 해도 놀랄 일은 아니다."[103]

영국의 선전가들은 이러한 논거를 자주 이용하지는 않았던 것 같다. 아마도 14, 15세기 프랑스에 비해 로마 교황청과 대립할 기회가 적었기 때문일 것이다. 그래도 영국의 작가로서, 기적을 행하는 능력을 무기로 교황청과 화려한 논쟁을 벌인 자가 있다. 그러나 그는 영국인이면서도 제국에 봉사했다. 때는 1340년경 독일의 군주 루트비히 폰 바이에른(Louis de Bavière)이 호헨슈타우펜 왕가의 단절 이후 거의 잠자고 있던 해묵은 논쟁을 불러일으킨 시기였다. 그가 주위에 모은 많은 지식인 중에는 당시 가장 열정적이던 사상가가 몇 명 있었다. 그중에는 윌리엄 오컴(William Occam)도 있었다. 그때 이 저명한 철학자가 집필한 소논문 중 『교황의 권력과 권위에 관한 여덟 가지 문제』라는 것이 있었다. 그 다섯 번째 문제의 제8장을 보자. 오컴은 왕이 도유로 '영적 능력이라는 은총'을 받았음을 증명하려고 했다. 그가 제시한 증거들 중 프랑스와 영국의 왕이 하는 연주창 치료가 인용되어 있다.[104] 사실 그의 논조는 그레고

---

103) Arch. Nat. X I A. 4834, fol. 141(5 févr. 1493). 소송에 대해서는 다음을 참조. *Ibid.*, fol. 122 v. 그리고 *Gallia Christiana*, VII, col. 155~156.

104) *Octo quaestiones super potestate ac dignitate papali*, quaest. V. cap. vii-ix; Goldast, *Monarchia S. Romani lmperii*, II, p.372(이 작품의 연대에 대해서는 다음을 참조. A.G. Little, *The Grey Friars in Oxford*, Oxford, 1892, p.233). 논란이 된 문제는 다음과 같다. "혈통에 따라 왕위를 세습한 자가 사제에 의해 도유, 축성, 대관된다면 이로부터 정신적 능력이라는 은총을 받게 되는가, 그렇지 않은가." 긍정적인 견해를 지지하는 이유 중에는 다음과 같은 것들이 있다. "육체적 질병에 걸린 환자를 고치는 능력은 신의 정신적 은총이다. 그러나 왕에게, 즉 프랑스와 영국 왕에게 국왕도유식을 통해서 특별한 치료능력, 특히 연주창 환자의 건강을 회복해주는 능력이 주어졌다. 그러므로 도유라는 방법을 통해 왕은 정신적 능력이라는 은총을 받은 것이다." 스콜라철학에서의 토론 규칙에 맞추어, 오컴은 부정적 결론의 근거를 제시하는데, 그것은 다음과 같다. "두 번째 주제에 답해야 한다. 영국과 프랑스의 왕들에게 연주창 치료 은총이 있다고 하더라도, 왕의 도유식 때문에 이 능력을 갖는 것은 아니다. 설사 도

리우스파보다 덜하지 않았다고 할 수 있다.

요컨대 14, 15세기 왕의 기적은 한 왕권옹호자들에 의해 이용되었다. 그런데 당시 교권주의자는 이를 어떻게 보았을까? 오컴과 같은 시대 사람인 포르투갈의 주교 알바레스 펠라요(Alvarez Pelayo)는 이 진영의 가장 신랄한 선전가로서 저서 『거짓과 몽상』에서 이를 언급했다.[105] 조금 뒤 교황 피우스 2세도 자신의 저서 『주해』에서 프랑스 왕 샤를 7세가 했다는 치료에 대해 신중하게 회의를 표명했다. 그것은 아마 그가 좋아하지 않는 갈리카니슴의 논쟁가나 웅변가가 끊임없이 되풀이해서 논란을 불러일으키는 것이 귀찮아서였을 것이다. 게다가 『주해』는 저자 생전에 출간하기 위해 쓴 책이 아니었다.[106] 그러나 이러한 의견 표명은 완전히 예외였다고 생각한다. 프랑스 전속 선전가들은 치료 의

유를 받는다고 하더라도 다른 왕들은 이러한 은총을 받지 못한다. 다른 이유로 이러한 은총을 받을 수는 있지만, 인간에 의해 선언될 수는 없다." 긍정적 견해가 추론 전개의 맨 뒤(10장)에 왔기 때문에, 의심할 여지없이 그것이 오컴의 견해일 것이다. 그러나 이 작품은 명제, 반명제, 반론, 재반론 등으로 얽혀 있으므로, 작품 전체를 통해 저자 고유의 생각을 따라가기가 무척 힘들다. 르네상스 시대 사람들이 오컴의 논법에 얼마나 공포심을 느꼈을지 이해할 수 있다. 『과수원의 꿈』의 저자는 오컴의 영향을 받았다. 이 책 2부 1장 각주 92와 251쪽 참조.

105) 이 글의 제목은 "Collirium super hereses novas"로 다음 책에 수록되어 있다. A. Schütz, *Unbekannte kirchenpolitische Streitschriften aus der Zeit Ludwigs des Bayern*, Part II, Rome, 1914(Bibl. des Kgl. Preuss. Instit. in Rom, X), p.509. "이단자는 프랑스와 영국 왕들이 치료 능력을 가지고 있다고 말해서는 안 된다. 왜냐하면 그것은 속임수이거나 몽상이기 때문이다. 또 이러한 치료능력은 몸을 치료하는 능력이지 정신을 치료하는 것이 아니라는 점은 확실하다. 그것은 마치 잘 통치하도록 세워진 왕국이 혈통에 따라 주어지는 것이 아니라 행실에 따라 주어지는 것과 같다." 알바레스와 그의 저작에 대해서는 R. Scholz, *Unbekannte Streitschriften*, I(Bibliothek …… Rom, IX), 1911, p.197 이하(참고문헌 서지사항 포함) 참조. 알바레스는 왕의 기적에 대해 항상 똑같은 태도를 취한 것은 아니었다. 이 책 51쪽.

106) Livre VI. 내가 인용한 문구는 다음 책에서 가져왔다. J. Quicherat, *Procès* …… *de Jeanne d' Arc*(Soc. de l'hist. de France), IV, pp.514~515(샤를 7세의 코르베니 순례에 대해서 이 문구가 암시하는 것은 이 책 281쪽 참조). "그리하여 프랑스 왕의 관습에 따르면, 대관식 다음 날 성 마르쿨이 있는 성지로 순례를 가서, 그곳에서 환자들을 치료한다. 사람들의 목에 생기는 질병을 왕의 손대기와 비밀스러운 말로써 치료하는데, 이것을 프랑스 사람들은 기적이라고들 한다. 이것은 대관식 후 그 교회에서 이루어진다. 내가 알기로는 순례 이후 4일째가 되어도 병의 치료에 어떤 효과도 없었던 적도 있었다. 그럼에도 프랑스 사람들은 이 모든 것이 기적이라고 믿는다."

식에 대해 침묵하지 않았다. 이들은 이것을 전면에 내세웠다. 그러나 상대편에서는 이 주제를 다루지 않았다. 그것은 교회의 대분열이 교회 논객의 관심을 다른 방향으로 돌렸기 때문만은 아니다. 이미 필리프 미려왕 시대 교황 측 저작가들은 노가레 또는 『양측에 대한 조사』의 저자가 던진 결투신청을 받아들이지 않았다. 14세기 초에는 카페 왕가의 왕들이나 영국 군주들이 하는 치료는 가장 비타협적인 종교적 의견의 신봉자까지 포함해 모든 사람에게 일종의 경험적 진리로 받아들여졌다는 인상을 받는다. 누구나 이 문제를 자유롭게 논하기 시작한 것이다. 틀림없이 이 문제가 더 이상 어느 누구의 감정도 자극하지 않게 되었기 때문일 것이다. 에드워드 3세 치하의 영국에서 진정한 정통 철학자로서 나중에 대주교가 되는 브래드워딘은 기적 전체의 발전을 논의하는 과정에서 아무런 악의 없이 치료 의례를 인용했다.[107]

14세기 전반 이탈리아의 교회법학자 조반니 안드레아(Giovanni Andrea)-프랑스의 옛날 저작가들이 말하는 장 앙드레-와 15세기 말 펠리노 산데이(Felino Sandei)는 모든 사람이 다 알고 있다는 듯이 지나가는 말로 프랑스 왕의 '기적'을 언급하고 있다. 사실 산데이는 이 기적을 프랑스 왕에게 한정된 신의 은총 때문이 아니라 '혈통의 힘(즉, 유전에 따른 생리학적 기질)' 때문이라고 했다. 그러나 그는 그렇게 믿고 있었고, 그것을 공격하겠다는 생각은 전혀 하지 않았다.[108] 두 왕조의 기적 능력은 외교 영역에서 상투적인 문제 중 하나가 된

---

107) 이 책 2부 1장 각주 20.

108) Joannis Andreae, J.C. Bononiensis, ln sextum Decretalium librum Novella Commentaria, fol. Venice, 1581, lib. III, tit. IV, De praebendis et dignitatibus, cap. II, fol. 94 v. 이 책들은 프랑스 사람들이 주장하듯이, 프랑스와 영국의 왕이 교회의 성직에 대해 일정한 권리를 가지고 있는 이유를 보여준다. "손을 대는 것만으로도 어떤 환자를 치료했다고 한다." 장 앙드레(J. André)는 1348년 사망했다. 이 책 141쪽, n.2(이 장 각주 102) 참조. Felino Sandei(1444~1503), Commentaria in V libros Decretalium, folio, Bâle, 1567, lib. II, tit. XX, cap. LII, p.823. 저자는 성인으로 시성되려면 기적뿐만 아니라 '성스러운 삶(sanctimonia vitae)'을 살았다는 것도 입증되어야 한다고 했다. "왜냐하면 성인이 아닌 많은 사람도 기적을 행했기 때문이다. 즉 성체배령의 기도문처럼 말의 힘으로 또는 프랑스 왕처럼 혈통의 힘으로 또는 성 바오로 친족들의 마술에 의해서도 이루어질 수도 있기 때문이다." 이방인 사도의 자손이라고 칭하는 이탈리아 마술사 '성 바오로의 친족'에 대해서는 이 책 2부 4장 각주 145 참조. 산데이의 이론에 대해서는 이 책 460~461쪽 참조.

다. 에드워드 3세 이름으로 베네치아 총독에게 청원하러 간 수도사 프란체스코,[109] 밀라노 공작에게 호소하기 위해 파견된 루이 11세의 특파원,[110] 루이 11세에게 변명한 스코틀랜드 대사[111] 등은 당연히 기적을 넌지시 말하고 있다. 오랫동안 논란이 되어왔던 신앙문제가 일상적 화제가 된 것이야말로 가장 훌륭한 승리의 표시가 아닐까?

프랑스에서 왕의 치료가 예술의 세계에 처음으로 나타난 것도 바로 15세기 말인 듯하다. 완전히 종교적인 중세 도상은 우리가 아는 한 이런 종류의 기적, 달리 표현하기를 원한다면, 세속적인 기적을 결코 표현하지 않았다. 물론 에드워드 고해왕이 연주창을 앓던 여자에게 손대기를 시행하는 모습을 담은 13세기 세밀화는 성인전의 일부로 간주해야 한다. 그러나 1488년 몽생미셸 수도원은 백년전쟁 말부터, 그리고 특히 1469년 8월 1일 대천사 미카엘의 소집으로 만들어진 왕립 기사단 창설 이후 프랑스인들과 왕조의 성지가 되었다.

수도원장 앙드레 로르(André Laure)는 수도원 예배당의 성가대석을 화려한 스테인드글라스로 장식했다. 사각형으로 생겼기 때문에 생미셸뒤시르퀴(Saint-Michel du Circuit)라고 불리는 예배당에 있는 스테인드글라스 하나에 프랑스 왕의 축성식이 그려져 있다. 그 유리창의 각각의 구획에는 축성식의 핵심 일화들이 배치되어 있다. 기적의 능력을 행하는 그림도 빠지지 않고 배치되었는데, 수도원장에게도 그 능력은 도유식의 결과로서 생기는 것으로 생각되었던 모양이다. 그리하여 수도원장은 잊지 않고 상부 원형구획 중 하나를 그 광경에 배정했다. 1864년 수도원장 피종(Pigeon)은 『몽생미셸에 대한 새로운 안내서, 역사와 설명』에서 다음과 같이 말하고 있다. "두 번째 원형 구획에 왕이 그려져 있다. 왕은 빵과 술 두 성체배령을 한 뒤, 수많은 환자가 모여 있

---

109) 이 책 서문 각주3.

110) De Maulde, *Les Origines de la Révolution française*, pp.26~27(27 Décembre 1478).

111) 엘핀스톤(Elphinstone)이라는 사람으로, 나중에 애버딘 주교가 된다. 그는 1479년 제임스 3세에 의해 루이 11세에게 파견되었다. 그의 연설은(아마도 약간 변형되어서) 다음 책에 수록되어 있다. Hector Boetius, *Murthlacencium et Aberdonensium episcoporum vitae*, éd. J. Moir(New Spalding Club), Aberdeen, 1894, p.73(그에 대한 최초의 '전기'는 1522년 발행되었다).

는 정원에 나와서 한 사람 한 사람 오른손으로 환자 이마에서 턱까지, 또는 뺨에서 다른 뺨으로 손을 갖다 댔다." 안타깝다! 그다지 정확하지 않은 이 서술을 실물과 비교해볼 수 없다니! 이 수도원이 형무소 행정당국에 너무도 오랫동안 맡겨져 있었던 것은 예술에 대해 저질러진 수많은 범죄 가운데 하나다. 한때 백성들이 왕권의 기적을 찬양하며 신앙으로 쌓아올린 가장 오래된 기념물이 파괴되거나 황폐화되는 것을 당국은 그대로 방치했다. 축성식을 담은 스테인드글라스의 유리 조각조차 남아 있지 않다.[112] 하지만 교회가 신자에게 경배하도록 보여주는 이미지 중 성인의 기적과 나란한 자리에 국왕의 기적이 있었다는 것 자체가 얼마나 영광스러운 일인지 상상해보라! 군주가 기적을 행하는 능력을 가지고 있다는 오래된 믿음은 앞서 우리가 확인했듯이 정적에 대한 승리일 뿐만 아니라, 교회 측 견해의 가장 적극적 대변자들이 은밀하게 또는 격렬하게 표명한 적대감에 대한 결정적 승리이기도 하다.

연주창 손대기와 국가 간의 충돌, 모방의 시도

11, 12세기 두 왕가만이 연주창 환자를 만져서 치료했다. 프랑스의 카페 왕조가 하나이고, 영국의 노르만 왕조 및 그 후예인 플랜태지니트 왕조가 다른 하나이다. 그들은 서로 경쟁했으며 다른 군주 가문들의 부러움을 불러일으켰다. 그들이 서로 대립하며 공통적으로 경쟁심을 일으킨 국가적 혹은 왕조적 자존심을 연구해보자. 중세에 프랑스와 영국의 저술가 대부분이 상대 국가의 군주가 치료를 시행했다는 것을 흔쾌히 인정했다는 사실은 놀라운 일이다. 기베르 드 노장은 헨리 1세가 기적을 행할 수 있는 완전한 능력을 지녔음을 부인하면서도, 프랑스 왕을 모방했다고 하지는 않았다. 대개 가장 국수주의적인 사람조차 해협 건너편에서 일어나는 기적에 대해서는 침묵했다. 물론 때때로 자세한 설명 없이 자국의 왕만이 치료할 수 있다고 주장하는 사람도 있었다.

---

112) 이 책 부록 2, 성, 에드워드의 기적을 나타내는 세밀화에 대해서, 몽생미셸 스테인드글라스에 대해서.

그는 연주창을 치료한다네
단지 손을 대는 것만으로
환부에 고약을 붙이지 않고도.
'다른 왕들은 할 수 없다네.'[113]

위와 같이 시인이자 군인이었던 기욤 기아르라는 사람이 필리프 미려왕을 노래했다. 그러나 가장 열광적인 사람들조차 이 주제에 대해 본격적으로 논쟁할 정도에 이르지는 못했다. 의사 베르나르 드 구르동처럼[114] 타협적인 인물이라면 주저 없이 양국의 왕조가 똑같이 기적의 힘을 가지고 있다고 인정했을 것이다. 이러한 온건함은 근대 두 나라 애국자들이 가졌던 너무나도 다른 태도와 대조되어 더욱 두드러져 보인다. 사실 16세기 이후 프랑스인이 영국의 기적을 인정하려 하지 않았고 영국인 역시 그런 것은 민족주의적 열정보다는 종교적 증오 때문이었다. 종교개혁 이전에는 그런 일이 없었다.

그리고 중세에는 기적에 대한 믿음이 몹시 깊어서, 그것을 초자연적 현시로 간주했다. 영국의 의례에 대한 프랑스인의 정신적 태도, 프랑스의 의례에 대한 영국인의 정신적 태도는 이교 신봉자들의 그것과 비슷한 점이 없지 않았다. 이교도들은 자기 나라 신에 충실하고 자기들의 신이 다른 신들보다 더 강하고 은혜로우므로, 군이 이웃 나라 신을 거부할 필요는 없다고 믿었다.

"나는 내가 섬기는 신이 있다. 당신은 당신의 신을 섬긴다.
이것이 두 명의 강력한 신이다."

---

113) *Histor. de France*, XXII, p.175, v.204 이하. 이 책 2부 1장 각주 82 참조. 마찬가지로 장 골랭(이 책 541쪽)은 프랑스 왕이 "다른 모든 왕에 대해 그 왕이 누구이든지간에 그 권리를" 갖는 것으로 간주했다. 이 당시 영국 왕은 적으로 간주되었다.

114) 해당 자료는 이 책 2부 1장 각주 53에 인용되어 있다. 이 책 2부 1장 각주 20에 수록한 문단에서 브래드워딘 역시 영국인임에도 프랑스 왕조의 기적능력을 인정했다. 그러나 1344년 저작에서는 의심할 여지없이 자신의 군주인 에드워드 3세를 플랜태지니트 왕조뿐만 아니라 카페 왕조의 적법한 후계자로 여겼다. 이러한 점은 그의 불편부당성을 의심하게 만든다.

서유럽에서 매우 큰 두 나라 이외의 나라에서도 대개 연주창 치료를 호의적으로 보았다고 한다. 그 효과에 대해 다소 공공연하게 의문을 제기한 이들은 몇몇 작가뿐이었다. 그 작가들도 출신지에 따른 편견에 결코 동조하지 않았다. 포르투갈 출신 주교 알바레스 펠라요는 교회의 정통교리를 옹호했고 교황 비오 2세는 갈리카니슴에 증오를 나타냈다. 플랑드르 의사 장 디프르는 내부 정치적 사정 때문에 프랑스 왕실에 반대했다고 할 수 있다. 특히 이미 살펴보았듯이, 14세기 초부터 아마도 플랜태지니트 왕조에도 그랬겠지만 카페 왕조에도 외국 환자가 찾아왔다. 왕의 명성이 국경 너머 보편성을 획득했음을 보여주는 가장 확실한 증거가 바로 이것이다.

프랑스와 영국의 왕이 기적을 행하는 능력을 거의 어디서나 인정받지 않을 수 없었지만, 여러 다른 나라에서 가끔 경쟁자들을 내세우려는 시도가 있었다. 이러한 시도는 어떤 결과를 낳았는가? 좀더 일반적인 형태로 문제를 제기하자면, 지금까지 살펴본 바와 같이 두 나라 이외에 다른 유럽 국가에서 프랑스나 영국의 관습을 모방하거나 자신들만의 독자적인 민족적 전통에 따라 군주가 의사로서 자신의 치료기술을 시행하지 않았을까? 이제 이 문제를 검토해보자.

이 문제에 정확히 대답하기 위해서는 먼저 기원에 관한 모든 문헌을 수집해야 한다. 이 일은 실제로는 끝이 없을 것이다. 내 연구에는 당연히 한계가 있다. 다행히 구체제 시대 학자들, 특히 프랑스와 에스파냐 학자들의 연구는 도움이 많이 되었다. 내가 여기서 보여주는 연구결과는 비록 잠정적인 것이기는 하지만 상당히 가능성이 높은 것들이다. 이 장은 원칙적으로 연대기적 틀에서 고찰하는 것을 원칙으로 삼아왔지만, 지금부터는 잠시 문제를 전체적 틀에서 살펴보자. 우리가 곧 인용하려는 증언 중 일부는 중세의 범위에서 벗어난다. 그러나 앞서 말한 의미에서의 중요한 시도는 16세기 이후에는 없었다. 내가 아는 한 그러한 시도는 모두 실패했다. 이러한 시도가 실패한 것은 일종의 반대 증거로서, 중세 시대에 카페 왕조와 영국에서 치료 의례의 탄생과 확산 이유를 설명해줄 수 있는 중요한 결론을 이러한 실패로부터 이끌어낼 수 있다.

이제 유럽의 다른 국가들과 관련된 몇몇 근거 없는 주장을 대강 훑고 지나가자. 17세기 초 프랑스 논쟁가인 제롬 비뇽(Jérome Bignon)과 아루아(B. Arroy)

는 부르봉 왕가가 일종의 기적을 행한다고 위신을 세워주기 위해 노력했다. 그들은 프랑스 국왕이 단지 만지기만 해도 기적을 행할 수 있는 반면에 덴마크 국왕은 오래된 병(mal caduc), 즉 간질(épilepsie)을 치료하기는 했지만 '비밀 치료약'[115) 덕분에 가능했다고 함으로써 이 둘을 대비했다. 명백히 그들은 내가 알지 못하는 어떤 선전가들이 제기한 주장을 반박하려고 했던 것 같다. 덴마크 역사에 이러한 주장을 뒷받침해줄 사실은 없는 것 같다.

16세기 초 합스부르크 왕가에 충성을 바친 몇몇 작가는 헝가리 왕(알다시피 이 칭호는 오스트리아 왕실의 우두머리가 상속하는 칭호다)에게 황달을 치료하는 능력이 있다고 했다. 이 병을 선택한 이유는 고대 과학 용어에 대한 기억으로 설명할 수 있다. 우리가 이유를 알 수는 없지만, 고대에는 왕의 병이라고 하면 황달을 가리키는 경우가 많았다. 어느 모로 보나 헝가리 왕의 기적 능력은 학자들의 소설에 지나지 않는다. 적어도 왕이 그 치료를 시행하는 것을 보았다는 사람은 없다. 차라리 1736년『유럽 지식인 작품 분류 총서』(*Bibliothèque raisonnée des ouvrages des savants de l'Europe*)에서 익명의 작가가 썼던 현명한 말을 되풀이하는 편이 낫다. "왕들은 정말로 그러한 능력이 있었다고 하더라도 관대하지 않아서 그 능력을 실행하지 않았다."[116)

왕이나 군주의 치료능력에 대한 믿음은 독일에도 퍼져 있었던 것이 확실하

---

115) P.H.B.P.(Jérôme Bignon), *De l'Excellence des roys et du royaume de France*, 1610, p.510; Besian Arroy, *Questions décidées*, 1634, pp.40~41. 비록 거짓말이기는 하지만 이것은 전통이었는데, 덴마크 학자가 손대기 치료에 대해 저술한 작품에서는 이에 대한 언급을 찾아볼 수 없다. C. Barfoed, *Haands-Paalaeggelse*, Copenhagen, 1914.

116) 예수회 수도사인 멜히오르 인호페르는 헝가리 왕이 황달 치료능력이 있는 것으로 알려져 있다고 했다. Melchior Inchofer, *Annales ecclesiastici regni Hungariae*, éd. de 1797, III, Presburg, pp.288~289(또한 영국 왕과 마찬가지로(?) 독사에게 물린 상처도 치료한다고 했다). 이 책의 초판은 1644년에 나왔다. 그러한 전통이 프랑스에도 있음이 입증되었다. du Laurens, *De mirabili*, p.31; Mathieu, *Histoire de Louis XI*, p.472; du Peyrat, *Histoire ecclésiastique*, p.793; Balthasar de Riez, *L'Incomparable piété des tres chrestiens rois de France*, 1672, 2, pp.151~152). 에스파냐에 대해서는 Armacanus(Jansenius), *Mars Gallicus*, p.69. 게다가 이 저자들은 서로 인용했음이 명백하다. 인용된 문구는 다음 책에 있다. *Bibliothèque raisonée*, 16, 1(Amsterdam 1736), p.153(이에 대한 비평은 Mathias Bel, *Notitia Hungariae novae*). '왕의 병'이라는 단어에 대해서는 이 책 1부 2장 각주 16.

다. 루터의 『좌담』(Tischreden) 모음집에 실린 기묘한 이야기에 그러한 믿음이 반영되어 있다.

"어떤 치료약은 의사가 투여할 때에는 아무런 효과가 없지만 대제후나 영주가 그것을 주면 효과가 나타나는데, 이러한 것을 보면 기적과 같은 것이 있지 않나 하는 생각이 든다. 내가 이렇게 말할 때에는 이미 나는 이것에 대해 잘 안다는 뜻이다. 작센 선제후 가문에서 프리드리히 공작과 요한 공작 두 명은 이들이 직접 수여하면 열이나 냉기로 생기는 눈병에 효과가 있는 안약을 가지고 있었다는 말을 들은 적이 있다. 의사가 감히 그것을 주지는 않았다. 마찬가지로 신학에서도 신도들에게 이렇게 충고해주는 영적 관점이 있다. 어떤 설교사들은 다른 설교사에 비해 더 큰 위안을 주거나 신앙을 더 잘 깨우쳐준다.[117]

그러나 이처럼 유동적인 관념은 뚜렷한 형태를 갖추지 못했다. 작센 선제후들처럼 어떤 영주들은 가문의 치료제를 가지고 있었다. 오늘날 고타도서관에는 미간행 필사본이 3권 있으며 내가 본 대로 그중 한 권에는 루터가 말한 바로 그 요한 선제후가 의학과 약학 지식을 기록하도록 했는데, 아마도 거기에는 너무도 기적적인 효과가 있는 안약을 만드는 방법이 적혀 있을 것이다.[118] 군주 자신이 손수 만든 이 치료약은 특별히 효험이 있다고 알려져 있었다. 그러나 제후의 손만으로 효과를 내지는 않았다. 무엇보다도 이것은 정기적이며 지속적인 의례의 관습으로 발전하지 않았다.

그럼에도 불구하고 어떤 작가들은 합스부르크 가문이 정말로 기적의 능력을 가지고 있다고 주장했다. 틀림없이 그들의 주장은 하나의 전거를 가지고

---

117) XXIV, 9, éd. Förstemann, III, pp.15~16. 푀르슈테만의 『좌담』 편집본은 1566년 아우리파베르(Aurifaber)가 아이슬레벤(Eisleben)에서 프린켑스(princeps) 출판사를 통해 재판 발행했다. 잘 알려져 있듯이, 아우리파베르의 판본은 항상 주의가 필요하다. 불행하게도 그의 작품에 대한 비판적 검토본, 즉 바이마르 판본에서 『좌담』은 여전히 불완전하다. 그리고 색인이 없어서 기왕에 나와 있는 출간본을 가지고 더 깊이 연구하기는 거의 불가능하다.

118) E.S. Cyprianus, Catalogus codicum manuscriptorum bibliothecae Gothanae, 1714, p.22, nos. LXXII-LXXIV.

있을 것이다. 이러한 작품들 중 가장 오래된 것은 슈바벤 지방의 수도사였던 펠릭스 파브리(Felix Fabri)의 것으로서, 15세기 말에 그가 쓴 『독일, 슈바벤, 그리고 울름 풍경』에 다음과 같이 나와 있다.

"합스부르크 백작 연대기에는 백작들이 그러한 은총을 아무런 대가없이 받아서 그들 중 어느 누구의 손이 닿은 물을 연주창 환자나 통풍 환자가 마시면 목이 곧 건강을 회복한다고 되어 있다. 이것은 선천적으로 연주창 환자가 많은 지방인 오트-알자스의 알브레흐트슈탈이라는 곳에서 종종 일어나는 일이다. 이 계곡이 합스부르크 백작령이나 오스트리아 공작령에 속해 있던 시대에 방금 말한 방식으로 환자들이 회복했다. 게다가 원치지 않았는데도 제후가 껴안으면 말을 더듬던 사람이 곧바로 쉬운 말, 적어도 그 나이에 어울리는 말을 할 수 있게 되었다."[119]

사실 이것은 놀라운 이야기이며 펠릭스 파브리는 위대한 여행가임에 틀림없다. 그러나 그것을 사실로 받아들이기는 어렵다. 알브레흐트슈탈의 이야기는 특히 의심을 살 만하다. 왜냐하면 오늘날 비예 계곡이라는 이름으로 더 잘 알려져 있는 그 영지는 1254년경 루돌프 합스부르크 백작이 아내의 지참금으로서 받았는데, 1314년 오스트리아 가문의 손에서 떠난 이후에는 이 가문의 소유로 되돌아오지 않은 영지다.[120] 권력을 행사하지 못한 지 한 세기 반이나 지나버린 이 지방이 아니라, 다른 지방에서였다면, 합스부르크 가문이 더 놀라운 치료를 했다고 하더라도 사람들은 울름 수도사의 말을 믿으려고 했을 것이다. 만약 저자 주변 사람 모두가 왕을 모든 종류의 기적을 행할 수 있는 존재로 여기지 않았다면, 이런 이야기를 꾸며낼 생각을 하지도 않았을 것이다. 그는 민

119) Felicis Fabri *Monachi Ulmensis Historiae Suevorum*, lib. I, c. XV, Goldast, *Rerum Suevicarum Scriptores*, folio, Ulm, 1727, p.60. 저자에 대해서는 Max Haeussler, *Felix Fabri aus Ulm und seine Stellung zum geistlichen Leben seiner Zeit*(*Beiträge zur Kulturgeschichte des Mittelalters*, 15), 1914.

120) O. Redlich, *Rudolf von Habsburg*, Innsbruck, 1903, p.87; T. Nartz, *Le Val de Villé*, Strasbourg, 1887, p.17; *Das Reichsland Elsass-Lothringen*, 3, pp.1191~1192.

중이 좋아할 만한 주제를 가지고 그럴 듯하게 꾸며냈지만, 적어도 꾸며낸 부분은 그의 창작품이라고 생각된다. 그의 이야기를 확인해주는 어떤 증거도 없다. 왜냐하면 이후 역사가들이 그 이야기를 반복하는 데에, 그것도 부정확하게 반복하는 데에 그쳤기 때문이다.[121] 만약 합스부르크 가문이 프랑스나 영국의 경쟁자들처럼 치료 의례를 행했다면, 기적을 시행했다는 모든 정보가 슈바벤의 알 수 없는 연대기 작가의 이야기와 오스트리아나 에스파냐의 돈을 받은 선전가들의 모호한 주장에만 남아 있다는 것을 믿으란 말인가?

우리는 이미 알바레스 펠라요에 대해 이야기한 바 있다. 언젠가 그가 프랑스 왕과 영국 왕의 주장을 '거짓과 몽상'이라고 한 것을 기억하고 있다. 그는 항상 왕의 기적에 대해 심하게 말하지 않았다. 자신의 애국심은 물론이요 자신을 보호해주는 군주와의 이해관계 때문에 적어도 한번쯤 그는 자신의 신념을 접은 적이 있다. 그는 카스티야에서 태어나 카스티야 궁정에서 교육을 받았고 1340년 직후부터 카스티야의 주군을 위해서『군주의 보감』(Miroir des rois)을 썼다. 그는 이 책에서 세속권력이 비록 죄로부터 나왔지만, 그 이후에 신의 승인을 받았다는 점을 입증하려 했다. 여기에 그 증거가 있다.

"프랑스와 영국의 국왕은 치료능력을 가지고 있다고 합니다. 마찬가지로 전하의 조상이신 에스파냐의 경건한 왕들도 비슷한 능력을 가지고 있습니다. 그분들은 여러 질병에 걸린 환자와 악마가 들린 사람을 치료했습니다. 저는 어렸을 때, 전하의 조부이신 산초 왕[산초 2세, 1284~1295년 통치] 주변에서 자랐는데, 그 왕께서 당시 환자를 짓누르던 악마의 목에 발을 대고 작은 책의 몇 구절을 읽으심으로써 여자 몸에서 악마를 쫓아내고 그 여자를 낫게 하시는 것을 보았습니다."[122]

---

121) 합스부르크 가문이 연주창을 치료할 능력을 지녔다는 전통을 긍정한 사람은 아르마카누스와 예수회 수도사인 멜히오르 인호페르이며, 부정한 사람은 카메라리우스다. Armacanus [Jansenius], *Mars Gallicus*, 1636, p.69; Jésuite Melchior Inchofer, *Annales ecclesiastici regni Hungariae*, éd. 1797, 3, p.288; Camerarius, *Operae horarum subcisivarum*, 1650, p.145. 롤랭은 합스부르크 왕가가 갑상선종(goitres)이나 '목이 붓는 통증'을 치료할 수 있다고 생각했다. Raulin, *Panégyre*, p.176.

122) *Speculum regum*, éd. R. Scholz, *Unbekannte kirchenpolitische Streitschriften*, II, p.517.

내가 알기로는 이것이 카스티야 왕가에서 주장하는 퇴마사의 능력에 관한 가장 오래된 증언이다. 방금 전 펠릭스 파브리에 대해 지적한 것과 달리 알바레스는 직접 봤을 가능성이 높은 정확한 사건에 대해 말했다는 점에 유의해야한다. 똑같은 전설이 17세기 여러 작가의 작품에 다시 등장한다.[123] 이것은 의심할 여지가 없다. 십중팔구 카스티야 민중은 그 당시 사람들이 일반적으로 악마 때문에 생기는 병이라고 생각했던 모든 신경성 질병을 자신들의 국왕이 치료할 능력을 정말로 가지고 있다고 생각했던 것 같다. 게다가 심리 치료의 원시적 형태라고 할 수 있는 기적이 효과를 나타내기 쉬운 질병이란 없다. 아마도 알바레스가 산초가 수행했다고 말한 것과 같은 치료는 몇 가지 연관성 없는 사례가 있었을 것이다. 그러나 정기적 의례로 자리 잡을 만큼 믿음이 있었던 것은 아니었던 듯하다. 믿음이 약했던 것이다. 이 믿음은 17세기에는 기억에 불과하게 되었고 왕조를 변호하는 사람들은 이것을 이용했지만 민중은 전혀 지지하지 않았다. 에스파냐에서조차 회의적인 시각이 공개적으로 표명되었다. 에스파냐의 돈 세바스티안 데 소토(Dom Sebastian de Soto)라는 의사는 매우 이상한 제목을 붙인 자신의 저서『수녀의 파계에 정당성을 부여해주는 질병에 대해』에서 이러한 치료를 부정했다. 이와 달리 같은 의사지만 왕정에 대한 신앙이 훨씬 깊었던 돈 구티에레스(Don Gutierrez)는 그에 대해 이렇게 반박했다. "그[돈 세바스티안]의 주장은 가치가 없다. 그는 그러한 행위가 전혀 없다는 이유로 그런 힘이 없다고 결론지었다. 그가 말한 것은 마치 신이 과거와 미래에 존재했거나 존재할 수 있는 모든 피조물을 만들어놓지는 않았기 때문에 신이 창조할 능력이 없다고 하는 것과 같다. 이와 마찬가지로 우리 왕들은 치료능력이 있지만 겸손하기 때문에 그 능력을 행사하지 않고 있을 뿐이다."[124]

---

123) 카스티야 왕이 악마를 퇴치한다는 전승에 관해 언급한 17세기 작가들을 열거하자면 너무 길고 지루해질 것이다. 이에 관해서는 다음 책을 참조하는 것만으로도 충분하다. Gutierrez, *Opusculum de Fascino*, 1653, p.153과 Gaspar a Reies, *Elysius*, 1670, p.162, p.342. 이 두 책은 모두 참고 서지사항을 많이 알려준다. 똑같은 전승이 프랑스에서도 있었다. Albon, *De la Majesté royalle*, Lyon, 1575, p.29 v.(du Laurens, *De mirabili*, p.31에 수록). 그리고 이로부터 영감을 받은 다른 많은 작가의 작품이 있다.

124) Gutierrez, *Opusculum de fascino*, 1653, pp.155~156. 나는 구티에레스의 책에 실린 평판만

그러므로 카스티야의 왕에게 악마를 퇴치할 능력이 있다는 데 대해 찬성하는 사람이나 반대하는 사람이나 모두 동시에 적어도 한 가지 점에서는 일치했다고 할 수 있다. 이 능력이 증거를 보여줄 기회를 결코 갖지 못했다는 점이 그것이다. 어느 누구도 더 이상 믿지 않는다고 해도 지나친 말이 아니다.

17세기에 에스파냐 왕은 카스티야 왕의 상속자로서 명예직으로나마 악마를 퇴치하는 의사였으므로, 지지자들이 보기에는 프랑스 왕과 마찬가지로 연주창 환자를 치료할 수도 있는 것으로 여겨졌다. 그리고 학자들이 말하기를 이베리아반도의 다른 왕조, 예를 들어 아라곤 왕조의 계승자이기도 했다. 사실 우리는 중세 말에 어느 아라곤 군주가 여러 가지 기적을 수행하고 그중에서도 연주창을 치료했다고 믿는 민중의 미신 정도는 알고 있다. 이러한 미신은 그가 죽은 뒤, 혹은 가능성이 별로 없어 보이지만 그가 살아 있을 때 만들어졌을 것이다. 그리고 이러한 미신은 정치집단에 의해 교묘히 이용되기도 했다. 돈 카를로스 데 비아나(Don Carlos de Viana)가 바로 그 사람이다. 아라곤과 나바라의 왕자였던 이 사람이 1461년 9월 23일 바르셀로나에서 모험에 가득 찬 비극적인 운명을 마칠 때, 살아생전 그를 카탈루냐 독립의 기수로 만들고자 했던 그의 추종자들이 그에 대한 기억 이외에는 이용할 수 없게 되자 그를 성인으로 만들려고 했다. 사람들은 그의 유해에 기적의 능력을 부여했다. 루이 11세는 10월 13일 이후 카탈루냐 의원들에게 보낸 조문 서신에서 이 우연한 기적에 뚜렷한 의미를 부여했다. 연주창에 걸린 여자가 그의 무덤가에서 나왔다는 것이다. 이 사건에 대해 언급한 당시 조사기록이 있다. "왕자 살아생전에 그를 알현할 기회가 없었던 그 여자는 이렇게 말했다. '나는 그분 살아생전에 치료받기 위해 그분을 본 적은 없다. 그러나 돌아가신 다음 내 청을 들어주실 것이라고 믿었다.'" 이 기록에 어떤 중요성을 부여해야 할지 알 수 없다. 돈 카를로스가 시신이 되기 전부터 의사 역할을 했다고 확실하게 결론짓기 위해서는 더 많고 확실한 증거가 필요하다. 그러나 우리가 의심할 수 없는 것은 그의 유

으로 돔 세바스티엔의 작품에 대해 알 뿐이다. dom Sebastien de Soto, *De monialium clausura licite reseranda ob morbos.*

해가 질병, 그중에서도 특히 연주창을 치료하는 기적의 능력이 있다고 사람들이 정말로 믿었다는 점이다. 비록 교회의 공식 인증은 끝내 얻어내지 못했지만 돈 카를로스 숭배는 16, 17세기에 크게 번창했다. 그 숭배의 중심 성소는 바르셀로나 북쪽 포블레트(Poblet) 수도원으로, 그곳에 기적의 유해가 안치되어 있다. 이 성유물 중에서 손은 특별한 경배의 대상이다. 그것을 만지면 연주창이 치료된다고 한다.[125]

  돈 카를로스의 사례는 이상하다. 우리 연구가 진행됨에 따라 점점 더 자주 보게 될 경향을 그 사례에서 볼 수 있다. 어느 나라에서나 집단 의견(opinion collective)은 왕족의 혈통에서 태어나 왕위에 오르도록 예정된 인물이 기적을 행하는 인물로 등장하는 경향이 있다. 특히 그들의 삶에서 공통의 숙명을 넘어서는 어떤 것이 있을 때, 나아가 도를 넘는 확실한 불행으로 그 인물이 돈 카를로스 데 비아나 왕자처럼 순교자의 영광을 얻게 될 때, 이러한 상황들이 기적을 행하는 인물이 등장할 수 있는 확실한 이유가 되었다. 게다가 카탈루냐와 같이 프랑스와 접해 있어서 프랑스의 영향력이 침투한 국가에서 왕의 기적은 민중의 상상 속에서 당연히 카페 왕조의 사례가 제공하는 고전적 형태를 취했을 것이다. 돈 카를로스가 모계 쪽을 통해 나바라의 카페 가문을 계승했으므로 훨씬 용이하게 전파되었다. 그러나 아라곤 왕실에서 연주창 치료 의례를 발전시킨 흔적은 전혀 없다.

---

125) 본문에 언급된 조사는 마요르카의 성당참사회원 안토니 데 부스케츠(Antoni de Bousquets)의 회고록에 포함되어 있는 것으로서, 아귈로(Aguilo)가 연구해(*Calendari Català pera l'any 1902*) 조안 배틀(Joan B. Batle)이 감수해서 펴냈다. 불행하게도 나는 이 책을 구하지 못했고, 바티스타가 수록한 연주창 관련 번역 문구만 보았다. Batista y Roca, *Notes and Queries*, 1917, p.481. 돈 카를로스의 사후 기적과 그에 대한 숭배에 대해서는 G. Desdevises du Désert, *Don Carlos d'Aragon, prince de Viane*, 1889, p.396 이하 참조. 루이 11세의 편지는 éd. de la *Société de l'histoire de France*, II, no. XIII에 수록되어 있다. 포블레트의 성유물에 대해서는 1604년 수도원을 방문한 바르텔르미 졸리(Barthélemy Joly)라는 프랑스 여행가가 쓴 흥미로운 증언이 있다. *Revue hispanique*, XX(1909), p.500. 발데시우스(J. Valdesius, *De dignitate regum regnorumque Hispaniae*, 1602)에 따르면, 포블레트에서는 사람들이 연주창을 고친다고 알려진 성왕 루이의 팔을 숭배한다고 한다. 이것은 두 성유물에 부여된 능력을 혼동한 데에서 생긴 것이 아닐까?

17세기 에스파냐의 논쟁가들이 발전시킨 주장에 따르면,[126] 자신들의 주군
이 연주창을 치료할 능력이 있다고 주장했지만, 이것은 프랑스 왕실의 위엄을
깎아내려 에스파냐 합스부르크 왕실의 위엄을 높이려는 매우 헛된 시도라고
볼 수밖에 없다. 우리는 일단의 증언을 통해 17세기에도 그리고 이전 세기부터
수많은 에스파냐 사람이 손대기 치료를 받으려고 프랑스로 여행했다는 것을
알고 있다. 프랑수아 1세가 파비아에서 포로가 되어 아라곤 해안에 상륙했을
때, 다른 많은 사람이 같은 이유로 프랑수아 1세에게 몰려들었다.[127] 이러한 열
광은 이와 비슷한 의식이 마드리드나 엘 에스코리알(El escorial, 마드리드 근
처 에스파냐 왕궁-옮긴이)에서는 벌어진 적이 없었기 때문이라고밖에는 설명
할 도리가 없다.

마지막으로 이탈리아에서는 13세기 마지막 10년대에 한 군주가 연주창 치
료의사가 되려고 했다. 적어도 그의 도당이 그를 그렇게 만들려고 노력했다.
우리는 이미 이 사람을 언급한 적이 있다. 샤를 당주가 바로 그 사람이다.[128]
그는 카페 가문 사람이었다. 그의 핏줄에는 프랑스의 피가 흐르고 있었으므로
치료사 역할을 주장하기에 가장 좋은 자격을 갖추고 있었다. 우리가 이미 보았
듯이, 이 시도에 대해서 톨로메오 다 루카가 한 매우 짧은 한마디 정보만 가지
고 있다. 나폴리의 앙주 왕조가 이것을 끝까지 밀고 나갔다는 흔적은 없다.

이처럼 프랑스와 영국의 의례는 시간이 흐름에 따라 몇몇 선전가의 선망을
불러일으켰고 이들은 자신들의 군주들도 이와 유사한 능력을 갖고 있다고 주
장하게 되었다. 그들은 결코 똑같이 모방하지는 않았다. 해협 양쪽에서 꽃피었
던 믿음이 다른 곳에서는 잠시 동안만 고유의 형태로 유지되었고, 카스티야처
럼 진정 활력있는 정기적인 제도로 확립될 만한 동력을 지니지는 못했다. 프랑

---

126) 예를 들어, J. Valdesius, *De dignitate regum regnorumque Hispaniae*, Granada, 1602, p.140;
Armacanus(Jansenius), *Mars Gallicus*, p.69; Gaspar a Reies, *Elysius*, p.275(이 책들은 모두 그
능력이 아라곤에서 기원하는 것으로 보았다). Gutierrez, *Opusculum de fascino*, p.153. 이 저
자들은 모두 다음 책을 언급했다. P.A. Beuter, *Cronica generale d'Hispagna*. 바티스타 이 로
카가 찾아내려던 문구들을 그가 찾아낸 것 이상으로 찾아내지는 못했다.

127) 이 책 351쪽.

128) 이 책 157쪽.

스와 영국이 왕의 치료능력을 독점할 수 있었던 까닭은 무엇인가?

그 문제는 극히 미묘하고 사실상 해결하기가 불가능한 것이다. 역사가들은 실제 현상의 발생을 설명하는 데에 이미 많은 노력을 기울여왔다. 어떤 것이 왜 없었는지를 설명해야 할 때 역사가가 당면하게 되는 어려움을 이루 말로 다 설명할 수 있겠는가? 이와 같은 경우에 역사가의 소망은 가장 그럴듯한 설명을 제시하는 데에서 그치는 것이다. 여기에 대부분의 유럽 왕조들이 기적을 행할 능력을 갖고 있지 않았다는 것을 입증하는 가장 그럴듯한 설명이 있다.

손대기 치료에 대해 연구할 때, 우리는 근본적 원인과 우연적 원인을 찾아낼 수 있을 것으로 믿는다. 근본적 원인은 왕권의 초자연적 성격에 대한 믿음이다. 우연적 원인은 프랑스에서는 카페 왕조 초기의 성책에서, 영국에서는 헨리 1세의 야망과 교묘함에서 찾을 수 있다. 이 믿음은 서유럽 전체에 공통된 것이었다. 프랑스와 영국을 제외한 다른 국가들이 갖고 있지 않았던 것은 오직 두 나라만 가지고 있던 특별한 조건들이었다. 그 조건 아래서 그때까지 모호했던 개념들이 11, 12세기에 걸쳐 명확하고 안정적인 제도로 형태를 갖춰나갔던 것이다. 독일에서 작센 왕조나 슈바벤 왕조는 제국의 제위로부터 너무나도 큰 위신을 얻어서 의사로 행세하지 못했다고 생각할 수 있다. 확실히 다른 나라에서 모든 군주는 이와 같은 기획을 구상하기에는 교묘하지 못했고, 그 구상을 받아들이게 하기에는 거만함이나 추진력이나 개인적 위엄이 없었다. 프랑스와 영국의 치료 의례에는 우연 또는 개인적 천재성이 있었다. 다른 나라에는 유사한 것이 나타나지 않는데, 이것은 똑같은 의미에서 우연에 의해 설명될 수 있을 것이다.

13세기경 카페 왕조와 플랜태지니트 왕조가 수행한 치료의 명성은 가톨릭 세계 전체에 폭넓게 퍼져 있었다. 이에 대해 한 명 이상의 군주가 부러움을 느꼈다고 확신할 수 있다. 그러나 이것을 성공적으로 따라 하기에는 너무 늦었던 것 같다. 당시 그들이 보기에 프랑스와 영국의 의례는 이미 최고의 힘, 즉 전통을 가지고 있었다. 몇 세대에 걸쳐 입증된 기적을 누가 감히 강하게 부정할 수 있겠는가? 그렇다고 해서 새로운 기적을 만드는 것은 위험한 시도로, 아무도 시도해보지 않았으며, 내가 아는 한 아무도 그렇게 한 사람이 없지만, 설령 몇몇 무모한

자가 위험을 무릅쓰고 시도했다고 하더라도, 틀림없이 실패로 끝났을 것이다. 교회의 교리는 원칙적으로 기적을 행하는 왕권에 우호적이 아니었다. 프랑스와 영국은 오랜 관습이 자신들에게 부여해준 특권을 결코 잃지 않았다.

신성하며 기적을 행하는 왕권이라는 관념은 몇몇 우연한 상황의 도움을 받아 연주창을 손대서 치료하는 것을 탄생시켰다. 이 관념은 일단 사람들의 머릿속에 깊이 자리 잡자 모든 폭풍우와 공격에도 살아남을 수 있게 되었다. 그러자 이번에는 왕권이 치료에서 새로운 힘을 얻어냈을 것이다. 사람들은 피에르 드 블루아와 더불어 이렇게 이야기하기 시작했다. "국왕은 신성한 존재이니 그에게로 가자. 그가 다른 많은 은총과 더불어 병을 치료할 수 있는 능력을 부여받았음은 의심할 여지가 없다"(따옴표는 옮긴이)고 했다. 그 뒤 필리프 미려왕 시대에 사람들은 『양측에 대한 조사』의 저자와 함께 "나의 왕이 치료해준다. 그러므로 그는 다른 사람과 같지 않다"라고 말했다. 그러나 중세 말 여러 세기의 활력과 초기 관습의 발전을 보여주는 것만으로는 충분하지 않다. 적어도 이 시기 영국에서는 과거와 완전히 다른 두 번째 치료 의례가 나타나고 있었다. 그것은 군주가 간질을 치료하면서 사용했다고 간주되는 반지로 축복함으로써 효과를 얻는 행위다. 이제 낡은 믿음에서 새로운 신앙이 피어나는 이 현상을 연구해보자.

2 영국 왕권의 두 번째 기적: 치료용 반지

14세기의 반지 의례

중세 시대 매년 성금요일에 영국 왕은 다른 모든 신실한 기독교인과 마찬가지로 십자가에 예배를 드렸다. 적어도 14세기에는 대개 그 당시 왕이 거주하는 성의 예배당에 '그네이스의 십자가(croix de Gneyth)'라는 십자가를 세웠다. 사람들은 이것을 기적의 성유물이라고 불렀다. 이것은 에드워드 1세가 웨일스를 정복하고 가져온 것으로서, 사람들은 이 십자가에 예수가 못 박혔던 십자가의 나뭇조각이 포함되어 있다고 믿었다.[1] 왕은 이 십자가에서 조금 떨어져서 자리 잡고 엎드려서 일어나지 않은 채로 천천히 신성한 표지에 다가갔다. 장 다브랑슈(Jean d'Avranche)에 따르면 "이 경배 의식에서는 배를 반드시 땅에 붙여야 한다. 왜냐하면 성 아우구스티누스가 시편 43장 해설에서 말했듯이 무릎 꿇는 것만으로는 완전한 복종이 아니라고 했기 때문이다. 그렇지만 배를 완전히 땅에 붙임으로써 복종하는 자는 더 이상 복종할 방법이 남아 있지 않다."[2] 기욤 드 생파튀스가 그린 성왕 루이전(La vie de Saint-Louis) 필사본이

---

1) *Liber Quotidianus contrarotulatoris garderobae*(*Soc. of Antiquaries of London*), London, 1787, Glossary, p.365 ; Hubert Hall, *The antiquities and curiosities of the Exchequer*, 2e éd., London, 1898, p.43.

2) Migne, *P.L.*, t.147, col. 51. 이 의례에 관해서는 J.D. Chambers, *Divine worship in England in the thirteenth and fourteenth centuries*, London, 1877, Appendix, p.31 ; E.K. Chambers, *The Mediaeval Stage*, II, p.17, n.3(bibliographie).

국립도서관에 있으며,[3] 이 필사본에는, 경건한 왕이 이 의례를 정성스럽게 수행하는 이상한 삽화가 실려 있는데 오래전부터 영어로 된 문헌들은 이 행위를 '십자가를 향해 기어가다(creeping to the cross)'라는 매우 특징적인 단어로 표현해왔다.[4] 그러므로 그 당시까지 영국의 궁정에서 이루어지던 관습과 가톨릭 세계에서 보편적 효력을 갖고 있던 관습 사이에 아무런 구분이 없었다고 할 수 있다.

그러나 플랜태지니트 왕조에서, 늦어도 에드워드 2세 이후 '좋은 금요일(오늘날에도 영국에서는 성금요일을 이렇게 부른다)' 의례는 일상적 의례와는 달리 왕이 행하는 독특한 관습으로서 복잡했다. 에드워드 2세와 그 후계자들의 치세에서 헨리 5세에 이르는 기간 동안 국왕 예배당에서 바로 그날(성금요일) 이루어진 행사를 보자.

일단 부복이 끝나면, 영국 왕은 제단 앞으로 다가가서 봉헌물로 금화와 은화 약간, 즉 플로린화나 노블화 또는 스털링화 같은 양화(良貨)를 바친다. 그다음에 왕은 그 화폐를 가져오는 대신 그에 상당하는 액수를 어떤 금속으로든 주조된 화폐로 내놓는데, 이를 '다시 사기'라고 한다. 그리고 귀금속으로 특정한 시기에, 대개는 회수된 직후 반지를 만들게 한다. 그 반지는 매우 복잡한 과정의 마지막 단계이므로 사람들은 보통 반지가 아니라고 생각했다. 사람들은 그 반지를 손에 끼면 어떤 병을 앓는 자가 회복될 수 있다고 여겼다. 정확하게 어떤 병인가? 가장 오래된 문헌에는 그것이 명시되어 있지 않다. "반지가 다양한 사람에게 처방약으로 주어졌다"라고 에드워드 2세의 칙령에 나와 있으며, 왕실 회계장부 역시 '치료용 반지(anuli medicinales)'라고 적혀 있을 뿐이다. 그러나 15세기에 좀더 명백한 사료들이 나타난다. 이 부적이 근육통이나 근육경련을 완화해주고 특히 간질을 완화해준다고 했다. 이로부터 '경련반지'라는 이름이 생겨나서 이후 이 반지에 적용되었다. 영국 역사가들은 오늘날에도 그 반지를 지칭하기 위해 공통적으로 그 단어를 사용한다. 방금까지 보았듯이, 민간요법

---

3) Lat. 5716, fol. 63; 주앵빌의 책에도 수록. Joinville, éd. N. de Wailly, 1874, p.2.
4) J.A.H. Murray, *A New English Dictionary*, "Creep" 항목(1200년경의 가장 오래된 문헌).

의 비교연구는 사람들이 처음부터 그 요법을 기적의 치료라는 분야에 특화된 것으로 생각했음을 보여주는 경향이 있다.[5]

이것이 이 기묘한 의례에 관한 이야기다. 그것은 손대기 치료를 보조하는 것이기는 하지만, 영국 왕권에 고유한 것이라는 점에서 차이가 있다. 프랑스에는 이와 유사한 것이 전혀 없다. 우리는 어떻게 그 기원을 보여줄 수 있는가?

전설 설명

반지의 기적 능력에 대한 믿음이 절정이던 때, 당연하게도 사람들은 전설의 수호성인을 찾아내려 했다. 아리마태아의 요셉(Joseph d'Arimathie)의 위대한 모습은 시와 같은 영국의 기독교 역사를 주도했다. 예수의 사도로서 요셉은 십자가에 못 박힌 예수의 시신을 묻는 영광을 얻었다고 복음서에 전해지는 인물이다. 그러나 이것은 사도에게서 기원을 찾으려는 교회의 구미에 맞는 믿음이다. 요셉은 중세 이래 원탁의 기사 전설로 사람들에게 널리 알려졌다. 경건한 저술가들은 그가 브리튼 섬 주민들에게 처음으로 복음을 전해주었고, 솔로몬 서에 포함된 수많은 비법과 더불어 반지로 간질 환자를 치료하는 기술을 영국에 가져온 사람으로 간주했다. 이것이 전해지는 이야기인데, 이 이야기는 틀림없이 영국에 기원을 두고 있겠지만, 우리에게 전해진 것은 1602년 에스파냐 역사가 야코부스 발데시우스의 이야기를 통해서였다.[6] 여기서 그 문제를 논의할 필요는 없을 것이다.

아무리 늦추어 잡아도, 꽤 이른 시기라고 할 수 있는 16세기 초부터 다른 해석을 하려는 시도가 나타났다. 그것은 성금요일 의식을 에드워드 고해왕의 가호 아래에 두려는 것이었다. 기묘한 일은 어떤 의미에서는 오늘날에도 영국 역

---

5) *Household Ordinance of York*, June 1323. 가장 좋은 판본은 T.F. Tout, *The place of the reign of Edward II in English History*, Manchester, 1914, p.317. "그리고 국왕은 어느 성금요일에 십자가에 5수를 바친다. 그것을 되받아서 담당사제에게 주면, 사제는 그것으로 반지를 만들어서 여러 사람에게 치료제로 나누어준다. 그리고 다른 5수를 바친다." 의례에 관해 가장 훌륭하게 묘사한 회계장부는 이 책 부록 1 참조. '경련반지'라는 단어에 대해서는 Murray, *loc. cit.* 참조.

6) Jacobus Valdesius, *De dignitate regum regnorumque Hispaniae*, Granada, 1602, p.140.

사가들 가운데 여전히 이러한 이론을 추종하는 사람이 있다는 점이다. 오늘날 에드워드가 정말로 치료효과가 있는 반지를 가지고 있었다는 것을 받아들이는 사람은 없지만, 의례가 언제 시작되었건 간에 처음 실시될 때부터 영국 왕들이 의례를 수행할 때 모종의 방법으로 경건한 선조들의 선례를 모방했을 것으로 기꺼이 믿고 있다.

사실 고해왕에 얽힌 전설 중에서 가장 유명한 이야기에서도 반지가 중요한 역할을 한다. 여기에서 수도원장 에일리드 오브 리보가 1163년에 쓴 『전기』에 처음으로 나오는 그 이야기를 간단히 요약해보자.[7] 어느 날 에드워드는 자신에게 다가오는 거지에게 동냥을 주려고 했는데, 지갑이 비어 있어서 반지를 주었다. 누더기를 걸친 불쌍한 사람은 바로 복음을 전파하던 성 요한이었다. 그곳에서 어느 정도 시간이 흐른 뒤(아마도 7년) 영국을 출발해 팔레스타인 지방으로 가던 두 명의 순례자가 어떤 선한 노인을 만났는데, 그 사람도 역시 성 요한이었다.

요한은 그들에게 반지를 주면서 그것을 주군에게 가져가고, 동시에 사람들이 머지않아 선택받은 곳에서 그를 기다릴 것이라는 말을 전해달라고 요청했다. 이 짧은 이야기는 그 자체로 시적인데, 저승의 비밀에 대해 매우 잘 아는 몇몇 성인전 작가가 새롭게 매력적인 이야기를 첨가해 만들어낸 것이다.[8] 이 이야기는 꽤 널리 퍼져 있었다. 그리하여 조각가, 세밀화화가, 화가, 유리공, 모든 종류의 장식기술자 등이 영국에서, 심지어 대륙에서도 이 이야기를 경쟁적으로 되풀이했다.[9] 헨리 3세는 앵글로색슨 왕가에서 마지막으로 독특한 신앙행

---

7) Twysden, *Historiae anglicanae scriptores*, X, col. 409; Migne, *P.L.*, t.195, col. 769.

8) *Analecta Bollandiana*, 1923, p.58 이하.

9) 몇몇 예술작품은 이미 주목받은 바 있다. John Dart, *Westmonasterium*, I, London, fol. 1742, p.51. 그리고 Waterton, *On a remarkable incident*, p.105 이하(13세기 세밀화는 워터튼 책 p.103에 수록되어 있으며, 최근 허버트 홀이 재수록했다. Hubert Hall, *Court Lift under the Plantagenets*, London, 1902, pl. VII). 여기에 몇 가지 더 추가할 수 있는데, 그렇게 해서 완벽해 졌다고 할 수는 없다. (1) 러들로우 교회의 스테인드글라스(존스가 언급함. W. Jones, *Pinger-Lore*, p.118, n.1). (2) 웨스트민스터 수도원 사제관(Chapter House)의 도자기 타일. Kunz, *Rings for the finger*, p.342. (3) 웨스트민스터 수도원에 있었으나 지금은 남아 있지 않은 13세기 초의 태피스트리(*Notes and documents relating to Westminster Abbey*, no. 2: *The history of*

위에 관심을 가졌던 사람이었다. 그는 큰아들에게 에드워드라는 이름을 지어 주었는데, 그때까지 노르만 왕조나 앙주 왕조(플랜태지니트 왕조)의 이름으로는 생소한 것이었다. 에드워드는 런던탑에 있는 생장 예배당의 벽에 두 사람의 만남을 벽화로 그리게 했다. 에드워드 2세 역시 자신의 축성식 날 웨스트민스터 수도원에 두 개의 작은 황금 조각상을 기부했다. 둘 중 하나는 반지를 내미는 왕이고 다른 하나는 그것을 받을 준비를 하고 있는 거지 분장을 한 성인이다.[10]

사실 웨스트민스터 수도원은 이와 같은 선물을 부여하기에 적합한 장소였다. 여기에 있는 성 에드워드의 유해는 경배의 대상이었을 뿐만 아니라, 1163년 새로운 성유골함으로 유해를 옮길 때,[11] 신성한 육제의 손에 끼고 있던 반지를 수도사들이 신자들에게 보여준 장소이기도 했다. 사람들은 모두 이 반지가 과거에 성 요한이 받았다가 되돌려준 그 반지라고 여겼다. 1400년경 존 머크(John Mirk)라는 설교사가 청중에게 이 유명한 이야기를 해준 다음 이렇게

Westminster Abbey by John Flete, éd. J.A. Robinson, Cambridge, 1909, pp.28~29). (4) 프랑스의 경우 아미앵 성당에 있는 13세기 스테인드글라스(G. Durand, *Monographie de la cathédrale d'Amiens*, I, p.550). 캠브리지대학교 도서관 분류기호 Ee III 59에는 13세기 필사본이 보존되어 있는데, 프랑스어 운문으로 된 시가 수록되어 있다. "에드워드 왕 이야기(Estoire de Seint Aedward le Rei)"라는 제목의 이 시는 헨리 3세의 왕비 엘레오노르(Eleanor)에게 헌정된 것이다. 세 가지 세밀화에 대해서는 이미 워터튼이 언급하고 뤼아르가 묘사한 바 있는데, 세 그림 모두 반지 전설을 나타내는 것들이었다. Luard, *Lives of Edward the Confessor*, p.16. 같은 필사본에는 크로퍼드가 수록한 다른 그림이 있다. *Cramp-rings*, pl. 39. 이 그림은 성인의 유물에 다가가는 사람을 나타내고 있다. 유물함 위에는 작은 조각상이 두 개 있었는데, 하나는 왕이 반지를 낀 모습이고, 다른 하나는 요한이 순례하는 모습이다. 헨리 3세가 웨스트민스터 수도원에 기증하고, 헨리 8세 때에는 녹아내린 성유물함의 정확한 모습을 이 작은 그림이 표현했는지는 알 길이 없다. 이와 똑같은 주제를 나타내는 예술작품 중 이제는 사라져버린 것에 대해서는 다음 각주 10을 참조.

10) 헨리 3세의 명령은 John Stow, *A survey of the Cities of London and Westminster*, I, London, 1720, p.69. 에드워드 2세의 명령은 Dart, *loc. cit.*

11) 존 플레트가 자신의 저서에서 확증한 것이 바로 이것이다. John Flete, *Histoire de Westminster*, éd. J.A. Robinson (*Notes and Documents relating to Westminster Abbey*, 2), p.71. 사실 플레트는 후대 작가에 속한다. 그는 1420년부터 1425년까지 웨스트민스터의 수도사였다. 그러나 그가 반영한 전통은 있었을 것 같다. 그 전통은 1139년 에드워드가 자신의 반지와 함께 묻혔다는 오스버트 클레어의 증언과 일치한다. *Analecta Bollandiana*, 1923, p.122, ligne 1.

말했다.

"만약 사람들이 이 일이 진실이라는 증거를 원한다면, 웨스트민스터 수도원에 가보라고 할 것이다. 7년 동안이나 낙원에 있었던 반지를 그곳에서 보게 될 것이다."[12] 그러나 정확하게 말하면, 이렇게 성스러운 유물에 대해 언급하는 비교적 최근까지의 문헌 중에서 어느 것도 반지에 특별한 치료능력이 있다고 하는 것은 없다. 게다가 왕실의 성금요일 의식에서 성 에드워드나 성 요한을 상기시키는 것은 아무것도 없다. '경련반지'와 관련해 에드워드 고해왕에 대한 언급이 있는지를 알아보기 위해서는, 이탈리아의 인문주의자 폴리도루스 베르길리우스(Polydorus Vergilius)의 시대까지 내려와야 한다.

베르길리우스는 헨리 7세와 8세 치세에 국왕 관료였으며 국왕들의 요구에 따라『영국사』(Histoire Angleterre)를 집필했고 1534년 처음 발행했다. 이 공식 역사가의 의도는 반지 주인들에게 부여되었던 기적의 반지의 원래 모습을 찾는 것이었다. 바로 이러한 이유로 웨스트민스터 '신전'에 보관된 반지가 간질을 치료하는 군주의 능력을 부여받았다고 여겼다. 그의 작품은 크게 성공을 거둠으로써 이러한 견해를 확산시키는 데에 기여했고 그 이후로는 고전이 되었다. 이에 근거하여 간질을 반지로 치료하는 것은 이미 연주창 치료에서 그랬듯이 성 에드워드가 시작한 것으로 여기게 되었다.[13] 그러나 이 이탈리아인이 이

---

12) *Mirk's Festial*, éd. Th. Erbe, *Early English Text Society*, *Extra Series*, XCVI, p.149. 저자에 대한 최근 연구는 Gordon Hall Gerould, *Saints' Legends*, Boston and New York, 1916, p.184 이하.

13) Polydorus Virgilius, *Historia Anglica*, lib. 8, éd Leyden, 1651, p.187; 같은 이론을 17세기 작가들에게서도 볼 수 있다. Richard Smith, *Florum historiae ecclesiasticae gentis Anglorum libri septem*, 1654, p.230. 그리고 Nicolas Harpsfield, *Historia Anglorum ecclesiastica*, Douai, 1612, p.219, Crawfurd, *Cramp-rings*, p.179에 인용됨. 근대 역사가들은 중세에 나병의 여러 이름 중 하나가 이유는 알 수 없지만 성 요한 병(mal-St-Jean)으로 알려져 있었다는 데에서 이에 관한 증거를 얻었다고 생각했다(Laurence Joubert, *La Première et Seconde Partie des erreurs populaires touchant la medicine*, 1587, 2e partie, p.162; Guillaume du Val, *Historia monogramma*, in-4, 1643, p.24; H. Günter, *Legenden-Studien*, Cologne, 1906, p.124, n.1; M. Höfler, *Deutsches Krankheitsnamenbuch*, Munich, 1899, 'Krankheit,' 'Sucht,' 'Tanz' 항목 참조). 그러나 나병이 처음에 왜 이런 이름을 얻게 되었을까? 그리고 어떤 성 요한이 이름의 기원일까? 복음서의 저자 요한과 세례자 요한이 때때로 병을 치료한 것이 잘 알려져 있지만, 누가 기원인지 전혀 알 수 없다. 아미앵에는 1206년까지 이 도시의 대성당에 세례자 요한의

러한 관념을 새로 만들어낸 것이 아니라는 것은 명백하다. 어느 모로 보나 그가 한 일은 주변의 보호자들 사이에서 형성된 생각을 긁어모은 것이다. 왕조의 두 가지 기적 중 하나가 위대한 성자에게서 나왔듯이 다른 하나도 그 사람에게서 나왔다고 하는 것이 자연스럽지 않을까? '낙원'에 있었던 유명한 반지 덕분에 성인전의 이야기와 의례 사이의 연결고리가 손쉽게 만들어졌다. 경련반지의 창시자가 에드워드라고 주장하기 위해서는 치료능력이 필요했으므로, 일종의 사후 행위로서 사람들이 나중에 그에게 치료능력을 부여한 것이다. 웨스트민스터 수도원에 매우 유리한 이러한 믿음이 나타난 직후 종교개혁이 일어나서 영국에서 성유물 숭배가 갑작스럽게 중단되었는데, 만약 그렇지 않았다면, 웨스트민스터 수도원은 병자들이 가장 많이 찾는 순례지가 되었을 것이다. 그러나 성금요일 의례의 진정한 기원은 에드워드 고해왕에게 있는 것도, 일반적인 왕조의 전설에 있는 것도 아니다. 우리는 그 비밀을 미신 관습들을 비교하는 비교사에서 찾아야 한다.

머리가 보존되어 있었다고 하는데, 그러한 이유로 나병 환자들이 찾는 순례지였다. O. Thorel, *Le Mal Monseigneur Saint-Jean Baptiste au XVIe siècle à Amiens*; *Bullet. trimestriel Soc. antiquaires Picardie*, 1922, p.474 참조. 앙투안 미조(Antoine Mizauld, *Memorabilium …… Centuriae IX*, Cologne, 1572, *cent*. V, II)에 따르면, 한여름의 성 요한 축제, 즉 세례 요한 축제는 특히 나병 치료에 효험이 있었다. 귄터가 추측하듯이, 아마도 성 요한 병이라는 단어는 나병의 무질서한 양상과 세례 요한 축제의 의식에서 추는 춤 사이에 유사성이 있다는 상상에서 비롯되었을 것이다. Günter, *loc. cit*. 그 이후로는 그 단어 때문에 병의 이름이 붙은 성인에게 그 병을 치료하는 특별한 힘이 있다고 생각하게 된 것이다. 그다음, 매우 자연스러운 실수로, 세례자에게 속해 있던 능력이 이름이 같은 사도에게 전이된 것이다. 이처럼 이름이 같은 성인들 사이에서 혼동을 일으키는 사례는 흔히 있다. 예를 들어 브레티니의 성 위베르가 리에주의 성 위베르와 비슷해서 광견병 치료자가 되는 것도 같은 이치다(H. Gaidoz, *La Rage et St Hubert*, *Bibliotheca mythica*, 1887, p.173). 물론 이 모든 것은 추론 이상이 아니며, 성인문헌학상의 작은 문제는 여전히 풀리지 않은 채 남게 된다. 그러나 무엇보다도 그 해답을 찾는 것이 여기서는 썩 중요하지 않다. 간질의 통속적인 명칭과 성 요한이 등장하는 고해왕 전설 사이의 연관성은 19세기 이전의 것은 아닌 듯하다(Waterton, *On a remarkable incident*, p.107에는 매우 애매하게 등장하며, Crawfurd, *Cramp-rings*, p.166에는 명확하게 나온다). 그러나 이것은 민중적 관념이 아니라 교묘한 이론이거나 사료에 정통한 학자의 작업으로 볼 수 있다.

반지 의례의 주술적 기원

반지는 고대부터 주술, 그중에서도 특히 의학 주술의 친근한 도구들 가운데 하나였다.[14] 중세에도 앞선 세기와 마찬가지였다. 마법의 혐의는 가장 별 볼일 없는 것에도 씌워졌다. 잔 다르크(Jeanne d'Arc)가 끼고 있던 반지는 법관들의 눈길을 끌었고 가엾은 잔 다르크는 어느 누구도 치료하는 데에 사용한 적이 없다고 항변했지만, 법정을 납득시킨 것 같지는 않다.[15] 이 부적은 거의 보편적 현상으로서 모든 종류의 질환을 완화해주는 데에 이용되었다. 그런데 그중에서도 특히 근육통이나 간질발작에 이용되었다. 간질은 그 격렬한 표정 때문에 자연히 미신적 두려움을 확산시키기에 적당했고, 대개 악마 때문에 일어나는 것으로 여겨졌다.[16]

그리하여 간질은 다른 어떤 질병보다도 초자연적인 방법에 의존했다. 물론 금속으로 된 반지라면 어떤 것이든 이용한 것은 아니었다. 사람들은 종교적·주술적 축성을 통해 어떤 예외적 능력을 부여받은 특별한 반지를 이용했다. 학자들은 이것을 '능력있는 반지(annuli vertuosi)'라고 불렀다. 15세기 독일의 한 문헌집에서는 통풍에 대해 다음과 같이 말했다. "우리 주님의 순교와 성혈을 위해 기도하면서 32드니에를 얻을 때까지 구걸하라. 그러고 나서 그중 16드니에로 반지를 만들어라. 남은 16드니에는 반지 주조비용으로 지불하라. 1년 내내 반지를 끼고 있어야 하며, 매일 성혈과 우리 주님을 기억하며 하느님

---

14) 반지의 주술적·의학적 능력에 대해서는 참고문헌에서 인용한 G.F. Kunz et W. Jones의 작품 이외에 다음을 참조하라. *Archaeologia*, XXI(1827), p.119 이하; *Archaeological Journal*, III(1846), p.357; IV(1847), p.78; *Notes and Queries*, 4th series, VI(1870), p.394: 8th series, IX(1896), p.357 et X(1896), p.10; Pettigrew, *On superstitions connected with the history and practice of medicine*, p.61; O. Geissler, *Religion und Aberglaube in den mittelenglischen Versromanzen*, p.67 이하.

15) *Procès de condamnation*, éd. P. Champion, I, 1920, p.25(3월 1일 심문자료). "자신의 반지를 가지고 누군가를 치료한 적은 한 번도 없다."

16) Gotschalc Hollen, *Preceptorium divine legis*, Nuremberg, 1497, p.25 v나병 치료에 관한 것. "악마 족속은 단식과 기도에 의해서가 아니면 달아나지 않는다." A. Franz, *Die kirchlichen Benediktionen*, II, p.501, p.503, p.106에 인용된 영국기도서 참조.

아버지(Pater)와 아베마리아(Ave)를 각각 5회씩 외쳐라.[17] 다른 절차는 기괴한 양상을 띤다. 오래된 관이나 교수대에서 빼낸 못을 이용하라고 권고하는 것이 그것이다.[18] 1800년경 버크셔(Berks) 백작령에서 노련한 사람들은 좀더 순수하면서 좀더 더욱 복잡한 방법을 제시했다. 경련을 치료하는 군주의 반지를 만들려면 독신자 5명에게서 6펜스짜리 동전 5개를 수집하라고 권한다. 동전을 주는 사람은 자신들이 주는 선물이 어떤 용도로 사용되는지 알아서는 안 된다. 이렇게 수집된 동전은 역시 독신인 자에 의해 마찬가지로 독신인 주조공에게 운반되어야 한다.[19] 이러한 예는 얼마든지 열거할 수 있다. 국왕이 축성한 반지는 극히 보편적으로 통용되는 치료방식들 중에서 하나의 특수한 예에 불과했다.

이제 왕의 의례에 대해 좀더 자세히 연구해보자. 우선 날짜를 살펴보자. 날짜는 관습에 따라 엄격하게 고정되어 있었다. 국왕은 일 년에 단 한 차례, 성금요일에만 성호를 긋고 제단에 금화와 은화를 올렸다. 즉 구세주의 크나큰 희생을 기억하기 위한 축일과 그 이후다. 이날이 선택된 것은 순전히 우연일까? 전

---

17) *Germania*, 1879, p.74 ; Ad. Franz, *Die kirchlichen Benediktionen*, II, p.507.

18) 못이나 관에 사용된 금속장식에 대해서는 W.G. Black, *Folk Medicine*(*Publications of the Folk-Lore Society*, XII), London, 1883, p.175 ; J.C. Atkinson, *Cleveland Glossary*, 1878 (cité par Murray, *A new English Dictionary, cramp-ring* 항목) ; A. Wuttke, *Der deutsche Volksaberglaube*, 2e éd., 1869, p.334. 교수형에 이용된 못에 대해서는 Grimm, *Deutsche Mythologie*, 4e éd., II, p.978.

19) J. Brand, *Popular antiquities*, éd. de 1870, III, p.254 이하(초판은 1777년에 나왔다. 그 이후 판본은 1806년 저자가 사망할 때까지 직접 고친 덕분에 완벽해졌다). 같은 유형에 속하는 다른 관습에 대해서는 Black, *loc. cit.*, pp.174~175(노댐튼 백작령)을 참고하라. 여기 대영박물관의 허버트(M.J. Herbert)가 나에게 보내준 다른 비법이 있다. 아래 각주 26에 나오는 '성찬식 반지(sacrament ring)' 반지와 관련된 관습과 비교해볼 때 여기서는 교회 정문에서 모금한다는 점이 주목할 만하다. "내 아버지는 1881년부터 1885년 사망할 때까지 데번셔 노슬루(Northlew in Devonshire)의 교구 목사였습니다. 지금은 오크햄튼 서쪽 9마일에 있습니다. 그 당시(추측건대 1884년) 어머니가 편지에서 그 전주 일요일에 벌어진 일을 들려주었습니다. 아침 기도가 끝난 후 어느 여자아이가 교회 문 앞에서 젊은이 29명에게서 각각 1페니씩 29페니를 모았단다. 그 아이는 서른 번째 젊은이에게 이 29페니를 주고 대신 반 크라운 주화를 받았고, 그 반 크라운 주화를 그 지역의 '하얀 마녀(어느 농부의 아내로 마을에서 작은 가게를 하는 여자인데)'에게 갖다주었지. 그러자 하얀 마녀는 왕이 경련치료제를 주듯이 그녀에게 은반지를 돌려주었지."

혀 그렇지 않다. 그리스도의 수난에 대한 기억은 통증이나 간질의 치료와 관련된 수많은 처방에서, 특히 의료용 반지 주조와 관련해서 되풀이되는 주제였다. 15세기 초 이탈리아에서 베르나르디노 다 시에나(Bernardin de Sienne)는 민간의 미신에 반대하는 설교에서 "경련을 치료하기 위해 그리스도의 수난에 대한 설교가 진행되는 동안 만들어진 반지를 끼는" 사람들을 비난했다.[20] 비슷한 시기에 영국에서도 어떤 의학서적은 다음과 같은 권고를 실었다. "경련에 대해: 성금요일에 다섯 군데 교구 교회에 가서 십자가에 경배하며 제단에 봉헌하는 첫 번째 동전을 가져와라. 다섯 개 동전을 다 모으면 십자가 앞으로 가서 다섯 군데 상처를 기억하며 하느님 아버지를 다섯 번 외쳐라. 그렇게 5일 동안 반지를 지닌 채 매일 똑같은 방식으로 똑같이 기도를 올려라. 그렇게 하고 나서 다른 금속을 섞지 않고 그 동전들로만 반지를 만들어라. 반지 안쪽에는 재스퍼(Jasper), 바스타사르(Bastasar), 아트라파(Attrapa), 바깥쪽에는 나사렛 예수(Ihc. Nazarenus)라고 써넣어라. 귀금속(금) 세공업자에게 반지를 찾으러 가는 것도 금요일에 하되, 미리 하느님 아버지를 다섯 번 외쳐라. 그 이후에도 반지를 계속 지녀라."[21]

이러한 처방은 다양한 기원을 가진 주술적 개념이 혼합된 것으로서 이것을 자세히 분석하려면 시간이 많이 필요하다. 간질 치료를 해달라고 요청하는 대상인 동방박사 세 사람의 이름(재스퍼, 바스타사르, 멜키오르-옮긴이)이 신성한 이름(나사렛 예수-옮긴이) 옆에 있다. 오히려 그들 중에서 두 사람의 이름이 그 옆에 있다고 해야 할 것이다. 왜냐하면 세 번째 사람인 멜키오르(Melchior)의 이름이 아트라파라는 정체불명의 단어로 바뀌었기 때문이다. 아트라파라는 이름은 연금술의 대가에게는 소중한 아브락사스(Abraxas)라는 이름을 연상시킨다. 그렇지만 언뜻 보기에는 여전히 그리스도 수난의 이미지다.

---

20) *S. Bernardi Senensis* ······ *Opera*, fol. Venice, 1745, I, p.42a, *Quadragesim le de religione christiana*.

21) Brit. Mus., Arundel, ms. 276, fol. 23 v. 다음 책에 처음으로 인용되었으나 부정확한 서지사항이 그 이후 계속 반복되었다. Stevenson, *On cramp-rings*, p.49(*Gentleman's Magazine Library*, p.41). 대영박물관의 허버트가 친절하게도 필사본과 대조해준 덕분에 지금까지 출판된 것보다 더 정확한 내용을 출판할 수 있게 되었다.

독일의 자료집에서 이미 보았듯이 5라는 숫자는 매우 자주 등장하는데 이 수는 구세주의 5개 상처를 상기시킨다.[22] 특히 십자가의 가호 아래 있고 싶다는 희망 때문에 본질적 행위에 대해서나 부수적 행위에 대해서나 모두 날짜를 고정하게 되었다. 성금요일이나 다른 금요일이 그 날짜였다. 심지어 프랑스에서도 마찬가지였다. 프랑스의 사례는 보스 지방의 사제 장바티스트 티에르(Jean-Baptiste Thiers)가 1679년 당시 간질을 치료하기 위해 사람들이 사용한 관행들에 대한 기억을 떠올려 기록함으로써 우리에게 전해지게 되었다. 이에 관해서는 잠시 뒤 자세히 설명할 것이다. 그러니 지금은 '의례'를 수행하기 위해 선택된 날짜와 시간을 살펴보기로 하자. 티에르가 말한 바에 따르면 요일은 성금요일이며, 시간은 성십자가에 예배드리는 시간이었다.[23] 샤를 5세가 작고 검은 십자가와 단색 예수수난 그림이 새겨진 특별한 반지를 금요일마다, 오직 금요일에만 끼었다는 생각과 똑같은 근거에서 이런 날짜와 시간이 생긴 것이 아닐까?[24]

틀림없이 이러한 주술적 의학에서는 '경련'이 일으키는 고통과 십자가에 못 박히는 고통 사이에 일종의 불경스러운 유사성을 부여함으로써 예수의 고난을 상기시키는 종교적 축일이나 기도가 근육통을 완화시키는 능력을 반지로 옮겨주는 데에 적합한 것으로 생각했을 것이다.[25] 무엇보다도 왕의 '경련반지'의 치료능력은 금속의 축성에 적합한 특정 날짜에 축성이 이루어졌다는 데서 나오며, 국왕이 제단으로 다가가 포복한 채 예배를 드리는 십자가가 발산하

---

22) 동방박사에 대해서는 Jones, *Pinger-ring lore*, p.137, 특히 p.147 이하 참조. 그리스도의 다섯 개 상처에 대해서도 *ibid*., p.137(코벤트리 파크에서 발견된 반지에 새겨진 문구).

23) 아래 194쪽 참조.

24) J. Labarte, *Inventaire de mobilier de Charles V roi de France*(*Doc. inéd.*), 1870, n.524.

25) 예수의 수난을 본뜬 문구는 고문의 고통에 대해서도 효과가 있다고 알려져 있다. Edmund le Blant, *De l'Ancienne Croyance à des moyens secrets de défier la torture*, *Mém. Acad. Inscriptions*, 34, I, p.292. 17세기 플랑드르 지방에서는 성금요일에 태어난 아이는 치료자로서 태어난다고 알려져 있었다(Delrio, *Disquisitionum magicarum*, I, cap. III, qu. IV, p.57). 17세기 프랑스에서는 일곱 번째 아들이 연주창 치료의 능력이 있다고 여겨졌고, 그들은 주로 금요일에 치료하곤 했다(이 책 200쪽 및 2부 4장 각주 161). 아일랜드에서는 지금도 그렇다(*Dublin University Magazine*, 1879, p.218).

는 기적의 힘에서 나온다.

그러나 의례의 본질은 거기에 있지 않았다. 행위의 핵심을 이루고 있는 것은 일종의 법률적 성격을 갖는 작업이었다. 그 작업은 금화나 은화를 봉헌하고 그에 해당하는 금액을 주고 되사는 것이다. 그런데 이 특징도 결코 독창적인 것이 아니었다. 교회가 헌금으로 받은 화폐는 특별히 치료용 반지를 만드는 데 적격이라는 생각이 그 당시 널리 퍼져 있었고, 오늘날에도 미신을 믿는 사람들은 그렇게 생각하고 있다. 14세기 영국에서 작성된 저작들에 이러한 내용들이 있음을 앞서 살펴본 바 있다. 오늘날에도 영국 농촌에서는 간질이나 류머티즘을 치료하기 위한 반지를 만들기 위해 성찬식 후 모금된 페니나 실링 화폐를 모은다고 한다.[26] 이와 같은 경우 되사기, 즉 모은 화폐로 다른 주화를 구입하는 행위는 없다. 그러나 왕의 성금요일 의례에서와 똑같이 헌금에 되사는 금액이 추가되어 있다.

우선 17세기 프랑스에서 확인할 수 있는 주술관습을 살펴보자. 이에 관한 것을 전해준 장바티스트 티에르의 말을 그대로 인용해보자. "생 마르탱과 같은 가문이라고 자처하는 자들이 다음과 같은 의례를 행함으로써 쓰러지는 질병(즉 간질)을 고칠 수 있다고 했다. 성금요일에 이들 의사 중 한 명이 환자를 십자가 예배에 데리고 가서, 사제와 다른 성직자들 앞에서 십자가에 입을 맞추고 헌금 접시에 1수를 놓는다. 의사에 뒤이어 환자가 십자가에 입을 맞추고 접시에 있던 1수를 갖고 대신 2수를 접시에 놓는다. 그리고 되돌아와서 그 1수에 구멍을 뚫어서 목에 걸고 다닌다."[27] 이제 독일어권 지역으로 가보자. 예전에

---

26) 반지는 '성찬식 반지(sacrament-rings)'라는 이름으로 알려져 있다. Black, *Folk-medicine*, p.174(콘월 지방 관습에 따르면 헌 금속에서 꺼낸 은화는 먼저 30펜스로 매입해야 한다. 그런데 이 30펜스는 교회 입구에서 구걸하여, 그것도 드러내놓고 헌금을 요구해서는 안 되기 때문에 침묵의 구걸을 통해서 얻어야 한다. 일단 은화가 손에 들어가면, 다시 한 번 추가로 성스러운 의식의 대상이 된다. 은화를 손에 넣은 환자는 성찬대 주위를 세 번 돌아야 한다. 그리고 같은 책 175쪽 참조. *Notes and Queries*, 2nd series, I, p.331; C.J.S. Thompson, *Royal cramp and other medycinable rings*, p.10.

27) *Traité des Superstitions*, p.439; 4e éd., *Traité des superstitions qui regardent les sacremens*, 1777, I, p.448.

생갈 수도원(Saint Gall, 스위스의 장크트갈렌 수도원-옮긴이)의 도서관에 있던 15세기 어느 필사본에는 항상 그렇듯이 간질에 대한 처방이 다음과 같이 적혀 있다. 이 행위는 크리스마스 전날 밤에 이루어져야 한다. 이날 밤에는 세 번 연속 미사가 있다. 첫 번째 미사가 시작될 때 환자는 은화 3닢을 바친다. 3이라는 숫자는 성 삼위일체를 기리는 것이다. 사제가 그 은화를 가져가서 성체 덮개 옆 또는 그 아래에 둔다. 교회법이 정한 바에 따라 성체 덮개 위에 성호를 긋는다. 첫 번째 미사가 끝나면 의사들이 그 3드니에 동전을 6드니에를 주고 산다. 두 번째 미사가 시작되면 은화 3닢을 다시 바친다. 미사가 끝나면 다시 사들이는데 이번에는 12드니에를 주고 산다. 세 번째 미사 때도 마찬가지 의례를 행하는데, 마지막으로 되살 때에는 24드니에를 준다. 남아 있는 일은 이미 세 번의 봉헌으로 축성된 금속으로 반지를 만드는 것이다. 그 반지는 간질을 앓은 사람이 손가락에서 빼지 않는다면 질병의 재발을 막아준다.[28]

　프랑스의 비법, 생갈 수도원의 비법, 영국 왕의 의례 세 가지 방법을 비교해보면, 이들 사이에 긴밀한 유사성이 있음을 알 수 있다. 다른 곳에서는 화폐가 반지로 변형되는 데 반해, 프랑스에서는 화폐가 그대로 이용된다. 생갈 수도원에서는 그 행위가 성금요일이 아닌 크리스마스에 행해진다. 게다가 생갈 수도원에서는 되사기를 세 차례까지 해야 했다. 프랑스에서는 단 한 번만 하며, 봉헌 금액은 첫 번째 헌금의 두 배다. 영국의 궁정에서도 한 번만 되사기가 이루어지지만 금액은 같다. 이처럼 다양한 것으로 보아 세 가지 관습이 서로 모방하지 않았다는 것이 명백히 증명된다. 그러나 결국 이러한 차이는 부차적이다. 명백히 우리가 다루는 세 가지 사례는 장소와 시간에 따라 다르게 나타났지만 기본 관념에서 같다는 것은 틀림없는 사실이다. 이것의 기본 관념을 드러내는 것도 어렵지 않다. 물론 도달하려는 목표는 치료용 부적에 사용될 금속을 신성하게 만드는 것이었다. 이를 위해 그것을 제단 위에 두기만 하면 될 수도 있었을 것이다. 그러나 이러한 상투적인 방법으로는 충분하지 않은 듯이 보였다.

---

28) A. Franz, *Die kirchlichen Benediktionen*, II, p.502에 수록된 생갈 시립도서관 필사본 932호 (ms.932, Bibl. de la Ville de St-Gall), 553쪽 참조.

사람들은 더 나은 방법을 원했다. 그리하여 그 금속을 제단에 봉헌하는 것을 생각해냈다. 봉헌물은 비록 짧기는 하지만 일정 시간 동안 교회의 재산이 된다. 좀더 나아가보자. 의례가 성금요일에 진행될 때 그 금속은 헌금 접시 위에 있는 경배해야 할 십자가의 소유물이 된다. 그러나 헌금은 겉으로만 이루어진다. 왜냐하면 원래 목적했던 치료에 맞도록 변화된 금속을 다시 가져와야 하기 때문이다. 봉헌이 어느 정도 진실되고, 그때문에 효력이 있으려면 정당한 소유자에게서 어떤 물건을 살 때와 마찬가지로, 대가를 지불하고 헌금을 되찾아가야 한다. 그러므로 금이나 은이 잠시 법률적 진실로 교회나 십자가의 소유물이었다면, 그 금과 은은 신성한 기적을 일으키는 능력을 갖게 된다.

이제 생각해보자. 치료반지를 축성할 때, 국왕은 전적으로 부차적 역할만 했다. 적어도 앞서 서술한 대로 의례가 진행되는 경우 그렇다. 왕이 하는 행동, 봉헌, 되사기 등은 축성으로 이끄는 행위다. 귀금속이 초자연적 능력을 지니게 되는 것은 왕의 손이 닿아서가 아니다. 그것은 통증을 완화하는 데 특별히 효과가 있는 것으로 간주되는 예배를 드릴 때 잠시나마 제단 소유물에 속해 있었기 때문이다. 요컨대 예수 수난일에 종종 플랜태지니트 가문의 성을 무대로 해서 벌어진 의례는 근본적으로 독창적인 마법이 아니었다. 그것은 대륙에서 왕족이 아닌 사람들도 흔하게 관습적으로 시행하던 다른 비법과 유사했다. 그러나 다른 곳에서는 일반적인 행위가 왜 영국에서는 왕의 진정한 특성이 되었을까? 그것은 '경련반지'의 역사와 관련된 문제다. 이제 이 문제를 정면에서 접근해야 할 차례다. 그 과정에서 이 장의 처음에서 분석한 14세기의 의례가 장기적 발전 단계만을 나타내고 있다는 것을 보게 될 것이다.

주술 비법을 평정한 왕의 기적

치료용 반지를 만드는 데 필요한 금화나 은화를 처음으로 제단에 바친 왕은 누구였을까? 우리는 결코 알 수 없을 것이다. 그러나 그가 누구였든 그 군주는 그 당시에 독점하려는 생각은 전혀 없이 자기 주변에 널리 퍼져 있던 관습을 모방했을 뿐이었을 것이다. 특히 영국에서는 가장 비천한 신도가 교회에 봉헌한 화폐로 능력이 검증된 부적을 만들 수 있다고 항상 믿고 있다. 어떻게 해서 그들은 그런 생각을 하게 되었을까? 마찬가지로 프랑스의 마법사나 생갈 수도원의 치료법 연구자들은 어떻게 화폐를 주고 그것을 다시 가져오는 방법을 생각해냈을까? 사실 영국에서 이러한 유사봉헌이 왕실 예배당 이외의 곳에서 행해졌다는 기록은 아무데도 없다. 그러나 고대 민중의 관습에 대한 정보는 대개 너무나 부족하기 때문에 기록이 없다는 것이 그다지 놀라운 일은 아니다.

그러나 국왕은 다른 사람과 같지 않다. 왕들은 신성한 존재로 여겨졌다. 거기에 더해 프랑스에서도 마찬가지지만 적어도 영국에서는 기적을 행하는 존재로 여겨졌다. 왕의 개입이 치료 의례에서 효험이 있다는 사실을 인정하지 않은 채 그렇게 오랫동안 버틸 수 있었겠는가? 이미 오래선부터 연주창 치료사로 간주하고 있었으므로, 왕에게서 나오는 기적의 능력이 똑같이 반지에 초자연적 능력을 부여하는 데에도 영향을 미칠 것이라고 상상했다. 확실히 이러한 초자연적 능력은 금속을 신성한 어떤 것으로 만드는 특정 행위를 통해 금속에 부여되는데, 이렇게 부여되더라도 사람들은 초자연적 능력의 진정한 원천을 오랫동안 잊지 않고 있었던 것이다. 그리하여 사람들은 이 행위가 연주창 환자를 치료해주는 그 능력자의 손에 의해 수행될 때 특히 효험이 있다고 생각했다. 점차 여론은 그 행위를 할 수 있는 특권을 선천적으로 질병의 적인 왕에게만 부여해나갔다.

모든 가능성으로 보더라도, 처음부터 왕은 정기적으로 반지 축성을 수행하지는 않았다. 그러나 어느 날, 연주창 치료와 마찬가지로 왕의 정규 업무로 간주되기에 이르렀고, 거의 예외 없이 반드시 성금요일에 시행되기에 이르렀다. 1323년 6월 에드워드 2세가 요크에서 공포한 왕실 행정에 관한 칙령이 우리에게 당시 상황을 보여주고 있다.[29] 이 문헌은 경련 치료반지에 대한 가장 오래된 사료다. 이 시기까지의 왕실 의례에 대해 추측으로밖에 말할 수 없었으나 그 사료 덕분에 갑자기 왕실 의례의 전모가 밝혀지게 되었다. 이때부터 메리 튜더 사망(1558년-옮긴이) 때까지 정해진 날짜에 플로린화, 노블화, 스털링화

---

29) 이 책 2부 2장 각주 5 참조.

를 십자가 아래 가져다놓은 사람은 왕이 아니었던 것 같다. 그중 두 왕의 치세에 대해서는 아무런 기록도 남아 있지 않다. 에드워드 5세와 리처드 3세의 치세가 그렇다. 그러나 전자의 치세는 너무 짧아서 부활절 주간을 단 한 차례도 맞지 못했으니 외형상으로만 예외라고 할 수 있다. 후자의 치세는 이 자비로운 축제일을 두 번 맞을 정도로 충분히 길었는데, 이에 대해 우리가 모르는 것은 아마도 단순한 우연일 것이다. 일반적으로 의식이 끝나고 작성된 왕실 장부를 보면 '성금요일(Bon Vendredi, Good Friday)'의 봉헌물에 대해 알 수 있다. 리처드 3세의 장부는 사라진 것 같다.[30] 에드워드 2세부터 메리 튜더에 이르기까지의 의식에 대해 조금 뒤 설명하겠지만, 이 의식은 방법이 변화하기는 하지만 확실하게 중단된 적은 없었다.

이리하여 사람들이 생각하기에 처음에는 임시로 이루어졌을 이 관행이 아무리 늦게 잡아도 1323년부터는 왕가의 변함없는 의식에 포함되었다. 이로써 기적을 행하는 왕권과 오래된 주술적 치료법의 통합을 향한 커다란 진전이 이루어졌다. 에드워드 2세가 이러한 변화에서 중요한 역할을 했다고 보아도 좋지 않을까? 나는 그렇게 생각하고 싶다. 물론 요크에서 포고된 칙령 이전 시기에 대한 사료가 없다는 것에 대해 확실한 결론을 내릴 수 있다는 것은 아니다. 그러나 침묵은 인상적이다. 에드워드 1세 치세에 대해 왕실 회계장부의 상당 부분을 조사했다. 에드워드 2세 치세에 대해서도 1323년 이전 회계장부 세 건을 보았다. 어떤 기록에도 반지 축성에 관한 언급은 없었다. 그 이후 에드워드 3세부터 메리 튜더에 이르는 치세의 같은 범주의 문헌에는 매우 충실하게 자선금 항목이 기재되어 있다.[31] 이 사료가 지속적으로 침묵을 지키고 있지만, 혹시 단지 기록 기법 때문에 우리가 찾는 항목이 슬쩍 가려진 것은 아닐까? 그렇지 않았다고 어떻게 미리 확신하겠는가? 가령 헌금에 속하는 모든 것을 전체 숫자로 단순하게 표시해버리는 것과 같은 눈가림은 없었을까? 연주창을 손대서

---

30) 적어도 런던 공문서 보관소(Public Record Office)에 있는 재무부 회계장부의 '왕실 재산부(Household and Wardrobe)' 기록집에는 이에 대해 전혀 남아 있지 않다.
31) 내가 조사한 에드워드 1세 회계장부가 이 책 부록 1 각주 15와 17에 열거되어 있으며, 에드워드 2세 회계장부는 부록 1 각주 23에 있다.

치료하는 관습이 명백히 행해지던 시대임에도 불구하고, 회계장부에 그 관습에 대한 기록이 없는 경우가 있다. 여기에는 여러 가지 이유가 있겠지만 이것을 보고 우리가 기억해야 할 점은 부정적 증거들이란 그 자체로는 거의 중요하지 않다는 점이다. 부정적 증거들은 그 자체로가 아니라 역사적 가능성이 그것을 확인해줄 때 예상치 못한 가치를 지니게 된다. 1323년 요크 칙령을 공포한 왕의 심성과 불운, 흔들리는 권위를 다시 확립하려는 노력 등과 관련해 우리가 아는 것을 생각해보면, 그가 영국 왕정에 새로운 치료 의례를 도입하는 데 일정한 역할을 했다고 생각할 충분한 이유가 있다.

에드워드 2세는 치세 초기부터 매우 인기가 없었다. 그는 자신을 둘러싼 위험을 늘 잊지 않고 있었거나 측근들이 그에게 그것을 이해시켰을 것이다. 그런데 이러한 비인기는 일종의 개인적 성격의 것이므로, 민중들로부터 가장 큰 존경을 받을 수 있는 방법인 신성함을 개인적 성격에 부여함으로써 비인기를 극복해보려는 데에 생각이 미치지 않을 수 있겠는가? 그가 직접 생각해냈든, 다른 사람에게서 암시를 받았든 그것은 상관없다. 어쨌든 그러한 생각이 그에게 떠올랐다. 서유럽 왕조들의 일련의 전설에 대해서는 나중에 살펴볼 것이다. 지금 여기서는 1318년 에드워드 2세가 자기 왕조의 권위에 대해서, 특히 카페 왕조를 모방해 하늘로부터 가져왔다는 신성한 기름으로 도유식을 함으로써 자신만의 고유한 권위에 대해서 새로운 빛을 던지려고 시도했던 것을 살펴보자.

이 시도는 실패했다. 그러나 이 군주가 명성을 빌려오려는 정책을 폈다는 것은 명백해지지 않았는가![32] 어떻게 기적의 치료를 무시할 수 있겠는가? 틀림없이 그는 이미 연주창 환자를 치료했을 것이다. 그러나 사람들이 알고 있듯이 그는 인기가 없었기 때문에 크게 성공을 거두지 못했다. 더군다나 끊임없이 인기가 떨어지고 있었다. 그러한 그가 기적을 행하는 왕권에 꽃 모양 장식을 새롭게 첨가함으로써 반전을 시도했으리라고 생각하는 것이 자연스럽지 않은가? 그가 행한 반지 의례가 그의 발명품이 아닌 것은 확실하다. 그는 그럴 필요가 없었다. 이미 오래되었을 전통이 왕에게 선물을 준 것이다. 마치 백성들

---

32) 이에 관해서는 268쪽 이하 참조.

의 민간 습속이 자발적으로 기부한 선물과도 같은 것이었다. 앞서 가설로 보여 주었듯이, 그가 즉위하기 이전부터 그의 몇몇 선왕이 다소 불규칙적이기는 하지만 십자가 경배를 마친 뒤 이중으로 축성하는 몸짓을 하곤 했다고 사람들은 기꺼이 믿었다. 그러나 어느 모로 봐도 그때까지 확고하게 확립되지 않았던 그 의례를 왕정의 제도 중 하나로 만든 영광은 아무래도 그의 몫이다. 로베르 경 건왕이나 보클레르 같은 인물들이 자신들의 위태로운 정통성에 불안을 느끼지 않았다면, 연주창의 기적은 아마도 우리가 아는 놀라운 규모가 되지는 않았을 것이다. 그 이후로는 프랑스에서는 앙리 4세, 영국에서는 찰스 2세가 완전히 의도적으로 세운 계획이 이러한 기적에 기여했다. 에드워드 2세의 불행과 우려가 경련반지의 운명과 전혀 관계가 없다고 생각할 수는 없다. 물론 국왕의 초자연적 성격에 대한 믿음이 집단의식의 밑바닥까지 침투해 있었기 때문에 국왕이나 그 측근들이 했다고 간주되는 행동들이 실현될 수 있었고, 심지어 받아들여지기도 했다. 이러한 믿음이 영국에서는 일상적으로 연주창 환자를 만져서 치료하는 광경에 의해 형성되었는데, 이러한 광경이 믿음에서 생겨났고 이로써 믿음의 가장 훌륭한 지지자가 되었다.

물론 과거 유럽에서는 사람들이 정말로 쉽게 믿었다. 그리하여 이러한 사실을 아는 사람들은 일반적인 믿음을 이용했다. 사람들은 주술적 치료법을 여러 차례 보았다. 이러한 치료법은 원칙적으로 모든 사람이 항상 접근할 수 있는 것처럼 보이지만 결국 대대로 물려받은 상속자들이 독점하게 된다. 우리가 이미 '경련반지'의 축성과 비교했던 의례의 역사도 이러한 종류의 독점의 두드러진 사례라고 할 수 있다. 기억하다시피, 생갈 수도원에서 화폐의 제단 봉헌과 뒤이은 되사기는 이 사람이나 저 사람이나 누가 수행해도 좋았다. 그러나 프랑스에서 장바티스트 티에르 시대에는 이와 같지 않았다. 프랑스에서의 되사기는 환자 자신이 하지만, 봉헌은 '성 마르탱' 가문에 속하는 어떤 사람이 해야 했다. 사람들은 이 이름을 어느 마법사 일가에게 붙여주었는데, 그 일가는 자신들의 친척 중 누군가 투르의 기적을 행했던 사람(성 마르탱-옮긴이)과 밀접한 관계를 가졌을 것으로 추정된다고 주장했다. 그 시대는 세계적으로 여러 사기꾼 가문이 신성한 기원을 가졌다고 주장하던 때였다. 이탈리아에는 성 바오로의 친척이 있었는데, 사도행전에서 이방인 사도가 몰타 섬에서 독사에 물리고도 아무런 통증도 느끼지 않았다는 것에 근거해(사도행전 28장, 섬 이름은 멜리타라고 되어 있는데, 몰타의 그리스어 발음이다-옮긴이) 이들은 독성을 치료할 수 있는 의사라고 자처했다. 에스파냐에서는 수많은 질병의 치료비법을 아는 살루다도르(Saludador)들이 알렉산드리아의 성녀 카타리나와 친척관계라고 자칭했다. 그밖에 다른 곳에서도, 특히 프랑스에서도 성 로크(Saint Roch)의 친척들은 흑사병 침입에도 감염되지 않으며 때로 그 질병을 치료할 수 있는 것으로 알려져 있었다. 모든 면에서 유명한 성 위베르(Saint Hubert)의 친척들은 광견병을 만지기만 해도 치료할 수 있다고 널리 알려져 있었다.[33] 성 마르탱의 친척들은 성금요일에 은화를 봉헌할 때 자신들이 직접 봉헌해야만 효력이 발생한다고 어떻게 설득했을까? 우리는 그 이유를 영원히 알 수 없을 것이다. 확실한 것은 영국에도 있고 프랑스에도 있던 일상적 치료법이 한쪽(프랑스-옮긴이)에서는 민간치료사의 전유물이 되었고 다른 쪽(영국-옮긴이)에서는 왕실의 전유물이 되었다는 것이다.

그러나 영국에서 1323년 이후에는 그 치료법의 발전에서 마지막 단계에 이르렀다고 믿어서는 안 된다. 심지어 왕실 예배당에서도 성금요일에 국왕은 여전히 축성 의례를 독점하지 못했다. 아마도 왕비와 특권을 나눠 가진 것으로 보인다. 확실한 사료에 따르면 1369년 3월 30일 윈저에서 에드워드 3세의 왕비 필리파(Philippa of Hainaut)는 남편을 따라서 전통의식을 행했다. 그녀 역시 제단에 일정 정도 은화를 바쳤다. 금화가 아니었던 것은 가장 귀중한 금속은 국왕 몫이었기 때문이다. 그리고 그녀는 그것을 되사서 반지를 만들었다.[34]

---

33) 이러한 성인의 친척들에 관해서는 특히 아래와 같은 문헌을 참고하라. J.B. Thiers, *Traité des superstitions*, 4e éd., l, pp.438~448. 성 위베르 친족에 대해서는 특히 다음을 참조. H. Gaidoz, *La Rage et St Hubert*, p.112 이하, 그리고 이 책 425쪽. 성 바오로 친족에 대해서는 이 책 2부 1장 주 108에 인용된 산데이의 작품과 다음 책 참조. Pomponazzi, *De naturalium eflectuum causis*, Basle, 1567, p.48. 성녀 카타리나에 대해서는 이 책 337쪽 참조. 성 바오로의 뱀에 물린 상처에 대해서는 사도행전 28장 3~6절.

34) Royal Household Counter-roll, 즉위 43년차(1369) 2월 13일~6월 27일, *Public Record Office*, *Exchequer Accounts* 396, 11, fol. 122 r. "마찬가지로 왕비가 같은 날, 같은 장소인 왕비

사실 이러한 종류의 사료로서 현재 남아 있는 것은 이것이 유일하다. 그러나 일반적 규칙상 왕비의 개인적 지출은 국왕의 지출보다는 정보가 부족하게 마련이다. 아마도 왕실 회계장부가 더 잘 보존되었더라면 적어도 14세기에 대해서는 1369년 회계장부에 우연히 포함되어 우리에게 전해진 것과 유사한 기록을 더 찾아낼 수 있었을 것이다. 당연히 필리파는 비천한 신분이 아니었다. 그녀는 왕관을 쓰고 있다. 그러나 주의해야 할 점은 다른 여자와 마찬가지로 단지 왕비일 뿐이고 메리 튜더나 엘리자베스 또는 빅토리아처럼 세습적 직위로 통치한 것이 아니었다. 그녀는 단지 에노 백작의 딸일 뿐이며 그녀의 위엄은 오직 왕과의 결합으로부터 나온 것이었다. 이러한 입장에 있는 왕비가 연주창 환자를 만져서 치료한 적은 결코 없다. 연주창을 치료하기 위해서는 완전한 의미에서 진정한 왕의 손이 아니면 안 되었다. 이제 살펴보겠지만 15세기 중반 '경련반지' 의식이 새로운 성격을 갖게 되고 왕이 의식에서 차지하는 비중이 과거보다 훨씬 중요해졌을 때, 사람들은 과거에 왕비도 그 의식을 효과적으로 수행했다는 사실을 완전히 잊어버렸다. 에드워드 3세 치세에 사람들은 아직 거기까지 가지는 않았다. 즉 여전히 제단과 십자가에 의해 축성되는 행위가 가장 본질적인 행위로 간주되고 있었다. 왜 태생이 고귀하고 신분이 높은 여자가 할 수 없었을까?

이 당시 반지를 이용한 치료는 왕이 수행하는 기적의 능력의 범위에 포함되어 있지 않았다. 에드워드 3세 치세에 브래드워딘 주교는 자신이 발견할 수 있었던 기적의 사례들 중에서 가장 두드러진 것으로 왕의 치료 기적을 들며 이에 해당하는 사례들을 길게 늘어놓았는데, 여기에서 연주창 손대기 치료 말고는 발견할 수 없다.[35] 여기서는 경련반지에 대한 어떤 암시도 발견할 수 없다. 경련반지는 한 세기 뒤에야 왕의 초자연적 능력의 표현들 중 하나로 포함되기 시작했다. 그러나 그때부터 이 의례는 면모를 일신했다.

내가 아는 한, 반지 축성이 영국 왕실과 불가분의 관계인 신의 축성 중 하나

의 예배당에서 예배를 보며 십자가에 경배한다. 이에 5수 지급. 그 봉헌에서 치료반지를 만들기 위해 되사는 데에 지불한 5수 지급.

35) 위 2부 1장 각주 20 참조.

이며 시민권에 속한다고 한 첫 번째 작가는 다름 아닌 포테스큐 경이었다. 이
사람의 이름과 그가 쓴 연주창에 관한 저작에 대해서는 앞서 살펴본 바가 있
다. 스코틀랜드에 망명가 있던 그가 1461년 4월부터 1463년 7월 사이에 요크
공작을 공격하며 쓴 저작 중에서 「랭카스터 가문의 권리 옹호」(Defensio juris
domus Lancastriae)라는 글이 있다. 그는 이 글에서 모계를 통한 상속이 왕의
특권을 전달해주지 못한다는 것을 보여주려고 했다. 그가 사실상 말하고 싶었
던 것은 설사 왕비라고 하더라도 여자의 손에는 도유를 하지 않는다는 것이었
다. 사실 영국에서는 그것이 왕의 배우자에 대한 규정이었다. 그러나 메리 튜
더, 엘리자베스, 제임스 2세의 딸 메리, 앤, 빅토리아 등 상속권에 따라 왕위에
오른 여왕들은 이 규정을 지키지 않았다는 점에 주목할 필요가 있다.[36]

　이 논색은 계속 말하기를, 국왕이 가지고 있는 기적의 능력을 왕비가 갖지
못하는 이유가 바로 여기에, 즉 도유를 받지 않았다는 데에 있다고 했다. 그러
므로 어떤 왕비도 단지 만지기만 해서 연주창 환자를 치료할 수는 없는 것이
다. 포테스큐는 덧붙여 이렇게 말했다. "마찬가지로 연례 관습에 따라 성금요
일에 영국 왕이 축성된 손, 즉 신성한 손으로 금과 은을 경건하게 만지고 봉헌
하면 이 금과 은은 경련과 간질을 치료해준다. 이러한 금과 은으로 만들어진
반지를 환자가 손에 끼고 있으면 치료된다는 관습은 세계 여러 곳에서 흔히 발
견된다. 이러한 은총은 왕비에게 부여된 것이 아니다. 왜냐하면 그녀는 손에
축성을 받지 않았기 때문이다."[37] 우리가 바로 앞에서 살펴보았던 왕비 필리

---

36) 메리 튜더에 대해서는 경련반지와 관련된 기도문 자체에 명확히 나와 있다. 이 책 207쪽. 제
　　임스 2세의 딸인 메리와 빅토리아에 대해서는 그들의 즉위식과 관련된 문서에 나와 있다.
　　L.G.W. Legg, *English Coronation Records*, p.328, p.370. 엘리자베스와 아넬(Annel)에 대해서
　　는 어떤 직접 증거도 없지만, 전자의 경우 메리 튜더를, 후자의 경우 또 다른 메리를 따르하
　　지 않을 이유는 없어 보인다. 손에 시행하는 도유가 왕비에게 금지되어 있었다는 사실은 다
　　양한 영국 축성 의례에서 확인할 수 있다. Legg, *loc. cit.*, p.101, p.177, p.235, pp.266~267,
　　p.310.
37) 이 사료는 이미 출판되어 있다. J. Freind, *The history of Physick*, 5e éd., 2, 1758, p.[32]에 있으
　　며, 크로퍼드 역시 이것을 이용했는데, 이것은 대영박물관 Cotton(Claud, A. VIII?)의 필사
　　본을 근거로 했다. Crawfurd, *King's Evil*, p.45. 그러나 크로퍼드는 『랭카스터 가문의 권리 옹
　　호』가 출판된 적이 없다고 생각하는 오류를 범했다. 그러나 정확하게는 아니지만, 클레르몽

파 드 에노의 시대는 이미 먼 과거가 되어버렸다. 포테스큐 생각에 제단에서의 축성, 봉헌, 그리고 되사는 척하는 행위 등은 이제는 의례에서 부차적 지위밖에 차지하지 않았다. 치료도구가 되는 금속은 그것을 만지는 신성한 손에서 그 힘을 얻는다. 더 정확하게 분석하면, 그의 존엄한 손 위에 부어지는 신성한 기름이 오래전부터 그들에게 연주창을 치료할 능력을 준다고 여겨졌고, 바로 이 기름에서 금속이 힘을 얻는다. 왕의 기적이 모든 것을 흡수한 것이다.

그런데 이 시대 이후 사고의 진전은 의식 자체의 형태가 크게 변함에 따라 매우 구체적인 형태로 나타나게 되었다. 알다시피 원래 반지는 성금요일 의식의 과정에서 제단에 봉헌된 금과 은을 나중에 녹여서 만들었다. 그런데 마침내 사람들은 미리 만들어서 그날은 가지고 가기만 하는 것이 더 편하다는 것을 알게 되었다. 그 이후 십자가 아래 잠시 놓아두는 것은 25실링으로 고정된 금액이 아니라 반지 자체가 되었다. 왕실 회계장부를 면밀히 조사해보면, 이러한 변화는 1413년에서 1442년 사이에 이루어졌음을 알 수 있으며, 아마도 헨리 6세 치세 초기일 가능성이 높다.[38] 이렇게 변형된 관습은 튜더 왕조 아래서 활발하게 계속되었다. 헨리 8세 치세에 우리에게 궁중 의식으로 알려져 있는 바에 따르면, 봉헌하기 전 반지를 담은 접시를 국왕에게 보여주는 특권은 참석자 중 지위가 가장 높은 귀족이 하도록 되어 있었다.[39] 그보다 조금 뒤, 메리 튜더

경(Lord Clermont)이 포테스큐의 저작들을 편찬하는 과정에서(이 책 2부 1장 각주 46) 이 문건 역시 출판된 적이 있었다. 우리가 관심이 있는 문단은 505쪽 이하에 있다. 이 판본은 크로퍼드의 판본과는 약간 다르다. 내가 보기에는 크로퍼드의 것이 더 낫다. 똑같은 주장이 영국의 한 소책자에 거의 같은 형식으로 재수록되었다. *Of the title of the House of York*, 이 책은 비슷한 시기에 포테스큐가 작성했다. Crawfurd, p.46; Lord Clermont, p.498. 마찬가지로 프랑스에서 샤를 5세 치세 때, 장 골랭은 부계상속에 유리하게 하기 위해 여자가 연주창 환자를 치료할 수 없다고 주장했다. 이 책 415쪽.

38) 부록 1, 495쪽.

39) 내가 아는 한, 이 의식과 관련된 필사본은 적어도 세 종류가 있다. (1) Bibl. Nat. anglais. 29, 이 판본은 헨리 8세 13년차 이후에 등장한다(fol. 1 v). 경련반지 내용은 14쪽 뒷면(fol. 14 v)에 나온다. 경련반지와 관련된 문단은 이 필사본에 근거해 다음 책에 실려 있다. the *Gentleman's Magazine*, 1834, I, p.48(*Gentleman's Magazine Library*, III, p.39), Crawfurd, *Cramp-rings*, p.167. (2) 1500년경 가터 기사단(Garter King of Arms)인 앙스티스(Anstis)의 장서에 있는 필사본으로 노섬벌랜드 공작의 장서(Duke of Northumberland Collection)에

의 기도서에서 경련반지를 축복하기 위해 치러지는 전례식에 관한 글 바로 앞에 기묘한 세밀삽화가 있는데, 이것은 보면, 여왕은 제단 앞에서 무릎을 꿇고 있다. 여왕이 사각형 구역 가장자리의 왼편과 오른편에 금으로 만든 접시가 두 개 놓여 있다. 화가는 이 그림에 간략하지만 무엇인지 알아볼 수 있는 작은 금속 원을 그려 넣었다.[40]

  헨리 6세 치세 초 즈음 처음으로 의식집전관이 전통적인 관습에 이러한 변화를 가져온 것으로 보이며, 이러한 변화는 실용적 목적에서만 이루어졌던 것 같다. 그는 불필요하다고 생각되는 복잡한 절차를 제거하려고 했다. 그러나 낡은 의례를 단순화하는 과정에서 그는 심각한 변화를 주게 되었다. 의례의 핵심인 법률적 허구는 반지를 만드는 데에 사용되는 재료가 진정으로 봉헌되는 물건이 될 때에만 의미가 있었다. 그것은 다른 일반적 봉헌물과 전혀 다름이 없어야 했다. 말하자면 사람들이 금이나 은이 잠시 제단이나 십자가의 완전한 소유가 된 것으로 여겨야 했으며, 의도를 가지고 봉헌을 했다는 느낌을 갖지 않아야 했다. 그런데 일반적인 종교의식 과정에서는 무엇이 봉헌되는가? 동전이다. 이런 연유로 국왕의 경련반지를 만드는 데에는 플로린화, 노블화, 스털링화가 사용되었고, 다른 치료반지를 만드는 데에는 소액화폐인 드니에가 사용되었으며, 사실인지 거짓인지 모르겠지만 오늘날에는 모금으로 모은 실링화가 사용된다. 반지를 곧장 제단에 봉헌하는 것은 봉헌이 가장된 것임을 인정하는 행위다. 그렇게 함으로써 오히려 가장된(simulacre) 의미를 걷어내버린다. 15세기 초부터 거짓 봉헌과 거짓 되사기라는 오래된 관습이 더 이상 의식에 포함되

보관되어 있다. 이 필사본에서 경련반지와 관련된 내용은 다음 책들에 실려 있다. T. Percy, *The regulations and establishment of the household of Henry Algernon Percy, the fifth Earl of Northumberland*, London, 1827(재발행), p.436. 그리고 퍼시 판본을 근거로 한 것도 있다. Maskell, *Monumenta ritualia*, 2e éd., III, p.390, n.1; by the *Gentleman's Magazine*, 1774, p.247(*Gentleman's Magazine Library*, III, p.38). (3) 세 번째 필사본은 계보 문장원(系譜紋章院, College of Arms, 문장과 관련된 왕의 문서를 보관해놓는 곳-옮긴이) 7번에 보관되어 있으며 16세기 전반에 작성되었다. Farquhar, *Royal Charities*, I, p.67, n.6, p.81, n.1(그리고 파카 여사와 개인적인 의견교환). 나는 크로퍼드 박사의 구절과 국립도서관 필사본을 비교해 교정했다. 그러나 다섯 번째 줄 괄호 친 낱말들은 크로퍼드 박사가 부가한 것이다.

40) 부록 2 참조.

지 않았을 것이다. 포테스큐와 헨리 8세의 의궤에는 단순히 국왕이 반지를 '주었다'고 적혀 있는데, 이 말은 제단에 잠시 두었다는 뜻임에 틀림없다. 일단 그렇게 되고 나면 그들이 보기에 의례는 끝난 것이나 다름없었다. 그 이후 주조 화폐 약간을 금속반지가 이전에 있었던 곳 근처에 놓는다고 한들 무슨 의미가 있겠는가? 이러한 일상적인 관대함을 표시하는 행위와 방금 이루어진 축성 의례 사이의 외적 관련성이 사라진 이상, 관대함을 표시하는 그 행위가 과거에는 의례의 중요한 부분이었다는 것을 기억하는 사람은 아무도 없다.[41]

또한 제단에 반지를 바치는 것조차 어느 날 의례의 중심에서 밀려났다. 이미 포테스큐가 살던 시대에 포테스큐의 글에서 왕은 자신의 손이 가지고 있는 기적의 능력을 반지에 주입하기 위해 반지를 만졌다. 어쨌든 메리 튜더 시대의 의궤는 이러한 행위를 완벽하게 보여주고 있다. 우연한 일이지만, 사실 경련반지의 축성 의례에 대해 우리가 자세히 아는 것은 메리 여왕의 치세, 즉 오래된 관습이 마지막으로 수행된 그 치세 이외에는 없다. 확실히 우연치고는 좋지 않지만, 과도하게 신경 쓸 필요는 없다. 왜냐하면 이 여왕이 오래된 신앙에 충실했으므로 궁정관례 중에서 고유한 종교적 행위를 하나도 없애지 않았을 것이고, 또한 개신교도였던 두 명의 선왕이 도입한 혁신을 유지했다고 보기도 어렵기 때문이다. 여왕이 준수했던 규칙은 이미 종교개혁 이전에 마지막 가톨릭 왕들도 준수했던 것들이었다. 경건한 메리 여왕 치하에서, 그리고 틀림없이 그 이전부터 성금요일에 왕의 행렬이 어떻게 진행되었는가를 메리 여왕의 미사

---

41) 이러한 되사기 행위는 메리 튜더 시대가 되면 그 의미가 어느 정도 잊히게 되어서, 베네치아인 파이타의 설명을 믿는다면, 여왕은 왕실금고가 제작한 반지는 물론이고, 개인 소유이지만 치료 목적으로 여왕에게 건네진 반지까지도 축성했다고 한다. 물론 일단 의식이 끝난 다음에는 그 반지를 돌려주었다. 톰슨이 주목한 바와 마찬가지로(M.C.J. Thompson, *Royal cramp and other medycinable rings*, p.9), 15세기부터 보석을 갖춘 경련반지가 몇몇 문헌에 등장하는 것도 이러한 사실(돌려받는 행위-옮긴이)로 설명될 수 있다. 만약 국왕의 축성을 받은 반지들을 경련반지로 간주한다면 이러한 보석반지들 역시, 개인이 이러한 목적으로 잠시 빌려준 반지라고 해석할 수밖에 없을 것이다. 그러나 문헌의 어느 곳에서도 이 반지가 '왕'의 경련반지인지 알 수 없으므로, 경련에 효험이 있다고 여겨지는 일종의 주술적 반지로 간주할 수도 있다.

전례서에 실린 의식에 따라,[42] 그리고 베네치아인 파이타(Faitta)가 직접 목격하고 증언한 바에 따라[43] 적어보면 다음과 같다.

여왕은 일단 십자가에 예배를 한 번 드린 뒤 사각형 울타리 안에 자리를 잡는다. 그 울타리는 제단 발치에 있으며 직물이나 융단으로 덮인 탁자 네 개로 이루어져 있다. 여왕은 무릎을 꿇는다. 그 옆에 반지가 가득 담긴 쟁반이 있다. 이미 살펴보았듯이 미사 기도서에 있는 바로 그 채색화에 담긴 장면이다. 우선 여왕은 꽤 긴 기도문을 외운다. 그중 주목할 만한 한 문단이 왕권의 신성함을 드높여주고 있다.

"전지전능하사 영원한 신이시여, 당신께시는 낭신에 의해 존엄한 왕이라는 꼭대기에 오른 자들이 한없는 은총으로 더욱 높아지고 당신의 능력을 전하는 수단이자 통로가 되기를 바라셨습니다. 그리고 그들이 당신에 의해, 그리고 당신의 뜻에 따라 통치하기를 바라셨습니다. 그리하여 다른 사람들에게 유용한 자가 되어 당신의 은총을 당신의 백성들에게 전달해주기를 바라셨습니다."

기도문을 외우고 난 뒤 반지를 향해 다른 기도를 하고 은총의 문구를 두 가지 말한다. 여기서 간질을 악마의 질병이라고 생각한다는 것이 드러난다.

"신이시여, 이 반지에 축복을 내리시고 신성하게 해주옵소서." 그리고 두 번째 문구가 이 점에 대해 특별히 명시적으로 표현하고 있다. "그리하여 이 반지를 끼는 모든 이를 사탄의 함정으로부터 벗어나게 하옵시고 신경질환과 간질의

---

42) 메리 튜더의 기도서는 웨스트민스터 성당 도서관에 보관되어 있다. 부록 2 참조. 이 기도서에 따른 경련반지 의식은 여러 차례 출간되었다. 특히 다음 책들을 참조하라. Gilbert Burnett, *The history of the reformation*, éd. Pocock, V, London, 1865, p.445; Wilkins, *Concilia Magnae Britanniae et Hibernaie*, IV, fol. 1737, p.103; S. Pegge, *Curialia Miscellanea*, London, 1818, p.164; Crawfurd, *Cramp-rings*, p.182. 이 전례의 영어 번역은 제임스 2세 치세부터 있었다. 이 책 389쪽, n.3 참조.

43) *Calendar of State Papers*, Venice, VI, 1, no. 473, p.436. 파이타는 폴 추기경(Cardinal Pole)의 비서였다. 그는 1556년 4월 4일 메리가 반지를 축성하는 모습을 보았다.

위험으로부터 보호해주소서."

그리고 참석한 성직자들이 시편을 낭송하고 새로 기도를 올리는데, 이번에는 다소 이상한 걱정이 섞여 있다. 그것은 의식이 어떤 금지된 마법에 호소하는 것이 아니라는 점을 강조한다. "모든 미신이 달아나고 악마의 속임수로 의심되는 모든 것이 사라지기를!"

그리고 나서 본질적인 행위를 한다. 여왕은 반지를 가지고 하나씩 하나씩 손으로 문지른다. 그러면서 몇 마디 말을 하는데, 이 말이 그 어떤 말보다도 이 행위를 잘 설명하고 있다.

> "주여, 이 반지를 축복하소서. 당신의 선함 속에서 축복의 이슬로 이 반지들을 적셔주시고, 성유를 뿌려 우리를 사제의 품계에 오르게 하여 성스러움을 주셨으니 우리의 손이 문지름으로써 축성하도록 해주소서. 그리하여 자연적인 금속이 제공할 수 없는 것이 당신의 위대한 은총에 의해 제공되도록 하소서."[44]

마지막으로 본래 의미의 종교적 행위가 온다. 반지에 성수를 뿌리는데, 여왕이 직접 하는지 성당 사제가 하는지는 알 수 없다. 그러면 여왕과 참석자들은 다시 한 번 기도문을 몇 줄 외운다.

잘 살펴보자. 성수가 한 차례 사용된 것을 제외하면, 국왕의 초자연적 능력으로부터 발산되는 위력이 모든 것을 없애버렸다고 할 수 있다. 사실 의식에서 성수를 사용하는 것도 흔히 신앙에 대한 일상적 관심에서 비롯된 것이며, 연주창 환자를 치료할 때 성십자가를 긋는 표시와 유사한 것이다. 미사기도에도, 베네치아인의 기록에도 반지의 되사기에 대한 언급은 없으며, 심지어 제단에 놓는 행위에 대한 언급도 없다. 그럼에도 불구하고 전통 의례에서 마지막에 행해졌던 이 행위가 메리 튜더 시대에도 행해졌을 가능성이 높다. 그것은 헨리 8세 시대에도 확실히 수행되었을 것이다. 메리 여왕이 그것을 없애버려야 할 이

---

44) Crawfurd, pp.182~184.

유가 없다. 여왕은 확실히 기도 다음에 그 행위를 했을 것이다. 그렇기 때문에 이 행위가 기도서에 기록되지 않았던 것이다. 그리고 어느 누구도 여기에 중요성을 부여하지 않았다. 그래서 파이타도 침묵했다. 이제 의례의 정점은 다른 곳에 있었다. 이 의식에서 군주는 연주창 환자를 치료할 때처럼 노력을 아끼지 않았고, 특히 도유로 '신성화된' 두 손 사이에 반지를 넣고 비비는 것은 공식 기도 끝에 나타나는 가장 중요한 축성 행위다. 에드워드 2세의 흥미로운 계획에 따라 14세기 초에 시작된 발전과정이 마침내 이루어진 것이다. 이로써 낡은 비법들은 왕만이 할 수 있는 기적 속에 묻히게 되었다. 이러한 변화의 마지막 단계는 1500년경일 것이다.

앞서 살펴보았듯이, 16세기 초에는 경련반지를 에드워드 고해왕에 대한 기억과 결합시키려고 했다. 에드워드 고해왕은 이미 연주창 환자의 치료사였다. 어쨌든 이렇게 해서 경련반지는 국왕의 기적 목록 안에 포함되었다. 나중에 입증할 기회가 있겠지만, 영국 왕에게 부여된 이러한 새로운 형태의 기적 능력 역시 이 시기, 즉 르네상스 직전 시기에 절정에 달했다. 사실 르네상스 직전까지 사람들이 제단과 십자가의 힘으로 돌리던 치료능력을 국왕 자신이 행사함으로써 가져가버렸는데, 국왕의 이러한 찬탈 행위야말로 신성한 왕권이라는 오래된 개념 속에 내재되어 있던 힘을 보여주는 가장 좋은 사례다.

3 연주창 손대기의 기원부터 르네상스까지
신성한 기적의 왕권

사제로서의 왕권

이미 살펴보았듯이, 치료 의례는 왕의 초자연적 성격과 관련된 오래된 관념에서 탄생했다. 만약 이러한 믿음이 의례가 탄생한 직후 곧 없어져버렸다면, 이 의례는 지속되지 못했거나 적어도 큰 인기를 유지하지는 못했을 것이다. 그러나 없어지기는커녕 굳건하게 버텨냈고, 어떤 면에서는 새로운 미신과 혼합되면서 더 확대되었다. 손대기 치료가 지속적으로 성공을 거둔 것이나, 예전부터 내려오던 반지의 주술적 치료법이 왕실의 진정한 의식으로 변화된 것을 설명하기 위해서는 무엇보다도 각각의 관습을 종교적 숭배의 분위기, 즉 중세의 마지막 4, 5세기 동안에 백성들이 군주를 에워쌌던 경이로운 분위기 속에 놓고 보아야 한다.

가톨릭 세계에서 초자연적인 것에 친숙할 수 있는 권리는 원칙적으로 매우 엄격하게 제한된 신자집단에게만 주어졌다. 즉 사제, 성무에 봉사하는 수도 성직자, 최소한 서품을 받은 사제여야 했다. 직업으로서 이승과 저승을 연결하는 이러한 중개자들에 비해, 기적을 행하는 왕은 단순한 속인이므로, 사제의 권리를 찬탈한 자로 비춰질 우려는 없었을까? 사실 우리가 이미 알고 있듯이 그레고리우스파(11~12세기 교회의 개혁운동을 이끈 집단-옮긴이)와 그 후계자들은 그렇게 생각했다. 그러나 그 시대 사람들은 대부분 그렇지 않았다. 왜냐하면 여론의 관점에서 보면, 국왕은 순수하게 속인은 아니었기 때문이다. 일반적으로 믿기에, 국왕으로부터 발산되는 위엄 덕분에 국왕은 거의 사제와 같은 성격을 지닌 것으로 보였다.

사제라는 단어 앞에 '거의'라는 말을 반드시 붙여서 말해야 한다. 왕과 사제가 완전히 똑같은 것은 아니었고 똑같을 수도 없었다. 가톨릭의 입장에서 보면 사제는 완벽하게 정의된 초자연적 질서에 관한 특권이 있다. 중세에 아무리 강력하고 오만한 군주라고 하더라도 미사에서 성체를 축성하거나 빵과 포도주를 봉헌하며 하느님을 제단으로 모실 수 있다고 여겨지지는 않았다. 교황 그레고리우스 7세는 황제가 악마를 쫓아낼 줄도 모르므로 퇴마사(exorciste)보다도 못한 사람으로 간주되어야 한다고 가차 없이 지적했다. 고대 게르만 사회나 호메로스 시대의 그리스 같은 다른 문명에서는 완전한 의미에서의 사제왕이 존재했을 수 있다. 중세 기독교 사회에서는 이러한 혼성(hybride) 권위는 생각조차 할 수 없었다. 그레고리우스 개혁파들이 명확하게 본 것이 바로 이것이다.

이 진영의 문필가들 중 출신지 이외에는 밝혀지지 않아서 라틴어 이름 그대로 '호노리우스 아우구스토두넨시스(Honorius Augustodunensis, 아우구스토두넨시스는 프랑스 중부 오툉이라는 도시의 라틴어 표기-옮긴이)라는 한 작가는 그 당시 이 점에 관한 군주들의 주장을 신성모독이자 개념 혼동이라고 비난했다. 1123년 이후 작성된 한 논고에서 그는, 사람은 성직자이거나 속인이거나 수도사인데(수도사는 서품을 받지 않지만 성직자의 일부로 간주되었다) 왕은 품계를 받지 않으므로 성직자가 아니라고 했다. "게다가 그는 아내와 칼이 있으므로 수도사로 간주할 수도 없다." 그러므로 그는 속인이다.[1] 그의 논

---

1) *Summa gloria de Apostolieo et Augusto*; *Monumenta Germaniae, Libelli de lite*, t. III, c.9, p.69; *Quod rex sit laicus*. "왕은 속인이거나 성직자이거나 둘 중 하나다. 만약 그가 속인이 아니라면 성직자여야 한다. 그리고 성직자라면, 수문품(守門品)이거나, 강경품(講經品)이거나, 구마품(驅魔品)이거나, 시종품(侍從品)이거나, 차부제품(次副祭品)이거나, 부제품(副祭品)이거나, 사제품(司祭品)이어야 한다(성사를 수행할 수 있는 7품계를 열거했음-옮긴이). 만약 그가 이 품계 중 어느 것에도 속하지 않는다면 성직자가 아니다. 나아가 속인도 아니고 성직자도 아니라면 수도사일 수 있다. 그러나 수도사는 칼도, 아내도 가지지 않는다." c.28, p.78도 참조하라. 매우 활발한 저술가였던 호노리우스의 성격은 아무리 연구해도 모호한 채로 남아 있다. 그러나 그가 독일인이었음은 확실하다(특히 다음 책을 참조하라. J.A. Endres, *Honorius Augustodunensis, Beitrag zur Gesehiehte des geistigen Lebens im 12. Jahrhundert*, Kempten and

증은 논리가 훌륭해서 재론할 여지가 없다. 그러나 논리는 대개 감정을 지배하지 않는다. 특히 감정 속에 오래된 신앙의 흔적이 담겨 있을 때, 혹은 감정의 뿌리가 이미 없어진 종교에까지 거슬러 올라가야 할 정도로 오래되거나 생각하는 방식이 느끼는 방식만을 찌꺼기로 남겨둘 정도로 오래되었을 때, 더욱 그렇다. 게다가 그 당시 모든 사람이 아우구스토두넨시스처럼 철저하게 명료한 정신을 가지고 있기는커녕 그 반대였다. 예를 들어 법률상의 실제에서 볼 수 있듯이, 실제로나 이론상으로나 중세에는 성직자와 단순한 신도가 그렇게 엄격하게 구분되지는 않았다. 그러한 엄격한 구분은 트렌토 공의회(1545~1563-옮긴이) 이후에야 이루어졌다. 아마도 이 당시에는 '혼합된' 상태라고 보면 될 것이다.[2] 왕 역시 자신이 사제가 아니라는 것을 알고 있었지만, 자신을 완전히 속인으로 간주하지도 않았다. 왕 측근에 있는 많은 사람 역시 이러한 감정을 공유하고 있었다.[3]

게다가 기원으로 보면 이교적이었던 이러한 오래된 관념이 기독교 국가에도 이미 오래전부터 퍼져 있었다.[4] 메로빙 왕조 초기에 포르투나투스의 시는

Munich, 1902).

2) 3장 각주 14, 50, 53. 독자들은 이에 관해 기발하지만 다소 과장된 설명을 다음 각주에 인용되어 있는 서스턴의 연구에서 볼 수 있다. Thurston, *The Coronation Ceremonial*, p.36. 성직자의 지위에 대한 법률적 정의를 내릴 때의 어려움에 대해서는 R. Génestal, *Le Privilegium fori en France du Décret de Gratien à la Fn du XIVe siècle*(Bibl. *École Hautes Études, Sc. religieuses*, vol. 35).

3) 레그(Wickam Legg)를 필두로 한 몇몇 영국 작가들은 중세 왕권의 반사제로서의 성격을 매우 강하게 강조했으며, 때때로 과도하다 싶을 정도였는데, 이는 명백히 종교적 호교론의 입장에 서 있기 때문이었다. 1902년 레그가 *Church Times*에 다음과 같이 썼다. "다음과 같은 점을 지적해두는 것이 좋겠다. 국왕의 교회 통치권 주장은 헨리 8세 때가 아니라 훨씬 오래전 시작되었다. 그러므로 왕은 이 특별한 업무를 수행하도록 교회 스스로 축성해준 교회의 사제다." 여기에 대해 반론이 시도되었는데, 그것은 마찬가지로 뻔한 의도로 예수회 수도사 서스턴이 제기했다. H. Thurston, *The Coronation Ceremonial*, 2nd ed., London, 1911. 그것은 상대 진영을 공격하는 데는 교묘하면서 때때로 핵심을 찌르는 변론이었으나, 부정할 때에는 너무도 단정적이어서, 내가 보기에는 전체적으로 레그의 주장보다 사실관계에서 떨어진다. 무엇보다도 이러한 낡은 논쟁이 여전히 현실 한 구석을 차지한다는 것이 역사가에는 얼마나 희한한 볼거리인가!

4) 왕을 사제로 생각하는 것은 중세에는 매우 친숙한 사고방식이었는데, 이러한 생각의 여러 기원 중에서 로마의 영향을 생각해볼 수 있지 않을까? 382년 그라티아누스(Gratianus) 이후 기

성경의 비유법을 이용하여 약간 감추기는 했지만 이러한 예를 보여주고 있다. 특히 카롤링 시대부터 이러한 관념이 어떻게 다시 힘을 얻어 국왕에게 도유식을 행했고, 일찍이 랭스의 힝크마르와 그의 세력 같은 국왕 측이 소리 높여 이 의례를 국왕에게 지극히 유리하게 해석했는지 이미 보았다. 페팽 이후 축성 의식은 규모에서나 화려함에서나 지속적으로 확대되었다. 리에주 주교 와종 (Wazon)이 신성로마제국 황제 하인리히 3세와 나눈 유명한 대화를 1050년경 성당참사위원 안셀무스(Anselm Saint-Lambert)의 기록을 통해서 들어보자. 와종은 1046년 할당 병력을 군대에 보내지 않았다는 이유로 황제 법정에 소환 당했다. 재판 당일 와종은 서 있어야만 했고 어느 누구도 황제의 총애를 잃은 성직자에게 자리를 제공하려고 하지 않았다. 그는 군주에게 불평했다.

비록 사람들이 나이든 자신을 존경하지는 않는다고 하더라도 적어도 성유로 축성을 수행하는 성직자에게는 존경을 표해야 하지 않느냐고 말이다. 그러나 황제는 "모든 사람들에게 명령할 권한이 있는 나 역시 성유로 축성을 받았다" 라고 말했다. 앞서 말한 안셀무스의 기록에 따르면, 이에 대해 와종은 성직자

독교 황제들은 '대사제장(Pontifex Maximus)'이라는 오래된 이교적 전통의 칭호를 포기했다. 그러나 적어도 5세기까지 황제는 공식적인 경칭 표현 중에서 어떤 것에서는 제사장 칭호를 유지했다(이에 관해서는 다음 책을 참조하라. J.B. Sägmüller, *Lehrbuch des katholischen Kirchenrechts*, 3e éd., I, Freiburg en B, 1914, pp.51~52). 444년 콘스탄티노플 종교회의에서 교부들은 공식적인 환영사에서 '대제사장인 왕(ἀρχιερεί βασιλεί[πολλὰ τὰ ἔτη] (archierei vasilei[polla ta eti])'이라고 외쳤다. 마찬가지로 451년 칼케돈 공의회에서도 '사제에게, 그리고 왕에게(τῷ ίερεῖ, τῷ βασιλεῖ)라고 했다(Mansi, Concilia, VI, col. 733, VII, col. 177). 얼마 지나지 않아서 대교황 레오는 황제인 레오 1세에게 이렇게 썼다. '사제이면서 사도인 당신의 경건한 정신(ep. CL VI, Migne, *P.L*, t. 54, col. 1131).' 그러나 이 문구는 라틴 교회법 대전에 포함되지 않았다. 그리고 서유럽의 작가들이 인용하지 않았을 뿐만 아니라, 심지어 알지도 못 했던 것 같다. 콘스탄티누스가 자신을 '외부의 주교(τῶν ἐχτὸς······ ἐπισχοπος)'라고 칭했다 는 에우세비우스의 유명한 구절도 마찬가지다(이 책 2부 5장 각주 111참조). 훨씬 이후, 즉 17 세기에서야 학문의 부활 덕택에 이 오래된 기억이 어느 정도 영향력을 갖게 되었다. 이 책 350 쪽 참조. 틀림없이 몇몇 법률가 황제에게 부여된 사제로서의 특성을 입증하기 위해 로마법 대전에서 차용한 기욤 뒤랑의 문구를 이용했을 것이다. *Rationale divinorum officiorum*, II, 8(éd. de Lyons, pet. in-8, 1584, p.56 v.) (*Ibid.*, I, II, p.62. "그리하여 로마 황제는 사제라고 불렀다"). 언급된 문구는 Ulpian, *Dig.* I, i, 1에 있는데, 실제로 황제에게 적용되기보다는 법률가 들의 관심을 끌었다.

의 도유가 왕의 도유보다 위에 있다고 강력하게 반박했다. "이 두 가지는 각각 삶과 죽음만큼이나 차이가 있다."[5] 이 대화가 정말로 안셀무스가 우리에게 전해준 형식 그대로 이루어졌을까? 그러한 의문을 품을 수는 있지만 중요한 점은 그것은 별로 중요하지 않다는 것이다. 그러한 의심은 그들의 심리적 실체를 변화시키지 못한다. 당시 연대기 작가가 황제와 성직자 사이의 상반된 견해를 정확하게 드러냈다는 사실만으로도 안셀무스가 전해주는 이야기는 충분히 시사적이다. "나 역시 성유로 도유를 받았다……." 하인리히 3세가 직접 한 말이라며 안셀무스가 전하는 바에 따르면, 하인리히가 "육신에 대한 지배라는 관념에 근거해 주교의 모든 권리를 빼앗으려고" 했을 때, 이 황제, 그것도 독실한 이 황제는 자신이 축성일에 신성한 자국, 즉 도유를 받았다는 사실을 기억하고 있었으므로 정당한 권리를 주장하고 있다고 느꼈다.

이 주제에 관해 왕권에 충성하는 자들의 이론이 특히 명확해진 것은 1100년경이었다. 왜냐하면 그레고리우스 개혁 논쟁이 각 당파로 하여금 더 이상 모호한 태도를 취할 수 없게 만들었기 때문이다. 아우구스토두넨시스 역시 다른 저작에서 말하기를, 자만심에 가득 찬 이 '떠버리들'은 왕이 사제에게서 도유를 받았기 때문에 속인으로 간주되지 않아야 한다고 주장했다고 한다.[6] 우리는 이미 이 '떠버리들' 중 몇몇을 안다. 사실 그들의 주장의 명쾌함은 더 이상 바랄 바가 없다. 기 도스나브뤼크(Gui d'Osnabrück)를 예로 들어보자. 1084년인지 1085년인지 명확하지 않으나 그는 「힐데브란트와 황제 하인리히 사이의 논쟁에 대해」(힐데브란트는 개혁 교황 그레고리우스 7세의 세속 이름-옮긴이)라

---

5) *Anselmi Gesta Episcop. Leod.*, c.66; *Monumenta Germaniae* 88, VII, pp.229~230. "이러한 직위에 있는 사람으로서는 자연스러운 일인데, 사실 황제는 주교의 권한을 누리려고 했다. 그리하여 그는 '나에게 명령권이 부여되었을 때도 마찬가지로 나는 신성한 기름으로 도유되었다'라고 말했다. 이에 대해 주교는 진리와 정의에 대한 열정에 사로잡혀서 이렇게 간략하게 말해야 한다고 생각했다. '폐하가 인정받은 도유는 사제의 것과는 매우 다릅니다. 폐하는 그것으로 죽음에 이르게 되지만 우리는 신의 권위를 통해 고귀한 삶에 이릅니다. 그러한 이유로 삶이란 죽음보다 훨씬 낫고, 이와 마찬가지로 의심할 바 없이 우리의 도유가 폐하의 도유보다 낫습니다.'" 이에 관해서는 다음 참조. E. Steindorff, *Jahrbuch des deutschen Reichs unter Heinrich III*, 2, pp.50~51.
6) *Summa gloria*, c.9.

는 논문을 썼다. 그는 논문에서 이렇게 말했다. "왕은 속인 대중과는 별개의 존재이다. 왜냐하면 왕은 축성된 기름으로 도유를 받고 성직에 참여하기 때문이다."[7] 그리고 조금 뒤 영국에서 요크 익명작가가 "왕은 하느님의 도유를 받았으므로 속인이라고 할 수 없다"라고 썼다.[8]

솔직히 말하면, 이처럼 명백하게 단정한 논쟁가들은 대부분 제국의 신민이었다. 요크 익명작가가 보여준 거만함은 자신의 나라, 즉 영국에서는 반복되지 않았다. 우리가 이미 살펴보았듯이, 세속권력의 옹호자들은 적어도 이 당시에는 거의 대부분 황제 진영에서 나왔다. 프랑스와 영국에서는 다른 곳과 마찬가지로 왕이 고집스럽게 교회를 지배하려고 했다. 게다가 상당히 성공하기도 했다. 그러나 중세의 마지막 두 세기에 교회의 위기가 올 때까지 왕들은 일반적으로 자신들의 반(半)제사장적 성격을 공공연히 주장하기를 삼갔다. 이러한 긴 침묵은 비슷한 시기의 문헌에서 연주창 치료에 대해 침묵한 것과 일치한다. 그러나 몇몇 지도적 이념들은 공개적으로 표현되지도 않고 모든 사람에 의해 의식적으로 받아들여지지 않으면서도 상당한 행동을 가져오는데, 이런 다른 지도적 이념들을 능가할 정도로 이 침묵이 완벽한 것은 아니었다. 특히 프랑스에서 거의 공식 역사가라고 할 수 있는 수도원장 쉬제(Suger)는 루이 6세의 축성식 날에 왕이 '교회의 검'을 찬 것으로 표현했다.[9] 특히 루이 7세

---

7) *De controversia inter Hildebrandum et Heinricum imperatorem*; *Libelli de Lite*, I, p.467. "어떤 속인도 교회의 직분을 가질 수 없다. 비록 왕은 다른 속인들과 구분되어 축성된 기름으로 도유를 받고 사제의 직무에 참여하기는 하지만……." 같은 당파의 다른 논쟁가들의 글 인용과 그들의 반대자 평판에 대해서는 Heinrich Böhmer, *Kirche und Staat in England und der Normandie*, p.235; Kern, *Gottesgnadentum*, p.86, n.152 참조. 교권파 연대기 작가들이 헨리 5세의 입을 빌려 쓴 용어는 다음과 같다. "그의 도당은 그를 주인임과 동시에 최고 제사장이기도 하다고 말한다." Laurentius, *Gesta episcop. Virdunensium*; *Monumenta Germ.*, SS., XVIII, p.502.

8) *Monumenta Germaniae*, *Libelli de lite*, III, p.677.

9) Vie de Louis le Gros, c. XIV, éd. A. Molinier(*Collection de textes pour servir à l'étude …… de l'hist.*), p.40. "세속 병사의 검을 버리고 악을 벌하기 위해 교회의 검으로 무장한다." 이와 같은 생각에 대해서는 *ibid.*, XVIII, p.62. "신의 일부로서 그의 이미지를 구현하는 왕에게 호소한다." 첫 번째 문구를 누가복음(22장 38절)에 나오는 검을 암시하는 것으로 간주해야 할지 아닐지는 알 수 없다. 교황파이건 세속권 옹호자이건 둘 다 반대논리를 누가복음에서 가져왔다.

치세에 파리 주교에게 호의적으로 작성된 유명한 1143년 특허장의 서문에서 이렇게 썼다. "구약의 율법에 따라 그리고 오늘날에는 교회법에 따라 왕과 사제(sacerdos)만이 신성한 기름으로 축성받을 수 있다는 것을 우리는 알고 있다. 모든 사람들 중에서 그들만이 신성불가침의 성유로 결합했으므로 그들은 신의 백성들 중 우두머리이며, 영적인 재산과 마찬가지로, 세속의 재산도 자신의 백성들에게 보장해주고, 그들 사이에도 서로 재산을 보장해준다."[10] 이 선언은 이 문장이 포함된 완전한 구문을 놓고 볼 때보다 아실 뤼셰르(Achille Luchaire)가 했던 것처럼 마지막 문장을 지워버렸을 때 더 인상적이다.[11] 왜냐

쉬제의 시대에 성 베르나르두스에 반대하던 조프루아 드 방돔(Geoffroi de Vendôme) 역시 이것을 이용했다. Paul Gennrich, *Die Staats-und Kirchenlehre Johanns von Salisbury*, Gotha, 1894, p.154, n.1; E. Jordan, "Dante et St Bernard," *Bulletin, Comité catholique français pour le centenaire de Dante*, 1922, pp.277~278.

10) A. Luchaire, *Études sur les actes de Louis VII*, 1885, no. 119 (뤼셰르가 언급한 판본에 더해 라스테리(R. de Lasteyrie)가 *Cartulaire de Paris*(*Histoire Générale de Paris*), no. 302에서 언급한 판본도 있다. 뤼셰르 본이 가장 좋다). 이 인용문에서 'sacerdotes'를 주교로 번역하는 것이 좋을지 의문이 있다. 엄격한 의미에서 성스러운 향유(聖香油, chrême)는 주교의 특권이며 사제의 특권은 아니었기 때문이다(이 책 226쪽 참조). 그러나 이 시기 문헌에서 '성스러운 향유(chrisma)'는 때때로 단순히 신성한 기름을 나타냈다. 본래의 번역을 유지하는 것, 즉 사제로 번역하는 것이 신중한 태도라고 생각한다. 루이 7세의 머릿속에서 사제라고 하면 국왕의 자연스러운 동맹자로서 주교를 염두에 두었던 것임을 잊어서는 안 된다. 동시에 특허장 자체가 대체로 주교의 이익을 위한 것이었다는 점도 잊어서는 안 된다. 루이 7세의 특허장 서문은 몇 년 뒤 오토 폰 프라이징(Otto von Freising)이 묘사한 바르바로사의 축성식과 비교해볼 수 있다. 황제가 축성을 받은 바로 그날, 같은 교회에서 같은 주교들이 뮌스터(Münster) 선제후 주교를 축성했다. "사실 지체 높으신 왕과 사제들이 유쾌한 기분으로 참석했는데, 이것은 매우 좋은 전조였다. 같은 날 같은 교회에서 옛날 제도와 오늘날 제도에 따라 도유를 받았고, 예수 하느님에 대한 기도문이 낭송되었으며, 사람들이 도유받는 것을 보았다."(*Gesta Friderici*, II, c.3; *Scriptor. rer. germ. ad usum scholarum*, 3e éd., p.105) 게다가 프랑스와 독일 국왕의 축성식에 사용된 공통된 전례식 문구에 같은 이념이 표현되었다. "왕관을 받아들이라. 주교의 손으로 네 머리에 얹어놓는다. 이로써 너를 우리 성무에 참여시키게 되었다. 안에서는 우리가 영혼의 사제이자 주관자이듯, 너도 밖에서 항상 신의 경작자로서 봉사하라."(Waitz, *Die Formeln der Deutschen Königs-und der Römischen Kaiserskrönung*, Göttingen, 1872, p.42, p.74, p.82) 그리고 다소 변형된 형식의 문구는 다음 책을 참조하라. Dewick, *The coronation book of Charles V of France*(*Henry Bradshaw Soc.*, XVI), London, 1899, col. 36.

11) *Histoire des Institutions monarchiques*, 2nd éd., 1890, I, p.42. 같은 책(I, p.41)에서 뤼셰르는 앙

하면 "서로 재산을 보장해준다"는 몇 마디 말에서 영적 재산의 관리가 사제의 일이라는 생각을 끌어낼 수 있고, 사제 또한 국왕에게 보장했으므로 마찬가지로 세속 재산의 관리가 세속군주의 일임을 생각해낼 수 있기 때문이다. 그러므로 두 권력은 안전하게 분리되었다. 그러나 이러한 종류의 균형, 다른 말로 표현하면 왕과 성직자 두 도유자 사이의 동맹은 여전히 중요했다. 이러한 분리의 원칙은 그 당시 프랑스의 문헌에서 거의 찾아볼 수 없으며 비슷한 어조조차도 전혀 없다는 사실에 비추어보면 그 중요성은 너무도 크다. 지금까지 역사가들이 알아내지 못한 것으로 보이는 점은 이 문헌이 매우 특별한 상황에서 일어난 대립에 기원을 두고 있었다는 것이다. 1143년 로마와 프랑스 궁정 사이에 아주 심각한 분쟁이 일어났다. 교황 이누켄티으느 2세는 국왕의 반대에도 불구하고 성낭잠사회에서 선출한 부르주의 대주교 피에르 드 샤트르(Pierre de Châtre)에게 축성을 해주었다. 이리하여 국왕은 프랑스 왕국 내에서의 성무를 금지시켰다.

우리가 알고 있는 것은 그뿐이 아니다. 특허장에 부서(副書)하고 거기에 책임을 져야 했던 상서의 이름을 알고 있는데, 부르주 주교좌 경쟁에서 교황 측 후보에게 패한 카뒤르크(Cadurc)라는 사람이 바로 그 사람이다.[12] 대담한 음모가였던 이 성직자는 교황청을 배려할 어떤 이유도 없었다. 반대로 그의 관심은 온통 도유의 특권이 높은 곳에서 울려 퍼져나가도록 하는 데 있었는데, 그 이유는 도유의 특권이 왕에게 성직자와 거의 같은 지위를 부여함으로써 성직자 선출에 간섭할 수 있는 지위를 부여할 듯이 보였기 때문이다. 쫓겨난 야심가의 계획, 혹은 원한은 그 당시 카페 왕조 정부가 관습적인 제한에서 빠져나왔음을 말해준다.

이제 영국으로 가보자. 프랑스의 루이 7세의 문서청이 성무를 금지하는 문

리 1세가 파리 교회에 수여한 문서를 인용했다. 이 문서에서는 왕권의 '신성한 직무'가 문제되었다(F. Soehnée, *Catalogue des actes de Henry 1*, Biblioth. *École Hautes Études*, p.161, no. 29). 확실한 것은 서문의 '신성한 직무(divinum ministerium)'라는 단어가 (교회를 향한) 관대함이라는 신성한 의무를 가리킨다는 것이다.

12) 이러한 사실에 대해서는 Laviss, *L'Histoire de France*, Lavisse, III, I, p.5에 있는 뤼셰르의 글을 참조하라. 그리고 Vacandard, *Saint Bernard*, s.d., II, p.183도 참조.

서를 발행하게 된 동기를 카뒤르크의 개인적 불만에서 찾아낸 것과 같은 분석을 영국에 대해 나보다 잘 알고 있는 학자가 해낼 수 있을지도 모른다. 그러나 1143년 문서의 서문에 나타난 사상의 흐름이 이웃 나라 사람과 마찬가지로 영국 사람에게도 낯익다는 점은 확실하다. 그것은 영국에서 13세기에 이것을 가지고 논쟁을 벌인 정통 신학자가 한 말을 통해 입증된다.

앞에서 인용한 바 있는, 헨리 3세에게 보낸 편지에서 링컨 주교 로버트 그로세테스트는 자신의 주군에게 왕의 도유가 진정 어떤 성격인지 보여주고 그 중요성을 강조하면서도, "사실 도유가 왕의 권위에 성직자보다 우월한, 심지어 동등한 특권을 부여해주는 것이 아니며 성무에 어울리는 특권을 부여해주지도 않는다"라는 점을 명확히 해야 한다고 생각했다.[13] 만약 그로세테스트가 교육하려는 사람들 주변에 이러한 혼동이 널리 퍼져 있지 않았다면, 틀림없이 그로세테스트는 자신이 보기에 아주 터무니없기조차 한 혼동을 방지하기 위해 이처럼 노력하지는 않았을 것이다. 그러므로 프랑스에서와 마찬가지로 영국에서도 혼동은 공공연히 지지되는 이론이라기보다는 일종의 정신적 경향에 머물러 있었다.

신성로마제국에서도 잘리에르 왕조가 단절된(1125년-옮긴이) 이후 왕권파들이 세속군주의 성격을 과거만큼 주장하지는 않았던 듯하다. 보름스 협약은 십자가와 반지에 의한 서임을 금지했으나, 왕에게는 독일 고위 성직자 선출에 대한 영향력을 부여했는데, 이것이 그레고리우스 개혁파에게는 특히 이론적으로 가치있는 일이었다. 마찬가지로 이들의 논쟁은 적어도 반대파가 원칙을 선언하는 것을 잠재우는 결과를 낳았다. 그럼에도 여기저기서 낡은 관념이 여전히 표명되었다. 1158년 유명한 교회법학자 볼로냐의 루피누스(Rufinus)가 쓴 글에 따르면, 성직자가 속인과 관계를 맺는 것을 금지하던 당시 규칙에 어긋나게 주교가 황제에게 충성 서약을 바치게 되었으므로 이를 정당화하기 위해 사람들은 "교회법이 허용하지 않는 것도 관습법에 의해 허용된다고 대답하

---

13) *Epistolae*, éd. Luard(*Rolls Series*), n.CXXIV, p.351; L.G.W. Legg, *English Coronation Records*, p.67.

거나 황제가 신성한 기름으로 축성을 받았으므로 전적으로 속인은 아니라고 말했다."[14] 그러나 독자의 해석에 맡겨지거나 방대한 법학대전 속에 매몰되어 있는 것과 같은 이러한 교과서적 주장은 이전 시대에 큰 반향을 일으켰던 논쟁과는 거리가 멀다. 게다가 호헨슈타우펜 왕조에서 월급을 받는 선전가들은 왕권 이론을 수립하기보다는 제국 이념을 이용하려고 했다. 그렇게 한 까닭은 황제 프리드리히 바르바로사가 말하듯이 그것이 로마 황제(Caesar)의 후계자라고 주장하는 근거가 될 뿐만 아니라, '모든 속주의 왕(rois des provinces),'[15] 즉 독일을 제외한 다른 나라의 우두머리라고 주장하는 근거가 될 수 있었기 때문이다. 곧 살펴보겠지만, 하인리히 4세와 하인리히 5세의 측근들이 열성적으로 했던 주장만큼이나 예리한 주장이 다른 기리에서 나타나려면 갈리칸 운동(17세가 프랑스 교회의 독립을 주장한 운동-옮긴이)이 나타날 때까지 기다려야 한다. 그러나 정치적 사상 또는 정치적 감정의 역사는 이론가들의 저작 속에만 있는 것은 아니다. 생각하거나 느끼는 어떤 방식은 책을 통해서보다는 일상생활의 사건에서 드러난다. 오랫동안 기적을 행하는 왕의 능력이라는 개념이 문헌에 인용되지 않은 채 치료 의례를 이끌어왔던 것과 마찬가지로, 사제 왕이라는 개념은 프랑스와 영국의 저술가들에게 거의 알려지지 않았고, 제국의 저술가들에게는 전혀 관심의 대상이 되지 못했지만, 수많은 관습, 언어습관, 생활습관의 특징 속에 명확하고 지속적으로 표현되어왔다.

먼저 축성을 살펴보자.

도유식은 왕의 특별한 행사였다. 프랑스에서는 왕의 지위와 너무나 완벽하게 연관되어 있어서 때때로 다른 신성한 행위를 모방하는 대제후들도 이것만큼은 절대 따라하지 않았다. 노르망디 공작은 루앙에서, 아키텐 공작은 리모주에서 종교의식의 중간에 칼이나 반지 또는 공작의 깃발이나 왕관을 사용할 수 있었지만, 성유의 사용은 결코 허용되지 않았다.[16] 이러한 특권적 의례는 매

---

14) *Summa Decretorum*, XXII, qu. 5, c.22 ; éd., J.F. v. Schulte, Giessen, 1892, p.360 ; éd. H. Singer, Paderborn, 1902, p.403.

15) Saxo Grarnmaticus, éd. A. Holder, p.539.

16) 노르망디 공작에 대해서는 Benedict of Peterborough, *Gesta Henrici regis*, éd. Stubbs, *Rolls*

우 오래되고 존중받는 전통으로 보호되었다. 우리가 그레고리우스 개혁이라고 하는 이념의 가장 열정적인 주장자들조차도 이러한 의례를 폐지하기를 원할 정도였다.[17] 이들은 최소한 사제 또는 주교의 성사와 왕의 성사가 지나치게 닮는 것을 막으려고 했다. 이를 위해 신학자와 전례학자들이 힘을 다했지만 그 성과는 미미했다.

가톨릭 교리 전체로 보면 성사와 관련된 이론은 가장 늦게 형성되었다. 성사의 이론은 스콜라철학의 영향 아래서야 비로소 확립되었다. 오랫동안 성사라는 말은 거의 아무런 구별 없이 사람이나 물건을 신성한 영역으로 옮기는 모든

Series, II, p.73(1189년 7월 20일 리처드 사자심왕은 루앙 대성당의 제단에서 주교, 고위 성직자, 기사 등이 참석한 가운데 '노르망디 공작의 검'을 받았다); Matthew Paris, Chronica majora, éd. Luard, Rolls Series, II, p.454; Historia Anglorum, éd. Madden, Rolls Series, II, p.79(실지왕 존, 1199년 4월 25일 검과 관을 받음). 훨씬 뒤 루이 11세의 형제인 샤를 드 프랑스의 즉위식과 관련된 증거는 다음을 참고. H. Stein, Charles de France, frère de Louis XI, 1921, p.146(반지, 검, 군기를 받음). 의식은 루앙 시립문서고(Arch. communales de Rouen)에 있는 사본 두 편을 통해서만 알려져 있다(Chéruel, Histoire de Rouen à l'époque communale, II, 1844, p.8; R. Delachenal, Histoire de Charles V, I, p.137, n.1). 이것들은 다음 책에 출판되어 있다. Duchesne, Historiae Normannorum Scriptores, fol. 1619, p.1050, 그리고 Martene, De antiquis Ecclesiae ritibus, II, col. 853(반지와 검). 아키텐 공작에 대해서는 『축성 전례서』(Ordo ad Benedicendum)라는 책이 있는데, 불행하게도 이것은 13세기 초 성가대장 엘리 드 리모주(Elie de Limoges)가 작성한 것이므로, 고대 관습과 관련해서는 그다지 확실하지 않은 문서다. 여기서 징표는 반지(생트 발레리(Ste-Valérie)의 것이라고 한다), 왕관(즉 '황금 고리, circulum aureum'), 군기, 검 그리고 모피였다(Histor. de France, XII, p.451). 고유의 프랑스에 속하지는 않지만 도피네에 대해서는 다음 책 참조 R. Delachenal, Histoire de Charles V, I, p.40. 기욤 뒤랑의 Pontificial(Bibl. Nat. MS. lat. 733, fol. 57)에는 다음과 같은 주석이 붙어 있다. "군주 혹은 궁정백작의 축성에 대해"; 여기에는 축복의 형식적 문구밖에 없다. 그것은 분명히 제국의 축성의식에서 차용되었을 것이다(Ibid., fol. 50 v). 그리고 매우 상투적이다. 물론 도유에 관한 언급은 없다.

17) 게다가 왕은 도유식을 중요한 특권으로 생각했으므로, 성사의 전통이 없는 왕조들은 종종 이 특권을 얻으려고 했다. 늦춰 잡아도 13세기가 되면 이 특권을 얻기 위해서는 교황의 허가가 필수적이라는 관념이 확립되어 있었다. 오랫동안 요청한 끝에 나바라 왕은 1257년, 스코틀랜드 왕은 1329년에 허가를 받았다. 그러므로 결국 교황은 적어도 몇몇 나라에 영향력을 행사하는 원천으로 이 오래된 의례를 이용했다. 1204년 인노켄티우스 3세는 로마 교황청으로 찾아와 스스로 신하가 된 아라곤 왕 페드로 2세(Pedro II)에게 도유식을 해주었다. 이것이 아라곤 왕에 대한 도유식으로는 처음 한 것이다. 이 책 부록 3 각주 1 참조.

행위를 의미했다.[18] 그 당시에는 이 단어를 왕의 도유에 사용하는 것이 당연한 일이었다. 사람들은 이것을 잊지 않고 있었다. 이브 샤르트르(Yves Chartres) 같은 박식한 신학박사, 페트루스 다미아니(Petrus Damiani) 같은 열렬한 교회 개혁가, 토머스 아 베케트 같은 성직 우위권을 열렬히 옹호하는 성직자 등이 모두 주저 없이 그렇게 사용했다.[19] 그러므로 당시에는 왕의 도유에 성직자의 서품에 사용되는 단어와 같은 단어를 사용했다고 할 수 있다.

이 문제에 관한 교회의 이론은 좀더 엄격한 태도를 취하고 있다. 사람들은 7 성사만을 성사로 인정했다. 성직서품은 성사에 속하는 데 반해 왕의 성사는 제외되었다. 이리하여 사제를 탄생시키는 행위와 왕을 탄생시키는 행위 사이에 심연이 생겼다. 그러나 일상용어는 곧바로 폐기되지 않았다. 그러기는커녕 예진 용법대로 사용되었다. 신학자이자 철학자인 그로세테스트가 1235년에서 1253년 사이에 쓴 작품이나[20] 1257년에서 1260년 사이에 교황청 문서국 자체에서 발행한 교황문서도[21] 여전히 이러한 용법을 충실히 따르고 있었다. 매우 당연한 일이지만 속어로 쓰인 속인들의 작품에서는 이 용법이 아주 늦게까지 유지되었다. 14세기에 작성된 『샤를 대머리왕 이야기』를 보자.

18) 스콜라철학 이후 신학에서는 '성사(sacramentum)'와 '준성사(sacramentalia)'를 구별하지 않는다. 이 문제에 관해서는 명료한 설명이 있다. G.L. Hahn, *Die Lehre von den Sakramenten in ihrer geschichtlichen Entwicklung innerhalb der abendländischen Kirche bis zum Concil von Trient*, Breslau, 1864, 특히 p.104.

19) Ives de Chartres, Ep. CXIV(*Histor. de France*, XV, p.145); Peter Damian, *Sermo* LXIX, Migne, *P.L.*, vol. 144, col. 897 이하. *Liber gratissimus*, c. X(*Monumenta Germaniae, Libelli de lite*, I, p.31). 토머스 아 베케트가 헨리 2세에게 보낸 편지(*Materials for the History of Th. B., Rolls Series*, V, n. CLIV, p.280) 참조. 1부 1장 각주 25와 이 장 각주 25에서 인용한 피에르 드 블루아의 문구 참조; Hahn, *loc. cit.*, p.104에 인용된 위그 드 루앙(Hugue de Rouen)의 글도 참조; Otto de Freising, *Gesta Friderici*, II, c. III(Scriptor. rer. Germ., 3rd éd., p.104. "성스러운 도유식이 끝나면 왕관이 그에게 씌워진다). 이 문제를 잘 드러낸 사람은 케른이다. Kern, *Gottesgnadentum*, p.78, p.87, n.154.

20) 이 책 2부 3장 각주 13의 인용문 참조. '도유의 성사(unccionis sacramentum)'라는 표현.

21) Baronius-Raynaldus, éd. Theiner, XXII(1257, no. 57과 1260, no. 18), Potthast, *Regesta*, II, nos. 17054 and 17947 참조. 1318년 요한 22세의 태도에 대해서는 이 책 268쪽 참조.

그러한 이유로 내가 당신을 주인이라고 부르며,

당신은 프랑스에서 훌륭한 자로 인정을 받았습니다.

만약 랭스 교회에서 '성사'를 받지 않는다면

사람들은 살아 있는 자를 왕으로 받아들이지 않을 것입니다.[22]

이 모든 것이 단어에 대한 논란일 뿐이겠는가? 전혀 그렇지 않다. 오랫동안 성사라는 단어는 불완전하게 정의된 채 남아 있기는 했지만, 항상 초자연적 행위에 대한 관념을 포함하고 있었다. 성 아우구스티누스는 '신성한 존재의 가시적 표시'라고 말하기도 했다.[23] 조금이라도 신학 소양이 있는 작가라면 다른 의미로 사용할 수 없었다. 그 단어를 왕의 도유에 적용하는 것은 신성한 기름으로 왕을 축성함으로써 그의 영적 존재를 근본적으로 변화시키는 것을 명시적으로 표현하는 것이다. 그리고 실제로 일반적으로 그렇게 믿게 되었다. 열왕기에서 사무엘은 기름을 채운 항아리를 사울의 머리에 부은 뒤 "당신은 다른 사람이 되었습니다(mutaberis in verum alienum)"[24]라고 말했다. 사울의 성사는 기독교인 왕의 성사를 미리 보여준 것이다. 축성 효과를 강조하려고 하면서 어떻게 성경에서 이 구절을 빌려오지 않을 수 있겠는가? 11세기에 비포 (Wipo)는 마인츠 대주교의 입을 빌려 콘라트 2세 대관식 당일의 사례를 기록했다. 그 이후 피에르 드 블루아는 시칠리아 왕에게, 그리고 교황 알렉산드로스 4세는 보헤미아 왕에게 그것을 상기시켜주었다.[25] 이들이 문자 그대로 말했다는 것은 의심할 여지가 없다. 물론 왕의 도유를 나타내기 위해 성사라는

---

22) *Histoire littéraire*, XXVI, p.122.

23) *De catechizandis rudibus*, c. XXVI (Migne, *P.L.*, t.40, col. 344). "신성한 것의 표시는 눈에 보이지만, 신성한 것 자체는 눈에 보이지 않는다."

24) 사무엘서 상 10장 6절(블로크 원문에는 열왕기 1권 10장 6절로 되어 있다. 불가타 성경에서는 열왕기가 네 권으로 되어 있고, 그중 1, 2권의 히브리어 제목이 사무엘기(記)이다—옮긴이).

25) Wipo, *Gesta Chuonradi*, c. III, éd. H. Bresslau, *Scr. rer. Germ. in usum scholarum*, 3e éd., p.23; Pierre de Blois, ép. 10, Migne, *P.L.*, t.207, col. 29. 두 경우 모두 성경 구절이 비판이나 충고의 주제가 되었다. Alexander IV, 1260년 10월 6일 칙서: Raynaldus-Baronius, éd. Theiner, XXII, 1260, n.18; Potthast, *Regesta*, n.17947.

단어를 사용했을 때 이 단어가 일반적으로 무엇을 뜻하는지 알고 싶다면 그로 세테스트를 참조하면 된다. 지극한 정통주의자인데다가 아주 박식한 이 성직자에 따르면, 도유를 받은 왕은 "성령의 일곱 가지 능력을 받은 것이다." 이것은 견진성사 이론을 생각나게 하며, 심지어 그 성사의 의례를 생각나게 한다.[26] 요컨대 도유 성사를 받음으로써 국왕은 새로이 신비로운 삶을 살게 된 것이다. 성직자의 서품과 단어에서 유사한 만큼이나 개념에서의 심각한 변화를 보여 준다. 이것은 엄격한 신학이 오랜 관습에 따라 축성의 지위를 왕에게 부여하는 것을 금지했던 것이다.

그러나 오래된 관념은 살아남았다. 그것은 이윽고 프랑스 왕 샤를 5세 주 변에서 특히 대담한 형태를 취할 것이었다. 잘 알려져 있듯이 『축성식 개요』 (Traité du sacre)는 군주 자신을 위해서, 그리고 그의 생각을 받들어 수도사 장 골랭이 썼는데, 이것을 살펴보자. 이 글에서 저자는 의식의 진행을 순서에 따라 적고 식순마다 상징적 의미를 부여하고 있다. 그리고 마침내 국왕이 처음부 터 지금까지 지녔던 관습을 버리고 국왕 특유의 옷을 입는 순간이 찾아온다. 이처럼 꽤 단순한 행위를 '신비롭게' 해석한 것이 여기에 있다.

"주군이 옷을 벗을 때, 그것은 왕이라는 종교적 신분을 얻기 위해 종래 세속의 신분을 포기하는 것을 뜻한다. 만약 왕이 진정 헌신하는 마음으로 그렇게 한다 면, 나는 새롭게 종교에 귀의한 사람이 그러하듯이, 왕 역시 죄를 정화할 수 있 을 것이라고 생각한다. 이에 관해 성 베르나르는 『계율과 특별 면제』(Precepto et Dispensacione) 끝부분에서 세례로 사면되듯이 종교에 귀의함으로써 마찬가지 로 사면된다고 했다."[27]

---

26) 출처는 이 책 2부 3장 각주 13 참조(éd. Luard, p.350). "왕의 도유는 성령의 일곱 가지 능력을 받았다는 표시다."

27) 부록 4, 537쪽. 장 골랭은 이어지는 문장에서 자기 사상에서 도덕적 전환을 보여주었다. 그러나 어느 정도 제한된 적용이었다. 왕의 권위는 성직자 신분과 같은 특권을 가져야 한다고 했다. 왜냐하면 왕의 권위에는 많은 '걱정과 고통(anxietez et paines)'이 따르기 때문이다.

의미심장한 문헌이다. 마찬가지로 국왕의 권위가 '종교,' 즉 수도사 신분과 비견될 수 있으며, 국왕에 대한 축성은 종교생활에 귀의함으로써, 심지어 세례를 받음으로써 새롭게 태어나는 것에 비유될 수 있다. 이로써 왕은 필요한 정신적 능력을 갖추고만 있다면, 죄를 '씻을 수' 있었다. 이상한 점은 대답하기 이를 데 없는 이 마지막 이론이 장 골랭 이전부터 프랑스 밖에서, 그리고 프랑스 갈멜 수도회가 알지 못하는 저작 속에서 지지되어왔다는 것이다. 1200년경 동방정교회의 고위 성직자 테오도르 발사몬(Theodore Balsamon)은 주요 공의회의 결정사항에 대한 주석서를 썼다. 앙카라 공의회의 결정사항 중 제12조와 관련해서 그는 무엇보다 어떻게 969년에 총대주교 폴리에욱토스(Polyeuctos)가 암살로 제위에 오른 황제 요한네스 치미체스(Johannes Tsimitzès)를 파문에 처했는지, 그리고 나중에 어떻게 가혹한 처사를 완화해주었는지 말하고 있다. 왜 이렇게 태도가 변화했을까? 주석가의 설명을 들어보자.

"최고 종교회의에 동의해 그 당시 공포되고 그 원본이 문서고에 보관되어 있는 종교회의의 결정에 따라, 총대주교는 이렇게 선언했다. 성스러운 세례에 사용된 기름은 이전에 저지른 죄가 아무리 크고 많다고 하더라도 모든 죄를 씻어낼 수 있다. 마찬가지로 왕의 도유도 모든 점에서 유사한 행위를 하므로 치미체스가 도유를 받기 전에 저질렀다고 하는 살인죄를 씻어낼 수 있다."[28]

폴리에욱토스와 종교회의가 정말로 이런 의견을 표명했는지는 알 수 없다. 그러나 발사몬이 그러한 견해가 있음은 확실하다. 이렇듯 로마가톨릭교회에서나 동방정교회에서나 충성스러운 성직자는 서로 영향이 없었는데도 놀라울 정도로 생각이 똑같았다. 17세기 초에 이 그리스 저자의 문구가 소르본의 박사장 필자크(Jean Filesac)의 눈에 띄었다. 그는 1615년에 발간된 『정치적 우상숭배와 군주에게 바쳐야 할 정당한 경의에 대해』라는 논문을 쓴 것으로 간주되지만, 매우 불명확하다. 트렌토 공의회가 결정한 바에 따라 매우 엄격한 신학

---

28) 부록 3, 528쪽을 보라.

교육을 받은 필자크는 이러한 신학이론이란 사람을 완전히 죄로 인도하는 것이라고 했다. 요점을 말하면, 어떻게 왕의 도유가 성사가 아닌데도 정신의 죄를 씻을 수 있는가?[29] 만약 프랑스에서 매우 경건한 왕 중 한 명을 위해 한 수도사가 이와 유사한 생각을 글로써 옹호했다는 것을 그가 알았다면 틀림없이 매우 놀랐을 것이다.

세속군주는 교회를 지배하고자 했다. 군주들은 교회의 우두머리들과 동등한 지위를 갖고자 노력했다. 성사 의식의 세세한 부분들을 보면 이것이 지속적으로 추구되었음을 확증할 수 있다. 그리고 중세가 진행됨에 따라 점점 더 확실하게 왕의 의례와 교회가 준수하는 의례, 그중에서도 평사제의 서품보다는 주교의 축성 의례와 일종의 평행관계를 성립시키려는 의도가 있었음을 확인할 수 있다.[30] 이러한 계획은 다른 누구보다도 영적 자율성의 확보를 열렬히 원하는 사람들에게 위험한 것으로 비쳤다. 그들은 모든 힘을 다해 그것을 방해하려 했다.

왕은 신체의 여러 부위에 도유를 받았다. 초기 의전서에서 확인할 수 있는 오래된 관습에 따르면, 우선 머리에 기름을 부었다. 사실 성경에 따르면 사무엘이 유리병에 든 내용물을 부어준 것도 사울의 머리 위가 아니었던가? 똑같은 관습이 주교의 축성에서도 준수되었다. 그러나 성직자들은 자신의 서품에서 손 이외에는 도유를 받을 권리가 없었다.

어느 날 전례 학자들은 이러한 관행으로부터 왕권과 주교권 사이에 유사성을 확립할 수 있다는 데에 생각이 미쳤고, 이러한 유사성을 그대로 놔둘 수 없었다. 그 이후 그들은 왕이 팔, 좀더 엄격하게는 어깨나 손에만 도유를 받도록 결정했다. 인노켄티우스 3세가 티르노보(Tirnovo)의 불가리아인 대주교에게 보낸 유명한 교서가 『교령집』(Decretales)에 실려 있는데, 이것이 도유에 대한 정통교리를 담은 가장 권위있는 개요서다. 이에 따르면 주교와 왕 두 직위의 의례에 적용되는 양식이 뚜렷하게 구분되어 있다. 13세기의 모든 전례학을 집

---

29) De idolatria politica et legitimo principis cultu commentarius, p.73. 이 작품에 대해서는 이 책 2부 5장 각주 124를 보라.

30) J.W. Legg, "The sacring of the English Kings," Archaeological Journal, LI(1894), p.33; Woolley, Coronation rites, p.193.

대성한 기욤 뒤랑의『성무교리』에서도 마찬가지였다.[31] 이러한 관심도 결국은 성과가 없었다. 교황과 박사들의 권위에도 불구하고 실제로 프랑스와 영국의 왕들은 사도의 후계자라는 이유로 계속해서 머리에 성스러운 기름부음을 받았다.[32]

일반 사제와 달리 주교는 일반적인 방법으로 축성된 기름, 즉 예비자용 기름(catechuméne)이 아니라 향료가 들어간 특별한 기름, 즉 성스러운 향유로 도유를 받는다. 성직자들은 왕의 경우 단순한 기름을 사용하도록 제한하고 싶어했다. 이 점이 바로 인노켄티우스 3세와 그 이후의 교황청이 노력한 부분이다. 그리고 이것이 기욤 뒤랑의 이론이다. 그러나 이러한 모든 노력에도 불구하고 프랑스 왕이든 영국 왕이든 성유로 도유받는 특권을 포기하지는 않았다.[33]

---

31) *Corpus Iuris Canonici*, éd. Friedberg, II, col. 132~133(*Decretal*, I, tit. XV). "주교의 머리에 신성한 기름이 축성되며, 군주의 팔에 기름이 칠해지므로, 주교의 군주의 도유식 사이에는 차이가 있으며, 이것은 주교의 권위와 군주의 권력에 큰 차이가 있음을 보여준다." Kern, *Gottesgnadentum*, p.115. 1260년 알렉산드로스 4세가 보헤미아 왕을 도유하는 칙서에도 똑같은 이론이 등장한다(Baronius-Raynaldus, éd. Theiner, XXII, 1260, no. 18; Potthast, no. 17947). Guillaume Durand, *Rationale*, I, c. VIII, Lyons éd., 1584, p.40. 새로운 법을 시행한 이후 왕의 도유는 "머리에서 팔로 옮겨졌다. 예수의 시대 이후 군주는 머리가 아니라 팔 또는 팔 윗부분이나 팔뚝에 도유를 받았다; 주교가 머리에 도유를 받는 것에 대해서는 같은 책 40 뒷면 참조. 뒤랑이 자신의 책(Pontifical(Bibl. Nat. ms. lat. 733))에서 묘사한 왕의 대관식 순서는 교회법 규정에 따랐는데, 그것은 다음과 같다(fol. 54 v.). "그 후 대주교는 퇴마된 기름(oleo exorcisato)을 가지고 왕의 오른팔과 양 어깨 사이에 십자가 형태로 도유했다."

32) Woolley, *Coronation rites*, p.68, p.71, p.104; H. Schreuer, *Ueber altfranzösische Krönungsordnungen*, p.39, p.48; Legg, *Coronation records*, p.XXXV. 머리에 도유하는 것은 황제의 축성의식에서는 오래지 않아 사라졌으나(Kern, p.115, n.207), 로마인의 왕을 독일 주군으로 축성하는 의식에서는 살아남아 있었다(Schreuer, *Die rechtlichen Grundgedanken*, p.82, n.3과 Woolley, p.122). 추기경 앙리 드 쉬스(엔리코 다 수사(Enrico da Susa))는 자신의 추기경 칭호인 호스텐시스(Hostensis)라는 이름으로 1250년에서 1261년 사이에 쓴 책(*Summa aurea*, lib. I, c. XV(Lyons éd., 1588, fol. 41 v))에서 교황 인노켄티우스 3세의 명령과 로마 교황청의 공식적인 문서에도, "이에 관한 오랜 관습이 여전히 유지되어 앞서 말한 프랑스와 영국의 왕에 대해서는 머리에 도유가 행해지고 있다"라고 지적했다.

33) 인노켄티우스 3세의 칙령, 알렉산드로스 4세의 칙령, 기욤 뒤랑의 문구는 이 책 2부 3장 각주 31에 인용되어 있다. 다음 책들도 참조하라. J. Fluck, *Katholische Liturgie*, I, Giessen, 1853, p.311, p.322; Vacant et Mangenot, *Dictionnaire de théologie catholique*, 'Chrème' 항목 참조. 이미 12세기에 반지와 지팡이의 시(*De anulo et baculo versus*) (*Monumenta Germaniae histor., Libelli de lite*, III, p.726, v.9)라는 짧은 시에서 다음과 같은 구절을 볼 수 있다. '성스

사실 축성 의식을 통해 왕에게 각인되는 사제로서의 성격이 너무도 선명해서 전례의 원칙도 결국 그것을 완전히 부정하는 것이 아니라 완화하고 해악이 없도록 만들려고 노력하는 데에 그칠 수밖에 없었다. 이 점에 관해서는 황제 대관의 역사만큼 특정적인 것은 없다. 작센 왕조 전성기, 그리고 잘리에르 왕조 아래서도 이 의식을 규정한 공식문서는 군주에게 일어나는 신분의 변화를 명확하게 밝히고 있다. 거기서는 교황이 장차 황제에 오르는 사람에게 외투(tunique), 제례복(dalmatique), 미사용 겉옷(pluvial), 주교모자(mitre), 신발 등 거의 사제와 같은 복장 모두를 수여하는 것을 묘사하고 있다. 그리고 이러한 간단한 문구를 덧붙였다. "이제 교황이 그를 성직자로 만든다(ibique facit eum clericum)." 이러한 문구는 12세기에 없어졌다. 의복을 건네주는 의식은 지속되었다. 앞으로도 교황이 황제에게 대관해줄 때까지는 계속될 것이었다.

그러나 그에 대한 해석은 시대에 따라 달랐다. 그 이후 로마인들의 왕(신성로마제국 황제-옮긴이)은 성 베드로 성당 참사회의 일원으로 간주되었다. 일반적 의미에서 성직 서품은 더 이상 문제가 되지 않았다. 그 대신 특별한 직위를 수여했다. 이 직위는 물론 교회의 것이지만, 이 경우에는 명백히 명예직이었다. 게다가 그 당시 교회법의 관행에 따라 가장 낮은 성직에 겨우 진출한 사람에게도 수여할 수 있는 직위였다. 가톨릭 세계의 많은 성당참사회에서 모든 참사회원이 사제이기는커녕 서품을 받을 필요도 없었다. 그리하여 고유한 의미에서의 성사가 있기 이전에 산타마리아인투리(Santa Maria in Turri)라는 작은 예배당에서 이루어지는 행위(산타마리아인투리는 성 베드로 성당에 있었던 예배당으로서 신성로마제국 황제가 참사위원으로 임명된 곳이다-옮긴이)는 본래 의미를 잃어버리지 않으면서도 교황파에 위협이 되는 모든 의미만 잃어버렸다.[34)]

러운 성유에 의한 도유는 최고제사장의 것.' 프랑스에서 성유를 사용한 기록은 여러 문헌에서 볼 수 있다. Dewick, *The Coronation Book of Charles V of France*(H. Bradshaw Soc., 16), col. 8, col. 25 이하(성유에는 성스러운 유리병에서 나온 기름 한 방울이 더해진다). 영국에대한 기록은 Legg, *Coronation records*, p.XXXV 참조.

34) 이 사실에 대해서는 다음 책을 참조하는 것으로 충분하다. A. Diemand, *Das Ceremoniell der Kaiserkrönungen; Histor. Abh.*, hgg. von Th. Heigel und H. Grauert, 4, Munich, 1894, p.65,

이들의 노력은 그 이상이었다. 무엇보다 황제가 한낱 속인에 불과하다고 주장할 수는 없었고, 다른 한편으로 황제가 미사를 바칠 수 없기 때문에 사제 옷을 입을 수 없었으므로, 이들은 황제가 교회 위계제 내에서 차지하는 위치를 명확히 하려고 했다. 13세기부터 대관식 순서에는 기독교 세계의 세속군주가 교회에서 차지하는 상황을 부제나 차부제 지위에 일치시키기 위해 쏟았던 상당한 노력이 반영되어 있다. 부제 추기경의 우두머리가 차부제 서품에서 이용되는 신도송(信徒訟)을 세속군주에게 읽어준다. 교황은 그에게 평화의 키스를 하며 "부제 추기경 중 한 명으로"라고 말한다. 의식 끝부분에서 새로운 황제는 교황미사에 봉사한다. 황제는 교황에게 "차부제가 하듯이 성배와 성수를"이라고 하며 건넨다.[35] 이러한 모든 관행으로부터 몇몇 학자가 원칙을 이끌어냈다.

그 학자들에 따르면 황제는 진정으로 차부제의 서품을 받은 셈이었다. 그리고 그 당시에 다소 곡해되기는 했지만 모든 견해의 근거가 되는 텍스트로『그라티아누스 교령집』(Décret de Gratien)의 한 법령을 자신들이 내린 결론의 근거로 내세울 생각을 했다. 법령집에는 발렌티아누스(Valentianus)가 암브로시우스(Ambrosius)에게 말하는 부분이 있다. "나는 항상 내 품계에 적합하게 당신의 조력자이자 보호자일 것이오." 차부제는 본질적으로 사제와 주교의 조력자가 아니던가? 이 이론을 우리에게 전해준 기욤 뒤랑은 정작 이 편에 가담하지 않았다. 그러나 그도 황제가 성사에서 실제로 이러한 '품계'에 해당하는 기능을 담당하는 것을 기꺼이 인정했다.[36] 그리하여 사람들은 그레고리우스 7세

---

n.3과 74. 특히 E. Eichmann, "Die Ordines der Kaiserkrönung," *Zeitschr. der sav. Stiftung für Rechtsgesch., Kan. Abt.*, 1912의 여러 부분. 디만트의 설명에도, 황제가 성 베드로 성당의 참사회원으로 받아들여진 것이 엑스라샤펠 참사회의 일원으로 받아들여졌던 관례에 따른 것이라는 증거는 어디에도 없다. 오히려 엑스라샤펠의 참사위원이 로마의 것을 모방했을 수 있다. Beissel, "Der Aachener Königsstuhl," *Zeitschrift des Aachener Geschichtsvereins*, IX(1887), p.23(해석보다는 인용된 사실들이 유용하다). 최근에 나온 Eva Sperling, *Studien zur Geschichte der Kaiserkrünung und Weihe*, Stuttgart, 1918은 보지 못했다.

35) Eichmann, *loc. cit.*, p.39, p.42(황제대관식의 '전례서'에서 세 번째 순서). 아이히만은 논문에서 황제에게 부여되는 참사위원의 지위를 모두 설명했지만, 황제의 부제 지위에 대해서는 큰 중요성을 부여하지 않은 듯하다.

36) *Rationale*, II, 8, éd. 1584, p.56v. "교황 하드리아누스의 교회법 제43조. 발렌티아누스는 마지

때처럼 이승의 모든 군주가 아무리 강하다고 하더라도 주술사보다 못하다고 더 이상 주장할 수 없었다. 적어도 황제는 하급 품계를 부여받은 성직자보다는 위에 있게 되었고 주교보다 낮은 것은 물론이고 사제보다 아래에 있게 되었다. 이것이 핵심이다. 이상한 일이지만, 역사가들은 비잔티움제국에서도 유사한 특징을 발견할 수 있다. 이곳에서는 콘스탄티누스 대제 이후에도 이교의 관습이 구석구석 침투해 있어서, 로마제국 말기에 이르러서도 고대 왕정시대의 신성함이 남아 있었고, 비잔티움제국의 바실레우스(황제)는 이러한 신성한 왕정의 직접 후계자였다. 그리하여 5세기에도 사람들은 여전히 황제를 예레프스(ἱερεύς), 즉 사제라고 불렀는데, 이때 사제라는 말은 아르키에레프스(ἀρχιερεύς), 즉 주교를 가리켰다.

14, 15세기에 공식 기록관은 황제가 인정받은 몇몇 예배상의 특권, 특히 성사를 보는 날에 성직자와 같은 방법으로 성체성사를 수행할 권리를 설명하면서도, 황제에게 부제 이상의 직위 또는 아주 낮은 직위인 데포타토스(δεποτάτος, 차부제) 이상의 직위를 부여해주지 않았다.[37] 이렇듯 유럽의 동서 두 세계에서 어떤 상호작용도 없었을 터인데도 두 세계의 상황이 유사했으므로 신학자들이 비슷한 가설을 생각해냈던 것이다.

그런데 14세기부터 서유럽의 황제는 이 기발한 착상을 진지하게 받아들였던 것으로 보인다. 황제는 부제 또는 차부제로 간주되었으며, 스스로 연중 대

막에 황제가 차부제의 품계를 가져야 하며, 그 품계에 맞게 하려는 조력자이자 보호자라고 했다고 한다. 그러나 사실 그렇지 않다. 황제는 자신의 서품식 날에 성 베드로 성당 참사회에 의해 성당 참사회의 우두머리로 받아들여졌기 때문에, 그 직위를 유지하고, 교황의 미사에서 성배를 준비하며 적절한 동작을 취함으로써 교황을 도왔던 것이다." 이 인용문은 『그라티아누스 교령집』(*Decret. Grat., Dist.* LXIII, c. III)에 관한 것이다. 그러나 문제의 교회법령이 실제로 *Historia tripartita*의 발췌이므로 이 인용에는 오류가 있다. 교황 하드리아누스 2세에 관한 언급은 c.II에 나온다.

37) Jean Cantacuzenus, *Histor. lib.* I, cap. XLI(Migne, Patrologia Graeca, t.153, col. 281. 그리고 성체성사에 대한 것은 col. 288)과 Codinus, *De officiis Constantinopolitanis*, c.XVII(*P.G.*, t. 157, col. 109. 그리고 성체성사에 대한 것은 col. 111)에서 황제는 'δεποτάτος'로 되어 있다(Brightman, *Journal of Theological Studies*, II, 1901, p.390, n.1). Simon de Tessalonique, *De sacro templo*, c. CXLIII(*P.G.*, t.155, col. 352)에서 황제는 성체성사에 한해서는 부사제였다.

축일 중에서 적어도 하루 정도는 부제 역할을 수행하기를 원했다. 가령 칼 4세는 교회에서 대관을 받고, 검을 들고, 아침미사 제7송(訟, 일곱 번째 독서)을 낭독했다. 그것은 황제가 낭독하기에 적합한 구절이었다. 자정 미사의 복음서에서 따온 것으로서 다음과 같이 시작하기 때문이다. "그 무렵 아우구스투스 황제에게서 칙령이 내려⋯⋯."(누가복음 2장 1절) 1414년 12월 25일 칼 4세의 아들 지기스문트(Sigismud)는 콘스탄츠 공의회에 참석한 고위 성직자들 앞에서 그 역할을 해보았다. 이렇게 함으로써 황제는 과거에 다른 의도에서 만들어진 이론을 교묘하게 자신의 영광을 드러내는 표시로 바꾸었다. 다른 어떤 행위보다, 황제에게 걸맞은 치장을 하고 화려한 전례의식을 배경으로 독서대에서 그렇게 낭독하는 위엄 있는 황제 모습은 민중이 보기에는 황제가 종교적 성격을 가지고 있다는 것을 보여주는 것이었기 때문이다.

이 특권이 만들어내는 위엄이 너무도 효과적이었으므로 다른 나라에서는 불안을 느낄 정도였던 것 같다. 1378년 칼 4세는 조카인 프랑스 왕 샤를 5세를 찾아 프랑스에 왔는데, 프랑스 정부가 왕국 내에서 황제의 아침미사를 허용하지 않겠다고 통고해옴에 따라 제국령 내에서 크리스마스를 축하하도록 잠시 여정을 늦추어야 했다. 프랑스 왕이 할 수 없는 종교 행사를 황제가 프랑스 영토 안에서 공공연히 행하는 것은 도저히 두고 볼 수 없었던 것이다.[38]

---

38) 샤를 4세에 대해서는 다음 책을 참조하라. R. Delachenal, *Histoire de Charles V*, I, 1909, p.278, n.1(인용된 세밀화는 다음 책에 수록되어 있다. *Chronique de Jean II et Charles V*, t.IV, éd. Delachenal, *Soc. de l'hist. de France*, pl. xxxii). 지기스문트에 대해서는 *Chronique du Religieux de Saint-Denys*, éd. L. Bellaguet(Documents inédits), V, p.470 참조. 크리스마스에 교황이 집전한 미사를 묘사한 피에르 아멜리(Pierre Amelii)의 교황 전례서(1370~75)에는 다음과 같은 내용이 나온다. "오늘밤 황제나 왕이 교황청에 있다면, 성구(聖具)관리인과 성직자들은 그에게 읽어야 할 기도서를 보여주며, 그 책에서 제5독창을 읽도록 알려주어야 한다. 그리고 축복을 구하는 과정이라든가, 검이 들어 있는 칼집을 들어올리고 검을 뽑아서 흔드는 과정에서 준수해야 할 의식을 성실하게 일러주어야 한다."(MabiIlon, *Museum italicum*, II, in-4, 1689, p.325) 다른 한편 다음 책에 있는 말은 분명히 상상이라고 할 수 있다. Martene, *De antiquis Ecclesiae ritibus*, I, II, c. ix, éd. Bassano, 1788, II, p.213. 'ex codice Bigotiano.' 출처나 시간에 대한 표시는 없다. 황제가 선출된 이후에 로마로 들어올 때 올린 미사에서 다음과 같이 말했다고 한다. "황제는 복음서를, 시칠리아 왕은 편지를 낭독해야 한다. 그러나 프랑스 왕이 그곳에 있으면, 그가 황제보다 앞서 낭독해야 한다."

사실 프랑스 왕이 부제 또는 차부제였던 적은 한 번도 없다. 13세기부터 랭스의 대관식 '전례서'에 성사 후에 왕이 입은 외투와 관련된 단어들이 있는 것은 사실이다. 그 외투는 "차부제가 미사 때 입는 겉옷과 같은 방법으로 만들어졌다." 그러나 이러한 유사성은 그 이후까지 지속되지는 않았다. 같은 문헌의 조금 뒤에서 왕의 겉옷은 사제의 예복(祭衣, chasuble)에 비유되었다.[39] 그리고 샤를 5세의 전례서는 의복에 다른 종류의 유사성을 시사하는 새로운 요소를 도입했다. 성사 후, 원한다면 왕은 주교가 축성 때 관습적으로 착용하는 것과 같은 부드러운 장갑을 착용할 수 있었다. 정확하게 똑같지는 않다고 하더라도, 이렇게 조금씩 왕이 도유를 받고 대관식을 하는 날 입었던 의상은 사제의 제의 또는 교황의 제의를 연상시키는 효과를 발휘했다. 또 바로 그날 옛날부터 내려오던 기도문을 읊조리면서도 왕의 도유와 성직자의 도유를 똑같은 것으로 만들려는 열망을 구절구절 담지 않았겠는가?[40]

영국에서는 공식적인 묘사에서나 전례에서나 프랑스만큼 다양한 성직 품계를 명료하게 상기시키는 의례는 없었다. 그러나 장대한 왕의 의식이 대중에게 어떤 인상을 주었는지를 알려면, 헨리 6세의 축성식에 대한 보고서를 읽기만 하면 된다. 동시대인이었던 이 보고서의 저자는 특별한 일이 아니라는 듯이 왕

---

39) H. Schreuer, *Ueber altfranzösische Krönungsordnungen*, Weimar, 1909 (Zeitschrift der Savigny-Stiftung, G.A., 1909에 일부가 수정되어 수록), p.38, p.46; E.S. Dewick, *The Coronation Book of Charles V of France*, col. 8; Jean Golein, 이 책 부록 4, 536쪽. 다시 지적하고 싶은 것은 프랑스 축성식의 전례서가 비판적으로 정리되지 않았으므로(슈로이어의 저작은 인쇄된 것만 대상으로 했다), 이 의식의 전례서에 대해서는 막연하고 불확실하게만 말할 수 있다는 점이다.

40) 장갑에 대해서는 다음을 참조하라. Dewick, *loc. cit.*, col. 32. "그 뒤에, 주교가 축성을 받을 때 하듯이, 왕도 부드러운 장갑을 착용하기를 원한다면," col. 82, 기도문의 각주. "그리스도는 사제를 축성한 왕국에서 왕을 도유한다……" "신은…… 다시 한 번 아론을 사제로 선택했다." "왕관을 받고……"(또한 "이로써 너를 우리의 직분에 포함시킨다"라는 문구도 있다), *ibid.*, col. 29, col. 36. 초창기 의식에 장갑이 도입된 것은 특별한 의전상 필요에 부응하기 위한 것이었으리라 생각된다. 손으로 도유한 다음 성유가 오염되는 것을 장갑이 막아주었을 것이다. Dewick, *loc. cit.* 참조. 그리고 특히 이 책 부록 4, 537~538쪽에 나와 있는 장 골랭의 책 참조. 그러나 일단 장갑이 사용되자 그것은 주교의 옷과 유사한 것으로 생각되었다. 장 골랭은 왕권의 사제로서 특성을 지나치게 강조하는 것을 싫어했는데, 그가 이러한 유사성을 몰랐거나 알았다고 하더라도 침묵했다는 점에 주목할 필요가 있다.

이 입었던 '주교 복장'에 대해 말했다.[41)

축성식만이 왕의 반제사장적 성격을 밝혀주는 유일한 행위는 아니다. 13세기 말경 성직자와 속인을 엄격하게 구분하면서 두 가지(빵과 포도주─옮긴이)에 의한 영성체를 성직자만 할 수 있도록 엄격하게 만들었을 때, 이 새로운 규칙이 모든 군주에게 적용된 것은 아니었다. 황제는 여전히 자신의 축성식에서 빵뿐만 아니라 포도주로도 영성체를 했다. 프랑스에서는 1344년 필리프 드 발루아가 교황 클레멘스 6세에게서 특권을 인정받았는데, 이것은 황제처럼 특별한 상황에 한정되어 있는 것이 아니라 무제한 권한을 승인받은 것이었다. 동시에 이 특권은 같은 조건으로 왕비와 왕국의 상속자가 될 노르망디 공작, 즉 미래의 장 2세와 공작 부인에게도 부여되었다. 이러한 승인은 개인적 형태로 이루어졌다. 그러나 특권이 나중에 갱신되었건, 더 그럴듯하게 암묵적 동의가 이루어졌건, 이 관습은 점점 더 법률로서 힘을 갖게 되었고, 이후 몇 세기 동안 프랑스 국왕은 이 영광스러운 특권을 행사했다. 15세기 이후 기독교 세계를 뒤흔든 종교적 혼란의 시기가 되어서야 영성체 규율을 중심으로 한 논쟁이 벌어짐으로써, 왕이 적어도 일시적으로 또는 부분적으로 두 가지 영성체를 포기하게 되었다. 1452년 3월 19일 대관식을 거행한 황제 프리드리히 3세는 그날 빵으로만 성체성사를 했다. 오래된 관행을 그대로 준수하면, 후스파(Huss派)로 간주될 위험이 있었다(후스파의 주요 주장은 양형론, 즉 영성체를 반드시 빵과 포도주 등 2개의 형태로 해야 한다는 것이었다─옮긴이).

그러나 전통은 일시적으로 중단된 것에 불과했으며, 늦어도 17세기에는 재개되어 축성식 이외에 다른 의식에까지 확산되었다. 오늘날에도 여전히 과거에 축성을 받은 왕정의 마지막 후예인 오스트리아 황제는 성목요일마다 두 가지로 영성체를 한다. 앙리 4세 이후 프랑스에서 국왕은 자신의 축성식 날 이외에는 성배를 가까이하지 않는다. 가톨릭으로 개종한 나바라 왕이 여전히 이교도 시절의 성체 의례를 준수했다는 것은 옳지 않았다. 하지만 사정을 모르는

---

41) Brit. Mus. Cotton Nero C. IX, fol. 173, 다음 책에 수록되어 있음. Legg, *Coronation Records*, p. XL, n. 4에 인용됨.

신하들이 왕의 개종의 진정성을 의심하는 근거가 될 수는 있었다. 적어도 구체

제가 끝날 때까지 이 점에 관한 축성식의 전례는 불변인 채로 남아 있었다.[42]

---

42) 영성체의 역사와 이론에 대한 전반적 정보는 Vacant and Mangenot, *Dictionnaire de téologie catholique*, 'Communion' 항목 참조. 황제의 빵과 포도주에 의한 영성체에 대해서는 A. Diemand, *Das Ceremoniell der Kaiserkrönungen*, p.93, n.2. 교황 비오 4세는 막시밀리안 2세가 루터파 신앙으로 기울어져 있었기 때문에, 거만한 태도로 그에게 성배를 받을 권리를 허용했다(J. Schlecht, *Histor. Jahrbuch*, XIV (1893), p.1). 그러나 이것이 레오폴드 2세 시절에 사용되던 오래된 관습으로 돌아가는 결정적 계기가 되었는지는 확실하지 않다. 프랑스에서는 클레멘트 6세가 1344년 칙령을 통하여 필리프 6세, 그의 왕비, 노르망디 공작과 그의 공작부인에게 허가했다. 그 칙령은 Baronius-Raynaldus, *Annales*, éd. Theiner, XXV에 실려 있으며, 공작에 관한 칙령을 제외하고는 모두 분석, 출판되었다. 그것은 모두 비슷한 어조로 되어 있다. 그러므로 간은 시기에 똑같은 특권이 부르고뉴 공작에게도 허용되었다는 마비용의 주장(Mabillon, *Museum Italicum*, II, 1689, p.lxij)은 확실히 '오류(lapsus)'이다. 노르망디 공작에게 내려진 칙령이나 다른 사람에게도 내려졌을 비슷한 칙령에는 다음과 같은 특권의 인정이 포함되어 있다. "하느님의 신체를 제외하고, 성직자 이외에 다른 사람에게 주어질 수 없는 신성한 것을 편한 시간에 받을 수 있다." 샤를 5세 대관식에서 이루어진 빵과 포도주 두 가지에 의한 성체성사에 대해서는 Dewick, *The coronation book of Charles V. of France*, col. 43. 그리고 왕비에 대해서는 col. 49 참조. col. 87도 참조하라. 앙리 4세 치세에 이루어진 변화에 대해서는 du Peyrat, *Histoire ecclesiastique de la Cour*, pp.727~729. 뒤 페라는 이 변화에 대해 "왕의 예배당을 이전부터 관리하던 사람들이 왕의 개종 이후에 저지른 부주의" 때문이라고 했다. 그러나 나는 오히려 위에서 말한 동기에 따른 것으로 추측하고 싶다. 그다음 세기에 관해서는 Oroux, *Histoire ecclesiastique de la Cour*, I, p.253, n.(I). 16세기 후반 가톨릭 신학자인 가스파루스 카살리우스에 따르면(Gasparus Cassalius, *De caena et calice Domini*, Venice, 1563, c. II, 이 내용이 인용된 곳은 Henriquez, *Summa Theologiae Moralis*, in-8, Mainz, 1613, lib. VIII, c. XLIV, §7, n. n. o.), 프랑스 왕이 이 특권을 사용한 것은 축성식과 임종 때뿐이었다고 한다. 만약 이 정보가 맞다면, 앙리 4세 이전부터 프로테스탄티즘에 경도된 것으로 보일까봐 두려워서 이 문화적 특권을 삼갔음이 분명하다. 마자랭 도서관의 필사본 2734호(ms. 2734 de la Bibl. Mazarine)는 연도가 17세기로 되어 있으며 루이 13세의 것으로 추정되는 문서인데, 이상한 점은 여기에 나와 있는 왕의 영성체 의식이 두 가지로 이루어진 것처럼 되어 있다는 점이다. 이것은 과거의 전례서를 베꼈기 때문이다. 이 문서는 Franklin, *La Vie privée, les médecins*, p.300에 수록되어 있다. 그러나 국립도서관에 보관되어 있는 유사한 문서인 국립도서관 프랑스어 필사본 4321호(ms. français 4321)에는 이 내용이 없다. 이 책 2부 5장 각주 145도 참조하라. 켈러의 논문(Gabriel Kehler, *Christianissimi regis Galliae Communionem sub utraque* …… Wittenberg, 1686)은 프로테스탄트의 선전문서에 불과하며 이 문제와는 관계없다. J.F. Mayer, *Christianissimi regis Galliae communio sub utraque*, Wittenberg, 1686은 참고하지 못했다. 종교개혁 이전에 영국에서 왕이 두 종류 영성체를 받았다는 기록은 없다. Legg, *Coronation records*, p.lxi. 빵과 포도주 두 가지를 받는 프랑스 왕에 대해 언급한 그림 자료들에 대해서는 이 책 부록 2, 그리고 Dewick, *The coronation*

확실히 빵과 포도주로 하는 영성체가 성직자로 한정된 것은 규율에 따른 것일 뿐 그것은 약화될 수 있었고, 실제로 약화되었다는 점을 잊지 말아야 한다. 심지어 오늘날에도 이러한 특권을 특정 속인에게 부여하기도 하는데, 부여받은 그 속인이 사제로서 성격을 전혀 가지고 있지 않다고 한다. 물론 사실이다. 그러나 왕의 영성체 특권과 관련된다면, 그것이 신성한 왕정, 달리 말하면 세속을 초월한 왕정의 개념에 기원을 두고 있다고 말할 수 있지 않을까? 세속을 초월하는 힘은 다른 여러 가지 사실들에 의해 입증된다. 일반 신도들이 스스로 영원히 성배와는 거리가 멀어졌다고 생각하게 된 시점 또는 그것에 가까운 시점에 왕의 특권이 나타났던 것이다. 세속군주 또는 영국 왕을 제외하고 그들 중 몇몇은 자신들이 이러한 평범한 신도들과 혼동되기를 거부했다. 영국 왕은 이러한 특권을 얻은 적이 없기 때문이다. 매우 의미심장한 일이지만, 클레멘스 6세는 교서에서 왕이 성스러운 물건을 만지는 것을 허락해주었다. 물론 '하느님의 신체'는 제외되었는데, 그 이유는 하느님의 신체는 오직 사제에게만 만지는 것이 허용되어 있기 때문이었다. 이러한 유보는 전혀 놀라운 일이 아니다.

알다시피, 왕이 성직자가 될 수는 없었기 때문에, 왕권과 사제직이 완전히 똑같아진 적은 한 번도 없었다. 그러나 이것이 양자의 접근을 막지는 못했다. 마찬가지로 비잔티움제국에서도 로마 교회와 상당히 다른 영성체 의례가 성직자와 속인을 똑같이 구분했다. 성직자만이 빵과 포도주를 따로따로 사용할 수 있었다. 바실레오스(황제)는 축성하는 날 '사제와 마찬가지'로 영성체를 했다.[43] 그러므로 황제 역시 '순수한 속인(pur lay)'은 아니다. 게다가 비록 서유럽의 왕들에게 독특한 명예가 주어진 가장 중요한 이유가 앞서 말한 것이 아니기는 하지만, 민중의 감정은 왕에게 이러한 명예가 있다는 해석을 빠르게 받아들였다. 장 골랭은 축성에 관한 책에서 국왕과 왕비는 대주교에게서 빵과 포도주를 받는다고 지적한 다음, 이러한 의례는 '왕'과 '사제'라는 두 권위 중에서 하나의 권위만을 나타낸다고 지적했다. 표현은 신중하다. 그러나 일반 속인이

---

book, pl.28 참조.

43) Ferdinand Kattenbusch, *Lehrbuch der vergleichenden Confessionskunde*, I, 1892, p.388, p.498 그리고 이 책 2부 3장 각주 37.

라고 해서 두 권위 가운데 전자(왕-옮긴이)가 후자(사제-옮긴이)에 관여하고 있다는 생각에 이르지 못했겠는가? 우리는 17세기에 상당히 권위있는 저술가들이 이러한 결론을 명백하게 말했다는 것을 알고 있다. 의심할 바 없이, 일반적인 여론은 좀더 일찍 이러한 결론에 도달했을 것이다.[44]

『롤랑의 노래』를 지은 위대한 시인은 자신의 시에서 샤를마뉴라는 권위있는 이름을 빌려 그 측근들이 그리던 이상적인 기독교 군주의 이미지를 그려냈다. 그가 위대한 황제에게 부여한 업적들을 보라. 그것은 사제 왕의 행위였다. 롤랑의 증오로 가늘롱(Ganelon)은 위험한 사명을 띠고 출발했다. 그때 샤를마뉴는 그에게 십자가 성호를 그어주며 그를 사면한다. 나중에 프랑크족이 무어인 수령인 발리강(Baligant)과 싸울 준비를 할 때, 푸아투에서 온 군인들과 오베르뉴의 제후들로 이루어진 제6군이 최고사령관 앞에 나타났다. 그는 오른손을 들어 군대를 축복했다.

"샤를이 오른손으로 제6군을 축복했다."[45]

이 오래된 시는 오늘날에는 이론적으로 완전히 확립되어 있어서, 그에 대한 반발심 때문에, 때때로 지나치게 새롭게 해석하려는 경향이 있다. 그러나 이 시는 교회에 대한 저자의 태도 속에 꽤 오래된 정신세계의 표시를 담고 있다. 성과 속의 구분에 대해 엄격한 원리를 주장하는 여러 사제가 이 시에서 몇몇 논란거리를 만들어냈다. 대주교 튀르팽(Turpin)은 한 사람의 속인으로서 열정적으로 논쟁하는 데에 만족하지 않고, 이론에 비추어 자신의 행동을 정당화하고, 대담하게도 전사를 찬양한 반면 수도사를 경멸했다. 위대한 개혁가 교황이 보낸 특사가 있었다면 튀르팽은 자신의 후계자인 랭스의 마나세 드 랭스 (Manassé de Reims)가 교황 특사에게 해임되었듯이 해임되었을 것이다.[46] 여

---

44) 장 골랭의 문헌에 대해서는 부록 4, 538쪽 참조. 두 가지 영성체에 대한 17세기의 해석에 대해서는 이 책 389쪽 참조.

45) 340행, 3066행. J. Bédier의 편집본 사용.

46) 튀르팽에 대해서는 특히 1876행 이하를 보라. 내가 부아소나드의 책(P. Boissonnade, *Du Nouveau sur la Chanson de Roland*, 1923)에 대해 알았을 때는 이미 이 부분을 쓴 뒤였다. 마나세와의 비교 역시 부아소나드의 책에도 나온다(327쪽). 나는 단순한 비교를 시도했을 뿐, 튀르팽이 마나세와 똑같은 정치적 견해를 가지고 있다고 말하려는 것은 아니었음을 밝혀둔

기에는 그레고리우스 개혁이 아직 본격적으로 영향을 미치지 않았음을 알 수 있다. 이와 반대로 조금 뒤『롤랑의 노래』의 개작자들 중 한 사람에게서는 그 영향을 느낄 수 있다. 13세기 초 한 시인이 각운에 맞추어져 있던 오래된 판본을 다시 쓰면서, 당시 취향에 맞추어 종교적인 내용도 마찬가지로 고쳐 써야 할 필요가 있다고 여겼다. 그는 가늘롱을 사면하는 장면을 삭제하고, 군대에게 축복을 주는 장면만 남겨두었다.[47) 이것은 단지 그 당시 관습에 완전히 부합시키려는 것일 뿐이었다. 거의 비슷한 시기에 실제 군주가 전설 속의 황제처럼 전투에 앞서 머리숙인 병사들에게 보호의 손길을 내려주었다. 바로 부빈(Bouvines)에서였다. 부빈에서 전투가 시작되기 직전 필리프 존엄왕이 자기 기사들에게 그렇게 했다고 그날 그 자리에 있던 국왕 전속사제 기욤 브르통

다.『롤랑의 노래』는 감춰진 의미가 있는 소설은 아니다! 그런데 부아소나드는 어떻게 저자가 "그레고리우스 개혁이나 신정정치의 지지 이념을 표명했다"고 썼을까?(444쪽) 그는 샤를마뉴를 "그레고리우스 7세가 꿈꾼 위대한 신정정치에서의 이상적인 군주"라고 해석했다 (312쪽). 이러한 이론을 뒷받침해주는 것으로 인용한 3094행과 373행은 샤를마뉴와 교황이 좋은 관계를 유지해왔다는 것을 '튀롤드(Turold)'가 알고 있다는 것을 말해줄 뿐이다. 이 이론을 뒷받침해주는 것으로 제시된 2998행 역시 저자가 성 베드로를 위대한 성인으로 여겼음을 보여줄 뿐이다. 그것을 의심하는 사람이 있을까? 만약 제사장으로서의 왕이라는 개념을 문학에서 추적해보기를 원한다면(이것은 여기서 우리가 하려는 일이 아니다), 일군의 성배전설에서 많은 부분을 이끌어낼 수 있을 것이다. 그런데 이 전설들은 기독교 이전의 오래된 요소로 가득차 있다.

47) 샤토루(Châteauroux) 필사본과 베네치아 제7필사본을 각운으로 만든 판본. W. Foerster, *Altfranzösische Bibliothek*, VI, str. XXXI(340행), 3066행은 288절을 보라. 황제의 이러한 사면이 당시 정통주의자들에게 아주 작은 충격만 주었던 것 같다. 왜냐하면 대항종교개혁 (Contre-Réforme) 때까지는 긴급한 경우에 속인이 고해를 주재하는 것을 신학자들이 허용하는 것이 관례였으며, 이들이 반대한 것은 꽤 늦은 시기에, 그것도 매우 소극적으로 반대했기 때문이다. 주앵빌은 기 디벨린 나리(messire Gui d'Ibelin)가 위험이 빠졌을 때 자신에게 어떻게 고해했는지 기록해두었다. "나는 그에게 이렇게 말했다. '신이 나에게 부여한 권한으로 당신을 사면하겠소.'"(c. lxx; éd. de la *Soc. de l' Hist. de France*, pp.125~126) 다음 책들도 참조하라. Georg Gromer, *Die Laienbeicht im Mittclalter*(*Veröffentlich. aus dem Kirchenhistor. Seminar München*, 3, 7), Munich, 1909, and C.J. Merk, *Anschauungen über die Lehre ⋯⋯ der Kirche im altfranzösischen Hcldenepos*(*Zeitschr. für Romanische Philologie*, suppl. t.41), p.120. 그러나 이러한 고백이 받아들여지고 사면이 주어지는 것에 대해 몇 가지 조건을 달아서 이렇게 말했다. "신이 나에게 부여한 권한으로" 긴급한 필요가 있는데 사제가 없을 때 가능하며, 이것은 사제가 많이 있는데도 군대 가운데에서 행해진 샤를마뉴의 행위와 비교할 수는 없다.

(Guillaume le Breton)이 전하고 있다.[48] 필리프가 『롤랑의 노래』의 낭송을 들은 적이 있었음에 틀림없다. 무엇보다 왕 주변에서 카롤링 시대의 전통이 유행했었다. 성직자들은 왕을 샤를마뉴에 비유했고, 심지어 어떤 족보학자의 재주인지는 모르지만 왕이 샤를마뉴의 후손이라고 주장하기까지 했다.[49] 아마도 어쩌면 왕은 전장에서 결정적인 전투를 하기에 앞서 음유시인들이 자신의 조상이라고 말해주는 사람이 이룩한 업적을 기억하며 의도적으로 그대로 모방했을 것이다. 이러한 모방은 전혀 놀라운 일이 아니다. 중세의 무훈시는 고대의 플루타르코스의 작품과 같은 것이다. 때때로 사람들이 믿는 것 이상으로 '문학적인' 이 시대에는 사람들이 행동의 전범을 무훈시에서 끌어왔다. 그것은 특히 국가와 왕권에 대한 일종의 이상을 사람들이 의식하고 그 의식을 강화하는 데에 힘을 발휘했다. 시에서 이러한 영감을 얻었건 아니건, 이러한 전사에 대한 축복에는 왕의 손이 신성하면서도 반(半)사제로서 힘이 있다는 생각이 숨어 있다. 보통 이 같은 '축복하다'라는 말이 영국에서는 왕이 질병을 몰아내기 위해 환자를 손으로 만지는 행위를 지칭했다는 것을 군이 상기할 필요가 있겠는가?

신하들의 눈에 중세의 왕은 끊임없이 사제의 영예를 다소 모호한 형태로 얻으려고 하는 것으로 비쳤다. 근본적으로 그것은 거의 모두가 인정하는 진실이었지만 섣불리 말하기는 어려운 진실이기도 했다. 필리프 미려왕 치세에 추기경 장 르무안(Jean Le Moine)이 얼마나 주저했는지를 살펴보자. 그는 신정정치 이념의 대변자라고 할 수는 없지만 프랑스와 영국의 왕들이 행사하는 영적 특권과 관련해 "도유를 받은 왕은 순수한 속인의 역할만 하는 것이 아니며, 오히려 그것을 뛰어넘는 듯이 보인다"라고 지적했다.[50] 그러나 14세기 중반이

---

48) *Chronique*, §184, éd. Delaborde(*Soc. de l'Hist. de France*), I, p.273. "병사들은 왕에게서 축성을 받았다. 왕은 손을 들고 신에게 축복을 빌었다."

49) H. Francois-Delaborde, *Recueil des actes de Philippe-Auguste*, I, pp.XXX~XXXI. 프랑스 왕권에 대한 포괄적인 연구는 카롤링 시대의 전설과 샤를마뉴와 관련된 문학이 프랑스 왕과 그 측근들에게 미친 심대한 영향을 강조하는 방향에서 이루어지는 것이 당연하다. 여기에서는 문제점을 지적하는 데에 그치고, 뒤에서 이 문제를 다시 다룰 것이다.

50) *Apparatus in librum Sextum*, lib. III, tit. IV: *De praebendis*, c.II, *Licet*; Bibl. Nat. latin 16901,

되면서 사람들은 이 문제에 대해 더 자유롭게 말하기 시작했다. 영국에서 위클리프(Wycliff)는 1379년 젊은 시절에 쓴 논문 중 하나인 「왕의 직무에 대해」에서 성과 속 두 권력을 매우 엄격하게 구분하면서 왕위에 교회의 품계(ordo in ecclesia)를 주었다.[51] 프랑스에서 샤를 5세의 측근들은 왕권의 신성한 성격을 부각하는 모든 의례와 전승을 열심히 수집했다. 장 골랭은 어느 모로 보나 주군의 사상을 충실하게 대변하기는 했지만 여전히 정통교리의 테두리 안에 머물러 있었다. 그는 명시적으로 도유가 왕을 사제로 만들어주지 않음은 물론이요 '기적을 행하는' 성인으로 만들어주는 것은 더욱 아니라고 단언했다. 그러나 그는 이러한 '왕의 도유식'이 '사제의 품계'에 매우 '근접'한 것이라는 점을 숨기지 않으며, '국왕의 종교적 성격'을 주저 없이 우리에게 말하고 있다.[52]

그 이후 교회 대분열 시대(Grand Schisme)가 왔고, 그로써 오랫동안 동요하는 시기가 있었다. 이러한 동요는 교회의 규율에 영향을 미쳤을 뿐만 아니라, 이러한 영향의 결과로서 – 위기가 여러 원인에서 발생했기 때문에 부분적 결과라고 할 수 있는데 – 종교생활 자체에도 영향을 미쳤다. 이 당시 언론은 완전히 자유로운 상태였다. 영국에서 교회법학자 린드우드(W. Lyndwood)는 1430년 그의 작품 『프로빈키알레』(Provinciale)에서 자신이 지지하지는 않지만 널리 확산되어 있는 의견으로 '도유를 받은 왕은 순수한 속인이 아니라 성과 속이 혼합된 존재'라는 의견을 제시했다.[53] 그리고 샹파뉴 출신의 유명한 인문학자 니콜라 드 클라망주(Nicolas de Clamanges)는 영국 왕 헨리 5세에게 몇 마디 글을 써서 보냈는데, 거기서 그는 사제 왕이라는 거의 선사시대에나 있을 법한 오래된 관념을 다음과 같이 감추지 않고 드러냈는데, 이러한 태도는

---

fol. 66 v. 추기경 르무안에 대해서는 R. Scholz, *Die Publizistik zur Zeit Philipps des Schönen*, p.194 이하 참조.

51) *Tractatus de officio regis*, éd. A.W. Pollard and C. Sayle, London, 1887(*Wyclif's Latin Works*, *edited by the Wyclif Society X*), pp.10~11. "이로써 왕권은 교회의 하나의 품계라는 점이 명백해졌다." 이 책 *Tractatus*는 교회의 대분열(Great Schism) 몇 달 뒤에 나왔지만, 이 사건의 교리상 영향이 아직 나타나지 않았을 때 저술되었다고 할 수 있다.

52) 이 책 부록 4, 538쪽, 541~544쪽.

53) Lib. III, tit. 2; 1525 éd., London, p.92 v.

앞서 린드우드가 말한 이론가들이 어떤 조건에서 '성과 속이 혼합'되는지에 대해 모호하게 감추었던 것과는 다른 것이었다. "하느님은 왕이 사제여야 함을 인정하셨다. 왜냐하면 왕은 성스러운 향유로 도유를 받음으로써 기독교 세계에서 사제와 유사한 성인으로 간주되기 때문이다."[54]

사실 영국 왕에게 니콜라 드 클라망주는 아무런 소용이 없었다. 그가 말한 것은 프랑스 성직자의 입장에서였다. 그리고 그가 반영한 것은 프랑스 상황에서 나온 사상이었다. 사실 당시 프랑스에서는 이와 유사한 관념이 한창 유행했고 공공연히 거론되었다. 사례가 필요한가? 그 예는 놀랄 정도로 많다. 1380년 아라스의 주교 피에르 마쥐에(Pierre Masuyer)는 상위 관구인 랭스 대주교와 그 도시의 성당참사회를 상대로 고등법원에 소송을 제기했다. 이것은 심각한 사선이었다. 이 신임 주교는 자신의 상위 성직자에게 관례에 따른 서약을 바치기를 거부하고, 적어도 랭스에서는 초임세로서 제의(祭衣, chape)를 대주교에게 바치는 것이 기억할 수 없을 정도로 오래된 관습이라고 하는데, 이것도 거부했다. 그러므로 이 소송은 교회의 규율 자체와 관련된 것이었다. 그러한 이유로 대주교는 이 사건의 심리가 자신의 법정에서 이루어져야 함을 주장하며 자신이 보기에 완전히 영적 영역인 이 소송에 대한 고등법원의 재판권을 인정하려고 하지 않았다.

반대로 주교는 왕을 대표하는 법원이 권한을 주장하기를 원했다. 그의 주장 중 한 가지는 다음과 같다. "국왕 폐하는 세속에 대한 권리뿐만 아니라 신성에 관한 권리도 가지고 있다. 왜냐하면 왕은 '도유를 받고' 교회에 대한 공위 성적록 취득권(Regale)에 근거해 축복을 내리기 때문이다."[55] 이 문구의 마지막 구절이 주의를 끈다. 교회의 특권에 종속되어 있는 주교가 공석일 때 교회의 축성을 수여할 권리가 왕에게 있다는 구절들이 어떤 때는 왕권에 사제로서의 성격이 부가되어 있다는 증거로서, 어떤 때는 그것의 논리적 결론으로서 이 당시 문헌에 등장한다. 우리가 이미 살펴본 1493년의 변론에서 우연히 왕

---

54) *Opera omnia*, Leyden, 1604, ep. CXXXVII.

55) P. Pithou, *Preuves des libertez de l'eglise gallicane*, II, in-4, 1639, p. 995.

의 성직록 취득권이 문제가 되자, 변호인은 국왕이 '순수한 속인이 아님'을 보여줄 필요를 느끼고 기적까지도 증거로 이용했다. 1477년 변호사 프랑베르주(Framberge)도 고등법원에서 이와 똑같은 논쟁에서 마찬가지로 변론 일부를 신성한 왕권이라는 주제에 할애했다.[56] 그가 기적의 치료에 대해 어떤 암시조차 하지 않은 것은 사실이지만, 우리가 나중에 다루게 될 주제인 전설, 즉 도유가 천상에 기원을 둔다는 전설은 효과적으로 다루었다. 그리고 그러한 논의의 끝에 가장 첨예한 논점으로서 다음과 같이 결론을 내리고 있다. "이미 말했듯이, 국왕은 순전히 속인은 아니다."[57]

이제 법정을 떠나보자. 장 주브넬 데 쥐르생(Jean Jouvenel des Ursins)은 보베와 랑의 주교, 랭스의 대주교를 지냈으며, 샤를 7세와 루이 11세 치세에 프랑스 성직세계의 위대한 인물 중 한 명이었다. 그의 연설과 보고서에도 똑같은 생각이 끊임없이 등장한다. 국왕은 '단순한 속인'이 아니다. 장 주브넬은 자신의 '주권자'인 샤를 7세가 축성 덕분에 '교회의 사람'이자 '교회의 사제'가 되었다고 말했다.[58] 이 변호사들이 소송에서 변호하기 위해서 모든 무기를 도처에서 그러모아야 했다는 점, 그리고 교회의 정치가들이 교황의 활동범위를 좁

---

56) 이 책 2부 1장 각주 103.

57) 1477년 7월 14일 피에르 드 크루아제(Pierre de Croisay)가 원고이고, 추기경 데투트빌(cardinal d'Estouteville)이 피고인 소송에서, 원고를 위한 프랑베르주의 변론; Arch. Nat. X I A 4818, fol. 258 v 이하. fol. 262. "교회법의 제도에 따라 왕은 하늘이 보내준 기적의 도유식을 받을 수 있다. 그리하여 성스러운 인격으로서 영적인 일을 처리할 수 있다. 어떤 사람들은 교회법에 의해 속인이 교회의 일을 운영하는 것이 금지되어 있다고 말한다. 그러나 그것은 아주 단순한 속에만 해당하며 축성을 받고 세속의 것을 교회에 제공한 사람에게는 적용되지 않는다." 같은 면에 이렇게 되어 있다. "왕은 성스러운 인격이다." 내가 이 문헌에 관심을 갖게 된 것은 다음 책 덕분이다. R. Delachenal, *Histoire des avocats au Parlement de Paris*, 1885, p.204.

58) "샤를 7세에게 보낸 보고서(Mémoire addressé à Charles VII)," Noel Valois, *Histoire de la Pragmatique Sanction*, 1906, p.216. "그리고 교회의 우두머리이자 일인자인……." 프랑스와 영국 왕 사이의 갈등 이야기는 다음 책에 수록되어 있다. Godefroy, *Ceremonial*, p.77. "축성받은 프랑스 왕은 교회 사람이다." 샤를 7세에 대한 간언(諫言), *ibid.*, and J. Juvenal des Ursins, *Histoire de Charles VI*, éd. Godefroy, 1653, *Annotations*, p.628. "전하, 전하는 단순한 속인이 아닙니다. 당신은 사제이자 교회의 사람이며, 왕국 내에서 교황 다음 사람이며, 교회의 오른팔입니다."

은 영역으로 제한해야 한다는 생각에 사로잡혀 있었다는 점을 고려하면, 당시의 종교적 견해를 살펴보려고 할 때 이 증인들만으로는 너무 빈약하지 않을까 하는 의문이 든다. 그러므로 프랑스 교회가 자랑하는 위대한 신학자이자 기독교 신비주의의 태두 장 제르송(Jean Gerson)의 말을 들어보자. 1390년 주공현절(Epiphanie)에 그는 샤를 6세와 제후들 앞에서 설교했다. 그는 젊은 왕에게 다음과 같은 말을 해주었다. "매우 기독교적이신 왕, 축성의 기적에 의해 즉위하신 왕, 영적이시며 사제와 다름없는 왕……." 이 말보다 더 의미있는 말이 있겠는가?[59]

내가 인용한 문헌들 중 몇 가지는 잘 알려져 있다. 특히 장 주브넬의 말은 모든 역사가가 프랑스 왕정의 신성한 성격을 밝히려고 할 때 인용하는 부분이다. 그러나 그 연대에 대해서 충분히 주의를 기울이지는 않은 것 같다. 두 세기 전으로 거슬러 올라가면 이와 유사한 언급을 찾아보기 매우 어렵다. 필리프 미려왕에게 봉사한 논객들조차도 이러한 어조로 말하지는 않았다. 오랜 침묵의 기간을 거쳐 14세기와 15세기의 프랑스 성직자들은 그레고리우스 개혁논쟁 시대에 황제권 옹호론자들이 그랬듯이 대담하게도 사제 왕권을 찬양했다. 무엇보다 이것은 직접 영향을 주고받은 결과라기보다는 단순한 우연이었다. 니콜라 드 클라망주는 기 도스나브뤼크라든가 『요크 익명 연대기』를 쓴 익명의 작가와 같은 사람이 썼으나 당시에는 잊힌 문서를 도대체 어디서 읽었을까? 혹은 그보다는 똑같은 사상이 의례나 관습에 포함되지 않아서 결코 완전히 망각되지 않은 채, 상황이 허락하는 날이 오면 그 목소리를 확산하려고 준비하고 있었던 것이 아닐까 하는 의구심이 든다.

이러한 사상이 다시 깨어나도록 만든 상황이란 무엇인가? 앞에서도 지적했지만 교회의 위기, 무엇보다도 교황권의 위기는 가장 경건하고 정통적인 사람들조차 오랫동안 탄압을 받던 개념에 눈을 돌리게 만들었다. 이 시기 프랑스에서 나타난 이러한 태도 변화는 매우 특별한 방식으로 스스로를 드러낸 것이라

---

59) Bibl. Nat. ms. frnaç. 1029, fol. 90 a; 라틴어 번역은 다음 책에 수록되어 있다. *Opera*, 1606 éd., fol. Pars IV, col. 644; E. Bourret, *Essai historique et critique sur les sermons français de Gerson*, 1858, p.56 이하, p.87, n.1.

고 볼 수 있지 않을까? 즉 그때까지 그늘에 가려 있던 월권행위를 특권으로 변화시킴으로써 자랑스럽게 드러낸 것은 아닐까? 11, 12세기의 개혁에도 불구하고 왕은 수도원에 대한 모종의 특권을 수중에 쥐고 있었다. 이러한 특권은 심지어 왕조 성립 이전부터 계승되어온 오래된 유산이었다. 예를 들어 투르에 있는 생 마르탱 수도원(Saint Martin de Tours)이나 오를레앙에 있는 생테냥 수도원(Saint-Aignan d'Orléans)이 여기에 속한다. 그러나 개혁파의 승리가 명백해진 다음부터 왕은 가장 존중해야 할 수도 계율에 대한 이러한 침해가 드러나지 않도록 주의했다. 그 이후 왕은 다시 이러한 상황에서 영광을 이끌어내기 시작했고, 왕 자신과 그 측근들은 왕이 사제의 성격이 있으며, 그에 따라 국가 내에 있는 성직자에 대해 다소 지배할 권리가 있다는 것을 입증하기 위한 논거로 수도원을 이용했다.[60] 그 혼란스럽던 시대에 교황의 최고권을 옹호하는 사람은 누구이건 왕에게서 속인의 성격만 보려고 했다.

반대로 공의회를 교회 행정의 중요한 부분으로 간주하고 동시에 각각의 국가에 일종의 교회 자율성을 부여할 것을 요구하는 자는 누구이건 왕권을 성직에 다소 접근시키려는 경향이 있었다. 린드우드(Lyndwood)가 왕의 혼합적 성격, 즉 반(半)사제 성격을 인정하지 않은 것은 교황권을 약화시키는 모든 것을 두려워했기 때문이었다.[61] 프랑스와 영국 이외의 지역에서는 이탈리아 법률가 니콜로 테데스키(Nicolo Tedeschi), 즉 파노르미타누스(Panormitanus)가 린드우드가 반대한 이론의 강력한 논적들 중 한 사람이었다. 14세기 위대한 교회 법학자 중 한 명인 이 박사에게 왕은 '순수한 속인'이었고, "대관식과 도유식은 왕에게 교회의 어떤 품계도 부여하지 않은 것으로 보였다." 적어도 그가 지

---

60) Grassaille, *Regalium Pranciae iura omnia*, lib. II, p.17; P. Pithou, *Preuves*, p.13; R. Hubert, *Antiquitez historiques de l'eglise royale de Saint Aignon d'Orléans*, Orléans, 1661, p.83 이하; E.R. Vaucelle, *La Collégiale de Saint-Martin de Tours, des origines à l'avénement des Valois*(Bullet. et Mém. Soc. Archéol. Tours, Mém. XLVI), pp.80~81. 보셀에 따르면 샤를 7세는 바젤 공의회에 생 마르탱 수도원장의 자격으로 참석했다(p.81, n.2, 출전에 관한 서지사항 없음).

61) 린드우드의 생각에 대해서는 F.W. Maitland, *Roman Canon Law in the Church of England*, London, 1898, p.1 이하 참조.

금 인용한 대목이 포함된 내용의 주해를 작성할 때, 파노르미타누스가 공의회 주의의 반대편에 군건하게 자리 잡았다고 해도 그렇게 놀랄 일은 아니다.[62] 사실 이 문제야말로 그 당시 가톨릭 세계를 두 당파로 가르는 데 기준이 되는 질문이었다.

우리는 이제 갈리카니슴이라고 하는 운동이 프랑스에서 본격적으로 발생하는 시점에 도달해 있다. 그것은 심각한 종교적 남용의 폐지를 목표로 한 지극히 고귀한 정신을 가진 운동이지만 매우 세속적인 재정적 이해 관계와 얽히고 설켜서 기원에서나 성격 자체에서나 매우 다양한 양상을 띠게 되었다. 사실 갈리카니슴은 어떤 경우에는, 적어도 프랑스 교회와 관련해서는 독립을 향한 도약으로 나타났는가 하면, 어떤 경우에는 프랑스 교회를 교황이 부과하는 구속에서 해방시켜서 왕권에 종속시키려는 시도로 나타났다. 이처럼 여러 가지로 해석되는 이중성은 근대 작가들을 종종 놀라게 하기도 하고, 때로는 충격을 주기도 했다. 그 당시에 등장하거나, 의식적으로 다시 등장한 이념이나 감정 가운데에 사제로서의 왕권이라는 아주 오래된 개념이 있는데, 이 오래된 개념 속에서야 비로소 완전히 모순되는 것처럼 보이는 원칙들도 무난히 조화를 이룰 수 있었다고 생각하는 것이 좀더 그럴듯한 설명이 아닐까?[63]

---

62) Panormitanus, *Super tertio decretalium*, Lyons, 1546(tit. XXX, De decimis, c. XXI, fol. 154 v에 대한 주해. 이 당시 파노르미타누스의 견해에 대해서는 Decretals, VI, 4(éd. 1546, fol. 119 v), 제1권에 대한 그의 주석을 보라. 그 주석에서 그가 주장하기를, 교황이 대주교에게 선서를 요구하는 것을 두고, 공의회가 그것을 규정하지 않았으므로 그러한 요구가 비합법적이라고 주장하는 사람들이 있는데, 그는 그것이 잘못이라고 하면서 이렇게 선언했다. "로마 교회는 공의회의 권위보다 앞서 있고, 자신의 권위로 견고해졌으며, 공의회에서 항상 받아들여졌다." 나중에 바젤 공의회에서 그는 정치적 이유로 태도를 바꾸었다. 그에 대한 사항은 *Realencyclopädie für protestantische Theologie*의 'Panormitanus' 항목을 보라. 거기에 그의 전기가 실려 있다. 파노르미타누스는 종종 왕의 반 사제로서의 특성을 주장하는 사람들, 예를 들어 아르눌 뤼즈(Arnoul Ruze) 같은 이들에게서 자주 인용되고 비판을 받았다. 이 책 2부 5장 각주 103 참조.

63) 다른 한편 이러한 오래된 개념들은 장 드 장됭(Jean de Jandun)과 마르실리우스 파도바(Marsile de Padoue)의 『평화의 수호자』(*Defensor Pacis*)에서는 거의 발견되지 않는다. 이 책은 훨씬 합리적인 책인 셈이다.

도유 문제

그러면 신하들이 보기에, 왕은 사제의 반열에 자신을 올려놓는 신성한 성격을 어디에서 가져왔는가? 여기서는 군주 숭배의 아득한 기원에 대해 우리가 아는 모든 것을 일단 한쪽으로 밀어놓자. 중세인의 의식에서는 기원이 되는 오래된 것이 그렇게 중요하지 않았다. 아주 오래된 과거에 기원을 두었다는 이유만으로 그 거리만큼 힘을 갖게 되는 감정을 설명하기 위해서는 현재에서 그 이유를 찾을 필요가 있다. 앞서 인용한 기 도스나브뤼크와 니콜라 드 클라망주의 문헌, 그리고 갈리카니슴을 변호하는 사람들의 담론 속에는 한 단어가 지속적으로 반복해서 나온다. 그것은 도유라는 말이다. 이 의례는 공통적으로 원하는 논거였다. 그렇다고 해서 언제 어느 곳에서나 때와 장소를 가리지 않고 이 단어에 같은 의미가 부여되었다고 생각해서는 안 된다. 이러한 점에서 여론의 변동은 그것이 무엇보다도 치료의 역사와 관련이 있는 만큼 우리의 중요한 관심사다.

이미 살펴보았듯이, 왕 도유의 성격 자체가 서로 다른 두 진영에 차례로 무기를 제공했다. 왕권파는 국왕이 신성한 표지를 받았다고 주장하고, 교권파 역시 국왕이 사제에게서 권위를 받았다고 했다. 이러한 양면성이 없었던 적이 없다. 작가들은 자신이 어느 편에 속하는지에 따라 두 얼굴을 지닌 이 제도의 다양한 두 측면 중 어느 하나만을 강조했다. 9세기 힝크마르, 10세기 라테리우스 베로넨시스(Rathier de Vérone), 12세기 위그 드 생빅토르와 존 오브 솔즈베리(John of Salisbury), 13세기 초 인노켄티우스 3세, 그리고 필리프 미려왕과 보니파키우스 8세 시대의 에지디오 콜로나에 이르기까지 교권정치 이념을 이끌었던 사상가들을 보라. 이들은 사람들이 성사의 논거라고 부르는 것을 마치 학교에서 하는 상투적인 이야기처럼 이 세대에서 저 세대로 충실하게 전해주었다. "도유를 받는 사람은 도유를 주는 사람보다 하위에 있다"거나 성 바오로의 히브리서의 문구를 빌려서 "축복이란 것은 윗사람이 아랫사람에게 해주는 것입니다"(히브리서 7장 7절-옮긴이) 등이 그러한 논거들이다.[64] 군주나 그 측근

---

64) Hincmar, 이 책 1부 2장 각주 42 참조. Rathier de Vérone, *Praeloquium* IV, 2(Migne, *P.L.*,

들의 경우, 독일의 하인리히 1세가 '교황의 축복'을 거부했던 것과 같은 극히 드문 예외를 제외하면, 거의 예외없이 오랫동안 성유의 능력을 찬양하는 데 열중했고, 특별히 왕실 의례가 의존해야 하는 성직자의 해석에 그다지 주의를 기울이지 않았다. 이것이 그레고리우스의 대(大)논쟁에서 황제파 논객들이 보여준 거의 일치되는 태도였다. 『요크 익명 연대기』의 저자는 자신의 논문들 중에서 가장 웅변적인 어느 논문에서조차 성사의례를 길게 설명하는 것 말고는 아무것도 하지 않았다.

그러나 교회가 부여하는 승인에 왕권이 지나치게 의존하는 것처럼 보일 위험에 대해 세속권력의 대변자들이 그 이전보다 더 확실하게 인식하게 되는 시기가 찾아왔다. 그러한 불안은 기묘한 역사적 전설 속에 마치 그림을 그린 것처럼 표현되어 있다. 그 전설은 13세기 중반 이탈리아의 정세가 호헨슈타우펜 가문에 유리한 상황 속에서 탄생했다. 사람들은 프리드리히 바르바로사의 황제 대관이 순전히 세속적 의례라고 생각했다. 전하는 바에 따르면, 대관식 날에는 어떤 성직자도 성 베드로 성당에 절대 들어갈 수 없게 되어 있었다.[65] 더욱 중요한 것은 이러한 이론가들이 법적으로 이 의례를 이미 이루어진 일의 단순한 추인에 지나지 않는 것으로 축소하려고 했다는 점이다. 이 이론에 따르

---

t.136, col. 249); Hugue de Saint-Victor, *De sacramentis*, II, pars II, cap. 4(*P.L.*, t.176, col. 418); John of Salisbury, *Policraticus*, IV, 3, éd. C.C.J. Webb, Oxford, 1909, I, pp.240~241; Innocent III, 1202년 슈바벤 공 필리프의 특사에 대한 교황의 답신, *P.L.*, t.216, col. 1012. "도유를 받는 사람은 도유를 해주는 사람보다 아랫사람이며, 도유를 해주는 것은 도유를 받는 것보다 권위가 있는 행위이다." Egidio Colonna, *De ecclesiastica sive de summi pontificis potestate*, c.IV, éd. Oxilio-Boffito, *Un tratto inedito di Egidio Colonna*, Florence, 1908, p.14. 물론 나는 몇몇 대표적 이름만 나열한 것이다. E. Jordan, *Nouv. Rev. historique du Droit*, 1921, p.370 참조. 히브리서 7장 7절은 위그 드 생빅토르, 존 오브 솔즈베리, 에지디오 콜로나 등이 인용했다.

65) 전설은 1265년 5월 24일 로마인에 대한 만프레드의 선언에 나온다. *Monumenta Germaniae*, *Constitutiones*, II, p.564, 39행 이하. 이 문구는 함페의 지적에 따라 수정되었다. Hampe, *Neues Archiv*, 1911, p.237. 이 선언을 작성한 것으로 추정되는 사람은 페터 폰 프레자(Peter von Prezza)인데, 이에 대해서는 다음 책을 참조하라. Eugen Müller, "Peter von Prezza," *Heidelberger Abh. zur mittleren und neueren Gesch.*, H. 37; E. Jordan, *Rev. histor. du droit*, 1922, p.349도 참조하라.

면, 왕은 오로지 상속을 통해서, 독일의 경우 선출을 통해서, 지위를 얻게 된다. 선왕이 승하한 이후, 독일의 경우 선제후가 지명한 이후, 그는 왕이 된다. 그 이후 벌어지는 경건한 절차는 무엇보다 종교적이고 거룩하며 빛나는 축성으로 왕을 장식하려는 목적이 있을 뿐이며 이것이 필수불가결한 것은 아니다. 이러한 견해는 성과 속, 두 권력이 전통적으로 투쟁을 벌이던 장소인 제국에서 처음 나타났다. 프리드리히 바르바로사 치세에 온건한 편인 게로 폰 라이헤르스페르크(Gerhoh von Reichersperg)는 "사제의 축복이 왕이나 군주를 만드는 것이 아니다. 일단 왕이나 군주가 선거로 탄생한 다음에, 사제가 그들을 축복하는 것이다"라고 했다.[66]

분명히 그는 왕의 권위가 완성되는 데에 축성이 어떤 면에서는 필요하지만, 축성이 없어도, 또는 축성 전에도 왕은 존재할 수 있다고 생각했다. 조금 뒤 프랑스의 이론가도 같은 주제를 다루었다. 필리프 미려왕 치세에 장 드 파리(Jean de Paris)가 그것을 강력하게 발전시켰다. 『과수원의 꿈』의 저자와 장 제르송도 이것을 다시 거론했다.[67] 문서청은 일찍부터 이와 유사한 관념의 영향을 받고

66) De investigatione Antichristi, I, 40; éd. F. Scheibel-Berger, Linz, 1875, p.85; "De quarta vigilia noctis," Oesterreichische Vierteljahrsschrift für katholische Theologie, 1871, I, p.593 참조. "태초에 아담이 대지의 흙으로 만들어지고, 그다음 신이 생명의 숨결을 불어넣어 살게 하고, 살아 있는 모든 것을 지배하도록 그 위에 두었다. 이와 마찬가지로 태초에 아담이 대지의 흙에서 만들어지듯이 황제나 왕은 처음에는 민중이나 군대에 의해 만들어지지만, 그 이후에는 아담이 생명의 숨결을 통해 영혼을 얻고 생명을 얻으며 거룩하게 되듯이, 주교의 축복으로 군주들, 모든 사람, 그리고 좀더 선한 자들이 그의 수위권력 아래 하나가 된다." W. Ribbeck, "Gerhoh von Reichersberg und seine Ideen über das Verhältniss zwischen Staat und Kirche," Porsch. Z. deutschen Geschichte, XXIV, 1884, p.3 이하 참조. 게로가 취한 중립적 태도와 그 다양한 변형에 대해 최근 역사가들은 '매우 명석하지 않은 머리(sehr unklarer Kopf)'라고 하며 다소 심하게 다루었다. Schmidlin, Archiv für katholisches Kirchenrecht, XXIV(1904), p.45.

67) Johannes Parisiensis, De potestate regum et papali, c. XIX, in Goldast, Monarchia, II, p.133(R. Scholz, Die Publizistik, p.329 참조); Somnium Viridarii, I, cap. CLXVI부터 CLXXI까지. 그리고 CLXXIV부터 CLXXIX까지(Goldast, Monarchia, I, pp.126~128, pp.129~136, 여기에는 오컴에서 직접 인용한 구절도 있다. Occam, Octo Quaestiones, V~VII(Goldast, II, pp.369~378); Gerson, De potestate Ecclesiastica et laica, Quaest. II, cap. IX~XI, 1606 éd., Pars I, col. 841 이하(여기서는 축성을 다음과 같이 정의했다. "이것은 의례와 관련이 있을 뿐 권력과는 관계가 없다"). 근대의 똑같은 이론에 대해서는 이 책 397쪽 참조.

있었다. 결정적으로 프랑스의 경우 1270년 이후, 영국의 경우 1272년 이후 왕의 비서가 축성 날부터 통치 햇수를 계산하지 않고, 통상 선왕 사망 다음 날 또는 선왕을 매장하는 날을 새로운 치세의 출발점으로 삼은 것은 우연이 아니다. "국왕 승하, 새 국왕 만세(le Roy est mort, vive le Roy)"라고 소리쳤다고 하는데, 확인할 수 있는 것 중에서 가장 이른 것은 프랑수아 1세 장례식에서 했던 것이다. 그러나 이미 1423년 11월 10일 샤를 6세를 매장한 직후 묘소에서 전령은 영국의 헨리 6세를 프랑스 왕으로 선언한 적이 있었다. 이 의례가 그때부터 전통으로 자리 잡았다는 것은 의심할 여지가 없다. 어느 모로 보나 의례보다 더 오래된 것은 의례에 표현된 관념으로서, 전령이 외치는 유명한 선포는 이 관념이 시산이 흐른 뒤 매우 인상적인 공식문구로 표현된 것에 불과하다.

상속법이 작동하는 나라에서 왕의 죽음은 곧바로 정통 후계자가 왕이 된다는 관념이 바로 그것이다. 13세기 말부터는 거의 모든 곳에서 이러한 견해가 공식적으로 표명되었다.[68] 왕권옹호자들은 자신들의 이론이 군주가 가지고 있

---

68) 프랑스 왕정의 태도에 대해서는 Schreuer, *Die rechtlichen Grundgedanken*, p.92 이하, 특히 p.99 이하 참조. 프랑스 왕들의 재위기간 계산은 Schreuer, *loc. cit.*, p.95 참조. 지리(A. Giry)는 이 문제의 중요성을 간과한 듯하다. 이 문제는 좀더 자세히 들여다볼 필요가 있다. 영국에 대해서는 J.E.W. Wallis, *English regnal years and titles*(*Helps for students of history*), London, 1921, p.20 참조. 덧붙여 말해두고 싶은 것은 부왕이 살아 있을 때 아들의 축성이 이루어졌으므로, 추정 상속자가 공동으로 왕위를 유지하는 관습은 특히 카페 왕조에 의해 지속적으로 시행되었고, 이로써 국왕 재위 기간 계산 시점을 축성식으로 하는 관습이 오랫동안 무리 없이 유지되었다는 점이다. "국왕 승하, 새 국왕 만세"라는 선포(Cri)에 대해서는 R. Delachenal, *Histoire de Charles V*, III, 1916, p.21을 보라. 샤를 6세의 승하와 관련된 의식에 대해서는 *Chronique d'Enguerran de Monstrelet*, éd. Douët-d'Arcq(*Soc. de l'hist. de France*), IV, p.123; Petit-Dutaillis, Rev. historique, CXXV(1917), p.115, n.1. 물론 제위의 경우 문제가 다르게 나타난다. 중세 말까지 ―정확하게는 막시밀리안 1세(1508년)까지― 교황에게서 대관을 받지 않은 황제는 없었다. 그러나 오래전부터 독일의 이론에서는 '로마인들의 왕(독일의 제후들이 선출한 독일 왕. 교황이 대관식을 거행해줌으로써 신성로마제국 황제가 됨―옮긴이)'이 올바르게 선출되기만 했다면 황제라는 직위를 갖지 않더라도 제국을 통치할 수 있었다. 다음 각주를 참조하라. 그리고 특히 다음 글을 참조하라. F. Kern, "Die Reichsgewalt des deutschen Königs nach dem Interregnum," *Histor. Zeitschr.*, CVI, 1911; K.G. Hugelmann, "Kanonistische Streifzügen durch den Sachsenspiegel," *Zeitschr. der Sav.-Stiftung, Kanon. Abt.*, IX(1919)에 있는 "Die Wirkungen der Kaiserweihe nach dem Sachsenspiegel" 그리고 그다음 논문에 나오는 슈투츠(U. Stutz)의 주석을 참조하라.

는 신성한 성인으로서의 성격에 근거할 필요가 있다면, 지체없이 도유와 그 효력을 내세웠다. 그러나 그들은 최고 권력을 전달할 때 이 의례가 수행했던 효과적인 역할을 제거해버렸다. 어떻게 보면 정통성 창출 능력이 그 의례에 있다고 인정하기를 거부한 것이다. 이로써 이들은 적들이 이 의례를 이용할 여지를 없애고 완전히 자기들만이 이용할 수 있다고 생각했다.

사실 민중의 의식이 이렇게 미묘한 지점에까지 이르렀던 것은 아니다. 1310년 황제 앙리 드 뤽상부르(Henri de Luxembourg)는 교황 클레멘스 5세에게 보낸 편지에서 '단순한 사람들'이 법률적으로 진실인데도 황제로서 '대관식을 하기 전에는' '로마인의 왕에게 복종할 필요가 없다'고 너무 쉽게 믿는 듯하다고 했는데, 하인리히가 원한 것은 최대한 신속하게 대관식을 집행해주도록 교황을 설득하기 위해 갖은 논거를 긁어모으는 것이었다. 그러나 이 주장 자체가 '단순한 사람들'의 심리를 그가 꽤나 잘 알고 있었음을 나타낸다.[69] 어느 나라에서도 여론은 종교 행사가 끝나기 전에는 왕을 진정한 왕으로 받아들이지 않았고, 선출된 로마인의 왕을 제국의 지도자로 받아들이지도 않았다.

잔 다르크가 살던 시대 프랑스의 한 귀족은 사적인 편지에서 이 행사를 축성의 '놀라운 기적'이라고 했다.[70] 프랑스에 대해서는 뒷부분에서 자세히 검토하겠지만, 이 나라에서 도유는 기적에서 유래한다고 간주되었다. 다른 어느 나라보다도 이곳에서 이 신념이 확고하게 뿌리내렸다. 『샤를 대머리왕 이야기』의 중요한 구절은 앞서 인용한 바 있다. 여기서는 1314년경 파리에서 떠돌다가 연대기 작가 장 드 생빅토르(Jean de Saint-Victor)에 의해 채록되어 오늘날까지 전해지는 매우 교훈적인 일화 하나를 소개한다. 필리프 미려왕이 죽은 지 얼마 지나지 않아 앙게랑 드 마리니(Enguerrand de Marigny)는 새로 즉위한

---

69) *Propositiones Henrici regis; Monumenta Germaniae, Constitutiones*, V, p.411, c.4. "분별력이 있는 사람들은 적법하게 선출되고 교황에게 인정받지 않은 왕이라도 대관식을 받은 것과 마찬가지로 제국에서 통치권을 가져야 한다고 생각하지만, 잡초의 씨를 뿌려서 해를 끼치려는 사람들은 단순하게도 대관식을 하지 않은 자에게는 복종할 수 없다고 한다." E. Jordan, *Rev. histor. du droit*, 1922, p.376을 참고하라.

70) 앙주 가문 귀족이 보낸 편지 세 통(1429년 7월 17일), Quicherat, *Procés de Jeanne d'Arc*, V, pp.128~129도 참고하라.

왕 루이 10세의 명으로 투옥됐다. 전하는 바에 따르면 투옥된 그가 친숙한 혼령을 불러냈다. 나쁜 영혼이 나타나서 그에게 이렇게 말했다. "오래전에 내가 너에게 말하기를, 교회에 교황이 없고, 프랑스 왕국에 왕과 왕비가 없고, 제국에 황제가 없게 되면, 네 삶도 끝날 것이라고 했다. 그런데 보라. 지금이야말로 그러한 조건이 갖추어졌다. 왜냐하면 네가 프랑스의 왕이라고 생각하는 남자는 아식 도유식도 대관식도 치르지 않았으니, 그전까지는 그 남자를 왕이라고 부를 수 없기 때문이다."[71]

　장 드 생빅토르는 대체로 파리 시민의 견해를 충실히 대변하므로, 파리 시민들이 이야기의 마지막 부분과 관련하여 이 간악한 혼령의 견해를 공유하고 있었음에 틀림없다. 그다음 세기에 아에네아스 피콜로미니(Aeneas Piccolomini)는 이렇게 썼다. "프랑스 사람들은 이 기름으로 도유받지 못한 왕은 진정한 왕이 아니라고 한다." 여기서 말하는 기름이란 랭스에 보관되어 있는 하늘의 기름이다.[72] 사실 이 점에 대해서 민중이 공식 이론가와는 달리 생각했음을 위에서 말한 몇 가지 사례가 분명히 보여준다. 샤를 5세 치세에 궁정이 직접 후원한 작품인 『프랑스 대연대기』(Grandes Chroniques)의 저자는 장 선량왕(Jean le Bon)이 매장된 직후부터 세자 샤를을 왕으로 불렀다. 그러나 프루아사르(다른 연대기 작가-옮긴이)는 일상적 용법을 반영해 랭스의 의식을 치르고 나서야 그를 왕으로 불렀다. 한 세기도 지나지 않아 샤를 7세는 부왕이 죽은 지 9일 만에 새롭게 왕 칭호를 받았다. 그러나 잔 다르크는 그가 축성을 받기 전까지는 도팽(Dauphin, 세자)이라고 부르는 것을 선호했다.[73]

---

71) Hist. de France, XXI, p.661. G. Péré, Le Sacre et le couronnement des rois de France, p.100.

72) Quicherat, Procés de Jeanne d'Arc, IV, p.513. "프랑스 사람들은 이 기름으로 도유받지 않은 왕을 인정하지 않는다."

73) 『프랑스 대연대기』(Grandes Chroniques)와 프루아사르(Froissart)에 대해서는 R. Delachenal, Histoire de Charles V, III, p.22, p.25. 샤를 7세의 지위에 대해서는 Beaucourt, Histoire de Charles VII, II, 1882, p.55, n.2. 12세기 말 영국에서 이른바 『베네딕트 오브 피터버러 연대기』(chronique dite de Benoît de Peterborough, éd. Stubbs, Rolls Series, II, pp.71~82)는 현학적인 조심성 때문에 리처드 사자심왕의 부왕이 죽은 뒤에는 그를 (푸아티에) 백작으로만 부르다가, 나중에 루앙에서 공작으로서 축성식을 받은 이후에서야 (노르망디) 공작이라고 불렀고, 왕의 축성식을 받은 이후에야 왕이라는 칭호를 부여했다.

연주창의 기적이 활발했던 나라에서는 도유와 그 효력을 놓고 매우 심각한 문제가 제기되었다. 왕은 즉위하면서부터 바로 병자를 치료할 수 있는가? 아니면 축복받은 기름으로 '하느님의 도유'를 받고 나서야 왕의 손이 진정으로 효력을 갖게 되는가? 달리 말하면 그를 기적을 행하는 왕으로 만드는 초자연적 성격은 정확히 어디에서 오는가? 상속 규칙에 따라 왕위에 오른 순간부터 완전한 능력을 갖는가? 아니면 종교 의례를 거행한 다음에야 완전한 능력을 갖는가?

우리가 가지고 있는 사료가 너무 적어서 중세에 이 문제가 실제로 어떻게 해결됐는지 도저히 판단할 수 없다. 17세기 영국의 경우는 즉위한 이후라면 축성받기 전이라도 왕이 치료했음이 확실하다.[74] 그러나 이 관행이 종교개혁 훨씬 이전으로 거슬러 올라가는지, 아니면 반대로 종교개혁으로 설명할 수 없는지 어떻게 알겠는가? 어쨌든 프로테스탄티즘은 성사의 중요성을 축소하려는 경향이 있었다. 15세기 말 이후 프랑스에서 준수되었던 규칙은 매우 달랐다. 어떤 치료도 대관식 이전에 이루어지지 않았다. 그러나 이처럼 치료가 연기된 이유는 도유식 때문이 아니었다. 그 당시 메로빙 시대의 경건한 수도사 성 마르쿨(Saint Marcoul)이 점차 왕의 기적을 만들어내는 수호성인으로 모셔지고 있었는데, 이 성인의 성유골을 순례하는 것이 이러한 절차에 추가되었다. 그리하여 새로운 군주가 처음으로 기적을 행하는 왕 역할을 수행하는 것은 축복받은 기름으로 도유받자마자 랭스에서가 아니라, 도유식 이후 성 마르쿨의 유골을 경배하는 곳인 코르베니(Corbeny)에서였다. 자신의 놀라운 능력을 감히 시행하기에 앞서 왕이 기다린 것은 축성이 아니라 성인의 중개였다.[75] 마르쿨이 아직 연주창을 고치는 성인이 되지 않았던 시대에 프랑스 왕은 무엇을 했는가? 틀림없이 우리는 그것을 영원히 알 수 없을 것이다.

한 가지는 확실하다. 중세 말 완고한 왕권옹호자였던 한 논객은 도유가 왕이

---

74) Farquhar, *Royal Charities*, IV, p.172(찰스 2세와 제임스 2세에 대한 것이다. 제임스 2세는 전임 신교도왕의 선례를 따랐다).

75) 이 책 2부 4장 참조. 앙리 4세의 경우 이전 관습에 대해서는 아무런 정보도 제공해주지 못하는데, 이에 대한 것은 이 책 398쪽 참조.

가지고 있는 기적의 능력의 원천이라는 것을 절대 받아들이지 않았다. 그 사람은 『과수원의 꿈』의 저자다. 샤를 5세의 측근이 썼다고 알려진 이 작품은 대체로 독창성이 떨어진다고 한다. 저자는 너무나도 자주 윌리엄 오컴의 『교황의 권한과 권위에 대한 여덟 개 문제』의 견해를 따랐다. 오컴 역시 연주창 치료에 대해 한마디 하지만, 그것은 황제권옹호자들의 낡은 개념의 영향을 받은 것이었다. 그랬기 때문에 도유의 효력을 아주 높게 평가하면서 군주가 수행하는 놀라운 치료능력의 원천이 도유에 있다고 했다. 그가 보기에는 오직 꽉 막힌 교권주의자들만이 다르게 생각하는 셈이었다. 『과수원의 꿈』의 저자는 이 논의에서 착상을 얻기는 했지만, 끝부분을 뒤집어놓았다. 그는 두 사람을 등장시켜 작품 구성을 보여주는 대화를 하두록 했다. 힌 사람은 속권을 경멸하는 성직자인데, 그는 기적을 행하는 능력의 원천을 성스러운 기름에 두어야 한다고 주장하고 있다. 이러한 주장을 기사가 반박하는데, 기사는 프랑스 왕정의 권위를 손상시키는 것이라고 한다. 신이 프랑스 왕에게 내린 '은총'은 근본적으로 인간의 눈에는 보이지 않는 원천에서 유래하는 것으로서 도유와는 관련이 없다고 주장한다. 그렇지 않다면 도유를 받는 다른 나라 왕들도 프랑스 왕과 마찬가지로 그 은총을 받아야 할 것이라고 한다.[76)

　그리하여 순수한 충성파들은 기적에 관한 일이나 정치적인 일이나 모두 그것들을 만들어내는 힘이 축성식에 있다는 것을 받아들이지 않았다. 그들이 보기에 왕이라는 인격체는 그 자체로 초인간적인 성격을 지니고 태어나며, 교회는 인정해주기만 할 뿐이었다. 무엇보다도 이것이 역사적 사실이다. 성스러운 왕권이란 관념은 교회에서 승인받기 이전부터 사람들의 의식 속에서 살아가고 있었다. 그러나 이 경우에도 여론은 너무 세련된 이러한 이론을 중요시하지는 않았다. 피에르 드 블루아가 살던 시대와 마찬가지로, 이 시기에도 성유에 의한 '성사'와 그것을 받은 왕이 수행하는 치료행위 사이에는 다소 모호하기는 하지만 인과관계가 형성되어 있다고 보았다. 경련반지의 축성 전례서는 마지막 판본에서도 여전히 영국 왕의 손에 묻은 기름이 치료반지를 효과적으로

---

76) 이 책 2부 1장 각주 92의 인용문을 보라. 오컴에 대해서는 2부 1장 각주 104 참조.

축성해준다고 주장하지 않았던가?[77] 이러한 생각은 엘리자베스 여왕 치세가 되어도 여전하여, 투커는 군주가 축성으로 '치료의 은총'을 받았다고 생각했다.[78] 어느 모로 봐도 오래된 전통의 잔향이다. 하물며 프랑스의 랭스에는 천상에서 온 향기 나는 성유가 있는데, 이것이야말로 기적을 낳는 힘이라는 생각을 하지 않을 수 있겠는가? 실제로 사람들은 일반적으로 기적이 향기 나는 성유 때문이라고 생각했다. 그 증인은 앙주 가문의 궁정에서 이 주제에 대한 착상을 얻은 톨로메오 다 루카, 그리고 앞서 주요 부분을 인용한 바 있는 샤를 5세의 문서다. 온건한 왕권주의자들이 만든 이론은 약 한 세기 간격을 두고 프랑스에서는 장 골랭, 영국에서는 포테스큐의 책에 표현되어 있다.

도유는 국왕이 질병을 치료하는 데에 필요하지만, 그것만으로는 충분하지 않으며, 여기에 더하여, 그것이 적합한 인물, 즉 혈통상 적법한 왕에게 이루어져야 효과가 있다는 것이 그의 의견이었다. 포테스큐에 따르면, 요크 가문의 에드워드가 부당하게도 기적의 특권을 행사할 수 있다고 주장한다고 했다. 이에 대해 요크 가문의 사람들이라면 이렇게 대답할 것이다. 부당하다고? 헨리 6세와 마찬가지로 에드워드도 도유를 받지 않았는가? 랭카스터파의 논객들은 물론 그렇다고 대답한다. 그러나 그 도유는 무효다. 왜냐하면 에드워드는 도유를 받을 어떠한 자격도 없기 때문이다. 여자가 품계를 받으면 사제가 되는가? 장 골랭은 프랑스에서 "왕이 될 자격이 없으면서도 도유를 받은 자가 감히 환자와 관련이 있으면", 즉 환자를 치료한다면, "과거의 사례가 보여주듯이 그는 성레미병(mal St-Rémy)", 즉 페스트의 "희생자가 될 것"이라고 했다.

성 레미는 심판과 분노의 날에 '사악한' 찬탈자들을 병에 걸리게 할 수 있는데, 이 행위는 그에게 특별한 의미가 있는 성스러운 유리병(Sainte-Ampoule)의 영광을 보여주고 왕조의 권리를 심하게 침해한 것에 대해 보복하는 것이었다. 이 불운한 전설상의 군주가 대체 누구인지 알 수 없지만, 그것이 중요한 문제는 아니다. 흥미로운 점은 학문적이기보다는 대중적인 관념이 침투하는 것

---

77) 이 책 208쪽.
78) *Charisma*, Ch. X, 다음 책에 인용되어 있다. Crawfurd, *King's Evil*, p.70. 또 *Epistola dedicatoria*, p.[9].

을 비난하는 전설이 필요한 상황이었다는 점이다. 대개 법률가들은 이와 같은 일화를 발명해내지 않는다. 대중의 여론은 이론가들이 열심히 만들어내는 반론에 민감하지 않다. 왕이 되기 위해서, 그리고 기적을 행하기 위해서는 두 가지 조건이 필요하다는 것은 모든 사람들이 알고 있는 사실이었다. 그것은 장 골랭이 지적한 바 있듯이, '축성'과 '신성한 혈통'이었다.[79] 기독교의 전통과 고대 이교의 관념을 모두 계승한 중세인은 즉위할 때 하는 종교적 의례와 왕조의 특권을 하나로 합쳤던 것이다.

전설, 프랑스 왕정의 전설들, 영국 축성식에서 기적의 기름

프랑스 왕권을 둘러싼 일련의 전설들이 있는데, 그것은 왕권의 기원이 신성한 힘과 직접 관련이 있다는 것이다. 이제 그것을 차례로 살펴보자. 그중에서 가장 먼저 살펴볼 것은 가장 오래되고 가장 유명한 성스러운 유리병에 얽힌 전설이다. 모두가 그 내용을 알고 있을 것이다. 클로비스가 세례를 받는 날, 성스러운 기름을 가지고 올 사제가 군중의 혼잡에 막혀 지각했다. 그러자 한 마리 '비둘기'[80]가 하늘에서 내려와 프랑크족 군주에게 도유할 향기 나는 성유를 유리병, 즉 작은 약병에 담아서 성 레미에게 갖다주었다. 이것은 초자연적 도유식으로서, 역사적 사실과는 상관없이 이 이야기에서는 세례와 최초의 국왕 축성이 동시에 이루어진 것으로 되어 있다. 그 이후 프랑스에서는 이 천상의 '액체'가 원래의 유리병에 담긴 채 모든 국왕의 축성에 사용할 목적으로 랭스

---

79) Fortescue, *De titulo Edwardi comitis Marchie*, cap. X. 이 책 2부 1장 각주 46 참조. 그리고 경련 반지와 관련해 포테스큐가 인정한 도유식의 중요성에 대해서는 203쪽 참조. 536쪽과 541쪽의 장 골랭 참조.

80) 그렇지만 이것은 초기 판본의 경우다. 그 이후인 10세기 말부터 때때로 비둘기를 대신해서 천사가 등장하는 경향이 있었다. Adso, *Vita S. Bercharii*, Migne, *P.L.*, t.137, col. 675; *Chronique de Morigny*, l. II, c. xv, éd. L. Mirot(*Collection de textes pour l'etude…… de l'hist.*), p.60; Guillaume le Breton, *Philippide*, v. 200; Etienne de Conty, Bibl. Nat. ms. lat. 11730, fol. 31v.(이 책 2부 1장 각주 5); Dom Marlot, *Histoire de la ville, cité et université de Reims*, II, p.48, n.1. 비둘기와 천사를 양립하려는 사람들은 '비둘기의 모습을 한 천사'라고 말하는 경향이 있다. Philippe Mouskes, *Chronique*, éd. Reiffenberg(Coil. des chron. belges), v.432~434.

의 생레미 수도원에 보관되어 전해지고 있다. 그런데 이 이야기는 언제, 그리고 어떻게 생겨났을까?

이것을 우리에게 알려준 가장 오래된 기록자는 랭스의 힝크마르다. 그는 877년이나 878년에 쓴 『성 레미 전』(Vie de Saint Rémi)에서 이에 대해 꽤 긴 분량을 할애해 이야기했다. 이 내용이 종종 읽히고 부연 설명되기도 하면서 전설을 확산시키는 데에 기여했다. 하지만 활동적인 고위 성직자가 이 이야기를 다룬 것은 이 책에서만도 아니고 이 책이 그 이야기를 처음 소개한 작품도 아니었다. 그는 이미 867년 9월 8일 메스에서 샤를 대머리왕이 로렌(Lorraine) 왕으로서 대관식을 할 때 그 공식 기록을 작성한 바 있는데, 거기서 분명히 전설에 대해 언급했다. 그가 말하기를, 자신이 바로 그 기적의 기름을 이용해 주군을 축성했다고 썼다.[81] 처음부터 끝까지 그가 그럴 듯하게 꾸며낸 이야기였을까? 몇 차례 그에게 혐의를 둔 적이 있기는 하다.[82] 솔직히 말하면, 이 대주교는 교황 니콜라우스 1세에게서 문서 위조로 심하게 비난당한 적도 있고 실제 위조로 악명 높았던 인물이므로, 연구자들은 그의 진정성에 크게 무게를 두

---

81) *Vita Remigii*, éd. Krusch(*Monumenta Germaniae Histor.*, *Scriptor.* rer. merov., III), c.15, p.297. 869년에 거행된 의식에 대한 기록은 힝크마르가 서프랑크 왕국의 공식 연대기인 『생베르탱 연대기』에 삽입했다. *Annales Bertiniani*: éd. Waitz(Scriptores rer. germanic.), p.104; *Capitularia*(Monumenta Germaniae, Hist.), II, p.340; 사실 자체에 대해서는 다음을 참조하라. R. Parisot, *Le royaume de Lorraine sous les Carolingiens*, 1899(thèse, Nancy), p.343 이하. 랑의 힝크마르(널리 알려진 랭스 대주교 힝크마르의 조카옮긴이)에 반대해 랭스 대주교 힝크마르가 870년 자신의 책 소책자의 서간집(Capitula)에 삽입한 교황 호르미스다스(Hormisdas)의 가짜 특허장에는 클로비스 세례에 나타난 기적을 불완전하게나마 암시하는 대목이 있다. *P.L.*, t.126, col. 338; Jaffé-Wattenbach, *Regesta*, n.866. 힝크마르에 대해서는 다음 두 작품을 참조하는 것만으로도 충분하다. Carl von Noorden, *Hinkmar, Erzbischof von Reims*, Bonn, 1863; Heinrich Schrörs, 같은 제목, Freiburg, 1884. 다음 책도 참조하라. B. Krusch, "Reimser-Remigius Fälschungen," *Neues Archiv*, XX(1895), 특히 pp.529~530; E. Lesne, *La hiérarchie épiscopale······ depuis la réforme de saint Boniface jusqu'à la mort de Hincmar*(*Mém. et travaux publiés par des professeurs des fac. catholiques de Lille*, I), Lille and Paris, 1905. 여기서 성스러운 유리병에 대한 완벽한 참고문헌 목록을 만들 수는 없다. 다만, Chiflet, *De ampulla remensi*, 1651은 물론이고, Suysken, *AA.SS.*, Oct. I, pp.83~89의 주석이 유용하다는 점을 밝혀둔다.

82) 1858년 바이스제커(J. Weiszäcker)는 "그러한 경우에 첫 번째 이야기는 가장 의심스럽다"라고 했다. "Hinkmar und Pseudo-Isidor," *Zeitschr. für die histor. Theologie*, 1858, III, p.417.

지 않고 있다.[83] 나 역시 그가 아무리 대담하다고 해도 어느 날 갑자기 하급성직자나 신도들이 보는 앞에서 기름으로 가득 찬 작은 병을 내놓고서, 앞으로는 이것을 신성한 것으로 여기라고 명령했다고 생각할 수는 없다. 그렇게 하려면 적어도 무대장치, 예를 들어 계시가 있다든가 무엇인가를 발견하는 것과 같은 장치가 반드시 필요했을 것이다. 그러나 사료에서 그러한 흔적을 찾아볼 수는 없다. 이미 오래전 17세기의 통찰력 있는 학자 중 한 명인 장 자크 시플레(Jean Jacques Chiflet)는 신성한 약병이라는 주제의 원초적 형태가 도상학적 기원을 가지고 있음을 간파했다.[84] 다소 간결한 시플레의 지적을 나 나름대로 완벽하게 만든다면 전설의 기원을 다음과 같이 상상할 수 있을 것이다.

프랑크족을 이교도로부터 기독교도로 만든 유명한 사건과 관련된 몇몇 유물이 진품이냐 아니냐를 떠나서 일찍부터 랭스에 보존된 것은 매우 놀라운 일이다. 예를 들어 성 레미가 클로비스에게 세례를 주기 위해 기름을 꺼냈던 '유리병'을 순례자들에게 보여준다든가 어쩌면 그 기름 자체를 몇 방울 보여주는 것이 당시 관습에 가장 잘 들어맞는 것이 아니겠는가? 신성한 물건이나 성유물이 종종 제단 위에 매달린 비둘기 형상을 한 용기에 담겨서 보관되었다는 사실을 수많은 문헌을 통해서 알고 있다. 다른 한편 그리스도의 세례를 나타내는 장면이나 훨씬 더 드물기는 하지만 평신도의 세례를 나타내는 장면에서도 종종 비둘기가 성령의 상징으로 세례받는 자의 머리 위에 그려져 있음을 볼 수 있다.[85] 민중은 상징적 이미지에서 구체적 사건에 대한 기억을 찾아내기를 좋

---

83) 니콜라우스 1세의 고발에 대해서는 Lesne, Hiérarchie épiscoplae, p.242, n.3. 단 한 번의 위조로 비난하는 것은 완전히 정당화될 수는 없다. 그러나 힝크마르의 소행으로 보이는 다른 명백한 위조가 있다. 예를 들어 교황 호르미스다스의 위조인장이 그 사례다. 다음 책에 나온 사실들도 참조하라. Hampe, "Zum Streite Hinkmars mit Ebo von Reims," *Neues Archiv*, 23, 1897; Lesne, *Hiérarchie*, p.247, n.3. 크루쉬(M. Krusch, Neues Archiv, 20, p.564)의 지적은 매우 심각한 수준이다. 그러나 크루쉬의 논적이자 위대한 가톨릭 역사가인 쿠르트(Godefroy Kurth)는 열정적으로 이렇게 항의했다. "크루쉬가 뭐라고 했건, 그는 힝크마르의 성실성을 보장하지 못한다."(Etudes franques, 1919, II, p.237) 문제는 그 '성실성'을 변호할 수 없다는 것이다.

84) *De ampulla remensi*, p.68, p.70도 참조.

85) Cabrol, *Dictionnaire d'archéologie chrétienne*의 'Colombe' 항목과 'Colombe eucharistique'

아한다. 클로비스와 성 레미에 관련된 기억을 담고 있는 유행하는 형태의 유물이 있고, 그 옆으로 세례 장면이 그려진 모자이크 그림이나 석관, 이런 것들이 있다면, 여기에 기적의 새가 등장하는 것을 상상하지 않을 수 없었을 것이다.

분명히 이 비둘기가 출현한 것은 힝크마르가 랭스 지방의 민간전설에서 이야기를 수집한 것에 불과하다. 그가 직접 만들어냈음에 틀림없는 부분은 왕의 도유식에 클로비스의 향기 나는 성유를 사용한다는 것인데, 이것은 869년 처음 실행된 아이디어였다. 거의 천재적이라고 할 수 있는 이 발상에 따라 그는 평범한 이야기를 왜곡해 그 이야기가 자신이 사제로 있는 대주교좌 도시, 즉 랭스의 이익에 도움이 되도록 만들었고, 그러한 이익이 궁극적으로는 보편교회의 이익에 도움을 줄 것이며, 세속군주들에 대한 지배권을 확실하게 만들 것으로 기대했다. 랭스 대주교는 성유를 보관했으므로 군주에 대한 선천적인 축성자가 되었다. 프랑크족 왕들 중에서 오직 서프랑크 왕들만이 하늘에서 온 이 기름으로 도유를 받았으므로, 모든 기독교 군주들보다 상위에 있으면서 기적을 행하는 영광스러운 존재로서 빛나게 될 것이었다. 요컨대 힝크마르가 보기

항목 참조. 18세기에 또는 그보다 훨씬 이전부터 성스러운 유리병은 비둘기 모양의 유물함에 담긴 채 랭스에 보관되어왔는데, 당연하게도 이러한 사실에서는 어떤 결론도 끌어낼 수 없다. 왜냐하면 그 모양은 전설을 상기시킬 수 있도록 나중에 변형되었을 것이기 때문이다. Lacatte-Joltrois, *Recherches historiques sur la Sainte Ampoule*, Reims, 1825, p.18과 표지의 석판화 참조. 유물함의 형태에 대한 사실들 중에서 전설이 시작되던 시대에 만들어졌을 것으로 생각되는데, 그것도 추측에 그칠 뿐이다. 힝크마르 시대에 랭스에는 성 레미의 물건이라고 할 수 있는 다른 물건이 적어도 하나 더 있었다. 그것은 운문이 새겨진 성배다. Vita Remigii, c.II, p.262. 1922년 마르셀 로랑은 매우 흥미로운 논문을 발표했는데(Marcel Laurent, "Le Baptême de Christ et la Sainte Ampoule," *Bullet. Acad. royale archéologie de Belgique*, 1922), 거기서 그는 9세기 이래 그리스도의 세례를 나타내는 데에 새로운 특징이 나타났다고 지적했다. 비둘기가 성유리병을 부리에 물고 있는 것이 그것이다. 로랑은 이처럼 전통적인 도상(圖上)에 부가된 보조적인 세부사항이 랭스의 성스러운 유리병 전설에서 유래한다고 생각했으며, 일종의 반대작용으로 그리스도의 세례가 클로비스의 세례에 맞추어 구상되었다고 생각했다. 그러나 거꾸로 생각할 수도 있다. 즉, 신도나 성직자가 구세주의 세례를 묘사한 미술작품을 보고 성스러운 유리병과 비둘기에 대한 착상을 얻었다고 생각할 수도 있다는 것이다. 비둘기가 하늘에서 유리병을 입에 물고 요르단 강 위로 내려오는 그림이 그려진 상아조각 작품이 9세기의 것으로 가장 오래된 도상학 자료인데, 이 자료와 전설에 대한 가장 오래된 증거 사이에는 시기상 거의 차이가 없다. 새로운 발견이 없다면, 어떤 의미에서 영향력이 작용했는가 하는 문제는 해결하지 못한 채로 남아 있을 것이다.

에, 축성 의례는 갈리아에 도입된 지 얼마 되지 않은 것으로서, 왕권이 교권에 복종한다는 표시이자 보장이었고, 그때까지 그다지 존중할 만한 특성을 지닌 것은 아니었던 듯하다. 그런 특성은 오직 오랜 시간이 걸려야만 경건한 행위에 부여되는 법이다. 힝크마르가 이 의례에 전통을 만들어주었던 것이다.

힝크마르 이후 전설은 문학작품을 통해 급속히 퍼져나갔고 사람들의 의식에 뿌리를 내렸다. 물론 그 운명은 랭스 대주교의 요구와 밀접하게 관련되어 있었다. 대주교는 어렵지 않게 국왕 축성의 독점권을 장악했다. 그들에게는 운 좋게도, 987년 카페 왕조가 최종적으로 즉위했을 때, 경쟁자였던 상스 대주교는 반대파에 서 있었다. 이러한 운명의 파도가 랭스 대주교에게 승리를 가져다주었다. 이 특권은 1089년 교황 우르바누스 2세가 엄숙하게 확인했고, 그 이후 왕정이 끝날 때까지 이 특권이 침해된 적은 불과 두 번밖에 없었다. 한 번은 1110년 루이 6세 때였고, 다른 한 번은 1594년 앙리 4세 때였다. 두 경우 모두 매우 예외적인 상황 때문이었다.[86] 랭스 대주교들과 함께 성유를 담은 병도 승리하게 되었다.

물론 기적에 쉽게 사로잡히는 시대였으므로 원래 주제를 중심으로 상상력이 뒤따름으로써 새로운 환상을 더해갔다. 과거에 비둘기가 가져온 병에서 축성식 때마다 몇 방울씩 빼냈는데도 액체의 수위가 변하지 않았다는 이야기가 13세기부터 떠돌았다.[87] 더 나중에는 반대로 축성이 끝나면 이 놀라운 약병은 갑

---

86) 축성식 장소와 축성식 집행 성직자 명단이 있다. R. Holtzmann, *Französische Verfassungs-geschichte*, Munich and Berlin, 1919, pp.114~119(751~1179), p.180(1223~1429), p.312(1461~1775). 교황 우르바누스 2세의 칙령은 Jaffé-Wattenbach, *Regesta*, no. 5415(1089년 12월 25일). 루이 6세의 축성식에 대해서는 A. Luchaire, Louis VI le Gros, no. 57. 앙리 4세에 대해서는 이 책 342쪽. 우르바누스 2세의 칙령에 따르면, 당시 관습에 따라 왕이 왕관을 쓰고 나타났는데, 그 의식에 대주교들이 참석했다면, 랭스 대주교가 왕관을 씌울 수 있는 독점적 권리를 갖는다고 했다.

87) 이 전설이 처음 확인된 것은 Philippe Mouskes, *Chronique*(Collect. des chron. belges), v.24221 이하. 그리고 국립도서관의 한 필사본(Bibl. Nat. ms. latin 13578) 위에 13세기에 손으로 기입한 주석이며, 이 주석은 오로(Haureau)가 출간했다. Haureau, *Notices et extraits de quelques manuscrits*, II, 1891, p.272. 후대에 이 문건은 다음 저작들에 실렸다. Froissart, II, §173, 그리고 Etienne de Conty, lat. 11730, fol. 31v, col. I. 이 신앙에 대한 암시가 이미 Nicolas de Bray, *Gesta Ludovici VIII*, Hist. de France, 17, p.313에 있는 것 아닌가 검토해볼 수 있다. 그

자기 비워지지만, 손대지 않아도 다음 축성식 직전에 다시 새롭게 채워진다는 이야기가 설득력을 얻었다.[88] 또는 액체의 수위가 끊임없이 흔들리고 요동치는데 통치하는 군주의 건강상태의 좋고 나쁨에 따라 오르거나 내린다고 믿었다.[89] 성스러운 약병을 만든 재료는 지상에 유사한 것이 없는, 알려지지 않은 물질이며, 내용물은 말할 수 없이 아름다운 향기를 발한다.[90] 사실 이 모든 놀라운 특징은 널리 퍼져 있는 소문에 지나지 않는다. 진정한 전설은 거기에 있지 않다. 진정한 전설은 향기로운 성유가 하늘에 기원을 두고 있다는 것이다. 13세기 시인이자 『성 레미 전』을 쓴 리셰(Richier)는 프랑스 왕의 비할 데 없는 특권을 생생한 말로 그렸다. "다른 나라에서는 왕이 자신의 기름을 잡화상에서 구입해야 한다." 오직 프랑스에서만 왕의 축성에 사용되는 기름이 하늘에서 직접 내려온다. 그러니 완전히 다르다고 할 수 있다.

"중개인이나 소매상이
도유식 기름을 팔아서는
단 한 푼도 받을 수 없다."[91]

런데 58행은 분명히 잘못되었다.

88) Robert Blondel, *Oratio historialis*(1449년작), cap. XLIII, 110, in *Oeuvres*, éd. A. Héron(*Soc. de l'hist. de la Normandie*), I, p.275. 그리고 프랑스어 번역은 같은 책 p.461. B. Chassanaeus (Chasseneux), *Catalogus gloriae mundi*, Frankfurt, 1586(1579년 초판), pars V, consideratio 30, p.142.

89) René de Ceriziers, *Les Heureux Commencemens de la France chrestienne*, 1633, pp.188~189. 세리지에는 이 신앙뿐만 아니라 앞의 믿음도 거부했다.

90) Jean Golein, 이 책 부록 4, 534쪽. 어느 나라에서나 사람들은 축성의 기름에 대해 두려움 섞인 경의를 표했다. 이로부터 민속학자들이 '터부'라는 이름으로 분류하는 관습을 생각해볼 수 있다. Legg, *Coronation Records*, p. XXXIX. 그러나 특히 프랑스에서는 성스러운 향유의 기적적 성격으로 의사들은 이 처방에 지나치게 신경을 썼다. 장 골랭은 성경에서 나사렛인이 그랬듯이(사사기 13장 5절), 왕이 도유식을 거친 머리를 깎아서는 안 되며 마찬가지 이유로 '모자(coiffe)'를 써야 한다고 주장하기까지 하지 않았던가?(이 책 538쪽)

91) *La Vie de Saint Remi, poème du XIIIe siècle, par Richier*, éd. W. N. Bolderston, London, 1912(매우 불충분함), v.8145 이하. 샤를 5세 치세에 장 골랭은 아마도 리셰의 글을 읽었을 것이다. 리셰의 책 중 두 가지 사본이 왕립도서관에 있는데 유사한 표현을 사용하고 있다(Paul Meyer, *Notices et Extraits des Manuscrits*, XXV, I, p.117). 부록 4, 533쪽 마지막 문단 참조.

전설이라는 건물에 돌덩어리 한두 개를 더 얹어놓는 것은 14세기 특유의 현상이었다. 이 세기 중반 백합꽃 '탄생'과 관련된 전설이 출현했다.[92] 이 당시는 이미 백합꽃 문양이 카페 왕조의 방패 문장을 장식하게 된 지 꽤 지난 때였다. 필리프 존엄왕 치세 이후 왕의 인장에서 백합을 볼 수 있었다.[93] 그러나 오랫동안 여기에 초자연적 기원을 부여하려는 생각을 하지는 않았다. 필리프 존엄왕 치세 지로 드 캉브리(Giraud de Cambrie)는 『군주 훈육』(De l'instruction des princes)이라는 자신의 저서에서 정확하게 이 '소박하고 작은 꽃'의 영광을 찬양하고, 그 앞에서는 표범도, 사자도 도망갔다고 썼다. 표범은 플랜태지니트 가문, 사자는 벨프(Welf) 가문이 자랑하는 문장이다. 만약 그가 문장에 얽힌 과거의 기적 행위를 알고 있었다면, 그것을 우리에게 틀림없이 전해주었을 것이다.[94]

약 1세기가 지나서 프랑스어로 된 시 두 편이 왕의 문장을 찬양했는데, 여기서도 기적에 관해서는 아무 말이 없다. 하나는 1335년보다 조금 전에 만들어진 필리프 드 비트리(Philippe de Vitry)의 『세 떨기 백합꽃 찬가』(Chapel des trois fleurs

---

92) 백합문장의 역사에 관해서는 구체제 시대의 방대한 문헌들이 있다. 우리 관점에서 볼 때, 특히 다음 세 건이 주목할 만하다. J.J. Chifletius, *Lilium francicum*, Antwerp, 1658; Sainte-Marthe, *Traité historique des armes de France*, 1683(백합에 관해 언급한 부분은 Leber, *Collect. des meilleures dissertations*, XIII, p.198 이하에 재수록되어 있다). de Foncemagne, "De l'origine des armoiries en général, et en particulier celles de nos rois," *Mém. Acad. Inscriptions*, XX 그리고 Leber, XIII, p.169 이하. 근대의 저작으로는 메이어(P. Meyer)가 주석을 달고 편집한 *Débat des hérauts d'armes de France et d'Angleterre*(Soc. Anc. Textes), 1877. 그중에서 프랑스의 주장(§34)과 영국의 응답(§30) 그리고 특히 Max Prinet, "Les Variations du nombre des fleurs de lis dans les armes de France," *Bullet. monumental*, LXXV(1911), p.482 이하. 소책자로는 J. van Malderghem, *Les Fleurs de lis de l'ancienne monarchie française*, 1894(요약본은 *Annales de la soc. d'Archéologie de Bruxelles*, VIII). 이 책은 우리가 여기서 관심이 있는 전설을 다루지는 않았다. Renaud, "Origine des fleurs de lis dans les armoiries royales de France," *Annales de la Soc. histor. et archéolog de Château-Thierry*, 1890, p.145. 이 논문을 여기 인용한 것은 연구자들에게 읽는 수고를 하지 말라고 권고하기 위한 것 이외에 다른 이유는 없다.

93) L. Delisle, *Catalogue des actes de Philippe-Auguste, Introduction*, p.lxxxix.

94) *De principis instructione*, Dist. III, cap. XXX, éd. *Rolls Series*, VIII, pp.320~321. 겔프파 (Guelphs)와 오토 4세-부빈 전투의 패자의 사자에 대해서는 특히 Erich Gritzner, *Symbole und Wappen des alten deutschen Reiches*(*Leipziger Studien aus dem Gebiete der Geschichte*, VIII, 3), p.40.

de lis)이며, 다른 하나는 1338년 전후로 추정되는데 『백합꽃론(論)』(*Dict de la fleurde lys*)이다.[95] 그러나 조금 뒤 새로운 전설이 당당하게 모습을 드러냈다.

그것이 처음 문학적으로 표현된 것은 운율도 대강 맞춘 짧은 라틴어 시에서 였다. 정확한 작성 연대를 판정하기는 어렵지만, 틀림없이 1350년 전후였을 것이다. 작가는 샤르트르 교구에 있는 주아양발(Joyenval) 수도원의 한 수도사였다. 주아양발 수도원은 1221년 프랑스 궁정의 중요한 인물이던 국왕 시종장 바르텔레미 드 루아(Barthélemi de Roye)가 세운 프레몽트레(Prémontré) 수도회 소속 수도원이다. 이 수도원은 마를리 숲이 내려다보이는 언덕 아래 작은 계곡의 비탈에 있는 샘 옆에 서 있었다. 그곳에서 북쪽으로 멀지 않은 곳에 센 강과 우아즈 강이 합류되는 지점에 콩플랑 생트오노린(Conflans Sainte-Honorine)이라는 마을이 있었고, 언덕 위에는 몽주아(Montjoie)라는 탑이 있었다. 이 이름은 높은 곳에 있어서 여행자들에게 길잡이가 되는 건물이나 돌무더기를 나타내는 일종의 보통명사였던 것 같다. 그런데 지금 우리가 다루고 있는 시인이 일드프랑스에 있는 한 마을을 무대로 소박한 이야기를 썼다.

요약하면 이렇다. 이교도 시절 프랑스에 두 왕이 살고 있었다. 그중 한 명은 이름이 콩플라(Conflat)였는데 콩플랑 성에 살고 있었고, 다른 한 명은 클로비스로 몽주아에 살고 있었다. 둘 다 주피터나 머큐리를 숭배하고 끝없이 전쟁을 벌였다. 그러나 클로비스가 더 약했다. 그의 왕비 클로틸드는 오랫동안 남편을 개종하려 했으나 헛된 일이었다. 어느 날 콩플라에게서 도전장이 왔다. 클로비스는 패배할 것이 확실했지만 전투를 피할 생각은 없었다. 때가 되자 클로비스는 무기를 가져오도록 했다. 그의 마구 관리 시종(écuyer)이 무기를 가져왔을 때, 그의 전통적 문장인 초승달 대신에 푸른색 바탕에 흰 백합꽃 세 송이가 그려져 있는 것을 보고 크게 놀랐다. 그는 그것을 돌려보내고 다른 것을 가져오도록 했다. 그런데 이번에도 똑같은 문장이 그려져 있었다. 그렇게 네 번이나 계속되자, 마침내 마지못해 수수께끼의 꽃문장이 장식된 갑옷을 입기로 결심

---

95) *Le Chapel*: éd. Piaget, *Romania*, XXVII(1898); le Dict, 미출간. 따라서 여기서 참조한 것은 Bibl. Nat. ms. latin 4120, fo1. 148. 그리고 Prinet, *loc. cit.*, p.482도 참조.

했다. 도대체 무슨 일이 일어났던 것일까? 그 당시 주아양발 계곡의 샘 근처에 경건한 은둔자가 살고 있었고, 이곳을 클로틸드가 자주 방문했다. 그녀는 전투 예정일 얼마 전에도 그를 만나러 가서 함께 기도를 올렸다. 그러자 천사가 성스러운 사람 앞에 나타났다. 천사는 금색 백합꽃으로 장식된 푸른색 방패를 가지고 있었다. 이 하늘의 전령사는 대강 다음과 같이 말했다. "클로비스가 이 문장을 지닌다면 그에게 승리가 돌아갈 것이다." 집으로 돌아온 왕비는 남편이 없는 틈을 타서 남편의 전투도구들에서 저주받은 초승달 문장을 지우고 신비로운 방패를 본떠서 백합꽃을 그려넣었다. 아내의 이 계략이 클로비스를 얼마나 놀라게 했는지는 이미 말한 바 있다.

예상과 반대로 클로비스가 몽주아의 정복지가 되었다는 것을 덧붙일 필요는 없을 것이다. 이 이름에서 전장에서의 함성인 몽주아 생드니(Monjoie Saint Denis)가 시작되었다.[96] 그리고 마침내 왕비를 통해 사정을 알게 된 클로비스는 기독교도가 되었고 지극히 강력한 군주가 되었다.[97] 이 일화는 놀라울 정도로 치졸하다. 내용의 빈약함과 문체의 졸렬함이 우열을 가리기 어렵다. 이 이

---

96) 그 유명한 전투함성은 14세기 이전의 것임이 명백하다. 문구가 처음 사용된 것으로 확인된 것은 1119년 오데리쿠스 비탈리스(Orderic Vital)의 작품에서였다. XII, 12; éd. Le Prevost(*Soc. de l'hist. de France*), IV, p.341. 그러나 그 기원은 여전히 알 수 없는 상태다.

97) Bibl. Nat. ms. latin 14663, fol. 35~36 v. 이 필사본은 여러 사람이 쓴 다양한 역사적 문헌을 집대성한 것으로서, 작성 시기는 14세기 중반이며 작성 장소는 생빅토르(St-Victor)임에 틀림없다(fol. 13, 14). 우리가 다루고 있는 시 옆에는 라울 드 프렐이 『신국론』에 덧붙인 서문에서 발췌한 글이 적혀 있다(fol. 38, 38 v). 이 시가 주아양발에서 편집되었다는 사실은 그 문헌 곳곳에서 찾아볼 수 있다. 특히 마지막 4행시의 첫 행은 다음과 같다. "완벽하게 선한 자 바르톨로메우스-우리가 사는 곳을 세웠다……." 콩플랑 근처의 몽주아에 대해서는 Abbe Lebeuf, *Histoire de la ville et de tout le diocese de Paris*, éd. J. Bourbon, II, 1883, p.87. 몽주아 전반에 대해서는 특히 다음 책을 참조하라. A. Baudoin, "Montjoie Saint-Denis," *Mém. Acad. Sciences Toulouse*, 7e série, V, p.157 이하. 이 수도원의 문장에-아마도 왕이 허가한 것이겠지만- 백합꽃 문장이 포함되어 있으므로, 주아양발을 백합꽃 전설의 근거지로 설명하려고 시도할 수도 있다. 그러나 이러한 가설이 조금이라도 설득력이 있으려면 이 문장이 전설에 대한 첫 번째 증언보다 시간상 앞섰다는 것을 증명해야 한다. 현재 우리가 가진 정보로는 이것이 불가능할 것 같다. 백합꽃은 1364년 수도원 부원장의 인장에는 포함되어 있었다. 그러나 1243년 수도원 인장에서는 볼 수 없다(Douët d'Arcq, *Collection de sceaux*, III, n.8776, n.8250).

야기의 기원은 어디에 있을까? 본질적인 줄거리는 이미 형성되어 있고 주아양발에는 적용되기만 한 것일까? 또 전설의 기원에서 프레몽트레 수도원 측 역할은 자신들의 수도원을 둘러싸고 전개된 일화에 장소를 제공한 것뿐일까? 또는 반대로 정말로 몽주아에서 멀지 않은 이 작은 수도원에서 순례자들에게 해주는 이야기 형태로 탄생된 것일까? 알 수 없다. 항상 그렇듯 이 전설은 매우 빠른 속도로 모든 사람에게 퍼졌다.

샤를 5세의 측근들은 왕권의 초자연적 권위를 강화할 수 있는 모든 수단을 이용하는 사람들이었다. 이들이야말로 전설을 전파하는 데에 가장 큰 공을 세운 사람들이다. 라울 드 프렐의 『신국론』 서문 해설은 주아양발 전설의 영향을 받은 것이었다.[98] 이때 계곡의 은둔자는 왕실 대부(代父)가 되었던 것 같다. 그러나 한동안 성 드니라는 강력한 경쟁자가 있었다. 잘 알려지지 않은 이 은둔자보다는 위대한 성인 쪽이 왕의 방패장식과 관련된 계시를 받기에 적합하다고 생각하는 사람들이 있었다. 새로운 형식의 일화를 만들어낸 것이 생드니 수도원 자체였을 가능성이 매우 크다. 새로운 이야기가 기껏해야 원래 이야기가 변형된 이차 형태에 불과하다는 것은 이 이야기 역시 전설을 이루고 있는 기본적인 일화(이 경우 천사가 나타나는 일화)가 '파리에서 6리외(1리외=4킬로미터-옮긴이) 떨어져 있는 몽주아 성,' 즉 바로 주아양발 근처 탑으로 설정되어 있다는 것을 보면 알 수 있다. 이 이야기의 모든 일화가 생드니 수도원에서 만들어졌다면 지리적인 무대가 생드니 수도원이나 그 주변이 되었을 것이다.

샤를 5세의 '출판원'을 빈번하게 출입했던 사람들이나 장 골랭, 에티엔 드 콩티, 백합꽃을 찬양하는 짧은 시를 라틴어로 썼으며 일반적으로 제르송으로 알려져 있는 어느 작가 등 다음 세대의 왕권옹호론자들은 성 드니를 지지했다. 바르텔레미 랑글레(Barthélemi l'Anglais)의 유명한 『사물의 소유』(*Propriétés des Choses*)를 번역한 장 코르브숑(Jean Corbechon)과 『과수원의 꿈』의 작가는 중립이었다. 그러나 마침내 은둔자가 승리를 차지했다. 그에게는 항상 지지자가

---

98) Ed. de 1531, fol. a IIII. 클로비스의 적이었던 왕의 이름은 코다(Caudat)다. 그런데 민간전설에서 이 이름은 영국인에게 꼬리(꼬리는 라틴어로 cauda-옮긴이)를 붙여준 사람의 이름을 연상시킨다. Guillebert de Metz, éd. Leroux de Lincy, p.149 참조.

있었다. 샤를 5세에게도 사본이 헌정된 장 골랭의『축성식 개요』라는 글은 우리에게까지 전해졌다. 그 책의 여백에는 당시 독자들이 써넣은 주석문구가 있다. 그 문구는 왕이 비서를 시켜서 작성했다고 생각할 수 있다. 그러나 그것은 매력적인 가설이기는 하지만 확실한 것은 아니라는 조건을 붙여야 할 것이다. 장 골랭이 백합꽃의 기적을 성 드니 덕택으로 돌리는 부분에 대해서, 그 주석가가 누구인지는 모르지만, 그는 주아양발 전설에 호감을 보였다. 15세기 이후 이 전설이 결정적으로 우세해졌다.[99]

그러나 그대로 전해지지 않고 손질이 가해졌다. 중세의 오랜 관습이 그렇듯이, 초기 판본은 이슬람교와 다른 이교를 혼동하기도 하고 클로비스가 개종 이전의 초승달 문장을 가지고 있는 것으로 되어 있기도 했다. 그런데『과수원의 꿈』에 변형된 형태가 도입되어 곧 대세를 차지하게 되었다. 프랑스 문장의 백합꽃 세 송이 앞에 두꺼비 세 마리가 자리 잡게 되었던 것이다. 왜 두꺼비였을까? 17세기에 포세(Fauchet)가 추측한 바 있듯이, 그림을 혼동했다고 생각해야 할까? 옛날 문장에 조잡하게 그려진 백합꽃을 '이 혐오스러운 동물'의 단순화된 형상으로 착각했다는 것이다. 포세는 도식을 이용해 설명했지만, 아무래도 이 가설은 설득력이 있다기보다는 창의력이 풍부하다고 해야 할 것이다. 확실한 것은 두꺼비 이야기가 프랑스 왕정의 영광을 위해 붓을 휘두른 작가들 사이에 먼저 전파되었고 급기야 왕조의 적에게 가벼운 농담거리를 제공했다는

---

99) 장 골랭, 부록 4, 537쪽(부록 4 각주 16도 참조하라); de Conty, latin 11730, fol 31 v. col. 2(이것은 독특하게 발전된 이야기로, 생드니 수도원에 천사가 나타났다는 언급을 포함하고 있다). "파리 시내에서 6리외 떨어진 몽주아라고 불리는 성채에서……." Gerson(?), *Carmen optativum ut Lilia crescant*, Opera, 1606, éd., Pars II, col. 768; Jean Corbechon, *De proprietatibus rerum*, Lyons éd., folio, 1485경(*Bibliotheque de la Sorbonne*), livre XVII, cap. cx(바르텔레미 랑글레의 영역본). 여기서 관심사는 물론 바르텔레미 랑글레의 문건에 더해진 부분이다. C.V. Langlois, *La Connaissance de la nature et du monde au moyen âge*, 1911, p.122, n.3(이것은 바르텔레미의 문서에 첨가되었다). 바르텔레미 랑글레에 대한 랑글루아의 주석에는 코르브숑에 관련된 참고문헌 목록도 포함되어 있다. *Songe du Verger*, I, c.LXXXVI, c.XXXVI(Brunet, Traitez, p.31, p.82). 라틴어판, I, CLXXIII(Goldast, I, p.129). 장 골랭의 필사본은 아마도 샤를 5세의 손으로 직접 작성된 것은 아닐 테지만, 어떤 필경사에게 왕이 받아쓰도록 시켰을 수도 있다. 이 책 479쪽 참조.

점이다. "이를 빌미로 플랑드르와 네덜란드 사람들은 우리를 프랑스의 두꺼비라고 경멸하듯이 부른다"라고 포세가 전한다.[100]

그렇지만 이러한 조롱은 별로 중요하지 않았다. 1400년경에 최종적인 형태를 갖춘 백합꽃 전설은 일련의 왕조 전설을 꾸미는 꽃 장식 중 하나가 되었다. 1429년 크리스마스 날 윈저에서 프랑스와 영국의 왕위를 모두 갖고 있는 어린 헨리 6세 앞에서 시인 리드게이트(Lydgate)는 성스러운 유리병 이야기와 동시에 이 백합꽃 전설을 연출했다. 그 이후 이 둘의 결합은 고전으로 자리 잡았다.[101] 예술가들은 정치작가에게서 이 소재를 빌렸다. 베드포드 공작을 위해 제작된 기도서(Livre d'Heure)의 세밀화[102]나 15세기 플랑드르의 태피스트리는 이 전설의 주요 일화를 나타내고 있다.[103] 교훈서, 시, 이미지 등 이 모든 것들은 왕의 문장이 기적에서 유래함을 민중에게 말해주고 있다.[104]

100) Claude Fauchet, *Origines des chevaliers, armoiries et héraux*, livre I, chap. II: Oeuvres, in-4, 1610, p.513 r et v. 도상학적 가설은 생트마르트(Sainte-Marthe)가 다시 논의했다. C. Leber, *loc. cit.*, p.200 참조.

101) Rudolf Brotanek, "Die englischen Maskenspiele," *Wiener Beiträge zur englischen Philologie*, XV(1902), p.317 이하, p.12(주아양발의 은둔자, 두꺼비).

102) Brit. Mus. Add. mss. 18850; George F. Warner, *Illuminated manuscripts in the British Museum*, 3rd series, 1903.

103) 장 드 에냉(Jean de Haynin)은 샤를 무겁공(Charles le Temeraire)과 마거리트 오브 요크의 결혼식을 묘사하는 과정에서 백합꽃 문장의 역사를 묘사한 태피스트리에 대해 언급했다. *Les Mémoires de Messire Jean, seigneur de Haynin*, éd. R. Chalon(Soc. bibliophiles belges), I, Mons, 1842, p.108. Chiflet, *Lilium francicum*, p.32에는 다른 태피스트리가 나타나 있는 판화가 수록되어 있다(이것은 그의 생존 시에는 브뤼셀 왕궁에 있었다). 이 태피스트리는 알라마니족과 전쟁을 치르기 위해 막 떠나려는 듯한 클로비스가 세 마리 두꺼비가 그려진 깃발을 따르는 모습이다. 판화의 원래 그림은 펜으로 그린 그림으로 앙베르에 있는 플랑탱박물관 56(Musée Plantin, n.56)에 보관되어 있다. 이것은 판 베르덴(J. van Werden)의 작품으로 알려져 있다. 이 책 '추가 및 수정' 참조.

104) 예외이기는 하지만, 백합꽃의 기원을 샤를마뉴에 두기도 한다. 천사가 하늘에서 그에게 가져다주었다는 것이다. 이 전설은 영국 작가 니콜라스 업튼이 말한 것으로서, 그는 1428년 오를레앙 포위에 참가했던 사람이다. Nicholas Upton, *De studio militari*, lib. III, London, 1654, p.109; Magistri Johannis de Bado Aureo tractatus de armis, 업튼과 같은 시기에 편찬되었으며 비사에우스(E. Bissaeus)라는 사람이 한 권으로 묶었으나, 비사에우스가 업튼의 다른 이름일 것으로 생각된다. 이러한 형태의 전승은 크게 성공하지 못한 것 같다. 업튼은 프루아사르에 근거한다고 했지만 프루아사르에는 이러한 내용이 없다.

방패형 문장 다음은 군기(軍旗)를 살펴볼 차례다. 왕의 군기 중에서 가장 유명한 것은 국왕기, 즉 오리플람(oriflamme)이었다. 이 깃발은 카페 왕조가 전쟁에 돌입할 때마다 생드니 수도원에 가서 가져오는데, '붉은색 비단(cendal rouge)'에 '화염(flamme)'이 그려져 있다.[105] 그것의 유래는 그다지 신비롭지 않다. 필리프 1세 치세에 벡생 백작령(comté de Vexin)이 왕령에 병합됨으로써 왕은 성 드니의 봉신이자 대리기사이자 기수(旗手, gonfalonier)가 되었다. 그 이후 원래 생드니 수도원의 깃발이었던 것이 자연스럽게 왕의 군기로 바뀌게 되었다.[106]

그러나 사람들은 이 감동적인 물건에 이렇게 소박한 내력밖에 없어서는 도저히 만족할 수 없었다. 특히 14세기 축성식 때 백합꽃 깃발이 왕의 두 번째 표지로 왕 옆에 세워져 모든 사람에게 백합꽃의 기적을 상기시키게 되면서부터는 더욱 그러했다. 매우 일찍부터 사람들은 왕의 깃발의 기원을 과거의 위대한 왕들, 예를 들어 생드니 수도원을 창건한 다고베르트 왕이라든가 특히 샤를마뉴에게서 찾으려고 했다.[107]

---

105) 군기에 관해서는 뒤 캉주 이상의 저작이 없다. du Cange, *De la Bannière de Saint Denys et de l'oriflamme*; *Glossarium*, éd. Henschel, VII, p.71 이하. 근대의 문헌은 풍부하지만 유용한 것은 많지 않다. 그러나 Gustave Desjardins, *Recherches sur les drapeaux français*, 1874, pp.1~13, pp.126~129를 참조하라. 물론 나는 여기서 군기의 전설과 관련된 역사만을 다루었다.

106) 루이 6세가 생드니 수도원에 수여한 특허장(1124). J. Tardif, *Monuments historiques*, no. 391(Luchaire, *Louis VI*, no. 348); Suger, *Vie de Louis le Gros*, éd. A. Molinier(*Collect. de textes pour servir a l'étude…… de l'histoire*), c.XXVI, p.102. 교회가 사용한 깃발에 대해서는 다음의 흥미로운 사료를 참조하라. *Miracles de Saint Benoit*, V, 2, éd. E. de Certain(*Soc. de l'hist. de France*), p.193(베리 지방에서 평화의 군대(milice de paix)와 관련된 이야기).

107) 이 견해는 다음 책에 전개되어 있다. Guillaume Guiart, *Branche des royaux lignages*, in Buchon, *Collection des chroniques*, VII, v.1151 이하(1190년). 기아르에 따르면, 프랑스 왕들은 오직 '투르크인이나 이교도' 또는 '유죄를 받은 가짜 기독교도들'과 싸울 때만 군기를 들어야 한다. 다른 전투에서는 유사한 군기를 들 수는 있지만, 진짜 군기를 사용할 수는 없다(1180행 이하). 그러므로 라울 드 프렐(*Cité de Dieu*, 서문, éd. 1531, fol. a II)의 시대에 생드니 수도원에 유사한 군기가 두 개 있었고 "그중 하나는 샤를마뉴의 깃발이라고 불리며…… 이것이 본래 깃발이라고 했다." 이 책 539쪽에 있는 장 골랭 참조. 그에 따르면 왕들은 전투할 때마다 새로운 가짜 군기를 만들어 가지고 있었다고 한다. '붉은색 비단(cendal rouge)'이라는 단어는 기아르가 사용한 말이다.

이미 『롤랑의 노래』의 작자는 이 깃발을 교황 레오 3세가 샤를마뉴에게 준 로마의 군기(vexillum)와 혼동하고 있었다. 그리하여 연대표기에도 그렇게 적혀 있고 로마의 라테라노 궁정(교황청-옮긴이)의 유명한 모자이크에 그려져 있으며, 틀림없이 이 그림이 순례자들에게는 널리 알려져 있었을 것이다.[108]

그러나 여기까지는 초자연적 요소가 전혀 없다. 초자연적 요소를 들여온 것은 샤를 5세가 고용한 문필가들이었다. 라울 드 프렐의 작품에서나 장 골랭의 작품에서나 이야기는 매한가지다. 콘스탄티노플의 황제가 꿈에서 자신의 침대 옆에 서 있는 기사를 보았다. 그가 손에 쥔 창에서는 불꽃이 솟아오르고 있었다. 곧 천사가 나타나서 일러주기를, 이 기사가 아니라면 그 어느 누구도 황제의 나라를 사라센으로부터 구할 수 없을 것이라고 했다. 마침내 그리스인 황제는 샤를마뉴가 구원자임을 인정했다. 불꽃이 솟는 창(lance enflammée)이 왕의 깃발(oriflamme)이 되었다.[109] 그러나 이 형태의 전설은 대세를 이루지 못했다. 축성의 기름도 왕가의 문장도 하늘에서 클로비스에게 보내온 것이었다. 자연스럽게 개념들이 동화되는 과정을 거쳐, 왕의 깃발도 클로비스에게 내려

---

108) 3093행 이하; J. Bédier, *Légendes épiques*, II, 1908, p.229 이하의 주석 참조. 모자이크에 대해서는 P. Lauer, *Le Palais du Latran*, 1911(thèse lettres Paris), p.105 이하. 현재 '샤를마뉴 왕의 축복(signum regis karolis)'으로 간주되는 군기는 '샤를마뉴의 깃발'이라고 불리는데, 그에 관해서는 Gervais de Canterbury, *Chronica*(Rolls Series), I, p.309, a.1184; Richer de Senones, *Gesta Senoniensis eccl.*, III, c.15, *Monumenta Germaniae*, SS., XXV, p.295.

109) Raoul de Presles, *Cité de Dieu*, 서문, éd. 1531, fol. a IIIv; Guillebert de Metz, éd. Leroux de Lincy, pp.149~150. Lancelot, "Mémoire sur la vie et les ouvrages de Raoul de Presles," *Mémoires Acad. Inscriptions*, XIII(1740), p.627에는 내가 모르는 라울의 글(*Discours sur l'oriflamme*)이 인용되어 있다. 거기서는 군기의 기원을 샤를마뉴에게 돌리는데, 샤를마뉴가 성 드니에게서 받았다고 되어 있다(*loc. cit.*, p.629). Jean Golein, 이 책 부록 4, 538쪽. 군기와 관련된 전설이 형성된 것은 이 군기에 축복을 내리는 의식이 도입된 시기와 일치한다. 이러한 전례서가 처음 등장하는 책은 아마도 상스 주교 전례서인 것 같다. Martene, *De antiquis Ecclesiae ritibus*, Rouen, 1702, III, p.221. 그 이후에는 *Coronation Book of Charles V of France*, éd. Dewick, p.50; Brit. Mus. Add. ms. 32097에도 나오는데, 이것은 샤를 5세와 동시대인 듯하다(U. Chevalier, Bibl. liturgique, VII, p.xxxii, n.2에 인용); Jean Golein, 이 책 484쪽 참조. 세밀화는 Montfaucon, *Monumens de la monarchie française*, III, pl.3에 수록되어 있으며, *Coronation Book*, pl.38의 세밀화와 Bibl. Nat. ms. franç. 437의 세밀화는 Jean Golein(이 책 부록 4, 각주 19 참조)의 저작에 수록되어 있다.

진 계시로 간주되었다. 이것이 15세기 말에 가장 널리 퍼진 믿음이었다.[110]

성스러운 유리병, 하늘에서 보내준 백합꽃들, 마찬가지로 하늘에 기원을 둔 깃발 등이 있었고, 여기에 더하여 치료능력이 부여된 것이다. 그 이후 카페 왕조의 왕권옹호론자들은 일련의 기적을 끊임없이 제공했고 이것은 유럽의 부러움을 샀다. 예를 들어 1459년 11월 30일 샤를 7세의 대사들은 교황 비오 2세에게 연설을 했다.[111] 아직 왕조의 전설로는 성스러운 유리병밖에 없던 시절에, 그것만으로도 프랑스 왕조는 큰 명성을 얻었다.

13세기 초 반(半)공식 문서인 축성 전례서에서 어느 프랑스 왕은 "지상의 모든 왕 중에서 오직 한 사람만이 하늘이 보내준 성스러운 기름으로 도유를 받는 특권과 영광을 누린다"라며 자랑했다.[112] 몇 년 뒤 영국의 연대기 작가 마티외 파리(Mathieu Paris)도 프랑스 군주가 권력의 기반을 신성한 기원에 두고 있으므로 일종의 우월성이 있다는 점을 주저 없이 인정했다.[113] 이러한 말이 신하

---

110) 예를 들어 1459년 또는 1460년에 작성된 논문 *des Droiz de la Couronne*(바로 아래 각주 111에 인용). 1453년에서 1461년 사이에 작성된 *Débat des hérauts d'armes de France et d' Angleterre*, éd. L. Pannier and P. Meyer(Soc. des anc. textes), 1877, §34, p.12. 똑같은 이론이 샤를 7세가 교황 비오 2세에게 파견한 대사가 사용한 모호한 언어에 담겨 있는 것으로 보인다. 각주 111 참조. 이후 시기에 나온 R. Gaguin, *Rerum gallicarum Annales*, lib. I, cap. 3, 1527 éd., Frankfurt, p.8 참조. 비록 방향은 반대이지만 유사한 방식으로 혼동을 하여, 백합꽃의 기원을 샤를마뉴에게 돌리기도 한다. 앞의 각주 104 참조.

111) D'Achery, *Spicilegium*, 1723, III, p.821, col. 2. 백합꽃 문장에 대해서는 1478년 루이 11세가 교황에게 한 연설을 참고하라. de Maulde, *La Diplomatie au temps de Machiavel*, p.60, n.2. '성스러운 유리병, 군기 그리고 백합꽃 문양의 방패' 세 가지 모두 하느님이 클로비스에게 보냈다는 것은 *des Droiz de la Couronne de France*(1459년 또는 1460년 작성)라는 소책자에서도 똑같이 언급되어 있다. 이 소책자는 로베르 블롱델(Robert Blondel)의 *Oratio historialis*를 단순히 번역한 것이지만 원본과 상당히 다르다. 라틴어판은 다음과 같이 되어 있어서 더 부정확하다. '하늘에서 온 왕의 표시 및 유리병(*Oeuvres de Robert Blondel*, éd. A. Héron, p.232, p.402).'

112) 이 축성식 '전례서'는 루이 8세의 것으로 알려져 있다. éd. H. Schreuer, *Ueber altfranzösische Krönungsordnungen*, p.39.

113) *Chronica majora*, éd., Luard(*Rolls Series*), V, p.480, a.1254. "프랑스 왕은 지상의 왕들 중의 왕이다. 왜냐하면 한편으로는 하늘의 기름으로 도유식을 받았기 때문이며, 다른 한편으로는 권력과 군사적으로 우월하기 때문이다." 같은 책, 606쪽(1257): "랭스 대주교는 하늘의 성스러운 향유로 프랑스 왕을 축성하는데, 그 때문에 프랑스 왕은 가장 권위 있는 왕으로 간주된다." 앞서 말한 대로 톨로메오 다 루카도 프랑스 왕의 도유식을 칭찬했다.

의 입에서 나올 지경에 이르게 되면, 모든 점에서 카페 왕조의 경쟁자였던 플랜태지니트 왕조가 시기심을 품을 만하다. 이번에는 이들이 기적의 향유를 찾아내려 했다. 이것을 찾으려는 역사는 지금까지 역사가가 비교적 등한시해왔지만, 좀더 정확하게 조사해볼 가치가 있다.

그 첫 번째 일화는 에드워드 2세 치세에 있었다. 1318년 도미니크회 수도사 니콜라스 오브 스트래튼(Nicholas of Stratton)은 왕의 밀명을 받고 아비뇽에 있는 교황 요한 22세에게 갔다. 그는 교회의 군주에게 길게 이야기했지만 요점은 이렇다.[114)]

때는 헨리 2세 플랜태지니트가 영국을 통치하던 시대까지 거슬러 올라간다. 토머스 아 베케트는 추방당해 프랑스에 있었다. 토머스는 환상을 보았다. 성모 마리아가 나타난 것이다. 성모 마리아는 그의 죽음이 가까웠다며 신의 계획을 가르쳐주었다. 즉, 헨리 2세에서부터 5대째에 영국을 통치하는 왕이야말로 '완전한 군주이자 교회의 수호자'가 될 것이다. 많은 사람이 기대하듯이 그 왕이 에드워드 2세를 지칭한 것임은 간단한 계산만으로 알 수 있다. 틀림없이 그 왕은 자신의 덕망에 따라 특별히 신성한 기름으로 도유를 받고 바로 그 공덕에 따라 "이교도로부터 성지를 탈환할 것이다"라고 말했다. 그것이 예언이었건 예언의 형식을 띤 약속이었건, 영국 왕정은 당시 널리 알려져 있듯이 십자군의 계획에 열중해 있던 교황에게 이것이 아주 특별히 좋은 영향을 미칠 것이라고 기대했다. 이 대담한 왕 덕분에 이후 역대 영국 왕은 똑같이 고귀한 기름으로 도유를 받을 것이라고 기대했다. 이에 따라 성모 마리아가 성스러운 대주교에게 '유리병'을 주었는데, 거기에는 물론 예정된 기름이 채워져 있었다. 그 유리

---

114) 그 뒤에 이어지는 이야기는 교황 요한 22세의 1318년 6월 4일자 칙령에 따랐다. 그것의 가장 완벽한 텍스트는 L.G. Wickhan Legg, *English Coronation Records*, n.X이다. 그러나 레그는 이 문서가 출판되지 않은 것으로 잘못 생각했다. 그 내용은 대부분 이미 Baronius-Raynaldus, *Annales*, John XXII, an 4, n.20에 있다. 영국 왕이 파견한 도미니크회 수도사의 교서에서는 단순히 '고해신부이자 우리 설교 수도회의 수도사 N.'이라고만 되어 있다. 그 사람은 틀림없이 영국관구장을 지내고 1313년부터 윈체스터 주교구 고해신부로 있던 니콜라스 오브 스트래튼일 것으로 생각된다. C.F.R. Palmer, "Fasti ordinis fratrum praedicatorum," *Archaeological Journal*, XXXV(1878), p.147.

병이 토머스 아 베케트의 손에서 푸아티에 생시프리앵(Saint-Cyprien) 수도원의 한 수도사의 손에 넘어갔고, 이것이 같은 도시의 생조르주(Saint-Georges) 교회의 돌 아래에 감춰져 있어서 '이교도 대왕'의 탐욕을 피했다. 마지막으로 에드워드 2세 누이의 남편인 브라반트 공작 요한 2세의 손에 도달했다. 이러한 과정을 자세히 말하면 너무 오래 걸릴 것이다. 영국 대사의 말을 믿는다면, 1307년 브라반트 공작 요한 2세는 처남의 대관식 때문에 런던으로 갈 때 기적의 기름을 가져가서 새로운 왕에게 그 기름으로 도유를 받도록 강력하게 권했다. 에드워드 2세는 측근들의 의견에 따라 이 제안을 거부했다. 왜냐하면 이와 관련해 이전부터 유지되어온 관습을 바꾸고 싶지 않았기 때문이었다.

그러자 수많은 재앙이 왕국에 닥쳤다. 과거에 성모 마리아가 성 토머스(토머스 아 베케트를 말함-옮긴이)에게 준 기름을 무시했기 때문에 이런 일이 일어난 것은 아닐까? 이 기름을 이용하면 재앙은 끝나지 않을까? 최근에 기적의 능력이 입증된 바 있으므로 그렇게 생각하는 것이 자연스러웠다. 이 기름으로 룩셈부르크 백작의 부인(나중에 황제의 부인이 됨)이 중상에서 회복된 적이 있었던 것이다. 그러므로 결국 문제는 이번 기회에 예언에 따라 만들어진 성스러운 액체를 이용해 도유식을 다시 하느냐는 것이었다. 그런데 1307년에 교회의 정식 절차에 따라 축복되어 사용된 기름 대신에 특별한 기름에 중요성을 부여한다면, 미신으로 몰리지는 않을까? 특히 이렇게 중대한 의례를 다시 시작할 권리가 있는가? 그것은 죄가 아닐까? 분명히 선례가 있었다. 최소한 하나의 사례는 있었다. 수도사 니콜라스가 확언하기를, 샤를마뉴는 대교황 성 레오가 보낸 기름으로 대주교 튀르팽(랭스 대주교-옮긴이)에게서 두 번이나 도유를 받았다. 이것은 비밀리에 했기 때문에 일반적으로는 알려지지 않았지만, 엑스라샤펠(Aix-la-Chapelle)에 보관되어 있는 두 장의 청동판에 기록되어 있다.

이런 권위 있는 전설에도 불구하고, 수도사 니콜라스나 그 스승의 말 외에는 다른 확증이 없었으므로, 에드워드 2세의 마음은 편하지 않았다. 그래서 왕은 기독교의 정신적 우두머리에게서 공식적으로 승인을 얻으려는 계획을 세웠다. 그리하여 도유식을 새로 하는 데 대한 동의를 교황에게 요청하기 위해 도미니크 수도사를 파견하게 된 것이다. 이 첫 번째 사절이 영국에 귀국한 이후

헤리퍼드 주교가 이끄는 두 번째 사절단이 파견되었다. 교황이 요구하는 보충 자료를 가지고 가서 교황에게 신속한 답변을 요청하는 것이 이들의 임무였다.

마침내 답변이 나왔다. 그 문헌은 현재까지 전해지고 있다. 문장의 형식은 신중하고 모호했지만, 명백히 의심하고 있다는 것을 쉽게 알 수 있었다. 에드워드 2세는 니콜라스 오브 스트래튼이 교황에게 들려준 서투른 동화를 정말 믿었을까? 그것은 알 수 없다. 그러나 왕의 조언자 모두가 그처럼 순진하지 않았을 것이라는 점은 틀림없다. 어쨌든 요한 22세는 쉽게 속는 사람이 아니었다. 게다가 주의 깊게도 이렇게 의심스러운 이야기를 완전히 믿을 만하다고 받아들이지 않으면서도, 공개적으로 거부하는 것은 바람직하지 않다고 생각했다. 그리고 교황은 신빙성에 관한 어떤 언급도 세심하게 피해갔다. 여기에 더해 교황은 영국 왕이 제기한 문제를 기회로 삼아 도유에 관한 교회의 공식 견해를 확인했다. 도유는 "영혼에 어떤 인상도 남기지 않는다"라는 것이다. 이것은 도유가 성사가 아니라는 의미다. 따라서 도유를 반복해도 신성모독이 아니라는 것이다.

에드워드 2세의 계획을 승인하거나 거부하는 것과 같은 구체적인 조언을 하는 것에 관해 교황은 그렇게 하는 것을 단호하게 거부했다. 마찬가지로 교황은 이 일에 관한 한 어떤 방법으로든 연루되지 않기 위해, 왕이 간청했음에도 불구하고 두 번째 의례를 집전할 주교를 지명하지 않았다. 왕이 도유를 잠음 없이 다시 받을 결심이라면, 이번에는 비밀리에 해야 한다는 것이 유일한 의견, 아니 의견이라기보다는 교황의 유일한 명령이었다. 마지막으로 교황은 몇 가지 도덕적 훈계를 하면서 끝을 맺었다. 그것은 마치 교사가 학생을 꾸짖는 듯한 어조였는데, 그러한 어조는 고압적인 교황이 세속군주들을 향해 말할 때 즐겨 쓰는 방법이었고, 불쌍한 영국 왕에게는 특히 자주 쓰는 방법이었다. 에드워드 2세는 그 말을 받아들여 비밀리에 다시 도유를 받았을까? 알 수 없다. 어쨌든 영국 왕은 요한 22세의 응답에 낙담했음이 틀림없다. 틀림없이 왕은 공개적인 의식에서 신민의 마음에 호소하고 게다가 교황 특사가 그 자리에 있음으로써 이것이 공인되기까지 했음을 나타내고 싶었을 것이다.[115] 수도사 니콜라

---

115) M. Kern, *Gottesgnadentum*, p.118, n.214에는 요한 22세의 칙서에 대해 설명되어 있다. "그

스는 '왕국을 강타한 수많은 비운'이라고 했는데, 이 말은 이 서투른 왕이 즉위 초부터 난관에 직면하고 뒤이어 급속하게 인기를 잃은 것을 의미했다. 그런데 그것이 이 불운한 왕이 추진한 계획을 이해하는 열쇠다. 즉 기적에 호소해서 자신의 흔들리는 위신을 강화하려는 것이었다. 비슷한 시기 또는 아주 조금 뒤에 아마도 똑같은 이유로 국왕은 경련반지의 축성 의식을 왕의 진정한 의식으로 바꾸려고 했다. 요한 22세가 거부함으로써 국왕은 새로운 도유식에 기반하여 실현하려 했던 희망이 불가능하게 되었다는 것을 의미한다.[116]

그 뒤 기적의 유리병은 어떻게 되었을까? 그 이후 거의 1세기 동안, 이에 대한 어떠한 언급도 찾아볼 수 없다. 뒷날 이야기되듯이, 정말 런던탑 상자 안에 파묻혀버린 것일까? 확신한 것은 왕위 찬탈자인 랭카스터 가문의 헨리 4세가 이를 이용해 예전에 에드워드 2세가 실패했던 일을 성취했다는 것뿐이다. 1399년 10월 13일 헨리는 즉위식에서 토머스 아 베케트의 기름으로 도유를 받고, 기적의 축성이라는 베일로 정통성 없는 왕위를 가렸다. 이를 계기로 원

것은 여론에 영향력은 없지만, 기름이 신체에 스며들어 영향을 끼치는 진정한 마술이라고 생각된다." 에드워드 2세가 이러한 종류의 '마술'의 가능성을 믿었을 수는 있다. 그러나 교황의 거부에서 알 수 있듯이 왕 역시 만천하에 드러내놓고 의식을 행함으로써 '여론'에 영향을 미칠 수 있기를 원했던 것 또한 명백하다. 교황이 군주들에 대해 사용하는 상투적인 어조에 대해서는 N. Valois, *Histoire littéraire*, XXXIV, p.481.

116) 에드워드 2세가 다른 면에서도 카페 왕조를 모방하지 않았을지 질문을 던져볼 수 있다. 내가 아는 한, 영국 왕들이 캔터베리의 성 토머스(토머스 아 베케트) 유골함에 매년 바치는 돈, 즉 '슈바주(chevage)'라는 표현이 처음 등장하는 것도 에드워드 치세였다(Royal Household Counter-roll(왕실 보존장부), 6월 8일~1월 31일; 9년차: E.A. 376, 7, fol. 5 v; Tout, *The place of the reign of Edward II*, p.317에 있는 1323년 6월의 요크 가문의 명령서 (Household Ordinance of York of June 1323). 그 이후 치세에 대해서는 *Liber Niger Domus Regis Edw. IV*, p.23; Farquhar, *Royal Charities*, I, p.85 참조). 이것은 필리프 1세나 루이 6세 이래 프랑스 왕들이 생드니 수도원의 신하(vassaux)로서 생드니 수도원에 바쳤던 '슈바주'를 그대로 모방한 것이 아닐까? 프랑스의 관습에 대해서는 H.F. Delaborde, "Pourquoi Saint Louis faisait acte de servage à Saint Denis," *Bullet. soc. antiqu.*, 1897, pp.254~257. 그리고 샤를마뉴의 가짜 증서(*Momunenta Germaniae*, Dipl. Karol., no. 286)를 보라. 이 가짜 증서는 흥미롭고 수상한 의례에 관한 가장 오래된 사료이지만, 들라보르드(Delaborde)는 이 가짜 증서에 큰 관심을 보이지 않았다. 이 문서에 대해서는 이미 막스 뷔흐너(Max Buchner)가 *Histor. Jahrbuch*에서 연구한 바 있으나, 나는 그 연구 중 1부만 볼 수 있었다 (vol. 42, 1922, p.12 이하).

래의 전설을 조금 손질한 것이 세상에 퍼졌다. 즉, 에드워드 3세 시대에 헨리 4세의 친아버지인 랭카스터 공작이 푸아티에 전투에 참가했을 때, 독수리 모양의 용기에 담긴 유리병을 발견했다는 것이다. 공작은 이를 형인 흑세자(Black Prince)에게 축성에 사용하라고 주었다. 그러나 흑세자는 왕위에 오르지 못하고 세상을 떠났고, 성유물은 다시 분실되었다. 리처드 2세가 다시 발견한 것은 즉위 후 오래지 않아서였다. 그러나 성직자들이 새로운 도유식에 반대했기 때문에, 황금 독수리를 부적으로 하는 것만으로 만족할 수밖에 없었다. 그는 적수인 랭카스터 가문의 헨리에게 빼앗길 때까지 항상 이것을 지녔다. 이 이야기에는 명백한 거짓말과 그럴듯한 사실이 복잡하게 얽혀 있으므로, 역사적 비판을 통해서 밝힐 수는 없었다고 시인할 수밖에 없다. 그러나 요점은 여전히 예언에 있다. 거기에 애국적인 암시, 즉 처음으로 향기 나는 성유로 도유를 받은 왕이 선조들이 빼앗긴 노르망디와 아키텐을 탈환할 것이라는 암시를 여기에 교묘하게 끼워넣었고, 당연히 그 암시를 헨리 4세에게 적용한 것이다.[117]

이때부터 영국의 축성식에도 전설이 생긴 셈이었다. 왜냐하면 헨리 4세의 후계자들은 랭카스터 가문 출신이건, 요크 가문 출신이건, 튜더 가문 출신이건 가리지 않고 모두 옛날 성모 마리아가 성 토머스에게 준 기름을 계속해서 사용했기 때문이다. 이 전통은 종교개혁에도 살아남아서 스코틀랜드의 칼뱅주의

---

117) 헨리 4세의 축성에 대해서는 J.H. Ramsay, *Lancaster and York*, Oxford, 1892, I, pp.4~5, 각주. 왕 정부가 배포한 공식문서(*Annales Henrici Quarti Regis Angliae*, éd. J.H. Riley)는 세부사항을 담고 있는데, 이 문서는 *Chronica Monasterii S. Albani: Johannis de Trokelowe……* *Chronica et Annates*(*Rolls Series*), p.297 이하에 실려 있다. 여기에는 성스러운 유리병과 함께 발견된 성 토머스의 '증서(cédule)'도 수록되어 있다. 또 프랑스에서도 *Religieux de Saint-Denys*, éd. L. Bellaguet(*Documents inédits*), II, p.726에 수록되어 있다. Legg, *Coronation Records*, no. XV에는 15세기 필사본 두 종류가 대조되어 있다(Bodleian Library, Ashmole 59 and 1393). 다음 책들도 참조하라. *Eulogium Historiarum*, éd. F.S. Haydon (*Rolls Series*), III, p.380; Thomas of Walsingham, *Historia anglicana*, éd. H.T. Riley(*Rolls Series*), II, p.239. 세부사항 중 덜 중요한 것들: 새로운 이야기에서는 성 조르주가 아니라 성 그레구아르에게 봉헌된 푸아티에 교회에 오랫동안 성스러운 유리병이 보관했다고 되어 있다. 장 부세(Jean Bouchet, *Annales d'Aquitaine*, éd. 1644, Poitiers, p.146)는 성 토머스의 기름에 대해 이야기해주었다. 심지어 그는 성 토머스가 유리병을 준 성 시프리앙(St. Cyprien)의 수도사 이름까지 알았는데, 그 이름은 바빌로니우스(Babilonius)였다!

전통에서 자란 제임스 1세가 이것을 성모 마리아 숭배와 성자숭배를 연상시키는 끔찍한 관습이라며 거부했을 때까지 이어진 것 같다.[118]

그런데 성 토머스의 유리병만이 영국 왕의 즉위식에 등장하는 유일한 기적의 물건은 아니었다. 오늘날에도 여전히 웨스트민스터에서는 축성된 왕관 아래 붉은 사암 덩어리가 보인다. 이것이 '운명의 돌'이다. 전하는 바에 따르면, 이스라엘 족장 야곱이 바르세바(Baar-Scébah)와 카란(Caran) 사이에서 꿈에 천사의 사다리를 보았던 그 신비로운 밤에 야곱이 베고 있었던 돌이라고 한다. 그러나 사실은 에드워드 1세가 스코틀랜드인으로부터 빼앗아 웨스트민스터로 가져간 전리품이다. 원래는 스코틀랜드 왕의 즉위식에 이용되었고, 스콘(Scone) 시에서 새 군주의 옥좌로 이용되던 것이었다. 늦어도 1300년경에 성경에 근거한 지위가 주어졌지만, 단순히 성스러운 돌에 불과했고, 처음에는 켈트족에게 널리 퍼져 있던 순수한 이교 신앙에 따라 즉위식에 사용된 것으로 여겨진다. 아일랜드의 타라(Tara)에도 유사한 바위가 있는데, 이 돌은 새 군주의 발밑에 있으면서 혈통이 올바른 왕이 밟으면 우는 소리를 낸다고 한다.[119]

전체적으로 보면 영국 왕실에 내려오는 전설의 유산은 지극히 빈약하다. 스콘의 돌은 정복의 결과, 그것도 꽤 뒤늦게 영국의 것이 되었다. 성 토머스의 기

---

118) Woolley, *Coronation Rites*, p.173. Fortescue, *De titulo Edwardi comitis Marchie*, éd. Clermont, cap. X, p.70

119) 스콘 돌의 성경 기원설에 대한 가장 오래된 문헌은 Rishanger, *Chronica*, éd. H.T. Riley(*Rolls Series*), p.135, année 1292인 듯하다. 같은 책 263쪽(1296)도 참조하라. 맘스베리(Malmesbury) 수도사가 쓴 『에드워드 2세 전기』("Life of Edward II," *Chronicles of the reigns of Edward I and Edward II*, éd. Stubbs, *Rolls Series*, II, p.277)에 따르면, 파라오의 딸인 스코티아가 그 돌을 스코틀랜드로 가져왔다고 한다. William F. Skene, *The Coronation Stone*, Edinburgh, 1869 참조. 타라의 돌(Tara Stone) 또는 리아 포일(Lia Fáil, 운명의 돌-옮긴이)에 대해서는 John Rhys, *Lecture on the origin and growth of religion as illustrated by Celtic Heathendom*, London and Edinburgh, 1888, pp.205~207. 그리고 Loth, Comptes rendus Acad. Inscriptions, 1917, p.28 참조. 여기서 다루는 전설의 역사들 중에서 프랑스와 영국의 왕권과 관계없는 모든 것은 한쪽으로 미뤄두기로 하자. 독일 황제의 제관(帝冠)에 있는 석류석(escarboucle)과 이에 얽힌 전설에 대해서는 K. Burdach, *Walther von der Vogelweide*, Leipzig, 1900, p.253, p.315 이하. 그리고 다소 대담한 주장을 펼친 논문으로는 F. Kampers, "Der Waise," *Histor. Jahrbuch*, XXXIX(1919), pp.432~486.

름도 성스러운 유리병 전설을 조잡하게 모방한 것에 불과하다. 이 전설은 힝크마르 이후 4세기 이상 지나서야, 그것도 인기도 잃고 정통성도 없는 왕의 불안감에서 탄생한 것이다. 이 두 전설은 정작 영국에서조차 프랑스의 전설과 같은 평판이나 칭찬을 얻지 못했으며, 더욱이 유럽에서는 그렇게 될 이유가 전혀 없었다. 왜 한쪽에서는 이렇게 풍부한데, 한쪽에서는 이렇게 빈약한가? 우연히도 프랑스에서는 가끔 훌륭한 이야기를 창작할 수 있는 유능한 인물과 그것을 퍼뜨리기에 적합한 상황이 만들어졌는 데 비해, 영국에서는 이러한 우연이 없었기 때문일까? 아니면 이와 반대로 양국 신민의 집단 심리가 근본적으로 다른 탓일까? 역사가는 이러한 의문을 제기할 수는 있지만 해결할 수는 없다.

어쨌든 프랑스의 경우 이러한 전설은 왕조 주위에 매우 강한 숭배의 분위기를 만들어냈다. 여기에 더하여 루이 7세 이후, 특히 성왕 루이와 그 직계 후계자들 이후 카페 왕조는 경건함으로 유명했다는 점도 덧붙여야 한다. 이렇게 보면 특히 13세기 이후 어떻게 다른 가문보다 이 카페 가문의 혈통이 유전적으로 더 신성하다고 간주되었는지 쉽게 이해할 수 있다.[120] 이미 1230년경 시인 로베르 생스리오(Robert Sainceriaux)는 루이 8세 추도사에서 죽은 왕의 자녀 네 명에 대해 언급하면서, "이들이 성왕 루이의 피를 이어받았기 때문에 선을 행할 것"이라고 말했다.[121] 샤를 5세 시절 장 골랭도 주군이 '성스럽고 축복받은 가계'에 속한다고 말했다.[122]

그러나 이 점에서는 무엇보다 필리프 미려왕 시절 에지디오 콜로나의 작품 중에서 세 권의 책 첫머리에 헌정한 세 헌사를 비교해보는 것보다 더 시사적인 것은 없다. 에지디오 콜로나는 프랑스 궁정의 종교 정책을 움직이던 이념에 적대하는 태도를 보였음에도 불구하고 이렇게 썼다. 먼저 플랑드르 백작의 아들에게는 "명문가 출신인 필리프에게," 그다음 나폴리 왕 로베르가 카페 가문에

---

120) 이미 Giraldus Cambrensis, *De principis institutione*, Dist. I, cap. XX와 Dist. III, cap. XXX, éd. *Rolls Series*, VIII, p.141, p.319에 나와 있다. 그리고 그 이후 필리프 3세 치세에 독일 성직자가 더 신랄한 말투로 쓴 글이 있다. *Notitia Saeculi*, éd. Wilhelm, *Mitteil. des Instituts für österreichische Geschichtsforschung*, XIX(1898), p.667.

121) *Histor. de France*, XXXIII, p.127, v.100.

122) 부록 4, 535쪽 l. 23~24; cf. *Ibid.* l. 28, p.483, l. 33.

속하는 인물임에도 불구하고, 그에게는 "위대한 군주, 우리의 특별한 주군, 로베르 왕에게", 그리고 프랑스 왕국의 후계자 필리프, 즉 미래의 바로 그 필리프 미려왕에게는 "나의 특별한 주군이자 왕가 출신으로서 아주 거룩한 혈통을 지닌 필리프 나리에게"라고 했다.[123] 이 전설, 특히 성스러운 유리병의 전설에 바탕을 둔 이러한 감정은 프랑스에서 왕조에 대한 충성심에 거의 종교적이라고 할만 한 힘을 준 셈이었다. 리시에가 『성 레미 전』에서 썼듯이, 클로비스가 받은 기적의 도유식에 대한 기억은 프랑스인이 어떤 '성체(corsains)'보다도, '왕관'을 좋아하고 숭배하도록 만들었고 왕관을 성유물 중 가장 고귀한 것으로 숭배하도록 만들었다. 왕관을 위해 죽는 자는 이단이거나, 심각한 죄를 저지르고 이미 단죄된 자가 아니라면, 바로 그 죽음 때문에 구원을 받을 것이다.[124]

이 마지막 말은 살펴볼 만하다. 이 말은 오래된 다른 문헌을 어쩔 수 없이 떠올리게 하는데, 외형상 유사하지만 근본적으로는 다르다. 1031년에 리모주 공의회에 참석했던 신부들도, 그리고 그다음 세기에 『가랭 르 로렌』(*Garin le Lorrain*)이라는 이야기를 만든 음유시인도 완전히 세속적인 목적을 위해 목숨을 버린 영웅들에게 순교자의 영광을 약속했다. 그러나 매우 관대하게도 낙원의 문은 주군을 위해 죽은 봉신들에게 열렸다.[125] 이에 대해 13세기 말 『성 레

---

123) *Histoire Littéraire*, XXX, p.453, p.490. Wenck, *Philipp der Schöne*, p.5, n.2.

124) éd. Bolderston, v. 46 이하. 본문은 이미 다음 글에 수록되어 있다. *Notices et extraits*, XXXVI, p.118. "이것이 프랑스인에게 기억으로 남았다. – 프랑스인은 왕관을 좋아한다. – 그러한 도유식과 더불어 성 레미가 그의 왕에게 대관식을 해주었다. – 마땅히 어떤 성체보다도 더 경배받아야 한다. – 만약 올바른 이유가 있어서 – 왕관을 지키다가 죽는다면, – 신이 이렇게 말하고 보상해줄 것이다. – 구원받을 것임을 믿어라. – 만약 그가 거짓되게 믿거나, – 또는 이런저런 죄를 저지른다면, – 그는 이미 유죄판결을 받은 것이다."

125) 리모주 공의회 칙령: Migne, *P.L.*, t.142, col. 1400. 이 말은 어느 주교가 가스코뉴 공작 상슈 (Sanche)의 명령에 따라 살해 위협에 굴복하여, 자신의 주군을 죽인 어느 기사에게 해준 것이다. "네 주군을 위한 죽음을 받아들여라. 네 손이 다른 방법을 사용하기 전에, 그리고 그런 신앙으로 순교가 이루어진다." J. Flach, *Les Origines de l'ancienne France*, III, p.58, n.3 참조. *Li romans de Garin le Loherain*, éd. P. Paris(*Romans des douze pairs de France*, III), II, p.88. "그에게 십자가를 놓아라. 그는 진정 순교자이다.-그의 주군을 위하여 죽었다(Crois font sor aus, qu'il erent droit martir,-Por lor seignor orent esté ocis)." 이 점에 관해 우리는 여러 무훈시(Chanson de Geste) 사이의 차이를 구분해야 할 것이다. 어떤 종류의 무훈시는 신하의 도덕적 양심을 문학적 소재로 해서 왕권에 대한 개인적 충성을 중심으로 다루는 데에 비

미 전』의 시인은 '왕관'을 위해 목숨을 잃는 전사들을 생각하고 있었다. 이것은 시대 차이를 보여준다. 왕권의 물질적인 신장에 발맞추어 왕조에 대한 신앙이 발전하면서, 이 신앙이 서서히 가신의 충성을 대체하게 되었다. 정치적 변화와 도덕적 변화는 어느 쪽이 원인이고 어느 쪽이 결과인지 분간하기가 어렵지만, 서로 영원히 상호작용하며 같은 속도로 나아갔다. 이렇게 해서 '랭스의 종교'가 형성되었다. 르낭(Renan)은 이 종교를 '문자대로 살았던' 사람이 바로 잔 다르크였다고 말했다.[126] 이러한 신비로운 일군의 전설을 보면, 프랑스 애국심이 전혀 보존되지 않았다고 감히 단언할 수 있을까?

다른 한편으로 이렇게 빛나는 과거를 카페 왕조에 부여해준 멋진 이야기는 심리학자의 관심을 끌었다. 어느 것에나 있는 공통된 특징이지만, 그것은 일종의 모순을 내포하고 있기 때문이다. 그것들은 주로 현실적 이익에서 관심이 생겼는데도 민중적인 대성공을 거뒀다. 대중을 감동시켜 사람들을 행동으로 몰아갔다. 인위적인 것과 자발적인 것의 공조라고 할 것이다. 하지만 적어도 치료 의례의 역사가는 그런 것에 놀라지 않는다.

미신, 왕의 표시, 왕과 사자

기적의 왕권이라는 민중의 관념에는 앞에서 언급한 것과 같은 경건한 일화 이외에 특별히 기독교적이라고 하기에는 어려운 요소들도 있었다. 이제 이에

해, 다른 종류의 무훈시-『롤랑의 노래』가 완성 단계라고 할 수 있는데에는 꽤 다른 감정, 즉 무엇보다 십자군 정신과 왕정이나 국가에 대한 충성심이 포함되어 있다. 이러한 감정은 부분적으로는 책에서 얻은 영감-가령 '아름다운 프랑스(douce France)'라는 표현은 베르길리우스를 차용한 것이다이기는 하지만, 그 감정은 어느 모로 보나 매우 진지했다. 또 롤랑이 샤를마뉴의 봉신(vassal)이며 동시에 신민(sujet)이었다는 것도 주목할 필요가 있다. v. 1010 이하 참조. 이 모든 문제는 매우 미묘하므로, 여기서는 지적하는 데에 그치지만, 다른 기회에 다시 논의할 것이다.

126) *La Monarchie constitutionelle en France*; *Réforme intellectuelle et morale*, pp.251~252. 게다가 르낭은 프랑스 왕정의 예외적 상황을 과장했다. 물론 프랑스에서는 전설이 다른 곳에 비해 크게 발전했고 그 결과 왕가에 대한 신앙도 발전했다. 그러나 왕권을 신성하게 보는 것은 중세에는 보편적 현상이었다.

대해 밝히는 것이 좋겠다.

일반적인 생각에, 신성한 인간인 왕은 바로 그 때문에 기적을 행하는 자이기도 했다. 프랑스와 영국의 왕은 치세 중에도 경이로운 일을 수행했고, 사후에도 다른 경이로운 일을 수행했다. 특히 필리프 존엄왕의 경우가 전형적이다. 그가 살아생전에 모든 개인적 미덕의 모범이었다고 말할 수는 없으며, 교회 지도자들에게 순순히 복종한 것도 아니었다. 그러나 그는 위대한 왕이며, 그 행동은 사람들의 마음속에 강한 인상을 남겼다. 그런데 그의 시체가 기적을 일으킨 것이다.[127] 11세기에 로마교회는 시성(諡聖) 절차를 정비했다. 이러한 이유로 이때부터 제단에 모셔지는 세속군주가 이전에 비해 급격히 줄어들었다. 그러나 백성들은 여전히 죽은 잉에게 싱인과 같은 영험이 있다고 생각했다.

게다가 사람들은 왕이 초자연의 존재이므로 왕의 몸에는 그 자격을 나타내는 신비로운 표시가 붙어 있다고 생각했다. 왕에게 표시가 있다는 신념은 중세의 가장 뿌리 깊은 미신 중 하나다. 이것을 통해 민중의 정신세계 깊은 곳까지 들어가 볼 수 있다.[128]

문학에 속하는 자료에 그것이 더 자주 표현되어 있다. 그것은 13세기 중반 프랑스어로 된 모험 이야기에 등장해 중세 말에 이르기까지 널리 알려진 단골 주제의 하나였다. 아주 자연스럽게 이 신앙이 이야기에 들어가게 되었다. 이야기는 대부분 운명의 장난이나 가증스러운 음모에 따라 잃어버렸다가 나중에

---

127) Guillaume le Breton, *Philippide*, I, XII, v.613 이하(619행에서 왕의 시신을 바로 '성스러운 육신(sancto corpore)'이라고 표현했다); Duchesne, *Scriptores*, V, p.260에 있는 Ives de Saint-Denis의 글; A. Cartellieri, *Philipp II August*, IV 2, Leipzig, 1922, p.653(Latin annales de St-Denis, Bibl. Mazarine, ms. 2017에서 발췌한 것). 이 기적을 기념하기 위해서 망트(Mantes)와 생드니 수도원 사이에 예배당이 건립되었다. 왕 살아생전에 전쟁터에서 신의 가호를 입증하는 몇몇 기적의 표현(Rigaud, §29 and 61)은 접어두자. 왜냐하면 그것이 여기서는 연대기 작가가 고안한 단순한 문학적 수사에 불과하기 때문이다. 마찬가지로 왕의 죽음에 대한 전조 역시 접어두기로 하자(Guillaume le Breton, éd. Delaborde, *Soc. de l'hist. de France*, II, p.377, n.2 참조).

128) 이러한 신앙에 대해서는 이 책의 참고문헌을 보라. 내가 연구하기 이전에 수집된 수많은 책에다가 몇몇 최신 연구를 부가했으며, 지금까지 독립적으로 연구되던 몇몇 작품을 한데 묶어놓았다.

발견된 아이라는 고전적 주제를 중심으로 되어 있다. 예를 들어 프리지아 왕의 손자 리처드 미남왕(Richard le Beau),[129] 로마 황제의 쌍둥이 아들 플로렌티우스(Florentius)와 옥타비아누스(Octavianus),[130] 플로랑(Florent)의 아들 오토네(Othonet),[131] 샤를마뉴의 아들 마케르(Macaire)와 루이,[132] 스코틀랜드 왕의 손자 뵈브 드 앙톤(Beuve de Hantone),[133] 생질(Saint-Gilles) 공작의 아들로 장차 헝가리 왕이 될 위그(Hugues),[134] 성왕 루이의 아들로 사라센인의 요람에서 자란 장 트리스탕(Jean Tristan),[135] 헝가리 왕 필리프의 아들 디외도네(Dieudonné),[136] 에르팽 드 부르주(Herpin de Bourges) 공작의 아들 리옹(Lion)[137] 등이 여기에 속한다.

중세 쇠퇴기까지 우리에게 남겨진 산문이나 운문으로 된 끝없는 창작물 대부분이 출판되지 않은 채 남아 있어도 되는 것이었기에 망정이지 그렇지 않았다면 이 목록은 얼마든지 길게 늘어날 수 있었을 것이다. 그런데 원래의 가족이 길 잃은 불쌍한 아이를 식별하는 것이야말로 이러한 모험 장르의 이야기에 불가결한 대단원의 반전인데, 이를 위해서는 그 아이의 정체성을 확인해줄 수

---

129) *Richars li Biaus*, éd. W. Foerster, in-12, Vienna, 1874, v.663 이하(이번 각주와 이후 각주에서 나오는 '왕의 십자가'에 관련된 문헌의 서지사항은 나중에 다루겠다). 시는 13세기 후반 작품으로서 다음 책에 분석되어 있다. R. Koehler, Rev. critique, III, 2(1868), p.412.

130) Florent et Octavian: *Hist. littiraire*, 31, p.304.

131) *Ibid.*, p.332.

132) *Macaire*, éd. Guessard, v.1434; Jean d'Outremeuse, *Le myreur des histors*, éd. A. Borgnet(*Acad. royale de Belgique, collection des doc. inédits*), II, p.51.

133) 관련 서지사항이 수록된 책은 A. Stimming, *Die festländische Fassung von Bueve de Hantone*, Fassung I(Gesellsch. für roman. Literatur, 25), p.408, v.1078의 각주. 그리고 Fassung II, t. II(*Ibid.*, 41), p.213, v.1312~1315의 각주.

134) *Parise la Duchesse*, éd. Guessard et Larchey(*Les anciens poètes de la France*), 1860, v.825, v.1171.

135) *Le livre de Baudoyn, comte de Flandre*, Brussels, 1836, p.152, p.172, p.173.

136) *Charles le Chauve*라는 제목으로 알려진 시. *Hist. littéraire*, XXVI, pp.101~102.

137) 무훈시 "Lion de Bourges"(미출간)에 나오는 인물. H. Wilhelmi, *Studien Über die Chanson de Lion de Bourges*, Marburg, 1894, R. Krickrmeyer, *Weitere Studien zur Chanson de Lion de Bourges*, Teil I, Greifswald, 1905, p.8, p.9, p.25, p.29. 그라이프스발트의 '세미나'에서 나온 논문으로 구성된 이 '문학'은 끝없는 기사도 문학을 다루었는데 이에 대해서는 Karl Zipp, *Die Clarisse-Episode des Lion de Bourges*, Greifswald, 1912의 참고문헌을 보라.

있는 수단이 필요하다. 내가 열거한 이야기에서 이 수단은 대개 피부 위의 점, 즉 '반점(naevus)'인데, 그것은 대개 그 아이의 오른쪽 어깨, 극히 드물게는 가슴에 십자 모양으로 생겼으며, 예외적으로 흰색도 있지만, 보통은 '여름의 장미보다 붉은' 빨간색이었다.[138] 이 십자가가 아이를 알아보는 본질적 표시다. 그러나 오해하지는 않기를 바란다. 그것을 보통 평범한 개인의 표시로 생각해서는 안 된다. 혈통이나 장래의 운명 여하를 불문하고, 누구에게나 나타나는 것은 아니다. 여기에는 각자가 아는 독특한 의미가 있다. '왕의 십자가(crois roial)'는 왕가의 혈통임을 입증하며, 미래에 왕좌가 약속되어 있다는 확실한 보증이다. 이를 발견한 사람은 그 운명의 주인공이 아직 어느 집안인지 정확히 알기도 선에 반느시 소리친다. 태어난 지 얼마 되지 않아 숲에 버려진 리처드 미남왕을 백작부인이 구해냈을 때 그렇게 했다.

"그녀가 이렇게 말했다. 신이시여, 이 사람이야말로 왕이 될 사람입니다."[139]

게다가 이야기 작가는 나중에 왕이 될 인물을 제외한 다른 등장인물에게 이 표시를 부여하지는 않는다. 이 점에 관해서는 『뵈브 드 앙톤』(Beuve de Hantone)만큼 시사적인 것은 없다.

이 시의 판본으로는 앵글로노르만 기원의 판본과 대륙에서 작성된 이본(異本)이 세 편 있다. 어느 판본에서나 뵈브는 버려진 아이로 등장하며 그것도 틀림없이 스코틀랜드 왕의 손자다. 그러나 이야기의 결말로 왕국을 정복하는 줄거리는 대륙의 판본에만 나오는데, 한 판본에서는 영국을, 다른 두 판본에서는 예루살렘 왕국을 정복한다. 그리고 운명을 알리는 표시는 대륙의 세 판본에만 나오고, 앵글로노르만의 판본에는 그 대목이 없다.[140] 옛날 작가들은 누구에게

---

138) *Bueve de Hantone*, 대륙판, éd. Stimming, 2e version, v. 5598.

139) *Richars li Biaus*, v. 670.

140) 마찬가지로 *Parise la Duchesse*라는 시에서도 '왕의 십자가(croiz roial)'를 지닌 위그 (Hugue)는 단지 공작의 아들이었음에도, 시 마지막 부분에서 헝가리의 왕이 된다. 이러한 규칙에서 단 한 가지 예외가 있다면 그것은 부르주의 사자이야기(Chanson de Lion de Bourges)에서 사자가 시 마지막 부분에서 왕이 되지 못하고 요정의 나라로 신비롭게 사라

나 닥치는 대로 이 표시를 붙이지 않았다. 그들은 누가 이 상징을 가지고 있으면 이렇게 말했다.

"이것은 그가 관을 쓴 왕이 될 거라는 것을 의미한다."[141]

이 미신은 프랑스 문학에만 있는 것이 아니다. 외국 작품에서도 발견된다. 물론 그중에는 한눈에 프랑스 소설의 모방 작품임을 알 수 있는 것도 있다. 예를 들어 스페인에는 『세비야 여왕 이야기』가 있으며,[142] 이탈리아에도 뵈브 드 앙통과 관계있는 이야기가 있다. 특히 1400년경 안드레아 디 바르베리노(Andrea di Barberino)가 카롤링 전설을 번안해 편집한 『프랑스의 왕들』(Reali di Francia) 등이 그것이다. 섬세한 성격을 가진 그는 '니엘로(Niello)'와 '피의 십자가(Croce di sangue)'에 대해 이리저리 따져보는 것을 즐겼다.[143] 그러나 국경 너머의 더 독창적인 작품에도 이 주제는 나온다.

예를 들어 14세기 초 영국에는 『데인족 하블록의 시』가 있다. 하블록(Havelock)은 프랑스어 이야기에서 영웅으로 등장하며, 앵글로노르만어 이야기에서는 더 자주 영웅으로 등장한다. 그러나 영어 시에서 '왕의 표시, 빛을 발하는 아름다운 십자가'는 그의 시에서만 나오는 것으로 보아, 영국에도 독립적인 전설이 있었음이 틀림없다.[144] 독일에 대해서는 13세기 중반 『볼프디트리

진다는 점이다. 그렇지만 그의 아들이 왕관을 쓴다. 틀림없이 시인은 왕의 아버지가 단지 요정의 나라로 모험을 떠났기 때문에 왕관을 쓰지 못했을 뿐 왕이 될 운명이었다고 생각했을 것이다.

141) *Bueve de Hantone*, 대륙판 éd. Stimming, 2e version, v.1314(중세 프랑스어로 되어 있는 인용문 중 'il ert'라는 구절이 나오는데, 그것은 'il sera(그는 될 것이다)'라는 뜻이다).

142) G. Paris, *Histoire poïtique de Charlemagne*, 1905, p.393.

143) *I Reali di Francia, di Andrea da Barberino*, éd. Vandelli(*Collezione di opere inedite o rare*), II, 2, libro II, c.I, pp.4~5. niello라는 단어에 대해서는 A. Thomas, *Le Signe royal*, p.281, n.3 참조. 프랑스의 소설을 모방한 이탈리아 모험 소설에 대한 다른 서지 사항은 Pio Rajna, *Le origine dell' epopea*, pp.294~295.

144) Walter W. Skeat, *The lay of Havelock the Dane*, Oxford, 1902, v.602, v.1262, v.2139. 스킷의 서문을 제외하고 시의 다른 부분에 대해서는 Harald E. Heymann, *Studies in the Havelock tale*, Upsala, 1903 참조. 프랑스건 영국이건 모든 전설에서 하블록을 알아보는 표시로 독특

히』(*Wolfdietrich*)의 한 판본[145])과 특히 1210년까지 거슬러 올라가는 『쿠드룬』 (*Kudrun*)에 주목해야 한다. 왕의 아들이 문제의 십자가를 지녔다는 내용이 처음 등장하는 문헌이 아마도 쿠드룬이 아닐까 생각된다.[146]) 물론 이 시들은 프랑스의 시를 본보기로 한 번역이 아니며 직접 그 영향을 받지도 않았다. 그러므로 당시 프랑스 문학이 유럽 전역에 널리 보급되어 있었다고 하더라도, 그 영향을 받아 주제까지 선정하지는 않았을 것으로 생각된다. 앞으로 살펴보겠지만, 왕의 표시에 대한 믿음이 처음으로 나타난 나라가 어느 나라이든지간에, 이 믿음은 프랑스 안에서뿐만 아니라 프랑스 밖에서도 깊이 뿌리를 내렸다.

만약 그것이 소설에만 나온 주제라면, 그것을 단순한 문학상의 상투적 주제, 말하자면 소설가의 단골메뉴라고 볼 수도 있다. 그러나 여러 시기에 걸친 문헌을 보면, 민중의 감정은 대개 전설상의 존재가 아닌 사람에게도 이 주제를 적용했음을 볼 수 있다. 확실히 이러한 종류의 증거는 그리 많지 않다. 그러나 지금은 어둠에 잠겨 있지만 한때 진정한 생명력을 가지고 있었던 집단 표상들의 이곳저곳을 밝히는 잠깐의 섬광이 없다면, 중세의 민간전승에 대해 무엇을 밝힐 수 있겠는가?

13세기 이후 프랑스의 편력시인 아당 드 라 알(Adam de la Halle)은 카페 왕조의 왕자이자 시칠리아 왕인 샤를 당주를 찬양하는 노래를 만들었다. 거기서 샤를을 '태어나면서 왕의 십자가를 가진' 사람으로 표현했다.[147]) 아당 드 라 알

한 신체적 특징을 들었는데, 영국의 시에서는 여기에다가 십자가를 더했다. 하블록이 잠잘 때에는 향기를 내는 불꽃이 입에서 나온다고 한다.

145) Wolfdietrich, B.I., Str. 140 ; A. Amelung and O. Jaenicke, *Deutsches Heldenbuch*, III, I, Berlin, 1871, p.188. 이 판본의 제작연도에 대해서는 H. Paul, Grundriss II, I, 2e éd. p.251. 재미있는 사실은 헤르만 슈나이더가 자신의 방대한 저서에서 이 문헌을 다루면서 이런 종류의 '왕'의 십자가가 독일에서조차 역사적 인물에게 부여되었다는 사실을 완전히 무시했다는 점이다(Hermann Schneider, *Die Gedichte und die Sage von Wolfdietrich*, Munich, 1913, p.278). 반면 그라우에르트는 자신의 유용한 논문에서 왕의 표시를 단지 정치적 예언의 도구에 불과하다고 생각하고 문학적으로 이용하지는 않겠다고 생각했다(M. Grauert, "Zur deutschen Kaisersage," *Histor. Jahrbuch*, 1892).

146) Str. 143~147 : éd. E. Martin et R. Schröder, *Sammlung germanis*. Hilfsmittel, 2, pp.17~18.

147) *Oeuvres*, éd. Coussemaker, in-4, 1872, p.286.

은 문학작가이므로 민중의 관념을 해석하는 사람으로서는 의심스러울지도 모른다. 그러나 약 2세기 이후 앙투안 토마스가 사면장 한 통을 발견했는데, 이를 보면 누구도 이의를 제기할 수 없을 것이다. 그것은 다음과 같은 사실을 말하고 있다.[148] 1457년 6월 18일 또는 19일 중앙고원지대(Massif Central) 중에서도 구석진 곳의 버려진 곳인 비알롱(Bialon)이라는 마을이 무대였다. 주막에 농부 6명이 앉아 있었다. 그중에 80세 된 노인 장 바티폴(Jean Batiffol)이 있었다. 그들은 정치와 세금에 대해 이야기했다. 당시 교구는 무거운 재정부담에 시달렸는데, 징세인은 지나치게 많이 걷고 압류를 남용했다. 술을 마시던 한 사람이 대략 다음과 같은 말을 내뱉었다. 왕이 이 사실을 알면 징세인이 "징계를 받으련만." 이에 대해 바티폴 노인은 다음과 같이 대답했다.(나는 이 말이 너무나도 놀랍기 때문에 그대로 인용하겠다.)

"왕은 왕이지. 그러나 그는 왕이 되어야 할 사람이 아니야. 왜냐하면 그는 근거가 없어. 그가 태어났을 때 그는 왕의 표시를 가지고 있지 않았어. 그리고 진짜 왕이 가지고 있는 백합꽃을 가지고 있지도 않았어." 그 의미는 이렇다. 왕(샤를 7세)은 사생아에 불과하다. 우리는 이자보 드 바비에르(Isabeau de Bavière, 샤를 6세의 왕비이자 샤를 7세의 어머니. 트루아 조약에서 샤를 7세를 사생아라고 인정함-옮긴이)의 행실이 비난을 불러일으켰고 부르주의 왕(샤를 7세-옮긴이)의 적들이 이것을 효과적으로 이용했다는 것을 알고 있다. 그리고 그가 왕의 친자식이 아닌 증거는 태어날 때 왕의 표시를 가지고 있지 않았다는 것이다. 이 표시는 이제 예전의 붉은 십자가가 아니었다. 모양이 바뀌었다. 의심할 바 없이, 프랑스 왕의 혈통이 문제가 되었을 때, 마침내 민중의 상상 속에서도 이미 오랫동안 카페 가문의 문장이었던 백합꽃이 너무도 진부한 십자가를 대체하게 된 것이다. 선택된 가문의 아이에게 자기 왕조의 문장을 담은 뚜렷한 표시를 주는 것보다 자연스러운 일은 없다. 이렇게 한 노인이, 그것도 아마도 문맹이었을 한 노인이 마을의 선술집에서 술김에 내뱉은 한마디는 우연

---

148) "Le 'signe royal' et le secret de Jeanne d'Arc," *Rev. histor.* CIII. 나는 토마스(Antoine Thomas)의 생생한 분석에서 몇몇 표현을 빌려왔음을 밝힌다.

히 기록으로 남아, 15세기 농민들이 자신들의 왕에 대해 서로 나누었던 놀라운 이야기를 밝혀주었다.[149]

이런 종류의 이야기는 독일에도 퍼져 있었다. 그곳에서는 제국을 두고 벌이는 각양각색의 제위 요구자나 여러 가문이 여러 차례 운명의 십자가를 이용했다. 1260년경 황제 프리드리히 2세의 외손자인, 프리드리히 폰 마이센(Frederic de Misnie, Friedrich von Meissen)은 잠시 독일과 이탈리아에서 호헨슈타우펜 가문을 지지하는 사람들의 마지막 기대를 모았는데, 이 사람의 어깨 사이에 표시가 있는 것을 사람들이 보았다고 했다.[150] 이때가 바로 아당 드 라 알이 샤를 당주를 칭송하던 시절이었다. 다른 나라에서는 대립하는 두 군주, 즉 교황파인 시칠리아 왕과 황제파인 경쟁자는 똑같은 예언의 표시를 녹같이 열광적으로 자신들에게 붙였다. 이 표시는 황제 가문인 합스부르크 가문의 우두머리들도 모두 태어나면서 갖고 있었다. 그것은 '흰 솜털로 된 십자가 형태'를 하고 있었다. 15세기 말 합스부르크 가문을 지지하던 슈바벤 수도사 펠릭스 파브리가 그렇게 주장했다.[151] 마지막으로 더 이후 시기인 종교전쟁 무렵, 루터파 중에서

---

149) 샤를 7세와 관련된 다른 자료도 있다. 이 자료는 왕의 표시를 암시하는 것으로 알려졌으나 해석은 극도로 의문스럽다. 로베르 블롱델은 1449년 작성한 자신의 책(*Oratio historialis*)에서 랭스에서의 축성식에 대해 이렇게 썼다. "당신은 왕의 기적의 표시를 받았습니다." (insignia regalia miraculose assumpsisti)(cap. XLIII, 110, *Oeuvres*, éd. A. Héron, I, p.275) 이 문장은 명백히 왕의 표시, 즉 왕관, 반지 등을 넘겨준다는 뜻으로 이해해야 한다. 이 책은 1459년 또는 1460년에 *Des Droiz de la couronne de France*라는 제목으로 프랑스어로 번역되었는데, 문제의 문구는 다음과 같이 번역되었다. "그리하여 당신은 당신에게 표시되어 있는 왕의 표시를 신의 기적으로 갖게 되었다(illecque receustes vous par miracle divin les enseignes roialles dont vous estes merchié)." 여기서 'merchier'라는 단어는 '표시하다'라는 뜻이며, 'enseigne'라는 단어는 지금까지 우리가 보았듯이 장 바티폴이 진정한 왕의 몸에 각인되어 있는 백합꽃 문장을 지칭하는 데에 사용했던 바로 그 단어('표시' 또는 '징표'라는 뜻 - 옮긴이)다. 샤를 7세가 관습에 따라 축성식 직후에 기적의 표시를 보여주었다는 것을 번역자가 알고 있었다는 인상을 지울 수 없다.

150) 당대 연대기 작가들이 제시한 증거에 따른 것이다. Peter von Zwittau, *Chronicon Aulae Regiae*, 2, c.xii: *Die Königsaaler Geschichtsquellen*, éd. J. Loserth, *Fontes rerum austriacarum*, Abt. I, t.VIII, p.424. 프리드리히에 대해서는 F.X. Wegele, *Friedrich der Friedige*, Nördlingen, 1878 참조; H. Grauert, Zur deutschen Kaisersage, p.112 이하; Eugen Müller, *Peter von Prezza*, 특히 p.81 이하 참조.

151) *Historia Suevorum*, I, c.XV, Goldast, *Rerum Suevicarum Scriptores*, p.60. "문서의 근거를 댈

도 작센 선제후 요한 프리드리히의 등에 문제의 표시가 있다고 생각하는 사람
이 있었다. 이 인물은 한때 카를로스 5세에게서 황제의 대관을 빼앗아오기를
열망했으나, 뮐베르크(Mühlberg) 전투에서 자신의 희망이 무너지는 것을 목
격했다.[152]

같은 시대의 독일인 역사가 카머러(Philippe Kammerer, 카메라리우스)의 증
언을 믿는다면 이런 소문은 영국에는 17세기가 되어서야 도달했다. 알다시피
제임스 1세는 태어날 때부터 스코틀랜드 왕에 예정되어 있었지만, 영국 왕이
될 거라고는 생각되지 않았다. 그러나 어려서부터 몸에 고귀한 운명을 알리는
표시가 나타났다고 했다. 사자나 왕관은 물론 어떤 사람들은 칼을 보았다고도
했다.[153]

요컨대 왕의 표시에 대한 믿음은 여러 곳에서 확인된다. 그것은 시대와 장소
에 따라 다양한 양상을 보인다. 프랑스의 경우 15세기 말경 진정으로 정통성을
가진 왕의 피부에는 혈통을 나타내는 표시가 각인되어 있다고 생각되었다. 그
리고 그것은 원래 붉은 십자가 형태라고 여겨졌으나 최종적으로는 백합꽃 형

수는 없지만, 세간의 이야기에 따르면, 앞서 말한 합스부르크 왕가의 백작들에게는 어머니
의 자궁에서 나올 때부터 등에 금빛 십자가, 즉 십자 모양으로 빛나는 금빛 솜털이 있다고
한다." 펠릭스 파브리에 대해서는 이 책 2부 1장 각주 119 참조.

152) 프로테스탄트 목사가 수집한 전설. Abraham Buchholzer, *Index Chronologicus*, Görlitz,
1599, p.504(Camerarius, *Opera horarum subcisivarum*, éd. 1650, p.146; Grauert, "Zur
deutschen Kaisersage," p.135, n.2에 인용되어 있음); Johannes Rosinus, *Exempla pietatis
illustris*, Jena, 1602, p.V 3(Buchholzer를 인용함); Georg Fabricius, *Saxoniae illustratae libri
novem*: *libri duo posteriores*, Leipzig [1606], livre VIII, p.33. 틀림없이 16세기 초 알자스나 슈
바벤 출신이었을 작가가 작성한 신비주의 정치학 소논문 한 편이 오늘날에는 콜마르 도서
관(Biblioth. de Colmar)에 보관되어 있다. 이 논문의 저자는 '슈바르츠발트의 왕(König
vom Schwarzwalde)'이 –이 사람 역시 프리드리히라는 이름을 가지고 있는데– 미래에 독일
을 구하러 올 텐데, 그는 가슴에 황금십자가 표시를 하고 있을 것이라고 했다. 그러나 슈뢰
더(Richard Schröder, Die deutsche Kaisersage, Heidelberg, 1891, pp.14~15)가 무엇이라고
말하든지간에, 이 십자가는 신체의 표시가 아니라 '슈바르츠발트의 왕'이 성 미카엘 형제
회의 단장으로서 갖는 단순한 상징물로 보아야 한다. H. Haupt, "Ein Oberrheinischer
Revolutionär aus dem Zeitalter Kaiser Maximilians I," *Westdeutsche Zeitschr. Ergänzungsh*.,
VIII, 1893, p.209.

153) Camerarius, *Operae horarum subcisivarum*, éd. 1650, p.145. 카머러는 1624년에 죽었다.

태가 되었다. 독일에서는 그리고 아마 영국에서도, 출생할 때 어떤 불행한 사정이 있어서 왕위에 오르지 못했지만 미래에는 반드시 왕위에 오를 운명을 지닌 왕자들에게 기꺼이 기적의 표시를 부여하는 경향이 있었다. 이러한 전형적인 이야기에서 진정한 영웅은 민중을 사랑한다. 독일의 전통은 십자가에 충실했지만 대부분 프랑스 같은 빨간색 십자가가 아니라 금색 십자가였다. 그것은 『쿠드룬』에 등장하는 아일랜드의 하겐에게 그렇게 나타났고, 프리드리히 폰 마이센의 지지자나 작센 선제후 요한 프리드리히의 당파, 합스부르크의 백작 지지자들이 주군의 몸에서 보았다고 믿은 것도 그 형태였다.[154] 서로 다른 전통을 가지고 있음에도 불구하고 이러한 다양한 변종이 있다는 사실은 이 믿음이 굳건했음을 증명해준다.

지금까지 서술한 미신도 민속학자의 눈으로 보면 특별히 예외적인 것은 아니다. 고대 그리스에도 '가문의 표시(τοῦ γένους τά γνωρίσματα)'를 둘러싼 전설이 있었다. 이러한 종류의 것으로는 창 모양을 한 표시가 있는데, 이것은 테베의 어떤 귀족 집안의 것이다. 이들은 옛날 카드무스(Cadmus)가 뿌린 용의 이빨에서 태어난 전사 스파르토이(Σπαρτοί)의 후손이라고 여겨졌다. 서양 중세와 마찬가지로 이런 특별한 가문 중에는 왕가인 경우도 있었다. 셀레우코스 가문(les Séleucides)의 사람들은 태어나면서 모두 허벅지에 닻 모양 문신이 있었다고 한다. 이 표시는 셀레우코스 대왕에게 처음 나타났는데, 그는 이것을 아버지 아폴론에게서 받았다고 한다. 이 표시는 셀레우코스 제국의 몇 가지 화폐에도 각인되어 있었고, 셀레우코스 4세의 사제가 델로스 섬의 아폴론 신전에 봉헌한 두 개의 항아리(σελευκίδες)에도 그려져 있었다. 발루아 왕조의 백합꽃과 마찬가지로, 그것은 신체의 표지인 동시에 문장에도 사용되었던 것이다.[155] 마르코 폴로는 그루지야(Géorgie)에서는 "과거에 모든 왕들이 오른쪽

---

154) 예외적으로 볼프디트리히(Wolfdietrich)의 십자가는 프랑스의 전설처럼 붉은색이다. '하나의 붉은 십자가(ein rotez kriuzelin).'

155) 스파르토이 가문의 창에 관한 서지사항은 Preller, *Griechische Mythologie*, C. Robert가 수정한 4e éd., II, i, p.109, n.7, p.947, n.5. '가문의 표시'라는 표현은 Julianus, *Oratio*, II, 81c에서 차용. 셀레우코스 가문의 닻에 대해서는 Justinus, XV, 4 Appianus, *Syrica*, 56; Ausonius, *Oratio urbium nobilium*, v.24 이하(*Monumenta Germaniae Histor*. AA., V.2, p.99) 참조. 동

어깨에 독수리 표시를 하고 태어났다"라고 전해주었다.[156] 그러나 17세기에 이 지역을 방문한 선교사는 표시 형태가 바뀌어 이제는 십자가 모양이라고 전했다.[157] 뒤에서 살펴보겠지만, 근대 유럽에서조차 몇몇 마법사들, 즉 다양한 질병을 치료할 수 있는 능력을 세습적으로 가지고 있는 자들은 그들의 문장에 있는 표시들이 피부에도 있음을 보여주면서 그것이 유서 깊은 혈통의 증거라고 주장했다.[158] 그러므로 가문의 표시 또는 왕가의 표시라는 관념은 거의 모든 시대, 모든 나라에 존재했다고 할 수 있다. 이것은 다양한 문명에서 서로 유사한 관념으로부터 자연발생적으로 생겼다. 그 관념이란 특정 가문, 특히 어느 무리의 지배자가 소속된 가문의 기적의 성격과 관련이 있다.

이 지점에서 우리는 거의 보편적인 주제에 직면하게 된다. 그러나 그렇다고 해서 중세 시대에 적용될 수 있는 특별한 변형이 언제 만들어졌는가, 혹은 왜 그것이 그런 특수한 상황에서 십자가라는 형태를 띠게 되었는가를 연구하지 않아도 된다는 것은 아니다. 게다가 우리의 전설에 나오는 빨간색 또는 흰색 십자가는 테베의 창이나 셀레우코스의 닻과 완전히 다른 관념에 속한다. 저들(동방-옮긴이)의 표시가 기원의 관념을 나타내는 것에 대해 우리(서방-옮긴이)의 표시는 예정된 운명의 관념을 표현하고 있다. 그리고 우리의 표시는 하

전에 대해서는 E. Babelon, *Catalogue des monnaies grecques de la Bibliothèque Nationale, Rois de Syrie*, Introd. p.VII, VIII. 텔로스 섬의 도자기에 대해서는 *Bulletin de correspondance hellénique*(XXXV), 1911, p.434, n.1. Julianus, *loc. cit.*; Grégoire de Naziance, ep. XXXVIII(Migne, *P.G.*, t.37, col. 80)은 펠로피데스 가문(Pelopides)이 어깨에 가문의 표시가 있다고 한다. 이 문제에 대해서는 동료이자 친구인 피에르 루셀(Pierre Roussel)에게 신세를 졌다. A. Thomas, *Le Signe royal*, p.283도 참조하라(프리네(Max Prinet)가 나에게 알려줌).

156) éd. Pauthier, I, 1865, chap. XXII, p.40.

157) 테아토회 수도사(1524년 테아토(Theato) 주교가 창설한 수도회-옮긴이)인 크리스토포로 디 카스텔리(Cristoforo di Castelli)가 이베리아의 알렉산드로스 대왕에 대해 말하면서 한 말. 율(H. Yule)이 마르코 폴로의 책을 편집하면서 인용함(H. Yule, London, 1875, I, pp.54~55). 카스텔리의 이 문구와 이 책 뒷부분에서 내가 인용하는 이사야서의 구절을 비교할 필요가 있다. 이 선교사에 따르면 이베리아 왕의 백성들은 자신들의 군주에게 남다른 특징, 즉 갈비뼈가 하나로 되어 있다고 믿었다고 한다.

158) 이 책 337쪽.

나의 왕조가 자신의 정당성을 대개 혈통에서 찾는다는 사실을 보여준다. 둘의 동기는 같지만 형태는 다르다. 이에 대해서는 더 설명해야 할 필요가 있다.

프랑스 왕가의 십자 표시에 관한 지식은 피오 라이나(Pio Rajna)의 포괄적이며 선구적인 연구 덕분이다. 그는 프랑스나 독일의 몇 편의 시, 그리고 무엇보다 『프랑스의 왕』(Reali di Francia)이라는 이야기를 읽고 이 착상을 얻었다. 그는 이 소재의 고풍스러운 성격에 주목해 아득한 고대 게르만적 관념의 흔적을 구분해낼 수 있다고 생각했다. 그는 프랑스의 서사시를 근거로 한 이론, 즉 메로빙 시대의 '찬가'에서 나온 이론을 주장의 근거로 이용했다. 이에 대해 페르디낭 로트(Ferdinand Lot)가 『로마니아』(Romania)라는 정기간행물에서 이를 빈박했다. 이 결정적인 반론, 그리고 프랑스 중세 문학사에 관한 이론의 전체적 경향을 생각한다면, 피오 라이나의 가설은 기발하기는 하지만 근거가 매우 부족하므로 여기서 길게 논할 필요가 없다고 생각된다. 표시가 있는 영웅들은 시의 전개 과정에서 다소 변형되기는 하지만 메로빙 왕들을 나타내는 것이라고 생각되기도 했다. 그러나 이 연관성은 논란거리다. 우리에게는 그것이 사실인가 아닌가는 그렇게 중요하지 않다. 우리에게 이 영웅들은 일련의 이야기에 나오는 주인공일 뿐이다. 이들의 영웅적 모습이 반영되어 있는 미신은 널리 알려져 있는데, 그것은 프랑크 시대 문헌을 통해서가 아니라 후대의 창작물을 통해서만 알려졌다. 그 작품 중 어느 것도 13세기 이전의 것은 없다. 낡은 서사시 문구에는 아무런 미신의 흔적도 없다.

왕의 표시에 대한 미신이 문학으로 표현되기 이전이라도, 그 이전 어느 정도의 기간에 미신은 틀림없이 사람들의 의식 속에 있었을 수도 있다. 그러나 민중이 제공해주는 이렇게 훌륭하고 사용하기 쉬운 소재를 모험 이야기의 작가들이 뒤늦게야 알게 되거나 이용하기를 꺼렸을 것 같지는 않다. 그러므로 왕의 표시에 대한 신앙이 등장한 시기를 그것이 실려 있는 가장 오래된 문헌자료의 작성 시기보다 앞서 있다고 볼 수는 없다. 모든 점에 신중을 기해보면, 이러한 왕의 표시에 대한 신앙은 12세기에 발생했다고 할 수 있다. 처음 등장한 곳이 프랑스였는지, 독일이었는지 또는 서로 독립적으로 동시에 발생했는지 알 수 없다. 앞으로도 알 수 없을 것이다. 다만 확실한 것은 치료 의례와 더불어 이러한 표시에 대한 신앙 속에서 매우 특별한 증상을 발견할 수 있다는 점이다. 그 특별한 증상이란 왕권이 신성하며 기적을 행한다는 관념이 적대적 힘에도 불구하고 보여준 끈질긴 생명력과 발전가능성을 말한다. 그런데 왜 당시 사람들은 왕의 몸에 각인된 표시가 십자가라고 생각했을까? 그리고 그 표시가 왜 대개 어깨에, 좀더 자세히 말하면 오른쪽 어깨에 있다고 생각했을까? 이러한 문제를 제기하지 않을 수 없지만, 정확하게 대답하는 것 또한 불가능하다. 이러한 집합 표상(réprésentation collective)의 기원보다 더 모호한 것은 없다. 그러나 추측은 가능하다. 가장 그럴듯한 추측은 다음과 같다. 이사야서의 구절은 구약성경의 모든 예언서 중에서도 특별히 중세 사람들에게 사랑받았다.

유명한 9장 5절은 기독교도가 구세주 출현을 약속받은 것으로 해석될 수 있는 대목이다. 이를 모르는 사람이 있었을 리 만무하다. 지금처럼 당시에도 크리스마스 미사에서 낭송했기 때문이다. 그 부분은 성자(聖子)의 도래가 예정되어 있다는 것을 다음과 같이 나타냈다. "제국이 그의 어깨 위에 있다(factus est principatus super humerum ejus)."[159] 수수께끼의 구절로서 근대 성경 주석가들이 명쾌하게 설명하려고 노력하는 구절이다. 신학자들은 구세주의 어깨를 짓누르는 십자가를 암시하는 것으로 이해했다. 이처럼 특별히 모호했기 때문에 인상에 강하게 남아서, 주석가들이 신도들에게 설교해주게 되고, 끊임없이 십자가라는 단어가 나오게 됨에 따라, 그 결과 사람들은 미래에 강림하는 왕의 어깨에 표시가 있는데 그것이 십자가 모양이라는 공통된 관념을 갖게 된 것은 아닐까? 이렇게 생각하면, 표시가 특유의 모양을 하고 있는 것도, 그리

---

159) 적어도 불가타 성경(라틴어로 번역된 성경-옮긴이)에는 그렇게 되어 있다. 크리스마스 미사의 '입당송(introit)' 구절은 약간 차이가 있지만 중요하지 않다. "제국의 권리는 그의 어깨에(cujus imperium super humerum ejus)." 히브리어 텍스트와 그 의미에 대해서는 B. Duhm, *Das Buch Jesaia*(*Göttinger Handkommentar zum Alten Testament*), 3e éd., 1914, p.66. 십자가의 상징적 해석에 대해서는 St. Jerome, *Commentarium in Isaiam*, Migne, *P.L.*, t.24, col. 130; Walafrid Strabo, *Glossa ordinaria*, *ibid.*, t.113, col. 1248; Hugues de St-Cher, *In libros prophetarum*; *Opera*, IV, in-4, Venice, 1703, fol. 25 v 기타 등등. Diemand, *Ceremoniell der Kaiserkrönungen*, p.76에서는 왕의 등에 '십자가 표시를 하며' 기름을 바르는 것을 왕의 상징과 관련시켰다. 그러나 내가 보기에 도유식은 두 어깨 사이에 하며, 십자가를 긋는 것은 한쪽(오른쪽) 어깨에만 하는 것이 일반적이다.

고 운명의 신호 역할을 맡고 있는 것도 동시에 설명될 수 있을 것이다. 추측에 대해 추측으로 대응해야 한다면, 아무래도 피오 라이나의 가설보다는 이쪽이 더 낫다. 왜냐하면 원래 메로빙 시대의 전설에는 미래의 왕을 암시하는 십자가에 관한 언급이 없을 뿐만 아니라, 12, 13세기가 되면 메로빙 시대의 전설은 완전히 잊혔기 때문이다. 그러나 이때도 모든 사람은 크리스마스 미사에 참석했다.[160]

왕의 표시에 대한 신앙은 일찍부터 이야기 소재로 이용되었고, 한편으로는 가상의 문학작품이 이러한 신앙을 보급하는 도구였음에 틀림없다. 그러나 신앙이 오로지 문학에서 기원했다고 할 수 있는 근거는 없다. 분명히 집단적 상상 속에서 자생적으로 발생했다고 생각해야 한다. 그런데 지금부터 짧게 검토할 또 하나의 미신은 반드시 그렇지는 않은 것 같다. 그것은 근본적으로 인공적이며, 집단의식(conscience collective)에는 거의 침투하지 못했기 때문이다. 나는 사자가 왕의 혈통에 경의를 표한다는 전설을 다룰 것이다. 이 전설은 오래된 동물 우화를 통해 보급된 동화와 성질이 비슷하지만, 이러한 종류의 동화에서는 그러한 미신을 찾아볼 수 없었다. 이 소재는 바로 왕의 십자가 표시가 등장하는 때와 같은 시기에, 프랑스어와 앵글로노르만어 또는 영어로 된 상당수 이야기에서 나온다. 그리고 종종 십자가가 등장하는 시에도 똑같이 나온다. 특히 『뵈브 드 앙톤』의 어느 판본 작가가 이것을 완벽하게 표현했으므로, 여기에 그대로 인용한다.

"문서가 증명하듯이, 옛 관습에 따르면
사자는 왕의 자식을 먹지 않는다.
오히려 그를 공경하고 보호한다."[161]

---

160) 프랑스에서 왕권의 표시가 마지막으로 나타난 것에 대해서는 이 책 339쪽.

161) 사자 미신과 관련된 프랑스어, 영어, 이탈리아어 텍스트는 쾰빙의 논문에 수집되어 있다. 이 논문은 흠잡을 데 없으나 제목이 내용을 드러내기보다는 감추고 있는 점이 아쉽다. E. Kölbing, "Zu Shakespeare, King Henry IV, Part I, Act I. 4," *Englische Studien*, XVI (1892). 쾰빙이 제공하는 서지사항을 여기서 다시 언급할 필요는 없을 것 같다. 프랑스어로 된 하블록의 시가(詩歌, lai: 8음절 단시(短詩)−옮긴이)에서(앵글로노르만어로 된 것은 두 가지 판본

이 전설은 확실히 그다지 오래되지 않았다.『롤랑의 노래』에 샤를마뉴가 사자에게 습격당하는 꿈을 꾸는 장면이 삽입되어 있는 것을 보면, 작가가 이 전설을 몰랐던 것이 확실하다.[162] 한편 이 전설은 꽤 오랫동안 살아남았다. 영국에서는 엘리자베스 시대의 문학 속에도 그 잔향이 남아 있다. 예를 들어 필리프 시드니(Phlippe Sydney)의 작품에, 심지어 셰익스피어의 작품에도 언급되어 있다. 셰익스피어는 팔스타프(Falstaff)의 입을 빌려 매우 명확하게 이 전설을 암시했다. 원래 사자는 서유럽의 환경에서는 일반적이지 않으며, 그러한 이유로 왕에게 위험하지 않고 신하에게도 마찬가지다. 사자가 등장하는 미신적 소재는 애초 학자와 문학가의 공상에 불과했다. 그러나 우리가 이미 알듯이, 이 공상이 현실의 외교에 이용되었다.

프란체스코회 수도사는 베네치아 총독에게 길게 설명했을 때, 만약 필리프 드 발루아가 굶주린 사자 앞에 나서서 사자의 발톱으로 공격받지 않은 채 빠져나온다면, 에드워드 3세가 필리프 드 발루아를 프랑스 왕으로 인정할 것이라고 말하지 않았던가? 그렇게 말한 이유는 그가 말하듯이 "사자가 진정한 왕을 공격하지는 않기" 때문이었다.[163] 중세의 정치가가 한 말을 이해하기 위해 그들이 읽고 자랐을 법한 이야기를 읽는 것이 도움이 되는 경우도 있다. 항상 현실과 문학을 영원히 대립적으로 보는 것만큼 큰 실수도 없을 것이다. 중세 시

이 있는데, Gaimar, *Estorie des Engles*, éd. Duffus-Hardy et C.T. Martin, *Rolls Series*, 1888, 독립된 '시가' 429행 이하. 그리고 게마르(Gaimar)의 저작에 포함된 판본의 235행), 하블록의 아내이며 데인족인 아르장티유(Argentille)는 꿈에서 사자가 자신의 남편에게 무릎을 꿇는 것을 보았다(누구나 알고 있듯이, 왕이 될 운명을 약속한 것이다). 마찬가지로『플로랑과 옥타비앙』(*Florent et Octavian*)에서도 사자가 왕자 옥타비앙에게 해를 가하지 않을뿐더러 주인으로 모신다(*Histoire littéraire*, XXXVI, p.306). 지금까지 살펴본 동물우화집이나 다양한 자연과학 서적에서는 이러한 종류의 미신을 찾을 수 없었다. Albert le Grand(Albetus Magnus), *De animalibus*, Barthélemi l'Anglais(Bartholomeo Anglicus), *De proprietatibus rerum*, Vincent de Beauvais, *Speculum naturale*. 독일어로 된 저작들 가운데 그러한 흔적이 있는지를 살펴보지는 못했다. O. Batereau, *Die Tiere in der mittelhochdeutschen Literatur*, diss. Leipzig, 1900에도 이에 대한 언급이 없다.

162)『롤랑의 노래』 2549행. 페팽이 사자와 싸운 전설은 19세기에 입증되었는데, 이 전설과 비교해보라. G. Paris, *Histoire poétique de Charlemagne*, p.223.

163) 위 16쪽. 퀼빙(Kölbing)은 이 판본을 몰랐다.

대에 가공의 소설에서 기적이 그토록 성공한 것도 그 이야기를 듣는 민중에게 미신을 믿을 마음이 있었기 때문이라고 설명할 수 있다. 말할 필요도 없지만, 만약 독자나 청중에게 이미 왕을 기적의 존재로 생각하는 습관이 없었다면, 직업적인 이야기 작가라 해도 사자라는 소재를 생각해내거나 퍼뜨리지 못했을 것이다.

결론

이 장 첫 부분에서 지적한 것처럼 성스럽고 기적을 행하는 왕권이라는 관념은 중세 전체를 통해 활력을 전혀 잃지 않았다. 그러기는커녕, 전설, 치료 의례, 현학적이면서도 민중적인 신앙 등의 보고(寶庫)로서, 왕정의 도덕성 대부분을 만들어내며 끊임없이 확대되었다. 사실 이러한 확장은 우리가 정치사 고유의 영역에서 얻은 지식과 모순되지 않는다. 이것은 서유럽 여러 왕조의 물리적 진보와 일치한다. 필리프 존엄왕, 플랜태지니트 왕조의 헨리 2세, 독일의 하인리히 6세의 시대에 왕의 표시에 관한 미신이 등장했다는 것은 전혀 놀라운 일이 아니다. 마찬가지로 샤를 5세 치세에 왕정과 관련된 새로운 전설이 개화된 것도 일반적으로 받아들여지는 지식과 모순되지 않는다. 다른 많은 징후로도 이 두 시기에 왕권의 이념이 특히 강력했음을 우리는 안다. 그런데 언뜻 보기에는 사건의 전체적 흐름과는 반대되는 듯이 보인다.

예를 들어, 카페 왕조 초기에 왕에게 부여된 왕권의 신성한 성격이 여기에 해당된다. 그러나 왕권의 현실적 힘은 매우 미약했고, 실제로 왕 자신은 종종 신하들의 존경을 받지 못했다. 그렇다고 해서 당시 작가들이 왕조의 '신성함'이라는 주제와 관련해 쓴 문구들이 진정한 감정과는 무관하며 공허한 형식에 불과하다고 생각해야 하는가? 그것은 그 시대의 정신을 오해한 것이다. 혼란한 사회의 특징인 폭력의 습관화를 잊지 말자. 난폭한 자는 자신이 마음깊이 존경하는 자라고 하더라도 봐주지 않는다. 중세의 군인들은 흔히 교회를 약탈했다. 그렇다고 해서 중세가 비종교적 시대라고 할 수 있는가? 오히려 훨씬 종교적인 시대였다. 요컨대 10, 11세기에 살았던 역사가들이 놀라야 했던 것은 프랑스 왕권이 미약했다는 점이 아니었다. 놀라운 것은 분해된 국가에서 왕권이 이미 어떤 기능도 수행할 수 없게 되었는데도 왕권이, 스스로를 지키며 상당한 위신을 유지했다는 점이다. 그 위신은 나중에, 즉 루이 6세 이후에 상황이 허락하게 되자 잠재적 에너지를 확대하여 한 세기도 채 되지 않았을 때 자신의 힘을 대내외적으로 받아들이게 만들었다. 이처럼 왕권이 장기간에 걸쳐 끈질기게 살아남은 뒤 갑자기 확장된 이유가, 적어도 그 이유의 일부가 우리가 설명하는 지적 · 감정적 표상을 통해 드러나지 않을까?

이러한 표상에는 적이 있었다. 그레고리우스파와 그 지지자들이 바로 그들이다. 이 무서운 적의 공격에도 불구하고 이들의 징표는 승리를 거두었다. 중세 사람들은 자신의 군주를 단순한 속인이나 평범한 인간으로 볼 생각이 전혀 없었다. 11세기 교리와 관련된 종교적 운동은 오래전부터 내려오는 강력한 집단이념의 지지를 받을 때 성공한다. 가령 성직자의 독신에 대한 논란이 그렇다. 일반 민중은 항상 순결에 주술적 능력이 있다고 생각했다. 전날 밤 여자와 교제한 남자는 신명재판에서 유효한 증인이 될 수 없었다고 믿었다. 또한 신비로운 성사가 완전한 효과를 거두려면, 사제가 모든 육신의 더러움을 피해야 한다는 주장[164]을 손쉽게 받아들였다.

---

164) 신명재판(ordalie)과 관련된 규칙에 대해서는 F. Liebermann, *Die Gesetze der Angelsachsen*, Halle, 1898, I, p.386. 내가 이 문구에 관심을 갖게 된 것은 다음의 훌륭한 논문 덕택이다. Heinrich Böhmer, "Die Entstehung des Zölibates," *Geschichtliche Studien Albert Hauck……dargebracht*, Leipzig, 1916. 뵈머는 그레고리우스 개혁 시대에 성직자 독신제를 위한 투쟁에서 진정으로 '원초적인' 심성인 근거하여 몇몇 민중적 표상의 중요성을 밝혔다. 그러나 프로테스탄트 저술가들과 마찬가지로 그는 순결에 관한 반(半) 마술적 관념이 초기 기독교도들 사이에서 가지고 있었던 힘을 정당하게 평가하지 못한 것 같다. 그러한 경향은 중세보다 더 오래되었다. 그러한 경향이 결정적으로 승리하게 된 시기가 중세였다. 왜냐하면 당시에는 그 어느 때보다 지적인 종교에 비해 민중의 종교가 효과적인 압력을 행사했기 때문이다. 혼인성직자에 대한 전투에서 속인들이 했던 역할은 잘 알려져 있다. 밀라노의 '파타리아(Pataria)' 운동(성직매매와 성직자 혼인에 반대해 밀라노에서 일어난 운동-옮긴이)은 말할 것도 없고, 여기서는 시주베르 드 장블루(Sigebert de Gembloux)의 소책자 제목만 다시 상기시키는 것만으로도 충분하다. *Epistola cuiusdam adversus laicorum in presbyteros conjugatos calumniam*. 특히 결혼한 사제가 수행한 성사는 무효라는 생각은 속인 사회에서 자라났다(가령 *Vita Norberti*, c.11, *SS*., XII, p.681). 교황의 신중하지 못한 몇몇 선언으로 이러한 개념이 더 유리해진 것으로 보인다. 그러나 전체 가톨릭 신학에서는 성사의 유효성을

그러나 신성한 왕권과의 투쟁에서는 신성한 왕권이라는 관념이 민중의 마음에 깊이 뿌리박혀 있었으므로 개혁가들이 실패하게 되었던 것이다. 치료 의례가 오랫동안 인기를 끌었다는 사실이야말로 개혁파의 실패가 가져다준 결과이면서 동시에 그 증거이기도 하다.

사제의 자질이 있고 없음에 따라서 결정되는 것으로 보지는 않았다는 것은 잘 알려진 사실이다.

4 신앙의 혼동: 성 마르쿨, 프랑스 왕 그리고 일곱 번째 아들

성 마르쿨 전설과 신앙

중세 말의 프랑스에서는 한 성인, 즉 성 마르쿨에 대한 신앙이 왕의 기적에 대한 신앙과 혼합되었다. 이 혼동이 생긴 역사적 과정을 설명해보자. 성 마르쿨이라는 이름이 연주창 치료 의례와 결합되어 떨어지지 않게 되었는데, 성 마르쿨은 도대체 누구인가?[1]

카롤링 시대 초기 쿠탕스(Coutances) 교구의 낭(Nant)이라는 지역에 수도

---

[1] 이 장 전체에서 나는 코르베니 수도원 문서고의 문서를 폭넓게 이용했다. 이 문서고는 랭스에 있는 생레미 장서(fonds de St-Remi)의 일부이며, 마른 도립문서고(Archive départementales de la Marne)의 한 자리를 차지하고 있다. 이 책에서 참고자료로 제공되는 문서철(liasse)에 관한 모든 정보는 특별한 지시가 없으면 랭스의 마른 도립문서고의 생레미 장서다. 이 장서는 18세기에 분류되었는데, 그 방식이 매우 독특하다. 수도원 문서학자들은 우선 자신들이 중요하다고 생각하는 문서를 따로 뽑아냈다. 그리고 그것들로 문서철을 만들고 일련번호를 매겨서 따로 묶음을 만들었다. 그들이 생각하기에 덜 중요한 문서로는 -종종 우리가 보기에는 아주 가치가 있는 문서도 포함되어 있는데- 문서철을 만들어 앞서 만들어놓은 중요한 문서철의 부록(liasse annexe)으로 하고 같은 번호를 매겼다. 그러면서 여기에는 '정보(Renseignements)' 라고 이름을 붙였다. 그러므로 한 가지 예시를 하면, 앞으로 종종 '223호 문서철(liasse 223)' 이라고 하거나 '223호 문서철(정보)(liasse 223(renseignements))'이라는 표현을 자주 볼 것이다. 랭스 문서고 사서 로베르(M.G. Robert)가 기꺼이 도와주어 일이 한결 쉬웠다는 점을 밝힌다.

원이 하나 있었는데, 거기에 마르쿨(Marculphus)[2]이라는 경건한 수도원장의 무덤이 있었다. 종종 그러하듯이, 수도원 주위에 인가가 들어섬으로써 사람들은 그 마을을 수도원 수호성인의 이름으로 부르게 되었다.

아마도 오늘날에는 그 이름이 생마르쿠프(Saint-Marcouf)라는 마을에 남아 있는 듯하다. 그 마을은 바다에서 멀지 않은 곳으로서 코탕탱 반도 동해안에 있다.[3] 원래 이름은 지도에서 사라졌다. 9세기 초 프랑크족이 지배하던 갈리아 지방 도처에서 수도회들이 문자에 새롭게 눈을 뜨게 되어, 자신들의 성인전을 쓰거나 더 유려한 라틴어로 고쳐 쓰기 시작했다. 낭의 수도원도 일반적 경향에서 벗어나지 않아서, 어느 수도사가 성 마르쿨에 대한 한 편의 전기를 썼다.[4] 불행하게도 이 소책자는 성인전의 가장 전형적인 이야기 이외에 아무것도 담고 있지 않았다. 즉, 아름다운 여자의 모습을 한 악마라든가 베르길리우스의 부정확한 인용 등이 그것이다. 유일하게 정확하고 아마도 믿을 만한 정보는 성 마르쿨의 출생지와 그의 시대와 관련된 것이었다. 그의 출생지는 바이외이며, 그의 시대는 540년경으로 힐데베르트(Childebert) 1세가 왕이고 성 로(Saint

---

2) 마르쿨은 프랑스어 고유의 이름이다. 앞으로 보겠지만 10세기 이후 랑 지방이 성 마르쿨 숭배의 중심지였기 때문에, 이 책에서는 마르쿨이라는 형태를 쓸 것이다. 노르망디어에서는 '마르쿠프(Marcouf)'라고 쓰기도 한다. 종종 '마르쿠(Marcou)'로 발음되기도 하고 그렇게 쓰기도 한다. 아래 각주 13 참조. 17세기에 종종 발견되는 '마르쿨프(Marcoulf)'라는 형태는(예를 들어 1643년 4월 17일자 성유물 이전 상세 보고서, liasse 223, no. 10) 라틴어를 모방한 것으로서 분명히 '현학적' 이유 때문에 생겼을 것이다.

3) 망슈(Manche) 도(道), 몽트부르(Montebourg) 캉통. 이 이름이 등장하는 문서 중에서 정확한 날짜가 기재된 가장 오래된 문서는 1035년에서 1037년 사이에 루앙 대주교를 지낸 로베르 1세가 내린 특허장이다. 이 문서는 F. Lot, *Etudes critiques sur l'abbaye de Saint-Wandrille* (*Biblioth. Hautes Études*, 104), 1913, p.60에 수록되어 있다; *Ibid.*, p.63도 참조. 오늘날 생마르쿠프에서는 여전히 기적의 샘물을 숭배하고 있다. A. de Caumont, "La Fontaine St Marcouf," *Annuaire des cinq départements de la Normandie, publié par l'Assoc. Normande*, XXVII(1861), p.442.

4) 이 전기(전기 A)와 다른 전기, 즉 약간 뒤의 것인 전기 B에 대해서는 베도르프의 비판적 연구에 힘입은 바 크다. Baedorf, *Untersuchungen über Heiligenleben der westlichen Normandie*; 필요한 참고문헌에 관한 정보도 얻을 수 있다. *Bibliographia hagiographica latina*, nos. 5266~5267도 참조.

Lô)가 쿠탕스 주교였던 때다.[5] 첫 번째 전기보다 조금 뒤에 작성된 두 번째 전기는 쓸데없는 부연설명만 더해졌다. 요컨대 낭의 성인에 대한 정보는 완전히, 혹은 거의 완전히 없다고 봐야 할 것이다. 두 성인전으로 판단하건대, 9세기라고 해서 현재보다 그 성인에 대해 그다지 많이 알고 있었다고 할 수는 없을 것 같다.

그때 노르만의 침입이 시작되었다. 서유럽 여러 수도원과 마찬가지로 낭도 습격을 받아 불탔다.[6] 수도사들은 유물을 가지고 도망쳤다. 당시 갈리아의 도로에는 이처럼 보물을 가지고 방랑하는 수도사들이 넘쳐났는데, 성 마르쿨은 어떤 고난을 겪었을까? 그것을 우리에게 말해줄 사람은 없다. 성인이 도착한 장소만 알 뿐이다. 국왕 샤를 단순왕(Charles le Simple)은 코르베니라는 영지를 가지고 있었다. 그것은 엔(Aisne) 강 북쪽 크란(Craone) 평원에서 근처 강으로 내려가는 경사면에 로마 시대 도로를 따라서 뻗어 있었다. 왕은 이곳을 피난처로 제공했다. 당시 성인의 유해는 성스러운 재산이었기 때문에 샤를은 그것을 이곳에 보존하려고 했다. 쿠탕스 주교와 루아 대주교 등 관련 성직자의 인가를 얻어, 906년 2월 22일 왕은 코르베니에 수도원을 세웠고, 그 이후 이곳은 이 성인의 유해의 영원한 안식처가 되었다. 이 유해는 다시는 코탕탱으로

---

5) 또 여기에는 성인이 지나갔을 것으로 생각되는 장소들의 이름이 약간 기록되어 있다. 그러나 이런 종류의 다른 저작들과 마찬가지로, 자신들이 권리가 있거나 권리를 주장하고자 하는 토지를 수도원의 수호성인 전설과 연관하기 위한 고려가 있는 것은 아닐까?

6) 이 일화는 와스(Wace)의 작품을 통해서만 전해지고 있다. 그는 『로망 드 루(롤로 이야기)』 394행(*Roman de Rou*, v.394)에 이것을 삽입했다(éd. H. Andresen, Heilbronn, 1877, t.1). 이 이야기는 틀림없이 지금은 없어진 연대기들을 근거로 했을 것이다. 그는 수도원 약탈과 방화를 하스팅(Hasting)과 비요른(Björn) 탓으로 돌리고 있다. G. Koerting, *Uber die Quellen des Roman de Rou*, Leipzig, 1867, p.21. 내용 중에 "생마르쿨프에 있는 강변에 부유하고 풍부한 수도원이 있다(A Saint Marculf en la riviere-Riche abeie ert a pleneire)"라는 행이 있는데, 이 행은 난해하다. 생마르쿠프 마을에는 강이 없기 때문이다. 틀림없이 와스가 다소 운율을 맞출 필요에 따라 지리적 혼동을 일으킨 것으로 보인다. W. Vogel, "Die Normannen und das frankische Reich," *Heidelb. Abh. zur mittleren und neueren Gesch.*, 14, p.387에 낭의 파괴에 대한 증거로 제시되고 있는 것은 수도사들로 하여금 코르베니로 피신하도록 한 샤를 단순왕의 칙령 이외에는 없다. 포겔은 『로망 드 루』의 위 구절을 몰랐을 것으로 짐작된다.

돌아가지 않았다.[7)]

고향을 잃은 낭의 수도사들은 얼마 지나지 않아 독자성도 잃어버렸다. 새로운 수도원은 왕의 소유였는데, 왕은 프레데론(Frédérone)이라는 딸을 결혼시키면서 수도원과 주변 영지를 지참금으로 주었다. 몇 년 지나 이번에는 임종이 가까웠음을 느낀 프레데론이 영지와 수도원을 랭스의 생레미 수도원에 기증했다. 그런데 주권자인 왕은 가문의 오래된 재산이나 조상이 만든 신성한 토지가 생레미 수도원의 광대한 토지에 편입되는 것을 마땅치 않게 생각했다. 특히 그곳 코르베니가 군사적으로 중요할 뿐만 아니라 방어하기도 쉬웠고 주변 계곡을 감시하기에도 훌륭했기 때문이다. 당시 전투 기록에 여러 차례 언급된 대로, 거기에는 '성채(castellum)'가 있었고 수도원 건물들도 여기에 포함되어 있었던 것으로 추정된다.

샤를 단순왕은 자신이 살아 있는 동안 연단위 지대(cens annuel)를 납부하는 조건으로 '그리스도의 증거자'의 유해를 봉안하는 작은 수도원을 소유하게 되었다. 그의 뒤를 이어 아들 루이 해외왕(Louis d'Outremer)이 유사한 조건으로 새로 인수받았다. 그런데 이번에는 마을과 부속영지도 포함해 소유하게 되었다. 그러나 954년 임종 시 전부 생레미 수도원에 반환했다. 이후 수도원이 두 번 다시 이 중요한 영지를 양도한 적은 없다. 코르베니에는 이미 독립 수도원이 존재하지 않게 되었고, 단지 생레미 수도원 감독 아래 소수 수도사가 모여 있는 분원이나 세포수도원(cellula)만 남아 있게 되었다. 이 상황은 대혁명까지 계속되었다.[8)]

---

7) 906년 2월 22일자 샤를 단순왕의 칙령. *Histor. de France*, IX, p.501. 게다가 수도원은 성 베드로에게 봉헌되었다. 당시 관습에 따르면 수도원은 원칙적으로 사도나 지극히 유명한 성인을 수호자로 모셔야 했다. 나중에 성 마르쿨이 성 베드로를 완전히 대신하게 되었다. 가령 생피에르 데 포세(St-Pierre des Fossés)가 나중에 '생모르' 데포세(St-Maur des Fossés)로 바뀌는 것을 참조하라.

8) 앞의 내용에 대해서는 907년 4월 19일자 샤를 단순왕의 특허장 참조. *Histor. de France*, IX, p.504, p.530; Flodoard, *Annales*, éd. Lauer(*Soc. pour l'étude et l'ens. de l'histoire*), 938년 부분, p.69; *Historia ecclesie Remensis*, IV, c. XXVI(Lauer, *op. cit.*, p.188에 수록). 로타르(Lothair)의 특허장은 *Recueil des actes de Lothaire et de Louis V*, éd. Halphen et Lot(*Chartes et Diplômes*), no. III, no. IV; A. Eckel, *Charles le Simple*(*Bibl. École Hautes Études*, f.124), p.42; Ph. Lauer, *Louis*

낭에서와 마찬가지로 코르베니에도 성 마르쿨 신봉자가 있었고, 이들은 기적, 특히 병치료 기적을 바라고 있다. 그가 다른 성인들과 마찬가지로 성 마르쿨 역시 기적을 행하기는 했지만, 이렇다 할 특기가 있던 것은 아니다. 다른 성인보다 연주창 환자의 경배를 특별히 더 받은 적도 없는 것 같다. 카롤링 시대의 『성 마르쿨 전』에도 연주창 치료에 대해 아무것도 쓰여 있지 않았다. 12세기에 대한 기록에는 그의 능력에 대한 매우 기묘한 정보가 있다. 전하는 바에 따르면, 1101년 코르베니 마을이 '농민들의 장난'에 대해 하늘이 내린 벌로 끔찍한 재앙에 시달렸다고 한다. 가축에 전염병이 돌았고, 군인들의 약탈이 거듭되었으며 마침내 '사촌과 결혼한 가증스러운 죄인이자 폭군' 토마 드 몽테귀(Thomas de Montaigu)의 군대가 불을 질렀던 것이다. 수도사들은 영주 지배 아래 있는 토지 보유 농민으로부터 징수하는 투명한 지대 수입에 의존하고 있었으므로, 일련의 사건의 결과로서 경제적 파멸에 직면했다.

신임 수도원 분원장은 일반 수입 대신에 기부로 보충하려고 했다. 그는 성유물의 순회 행렬을 생각해냈다. 수도사들은 수호성인의 성유물을 어깨에 메고 랭스 지방, 랑 지방, 피카르디 지방을 돌아다녔다. 도처에서 기적이 일어났다. 이 원정에 대해 짧은 이야기가 전해지고 있다.[9] 이 고귀한 유해가 치료한 병들 중에서 연주창은 없었다. 한 세기 정도 지나서, 쿠탕스 성당에서 이 이야기를 담은 커다란 색유리그림(스테인드글라스)이 낭 수도원장을 기념해 봉헌되었고, 오늘날에도 여전히 그것을 볼 수 있다. 그리고 그 의식은 수도원장이 과거에 봉직했던 교구에서 여전히 그대로 이루어지고 있다. 그 의식을 보면 치료의 기적은 한 번 나타난다. 그것은 사냥꾼의 치료 이야기로서 카롤링 시대 『성 마르쿨 전』에 따르면, 사냥꾼은 성인에게 불경해서 그의 말이 치명적 사고를 당

IV d'Outremer(Bibl. *École Hautes Études*, f.127), p.30, p.232. 코르베니는 16세기까지 군사적 요충지였다. 요새는 1574년에 세워졌다. liasse 199, no. 2. 게다가 1914~18년 사이의 전쟁에서 코르베니-크란(Craonne) 방어선이 담당했던 역할은 잘 알려져 있다. 수도원 예배당은 1819년에 파괴되었는데 전쟁 전에도 여전히 중요한 유적으로 남아 있었다. Ledouble, *Notice sur Corbeny*, p.164. 그러나 코르베니 사제가 너무나 친절하게도 나에게 알려주었듯이, 오늘날에는 아무것도 남아 있지 않다.

9) Mabillon, *AA. SS. ordo S. Bened.*, IV, 2, p.525; *AA. SS. maii*, VII, p.533.

하는 벌을 받았으나, 성인이 직접 치료해주었다고 한다.[10] 여기에도 연주창이 등장하지는 않는다.

그렇지만 마르쿨은 이 병의 치료자가 될 운명이었다. 유감스럽게도 그 역할을 보여주는 가장 오래된 증거의 정확한 연대를 설정할 수는 없다. 그 증거는 하나의 설교로, 설교는 틀림없이 1101년의 성유물 행렬 이후 상당한 시간이 지난 시점부터 1300년 이전, 또는 그 전후 시점 사이에 있었을 것이다. 왜냐하면 우리가 아는 최초 필사본은 명백히 13세기 말의 것이기 때문이다. 거기에 이렇게 쓰여 있다. "이 성인은 사람들이 왕의 병이라고 부르는 질병의 치료능력을 하늘로부터 받았다. 그리하여 사람들이 그에게," 즉 코르베니에 있는 그의 무덤에 '쇄도한다.' "가까운 곳의 사람들만큼이나 멀리 떨어져 있는 야만족의 지방에서도 밀려온다."[11]

도대체 어떤 이유로 12, 13세기에 성 마르쿨이 연주창 전문가로 여겨지게 되었을까? 이미 살펴보았듯이, 그 이전의 전설에서는 이러한 관념이 전혀 없었다. 의심할 바 없이, 겉보기에는 무의미하게 보이지만, 종종 민중의 사고방식을 결정하는 어떠한 사정이 영향을 주었을 것이다. 앙리 에티엔(Henri Estienne)은 『헤로도토스를 위한 변명』(*Apologie pour Hérodote*)에서 다음과 같이 썼다. "어떤 성인에게는 그 이름과 연관되는 역할이 부여되어 있다. 병을 고

---

10) E.A. Pigeon, *Histoire de la Cathédrale de Coutances*, Coutances, 1876, pp.218~220. 사냥꾼에 관한 이야기는 *AA. SS. maii*, 1, p.76(전기(傳記) A), p.80(전기 B).

11) *Miracula circa annum MLXXV Corbiniaci patrata*라는 상당히 부정확한 제목으로 마비용(Mabillon)이 출판했다. *AA. SS. ordo S. Bened.*, IV, 2, p.525. 그리고 그 이후 다시 *AA. SS. maii*, VII, p.531에 수록되었다. 마비용이 이용한 필사본은 랑의 생뱅상(St-Vincent) 수도원에 있는 것이었는데, 나는 그것을 찾아내지 못했다. 또 마비용은 파리 생빅토르 수도원의 필사본에 대해 언급했는데, 그 연대를 1400년경이라고 부정확하게만 말했다. 이것은 틀림없이 국립도서관 라틴어 필사본 15024호(latin 15024 de la Bibl. Nationale)일 것이다(*Catal. codic. hagiog.*, III, p.299 참조). 이 필사본은 13세기 것이다. 설교는 투르 시립도서관 필사본 339B호(ms. 339B de la Bibl. de la Ville de Tours)에도 있는데 이것은 14세기 것이다. 국립도서관 라틴어 필사본 15034호의 14쪽(fol. 14 du latin 15034)에 있는 문장은 다음과 같다. "왕의 병이라고 불리는 질병에 걸린 환자들은 하늘이 왕에게 주신 능력을 통해 치료받기 위해 왔는데, 가까운 곳에서만큼이나 먼 나라에서도 적지 않은 사람들이 무리를 지어 몰려들었다."

치는 성인들을 예로 들면, 이러이러한 성인에게는 그 이름을 닮은 이러이러한 병의 치료를 관련시킨다."[12] 성 마르쿨에게 이러한 특징이 적용된 것은 오래 전의 일이었다. 연주창의 종양이 생기기 쉬운 부위는 목(cou, 쿠)이다. 마르쿨(Marcoul)이라는 이름에서 마지막 자음인 'l'은 매우 이른 시기부터 약하게만 발음되었으므로,[13] 마르쿨이라는 이름에 '쿠(cou, 프랑스어로 '목'이라는 뜻-옮긴이)', 즉 목을 가리키는 단어가 들어 있다고 할 수 있다. 그리고 대개 사람들 눈에는 잘 보이지 않겠지만, '마르(mar)'라는 단어가 포함되어 있는데, 이것은 중세 언어에서는 질병(mal)의 의미를 지닌 부사로 부적절하게 사용되었다. 코르베니의 성인에게 목의 질병을 치료하는 특별한 능력이 부여된 것은 수도사들의 교묘한 말맞추기, 혹은 좀더 거칠게 표현하자면 말장난에서 비롯되었다. 예를 들어 성 클레르(Claire, '맑다'는 뜻-옮긴이)에게는 눈과 관련된 초자연적 기능이 부여되어 있는데, 그러한 지위 부여는 훨씬 더 분명하기는 하지만 마르쿨의 사례와 다르지 않다.

그렇게 해서 다소 우연하게 특별한 능력을 부여받음과 거의 동시에, 성 마르쿨은 인기있는 성인이 되었다. 그때까지 그가 이동하기 전이나 후나, 네우스트리아(Neustrie)에서도, 랭스 대주교구에서도 그는 알려지지 않았으며 오직 지방에서만 알려져 있을 뿐이었다. 9세기에 낭 이외에 다른 한 곳에서도 성인 유골의 일부를 보관하고 있었다. 아마도 루앙의 교회일 것이다. 카롤링 시대의 두 번째 『성 마르쿨 전』의 저자는 첫 번째 『성 마르쿨 전』이 전해주는 전승의

---

12) Chap. XXXVIII, éd. Ristelhuber, II, 1879, p.311.
13) 17세기의 치료증명서에 대해서는 나중에 다룰 것이다(312쪽 이하). 이 증명서는 민중의 철자법에 대한 좋은 사례를 제공해주고 있다. 이들은 대개 마르쿠(Marcou)로 표기하고 있다. 15세기 투르네의 생브리스(Saint-Brice) 교회의 회계장부 역시 철자법의 사례를 제공해준다(아래 각주 49 참조). 1576년 9월자 앙리 3세의 특허장과 1610년 11월 8일자 루이 13세의 특허장도 참고하라(liasse 199, nos. 3, nos. 6). 19세기에 대해서는 보스(Beauce) 지방 사투리가 적혀 있는 *Gazette des Hôpitaux*, 1854, p.498 참조. 성인숭배에서 말장난의 역할에 대해서는 H. Delehaye, *Les légendes hagiographiques*, Brussels, 1905, p.54. 성 마르쿨의 치료능력의 기원으로 말장난을 드는 이론은 상당한 지지를 받고 있다. 예를 들면 Anatole France, *Vie de Jeanne d'Arc*, 1, p.532; Laisnel de la Salle, *Croyances et légendes du centre de la France*, 2, 1875, p.5(I, p.179, n.2 참조). 이 책의 저자는 'mar'라는 단어에 의미를 부여한 유일한 사람이다.

틀에 제국이 되면서 일어난 사건들을 덧붙였는데, 이 이야기도 그러한 일화 중 하나다. 성인 전기작가가 전하는 바에 따르면, 루앙 주교 성 우앙(Saint Ouen)이 성 마르쿨의 유해를 이장하려고 그의 무덤을 열었을 때 두개골을 손에 넣고 싶어했다. 그러나 갑자기 하늘에서 편지가 한 통 떨어졌는데, 주교에게 계획을 포기하고 유해의 다른 부위를 갖는 것으로 만족하라고 했다고 한다.

이 짧은 이야기는 명백히 경쟁 수도원장의 주장을 반박하기 위한 것 이외에 다른 목적은 없다. 다른 수도원이 성유물을 보관하겠다고 주장하는 것을 차단하고 유물 중에서 가장 중요한 부분을 요구할 가능성을 막으려고 한 것이다.[14] 히에로니무스가 쓴 위대한 순교자 명부의 네우스트리아 사본에는 성 마르쿨의 이름이 올라 있지만 그것뿐이다.[15] 이 성인의 이름이 붙은 마을은 프랑스에 세 군데 있지만, 전부 노르망디, 그것도 센 강 이남에 있다.[16] 그리고 유해가 코르베니를 향해 떠났다. 이 여행에서 유랑하던 성인을 서로 다른 마을 두 곳에서 경건한 신자들이 모셔갔다. 먼저 첫 번째 지역부터 살펴보자. 쿠탕스에서는

---

14) *AA. SS. maii*, I, p.80, c.21. 이 일화는 성 우앙 전기에 포함되어 있으며, 그중에서도 9세기 중반 루앙에서 작성된 전기 II(la vie II, *Bibliotheca hagiographica latina*, no.753)에 실려 있다. 이로 인하여 계보 문제가 발생해 약간 현학적인 논쟁이 일어났다. W. Levison, *Monum. Germ. SS., rerum merov.*, V, pp.550~552. 그리고 이것을 따라서 베도르프는 두 번째 성 마르쿨 전기-전기B-의 저자가 이 점에서 성 우앙 전기에서 영감을 얻었을 것이라는 견해를 밝혔다(Baedorf, *Untersuchungen über Heiligenleben*, p.35). 반면 M. Vacandard, *Analecta Bollandiana*, 20, 1901, p.166, *Vie de St-Ouen*, 1902, p.211, n.1 등에서는 성 우앙 전기가 모방했고 성 마르쿨 전기가 원본이라고 했다. 나는 주저 없이 두 번째 견해를 지지한다. 이 이야기는 낭의 수도사들이 수호성인으로 모시는 것을 확인할 목적으로 만들어진 짧은 이야기로서 해당 수도원 내에서만 행해지던 것이다. 그리고 이것은 성인 전설에서 유행하던 형태에 들어맞는다. 유사한 특징을 에드워드 고해왕 전기에서도 볼 수 있으니 참조하라. Osbert de Clare, *Analecta Bollandiana*, XLI(1923), p.61, n.1.

15) 생왕드릴(St-Wandrille) 판본이나 바이외, 아브랑슈, 쿠탕스 주교구에서 기원한 것으로 보이는 판본(파리와 바티칸에 있는 필사본으로 대표되는 판본)이 해당된다. *AA. SS., Novembre*, II, 1, p.[53].

16) 과거에 낭이라는 이름이 있던 생마르쿠프는 망슈 도(道)의 몽트부르 캉통에 있다. 망슈 도, 피에르빌 코뮌에도 생마르쿠프가 있으며, 칼바도스 도, 이지니 캉통에도 생마르쿠프가 있다. 몽트부르 캉통에 있는 생마르쿠프 건너편에 생마르쿠프 섬이 있는데, 이것은 카롤링 시대의 성인전에서 언급되는 '두 개의 땅'으로 불리는 섬이다. A. Benoist, *Mém. Soc. archéol. Valognes*, III(1882~84), p.94.

그에 대한 기억이 없어지지 않고 있었다. 1208년부터 1238년까지 재건된 쿠탕스 대성당에는 성인에게 봉헌된 예배당이 있었다. 예배당을 장식한 아름다운 스테인드글라스는 위에서 이미 다루었다. 그 교구의 성무일과서에도 그 기억이 담겨 있다.[17] 그러나 무엇보다도 코르베니와 랭스에 충실한 신도들을 거느렸는데, 이곳엔 강변에 코르베니 수도원의 모수도원인 생레미 수도원이 있다. 랭스의 전례서나 전설은 상당한 분량을 그에게 할애하고 있다.[18] 그러나 오랫동안 성 마르쿨 숭배는 좁은 범위로 제한되어 있었다.

14세기 전까지 노르망디, 코르베니, 랭스를 벗어나서는 성 마르쿨은 거의 알려지지 않았던 것 같다. 그러므로 코르베니를 제외하면 그의 이름은 이류에 속했다. 랭스에서도, 그리고 코르베니가 속해 있는 교구의 주교좌가 있는 랑에서도 그 도시의 지역 성인을 모두 모셔놓은 대성당에 그의 조각상은 없었다.[19]

---

17) E.A. Pigeon, *Histoire de la Cathédrale de Coutances*, p.184, p.218, p.221. 성무일도서에 대해서는 *Catal. codic. hagiogr. lat. in Bibl. Nat. Par.*, III, p.640. 게다가 가장 오래된 것도 14세기 이전으로 거슬러 올라가지는 않는다. 볼랑디스트 학자들(Bollandiste, 장 볼랑에 의해 시작된 성인전 연구자 집단—옮긴이)이 국립도서관에 모아놓은 350개 이상 전례서 필사본 가운데 성 마르쿨이라는 이름이 등장하는 것은 쿠탕스의 것 3건뿐이다.

18) 랭스 도서관에 있는 다음 필사본을 예로 들 수 있다. 이것은 모두 랭스에 있는 종교기관에 있던 것들이다(세부사항은 목록을 보라. 가장 오래된 것은 12세기의 것이다). 264, fol. 35; 312, fol. 160; 313, fol. 83 v.; 314, fol. 325; 346, fol. 51 v.; 347, fol. 3; 349, fol. 26; 1410, fol. 179; *Martyrologe de l'église cathédrale de Reims*(13세기 후반)(U. Chevalier, *Bibliothèque liturgique*, 7, p.39에 수록); Usuard, *Martyrology* 중 *Codex Heriniensis*(Migne, *P.L.*, t.124, col. 11(11세기 말). 성 마르쿨과 관련된 중세의 유일한 전례서는 14세기 운문으로 된 것으로서 랭스의 생레미 수도원에서 나온 것(no. 21164)이며, U. Chevalier, *Repertorium hymnologicum*에 실려 있다. 랑 성당에서 13세기 초에 사용된 두 전례서에는 성인의 기도문이 포함되어 있는데, 여기에 마르쿨은 언급되어 있지 않다.

19) 물론 코르베니에서도 매우 이른 시기부터 성인의 표상이 있었음이 틀림없다. 그러나 그것에 관해서는 정보가 거의 없다. 1618년과 1642년 목록은 성유물함으로 사용된 은제 조각상에 대해 약간 언급하고 있다(Ledouble, *Notice*, p.121, 그리고 liasse 190 no. 10). 그러나 그 연대에 대해서는 알 수 없다. 1642년 제단에 있던 조각상도 마찬가지다. '성 마르쿨의 돌(pierre de S. Marcoul)'이라는 이름의 부조는 최근의 전쟁 때까지 마을 교구 예배당에 보존되어 있었는데, 르두블의 그림(p.166)과 바르텔레미의 그림(Barthélemy, *Notice*, p.261)으로 보건대, 아무리 이른 시기로 잡아도 16세기 이전에 만들어진 것으로 보이지 않는다. 사람들은 랭스의 문서고에 있는 16세기 조각상이 성 마르쿨을 나타내는 것으로 생각한다. 그 조각상은 나도 본 적이 있다. 그러나 이를 증명해주는 것은 없다. 퐁티외(Ponthieu)에 있는 생리키에

무훈시는 각운을 맞출 필요가 없기 때문에 수많은 성인이 등장하는데, 여기에도 성 마르쿨의 이름은 없다.[20] 뱅상 드 보베(Vincent de Beauvais)의 『역사보감』(Miroir Historial)에도 몇 단어로만 언급되어 있을 뿐이다.[21] 13세기나 14세기 전반기에 프랑스 내외에서 편찬된 방대한 성인 관계 문서의 집성에도 그의 이름은 없다.[22] 성왕 루이도 시편을 담은 축일달력에 그의 이름을 넣지 않았고, 그렇게 하도록 요청하지도 않았다.[23]

그러나 중세 말이 되면 마르쿨은 크게 출세하게 된다. 새로운 인기를 나타내는 가장 특징적 징후는 망트(Mante)의 노트르담 성당이 시도한 꽤 뻔뻔한 주장인데, 그것은 코르베니가 아니라 자신들이 성유물을 가지고 있다는 것이었다. 정확한 연대는 알 수 없지만, 틀림없이 1383년 이전에 낭트에서 루앙으로 가는 길을 따라 멀지 않은 곳에서 해골이 3구 담긴 무덤이 발견되었다. 수의가 입혀져 매장되어 있었기 때문이겠지만, 사람들은 성인의 유해가 틀림없다고 생각해서 해골을 가까운 수도원으로 옮겼다. 처음에는 누구 뼈인지 이름조차 몰랐다. 1383년에 참사회원 장 피용(Jean Pillon)이 작성한 노트르담 성당 재물 목록에는 아직 자세한 정보가 기록되지 않았다. 목록에는 모든 유해가 하나의 커다란 목재 상자 안에 담겨 있고 여기에는 눈길을 끄는 어떠한 표시도 없다고

(Saint-Riquier)와 투르네(Tournai)의 성인 그림에 대해서는 이 책 306~307쪽, 321~322쪽을 참조하라.

20) E. Langlois, *Table des noms propres de toute nature compris dans les chansons de geste imprimées*, 1904; C.J. Merk, *Anschauungen über die Lehre ⋯⋯ der Kirche im altfranzösischen Heldenepos*, p.316 참조.

21) L. XXII, c,ii. "바이외 수도원장 마르쿨은 갈리아에서 경건하기로 유명하다."

22) 베르나르 기에게서 성 마르쿨에 대한 언급을 찾아보았으나 실패했다(Bernard Gui, *Notices et extraits des Ms.*, XXVII, 2, p.274 이하). 폴 마이어(Paul Meyer)가 목록화한 13세기 중반 익명의 라틴어 전설(*Histoire littér.*, XXXIII, p.449), 폴 마이어가 연구한 프랑스어 전설들(*Ibid.*, p.328 이하), 페트루스 나탈리부스(Pierre de Natalibus)의 *Catalogus sanctorum*(éd. 1521) 그리고 『황금전설』(*Légende Dorée*)에 있는 피에르 드 칼로(Pierre de Calo)의 작품(*Analecta Bollandiana*, XXIX(1910))에도 없다.

23) Bibl. Nat. ms. lat. 10525; Léopold Delisle, *Notice de douze livres royaux du XIIe et du XIVe siècles*, 1902, p.105. 필리프 미려왕의 것으로 알려진 필사본(latin ms. 1023) 그리고 샤를 5세의 '가장 아름다운 기도서(Très beau bréviaire)'(lat. 1052)에도 성 마르쿨은 등장하지 않는다. Delisle, *loc. cit.*, p.57, p.89. 그리고 샤를 7세의 성무일도서(lat. 1370)에도 없다.

되어 있다. 한 세기도 지나지 않은 1451년 12월 19일 샤르트르 주교 피에르 베슈비앵(Pierre Beschebien)은 신의 뛰어난 종으로서의 자격을 지닌 이 사람들의 유해를 세 개의 성골함으로 옮기는 의식을 주재했다.

의전 보고서가 말하듯이, 옮기는 도중에 유해의 신원을 알 수 있었다고 한다. 그 유해는 각각 성 마르쿨 자신 및 옛『성 마르쿨 전』에 등장하는 전설의 동료 두 명, 즉 카리울프(Cariulphe)와 도마르(Domard)의 유해라고 사람들은 믿었다. 어쩌면 그것을 바랐을 것이다. 낭의 수도사들이 노르만인을 피해 도망칠 때, 거의 그들 손에 붙잡히게 되자 그 고귀한 짐을 지키기 위해 길가의 풀숲에 묻는 수밖에 없었을 것이다. 그 이후 양치기 또는 양들에게 계시가 내려 유해가 있는 곳을 가르쳐주었을 것이라고 상상했다.[24]

당연히 이 발견은 코르베니의 격렬한 항의를 일으켰다. 긴 논쟁이 시작되었고, 특히 17세기에 격렬하게 진행되었다.[25] 샤를 단순왕이 네우스트리아 성인의 유골을 모아놓았다는 유서 깊은 소수도원의 수도사들에게는 역사에 근거를 둘 수 있다는 강점이 있었다. 고문서 원본, 무엇보다도 수도원 창건 문서를 이용할 수 있었다. 그들은 거기서 멈추지 않았다. 그들이 보기에 훨씬 눈부신 징표를 사용했다. 1648년 5월 21일 예수 승천일(Ascension)에 성 마르쿨의 성유물함의 행렬이 진행될 때의 일로서, 그 사건에 대한 보고서는 3년이 지나서 작성되었다. 기록에 따르면, "갑자기 하늘에 왕관이 세 개 나타났다. 왕관의

---

24) S. Faroul, *De la Dignité des roys de France* …… (저자는 망트의 수석사제이자 주교재판소 판사였다), M.A. Benoît, *Un Diplôme de Pierre Beschebien* …… 브누아에 따르면 성자의 유해라고 주장되는 시신의 발견 시점은 1343년 10월 19일이다(45쪽). 브누아는 아마도 17세기 말의 세브르몽 신부의 필사본을 따랐을 것이다. 그러나 이것을 증빙하는 믿을 만한 문서는 없다. 파룰(S.Faroul)도 이것을 모른다. 1383년 재산목록은 브누아가 인용했으며, 1451년 이장(移葬)문서는 브누아와 파룰이 모두 인용했다. 재산목록에 따르면 성유물은 다음과 같다. "첫째, 성유골함으로 쓰이는 커다란 함이 있는데, 여기에 세 성인의 유골이 담겨 있다. 이것은 루앙 가는 길목에서 발견되어 이곳 망트 교회로 옮겨졌다." 이상한 점은 앙드레 뒤 소세가 망트에 있는 성 마르쿨의 유물만 알고 -또는 아는 것처럼 말하고- 코르베니에 있는 것에 대해서는 침묵했다는 점이다(André du Saussay, *Martyrologium gallicanum*, Paris, 1637, I, pp.252~254).

25) Dom Oudard Bourgeois, *Apologie*, 1638. 이 책은 파룰에 대한 응답이었다.

세 원들은 각각 노랑, 초록, 파랑으로 되어 있었고, 서로 맞닿아 있는 듯이 보였다. 이 왕관들은 계속해서 성유골함 위에 걸려 있는 듯이 보였다." 대미사 도중에 "더욱 뚜렷하게 볼 수 있었다. 미사가 끝나자 하나하나 차례로 사라지기 시작했다." 6,000명이 넘는 수도사와 신도가 환호했다. 이러한 하늘의 현상은 망트 사람들의 주장을 부정하기 위해 신께서 공개적이며 논란의 여지없는 증거를 준 것이라고 여겼다.[26] 그러나 효과가 없었다. 모든 문서 증거와 기적에도 성 마르쿨의 유해는 계속해서 망트에서 숭배되었다. 비록 엔 강변(코르베니-옮긴이)에 모여드는 사람만큼은 아니지만, 그들도 여전히 가끔 연주창 환자들을 치료했다고 한다.[27]

이것과는 별도로 성인의 명성은 더 온화한 형태로 퍼져나갔다. 구체제 말기에는 꽤 많은 교회에서 성마르쿨을 숭배했고, 오늘날에도 수많은 사람이 교회에서 그를 숭배한다. 교회가 때때로 유물 중 몇 가지를 전시하기도 하며, 주변에 있는 환자들이 순례하는 목적지가 되기도 한다.

이런 종류의 일에서 사건들은 거의 기록되지 않는데, 이러한 기록의 부재가 유감스러운 까닭은 이런 사건들이 오랫동안 민중의 종교생활에서 본질적 측면을 구성했기 때문이다. 반 주교구의 카랑투아르(Carentoir),[28] 낭트 주교구의 무티에앙레스(Moutiers-en-Retz),[29] 소뮈르의 생피에르 성당과 그 근처의 뤼세(Russé),[30] 뒤누아 지방의 샤레(Charray),[31] 생발르리쉬르솜의 대수도원,[32] 직물상의 수호성인이 된 몽디디에(Montdidier),[33] 아브빌의 생피에르

---

26) 1681년 6월 6일 보고서, liasse 223 (renseignements) no. 8, fol. 47.

27) Faroul, *loc. cit.*, p.223.

28) Sébillot, *Petite Légende dorée de la Haute-Bretagne*, 1897, p.201.

29) L. Maître, "Les Saints Guérisseurs et les pèlerinages de l'Armorique," *Rev. d'hist. de l'Église de France*, 1922, p.309, n.1.

30) Louis Texier, *Extraict et abrégé de la vie de Saint Marcoul abbé*, 1648(숭배는 17세기 전반에 있었다).

31) Blat, *Histoire du pèlerinage de Saint Marcoul*, p.13.

32) J. Corblet, *Hagiographie du diocèse d'Amiens*, IV, 1874, p.430.

33) Corblet, *loc. cit.*, p.433.

성당,[34] 아미앵 주교구의 뤼(Rue)와 코탕시(Cottenchy),[35] 발랑시엔의 생트엘리자베트(Sainte-Elisabeth) 성당, 시주앵(Cysoing) 수도원,[36] 아르곤에 있는 생토마(Saint-Thomas),[37] 아르덴 지방의 발람(Balham),[38] 디낭(Dinant),[39] 나뮈르의 도미니크 수도원,[40] 왈롱에 있는 여러 마을과 성읍 중에서는 솜제 그리고 라쿠르,[41] 시이(Silly), 몽소앵브레시(Monceau-Imbrechies), 몽디종(Mont-Dison),[42] 브라반트 지방의 에르프스(Erps)와 젤리크(Zellick)[43] 와 베젬베크(Wesembeek),[44] 플랑드르 지방의 본델헴(Wondelgem),[45] 쾰른(Cologne)[46] 등에서 처음 숭배된 연대를 확정할 수 없다.

그밖에 성인전의 목록에 없어서 열거하지 못한 곳들이 있다. 연대기적 정보를 얻을 수 있는 경우는 모두 비교적 최근의 것이었다.[47] 퐁티외의 생리키에(Saint-Riquier)에서는 14세기부터 성 마르쿨이 알려져 있었다. 이 당시에 이 수도원에서 작성된 순교자 목록에 마르쿨이 언급되어 있다. 좀더 지난 1500년

---

34) Corblet, *Mém. Soc. Antiquaires Picardie*, 2e séries, X(1865), p.301.

35) Corblet, *Hagiographie du diocèse*, IV, p.433.

36) Dancoisne, *Mém. Acad. Arras*, 2e série, XI(1879), p.120, n.3.

37) Louis Lallement, *Folkore et vieux souvenirs d'Argonne*, 1921, p.40. 가장 오래된 증거는 1733년까지 거슬러 올라간다.

38) *Revue de Champagne*, XVI(1883), p.221.

39) Rodolphe de Warsage, *Le Calendrier populaire wallon*, Antwerp, 1920, nos. 817~819; Jean Chalon, *Fétiches, idoles et amulettes*, I, Namur, 1920, p.148.

40) Broc de Seganges, *Les Saints Patrons des corporations*, II, s.d., p.505(1748년 소책자에 따른 것).

41) R. de Warsage, *loc. cit.*, no. 1269.

42) J. Chalon, *loc. cit.*

43) E. van Heurck, *Les Drapelets de pèlerinage en Belgique*, p.124, p.490. 젤릭(Zellick)의 책에는 1698년 '작은 깃발(drapelet)'의 증거가 수록되어 있다.

44) J. Chalon, *loc. cit.*

45) van Heurck, *loc. cit.*, p.473. 1685년의 증거 존재.

46) 1672년의 증거. 아래 각주 58 참조. Gelenius, *De admiranda sacra et civili magnitudine Coloniae*, Cologne, 1645에는 성 마르쿨에 대한 어떤 정보도 없다. 사료를 수정하면서 이 목록에 콩피에뉴의 생자크 교회를 추가해야 한다는 것을 알았다. 이 교회에는 성 마르쿨에게 봉헌된 예배당이 여전히 자리 잡고 있다. 부록 2, no. 24를 보라.

47) 위에서 언급한 Saumur et Russé, St-Thomas en Argonne, Zellick et Wondelgem 등에 대한 위의 각주를 참조하라.

경에는 매우 적극적인 숭배 대상이 되었는데, 그림을 통해서 볼 수 있다.[48] 투르네의 생브리스(Saint-Brice) 성당에는 15세기 후반부터 성 마르쿨 제단과 조각상이 있었다.[49] 앙제(Angers)[50] 그리고 부르고뉴 지방의 지세(Gissey)[51]에서는 16세기에 성 마르쿨 숭배가 있었음을 확인할 수 있다. 비슷한 시기에 아라스 지방에서는 신앙 메달에 몇몇 지역성인과 더불어 성 마르쿨의 초상이 등장하기 시작했다.[52] 1533년과 1566년 트루아(Troye) 주교구의 미사전례서와 클뤼니(Cluny) 수도원의 미사전례서에는 랭스 생레미 수도원의 전례서에서 빌려온 성인을 찬양하는 문장이 들어 있다.[53]

마찬가지로 16세기에는 코르베니에서 훔쳐온 두개골 조각이 투렌 지방의 뷔에유(Bueil) 성당으로 옮겨져 신도들을 끌어들였다.[54] 1579년에는 성유물

---

48) 순교자 목록은 *Martyrologe* d'Usard(위사르의 순교자 목록)의 *codex Centulensis*이다(Migne, *P.L.*, t.124, col. II). 이 책 321쪽에 인용된 프레스코화를 제외하고, 도상들에 관련해서는 16세기 초의 성인 조각상을 언급해야 한다. G. Durand, *La Picardie historique et monumentale*, IV, p.284, fig. 37. 그리고 성유물함으로 사용되던 작은 은제 조각상이 있었는데 1789년에 파괴되었다. 그것이 정확히 어느 시기의 것인지 알 수 없다. Corblet, *Hagiographie*, IV, p.433.

49) 1468~69년 생브리스 교회의 회계장부. "석공 자크마르 블라통(Jacquemart Blathon)은 완전히 치료된 것에 대한 기념으로 자신의 급료로 성 마르쿠 조각상 앞에 초를 바치고 벽에 기둥 세 개를 세웠다)"(*Annales Soc. histor. Tournai*, XIII(1908), p.185). 1481~82년 회계장부에서는 '성 마르쿠의 제단(autel de saint Marcou)'이라는 언급이 나온다(투르네 문서고 직원 오케(M. Hocquet)의 호의로 가능했다).

50) Gautier, *Saint Marcoul*, p.56. 앙제(Angers)의 대성당과 생미셸뒤테르트르(St-Michel du Tertre) 교회는 공동으로 성 마르쿨을 숭배한다.

51) Duplus, *Histoire et pèlerinage de Saint Marcoul*, p.83. 우슈에 있는 지세(Gissey sur Ouche)에 대해서 간단한 정보가 있기는 하지만 우리가 관심을 가지고 있는 성인에 대한 정보는 없다. *Mémoires de la commission des antiquités de la Côte d'Or*, 1832~33, p.157.

52) L. Dancoisne, "Les Médailles religieuses du Pas de Calais," *Mém. Acad. Arras*, 2e série, XI, 1879, pp.121~124. 다쿠안(Dancoisne)은 아라스의 생트크루아 교회가 성 마르쿨의 가호로 처음에, 즉 11세기에 자리를 잡았다고 생각했다. 그러나 그가 이에 대한 어떤 뚜렷한 증거도 제시하지 않았고, 어떤 문서로도 뒷받침하지 않았다.

53) U. Chevalier, *Repertorium hymnologicum*, no. 21164. 앞서 나온 각주 18도 참조하라. 트루아의 생테티엔 수도 참사회(collégial de St-Étienne de Troyes)는 17세기에 성 마르쿨의 몇몇 유물을 가지고 있었다. 이 사실은 다음 책으로 증명되었다. N. des Guerrois, *La Saincteté chrétienne, contenant la vie, mort et miracles de plusieurs Sainets ······ dont les reliques sont au Diocese et Ville de Troyes*, Troyes, 1637, p.296 v.

54) 도둑질이 일어난 정확한 연대를 알 수는 없지만, 16세기 말경이었을 것으로 추측된다. 이에

의 다른 부분들이 좀더 합법적인 방법으로 옮겨졌고, 이로부터 아르슐랑주 (Archelange)의 프랑슈콩테 지방 순례를 탄생시켰다.[55] 리에스의 노트르담 성당 메달에서는 성 마르쿨이라는 이름이 성모 마리아와 연결되어 있다.[56] 1632년 쿠탕스에서는 앙제 성당참사회의 호의 덕분에 과거 노르만인이 교구에서 약탈해간 유골 일부를 되찾았다.[57] 1672년에는 쾰른에서 다른 부분들을 앙베르로 보냈다.[58] 1666년경에는 안 도트리슈(Anne d'Autriche)의 유증으로 또 다른 조각들이 파리의 모베르 광장에 있는 카르멜 수도원에 전달되었다.[59]

특히 16세기 말, 그리고 17세기 내내 도처에서 이 성인을 숭배하는 신도회 (confrérie)가 만들어졌다. 1581년 아미앵의 생피르맹(Saint-Firmin) 교회,[60] 1643년 수아송의 노트르담 성당,[61] 브라반트 공작령의 그레두아소(Grez-Doiceau) 교회,[62] 브뤼셀의 노트르담뒤사블롱(Notre-Dame du Sablon) 교

대한 기록은 1637년 7월 17일자로 된 것밖에 없다(liasse 229, no. 9). 우다르 부르주아는 이 것을 잘못 옮겨 적었다(Oudard Bourgeois, *Apologie*, p.120). (부르주아는 원본에는 'Bueil'로 되어 있는 것을 'Bué'로 옮겼다.) 맨 처음에 두개골 전체가 뷔에유로 옮겨졌다. 그 후에 코르베니가 그것을 다시 가져왔으나, 뷔에유 주민들이 두개골 일부 파편을 가지고 있었던 것 같다. Gautier, *Saint Marcoul*, p.30 참조.

55) *Notice sur la vie de S. Marcoul et sur son pèlerinage à Archelange*, p.22. 오늘날에도 부르고뉴 지 방에서 성행하는 순례의 인기에 대해서는 *Rev. des traditions populaires*, II(1887), p.235.

56) Ledouble, *Notice*, p.220(p.208 마주보는 면에 수록). 국립도서관 메달 보존실(Cabinet des Médailles de la Bibl. Nat)에 보관되어 있는 성 마르쿨 메달은 딱 하나뿐인데, 바로 이 유형에 속 한다. 나는 장 바블롱(Jean Babelon)의 소개로 만난 학예사가 친절하게도 주물 틀을 보여주 어서 확인할 수 있었다.

57) R. Toustain de Billy, *Histoire ecclésiastique du diocèse de Coutances*(Soc. de l'hist. de Normandie), III, Rouen, 1886, p.239.

58) Gautier, p.29.

59) 이 책 343쪽.

60) Daire, *Histoire de la ville d'Amiens*, 1757, p.192. 흑사병이 창궐할 때 맹세에 근거해 설립된 신 도회들은 성 로크, 성 아드리앵, 성 세바스티앙, 성 마르쿨을 수호성인으로 삼았다. 물론, 신 도회 설립은 해당 성자에 대한 숭배가 신도회 설립 당시에 탄생했다는 것을 보여주기만 할 뿐이다. 이후에 설명하게 될 투르네의 사례를 참조하라. 또 여기에 더하여 말하면, 본델헴 (Wondelgem)에서는 1685년부터 성인 숭배가 있었음이 입증되지만, 신도회는 1787년에야 설립되었다. 다만, 이런 사실이 숭배의 발전을 증명해주는 것은 확실하다.

61) Gautier, *Saint Marcoul*, p.30.

62) Schépers, *Le Pèlerinage de Saint Marcoul à Grez-Doiceau*; van Heurck, *Les drapelets de*

회,[63] 1670년 즈음에는 과거부터 성 마르쿨 신앙이 있던 투르네에도 신도회가 만들어졌다.[64] 팔레즈의 코르들리에 수도원에 있는 그림은 17세기 판화로만 전해진다.[65]

이러한 모든 작은 지역 거점 위에 항상 빛나는 중심지는 코르베니의 생 마르쿨 수도원이었다. 과거에 낭이 그랬듯이, 코르베니 마을은 본래 지명을 잃어버렸다. 15세기 이후 문서에는 코르베니생마르쿨 또는 짧게 생마르쿨이라고 종종 기록되었다.[66] 이 마을은 오로지 교회 덕분에 세상에 알려지게 된 것이다. 여기에도 신도회가 설립되었는데 그것은 반(半)종교적이며 반경제적인 성격을 가지고 있었다. 성 마르쿨은 그 지역 잡화상(mercier, 메르시에)의 수호성인으로 선택되었는데, 확실하지 않지만 그 이유도 발음이 비슷해서였을 것이다. 16세기 초 즈음에 프랑스 전역에 걸쳐 이 업종의 상인들은 몇 개 큰 단체로 조직되었고, 왕권을 대표하는 대시종(大侍從, Grand Chambrier)이 가까이에서 감독했다. 단체마다 우두머리격인 '잡화상의 왕'이 있었다. 신민이 이러한

---

pèlerinage, p.157 이하. 성 마르쿨의 도움을 호소했던 이 환자들이 지켜야 했던 규칙은 1656년 루뱅에서 출판되었다. 이 규칙이 특히 그레두아소 순례자들을 위해서 처방된 것이라면 – 이 점에서 판 호이르크의 정보는 그다지 중요하지는 않은데 – 순례는 1656년 이후에 시작된 것으로 보아야 한다.

63) *AA. SS. maii*, I, p.70 c.

64) 회계장부에서 처음 확인된 때는 1673~74년이다(정보는 오케로부터 얻었다). 1653년 5월 27일 생 브리스 수석사제에 속해 있는 땅에서 힐데릭(Childeric)의 무덤이 발견되었고, 그 안에 있던 부장품들은 루이 14세에게 보내졌다. 어떤 문서상 뒷받침도 없지만 지방의 전승에 따르면, 프랑스의 왕이 그 선물에 대한 대가로 수석사제에게 성 마르쿨의 유물을 보냈다고 한다. 이 신앙 소책자의 제목은 *Abrégé de la vie de S. Marcou …… honoré en l'église paroissiale de S. Brice à Tournai*, p.3. 아주 오래전부터 성인에 대한 숭배가 있었던 랭스와 마찬가지로, 17세기에 새로운 도약이 있었던 것 같다. 1650년경 성인의 이름을 딴 구호소가 생겼고, 조금 뒤에는 성인을 기리는 신도회가 바로 그 구호소 안에 만들어졌다. Jadart, "L'Hôpital Saint-Marcoul de Reims," *Travaux Acad. Reims*, CXI(1901~1902), p.178, p.192, n.2.

65) Bibl. Nat., Cabinet des Estampes, Collection des Saints; Landouzy, *Le Toucher des Ecrouelles*, p.19에 수록.

66) *Dictionnaire topographique de l'Aisne* 참조. 1671년 문헌은 R. Durand, *Bulletin de la Soc. d'Hist. moderne*, p.458 참조. 그리고 1610년 11월 8일자 루이 13세의 특허장(Lettres patentes), liasse 199, no.6.

칭호를 가지는 것은 다소 부적절하므로, 공식적으로는 '잡화상의 대장(maître visiteur)'이라고 불렀다. 그들 중 한 조직은 샹파뉴와 피카르디 대부분을 세력권으로 하고 코르베니 소수도원에 본거지를 두었다. 사람들은 '성 마르쿨 님의 탑과 신도회(Tour et Confrérie de Monseigneur Saint Marcoul)'라고 불렀고, 그들의 '왕'이 '첫 번째 신도'였다. 그들은 인장을 가지고 있었는데, 거기에는 왕정의 위대한 수호자 성왕 루이와 '탑'의 특별한 수호자와 성 마르쿨의 모습이 있었다.[67] 그 당시 잡화상은 무엇보다도 이 마을 저 마을을 돌아다니는 행상인이었다. 성인 숭배의 전도사로 이보다 더 적임자가 있을까?

그러나 누구보다 더 코르베니의 기적을 영광스럽게 만든 일은 성인의 묘소를 참배하러 온 순례자들이었다. 이미 15세기에, 그리고 그 이후에도 수도사들은 작은 메달, 이른바 '작은 인장(bulette)'을 팔았다. 그것은 은으로 만들었는데, 금장식이 된 것도 있었고 되지 않은 것도 있었다. 가장 가난한 자들을 위해서는 간단한 '소박한 그림(ymages plates)'을 팔았다. 이것은 금장식을 한 은이나 순은 또는 납이나 주석으로 만들어졌고, 경건한 수도원장의 얼굴이 그려져 있었다. 이것을 통해서 프랑스 전역에, 심지어 성인의 묘지를 본 적이 없는 사람들까지도 성인의 사람됨과 모습에 친숙해졌다.[68] 여기에 덧붙여 작은 도기

---

67) 잡화상 조합과 잡화상의 '왕'에 대해서는 Pierre Vidal et Léon Duru, *Histoire de la corporation des marchands merciers …… de la ville de Paris* [1911]; E. Levasseur, *Histoire des classes ouvrières …… avant 1789*, 2e éd., 1900, I, p.612 이하; A. Bourgeois, "Les Métiers de Blois," *Soc. Sciences et lettres du Loir-et-Cher, Mém*, XIII(1892), p.172, p.177; H. Hauser, *Ouvriers du temps passé*, 4e éd., 1913, p.168, p.256. 프랑스에서, 그리고 프랑스 이외의 지역에서도 대개 조합에는 왕이 있었다. 그러나 여기서 이와 같은 단어의 이상한 용법에 관련된 참고문헌을 열거할 필요는 없다. 코르베니의 잡화상에 대한 문헌정보는 상당히 많은 편이다. 비서실장 (Grand Chambrier)을 대신해 장 로베르테(Jean Robertet)가 내린 1527년 11월 21일자 명령서(acte): liasse 221, no. 1; '왕'과 소수도원장 사이에 체결된 1531년 4월 19일자 합의서. *Ibid.*, no. 2(De Barthélemy, *Notice*, p.222, n.1); 국왕 자문회의 1542년 8월 26일자 포고문 (arrêt); Oudard Bourgeois, *Apologie*, p.126. 그 이외에 16세기 말의 다른 문서들: liasse 221, no. 3, 4; Oudard Bourgeois, p.127 이하; de Barthélemy, p.222. 우다르 부르주아의 시대 (1638)에도 이 직무가 존재했다. 인장은 부르주아의 책 p.146. 그리고 인장을 찍은 견본은 G. Soultrait, *Société de Sphragistique de Paris*, II(1852~53), p.182; *Ibid.*, p.257도 참조.

68) liasse 195(renseignements) 중에서 1495~96년도 회계장부, fol. 12 v, 28 v; 1541~42년도, p.30, p.41; 1542~43년도, p.31. 이 메달 중에서 지금까지 남아 있는 것은 없는 듯하다. 납 장

항아리병에 성유골에서 '침출'되어 나온 성스러운 물을 담아서 팔았다. 사람들은 이것으로 병이 걸린 부위를 씻었고, 열렬한 신도는 마시기까지 했다.[69] 나중에는 작은 안내서도 나눠주었다.[70] 늦춰 잡아도 17세기 초에는 이 순례를 통제하는 규율이 생겼다. 1627년 즈음 대주교의 대리인 지포르(Gifford)라는 사람이 이것을 입수해 직접 주석을 단 사본이 전해지고 있다. 그의 생각은 종교와 마술이 그렇게 명확하게 구분되지 않던 시대에 그 당시로는 계몽된 성직자가 민중의 경배 관습을 어떻게 생각하는지를 보여주는 귀중한 증언이다. 환자는 도착하면 즉시 등록부에 이름을 올리고 수도사에게 약간의 헌금을 한다.

그러면 의무를 담은 '인쇄된 표'가 그에게 부여된다. 순례자는 식사나 ㄱ 이외 여러 가지 금지 사항을 지켜야 한다. 특히 머무르는 동안 어떠한 금속제품에도 손을 대서는 안 된다. 지포르에 따르면, 이것은 매우 중요한 금기이므로, 무심코 '문제의 접촉'을 '범하지 않도록' '옛날에는' 장갑을 끼도록 권했을 정도였다. 당연한 일이지만, 순례자의 첫 번째 의무는 소수도원의 교회에서 성무에 참여하는 것이었다. 엄격한 규칙에 따라 9일 기도(neuvaine)는 반드시 해야 했다. 단, 꼬박 9일을 코르베니에 머무를 수 없는 순례자는 지역주민을 대리로 세울 수 있었다.[71] 물론, 대리인은 바로 그 청원인과 똑같은 금지 사항을 지켜

식 메달이 많이 발견된 센 도(道)에서 발견된 메달에도 성 마르쿨의 모습이 담긴 메달은 없다(A. Forgeais, *Collection de plombs historiés trouvés dans la Seine*, II, 1863 et IV, 1865).

69) 앞의 각주에서 인용한 회계장부. 가장 간결한 첫 번째 문서는 이렇게 말하고 있다. "순례자가 손 씻은 물을 담은 병." 그러나 *Avertissement à ceux qui viennent honorer* …… (아래 각주 70 참조)라는 문서는 좀더 명확하게 말했다. "환자들은…… 성인의 유골에서 나온 축복의 물로 씻고, 마시는 데에도 사용할 수 있다." 코르베니의 영향을 받은 그레두아소 순례의 규칙은 다음과 같다. "마시기 위해 또는 종기나 상처를 씻기 위해 성 마르쿨의 가호로 축복을 받은 성수를 언제라도 이 교회에서 받을 수 있다." Schépers, *Le Pèlerinage de Saint Marcoul à Grez-Doiceau*, p.179. 다른 순례에서의 유사한 관행에 대해서는 H. Gaidoz, *La Rage et St Hubert*(Bibliotheca Mythica, 1), 1887, p.204 이하 참조.

70) 날짜는 없지만 17세기 것인 어느 소책자의 제목은 *Avertissement à ceux qui viennent honorer le glorieux Saint Marcoul, dans l'église du Prieuré de Corbeny au Diocèse de Laon*이며 국립도서관(no. L K7 2444)에 보관되어 있다. 다른 소책자의 제목은 *La Vie de Sainct Marcoul abbé et confesseur*, Reims, 1619이며 랭스 문서고(St-Rémi열, liasse 223)에 있다. 1673년 코르베니에는 순례자를 위한 병원이 생겼다. liasse 224, no. 10.

71) 환자의 병세나 연령 또는 다른 이유로 코르베니를 방문할 수 없는 사람들은 자연히 당시 일

야 했다. 합리적이었던 지포르가 보기에, 이 관습은 '미신을 면치 못할' 관습이었다. 왜냐하면 그가 생각하기에 이런 처방은(모든 초자연적 관념과는 관계없다는 뜻에서) '자연스럽게' 자신에게 해로운 어떤 것을 피하기 위해 만들어질 때에만 정당하기 때문이다. 그런데 해당 처방의 경우 그 처방이 왜 건강한 사람에게도 적용되어야 하는지 전혀 이해할 수 없었기 때문이다.[72]

순례자들은 코르베니를 떠난 후에도 원칙적으로는 신도회 소속으로 남아 있었다. 먼 곳에서 회비를 보내오는 지극히 양심적인 사람도 있었다.[73] 수도사들은 그들대로 방문객들을 잊지 않는다. '위대한 성 마르쿨에게로 가는 여행'을 마친 뒤 얼마간 시간이 지난 다음 병이 나았다면, 가능한 한 자신이 속해 있는 교구 사제나 근처 법률기관에 가서 증명서를 만들어 보내라고 권고했다. 성인의 영광을 증명하는 이런 종류의 귀중한 서류가 소수도원의 문서고에 쌓였다. 많은 기록이 오늘날까지 전해지고 있다. 가장 오래된 것은 1621년 8월 17일의

반적 관습에 따라 친척이나, 친구 또는 돈을 주고 고용한 대리인을 시켜서 순례했다. 뒤에서 살펴보겠지만 치료증명서를 보면 상당히 많은 시술 사례를 볼 수 있다. 성인에게 맹세해 치료된 자들은 은총에 대한 답례로 코르베니 순례를 해야 한다. 그러나 이러한 사례는 드물다.

72) 다음과 같은 제목의 규칙이 있다. 「코르베니의 성 마르쿨로 순례를 간 자들이 9일 기도에서 오래된 전통에 따라 지키는 의식」. 여기에 지포르가 라틴어로 주석을 붙였다. liasse 223(reseignement). 연대가 기입되어 있지는 않지만, 18세기 문서학자가 문서 위에 1627년이라고 써놓았다. 이것을 지포르의 것과 비교해보지는 못했다. 제4조를 보면 소수도원장이 순례자에게 미사에 참석하고 코르베니 수도원 영외로 나가지 못하도록 명령할 수 있다고 되어 있는데, 이에 대한 주석은 다음과 같다. "비록 그 안에 좋은 행위가 지속되는 부분이 있기는 하지만, 다른 사람들은 미신적 요소가 없다고 보지는 않는다." 제5조(금속물질 접촉 금지 조항)에 대해서는 "이 모든 것은 자연의 원리에 따라 작용한다. 이것이 해가 된다면, 금지되는 것이 좋다." 제6조(특정 음식 섭취 금지 조항): "위에서와 마찬가지로 자연에 비추어 해가 되는지를 의학적 판단이라는 방법으로 결정해야 한다." 제7조(대리인은 순례자와 똑같은 규칙을 지켜야 한다는 조항): "이것은 미신적 요소가 없다고 할 수 없다. 왜냐하면 환자에게 해로운 것은 건강한 사람에게도 금지되는 것이 자연의 원리에 비추어 합리적이기 때문이다." 1633년 그레두아소 신도회 장부의 첫머리에 나와 있는 규칙에 금속 물질 접촉을 금지하는 조항은 포함되어 있지 않다(이 책 313쪽). 9일 기도 중 지켜야 할 규칙을 오늘날 행해지는 아르덴의 성 위베르 순례에서 사용되는 것과 비교해보는 것도 좋다. H. Gaidoz, *La Rage et Saint Hubert*(*Bibliotheca Mythica*), 1887, p.69.

73) 이 연주창 환자들 중 한 명인 두지넬(Louis Douzinel)이 아라스에서 1657년 2월 21일 보낸 편지를 참조하라. liasse 223(renseignements), no.7.

문서이며,[74] 가장 최근의 것은 1738년 9월 17일자로 되어 있다.[75] 그 문서들은 이 성지의 평판에 대해 놀라울 정도로 정확한 정보를 제공하고 있다. 성 마르쿨을 향해 순례했던 사람들의 출발지를 보면 다음과 같다. 피카르디, 샹파뉴, 바루아 등의 각지는 물론이고 에노, 리에주 지방,[76] 알자스,[77] 로렌 공작령,[78] 일드프랑스,[79] 노르망디,[80] 멘과 앙주,[81] 브르타뉴,[82] 니베르네, 오세루아와 부르고뉴,[83] 베리,[84] 오베르뉴,[85] 리옹 근교,[86] 도피네[87] 등에서 왔다. 순례자들은 다양한 병을 치료를 성인에게 원했지만, 특히 많은 것은 연주창이었다.

코르베니 순례자들은 고향으로 돌아가서 자신들이 경배를 드리러 갔던 묘소의 해당 성인에 대한 숭배를 고향에서 확산시켰다. 1663년 브라반트 그레두아소 신도회의 규약집 맨 첫머리에는 코르베니 신노회 규약이 나와 있는데, 오늘

---

74) liasse 223(renseignements), no. 6. Oudard Bourgeois, *Apologie*, p.47 이하에 4건의 증명서에 대한 분석이 실려 있다. 그중에서 가장 오래된 것은 1610년에 치료된 사례다.

75) liasse 223(renseignements), no. 7: *Bus*.

76) 인용하기에는 너무나 많은 증명서가 liasse 223(renseignements)에 있다.

77) 1705년 12월 31일자 살, 브뤼슈, 부르의 사제의 증명서: liasse 223(renseignements), no. 8.

78) 르미르몽, 뤼네빌 근처 생클레망, 발드생디에에서 1655년: liasse 223(renseignements), no. 8.

79) 피티비에에서 보낸 1719년 5월 22일자 증명서: liasse 223(renseignements), no. 7; 지조르에서 보낸 1665년 7월 12일자 증명서: *Ibid.*; 로주아앙브리, 그리지, 맹트농, 드뢰에서 보낸 증명서(1655년); *Ibid.*, no. 8; 파리에서 보낸 증명서, 1739년 5월 9일, liasse 223, no. II.

80) 바이외 주교구에 속하는 쥐르크에서 보낸 1665년 6월 30일자 증명서: liasse 223(renseignements), no. 7; 레장델리스와 루비에 사이의 어느 마을에서 보낸 1665년 증명서(*Ibidem*).

81) 라발: 1665년 7월 4일: liasse 223(renseignements), no. 7; 앙제교구의 코르네: 1665년, *ibid.*, no. 8.

82) 오레의 두 의사에게서 온 증명서: liasse 223(renseignements), no. 7, 1669년 3월 25일자.

83) 느베르와 랑그르 주교구의 여러 곳, 그리고 오세르 근처 주아니에서 보낸 1655년 증명서: liasse 223(renseignements), no. 8; 상세르에서 보낸 증명서 1669년 6월 11일, *ibidem.*, no. II.

84) 부르주 주교구의 보를리: 1669년 3월 30일자 증명서: liasse 223(renseignements), no. 7; 같은 교구의 나시니, 1655년, *ibid.*, no. 8.

85) 클레르몽 주교구에 있는 퀴세 근처 "자로"(?), 1655년: liasse 223(renseignements), no. 8.

86) '리옹 지방'에 있는 샤를리외, 리옹 교구의 다마르탱: 1655년, liasse 223(renseignements), no. 8.

87) '그르노블에서 피에몽 방향으로 6 리외(lieue, 약 4킬로미터-옮긴이) 떨어져 있는 부르르나뮈르': liasse 223(renseignements), no. 7.

날에도 그대로다.[88] 크란 고원의 경사면에는 모신도회(confrérie-mère)가 있다. 그레두아소나 다른 곳의 많은 지역 신도회들이 그 지회(支會)에 지나지 않는다는 것은 확실하다. 위에서 설명한 성 마르쿨 신앙이 확산된 것은 주로 회복한 환자들의 활약 덕분이었다. 그들은 성유물 덕분에 병이 치료되었다고 믿었으므로 그 유골의 성인에게 감사를 표해야 한다고 생각했다.

이리하여 16세기부터 사람들이 이상하게도 이름을 혼동해 낭퇴유라고 부르게 된 낭의 수도원은 오래되었음에도 불구하고, 뒤늦게야 눈부신 성공을 거두게 되었다. 이러한 성공은 무엇보다도 그에게 부여된 전문분야 덕분이었다. 만약 그가 평범한 치료사에 불과했다면, 이 정도 신도를 끌어모을 수는 없었을 것이다. 사람들이 특정 질병, 그것도 매우 일반적인 질병을 고쳐달라고 요구했을 때부터 이미 성 마르쿨은 준비된 고객을 가지고 있던 셈이다. 종교 생활 전반의 발전도 행운을 가져왔다. 유행의 물결이 그에게 밀려들기 시작한 것은 중세 말의 200년 동안이었던 것 같다. 15세기부터는 야심적인 교회라면 그의 유골이 있다고 주장해볼까 하는 생각이 들 정도로 그의 행운의 별은 커졌다. 그 당시 전염병과 모든 종류의 불행이 유럽을 유린하고 있었다. 그리고 아마도 막연하게나마 집단적 감수성(la sensibilité collective)에 변화가 있었을 것이다.

그것은 주로 예술적 표현에서 감지된다. 이러한 변화가 사람들을 새롭게 신앙으로 향하게 하고, 예전보다 더 불안해하며, 좀더 기복적인 경향을 갖게 했을 것이다. 어쩌면 이렇게 말할 수 있을지도 모른다. 사람들이 이 세상의 불행을 걱정스럽게 바라보며 각 분야가 정해진 또는 거의 전문영역을 지닌 중재자가 필요했다고 말이다. 많은 사람이 연주창을 고치는 성인에게 달려갔다. 마찬가지로 성 크리스토프, 성 로크, 성 세바스티앵, 14치료성인(Quatorze Auxiliaires) 등과 같은 성인의 발밑에는 훨씬 더 많은 사람이 모여들었다. 그 당시에 사람들이 치료사인 성인에게 호감을 보였는데, 성 마르쿨의 명성 역시 이와 같이 탄생한 것들 중 하나에 불과하다.[89] 마찬가지로 16세기 이후 그를 숭

---

88) Schépers, *Le pèlerinage de Saint-Marcoul à Grez-Doiceau*, p.179.
89) 1581년 아미앵에서는 성 마르쿨이 흑사병으로부터 지켜주는 3명의 위대한 수호성인, 즉 성 로크, 성 아드리앵, 성 세바스티앵과 협력했다. 이 장 각주 60 참조.

배하는 지역의 범위는 적극적인 가톨릭 신자들이 종교개혁에 대항해 벌인 활기차고 성공적인 활동범위와 일치한다. 그들은 미사에서 성인 숭배를 불러일으키기 위해 신도회를 조직하고 성유골을 보급하며 특정 질병을 치료할 수 있는 능력을 이용해 고통받는 인간들을 끌어모을 수 있는 성직자에게 훨씬 더 적극적으로 호의를 보였다. 그러므로 성 마르쿨의 새로운 인기를 설명해주는 여러 가지 이유들이 있으며, 그것들 중 많은 것은 보편적 특징을 가지고 있었다. 그러나 사람들의 마음속에 그의 이름과 왕조가 긴밀한 관계를 맺게 된 것도 중요한 요인이었음에 틀림없다. 잡화상의 인장에 성왕 루이와 성 마르쿨의 이미지가 같이 나오는 것은 우연이 아니다. 그 둘은 각자의 방법으로 프랑스 왕가의 성인이었다. 예기치 않은 그 역할이 어떻게 고르메니의 수호성인에게 부여되었는지 알아보자.

성 마르쿨과 프랑스 왕의 기적을 행하는 능력

축성받은 직후에 성 마르쿨의 묘소를 찾은 첫 번째 프랑스 왕은 누구였는가? 이러한 질문을 17세기 수도사에게 했다면, 그는 당연히 "성왕 루이"[90]라고 대답했을 것이다. 이 생각은 신도회 인장에 그려진 성스러운 왕의 초상화가 주는 인상에서 비롯된 것이라고 할 수도 있지만, 그렇게 말하는 것은 17세기 수도사들에게 듣기 좋으라고 하는 말일 뿐, 사실은 잘못된 것이다. 왜냐하면 성왕 루이는 1226년 11월 26일 아직 어린 나이에 서둘러서 축성을 받았기 때

---

90) O. Bourgeois, *Apologie*, p.60; Marlot, *Théâtre d'honneur*, p.718. 이것은 *Gallia Christiana*, IX, col. 248의 주제이기도 하다. 어떤 사람들은 이렇게 답하기도 할 것이다. 샤를 단순왕(루이 15세의 축성식 이후 작성된 성 마르쿨 관계 문서집에 적혀 있는 대답: liasse 223 (renseignements)). 잡화상 신도회의 도장에 성왕 루이의 초상이 있었던 이유로, 이 군주가 그 관습의 창시자라는 생각이 나타났을 것이다. O. Bourgeois, p.63; Gallia, *loc. cit.*; *AA. SS.*, *maii*, I, p.70. 르두블(G. Ledouble, *Notice*, p.116)은 심지어 "성왕 루이가 신도회 명부의 첫 머리에 자신의 이름을 '루이 드 푸아시(Louis de Poissy)'라고 썼다"라고 주장하기까지 했다. 더 재미있는 혼동으로는 잡화상의 '왕'이 아니라 프랑스의 왕이 이 경건한 조합의 첫 번째 회원이었다고 생각한다는 점이다(1632년 9월 24일자 바이예(A. Baillet)의 증명서, 이 책 343쪽).

문이기도 하고, 안전이 확보되지 않은 상태에서 어린 군주가 충성스러운 파리 시민들에게 돌아오는 일정을 늦추면서까지 코르베니 순례라는 새로운 행사를 할 상황도 아니었기 때문이다. 또한 필리프 미려왕 치세에도 이러한 경건한 순례 전통이 아직 확고하게 자리 잡지는 못했음에 틀림없다. 1286년 필리프 미려왕의 축성 이후 왕의 일행이 갔던 여정을 우리는 알고 있다. 그것은 남서쪽으로 직선으로 뻗어 있어 엔 계곡으로 우회하는 길이 아니었다(축성식이 있는 랭스에서 파리로 곧장 가는 길은 남서 방향이며, 코르베니 수도원이 있는 길이지 엔 계곡은 북서 방향이다.옮긴이). 아마도 루이 10세는 1315년 랭스를 떠나서 코르베니를 방문했을 것이다.

그러나 이것이 관례로 되었다면, 발루아 왕조의 필립 6세가 선례로 받아들여 이것을 똑같이 시행했어야 한다. 그러나 그는 필리프 미려왕과 거의 같은 길을 따라갔다. 반면 장 선량왕은 축성 이틀 후 코르베니에 들렀는데, 그의 방문 이후 루이 14세에 이르기까지 어느 누구도 이 경건한 관습을 생략하지 않았다. 물론 앙리 4세는 가톨릭 동맹(Ligue)이 랭스를 장악하고 있었으므로 그곳에서 축성식을 하지 못하고 샤르트르에서 도유를 받았다. 의식도 전체적으로 발달했다. 17세기 초 문헌에는 이것이 자세히 묘사되어 있다. 행렬이 이 지체 높은 손님을 반긴다. 소수도원장이 성인의 열쇠를 가져와서 왕의 '신성한 손'에 놓는다. 왕은 열쇠를 직접 가져가거나 전속사제에게 교회까지 가져가게 한 뒤 성유골함 앞에서 기도한다.[91] 15세기에는 수도원 시설 가운데 '왕의 행궁(pavillon royal)'이라는 왕의 별채가 만들어지고, 그때부터 이곳이 왕의 거처가 되었다.[92]

루이 14세는 이러한 오래된 관습을 바꾸었다. 1654년 그가 축성을 받았을 때, 코르베니는 전쟁으로 폐허가 되어 있었다. 게다가 그 주변은 여전히 안전하지 못한 상태였다. 마자랭은 젊은 군주가 위험을 무릅쓰고 랭스 밖으로 나가

---

91) 성 마르쿨의 두개골 도난에 대한 조사보고서(1637년 7월 18일). Bourgeois, *Apologie*, pp.123~124(이 장 각주 54 참조).
92) Liassee 190bis, no. 2. 15세기 말 회계자료에는 수도원장이 '종루와 왕의 건물을 수리하기 위해' 받은 금액과 사용처가 기재되어 있다. 왕의 순례에 대한 증언은 부록 5 참조.

는 것을 원하지 않았다. 그래서 성 마르쿨의 유물을 코르베니에서 랭스의 생레미 수도원으로 옮겨오게 하였다. 이리하여 왕이 이동하지 않고서도 왕의 순례는 아무런 어려움 없이 완수될 수 있었다. 이 의식은 매우 편리한 방법이었을 것이다. 여러 가지 이유로 루이 15세와 루이 16세도 이것을 따라했다.[93] 그리하여 이제 왕들은 코르베니까지 불편하게 여행할 필요가 없어졌다. 그러나 그들은 이러저러한 방법으로 성 마르쿨에 예배를 드려야 했다. 발루아 왕조 초기에 성 마르쿨의 유골 앞에서 기도드리는 것은 필수불가결한 의례로, 대관식 의례 다음에 바로 진행되었다. 이것은 왕정이 끝날 때까지 지속되었다. 샤를 7세 이후에는 이것이 다른 방법으로 이루어진다는 것은 상상조차 할 수 없었다. 『퓌셀(잔 다르크-옮긴이) 연대기』에는 이렇게 되어 있다. "항상 프랑스의 왕들은 축성 후에 코르베니라는 수도원에 가는 것이 관습이 되어 있는 것이 사실이다."[94]

랭스에서 돌아오는 길에 우회해서 코르베니에 들른다는 발상을 한 최초의 왕, 즉 루이 10세는 어떻게 그런 생각을 하게 되었을까? 왕의 순례가 시작된 직후 이미 명성을 얻은 성 마르쿨이 연주창 치료자로 간주되기 시작했다. 이것이 같은 질병을 치료하는 전문가인 프랑스 왕이 이 성인을 찾아가게 된 이유인가? 하느님이 특별히 연주창 치료능력을 부여했다고 생각되는 성인에게 예배를 드림으로써 성인의 보호가 자신에게 이전보다 더 탁월한 치료능력을 줄 거라고 믿었던 것일까? 왕은 그런 느낌을 가지고 있었을 것이다. 물론 우리에게 정확하게 그 느낌을 전달해줄 사람은 아무도 없다. 반대로 우리가 명확히 알수 있는 것은 이러한 순례가 일단 관습으로 정착된 다음에는 급속히 사람들 생각 속에 전파되었다는 것이다. 그때까지 모든 사람들은 프랑스 왕이 가지고 있는 기적의 능력은 도유식에 의해 신성한 성격이 부여되고 표현된 결과라고 여겼다. 그러나 그 이후로는 하느님으로부터 은총의 표시를 받은 성 마르쿨이 중재한 덕분에 왕의 신성한 성격이 부여된다고 여기게 되었다.

---

93) 부록 5, 548쪽.
94) éd. Vallet de Viriville, 1859, chap. 59, p.323.

이것이 샤를 7세와 루이 11세 시대의 일반적 신앙이었다. 『퓌셀 연대기』와 『(오를레앙) 포위 일지』(*Journal du Siège*)의 저자 장 샤르티에(Jean Chartier), 르페브르 드 생레미(Lefévre de Saint-Rémi), 마르샬 도베르뉴(Martial d'Auvergne), 아에네아스 피콜로미니(Aeneas Piccolomini) 등도 그것을 입증해 주었다.[95] 프랑수아 1세 치세가 되면 플뢰랑주(Fleuranges)가 말했듯이, 왕이 나타내는 기적의 능력은 '위대한 공덕'을 지닌 성인에게서 나온다는 생각이 일반화되어 있었다.[96] 여행가 위베르 토마 드 리에주(Hubert Thomas de Liège)는 왕의 궁정에 떠도는 소문을 수집했다.[97] 그런데 그는 기억에 의존해서 글을 쓰면서, 프랑스 성인전과 혼동을 일으켜서 사람들이 그에게 마르쿨에 대해 말해주었던 것을 성 피아크르의 것으로 만들어버렸다. 코르베니의 성인의 명성은 새로운 역할에서도 여전히 국경을 넘지 못했다.

반대로 프랑스에서는 굳건하게 뿌리를 내렸다. 왕은 성무에 참석하고 성 마르쿨의 유해 앞에서 기도를 올리기만 하면 된다! 그러나 매우 일찍부터 이 경건한 의례에 더해 모든 순례에 대한 기념화폐를 발행했다. 이것은 성인이 왕의 기적의 원천이라는 것을 확인해준 관습이었다. 예배가 끝나면 새로운 왕은 수도원 이곳저곳을 돌아다니며 몇몇 환자에게 손을 댔다. 이 관행이 시행된 것으로 확인된 것 중 맨 처음 것은 1484년 샤를 8세 때의 것이다. 그 당시에는 결코 오래된 관습이 아니었을 것이다. 왜냐하면 왕이 축성을 끝내고 수도원을 방문하던 시절에는 아직 연주창 환자가 코르베니 수도원에 몰려드는 관례가 성립되지 않았기 때문이다. 샤를 8세에게 찾아온 환자는 6명이었다. 그러나 이보다 14년 뒤 루이 12세에게는 80명이 찾아왔다. 앙리 2세 때는 왕국 밖에서 온 사

---

95) 『퓌셀 연대기』(*Chronique de la Pucelle*)에 대해서는 앞의 각주를 참고하라. Jean Chartier, *Chronique de Charles VII*, éd. Vallet de Viriville, 1858, I, chap. 48, p.97; 다른 관련 자료는 Quicherat, *Procès de Jeanne d'Arc*(*Soc. de l'hist. de France*), IV, p.187, p.433, p.514; V, p.67.

96) Ed. Goubaud et P.A. Lemoisne(*Soc. de l'hist. de France*), I, p.170. Grassaille, *Regalium Franciae iura*, p.65 참조. 그라사유는 단정적으로 말하지 않았다. "어떤 사람들은 왕들이 대관식 후 성 마르쿨의 유해를 방문하는 데에서 이 능력을 얻는다고 말한다."

97) Hubertus Thomas Leodius, *Annalium de vita illustrissimi principis Friderici II……*, éd. 1624, Frankfurt, p.97. 토마스(H. Thomas)의 부정확함에 대해서는 이 책 2부 5장 각주 1 참조.

람도 있었다. 17, 18세기가 되면 수백 수천의 군중이 코르베니로, 루이 14세 이후에는 랭스의 생레미 수도원 정원으로 모여들었다. 그뿐만이 아니다. 이전부터 그랬겠지만, 적어도 루이 12세 이후 이 성유물함 옆에서 이루어지는 손대기 치료가 왕들이 처음으로 치료하는 행위였다. 이날 이전에는 어떤 환자라도 이 고귀한 치료자에게 접근하지 않는다. 이러한 현상은 왕이 치료하기 전 우선 성인에게서 치료하는 힘을 받아야 하는 것으로 생각했다고 해석할 수 있다. 사실 그것이 일반적인 견해인데다가 왕 자신도 그렇게 생각하고 있었을 것이다.[98]

랭스의 성당참사위원들에게는 이 새로운 이론이 달갑지 않았다. 연주창을 치료하는 기적의 진정한 원천은 도유식인데, 그 권위가 약화되며, 그 결과 클로비스 왕의 후계자들이 성스러운 기름으로 축성받으러 오는 대성당의 권위가 손상된다고 생각했다. 1484년 5월 그들은 샤를 8세의 대관식을 축하하는 축제를 이용하여 오래된 이론을 강하게 주장했다. 5월 29일 성당참사회의 의장이 젊은 왕을 도시의 입구로 맞이하러 가서 연설하면서 왕에게 도유식에 대해 이렇게 상기시켜주었다. "고통스러운 병을 앓는 불쌍한 환자들의 고통을 경감해주고 치료하는 능력은 하늘이 부여한 신성한 능력인데, 그 능력을 왕이 시행할 수 있는 것은 도유식 덕분이다." 그러나 몇 마디 말로는 충분하지 않았다. 군중과 왕 모두의 마음에 호소하기 위해서는 시각이 훨씬 강력했다. 일단 성벽을 지나 안으로 들어가면, 군주와 수행원 일행이 행진하는 길을 따라 그 당시의 유행에 맞추어 '무대'를 준비했고, 그 위에 왕조의 더없이 유명한 기억과 더없이 훌륭한 특권을 나타내는 일련의 멋진 '살아 있는 그림(tableau vivant)'을 볼 수 있는 무대가 있었다. 그 그림 중 하나에는 "머리에 황금으로 된 관을 쓰고 금색 백합꽃으로 장식된 푸른색 겉옷을 입은 젊은이"가 있었다.

---

98) 왕들의 손대기 치료에 대해서는 다음과 같이 참조하라. 샤를 8세는 Godefroy, *Ceremonial*, I, p.208. 루이 12세는 왕실 자선금 목록, Arch. Nat., KK. 77, fol. 124 v. 앙리 2세는 이 책 2부 5장 각주 10. 루이 13세는 Godefroy, p.457(환자 860명). 그리고 J. Héroard, Journal, 1868, II, p.32('900명 이상'). 루이 15세와 루이 16세는 이 책 443~445쪽. 위에서 언급한 왕실헌금 목록을 살펴보면, 루이 12세가 코르베니에서 축성을 받기 전에는 환자에게 손대기 치료를 시술하지 않았다는 사실을 확인할 수 있다. 17세기에 왕의 기적에 관련된 문헌들은 왕의 축성을 기다린다는 원칙에 들어맞는다.

말할 필요도 없이 프랑스 왕을 나타내는 배우였다. 그것도 젊은 왕을 나타내는 배우였다. '씻을 준비를 한' 종자들과 '왕의 손으로 십자표를 함으로써 병을 낫게 해달라는' 환자들이 있었다. 요컨대 머지않아 샤를 8세가 시행할 손대기 의례 광경을 나타낸 것이었다. 그 아래 설명문에 다음과 같은 구절이 있다. 틀림없이 성당참사회에서 신분이 높은 사람 중 한 사람인 기욤 코키야르(Guillaume Coquillard)의 작품일 것이다.

"성스러운 도유의 능력으로
랭스에서 프랑스 왕이 받은 것은
하느님이 그에게 준 손으로 치료하는 능력,
그것은 연주창 치료능력. 이제 그 증거를 보세."

이러한 '재현'과 여기에 해설처럼 붙어 있는 4행시는 명백히 '신성한 도유식의 능력'을 강조하려는 것이었다. 그러나 '앞서 말한 재현 장면' 앞으로 지나면서, 행렬의 기사들은 다소 서두르기도 했고, 그 문구를 읽기 위해 멈추지 않고 단지 흘낏 보기만 하고 지나치고 말았다. 그들은 단순히 연주창 치료 장면이라고 생각해서 '성 마르쿨의 기적'이라고 상상해버렸다. 그래서 그들은 어린 국왕에게 그렇게 말했고 국왕 역시 그렇게 믿었다. 성인의 평판은 그렇게 사람들의 의식 속에 들어가서 모든 것이 유리하게 작용하도록 만들었다. 심지어 그 반대자에게도 그 평판이 주입되었다.[99]

랭스 성당참사위원이 자신들의 명예가 국왕 성사의 위신에 달려 있다고 생각했듯이, 더욱 절실한 이유로 성 마르쿨 신앙으로부터 권위와 이익을 찾던 많은 종교단체 역시 왕의 치료능력이 성인 유골함에서 비롯한다는 이론을 온 힘을 다해 선전했을 것이다. 말할 필요도 없이, 가장 적극적으로 이 이론을 지지

---

99) 당대의 보고서에 근거하여 그다음 순서는 Godefroy, *Ceremonial*, I, p.184 이하 참조. "Mémoires de Sieur Fouquart, procureur syndic de la ville de Reims," *Revue des soc. savantes*, 2e séries, VI(1861, 2e semaine, p.100, p.102). 코키야르(G. Coquillart)의 역할에 대해서는 라테리의 주석 참조. Rathery, *ibid.*, p.98, n.2.

한 사람들은 코르베니의 수도사들이었다. 이외에 다른 사람도 있었다. 적어도 14세기 이후 퐁티외의 생리키에 수도원도 이 성인에게 각별한 숭배를 바쳤다. 이 수도원 수장고(收藏庫) 출납관 필리프 왈루아(Philippe Wallois)는 1521년 직후 자신이 지키던 수장고를 프레스코화로 장식하겠다고 했다. 오늘날에도 볼 수 있는 이 그림은 넓고 훌륭한 방의 섬세한 궁륭 천장을 따라 벽면 가득 펼쳐져 있으며, 당연히 그 안에는 성 마르쿨도 등장한다. 그 구도는 필리프 자신이 구상한 것으로 보인다. 그는 대담하게도 성인이 왕에게 기적의 힘을 부여하는 장면을 보여주고 있다. 낭 수도원장은 주교 지팡이를 손에 들고 서 있다. 그의 다리 아래에 왕이 무릎을 꿇고 있다. 왕은 큰 의상을 입고 왕관을 썼으며 백합꽃 문양의 망토를 걸치고 성 미키엘의 목길이를 했다. 성인은 성스러운 손으로 왕의 턱을 만지는데, 이러한 몸짓은 왕이 연주창 환자를 치료하는 모습을 나타내는 세밀화나 목판화에 나오는 왕의 몸짓이다. 이 질병은 대개 목에 있는 분비선에 발병하기 때문이다. 그림을 그린 사람은 치료능력의 이전을 모든 사람에게 이처럼 웅변적으로 보여줄 수 있는 방법도 없다고 생각했던 듯하다. 그림 아래에 라틴어로 된 시가 있는데, 의미를 명확히 하여 번역하면 아래와 같은 뜻이다.

"오, 마르쿨, 의사이시여! 연주창 환자가 당신한테서 완전한 건강을 받는다. 당신이 프랑스 왕에게 부여한 능력 덕분에, 프랑스의 왕도 마찬가지로 의사가 되어 연주창에 대해 똑같은 능력을 지니는구나. 그렇게도 많은 기적으로 빛나는 당신 덕분에, 나도 건강하고 안전하게 별이 빛나는 광장으로 나아갈 수 있도다."[100]

틀림없이 국왕의 손대기 치료 의식에는 항상 기도가 동반되었을 것이다. 그러나 앙리 2세 치세 이전에 대해서는 전혀 모르며, 그 이후에 대해서도 마찬가지다. 하지만 이 왕을 위해 프랑스 미술의 보석이라고 할 수 있는 화려한 기도

---

100) 부록 2, 20.

서(livre d'heures)가 만들어졌다. 그 필사본 108쪽에 왕이 고대 건축물의 회랑에서 환자를 차례로 돌보는 세밀화가 있고, 그와 마주한 면에 이렇게 되어 있다. "프랑스 왕이 연주창 환자에게 손대기 치료를 할 때 관례적으로 읽는 기도문." 여기에 무엇이 적혀 있을까? 성 마르쿨을 찬미하는 몇 편의 기도문, 응답송(應答頌), 답창(答唱) 이외에 아무것도 없다. 게다가 이 구성은 지극히 평범하다. 특징이라고 하면 오직 카롤링 시대에 쓰인 성인전에서 그대로 잘라내 삽입했다는 것뿐이다. 왕의 기적을 선도하는 성인의 역할에 대해서는 어떠한 암시도 없다.[101] 그럼에도 불구하고 만약 왕이 처음으로 치료하기 전에 코르베니에 예배를 드리러 갔고, 평소 치료할 때마다 그 성인에게 예배를 드려야 한다고 생각했다면, 그것은 그가 모든 이들이 보는 앞에서 곧 펼쳐보일 놀라운 능력에 대해 성인에게 감사하는 마음이 있었다는 증거다. 연주창 치료 의식은 왕이나 전속사제가 드리는 성 마르쿨 찬양 의식이었다.

이 신앙은 이렇게 16세기 중반경에 거의 공식적인 것이 되어서 그 이후에도 지속되었다. 1690년 생리키에 수도원장 샤를 달리그르(Charels d'Aligre)는 전쟁과 평신도의 성직록 사용(commende)으로 황폐화된 교회의 명예를 회복하기 위해서, 당시 최고의 화공들에게 제단화를 그려달라고 요청했고, 그중 하나를 성 마르쿨의 영광을 표현하는 데에 바쳤다. 그가 이런 종교화의 제작을 맡긴 사람은 정직하고 경험이 풍부한 화공 장 주브네(Jean Jouvenet)였다. 루이 14세 시대에 왕의 기적을 소재로 한 작품은 반드시 왕을 전경(前景)에 그려넣었다. 주브네 역시 자신의 관행을 답습하여 그렸으므로, 그의 그림은 안정되어 있고 강렬함은 없다. 우선 눈에 띄는 것은 연주창 환자에게 손을 대는 왕의 모습이다. 그 모습은 바로 루이 14세와 같은 특징을 가지고 있다. 그러나 왕의 오른쪽, 약간 뒤로 물러나서, 바로 이 위엄 있는 의사(왕-옮긴이)에 반쯤 가려진 수도사가 한 명 있다. 그를 보면 기도하듯이 머리를 숙이고 있는데 머리에 후광이 있다. 그가 바로 성 마르쿨인데, 그의 중재로 의례가 가능해진다.

101) Bibl. Nat., latin 1429, fol. 108~112. 이 유명한 필사본에 대해서는 델릴의 해설만으로도 충분하다. Léopold Delisle, *Annuaire-Bulletin de la Soc. de l'hist. de France*, 1900, p.120.

거의 비슷한 시기에 생리키에 근처 아브빌의 생불프랑(Saint-Wulfran) 수도원에서도 이름을 알 수 없는 화공이 장 주브네의 사례를 모방하여 치료사 역할을 맡은 루이 14세를 그렸다. 이번에도 위대한 왕 옆에는 성 마르쿨이 있다. 투르네의 생브리스 교회에서도 또 다른 제단화가 그려졌는데, 이 그림은 분명히 그 도시가 프랑스령이었던 시기(1667~1713)에 재능있는 화가 미셸 부용(Michel Bouillon)이 그린 것으로 추정된다. 그는 1639년에서 1677년 사이 어느 시점에 그곳에 있는 학교에 다닌 적이 있는 화가였다. 그곳에는 주교모자를 쓴 난 수도원장과 백합꽃 문양이 새겨진 모피 달린 망토를 입고 인간 같지 않은 표정을 한 프랑스 왕이 나란히 서 있다. 왕은 왼손에 왕홀(忽)을, 성인은 주교 지팡이를 가지고 있다. 그들의 오른손은 똑같이 환자에게 축복을 주는 손짓을 하고 있으며 환자들은 그들의 다리 아래쪽에 다양한 자세를 취하고 있다.

썩 중요하지 않은 작품에도 이와 유사한 주제가 나온다. 1638년 코르베니 소수도원장 우다르 부르주아(Oudard Bourgeois)는『성 마르쿨을 위한 변명』(Apologie pour Saint Marcoul)을 간행하고 앞에 한 장의 판화를 넣었다. 그 그림에서는 턱이 약간 뾰족한 것으로 보아 루이 13세로 여겨지는 왕이 환자 위에 손을 내밀고 있다. 제3의 인물은 이 소수도원의 성인이다. 이외에도 마찬가지로 17세기의 것으로 추정되는 두 개의 작품이 있는데, 이것들은 당시 민중의 경건성을 나타내고 있다. 하나는 에베르(H. Hébert)가 만든 판화이며 다른 하나는 아라스의 생트크루아 성당(Sainte-Croix d'Arras)을 위해 주조한 메달이다. 이 두 작품에서는 왕과 성 마르쿨을 마주보게 그렸는데, 둘 사이에는 한 가지 중요한 차이가 있다. 판화에는 생리키에 수장고의 프레스코화와 비슷하게, 사실은 이것을 모방했을 터인데, 성인이 왕의 턱을 어루만지고 있다. 그러나 메달에서는 성인이 손을 왕에게 얹고 있다. 두 행위는 모두 같은 사고에서 나온 것이다. 즉 초자연적 능력을 전달하는 것이다.

마지막으로 프랑스 왕국 밖을 살펴보자. 1683년 4월 27일 브라반트의 그레두아소에 성 마르쿨을 경배하는 신도회가 만들어졌다. 저지대 지방의 관습에 따라 '작은 깃발(drapelet)'이라고 부르는 성인을 그린 깃발을 순례자에게 배포했다. 그중에서 18세기 깃발로 생각되는 것이 남아 있다. 성 마르쿨의 발밑에는 성인이 가지고 있는 둥근 것, 아마도 성유물이라고 생각되는 것에 입을 맞추는 왕이 있다. 왕은 백합꽃 문양이 있는 긴 망토를 걸치고 있으며, 그 옆에 왕홀과 왕관이 쿠션 위에 놓여 있다. 이렇게 이국땅에서조차 성인은 왕과 함께 있는 것으로 생각되었다. 실제로 그림이 전파시킨 관념은 이 오래된 성인이자 거의 알려지지 않은 성인이며 수도원의 창시자이자 은둔자로서 메로빙 시대에 악마의 적이었던 이 성인이 기원에서나 치료능력을 지속시키는 데 있어서나 일정한 역할을 했다는 것이었다.[102]

그렇다면 마르쿨은 정확히 어떤 역할을 했을까? 아마도 이 점에 관한 생각은 명쾌하지 않을 것이다. 왜냐하면 왕의 기적의 능력이란 왕의 신성한 힘의 표현이라는 초기 관념이 완전히 사라지지 않았기 때문이다. 게다가 오랫동안 이 문제는 거의 논의되지 않았다. 나중에 살펴보겠지만, 16세기 말과 17세기 초에 절대주의 이론가들이 '왕정의 반대자'들에 맞서 왕정의 위신을 높이려 노력했을 때, 연주창 치료 기적에 상당히 역점을 두었다. 그들의 첫 번째 목적은 무엇보다 왕권의 신성한 성격을 밝히는 것이었다. 손을 대서 치료한다는 기적의 능

---

102) 예술작품들에 대해서는 부록 2, no. 14, 15, 16, 20, 21, 22, 23과 그림 2 참조. 그레두아소에 있는 연대미상의 그림과 작은 조각상에도 똑같은 주제가 표현되어 있다. 물론 평범한 수도원장의 모습으로 표현되어 있고, 왕과 함께하지 않는 성 마르쿨만의 조각상들도 마찬가지로 존재한다. 예를 들어 이 장 각주 65와 각주 163에 나오는 팔레즈 신도회의 이미지나 파리 모베르 광장의 갈멜 수도원의 이미지가 그렇다; 국립도서관 판화실 성인(聖人)모음집 (Collect. des Saints, Cabinet des Estampes)에 있는 판화(Landouzy, *Le Toucher des Ecrouelles*, 별지(hors texte)에 수록). 같은 시기 순례자를 위한 소책자에 있는 두 장의 판화(*Ibid.*, p.21, p.31에 수록). [Bourgoing de Villefore], *Les Vies des SS. Pères des déserts d'Occident*, I, 1708, 170쪽 마주보는 면에 수록된 판화. 이 판화는 국립도서관 판화실 성인모음집에도 소장되어 있고, 생트주느비에브 도서관 겐보 모음집(Bibliothèque Ste-Geneviève, coll. Guénebault, cartoon 24, no. 5108)에도 소장되어 있다(이 판화에서 성 마르쿨은 다른 두 사람이 은둔자와 함께, 그것도 수도원장이 아니라 고행자로서 등장한다). 여자로 분장한 악마에 의해 시험에 든 성 마르쿨의 모습을 나타내는 17세기 종교화에 나타난 모습(Coll. Guénebault, cartoon 24, no. 5102에 소장되어 있다. 모르테(C. Mortet)가 친절하게 알려주었다). 그럼에도 불구하고 성 마르쿨이 상투적인 성인전의 이미지에서 벗어나자마자, 성 마르쿨이 갖게 된 고유한 특성은 프랑스 왕과 함께한다는 것이었다. 성마르쿨은 파힝어의 두 작품 속에서 전혀 언급되지 않는다. A.M. Pachinger, *Über Krankheitspatrone und Heiligenbildern*; *Über Krankheitspatrone auf Medaillen*; *Archiv. für Gesch. der Medizin*, II(1908~1909), III(1909~1910).

력의 기원이 왕의 신성성 자체에 있는 것이지 다른 곳에 있을 수 없다고 했으며, 축성 의례는 그 능력을 단지 확인하거나 강화할 뿐이라고 했다. 앞으로 때가 되면 살펴보겠지만, 그들은 이 종교 의례에 대해 과거 『과수원의 꿈』의 저자가 제시한 비타협적인 태도는 취하지 않았다.

그들의 태도는 일반적으로 성 마르쿨에게 부여된 힘에 대해 침묵하거나 공공연히 부정하거나 둘 중 하나였다. 예를 들면 법률가 포르카텔(Forcatel)은 단순하게 침묵을 지켰고, 의사 뒤 로랑스나 왕실 전속사제 뒤 페라는 성인파에 반대해 논쟁을 벌였다.[103] 게다가 그들은 명백히 톨로메오 다 루카의 주석을 토마스 아퀴나스의 것으로 혼동했다. 그럼에도 불구하고 그들은 카페 왕조가 수행한 치료를 성스러운 도유식 덕분이라고 하지 않았는가? 소수도원상 우다르 부르주아처럼 코르베니 수도원을 옹호하는 사람들조차 왕의 손대기 치료의 기원에서 성 마르쿨이 부차적인 역할 이상을 했다고 주장하지 않게 되었다. 그는 이렇게 쓰고 있다. "우리 왕이 성 마르쿨의 중재로 연주창을 치료하는 힘을 가지게 되었다고 주장하는 사람이 있지만, 나는 그렇게 추론하고 싶지 않다……. 우리 왕에 대한 축성이 이러한 능력의 첫 번째 원천이다." 성 마르쿨의 역할은 '프랑스의 왕' 힐데베르트로부터(이 시대에는 클로비스로부터 시작하는 메로빙 왕조의 왕들이 모두 치료를 수행했다고 믿었기 때문에 힐데베르트에서 시작한다)[104] 받은 은총에 대한 감사의 표시로서, 이 은총을 '보증'해주는 것, 즉 하느님에게서 그 능력을 확인하고 보존해주는 것으로 제한되었다. 이것은 명백히 모순되는 두 이론을 조화시키려는 상당히 혼란스러운 시도였다.

일반 통념은 이런 모순에 거의 영향을 받지 않았다. 코르베니 순례자이건 왕의 손대기 치료 신봉자이건 많은 환자가 낭 수도원장이 어떻게 그 일을 해내는

---

103) Forcatel, *De Gallorum imperio*, p.128 이하; du Laurens, *De mirabili*, pp.14~15; du Peyrat, *Histoire ecclésiastique de la Cour*, p.807. 또한 Mauclerc, *De monarchia divina*, 1622, col. 1567. 치료능력을 성 마르쿨의 개입에서 찾아야 한다는 주장을 가장 뚜렷하게 한 작가는 로베르 스노였다. Robert Ceneau, *Gallica historia*, fol. 1557, p.110. 기적을 행하는 왕의 능력의 원천이 도유식에 있다고 생각한 16, 17세기 작가들에 대해서는 이 책 396쪽 참조.

104) *Apologie*, p.65; p.9도 참조하라. 똑같은 유화적인 이론은 마를로에게서 볼 수 있다. Marlot, *Théâtre d'honneur*, p.717 이하. 이 책 327쪽도 참조.

지에 대해 구체적으로 생각해보지 않은 채, 그 성인이 왕의 기적의 능력에 이러저러한 형태로 개입되어 있다고 막연하게 상상했다. 이러한 생각은 코르베니의 문서고에 저장된 치료증명서 대부분에 아주 솔직하게 표명되어 있다. 17세기 연주창 환자 중에는 왕이 손으로 만져준 후에도 성 마르쿨의 묘소에서 9일 기도를 마치지 않았다면 완전히 회복할 수 없었을 것이라고 생각하는 사람도 있었다. 그들은 자신들의 방식으로 감사의 표시를 했다. 왕의 손이 닿았을 뿐이며 다른 경건한 관습을 행하지도 않았는데 병에서 회복했을 때에도, 사람들은 여전히 성인의 개입이 어느 정도 기적에 영향을 주었을 것이라고 생각했다.[105] 수도원의 수도사들은 이런 생각을 부추겼다. 브라반트 그레두아소 신도회의 문서고에 보관되어 있는 1633년경 작성된 코르베니 순례회 규약은 이렇게 자신들의 언어로 표현하고 있다.

"본인이, 즉 환자가 아주 기독교적인 왕(군주들 중에서 이 성인 덕분에 연주창을 치료하는 신의 능력을 갖게 된 지상의 유일한 군주)의 손대기 치료를 받는 경우…… 손대기 치료 이후 신도회에 직접 출두하거나 사람을 보내 기재해야 한다. 그리고 9일 기도를 하거나 다른 사람에게 대신하도록 해야 한다. 그 이후 거주지의 사제나 법정기관의 서명을 받아서 치료 인증서를 코르베니까지 전달해야 한다."[106] 한편 과거와 마찬가지로 랭스 성당참사회는 코르베니의 성인이 왕의 성사에 일정한 기여를 하는 것에 대해 달가워하지 않았다. 1657년 9월 17일 랭스의 니콜 레뇨(Nicolle Regnault)라는 여인은 과거에 연주창을 앓았다가 현재는 완쾌되었는데, 종이 한 장에 증명서를 두 통 써주었

---

105) Liasse 223(renseignements), no. 7에는 1669년 3월 25일자로 오레(Auray)의 의사 두 명이 "신앙심 깊으신 국왕 전하의 손대기 치료와 성 마르쿨 순례에서 돌아와" 완전히 회복된 연주창 환자에게 발행한 증명서가 있다. liasse 223, no. 11에는 1658년 4월 29일자로 멘빌 근처 뇌샤텔의 사제가 발행한 증명서가 있다(여기서 뇌샤텔은 엔 도에 있는 뇌샤텔쉬르엔(Neuchâtel-s.-Aisne)이며, 멘빌 역시 엔에 있다). 루이 14세가 축성식 다음 날 손을 댄 여자 환자는 "기도를 바친 성 마르쿠의 중재가 있은 직후 병세가 호전되었다." 그러나 그 뒤 그 병에 다시 걸렸다. 그녀는 코르베니에 다시 찾아와서 9일 기도를 했고, 완쾌되었다. 아래 각주 107에 인용된 증명서를 보라.

106) Schépers, *Le Pèlerinage de Saint-Marcoul à Grez-Doiceau*, p.181.

다. 첫 번째 편지는 랭스의 생자크 교회 사제이자 대주교좌 성당참사회원을 겸하고 있는 오브리가 서명한 것이었다. 니콜이 "왕의 축성 기간에 손대기 치료를 받고 그곳에서 건강을 회복했다"라고 되어 있을 뿐, 성 마르쿨에 대해서는 전혀 언급되어 있지 않다. 두 번째 증명서는 코르베니의 어느 수장고 관리관 (Trésorier)이 쓴 것으로서, 환자가 은총에 대한 보답으로 9일 기도를 올리자, 성 마르쿨의 주선으로 완쾌되었다고 되어 있다. 이 경우에 왕은 전혀 등장하지 않는다.[107] 상위 교회당국은 논쟁을 칼로 자르듯이 결정하지는 않았다.

왜냐하면 도유식의 권위가 점차 교회와 왕권을 단단히 결합시키고 있었지만, 민중의 성인숭배도 중요했기 때문이다. 이러한 절충주의는 『신의 시복(諡福) 및 성자열성에 대해』라는 논문에 유감없이 나타나 있다. 저자는 뒷날 베네딕토 14세가 된 추기경 프로스페르 람베르티니(Prosper Lambertini)였다. 그는 볼테르가 자신의 저서 『마호메트』를 헌정할 만큼 탁월한 사람이었다. 지금도 교황청 의전 성성(聖省, congregation)의 권위서라고 할 정도로 유명한 이 책 제4권을 펴보자. 거기에 이렇게 쓰여 있다. "프랑스 왕은 연주창을 치료하는 능력을 획득했다……. 신의 은총으로 그에게 주어졌다. 클로비스 개종 때일 수도 있고(이것은 도유식 이론이다), 성 마르쿨이 모든 프랑스 왕을 위해 신에게 요청했을 때일 수도 있다."[108] 요컨대 마를로 신부가 말했듯이 "하나의 사물에 두 개의 서로 다른 이름이 붙는 것이 불가능한 일은 아니다."[109]

사실 왕의 기적에 관한 이론에서 성 마르쿨은 중간에 끼어들었기 때문에 완전히 성공한 적이 한 번도 없었다. 그렇다면 왜 끼어들었을까? 성인의 전설에서 대략적으로든 세부적으로든 그것을 정당화해주는 것은 아무것도 없다. 오래된 성인전에서는 성인이 힐데베르트에게서 어떤 선물을 받았다고 한다. 답

---

107) Liasse 223(renseignements), no.7.
108) Benedict XIV, *Opera omnia*, folio, Venice, 1788. *De servorum Dei beatificatione et beatorum canonizatione*, lib. IV, pars I, cap. iii, c.21, p.17. "프랑스 왕은 연주창을 치료한다. 그것은 유산으로 물려받은 것도 아니고, 태어나면서부터 받은 것도 아니다. 그것은 신의 은총으로 주어졌으며, 한편으로는 클로비스가 아내 클로틸드의 요청으로 기독교의 이름을 받았을 때, 다른 한편으로는 성 마르쿨이 모든 프랑스 왕을 위해 신에게 요청했을 때 주어졌다."
109) *Théâtre d'honneur*, p.718. 이 문구는 Regnault, *Dissertation*, p.15에 다시 나온다.

례로 성인은 "국왕에게 눈부신 것을 보냈다."[110] 즉 우다르 부르주아가 말했듯이, 국왕에게 어떤 기적의 능력을, 적어도 그러한 능력을 '지속'할 수 있는 능력을 주었다고 하지만, 그러한 것은 전혀 보이지 않는다.

성인의 중재라는 관념은 중세 말이 가까워져서야 처음 국왕 순례의 성대한 의식을 차용하여 생겨났다. 사람들은 은총에 대한 고마움의 표시로 감사 행동을 하는 것으로 해석했다. 그리고 그다음에는 왕 자신이 그렇게 생각하게 되었다. 성인 숭배 단체, 즉 신도회가 이 관념을 보급하는 데 적극적이었다. 영국에는 없었던 이런 이상한 관념이[111] 왜 중세 말 프랑스에서 전개되었는지 설명해줄 수 있는 것은 이러한 우연한 상황이다. 그러나 이러한 관념을 충분히 이해하려면 이 관념이 민중의식의 일반적 경향인 혼동, 굳이 고전문헌학자들의

---

110) *Apologie*, p.9.

111) 웨스트민스터 궁전의 성 마르쿨의 방이라고 불리는 방에서 영국 왕이 연주창 환자에 대한 손대기 치료를 시행했다는 주장이 있는 것은 사실이다. 이러한 주장을 처음 제기한 것은 카트(Carte)로서 그의 책 *General History of England*, 1747, I, IV, §42에서였다(Law Hussey, *On the cure of scrofulous diseases*, p.208, n.9; Crawford, *King's Evil*, p.17도 참조하라). 사실 '영국 의회 의사록(Rotuli Parliamentorum)'에는 여러 차례 왕의 궁전에 '마르콜프(Marcolf 또는 Marcholf) 방'이라는 언급이 나오는데(Index, p.986), 맨 처음은 1344년이며 (II, p.147a), 마지막은 1483년이다(VI, p.238a). 그러나 왕이 그 방에서는 손대기 치료를 시행했다는 어떤 증거도 없다. 이 방은 일반적으로 기껏해야 열 명을 넘지 않는 '청원심사위원회(triours des petitions)'에 사용된 방으로, 규모가 매우 작았는데, 어떻게 이 작은 방에 많은 환자가 왕의 치료를 받기 위해 모일 수 있단 말인가? 게다가 '의사록(Rotuli)'에서 73회 언급되었지만, 항상 마르콜프라는 이름으로만 언급되어 있지, 성 마르콜프라고 언급되지 않은 점에 주의해야 한다. 성 마르콜프에서 따온 이름이면서도 단순히 마르콜프라고만 쓰는 것은 당시 관습에 어긋나는 일이다. 이 방에 이름을 제공한 '마르콜프'는 낭의 수도원장과는 완전히 무관한 세속의 인물임에 틀림없다. 순전히 가설이기는 하지만, 중세 민중에게는 선한 왕 솔로몬과 나눈 대화로 유명했던 바로 그 익살스러운 마르쿨푸스에서 따온 것이라고 생각할 수도 있지 않을까(G. Paris, *La littérature française au moyen âge*, §103 참조) (솔로몬과 마르콜프는 중세 우화집-옮긴이). 아니면 이 즐거운 대화를 나타내는 그림이 그 방 벽에 붙어 있어서 그런 이름이 붙은 게 아닐까? 무엇보다 성 마르쿨은 영국에서 큰 인기를 끌지 못했다. 그에 못지않게 놀라운 일은 대륙에서 성 마르쿨 숭배가 확산된 것이 종교개혁 이후라는 점이다. 1348년경 사망한 존 오브 타인마우스(John of Tynemouth)의 *Sancti-logium Angliae*(Horstmann, *Nova legenda Angliae*, I, Oxford, 1901, p.ix) 그리고 리처드 와이트퍼드(Richard Whytford)의 *Martiloge in englyshe*(1526)에도 성 마르쿨의 이름이 등장하지 않는다. 영국에는 그에게 봉헌된 교회도 없다. Frances Arnold-Forster, *Studies in church dedications*, III, 1899.

용어를 빌리면 '혼성(contamination)'을 표현한 것으로 보아야 한다. 프랑스에는 11세기경부터 연주창을 치료하는 왕이 있었다. 한 세기, 혹은 두 세기가 지난 뒤에는 바로 그 프랑스에 비슷한 능력을 지닌 성인도 있었다. 그 질병은 '왕의 병'인 동시에 '성 마르쿨의 병'이었다.[112] 이 놀라운 두 사실이 어떻게 서로 아무런 관계가 없다고 간주할 수 있는가? 상상력은 둘의 관계를 찾으려 했고, 드디어 찾았다. 기적을 행하는 왕과 코르베니의 성인이 동시에 상호작용을 하는 것과 같이 혼성의 역사이지만 다른 사례의 혼성의 역사를 연구해보면, 집단 심리의 지속적인 요구에 따르는 것이 상상력임을 알 수 있다.

일곱 번째 아들, 프랑스 왕과 성 마르쿨

까마득한 옛날부터 특정한 수는 신성한 성질이나 주술적인 성질을 가지고 있는 것으로 간주되었다. 그중에서도 7이 그렇다.[113] 그래서 적지 않은 지역에서 일곱 번째 아들, 더 정확히 말하면, 중간에 여자아이가 섞이지 않고 연속해서 남자만 있을 때 막내인 일곱 번째 아들에게 초자연적인 특별한 능력이 있다고 간주되었던 것은 놀라운 일이 아니다. 훨씬 드물지만, 연속해서 여자만 있는 일곱 자매 중 일곱 번째 딸이 똑같이 취급되기도 했다. 때때로 이 능력은 그것을 지닌 자에게 불쾌하거나 매우 어려운 특성을 보이기도 했다. 포르투갈의 어느 지방에서는 일곱 번째 아들은 토요일마다 자발적인지 아닌지는 모르겠으나 당나귀로 변신해 새벽까지 개에게 쫓긴다고 여겨졌다.[114] 그러나 대개 근

---

112) 이 표현은 랭스 문서고에 있는 치료증명서에서 여러 차례 반복된다.

113) 이 점에 대해서는 W.H. Roscher, "Die Sieben-und Neunzahl im Kultus und Mythus der Griechen," *Abh. der phil.-histor. Klasse der kgl. sächsischen Gesellsch. der Wissensch.*, XXIV, 1(1904) 참조; Petri Bungi Bergomatis, *Numerorum mysteria*, Paris, 1618, p.282 이하 참조; F. von Adrian, "Die Siebenzahl im Geistesleben der Volker," *Mitteil. der anthropol. Gesellschaft in Wien*, XXXI(1901).

114) W. Henderson, *Notes on the Folk-lore of the Northern Counties of England*, 2nd éd.(*Publications of the Folk-lore Society*, II), London, 1879, p.306(이 사실은 마레코(Marecco) 교수의 보고서에 인용되어 있다. 폰 아드리안(F. von Adrian, *Die Siebenzahl*, p.252)에 따르면, 일곱 번째 아들 또는 딸이 때때로 악마로 간주되기도 한다. 이와 유사하

본적으로 유익한 능력으로 간주되었다. 어떤 지역에서는 일곱 번째 아들은 마법사로 통하기도 했다.[115] 거의 모든 곳에서 일곱 번째 아들은 타고난 치료사로 간주되었고, 경우에 따라서는 일곱 번째 딸도 그랬다. 그래서 베리 지방에서는 '비전(秘傳)의 치료사,'[116] 푸아투(Poitou) 지방에서는 '손대는 자'[117]로 불렸다. 이러한 종류의 신앙은 명백히 서유럽과 중부유럽 전체에 널리 퍼져 있었다. 독일,[118] 비스케 지방,[119] 카탈루냐 지방,[120] 프랑스 전역,[121] 저지대 지

게 악마는 검은 암탉이 낳은 일곱 번째 계란이나 일곱 살 먹은 암탉에서 나온다는 속설도 있다고 한다.

115) *Revue des traditions populaires*, IX(1894), p.112, no. 17(망통(Menton)의 사례). 민중은 일곱 번째 아들의 능력에 대해 어떤 때는 호의적이고 어떤 때는 호의적이지 않았는데, 이러한 관념은 "일곱 번째 아들은 항상 변한다"라는 영국 농촌 아낙네의 말에 표현되어 있다. Charlotte Sophia Burne, *Shropshire Folk-Lore*, London, 1885, p.187.

116) Laisnel de la Salle, *Croyances et légendes du centre de la France*, 1875, II, p.5.

117) Tiffaud, *L'Exercice illégal de la médecine dans le Bas-Poitou*(thèse médicine, Paris), 1899, p.31.

118) F. Liebrecht, *Zur Volkskunde*, Heilbronn, 1879, p.346(참고문헌 서지 포함).

119) Theophilo Braga, *O Povo Portuguez*, II, Lisbon, 1885, p.104.

120) Joseph Sirven, *Les Saludadors*(1830); *Soc. agricole, scientifique et littéraire des Pyrénées-Orientales*, XIV(1864), pp.116~118(카탈루냐와 루시용).

121) 프랑스에서 있었던 이러한 미신에 대한 수많은 증거는 본문이나 각주에 인용되어 있다. 여기서는 이후에 언급할 기회가 없는 저작들에 대한 정보를 제공하는 데에 그칠 것이다. Leonardus Vairus(L. Vairo), *De fascino libri tres*, Paris, 1583, lib. 1, c. XI, p.48(저자는 이탈리아 사람으로 이러한 미신이 '갈리아의 부르고뉴 지방'에 널리 확산되어 있었다고 했다. 나는 프랑스어 번역판만 보고 거기서 인용했다. 프랑스어 번역판 제목은 *Trois Livres des charmes*, 1583이며, 이 책은 이러한 신앙이 프랑스에 널리 확산되는 데에 기여했다). Thomas Platter, 회고록, 1604~1605: (프랑스어 번역) L. Sieber, *Mémoire Soc. histoire Paris*, XXIII(1898), p.224; Petri Bungi, ……*numerorum mysteria*, 1618, p.302(일곱 번째 아들과 일곱 번째 딸에 대한 것); de l'Ancre, *L'incrédulité et mescreance du sortilege*……, 1622, p.157; Laisnel de la Salle, *Croyances et légendes du centre de la France*, II, p.5; Jaubert, *Glossaire du centre de la France*, 1864('Marcou' 항목); M.A. Benoît, *Procès-verbaux soc. archéol. Eure-et-Loire*, V(1876), p.55(보스 지방); Tiffaud, *L'Exercice illégal de la médecine dans le Bas-Poitou*, p.19, p.31, p.34, n.2; Amélie Bosquet, *La Normandie romanesque et merveilleuse*, Rouen, 1845, p.306(일곱 번째 딸들); Paul Sébillot, *Coutumes populaires de la Haute-Bretagne*(*Les Littératures populaires de toutes les nations*, XXII), p.13; Paul Martellière, *Glossaire du Vendômois*, Orléans et Vendôme, 1893('Marcou' 항목).

방,[122] 영국,[123] 스코틀랜드,[124] 아일랜드,[125] 심지어 유럽 밖의 레바논[126] 등지에도 있다고 한다.

이것은 매우 오래된 것일까? 내가 아는 한, 남아 있는 증거들 중에서 가장 오래된 것은 16세기 초까지 거슬러 올라간다. 1533년 처음 출판된 『신비의 철학』(*Philosophie Occulte*)에 있는 코르넬리우스 아그리파(Cornelius Agrippa)의 언급보다 더 앞선 시기의 증거를 보지는 못했다.[127] 이 미신이 책의 세계에 등장

122) M. Delrio, *Disquisitionum magicarum*, I, cap. III, Qu. IV, éd. 1606, t.1, p.57(플랑드르 지방); E. Monseur, *Le Folklore wallon*, Brussels, 1892, p.30, §617(왈롱 지방).

123) 프랑스에 대해 적용됐던 것과 같은 규칙을 적용했다(위 가주 121 귀고). 몇몇 구절은 스코틀랜드와 관련되어 있다. *Diary of Walter Yonge Esqu.*, éd. G. Roberts(Camden Society, 41), London, 1848(1607년 일기), p.13; Crooke, *Body of man*(1615년 출간. 이 증언은 J. Murray, *A new English Dictionary*, "King's Evil" 항목에만 나와 있다); John Bird, *Ostenta Carolina*, 1661, p.77; Χειρεξοχη, 1665, p.2; Thiselton-Dyer, *Old English social lift as told by the parish registers*, London, 1898, p.77; W.G. Black, *Folk-medicine*, London, 1883, p.122, p.137; W. Henderson, *Notes on the Folk-lore of the Northern Counties*, 2nd éd., p.304, p.306; Henry Barnes, *Transactions of the Cumberland and Westmorland Antiquarian and Archaeological Society*, 13, 1895, p.362; John Brand, *Popular Antiquities of Great Britain*, London, 1870, p.233; Charlotte Sophia Burne, *Shropshire Folk-Lore*, London, 1885, pp.186~188(일곱 번째 아들과 일곱 번째 딸); *Notes and Queries*, 5th series, XII(1879), p.466(일곱 번째 딸); *Folklore*, 1895, p.205; 1896, p.295(일곱 번째 딸). 이 마지막 사례에 나타난 바에 따르면, 서머싯에서는 손대기 치료가 연속 7일 2회에 걸쳐 시술되었다고 한다. 즉 7일 동안 연속해서 아침에 시술되고, 7일간 중단했다가, 다시 7일 동안 시술된 것이다. 같은 백작령에서는 일곱 번째 딸에게서 태어난 일곱 번째 딸은 특히 치료능력이 뛰어나다고 생각했다. 이 성스러운 수가 모든 일을 지배했다.

124) Robert Kirk, *Secret Commonwealth*, Edinburgh, 1815, p.39(원고는 1691년 작성); J.G. Dalyell, *The darker superstitions of Scotland*, Edinburgh, 1834, p.70; *Notes and Queries*, 6th series, VI(1882), p.306; *The Folk-Lore*, 1903, p.371, n.1; pp.372~373; 1900, p.448.

125) *Dublin University Magazine*, 4, 1879, p.218; *Folklore*, 1908, p.316. 서머싯에서와 마찬가지로, 도네갈(Donegal) 백작령에서는 7이라는 숫자에 집착을 보인다. 일곱 번째 아들의 손대기 치료는 반드시 7일 아침 동안 계속되어야 했다. *Folklore*, 1897, p.15; 이 백작령에서는 일곱 번째 아들의 출산을 도와주는 산파가 물건을 골라서 아이 손에 쥐어주는데, 향후 일곱 번째 아들이 환자를 치료할 때, 바로 이 물건과 같은 물질이 포함되어 있는 것으로 환자를 문질러주어야 했다. *Ibid.*, 1912, p.473.

126) F. Sessions, "Syrian Folklore: notes gathered on Mount Lebanon," *The Folk-lore*, IX(1898), p.19.

127) *De occulta philosophia*, II, c. iii, gr., s.l.n.d.[1533], p.CVIII. 아그리파는 일곱 번째 딸에 대해

하기 전, 고대에는 거의 알려져 있지 않았고 중세에는 오랫동안 문헌에 아무런 흔적도 없는데도 존재했다고 믿어도 될까? 아마도 그럴 것이다. 또 훗날 누군가 중세 사료에서 내가 발견하지 못한 그것에 관한 언급을 발견하는 것도 가능한 일이다.[128] 그러나 나는 이것이 근대에 들어와서야 사람들에게 인기를 얻었다고 믿는다. 이것이 주로 행상의 상품 진열대에 있던 인쇄된 소책자를 통해서 전파되었기 때문이다. 그리고 이 소책자가 대략 16세기부터 전래의 비밀스러운 지식, 특히 그때까지 민중이 친숙하지 않았던 수에 관한 지식을 소박한 사람들의 손이 닿는 곳으로 가져왔기 때문이기도 하다.[129]

1637년 서머씻 지방의 프레슬리에 사는 윌리엄 길버트(William Guilbert)라는 사람은 남자아이만 일곱을 두었는데, 리처드라는 일곱 번째 아들에게는 병자를 '손대는 일'을 시켰다. 이유는 나중에 언급하겠지만, 그 당시 찰스 1세 정부는 이런 종류의 치료자에게 상당히 가혹한 조치를 취했다. 프레슬리 교구를 담당하고 있던 웰스의 주교가 길버트 사건의 심리를 담당했다. 그리하여 그는 리처드가 소년인데도 어떻게 치료를 시작하게 되었는지 알았으며, 우리도 그의 보고서를 통해서 알게 되었다. 이웃에 살던 '요맨'에게 연주창에 걸린 여자 조카가 있었다. 요맨은 『오만가지 유명한 이야기』(*Mille choses notables de diverses sepèces*)라는 작자미상의 책에서 일곱 번째 아들이 연주창을 고칠 수 있다는 이야기를 기억해냈다. 그래서 그는 소녀를 길버트의 집으로 보냈다. 그녀가 이 어린 의사의 첫 번째 환자였던 셈이다.[130]

서도 언급했다.

128) 라울 드 프렐은 앞서 자주 인용했듯이 『신국론』을 번역하면서 11권 31장 해설에서 7이라는 숫자의 힘에 대해 말하면서도 일곱 번째 아들의 기적의 능력에 대해서는 언급하지 않았다. 그러나 이러한 침묵에서 어떤 결론도 이끌어낼 수 없다. 왜냐하면 라울은 민중의 미신에 대해 언급하기를 매우 꺼렸기 때문이다.

129) 물론 중세에 신성한 수, 특히 7이라는 수의 사용법은 학문적 사고, 특히 신학과 깊이 관련돼 있다. 가장 두드러진 사례로는 7성사가 있으며, 이러한 사례는 이것만이 아니다(Hauck-Herzog, *Realencyclopädie der prot. Theologie*, 'Siebenzahl' 항목 참조). 물론 여기에서는 '민중적' 미신만 다룬다.

130) 심문 기록에 대한 분석은 *Calendar of State Papers, Domestic, Charles I*, 1637년 9월 30일과 11월 18일에 되어 있으며, 심문기록 자체는 Green, *On the cure by touch*, p.81 이하에 부분적으

그런데 우리는 요맨이 귀중한 정보를 얻은 그 책을 알고 있다. 토마스 럽튼 (Thomas Lupton)이라는 사람이 쓴 책으로 1579년에 처음 발간되었고, 꽤 여러 차례 판을 거듭했다.[131] 아들을 일곱 명 둔 많은 아버지가 직접 읽거나, 길버트의 경우처럼 다른 사람의 선의로 정보를 제공받아서, 아들들 중 막내에게 부여된 기적의 능력을 이용할 생각을 하게 되었을 것이다. 럽튼 또한 민간전승을 직접 해석했다고 볼 수는 없을 것 같다. 럽튼도 정보를 책 몇 권에서 가져왔으며, 정직하게도 출처를 밝혔는데, 그것은 신기하게도 외국에서 나온 책이었다. 그가 프레슬리의 어린 치료사의 소명을 결정한 정보를 얻은 책은 프랑스의 의사이자 점성술사인 앙투안 미조가 쓴 『기억할 만한 900년』(*Neuf Centuries de faits mémorables*)이었다.[132] 『900년』도 1567년 초판된 이후 특히 독일에서 여러 차례 인쇄를 거듭했다. 이 책으로 인하여 직간접적으로 얼마나 많은 '손대기(touchoux)'가 이루어졌는지, 그리고 얼마나 많은 사람이 이 책에서 영감을 얻고 자신의 진로를 결정했는지 알 수 없다. 물론 다른 유사한 책들이 똑같은 효과를 냈을 수도 있다. 인쇄술이 항상 합리적 사고의 진전에만 기여하는 것은 아니다.

이들을 구체제 프랑스에서 종종 부르던 이름인 '일곱째(septennaire)'라고 부른다면, 이 '일곱째(septennaire)'들은 어떤 질병을 고쳤을까? 처음에는 모든 질병을 고쳤던 것 같다. 독일에서는 그들의 능력이 항상 보편적인 효과를 가지고 있었던 듯하다. 그렇지만 병 전체에 대한 모든 영향력을 완전히 잃어버리지는 않았지만, 점차 전문화되었다. 그들의 능력은 지역에 따라 달랐다. 비스케와 카탈루냐 지방에서는 미친개에게 물린 사람을 치료했고, 프랑스와 영국, 아

로 출판되어 있다. 여기에 더하여, 어린아이가 태어나면 친할머니는 그가 치료능력을 갖게 될 것이라고 선언해야 했다고 한다. 그러나 요맨인 헨리 포인타인(Henry Poyntynge)이 럽튼(Lupton)의 책을 읽은 뒤에 그의 조카를 보내고 나서야, 그가 치료능력을 발휘하기 시작했다고 한다.

131) [Th. Lupton], *A thousand notable things of sundry sortes*, London [1579], II, §2, p.25; 같은 저자, *Dictionary of National Biography*.

132) Antonii Mizaldi, *Memorabilium, utilium ac iucundorum centuriae novem*, 1567, cent. III, c.66, p.39 v.

일랜드에서는 연주창을 치료했다.[133] 코르넬리우스 아그리파, 앙투안 미조, 토머스 럽튼 등 가장 오래된 사료들은 이미 이들이 연주창 의사로서의 역할을 하고 있었음을 보여주고 있다. 오늘날에도 영불해협 양쪽의 여러 지방에서 그러한 사례를 찾아볼 수 있다. 이 특별한 능력은 어디에서 오는가? 놀랍게도 이들에게 치료능력을 부여한 지역은 왕이 치료능력을 행사한 지역과 정확하게 일치한다.[134] 물론 일곱 번째 아들이 수행하는 치료에 대한 신앙이 왕의 기적에 대한 신앙과 원래부터 어떤 관계가 있다는 것은 아니다. 왜냐하면 이 두 가지는 서로 다른 개념에서 탄생했으며, 감히 말하건대, 서로 다른 종류의 주술이다. 그렇지만 틀림없이 프랑스도, 영국 왕이 통치하는 여러 나라들도, 연주창을 본질적으로 예외적인 방법으로만 나을 수 있는 병, 장 골랭의 표현으로는 '기적의 병,' 17세기 영국의 소책자에 따르면 '초자연적인 병'으로 간주했다.[135]

16, 17세기에 프랑스와 브리튼 섬의 여러 나라에서 일곱 번째 아들은 수많은 추종자를 거느리고 있었다. 영국에서 그들 중 상당수는 왕과 심각한 경쟁을 벌였다. 어떤 환자들은 왕보다 이들에게 호소하기를 원했다.[136] 찰스 1세와 그 고문관들은 이것에만 국한된 것은 아니지만 국왕의 특권에서와 마찬가지로 이 점에 관해서도 적극적으로 보호하며 이들을 심하게 박해했다. 프랑스에서 이들은 대체로 평온하게 지냈지만, 영국에서와 마찬가지로 큰 인기를 얻었다.[137] 세비녜 부인(Madame de Sévigné)이나 팔라틴 백작부인(Princess Palatine)처럼 훌륭한 양식을 지닌 사람들은 이들에 대해 약간 역설을 섞어서 말하기는 했지

---

133) 티에르(J.B. Thiers)는 그들이 "삼일열이나 사일열 말라리아(fièvres tierces ou quartes)를 치료할 수 있다"라고 생각했다(해당 인용문은 아래 각주 143 참조). 스코틀랜드에서 그들은 연주창 이외에도 다양한 질병을 치료했다. Folklore, 1903, p.372. 프랑스와 스페인의 영향력이 섞여 있는 루시용(Roussillon) 지방에서는 카탈루냐에서처럼 광견병을 치료하고, 프랑스에서처럼 연주창을 치료했다. Soc. agricole des Pyrénées-Orientales, XIV (1864), p.118. 티에르에 따르면(4e éd., p.443), 일곱 번째 아들은 '발의 동상'을 고치곤 했다고 한다.

134) 독립왕국이던 시기의 스코틀랜드 사례에 대한 증거는 없다.

135) 이 책 541쪽 참조.

136) 이러한 사례 중 관심을 끌 만한 한 통의 편지가 다음 책에 있다. Calendar of State Papers, Domestic, Charles I, 1632년 6월, 10월 20일, 10월 22일.

137) 일곱 번째 아들에 대한 두 왕국의 태도에 대해서는 이 책 412~413쪽 참조.

만, 그들의 솜씨가 모든 사교계에도 알려져 있었다.[138] 우리는 그런 사람들 중 몇몇을 안다. 몽펠리에의 한 학생은 1555년경 자신의 솜씨를 발휘했다.[139]

프로방스의 이에르(Hyéres)에 있던 은둔자, 이 사람에 대해서는 이름을 알 수 없는 추종자가 1643년에 쓴 『일곱째의 손대기로 연주창을 치료하는 기묘한 책』이 있는데, 이 책은 인간의 어리석음이 빚어낸 가장 독특한 기념물로 손꼽힌다.[140] 그리고 1632년 클레르몽앙보베지(Clermont-en-Beauvaisis)에 사는 재단사의 아들과 파리 모베르 광장(Place de Maubert)에 있는 갈멜 수도회의 서원 수도사(profès)도 있다.[141] 마지막에 언급한 수도사는 자신의 상위자에게서 허가를 받고 그 일을 했는데, 이를 보면 교회가 공식적으로 이러한 미신을 금지하지는 않았음을 알 수 있다. 게다가 코르베니 수도원이 이 일을 어떻게 이용했는지를 살펴볼 기회도 있을 것이다. 물론 가장 엄격한 성직자나 가장 계몽된 성직자들은 결코 인정하지 않았다. 보쉬에가 파르무티에 수녀원장에게 보낸 딱딱한 편지는 이 능력을 지닌 것으로 알려진 젊은 남자에 대해 이야기하고 있다. 보쉬에는 말했다 "원장수녀님, 제가 이렇게 말씀드리는 목적은 바로 이 일곱 번째 아이들이 아무런 근거도 없이 자신들이 가지고 있다고 주장하는 능력을 행사하면서 사람들을 속이지 못하도록 하기 위한 것입니다."[142] 1679년

---

138) 드 세비녜 부인(Mme de Sévigné). 1860년 공토(Gontaut) 백작에게 보낸 편지(여기서는 일곱 번째 딸이 문제가 되었다). -Briefe der Prinzessin Elizabeth Charlotte von Orleans······ éd. W. Menzel(Biblioth. des literarischen Vereins in Stuttgart, VI), 1843, p.407.이 책 410쪽도 참조.

139) 바젤의 의사 펠릭스 플라터(Felix Platter)는 1552년부터 1557년까지 몽펠리에에 유학했을 때, 포아투 출신의 이 인물을 개인적으로 알았다. F. Platter, Praxeos······ tomus tertius: de Vitiis, I, c. iii, Bâle, 1656. 이상하게도 이와 관련된 구절은 이 작품 초기 판본에는 포함되어 있지 않다. 플라터는 자신의 기억에 근거해서 그 사실을 말한 것 같지 않은데, 이에 대해서는 G. Lanson, Hommes et livres, Paris, 1895 참조.

140) L.C.D.G., Aix, 1643. 저자가 생각하기에 일곱 번째 아들은 4대째 프랑스인이면서 "서자가 아니고 충실한 가톨릭 신자이며 살인을 저지른 적이 없는" 자로서 프랑스에 있을 때에만 그 능력을 발휘할 수 있었다.

141) 이 책 342쪽.

142) Correspondence, éd. C. Urbain et E. Levesque, VII, p.47, no. 1197(1695년 3월 27일). 이 이상한 편지에 대해서는 뒨(Duine) 신부가 내게 말해주었다.

장 바티스트 티에르(Jean Baptiste Thiers)가 『미신론』에서, 그리고 1704년 자크 드 생트뵈브가 『의식의 여러 가지 경우에 대한 해답』에서 내린 결론도 이와 같다.[143] 예상할 수 있듯이, 이 학자들의 견해는 이러한 믿음의 존속에 아무런 방해가 되지 않았다. 내가 이미 지적했듯이, 어떤 지역에서는 오늘날까지도 그러한 믿음이 살아남아 있다. 19세기 중반까지 보스 지방의 보베트(Vovette)라는 작은 마을에서 아들 칠형제 중 일곱째로 태어난 농민은 오랫동안 자신의 일에서 성공했다고 한다.[144]

그러므로 구체제하의 프랑스에는 세 종류의 연주창 치료사가 있었던 셈이다. 모두 기적의 능력을 갖고 있으며 능력을 가진 것으로 간주되었다. 하나는 성인, 즉 성 마르쿨이며, 다른 하나는 왕, 마지막으로 일곱 번째 아들이 그들이다. 심리적 기원에서 보면 사람들이 이들에게 부여한 능력은 범주에 따라 다르다. 그 기원은 성 마르쿨의 경우 성인의 일반적인 기적과 중재 능력에 대한 믿음에 있다. 국왕의 경우에는(원칙적으로 그리고 뒤늦게 만들어진 코르베니 전설을 제외하면) 신성한 왕권이라는 개념에 있다. 마지막으로 일곱 번째 아들의 경우에는 숫자에 대해 갖고 있는 완전히 이교적인 믿음에 있다. 그러나 이러한 어울리지 않는 요소들이 민중의 의식 속에서 서로 접근하고 결합했다. 왕에 대해서 그랬던 것처럼, 일곱 번째 아들에 대해서도 혼성(contamination)이 작동한 것이다.

특별한 주술적 능력, 특히 치료능력을 갖춘 사람은 태어날 때부터 그런 능력이나 뛰어난 혈통을 나타내는 특별한 표시가 몸에 있다는 생각은 꽤 일반적이었다. 예를 들어 16, 17세기 많은 저술가들의 말에 따르면, 스페인에서는 '성녀 카타리나의 가족'에게 완벽하건 아니면 손상되었건 바퀴 자국이 있었다고 한다. (바퀴는 원래 카타리나의 순교 도구였으므로 성인의 상징이 되었다.) 같은

---

143) Thiers, 4e éd., p.442; Sainte-Beuve, III, CLXXe cas, p.589 이하. 성 위베르 순례에 펼쳐졌던 티에르와 자크 생트뵈브의 미신에 대한 태도를 비교해보라. Gaidoz, *La Rage et Saint Hubert*, p.82 이하.

144) Dr. Menault, *Du Marcoul; de la guérison des humeurs froides*; *Gazette des hôpitaux*, 1854, p.497; *Moniteur Universel* 10월 23일자에 요약되어 있다.

작가에 따르면, 그와 같은 것으로서 뱀 모양의 '형상'이 '몸에 찍혀' 있는 경우가 있는데, 이것은 '성 바오로의 친척'임을 나타낸다. 이탈리아에서는 그들이 이방인의 사도(Apôtre des Gentils, 바오로-옮긴이)에게서 독사에 물린 독을 치료하는 힘을 물려받은 것으로 믿었다.[145] 일곱 번째 아들도 예외는 아니다. 비스케와 카탈루냐에서는 혀나 입천장에 십자가 표시가 있다고 생각했다.[146]

프랑스에서는 민중 신앙에 따라 다른 형태, 더욱 특징적인 형태가 부여되었다. 즉 태어났을 때부터 피부 어딘가에, 예를 들어 허벅지에 백합꽃의 형태가 있다고 생각했다. 이 미신은 17세기에 출현했다.[147] 왕도 이러한 표시를 가지고 태어난다고 생각하는 사람이 이 시기에도 여전히 많았을까? 도미니크 드 제쥐(Dominique de Jésus) 신부의 『역사적으로, 연대기적으로, 그리고 계보상으로 성스러운 프랑스 왕정』은 성인과 왕 사이에 가능한 한 많은 혈연관계가 있음을 보여주려고 어설프고 우스꽝스러운 시도를 한 책인데, 여기에서 성 레오나르 드 노블라(Saint Léonard de Noblat)에 대해 쓰면서 이 경건한 수도원장과 프랑스 왕가의 혈연관계의 증거를 다음과 같이 말했다. "모자를 쓰지 않은 성인의 머리에 천연의 백합꽃 각인이 보인다. 1624년에 내가 그것을 직접 보고 만져보았다."[148] 아마도 이것은 오래된 속설이 변형되어 반영된 것으로

---

145) Leonardus Vairus, *De fascino libri tres*, II, c.XI, éd. 1583, p.141 ; Théophile Raynaud, S.J., *De Stigmatismo sacro et prophano*, Sectio II, c.IV, *Opera*, folio, Lyons, 1665, XIII, pp.159~160 ; J. B. Thiers, *Traité des superstitions*, 4e éd. pp.438~439(따옴표 안에 있는 표현은 맨 뒤 책에서 인용한 것임).

146) T. Braga, *O Povo Portuguez*, II, p.104(혀 위의 십자가('una cruz sobre a lingua')) ; J. Sirven, *Soc. agricole Pyrénées Orientales*, XIV(1864), p.116. "민중은…… 그들이 입천장에 십자가나 백합꽃 같은 특별한 표시를 가지고 있다고 믿었다." 루시용에서는 항상 그렇듯 영향력이 혼합되어 있다. 십자가는 스페인의 영향이며, 백합꽃은 프랑스의 영향이다. 이 책 2부 4장 각주 133 참조.

147) 오래된 증거는 Raulin, *Panegyre……des fleurs de lys*, 1625, p.178.

148) Fol. 1670, I, p.181. E. Molinier, *Les Politiques chrestiennes*, 1621, livre III, chap. III, p.310. 저자(Molinier)는 능력을 발휘할 수 있도록 신이 계획한 가문, 즉 왕이나 귀족의 가문에 대해 다음과 같이 썼다. "그러한 가문의 후손들은 과거 로마인이 넓적다리에 불타는 검의 문양을 가지고 있었던 것과는 달리 그들의 이름에 새겨진 유전적 권능을 어머니 뱃속에 있을 때부터 가지고 있다."(Lacour-Gayet, *Education politique*, p.353 참조) 이것은 문학적 표현에 불과하다. 바르비에(J. Barbier)는 자신의 논문(Les miraculeux Effects de la sacrée main des

생각된다.

이 시대에 대해서 다른 문헌 사료는 없다. 이 시대에 과거의 속설은 분명히 서서히 소멸했다. 일곱 번째 젊은이에게 있다고 간주된 기적의 흔적은 그 마지막 표현이었다. 이 백합이 왕가의 백합이었던 것은 의심의 여지가 없다. 1633년 예수회 수도사 르네 드 세리지에(René de Ceriziers), 1722년 랭스의 성직자 레뇨(Regnault)는 둘 모두 '일곱 번째 아들의 능력이 천국에서 왕이 누렸던 신뢰에서 비롯된 것임'을 입증하는 증거라고 했다.[149] 이는 이미 반쯤 합리적인 해석이다. 그러나 우리가 민중의 실상에 더 가까이 다가서기 위해서는 논리에 전혀 아랑곳하지 않는 민중이 타고난 연주창 치료사인 주술사들과 프랑스 왕 사이에 신비로운 관계를 만들어주었다고 생각하는 편이 낫다. 그 관계를 나타내는 것이 주술사 몸에 있는 타고난 신체적 표시이며, 그 표시가 카페 왕조의 문장에서 특별한 상징으로 재현된 것이다.

사람들은 오랫동안 이 표시를 믿었고, 왕도 그 표시를 지니고 있을 거라고 믿었다. 이 관계를 표현하는 것이 이것만은 아니다. 17세기에 일곱째는 자신의 기술을 사용하기 전에 스스로 왕의 손대기를 받기도 했다. 이러한 접촉으로 왕에게서 신비의 힘을 전달받으려고 했다.[150] 오늘날에도 어떤 농촌에서는 부모가 자식에게 루이라는 이름을 붙일 경우에 특히 그 능력이 좋다고 알려져 있는데, 이 전통은 분명히 프랑스 왕이 대대로 루이라고 불렸던 시대의 기억임이 틀림없다.[151] 이러한 마지막 사례에서 보듯이, 이런 성격을 가진 미신은 왕정

Roys de France, 1618, p.38)에서 '테베 스파르타'의 창과 셀레우코스 제국의 닻을 언급하고 있다(이 책 285쪽 참조). 그는 프랑스에 왕의 표시가 있었다는 것에 대해 생각해보지 않은 듯하다.

149) Ceriziers, *Les Heureux Commencemens*, p.194; [Regnault], *Dissertation historique*, p.8.

150) 이것은 위에서 인용한 보쉬에가 쓴 문구(위 각주 142)에서 따온 듯하다. "왕은 이런 종류의 사람들(일곱 번째 아들)에게는 손을 대지 않는다. 단 왕이 다른 사람들을 만지는 경우, 즉 연주창 치료의 경우는 예외다." "그는 '더 이상' 만지지 않는다"라고 했다. 그러므로 프랑스 왕은 과거에는 일곱 번째 아들에게 손을 대는 관습이 있었다고 할 수 있다. 심지어 연주창을 제외하고도 만졌던 것이다. 내가 아는 한, 다소 애매한 이 말들에 확정적인 해석을 부여해줄 수 있는 다른 문서가 없다는 것은 매우 유감스러운 일이다.

151) E. Monseur, *Le Folklore wallon*, p.30, §617. "치료능력을 갖기 위해서는…… 루이라는 이름

시대의 분위기에서 탄생하여 경우에 따라서는 왕정보다 더 오랫동안 살아남는다. 백합꽃에 대해서도 마찬가지다. 19세기 중반에도 보베트의 치료사는 자신의 출생을 기회로 이용해 큰 이익을 얻었는데, 그는 태어나면서부터 손가락 끝에 문장의 표시가 있었다고 한다. 필요하다면, 영리함으로 자연을 보완했다. 16, 17세기에 사람들은 '성녀 카타리나의 가족'이나 '성 바오로의 가족'이 자신들의 자랑인 바퀴나 뱀과 유사한 문양을 일부러 만들어내는 것 아닌가 하고 의심했다.[152]

므노(Menault) 박사는 1854년 보베트의 그 사람에 대해 다소 회의적인 어조로 재미있는 논문을 썼다. 거기서 이런 돌팔이 치료사들은 태어날 때 표시가 없었으므로 칼로 비슷한 형태의 상처를 내서 표시를 만든다고 단언했다.[153] 이것이 프랑스 왕들의 '표시'를 나타내는 마지막 모습이었다.

성 마르쿨과는 더 긴밀하게 결합하게 되었다. 일찍부터, 이르면 17세기 초부터 일곱 번째 아들은 하늘에 계신 연주창 치료사에게 기도했고, 그들 중 대부분은 많은 환자에게 손을 대기 전에 매번 그에게 기도를 바쳤다. 그 이상도 있었다. 치료 경력을 시작하기에 앞서, 심지어 치료를 시작하기 전에, 거의 대부분 코르베니에 가서 기도를 올렸고 9일 기도를 완수했다. 이 관례를 지키는 데에서도 그들은 프랑스 왕을 모방했다. 더 정확히 말하면 왕들을 엔 강변으로 순례를 가도록 만들었던 감정, 그리고 앞서 보았듯이 왕의 기적의 의식에 표명된 것과 똑같은 감정을 그들도 가지려고 했다. 치료를 잘해내려면 우선 연주창

을 갖는 것과 일곱 번째 아들이라는 것이 두 가지 대전제다." 내 생각에는 이 두 가지 '전제 (prédispositions)'가 한 사람에게 모두 적용되었을 것 같다.

152) Varirus, *loc. cit.*, Raynaud, *loc. cit.* 그리고 *Opera*, V에 있는 *Naturalis Theologia*, Dist. IV, no. 317, p.199; Thiers, *loc. cit.*

153) 위 각주 144 참조. 보베트의 치료사는 환자에게 어떤 그림(아마도 성 마르쿨의 이미지)을 준다. 그 그림 위에는 이렇게 쓰여 있었다. "왕이 만지고, 신이 너를 치료해주시기를!(Le Roi te touche, Dieu te guérisse!)" (*Ibid.*, p.499). 이 문장은 뒷날 왕이 환자들을 만질 때 사용했다. 이러한 믿음 중에서 다소 변형된 형태로 남아 있는 것들도 있다. *Revue des traditions populaires*, IX(1894), p.555, no. 4에는 다음과 같은 내용이 있다. 노르망디 보카주에서는 "한 가족에게 딸이 일곱 명 있는 경우, 일곱 번째 딸은 신체 어느 곳에 백합꽃과 바둑판무늬를 가지고 있으며, 어린아이의 장염을 고칠 수 있다."

환자의 위대한 보호자의 중재가 필요하다고 생각했다. 앞서 인용했던, 생리키에 수도원의 벽화에 있는 성 마르쿨의 문구에 있듯이 '당신의' 연주창 환자였던 것이다. 그들은 성인의 축일에 치료하기를 선호했다. 대담하게도 성 마르쿨의 이름으로 치료하기까지 했다. 한마디로 그들은 적절한 경의를 표함으로써, 성자와 일종의 경건한 동맹 계약을 맺은 것이었다.[154]

그런데 이 시대, 이 상황에서 이러한 결합만큼 자연스러운 것은 없다. 민간 전통에 대해 연구해보면 프랑스 이외에도 모든 점에서 프랑스와 유사한 또 하나의 예를 발견하게 된다. 카탈루냐에서는 일곱 번째 아들을 '일곱째(setes)' 또는 '살루다도르스(saludadors)'로 불렀는데, 연주창 전문가가 아니라 앞서 말했듯이 광견병 치료를 전문으로 했다. 광견병 치료사로서, 인간이건 동물이건 질병의 공격을 예방할 수 있는 비법의 소유자로서, 이 사람은 나름대로 기술을 가지고 에스파냐령 카탈루냐에서 19세기까지 큰 성공을 거두었고, 때로는 루시용에서도 성공을 거두었다. 그런데 이베리아 반도에서는 어디서나 광견병에 대해서는 먼저 하늘의 가호를 비는 것이 일반적이었다. 이것은 역사가에게는 거의 알려지지 않았지만 상당한 수의 신도를 가진 성인의 가호인데, 그 성인은 성녀 퀴테리아(Sainte Quitérie)다.[155]

프랑스에서 일곱 번째 아들과 성 마르쿨이 동일한 질병을 치료하는 능력을 공통으로 가지고 있어서 이들 사이에 유대관계가 만들어졌듯이, 카탈루냐에서는 직업의 동질감이 살루다도르스와 성녀 퀴테리아 사이에 유대관계를 만들어냈다. 살루다도르스는 성녀 퀴테리아라는 십자가를 내밀어 환자가 입맞추도록 했다. 상처에 입김을 불어넣었다가 빨아들이는 것이 전통적 치료법이었는데, 이것을 시행하기 전에, 성녀에게 짧은 기도로 가호를 바랐다. 그들은 반드시 특별히 성녀가 숭배되는 교회, 예를 들면 베살루(Bezalu) 수도원의 교회를 다녀온 이후에야 치료를 시작했다. 그곳에서 그들은 예배를 드리고 자신들의 특별한 출생을 입증하는 증명서를 제시한 다음 수도사에게서 십자가가 끝에 붙어 있는

154) Du Laurens, *De mirabili*, p.20; Favyn, *Histoire de Navarre*, p.1059; de l'Ancre, *L'Incrédulité et rnescreance du sortilege*, p.161; Raulin, *Panegyre*, p.178.

155) *SS. maii*, V, p.171ff. du Broc de Seganges, *Les saints patrons des corporations*, I, p.391 참조.

알이 굵은 묵주를 받는다. 이 십자가가 나중에 그가 환자에게 입맞춤하도록 내미는 십자가다.[156)

이 마지막 부분은 생각해볼 만하다. 완벽하게 정해진 방침에 따르면서도 어느 정도 개인적 의도가 작용하는 지점이기 때문이다. 성녀와 주술사의 협동이라는 이러한 관념은 민중의 마음속에서 또는 살루다도르스의 마음속에서 거의 자연발생적으로 형성되었음에 틀림없다. 그러나 성녀 숭배에 책임이 있는 수도사들이 이를 부추겼다. 마찬가지로 프랑스에서는 코르베니 수도사들이 일곱 번째 아들과 수호성인의 결합을 고무했다. 그리하여 이들의 결합은 수도원의 이익에 봉사했다. 이러한 치료자는 민중에게 무척 인기가 있었기 때문에 순례에서 경쟁자가 되었을지도 모른다. 그러나 반대로 니늘과 성 마르쿨 사이에 생긴 유내관계가 이들을 오히려 선전담당자로 만들었다. 특히 이들이 수도사의 권고에 따라 환자를 치료하기 위한 필수 조건으로서 코르베니 신도회 가입을 의무화했기 때문이다. 그러므로 샤를 단순왕이 세운 오래된 공동체(코르베니 수도원-옮긴이)와 일곱 번째 아들 사이에는 진정한 합의가 생겨났다. 1632년에 작성된 두 개의 문서가 남아 있는데, 이것이 매우 기묘한 상황을 드러내주고 있다.

그 당시 소수도원장은 우다르 부르주아였다. 이미 우리가 보았듯이, 그는 글을 통해 망트 사람들과의 분쟁에서 수도원의 영광을 옹호했던 사람이다. 그는 부산하고 활동적인 인물로서, 수도원 교회에 그 당시 유행하던 새로운 중심 제단(maître-autel)을 만들었으며[157) 자신이 맡은 수도원의 번영을 위해 갖은 수단을 다 동원했던 사람이다. 어느 일곱 번째 소년이 남자만 연속해서 있는 일

156) J. Sirven, *Soc. agricole des Pyrénées Orientales*, XIV (1864), pp.116~118. '살루다도르스'라는 이름은 이 지방에서는 모든 주술사이자 치료사에게 사용된다. 티에르(J.B. Thiers)는 이 이름을 일곱 번째 아들이 아닌 '성녀 카타리나의 친척(parents de Ste Catherine)'에게 적용했다(이 장 각주 145 참조).

157) 건축에 관련된 문서와 그림은 liasse 223에 남아 있다. Barthélemy, *Notice historique sur le prieuré*, p.235(판화 포함되어 있음). 사제 O. Bourgeois에 대해서는 생레미 수도원 사망자 명단을 정리한 주석을 참조하라(nécrologe de St-Rémi, Biblioth. de la Reims, ms. 348, fol. 14).

곱 형제 중 막내로 태어났음을 증명하는 교구 기록부의 발췌본을 지니고 코르베니를 방문했다. 그 발췌본이 가짜일 가능성은 없었다. 일단 예배가 끝나자 그는 우다르 부르주아에게서 공식적으로 연주창 치료사로 임명하는 증명서를 받았다. 이 문서의 사본이 수도원 문서고에 남아 있다. 이런 종류의 문서가 두 건 전해지고 있는데, 하나는 클레르몽의 재단사의 아들 엘리 루베(Elie Louvet)와 관련된 것이고,[158] 다른 하나는 모베르 광장에 있는 갈멜 수도원의 서원수도사 앙투안 바이예(Antoine Baillet)와 관련된 것이다. 여기 두 번째 문서의 주요 부분이 있다. 나는 맞춤법을 그대로 두었는데 그 맞춤법을 보면 놀라운 문체 덕분에 위대한 세기라고 불러 마땅할 것이다.

랑 교구의 베르망두아에 있는 코르베니의 생마르쿨 수도원의 수도원장인 나 오두아르 부르주아는…… 존경할 만한 사제이자 수도사인 앙투안 바이예의 출생 기록을 읽고 면밀히 검토했다. 앙투안 바이예로 말하자면 갈멜 수도회 수도사이자 사제이며, 파리 모베르 광장에 있는 위대한 갈멜 수도원의 서원수도사이고, 여자형제 없는 7형제의 일곱 번째 남자아이이다……. 그리고 상기(上記) 수도사 앙투안 바이예는 일곱 번째 아들이므로, 세상 사람들이 다 믿고 우리 또한 믿듯이 그리고 날마다 경험하듯이, 일곱 번째 아들은 불쌍한 연주창 환자에게 손을 댈 수 있으므로…… 그는 두 차례 코르베니의 성 마르쿨 국왕 예배당을 방문했다. 이 예배당에는 연주창 환자들이 간청하는 위대한 성인 마르쿨의 유해가 안치되어 있다. 그리고 두 번째 여행에서는 9일 기도(neufvaine)를 환자들과 함께했고, 상기 기간 중에 지키도록 요구받은 것들을 할 수 있는 한 철저히 지켰다. 여러 국왕신도회에 등록했고 손대기 치료를 시행하기 전에, 위의 증명서 이외에도 상위자에게 복종하겠다는 것을 사인과 봉인을 해서 증명서로 제시했다. 날짜는 1632년 9월 15일자였으며, 증인으로는 박사들, 학사들, 그의 수도원의 존경받는 사제들로서, 그가 항상 신심이 두텁고 평판이 좋다는

---

158) liasse 223(renseignements), no. 7(1632). 이것은 본질적으로 앙투안 바이예와 같은 것이다. 다른 점은 이후에 지적하겠다.

것을 증명한 이들이었다.[159] …… 이러한 이유로 우리는 그가 연중 특정한 날에 연주창 환자에게 자비롭게도(charitablement)[160] 손대는 것을 허락했고 앞으로도 할 것을 허락한다. 특정한 날이란 성 마르쿨 축일인 5월 1일, 성 마르쿨과 관계있는 날인 7월 7일, 그의 이장(移葬)일인 10월 2일 그리고 성금요일과 사계재일(四季齊日, 각 계절의 수, 금, 토요일-옮긴이) 중 금요일이다.[161] (부디 신의 영광을 위해 이 모두를 지켜주기를!) 그리고 상기 병에 걸린 환자들을 그렇게 만지고, 이들을 코르베니에 있는 우리에게 보내서, 왕의 명에 따라 이곳에 설립된 국왕신도회의 회원으로 등록하도록 했다. 그들이 이 신도회의 초기 회원들이다.[162] 그리고 이들로 하여금 이곳에서 9일 기도를 하게 했다. 이 모든 것이 신의 영광과 성인의 영광을 위해서다.

증거를 위해 여기에 서명하며, 상기 신도회의 왕의 인장을 날인하노라. 1632년 9월 24일.

수도사 앙투안 바이예는 허가장을 가지고 자기 수도원으로 돌아갔다. 그의 재능은 수도원에서 높이 평가되었을 것이다. 1666년 안 도트리슈가 사망한 뒤 갈멜 수도원의 수도사들은 성 마르쿨의 진품 유물의 상태를 살펴보았다. 이 유물은 왕비가 옛날에 코르베니 수도원에 있는 유물함에 있던 것을 가져와서 유산으로 기증한 것이다.[163] 그런데 이때쯤에 갈멜 수도원이 대중에게 배포한 인

---

159) 루베(Elie Louvet)의 증명서를 보면, 일곱 번째 아들이 프랑스 왕의 보호자인 성 마르쿨의 기도와 능력으로 치료되었다고 명시적으로 되어 있다.

160) 루베의 증명서를 그대로 옮기자면 '자비롭게 그리고 대가없이(charitablement et sans sallaire)'이다. 보베트의 일곱 번째 아들은 아무런 보수도 받지 않았지만, 현물로 많은 선물을 받곤 했다. 이처럼 현물로 받는 것이 당시 관습이었고 그도 관습을 따랐다.

161) 루베의 증명서는 손대기 치료가 시행된 날이 '사계재일(四季齊日, Quatres temps)의 금요일과 성금요일'이라는 점만 밝혔다.

162) 프랑스 왕에게 이러한 특징을 부여한 것은 잡화상의 왕과 혼동한 것이다. 위 각주 90 참조.

163) 안 도트리슈를 위해 성인 유골에서 척추를 분리해낸 것은 1643년 4월 17일이다. liasse 223, no. 10(문서 2 건). 모베르 광장의 갈멜 수도원에 준 선물은 치료증명서를 모아놓은 책 첫머리의 주석에 나와 있다. liasse 223(renseignements).

쇄 선전물이 지금까지 남아 있다.[164] 이 문서는 매우 난삽하다. 의학적 처방, 그 중 몇 가지는 주술적 관념과 연결되어 있는 듯이 보이는 의학적 처방,[165] 교송 (交誦), 성 마르쿨과 수도원의 또 다른 수호성인인 성 클루에 대한 기도문 등이 나란히 붙어 있다. 그리고 왕의 기적에 대한 정중한 암시가 나오고, 그다음 연주창 환자에게 "여자가 중간에 끼지 않은 것이 확실한 일곱 번째 아이"에게 가서 손대기를 받을 것을 권고했다. 앙투안 바이예라고 되어 있지는 않지만 이 권고가 그를 특별히 지칭하고 있음을 의심의 여지가 없다. 문서 맨 위에는 성인을 나타내는 작은 판화가 있다.

코르베니의 보호를 받으며 성립된 확고한 전통은 19세기까지 지속되었다. 보베트의 일곱 번째 아들은 성 마르쿨의 작은 조각상 앞에서 환자와 함께 짧은 기도를 바친 후 시술했다. 이 의식과 더불어 치료(치료는 단순히 십자가 표시를 하는 것인데, 이것은 과거에 왕이 했던 것과 같은 행위이며, 우연의 일치가 아니라면 아마도 그 행위를 모방했을 것이다)를 연속 9일 동안 매일 되풀이했다. 그것이 끝나면 환자는 매우 기묘한 식사 요법을 담은 처방전과 성 마르쿨 축일을 반드시 지키라는 지시를 받고 떠났다. 그 이외에도 성인의 업적과 경건한 그림이 있고 그 아래 성 마르쿨에게 간청하는 기도문이 인쇄되어 있는 소책자를 받기도 했다.

게다가 이때까지 일곱 번째 아들과 옛날 낭과 코르베니에서 기적을 행했던 사람(성 마르쿨-옮긴이) 사이의 긴밀한 관계는 모든 사람들이 보기에도 명백한 것이어서, 당시 언어에도 강하게 나타나 있다. 이런 종류의 연주창 치료사

---

164) 국립도서관 판화실(Bibl. Nat., Estampes) Re 13, fol. 161 ; Cahier, *Caractéristiques des saints dans l'art populaire*, in-4, 1867, I, p.264, n.3. 그리고 Jean Gaston, *Les Images des confréries parisiennes avant la Révolution*(*Soc. d'iconographie parisienne*, II, 1909), no. 34

165) "모든 동물의 머리 부위를 먹지 말 것…… 물고기 머리 부위를 먹지 말 것"과 같은 금지 처방. 연주창은 머리와 관련된 병으로 간주되었다. 이런 처방은 원래 공감 주술(magie sympathique, 떨어져 있는 사물에 영향을 미칠 수 있다는 관념에 바탕을 둔 주술. 프레이저 의 『황금가지』 참조-옮긴이)의 관습과 관련이 있다고 보아야 하지 않을까? 똑같은 금기가 오늘날에도 디낭 구호소의 성 마르쿨 유물함을 경배하러 오는 순례자에게 판매하는 소책 자에도 나와 있다. J. Chalon, *Fétiches, idoles et amulettes*, I, p.148.

344

는 세례 때 선견지명이 있는 부모나 대부모에게서 이 직업에 어울리며 틀림없이 행운을 불러올 수 있는 이름을 받는다. 예를 들어, 앞서 보았듯이 루이, 또는 더 많은 경우, 마르쿨이 그것이다.[166] 마르쿨이라는 이름은 점차 세례명에서 보통 명사로 변해갔다. 19세기 그리고 아마도 그 이전부터, 프랑스 대부분 지방에서 우연히 6명의 남자 형제 바로 뒤에 태어난 남자는 '마르쿠(marcou)'로 불렸다.[167]

성 마르쿨 숭배와 일곱째에 대한 속설을 연구하다가 현대까지 와버렸다. 이

---

166) 일곱 번째 아들에게 마르쿨이라는 세례명을 붙인 것은 브누아(M.A. Benoît, *Procès verbaux soc. archéol. Eure-et-Loir*, V(1876), p.55)가 유일하다. 그러나 일곱 번째 아들을 부르는 이름(nom commun)에 마르쿠(Marcou)를 이용한 사례는 매우 많다(아래 각주 167 참조). 부르는 이름은 세례명에 기원을 두는 것이 자연스럽다.

167) 우선 위의 각주 121에서 인용한 Laisnel de la Salle, Jaubert, Tiffaud et Martellière를 참조하라. 그리고 위의 각주 144에서 언급한 므노(Dr. Menault)의 논문도 참조하라. 치료사에게 적용된 '마르쿠(marcou)'라는 이름의 어원을 고려할 때, 리브레흐트를 따를 필요는 없다(Liebrecht, *Zur Volkskunde*, p.347). 몇몇 방언과 로망스어의 지방어-특히 왈롱어-에서 '마르쿠'라는 이름은 의미가 완전히 다르다. 그 단어는 고양이, 좀더 정확하게는 수코양이를 가리킨다. 이 뜻은 꽤 오래되었다. 르뒤샤(Leduchat)가 편집한 책(H. Estienne, *Apologie pour Hérodote*, La Haye, 1735, III, p.250, n.1)에 있는 르뒤샤의 글. 메나주(Ménage)가 편집한 *Dictionnaire étymologique* 1750년 판에 있는 'marcou' 항목(르뒤샤가 쓴 글이며, 장 마로(Jean Marot)의 단시(短詩, rondeau)를 인용했음). L. Sainéan, *La création métaphorique en français...... le chat: Beihefte zur Zeitschr. für romanische Philologie*, I, 1905, 여러 부분(표를 참조하라). J. Chalon, *Fétiches, idoles et amulettes*, II, p.157. 성 마르쿨, 일곱 번째 아들 그리고 수코양이 사이에 어떤 연관관계가 있다고 생각해볼 수는 없을까? 르뒤샤가 생각한 것이 바로 이것이다. 게다가 마르쿠는 고양이, 즉 동물의 이름인데, 동물의 털이 연주창을 일으킨다고 알려져 있었다. 그러므로 한 종류의 마르쿠가 다른 종류의 마르쿠가 일으킨 병을 치료하는 것이다(위에서 H. Estienne의 주석 참조). 한 단어가 점차 연주창 치료자를 나타내는 대표적 이름이 되었고, 그다음 이 단어가 관념의 전이로 인하여 똑같은 질병을 유발하는 것으로 추정되는 동물에게 적용되었다고 가정해야 한다. 그러나 이러한 설명은 지나치게 기발하여 받아들이기 어렵다. 나는 고양이에게 이러한 특성이 있다는 말을 들은 적이 없다. 르뒤샤는 자신의 독자적 해석의 근거를 마련하기 위해, 증거도 없이 고양이에게 이러한 특성을 부여한 것이 아닌가 하는 의문이 든다. 세네앙(Sainéan)이 암시했듯이, 고양이가 가르랑거리는 소리를 어렴풋이 모방해 만든 의성어의 일종으로서 마르쿠라는 별명이 고양이에게 붙여졌을 것이다. 일곱 번째 아들 이름을 고양이로부터 따왔을 것이라는 생각-이것은 세네앙이 선호하는 생각인데(79쪽)-에 관해서는, 위에서 말한 모든 사실에 비추어 보아 논란을 벌일 필요는 없는 것 같다.

제 과거로 되돌아가자. 르네상스와 종교개혁 이후 왕의 기적이 보여주는 운명을 추적하는 편이 좋겠다. 뚜렷하지는 않지만 이때부터 성 마르쿨이 기적의 원천 중 한 명으로 간주되기 시작했기 때문이다.

5 종교전쟁기와 절대왕정기 왕의 기적

위기 이전 기적을 행하는 왕권

1500년경, 그리고 16세기에 왕의 기적은 영국과 프랑스에서 모두 만개했다.[1]

---

1) 치료 의식 연구에서 근대에 접어들게 되면 우리는 새로운 범주의 사료를 접하게 된다. 여행기 그리고 부수적으로 여행안내서가 그것이다. 전체적으로 보면 별로 정확하지 않은 문헌이다. 그것들 중에서 대부분 불완전한 정보나 왜곡된 기억에 근거해 나중에 작성되므로, 매우 놀랄 만한 오류를 포함하고 있다. 이에 대해서는 몇 가지 예를 드는 것만으로도 충분하다. 괼니츠 (Abraham Gôlnitz, *Ulysses belgico-gallicus*, Amsterdam, 1655, p.140 이하)는 프랑스의 의식을 묘사했는데, 그것은 한편으로는 책에 바탕을 둔 정보에 의존했지만 다른 한편으로는 완전히 창작한 것도 있다. 그에 따르면 매번 두 종류의 왕홀(王笏), 즉 하나는 백합꽃, 다른 하나는 정의의 손이 새겨진 왕홀이 왕 앞에 놓인다. 추기경 치지(Cardinal Chigi)는 교황청대사 파견기간(1664)에 관해 이야기하면서, 프랑스 왕에게 손대기 치료 전 사흘 동안 금식하라고 말했다고 한다. 그는 왕이 환자에게 입맞춤하는 것으로 묘사했다(번역문 E. Rodocanachi, *Rev. d'histoire diplomatique*, 1894, p.271). 여기에 더해 관찰 능력도 이상하게 부족했는데, 그것은 몇몇 사람의 결점이다. 위베르 토마 드 리에주(Hubert Thomas de Liège)는 프랑스를 방문해서, 프랑수아 1세가 코냑에서 손대기 치료를 하는 것을 보았고, 영국을 방문했을 때에는 헨리 8세가 자신의 손으로 직접 그에게 경련반지를 끼워주기도 했다고 한다(아래 각주 50 참조). 전체적으로 그는 신뢰할 만한 인물이지만, 그럼에도 불구하고 영국 왕이 연주창 환자에게 손대기 치료를 하지 않는다고 단언했다(Hubertus Thomas Leodius, *Annalium de vita illustrissimi principis Frederici II* ……, Frankfurt, 1624, p.98). 그러나 어떤 여행기록, 특히 정확성과 공정한 마음을 갖춘 사람들의 기록은 예외라고 할 수 있다. 가령, 1577년 프랑스 궁정에 임무를 띠고 파견된 베네치아 대사 지롤라모 리포마노(Jérôme Lippomano)의 비서가 펴낸 여행기록이 그것이다. *Relations des ambassadeurs vénitiens*, éd. Tommaseo (*Documents inédits*),

우선 프랑스부터 보자. 이 기간에 대해서 우리는 운 좋게도 손실되지 않은 몇몇 자선금 회계장부에서 예외적으로 정확한 자료를 얻을 수 있다. 그중에서 가장 오래된 것은 샤를 8세 치세까지 거슬러 올라가며 가장 최근 자료는 샤를 9세 치세의 종교전쟁 중반으로서 1569년 것이다.[2] 이 자료들은 해당 재정거래에 관한 정보를 완벽하게 제공해준다. 필리프 미려왕 시대와 달리 우리가 살펴보려는 시대에는 국왕의 관대함이 다양한 환자 사이에서 선택적으로 시행된 것이 아니었다. 손대기 치료를 받은 모든 사람은 어떤 차별도 없이 국왕의 선심을 받은 셈이었다.[3] 연간 통계가 가능한 경우를 살펴보자. 루이 12세는 1507년 10월 1일부터 1508년 9월 30일 사이에 환자를 528명만 치료했다.[4]

그러나 프랑수아 1세는 1528년에는 최소 1,326명, 1529년에는 988명 이상, 1530년에는 최소 1,731명을 치료했다.[5] 이상한 점은 샤를 9세의 기록이다.

II. 내가 어느 정도 정확성을 갖춘 다른 문헌들과 비교해보아도 그 기록은 완전히 믿을 만하다.

2) 더 자세한 사항은 부록 1, 482쪽 이하.

3) 각 환자들은 2수 투르누아(sous tournois)를 받는 것이 규정이었다(예외: (1) 1502년 10월 31일, '카롤루스 주화(2 carolus)' 2개 지급. 디외도네(Dieudonné)에 따르면 이 주화 2개는 20드니에 투르누아에 해당한다. 자선금 장부에 명목화폐(monnaie du compte)로 기록된 총액은 명백히 오류다(2수 투르누아=24드니에 투르누아. 따라서 4드니에 투르누아를 덜 지급한 셈이다–옮긴이): Bibl. Nat. fr. 26108, fol. 302. (2) 1507년 8월 14일. 2수 6드니에: KK 88, fol. 209v). 아마도 샤를 7세 치세에는 한동안 1수투르누아만 받았던 것 같다. 적어도 자선금 장부의 한 항목(1497년 10월 24일: KK 77, fol. 17)에 대해서는 그렇게 추정할 수 있다. 그러나 이 항목(A iiij(xx)iiij xij malades des escrouelles …… chacun xij d.t. pour eux ayder a vivre……)은 너무도 부정확하게 작성되어 있다. 따라서 자선금이 손대기 치료와 더불어 분배되었는지 아니면 치료사 왕의 기분이 좋아지기를 기다리는 연주창 환자에게 나누어졌는지 판단할 수 없다. 1408년 3월 28일 샤를 8세가 이 의례를 마지막으로 시행한 날, 환자들은 각각 2수를 받았으며, 이것은 차기 치세에도 계속되었다(KK 77, fol. 93).

4) KK 88에 근거함. 1498년 3월 28일 샤를 8세는 60명에게 손대기 치료를 했다. KK 77, fol. 93. 루이 12세는 축성식을 마치고 코르베니로 와서 80명을 치료했다. *Ibid.*, fol. 124 v; 1502년 10월에는 92명(R. de Maulde, *Les Origines*, p.28에는 88명으로 되어 있으나 이는 오류); Bibl. Nat. fr. 26108, fol. 391~392.

5) KK 101에 근거하고 Bibl. Nat. fr. 6732로 보완. 이 기록에는 꽤 많은 공백이–특히 1529년은 심하다– 있어서 최소한의 숫자밖에 얻을 수 없다. 이 책 부록 1 참조. 프랑수아 1세가 치료 시술을 한 환자는 *Journal d'un bourgeois de Paris*, éd. V.-L. Bourrilly(*Collect. de textes pour servir à létude …… de l'histoire*), p.242(Tours, 1526년 8월 15일). Bourrilly가 앞 저작의 부록으로 편집

1569년은 내전이 있었으나 왕정이 승리한 놀라운 해로서, 자르낙(Jarnac) 전투의 해이며 몽콩투르(Moncontour) 전투의 해다. 그런데 왕은 전속사제인 유명한 자크 아미요(Jacques Amyot)의 도움을 받아 연주창 환자 2,092명의 상처부위에 자신의 고운 손을 얹었다.[6] 이 숫자는 다른 시대, 다른 나라, 즉 에드워드 1세와 에드워드 3세 시대의 자료에서 얻은 숫자와 비교해볼 필요가 있다. 과거 플랜태지니트 왕조의 영국과 마찬가지로 발루아 왕조의 프랑스, 특히 16세기에 수많은 환자가 몰려들었음을 알 수 있다.

이 많은 환자가 어디서 왔을까? 이 점에 관하여 16세기의 문서는 필리프 미려왕 시대의 통계보다 덜 명확하다. 손대기 치료의 수혜를 받은 사람으로서 통계에 잡힌 사람들은 대개 이름이 기록되어 있지 않거나 기록되어 있더라도 그들의 출신지는 거의 기록되어 있지 않다. 그럼에도 불구하고 외국인이라는 특별한 범주가 있었는데, 이들에 대해서는 그들의 고향으로 돌아가는 데에 도움이 되도록 특별한 자선금을 주는 것이 관습이었다. 그리고 이러한 사례가 적어도 앙리 2세 치세에는 여러 차례 기록되어 있다. 물론 앙리 2세 치세의 회계장부가 너무나 파편화되어 있어서 연간 통계를 낼 수 없을 정도이기는 하지만 말이다. 그리고 샤를 9세 치세에는 에스파냐 사람들에게 주어졌다.[7] 다른 문서들은 그들의 열정을 보여주고 있다. 프랑스와 에스파냐 사이에 정치적 적대감이 16세기 내내 지속되었지만, 연주창으로 고통을 겪는 이베리아반도 주민들로서는 비록 자신들 주군의 적이지만 그가 행사하는 초자연적 능력에 호소해 치

한 *Chronique*, p.421; 아래 각주 26 참조.

6) KK 137에 근거함. 바르텔르미 드 페 데스페스(Barthélemi de Faye d'Espeisse[B. Faius])는 그의 논쟁적인 반(反)프로테스탄트적 논문(*Energumenicus*, 1571, p.154)에서 왕의 손대기 치료 의식에서 담당 사제로서 아미요(Amyot)가 수행한 역할을 암시한다. 이 논문은 아미요에게 헌정되었다.

7) 앙리 2세: KK III, fol. 14, 35 v, 36, 37 v, 38 v, 39 v; 샤를 9세: KK 137, fol. 56 v, 59 v, 63 v, 75, 88, 89, 94(이 자료들로부터 에스파냐 사람들에게 지급된 특별 자선헌금과 관련된 인용을 얻어낼 수 있었다), 97 v, 100 v, 108. 지롤라모 리포마노의 여행기, p.54 참조. 이 여행기의 저자는 왕의 손대기 치료에 대해 이렇게 말했다. "명백히 거의 믿기 힘든 기적과도 같은 것이지만, 세계 어느 곳에서보다 이 질병이 더 많이 발생하는 이 왕국과 에스파냐에서는 아주 확실한 진실로 간주되고 있다." Faius, *Energumenicus*, p.155 참조.

료받으려는 믿음이 있었으며, 이 믿음이 약화되지는 않았던 것이다. 게다가 정부 사이에 적대감이 있었지만 두 나라는 빈번하게 교류했다. 프랑스 안에는 에스파냐 사람들이 많았고, 에스파냐 안에는 프랑스 사람들이 많았다. 이러한 이민이 프랑스 왕이 행하는 기적의 명성을 피레네 너머로 확산시켰을 것이다.

잠시 평화가 회복되자마자 연주창에 걸린 귀족은 물론이고 가난한 환자도 서둘러 산을 넘어 의사인 왕을 만나러 갔다. 그들은 정기적으로 원정대(caravane)를 꾸렸는데, 각 원정대에는 대장[8]이 있었던 것 같다. 그들은 도착하면 많은 선물을 받았는데, 상층민의 경우 225리브르에서 275리브르까지도 받았다. 이러한 혜택을 살펴보면, 왕조가 가지고 있는 기적의 특권을 왕국 너머까지 확산시키는 데에 프랑스 궁정이 사용했던 비용을 알 수 있다.[9] 에스파냐 사람들 이외에 다른 나라에서 온 사람들에 대한 언급은 앙리 2세가 코르베니에서 축성을 마치고 돌아오는 길에 모여들었던 군중에 대한 기록에서 찾아볼 수 있으나, 이들의 출신지가 명확하게 기록되어 있지 않다.[10]

심지어 프랑스 국경 너머에서도 프랑스 왕은 때때로 치료를 베풀기도 했다.

---

8) André du Chesne, *Les Antiquitez et recherches de la grandeur et maiesté des Roys de France*, 1609, p.167에서 이렇게 말했다. "그 환자들 중 많은 사람이 에스파냐에서 왔다. 다양한 연령층으로 이루어진 이들의 목적은 경건하고 신앙심 깊은 우리 왕의 손대기 치료를 받는 것이었다. 1602년 그들을 인솔해온 우두머리는 우리 전하의 손대기 치료로 많은 사람이 나았다는 에스파냐 주교들의 증명서를 가지고 있었다."

9) 에스파냐에 정착한 많은 프랑스인에 대해서는 Bodin, *République*, book V, §1, 1579 éd., Lyons, p.471 참조. 이 책에서 어느 주장은 이렇게 끝맺기도 한다. "사실 에스파냐에 사는 프랑스 사람의 수는 프랑스에 사는 사람의 수에 맞먹는다(de faict l'Espagne n'est quasi peuplée que de François)." 인구가 반대방향으로 이동한 것에 대해서는 J. Mathorez, "Notes sur la pénétration des Espagnols en France du XIIe au XVIIe siècle," *Bulletin hispanique*, XXIV (1922), p.41(이것은 실제로 학생들의 문제일 뿐이다). 왕의 손대기 치료를 받으러 온 에스파냐 여자에게 275리브르 투르누아를 준 일에 대해서는 *Catal. des actes de François 1er*, III, no. 7644(1534년 12월 21일) 참조. 딸에게 손대기 시술을 하러 온 여자에 대해서는 *ibid*. VIII, no. 31036(1539년 1월) 참조. 프랑스 왕의 기적에 대한 에스파냐에서의 인기는 신학자인 루이스 그라나다(Louis de Grenade)에서도 찾아볼 수 있다(아래 각주 96 참조).

10) KK II 1, fol. 39 v. "에스파냐와 다른 나라에서 온 연주창 환자들에게 47리브르 10수투르누아를 왕실 자선담당관이 지급했다. 그것은 그들이 성 마르쿨에 가서 손대기 치료를 기다리는 동안 살 수 있도록 돕기 위한 것이었다." 코르베니에서 왕의 손대기 치료는 1547년 7월 31일 열렸다. 이에 관한 서지는 이 책 547쪽 참조.

특히 이탈리아에서는 그들의 염원에 따라 치료를 시행하기도 했다. 사실 샤를 8세는 나폴리에서 기적 의례를 수행했고, 루이 12세는 파비아와 제노아에서 이 의례를 행했다. 이들은 프랑스에 속한다고 생각되는 도시에서 이를 수행한 것이다. 때때로 자신의 기술을 외국에서, 가령 교황령에서 행하는 데 대해서도 전혀 주저함이 없었다. 1515년 프랑수아 1세는 볼로냐에서 레오 10세의 환대를 받으면서 환자를 만지겠노라고 공공연히 말했고, 실제로 교황청 예배당에서 환자들을 만졌다. 그중에는 폴란드 주교도 있었다. 그리고 1495년 1월 20일에는 심지어 로마의 산타페트로닐라(Sainte Pétronille) 예배당에서도 500명에게 손대기를 시행했다. 그의 찬양전을 작성한 앙드레 드 라 비뉴(André de la Vigne)의 말을 믿는다면, 왕은 이탈리아 사람들을 '유례없는 찬양의 열기' 속으로 빠뜨렸다고 한다.[11]

사실 나중에 살펴보겠지만, 이처럼 기적을 보여주는 것으로는 그곳의 자유로운 사상가들이 던지는 의심의 눈초리를 거두지는 못했다. 그러나 일반 민중은 물론이고 의사들조차도 이러한 기적을 어렵지 않게 믿었다.[12] 이보다 더한 것도 있다. 파비아 전투에서 포로가 된 프랑수아 1세가 1525년 6월 말 에스파냐 영토, 즉 처음에는 바르셀로나로, 그다음에는 발렌시아로 이송되었을 때, 파리 고등법원장 셀베(Selvet)가 며칠 뒤 기록한 바에 따르면, "수많은 연주창 환자가 병을 치료할 수 있으리라는 희망을 품고 왕에게 몰려들었다. 그 수가 어찌나 많았던지 프랑스에서 치료했던 어떤 경우보다 더 많았다"라고 했다.[13]

---

11) 샤를 8세는 1495년 1월 20일 로마에서 시술. André de la Vigne, *Histoire du Voyage de Naples*(Godefroy, *Histoire de Charles VIII*, 1684, p.125에 수록). 4월 19일에는 나폴리에서, *ibid.*, p.145. 루이 12세는 1502년 8월 19일 파비아, 9월 1일 제노아에서, Godefroy, *Ceremonial françois*, I, p.700, p.702. 프랑수아 1세는 1515년 12월 15일 볼로냐에서, *Journal de Jean Barillon*, éd. p.Vaissière(*Soc. de lhist. de France*), I, p.174 ; le Glay, *Négociations diplomatiques entre la France et l'Autriche*(*Documents inédits*), II, p.88 ; Caelio Calcagnini, *Opera*, Basle, 1544, *Epistolicarum quaestionum*, book l, p.7. 볼로냐에서 있었던 의식을 보여주는 17세기 프레스코화에 대해서는 이 책 405쪽 참조.

12) 이러한 의심에 대해서는 368쪽. 의사들의 태도에 관해서는 이 책 2부 1장 각주 61 참조.

13) A. Champollion-Figeac, *Captivité du roi François 1er*(*Documents inédits*), 1847, p.253, no. CXVI(1525년 7월 18일). M. Gachard, *Études et notices historiques*, I, 1890, p.38도 참조.

전투에서 패배했는데도 이 존엄한 치료사는 화려한 축성식에 도움을 간청하러 많은 사람이 왔을 때만큼이나 에스파냐 사람들 사이에서 성공을 거두었다. 시인 라스카리스(Lascaris)가 이 일화를 그 당시에 유행하던 라틴어 이행시로 지었다.

> 여기 마침내 연주창을 손동작으로 낫게 하는 왕이 납셨다.
> 포로가 되었으나 하늘의 호감을 잃지는 않았도다.
> 이렇게 보면, 왕들 중에서 가장 신성한 왕이리니,
> 그대를 박해하는 자는 신의 미움을 받으리로다.[14]

국가가 더 잘 조직되고 궁정이 더욱 화려해짐에 따라 프랑스에서는 연주창 치료 의식도 점차 규칙적이면서 엄숙하게 되었다. 루이 11세는 여전히 매주 환자를 치료했던 것으로 기억되고 있다. 샤를 8세 이후에는 의식이 상당히 뜸해졌는데, 이 점에 대해 코민(Commines, 연대기 작가―옮긴이)은 왕을 비난했다.[15] 물론 왕이 행차할 때 의식은 여전히 행해졌다. 가령 프랑수아 1세가 1530년 1월 샹파뉴 지방을 통과할 때, 왕은 머무르는 곳마다 몇몇 환자를 접견하기도 했다.[16] 또는 혼자 사는 가난한 남자의 탄원을 받아들여 '즉석에서' 시행하

---

14) Iani Lascaris Rhyndaceni, *Epigrammata*, Paris, 1544, p.19 v. 이 이행시(二行時)는 17세기에도 종종 인용되었다. Du Laurens, *De mirabili*, pp.21~22, du Peyrat, *Histoire ecclésiastique*, p.817.

15) Commines, VI, c. vi, éd. Maindrot(*Collection de textes pour servir à l'étude et leus. de l'histoire*), II, 1903, p.41. "프랑스 왕이 연주창 환자에게 손대기 치료를 하려고 할 때, 왕은 고해를 한다. 현재 우리 왕은 일주일에 한 번은 빠지지 않고 하고 있다. 다른 왕들이 그렇게 하지 않는다면 큰 잘못을 저지르는 것이다. 왜냐하면 항상 환자가 많기 때문이다." De Maulde, *Les origines*, p.28에서는 이 문장이 루이 12세에 해당하는 것임을 암시하고 있다. 그러나 코민의 『회상록』(*Mémoires*) 제6권은 샤를 8세 치세에 쓰였다. 게다가 샤를 8세의 자선금 장부(KK 77)는 1497년 10월 1일과 왕의 죽음(1498년 4월 8일) 사이에 1498년 3월 28일 단 한 차례만 손대기 치료가 있었음을 보여준다. ―fol. 93― 게다가 그날은 축일이 아니었다. 여기에 1497년 10월 24일에 관련된 모호한 언급도 고려해야 한다 ―fol. 17―(위 각주 3 참조). 요컨대 치료능력을 자주 사용하지 않았다는 것이다.

16) KK 101, fol. 273 v 이하.

기도 했다.[17) 그러나 일반적으로 연주창 환자들은 오는 대로 자선담당관에 의해 그룹으로 나뉘어 길일(吉日)이 될 때까지 '생존에 도움이 되도록' 구호비를 받으며 왕이 기적을 위해 택일할 때를 기다렸다. 궁정의 입장에서는 계속 왔다 갔다 하는 이 거추장스러운 행렬을 가까이서 보거나 이들과 마주치면 껄끄러웠을 것이므로, 이들을 궁정에서 내쫓기 위해, 지금은 '물러나서' 날이 정해질 때까지 나타나지 말라고 돈을 주며 설득하려고 했을 것이다.[18)

왕이 기적을 행하는 업무를 보는 날은 원칙적으로 1년 중에서 종교적으로 중요한 날이었다. 이날은 매번 바뀌었는데,[19) 성촉절, 종려주일(Rameaux), 부활절이나 성주간 중 하루, 성신강림축일, 예수승천일, 성체성혈대축일(聖體聖血大祝日), 성모승천일, 성모탄생축일, 그리스마스 등이었다. 예외적으로 교회 전례력과는 무관한 축제일도 있었다. 프랑수아 1세는 1530년 7월 8일 몽드마르상(Mont-de-Marsan) 근처 로크포르(Roquefort)에서 엘레노르 도트리슈와의 '혼례(espousailles)'를 축하하며, 새 프랑스 왕비에게 조상 전래의 기적을 몸소 보여주었다.[20) 환자들이 그룹으로 나뉘는 체제 덕분에, 국왕은 종종 수백 명이나 되는 군중, 말 그대로 군중이 왕실 의사가 정해놓은 분류에 따라 정해진 시각에 모이는 것을 볼 수 있었다.[21) 그로써 의식은 특별히 장중한 성격을

---

17) KK 101, fol. 68, 1529년 4월, "왕이 즉석에서 시술한 연주창 환자에게 상기 전속사제가 5수 투르누아를 지급함." 여기에 더하여 알아두어야 할 것은 지체 높은 사람들은 종종 군중과는 분리되어 자신들만이 손대기 치료를 받기 원했다는 점이다. 그렇다고 하더라도 이러한 개인적 시술도 전체 의식이 열리는 날 같이 시행되었을 것이다. 이러한 사례(앙리 4세)에 대해서는 각주 89(투(Thou)의 문헌) 참조.

18) 1530년 5월 26일 서남 프랑스로 궁정이 이동하는 도중 앙굴렘(Angoulême)에서, 왕실 담임 사제장이 "그들이 성령강림축일까지 따라다니지 않고 물러가도록" 1인당 2수 투르누아씩 분배했다. KK 101, fol. 360 v. 이와 유사한 언급은 *ibid.*, fol. 389 참조.

19) 또는 축일 전야에 했다. 때때로 축일 전야와 축일 당일 이틀에 걸쳐 하기도 했다.

20) KK 101, fol. 380 v.

21) KK 101, fol. 29 v, 1528년 8월. "연주창 환자를 진찰한 왕의 외과의사 클로드 부르주아(Claude Bourgeoys)에게 왕의 자선담당관이 41수투르누아를 지급함." 각주 1에서 언급한 지롤라모 리포마노의 여행기, p.545 참조. "왕이 시술하기에 앞서, 몇몇 의사와 외과의사가 자세히 병의 특징을 살핀다. 이들이 연주창 이외의 환자를 발견하면 그 사람을 제외한다." 그리고 Faius, *Energumenicus*, p.155 참조.

띠게 되었다. 의식에 앞서, 왕은 매번 영성체를 했다. 당연히 왕조의 특권에 따라 영성체가 두 종류로 배령되는데, 이것이 치료능력과 마찬가지로 프랑스 왕정의 신성한 성격을 확인해주었다. 왕권파는 이 두 가지 영광스러운 특권 사이의 유사성을 주장했는데, 이것을 잘 나타내는 16세기 초의 작은 그림이 한 점 있다.

그림 왼편 열려 있는 예배당에 왕이 있고, 주교가 왕에게 성반(聖盤, 성체그릇)을 내밀며, 왕은 성배를 들고 있다. 오른편에는 안뜰에서 예배당 계단까지 환자들이 기다리고 있다.[22] 의례의 본질적 특성은 중세 이래 달라지지 않았다. 맨손으로 또는 종양을 만지고 십자가 표시를 한다. 16세기 이후 왕이 각 환자를 내려다보며 외치는 문구는 변함이 없다. "왕이 너를 만지고, 신이 너를 치료하노라"라는 것으로, 약간 변형되기는 하지만 왕정이 끝날 때까지 유지되었다.[23] 특히 요즘에는 짧은 전례 하나가 의식에 앞서 시행된다. 우리가 이미 보았듯이, 그것은 적어도 앙리 2세 이후 부가된 것으로 왕의 기적의 수호성인이

---

22) 이 책 부록 2, 3 (그림 1). 이 책 169쪽에서 언급한 몽생미셸의 스테인드글라스 창 참조.

23) 이 구절은 지롤라모 리포마노의 여행기 545쪽에서 처음으로 확인되었다. 17세기에는 이 문구에 대한 증언들 사이에 약간 차이가 있었다. 어떤 문구에서는 접속법을 사용해 의구심을 내비치기도 한다. "왕이 너를 만지고, 신이 너를 치료해주시기를(Le Roi te touche, Dieu te guérisse)"이라고 한다(다른 유사한 표현이 있지만 접속법을 사용한 것은 똑같다). 그러나 이러한 문구는 오직 별 볼일 없는 작가들에게서만 발견된다. 뚜렷한 경력이 없는 성인전 작가: Louis Texier, *Extraict et abrégé de la vie de Saint Marcoul*, 1648, p.6; 황당한 작가: *Traité curieux de la guérison des écrouelles …… par l'attouchment des septennaires*, Aix, 1643, p.34; Menin, *Traité historique et chronologique du sacre*, 1724, p.328. 그리고 뒤 페라가 인용한 비슷한 유형의 작가들: du Peyrat, *Histoire ecclésiastique de la Cour*, p.819. 특히 여행기 중에서는 무가치한 것으로 알려진 것들: Goelnitz, *Ulysses belgo-gallicus*, p.143; Nemeiz, *Séjour de Paris*, Frankfurt, 1717, p.191; Gyldenstope 백작의 여행기, 1699(*Archiv für Kulturgeschichte, 1916*, p.411에 수록). 좀더 믿을 만한 작가: Du Laurens, *De mirabili*, p.9; Favyn, *Histoire de Navarre*, p.1057; de l'Ancre, p.170; Barbier, p.26; du Peyrat, p.819. 이 모든 작가는 문구를 직설법으로 썼다. 다음 문헌에서도 똑같다. *Cérémonial du XVIIe siècle*, éd. Franklin, *La vie privée. Les Médecins*, p.304. 아래 각주 145 참조. 뒤페라는 왕에게 다른 문구를 적용한 저술가들에 대해 노골적으로 반대 주장을 펼쳤다. 그러므로 공식적인 문구에 대해서는 의심할 여지가 없다. 다만 전승과정에서 약간의 변동이 있었던 것 같다. 루이 15세와 그 후계자들에 대해서는 이 책 443쪽에서 살펴볼 것이다. 그리고 두 문장을 연결하는 요소인 '그리고(et)'는 매우 일찍부터 탈락한 것 같다.

된 성 마르쿨과 관련된 전례다.[24] 그것을 우리에게 알려준 전례서에는 훌륭한 세밀화가 들어 있어서 손대기가 시행되는 날의 상황을 똑똑히 볼 수 있다. 앙리 2세는 자선담당관과 몇몇 영주를 따라 무릎 꿇고 있는 군중 사이를 돌아다니며 이 환자 저 환자를 돌본다. 우리는 일이 이렇게 진행되는 것으로 알고 있다.[25] 그러나 이 작은 장면을 있는 그대로 받아들이면 안 될 것이다. 왕관을 쓰고 백합꽃 문양이 새겨진 모피 달린 망토를 입은 왕의 의상은 그림에서는 상투적인 모습이다. 왕은 환자를 손댈 때마다 축성식 복장을 하지는 않았다. 이 장면은 어느 교회에서 이루어지는 것으로 보이는데, 실제 손대기 치료가 교회에서 자주 이루어졌으나, 반드시 그런 것은 아니었다. 예술가가 좋아하는 르네상스풍의 환상적인 건축물을 보면서도 우리는 상상력을 발휘해 좀더 현실적이고 다양한 장면을 떠올릴 수 있다.

예를 들어, 1528년 9월 8일 파리 노트르담 성당의 고딕식 기둥들이 열을 지어 서 있는데, 그 기둥을 따라 연주창 환자 205명이 늘어서 있고, 선량한 파리 시민들이 이를 지켜보고 있으며 그중 한 명은 자신의 이 기억을 일기장에 적어두었다.[26] 또 항상 교회 건물이나 실내에서만 행해진 것도 아니었다. 예를 들어 1527년 성모승천일에 추기경 울지(Wolsey)는 프랑수아 1세가 아미앵 주교성당의 안뜰에서 비슷한 수의 환자를 만지는 것을 보았다.[27] 또한 혼란한 시기에는 전장에서 하기도 했다. 1569년 만성절에 생장당젤리(Saint-Jean d'

---

24) 샤를 8세의 시간전례서(*Heures*, Bibl. Nat. lat. 1370)에도 루이 12세의 시간전례서(lat. 1412)에도 연주창 의례와 관련된 것은 없었고, 그다음 세기 루이 14세의 훌륭한 시간전례서에서도 마찬가지다(lat. 9476).

25) 『지롤라모 리포마노 여행기』, p.545. "환자들은 줄지어 서 있고…… 왕은 가면서 한 사람 한 사람 만졌다."

26) KK 101, fol. 34. "그달 8일 상기 왕은 노트르담 성당에서 연주창 환자에게 손대기 치료를 시술했고 이들에게 20리브르 10수투르누아를 지급했다." *Chronique*(*Journal d'un bourgeois de Paris*, éd. V.-L. Bourrilly, p.421)에서 이 의식에 대해 말했다('200명 이상의 환자'). 교회에서 행한 왕의 손대기 치료 사례: KK 88, fol. 142 v(그르노블(Grenoble)), 147(모랑(Morant)?); K 101, fol. 273 v, 274 v(Joinville, Langres, *Torchastel*). 『지롤라모 리포마노 여행기』, p.545. "환자들은 궁정이나 대성당에서 줄을 지어 서 있었다."

27) George Cavendish, *The Life of Cardinal Wolsey*, éd. S.W. Singer, Chiswick, 1825, I, p.104.

Angély)에 있는 랑드(Landes) 진영에서 샤를 9세는 잠시 군사령관 역할을 중단하고 치료사 역할을 했다.[28]

영국의 모습도 최소한 큰 줄거리에서는 마찬가지였다. 연주창 환자에게 손대는 행위 자체에 대해서는 프랑스와 같이 정확히 알 수 있지만, 통계 자료는 없다. 왕이 '치료한' 환자에 관한 언급이 드물게 헨리 7세나 헨리 8세의 회계장부에 있지만, 그것은 예외에 속한다. 자선금 장부에는 기적을 받은 자 전원에게 배포한 총액이 기입되어 있었을 테지만, 그 문서는 영원히 사라져버렸다.[29] 16세기에 영국 왕이 왕의 병을 치료하는 의사로서의 인기가 높았던 것은 의심의 여지가 없다. 많은 문필가가 이 능력을 칭송했다. 다만 그 인기를 숫자로 측정할 수는 없다.

적어도 튜더 왕조의 메리 여왕 시대에 치러진 기적 의례에 대해서 우리는 정확히 알고 있다. 틀림없이 헨리 8세 때부터,[30] 아마도 더 거슬러 올라간다면 헨리 7세 때부터[31] 이 의례가 시행되고 있었을 것으로 생각된다. 영국의 의식은

---

28) KK 137, fol. 94. 게다가 그날은 예외적으로 14명만 시술받았다.

29) 490쪽과 부록 1, 각주 21 참조.

30) 메리 튜더 시대의 전례는 이 여왕의 미사 전례서(현재 웨스트민스터 대성당 도서관에 보존)에 포함되어 있다. 그 전례서는 계속 왕만 언급할 뿐 여왕에 대해서는 전혀 언급하지 않았다. 그러므로 그 전례서는 여왕을 위해 만들어진 것이 아님을 확실히 알 수 있다. 헨리 8세 시대, 적어도 치세 초반에-교회대분열 이전 또는 대분열의 영향이 아직 나타나기 전에-, 심지어 헨리 8세 이전에 나타났을 수 있다. 이것은 여러 차례 간행되었다. 특히 Sparrow Simpson, "On the forms of prayer," p.295 참조. Crawfurd, *King's Evil*, p.60.

31) 1686년 인쇄업자 헨리 힐스(Henry Hills)는 '국왕 전하의 명령으로' 소형 4절 판형(petit in-4) 12페이지의 책을 출판했는데, 그 안에 다음 문헌들이 포함되어 있다. *The Ceremonies us'd in the rime of King Henry VII for the Healing of Them that be Diseas'd with the King's Evil*(*The literary museum*, London, 1792, p.65에 수록); W. Maskell, *Monumenta ritualia Ecclesiae Anglicanae*, 2e éd., III, p.386, Crawfurd, *King's Evll*, p.52. 이 문헌들은 당연히 라틴어로 되어 있다. 동시에 다른 책이 출판되었는데 그것은 영어로 번역된 것이었다(Crawfurd, *ibid.* p.132에 수록). 그러므로 우리는 헨리 7세 치세에 행해진 연주창 치료 의식을 알 수 있을 것 같다. 그런데 이 문서의 진위 여부는 확실한가? 감히 그렇다고 말할 수는 없다. 이것은 메리 튜더와 헨리 8세 시대의 전례서를 정확히 옮겨 적은 것이어서(앞의 각주 참조), 이에 대해서는 의심할 여지가 없다. 그러나 이것이 인쇄된 상황은 다소 의심스럽다. 만약 제임스 2세가 출판을 명령했다면, 앞으로 살펴보겠지만, 그 이유는 손대기 치료 의식에서 과거의

프랑스 궁정의 관례와는 많은 점에서 달랐다. 이 차이는 명확히 해둘 만한 가치가 있다.

첫째, 의식의 전 과정이 처음부터 끝까지 좀더 발달된 전례로 되어 있다. 이 의식은 본질적인 요소로서 왕이 외치는 '고해(confiteor, 고해할 때 맨 처음 하는 말, '고백하옵건대'라는 뜻-옮긴이),' 이에 응대하는 왕실 전속사제가 외치는 사면의 말, 복음서의 두 구절 낭독 등을 포함한다. 복음서의 두 구절 중 하나는 사도가 행한 기적과 관련된 마가복음의 구절인데, 이 구절이 암시하는 바는 명백하다. 다른 한 구절은 요한복음 첫 구절로 당시 모든 축복이나 위안을 위한 상투적 문구였다.[32] 당연한 것이지만, 성 마르쿨이나 다른 특정 성인은 전혀 언급되지 않았다.

프랑스 방식과 달리 왕은 옮겨다니지 않았을 것이고, 틀림없이 앉아 있었을 것이다. 성직자가 환자를 한 사람씩 왕에게 데려왔다. 그러면 왕은 아마 더욱 위엄을 유지할 수 있었을 테지만, 의례가 진행되는 방에는 환자의 왕래가 끊이지 않게 된다. 적어도 이 기준이 여전히 지켜지던 17세기의 판화를 보면, '기적의 궁정' 행렬은 꽤 불편한 광경을 보여주고 있다.[33] 틀림없이 이 원칙은 오래되었을 것이다. 이미 13세기 세밀화에 에드워드 고해왕이 자신을 접견하러 온 여자에게 앉은 채 손대는 장면이 있다.[34]

환자는 두 번씩 왕 앞에 나왔으니 그것만으로도 이 길은 혼잡했다. 우선 모

___

가톨릭적 형식을 복원하려고 했기 때문이다. 이와 유사한 경우 종교개혁 직전의 마지막 군주(헨리 7세-옮긴이), 게다가 스튜어트 왕조의 직계 조상과 연결하려고 노력하는 것이 자연스러운 일 아니겠는가? 왕실 인쇄소가 단순히 헨리 8세와 메리 튜더의 전례를 담은-아마도 익명이었을- 필사본을 사용하지 않고 그것을 헨리 7세의 것이라고 해버린 것은 아닐까 추측해볼 수 있다. 힐스에게 출판용으로 넘겨진 문서임을 보증하는 원본이 발견되지 않는 한, 우리는 이 문서의 전승 형태에 대한 진위 논쟁을 계속하면서 확실한 사료로는 받아들이지 말아야 한다.

32) *Decretals*, l. III, t. XLI, 2(1023년 젤리겐슈타트(Seligenstadt) 공의회에 따른 것). "어떤 속인들, 특히 부인들은 관습에 따라 매일 복음서의 말을 듣는다. '태초에 말씀이 있었다'는 말이 그것이다. 그리고 이것은 이 공의회에서 결정되었으며, 이때에 해당되지 않으면 이후에는 적용되지 않는다."

33) 부록 2, 각주 12, 13, 그림 4.

34) 부록 2, 각주 1. 주석은 파카(Miss Farquhar)의 것이다.

든 사람이 계속 국왕 전하 앞을 통과하고, 왕은 환부에 맨손을 갖다댄다. 이 첫 번째 과정이 끝나면 다음에는 다시 한 사람씩 차례로 왕 앞에 되돌아오고, 왕은 환부 위에서 전통의 십자가 표시를 한다. 이때 경쟁자인 프랑스 왕이 빈손으로 하는 것과 달리, 영국 왕은 성스러운 표시를 긋는 손 안에 화폐, 그것도 금화 한 닢을 쥐고 있었다. 왕은 십자가를 긋고 나자마자 사전에 구멍을 뚫고 리본으로 매달아놓은 똑같은 금화를 손수 환자 한 사람 한 사람의 목에 걸어주었다. 프랑스의 의식과 가장 눈에 띄게 차이 나는 것이 바로 이 부분이었다. 발루아 왕조의 궁중에서도 연주창 환자는 얼마간의 금전, 원칙적으로 한 사람당 2수 투르누아를 받았다. 그러나 이 자선금액은 영국에 비해 훨씬 적었을 뿐만 아니라, 왕을 조용히 뒤따르던 성직자에 의해 아무런 의례도 없이 주어졌다. 이에 비해 영국에서의 경우 왕의 선물이 의례의 핵심이었다. 여기에서 신앙의 전이, 즉 신앙이 옮겨가는 현상이 있었으므로, 지금부터 그 경과를 철저히 추적해보자.

알다시피, 장미전쟁 동안 영국의 왕들은 많은 선물을 미끼로 내세워 환자들을 자기 쪽으로 끌어오는 관행을 만들었다. 선물은 점차 금화로 형태를 바꾸었고, 이것이 전통이 되었다. 이때의 금화는 항상 똑같았는데, 그것은 바로 엔젤 (angel)화였다. 엔젤화는 적어도 제임스 1세 시대까지 유통되었으나, 점차 사람들은 이 금화를 교환 수단이라기보다는 손대기 치료를 목적으로 한 특별한 메달로 여기게 되었다. 그리하여 사람들은 금화에 새겨진 글귀와 의례의 특별한 성격을 일치시키려고 했다. 메리 튜더 시대에 이르러 옛날부터 전해오던 진부한 화폐 문구인 "오, 그리스도 구세주여, 당신의 십자가로 우리를 구원하소서" 대신에 왕의 기적에 적합한 "이것이야말로 주 하나님이 우리 눈앞에서 이루는 기적입니다"라는 문구를 새겼다.[35] 뒤에서 살펴보겠지만, 제임스 1세는 의례를 바꿈과 동시에 엔젤화의 외형과 문구도 변경했다. 16세기부터 민중은 치료 의례와 아주 밀접한 관계를 맺고 있던 이 금화가 더 이상 원래 가지고 있

---

35) 오래된 문구에 대해서는 Farquhar, I, p.70(헨리 7세 시대의 변형된 구문에 대해서는 *ibid*., p.71). 좀더 근대적 형태(시편 117장 23절에서 따온 것)는 *ibid*., p.96 참조. 파카 여사의 작품이 영국 의례와 관련된 화폐역사에서 기념비적 작품이라는 점을 지적해두고 싶다.

었던 것, 즉 '자비로운 선물'이라고 생각하지 않게 되었다. 그 이후 이 금화 자체가 고유의 치료 효과를 지닌 부적이라고 생각되었다.

베네치아인 파이타는 추기경 폴(Pole)의 수행원으로 영국에 도착해 1556년 4월 4일 메리 튜더가 병자를 만지는 장면을 목격했다. 그에 따르면 여왕은 환자들에게 "엄청난 곤궁에 빠지지 않는 한 (목에 걸어준) 금화를 떼어내지 않겠다"라는 약속을 하도록 명령했다고 한다.[36] 실제로 여왕이 그렇게 했는지 여부를 떠나 사람들이 여왕의 명령이라고 생각한 것 자체가 이때부터 이미 엔젤화가 보통 화폐가 아니었음을 증명하고 있다. 엘리자베스 치세에 이 새로운 부적의 치료능력에 대한 신앙이 존재했다는 것은 여왕 전속사제 투커에 의해 입증된다. 그는 왕이 가진 치료사로서의 권능에 대해 영국에서 최초로 책을 쓴 사람으로 알려져 있다. 그러나 그는 이를 민간의 미신이라고 배척했다.[37] 그후 왕의 기적을 옹호하는 자들은 모두 이 태도를 취했다.

그러나 17세기에는 이미 이 태도를 유지하기 어렵게 되었다. 의사 브라운이나 와이즈만 등 영향력 있는 작가들조차 민중의 관념에 대해서는 형식적으로 문제제기를 할 뿐이었다. 그 당시 공유되던 생각에 따라 초자연적인 것을 좋아하는 사람은 모두 이러한 민중의 관념을 받아들였던 것이다.[38] 그 당시 영국에서 유행하던 이야기들에서 주인공은 바뀌지만 줄거리는 항상 똑같았다. 어떤 여인이 왕의 손대기 치료를 받고 엔젤화도 받았다. 이 건강 보증서를 가지고 있는 한 병은 나은 듯이 보였다. 어느 날 그녀가 금화를 잃어버리거나 금화가 망가지는 일이 생겼다. 그러자마자 과거의 병이 도졌다.[39] 사회의 모든 계층 사람이 이러한 생각을 공유했다. 1674년 사망한 네덜란드인 의사 디머브루크

---

36) *Calendar of State Papers, Venice*, VI, 1, no. 473, pp. 436~437. 이 책 2부 2장 각주 43 참조.

37) Tooker, *Charisma*, p. 105.

38) 이 주제에 관한 브라운의 설명에는 당황스러움이 반영되어 있다. *Adenochoiradelogia*, pp. 106~108, p. 139, p. 142, p. 148; Wiseman, *Severall Chirurgical Treatises*, I, p. 396 참조. 금화와 관련된 17세기의 미신에 대해서는 *Relation en forme de journal du voyage et séjour que le sérénissime et très puissant prince Charles II roy de la Grande Bretagne a fait en Hollande*, La Haye, 1660, p. 77.

39) Browne, p. 106, p. 148; Douglas, *Criterion*, p. 199.

(Diemerbroeck)는 삼부회에 근무한 영국인 관리(官吏)를 진료한 이야기를 우리에게 남겼다. 과거에 기적의 치료를 받은 적이 있는 이 관리는 청소년 시절에 왕에게서 받은 화폐를 리본에 끼워 목에 걸고 있었다. 의사가 치료와 아무런 관계가 없다고 설득해도 그는 한사코 그것을 떼어내지 않겠다고 했다는 것이다.[40] 교구에서 자선에 열심인 사람들은 불쌍하게도 연주창에 걸린 사람들을 위해 엔젤화를 달아매는 천조각을 교체해주었다.[41]

때로는 정부도 이 공통의 편견에 가담했다. 1625년 5월 13일 포고령은, "과거에 치료되었다가 정해진 대로 금화를 가지고 다니지 않아서 다시 병에 걸린 자들"에 대해 언급하고 있다.[42] 나쁜 마음을 먹은 이 사람들은 왕의 선물을 어떻게 했을까? 상상하기 어렵지 않다. 팔아버린 것이다. 실제 이 부적 장사가 정말로 있었음을 우리는 알고 있다.[43] 이런저런 이유로 궁정까지 갈 수 없거나 여비가 부담되는 환자는 금화를 샀다. 틀림없이 싸게 샀겠지만, 그렇게 함으로써 국왕의 성스러운 손으로 나누어준 기적의 은혜 중 일부를 받을 수 있을 것으로 생각했다. 이로써 존엄한 손이 직접 닿아야만 병에서 회복될 수 있다고 생각하

40) Isbrandi de Diemerbroeck, *Opera omnia anatomica et medica*, Utrecht, 1683, *Observationes et curationes medicae centum*, Obs. 85, p.108. 이 관리는 심지어 일반적인 신앙에 대해서도 지나치게 관심을 기울였다. 그는 만약 자신이 금화를 잃어버린다면, 설사 다시 왕의 손대기 치료를 받는다고 하더라도 병이 재발하고야 말 것이라고 믿었다. 일반적으로는 두 번째 손대기 치료를 받고 두 번째 동전을 받아서 고이 간직하면 완치된다고 믿었다. Browne, *Adenochoiradelogia*, p.106. 젠트리 계급임에 틀림없는 어떤 노인이 찰스 2세(1660~65–옮긴이)에게서 받은 금화를 1723년에도 여전히 간직하고 있었다. Farquhar, IV, p.160(Thomas Hearne, *Reliquiae Hearnianae*, 1857, II, p.680에 있는 어느 편지에 근거함).

41) 민친햄튼 교구위원(churchwardens)의 기록, *Archaeologia*, XXXV (1853), pp.448~452.

42) Nicolas, *Privy Purse of Henry VIII*, p.352에 인용. "콘웨이 서류집 중에 1625년 5월 13일자 포고령을 위한 다음 내용의 명령서가 포함되어 있다. 앞으로 모든 사람에게 증명서를 가져오게 한다. 증명서는 교구사제가 발행한다. 많은 사람들은 일단 치료되면, 금화를 원래와는 다른 목적으로 사용한다. 그리하여 병이 재발된다." 이것은 왕에게 치료받으러 오는 사람들이 이전에 이미 치료를 받은 적이 없음을 증명하는 증명서를 요구한 것이다. 아래 각주 170 참조.

43) Browne, *Adenochoiradelogia*, p.93. "만약 이것(부적을 파는 행위)이 사실이 아니거나 일반적 관행이 아니라면, 전하가 만진 메달이 그렇게도 자주 금은 세공업자의 가게에서 발견되지는 않을 것이다." *Ibid*, p.139에는 연주창에 걸린 러시아 상인에게 영국 여성이 찰스 1세의 '엔젤 주화'를 주었더니 병이 나았다는 이야기가 있다. 치료용 주화의 대여에 관한 이야기는 Farquhar, IV, p.159 참조.

는 열렬한 왕권 지지자의 분노를 샀다. 일곱 번째 아들은 프랑스에서와 마찬가지로 영국에서도 왕의 충실한 모방자였으며, 이들 역시 환자의 목에 화폐를 걸어주었다. 단지 경쟁자인 왕의 관대함은 도저히 똑같이 할 방법이 없었으므로 은화를 걸어주었다. 이 관습은 적어도 어떤 지역에서는 19세기까지 남아 있었다.[44] 기적을 행하는 왕의 능력에 대한 신앙이 화폐형 부적 형태로 아주 오랫동안, 즉 19세기까지 영국에 남아 있었다는 것은 나중에 살펴볼 것이다.

이처럼 16세기 내내 왕의 기적에 대한 믿음은 새로운 미신의 탄생이라고 할 정도로 여전히 강력했다. 영국인은 어떻게 엔젤화를 치료능력의 전달매체로 간주하게 되었을까? 손대기 치료 의례에서 항상 똑같은 화폐를 사용하는 일은 틀림없이 맨 처음에는 왕위를 놓고 경쟁하던 잉가들의 야심으로 시작되었고, 뒤이어 전통으로 고정되었을 것이다. 그러던 것이 점차 사람들이 그 물건이 의례에서 그렇게도 본질적이라면 단순한 자선금 역할만 하지는 않을 것이라고 상상하게 되었을 것이다. 적어도 헨리 8세부터는 왕 자신도 화폐를 손에 넣고 십자가 표시를 하는 것을 관례로 삼음으로써, 왕 자신이 원했건 원하지 않았건, 이 믿음을 조장했다. 그러나 이렇게 쉽게 사회 통념으로 받아들일 수 있느냐는 다른 의례가 선례를 제공했다는 것 이외에는 이유가 없다고 가정할 수도 있다. 다른 의례란 최종적으로는 중세 말에 왕의 의식에 편입된 의례로, 마찬가지로 왕이 축성한 부적의 사례다.

내가 말하고 싶은 것은 치료반지다. 그때부터 왕의 손이 접촉함으로써 그 능력이 재질에 침투되고, 침투된 능력을 받아들이는 것으로 간주되는 반지다. 일반의 상상 속에서는 낡은 기적인 손대기 기적은 새로운 기적인 성금요일 기적을 여러 가지 방법으로 모방하게 되었다. 왕의 손대기조차 '성금요일'에 시행

---

44) 적어도 루이스 섬(스코틀랜드 북쪽에 있는 섬-옮긴이)에는 그때까지 남아 있었다. William Henderson, *Notes on the Folklore of the Northern Counties of England and the Borders*, 2nd éd.(*Publications of the Folklore Society*, II), London, 1879, p.306; *Folklore*, XIV(1903), p.371, n.I. 찰스 1세 치세에 프랑스 탐험가 부아고드르(Boisgaudre)는 7형제 중 일곱 번째로서, 부채 때문에 투옥되었을 때 그곳에서 연주창에 대해 손대기 치료를 시술하곤 했는데, 그는 환자 목에 이런 글귀를 쓴 종이쪽지를 걸어주었다. "예수 그리스도의 이름으로, 이 사람이 치료될지니." *Calendar of State Papers, Domestic, Charles I*, 1632년 6월 7일.

하면 특별한 효력을 갖게 된다고 믿지 않았던가?[45] 이렇게 왕의 초자연적 특권 중에서 가장 최근의 두 가지는 1500년경에 가장 대중적이었고, 달리 말하면, 가장 활력이 넘치는 상태였다고 할 수 있다.

연주창 치료가 얼마나 성공했는지는 그 의식에 참여한 환자 숫자로 알 수 있다. 반지의 성공은 십자가 예배 후 축성된 금반지나 은반지를 사람들이 얼마나 열심히 모았느냐로 판단할 수 있다. 당시 서한이나 보고서를 통해 판단해보자면, 반지에 대한 열망은 튜더 시대에 매우 번성한 것 같다. 이에 관해서는 라일 부인(Lady Lisle)의 사례만큼 특징적인 것도 없을 것이다. 아너 그렌빌(Honor Grenville)은 1528년 국왕 에드워드 4세의 서자 라일 자작(Vicomte Lisle)과 결혼했다. 1533년 칼레(Calais) 총독이 된 남편을 따라 칼레로 건너갔다. 거기에서 영국과 빈번히 편지를 교환했다. 어떤 정치적 사건에 휘말려 재산을 몰수당했는데, 이 우연한 사건 때문에 그녀가 받은 편지가 오늘날까지 보존된 것이다. 이 편지들을 읽어보면 경련반지가 차지하는 비중을 보고 놀랄 것이다. 아마도 라일 부인은 류머티즘이 있었던 모양인데, 이 때문에 일종의 독특한 열정을 가지고 반지를 수집했다. 그 효과를 지나치게 맹신한 나머지 출산의 고통에도 효과가 있다고 여길 정도였다. 그녀의 자식들도, 친구들도, 업무상 만나는 사람들도 그녀의 반지 수집을 애써 도왔다. 당연히 이것이 그녀의 환심을 사는 가장 확실한 방법이었다.

확실히 이처럼 강렬한 열정이 일반적인 것은 아니다. 이 고귀한 사람에게 정신적 이상이 있었는지도 모른다. 사실, 만년에는 완전히 착란을 일으켰다.[46] 그러나 정도 차이가 있지만 이러한 믿음은 일반적인 것이었다. 경련반

---

45) 이 미신은 브라운에 의해 확인되었다. Browne, pp.106~107(그는 이에 대해 반대한다).

46) 라일 경과 라일 부인에 대해서는 *Dictionary of National Biography* 중 "Plantagenet(Arthur)," 항목 참조. 편지는 다음 책에 분석되어 있다. *Letters and Papers, Foreign and Domestie, Henry VIII*, XIII, 1, no. 903, no. 930, no. 954, no. 1022, no. 1105; XIV, 1, no. 32, no. 791, no. 838, no. 859, no. 923, no. 1082, no.1145; XIV, 2, no. 302. Hermentrude, *Cramprings* 참조. Crawfurd, *Cramp-rings*, pp.175~176. 출산의 고통을 완화하는 데에 이 반지를 사용하게 된 것은 허트포드 백작부인이 라일 부인에게 보낸 다음 편지의 한 구절에서 유래한 것으로 보인다. Hermentrude, *loc. cit.* and Crawfurd, p.176. "허시(Hussy)가 내게 말하기를, 네가 '침

지는 당시 유언장의 내용에서 가까운 사람에게 물려주는 귀중품 목록에 자주 나온다.[47]

　'성금요일' 의례에 대한 평판은 영국 내에 머물지 않았다. 스코틀랜드에서도 치료용 반지는 높이 평가되었다. 영국의 사절들은 호의적 관계를 맺고 싶은 이 지역 귀족들에게 이 반지를 선물했다.[48] 1543년 스코틀랜드의 대귀족 올리펀트 경(Lord Oliphaunt)은 영국의 포로가 되었다가 나중에 헨리 8세에게 봉사한다는 약속을 하고 풀려났는데, 조국으로 돌아갈 때 경련반지를 가지고 갔다.[49] 대륙에도 기적의 반지가 갖고 있는 영광은 널리 알려져 있었다. 영국 왕 스스로 선전을 했다. 예를 들어 헨리 8세는 자기 주변에 있는 유명한 외국인들에게 자신이 축성한 금속 반지를 직접 주었다.[50] 잉의 사절들도 파견된 국가,

　대에 들어야만(brought a bedd)' 하는데 들지 못할 때를 대비해 경련반지를 간절히 원한다고 하더구나……." 'brought a bedd'라는 단어의 일반적 의미는 잘 알려져 있다. 어쨌거나 *Dictionary of National Biography*에서 라일 부인이 칼레에서 낳은 아이에 대한 언급을 찾을 수 없었다.

47) *Wills and Inventories from the registers of the Commissary of Bury St. Edmunds*, éd. S. Tymms(*Camden Society*), London, 1850, p.41(1463), p.127(1535), Maskell, *Monumenta ritualia*, 2nd éd. III, p.384(1516). 사실 이 반지들은 단순히 경련반지로 간주되었다는 사실을 말해두는 편이 좋을 것 같다. 그러므로 '경련'에 효험이 있다고 알려진 주술 반지의 일종이 아니라고 확실하게 말할 수는 없다. 그러나 이 시기 이후 이 용어는 군주가 축성해준 반지를 지칭하는 데 특별히 적용되는 경우가 많았다.

48) 토머스 매그너스(Thomas Magnus)가 울지(Wolsey)에게 보낸 1526년 3월 20일자 편지. *State Papers, Henry VIII*, IV, no. CLVII, p.449. 부분 게재된 곳은 J. Stevenson, "On cramp-rings," *Gentlemans Magazine Library*, p.41. 크롬웰이 헨리 7세의 딸인 스코틀랜드 여왕 마거리트에게 보낸 편지(1537년 5월 14일자) 참조. *Ibid*, IV, 2, no. 317; R.B. Merriman, *Life and Letters of Thomas Cromwell*, II, no. 185.

49) *Letters and Papers, Foreign and Domestic, Henry VIII*, XVIII, 1, no. 17(1543년 1월 7일). 올리펀트는 7월 1일 마지막으로 석방되었다(*Ibid.*, no. 805). 그러나 이미 1월에 영국 정부는 그를 비롯한 다른 제후 포로들과 협상을 벌여서 그들이 석방되면 스코틀랜드로 돌아가서 영국을 지지해주도록 했다(*Ibid.*, no. 37). 올리펀트가 1월 7일 금으로 된 경련반지 12개와 은으로 된 경련반지 24개를 받은 것은 아마도 개인적으로 사용하기 위해서가 아니었을 것이다.

50) Hubertus Thomas Leodius, *Annalium de vita illustrissimi prineipis Frederic*, 11……, éd. 1624, Frankfurt, p.182. "은퇴할 때 나에게 경련 금반지 60개를 선물로 주었다." 톰슨(C.J.S. Thompson, *Royal cramp and other medycinable rings*, p.7)에 따르면, 1533년 헨리 8세의 회계 장부 중 하나에 이러한 관대함을 담은 내용이 나온다.

즉 프랑스,[51] 칼 5세의 궁정,[52] 베네치아,[53] 심지어 대분열 이전 로마[54]에도 반지를 보급했다.

사실 주술사인 왕을 맞게 된 방문객들은 속으로야 어떻든 겉으로는 이 놀라운 선물을 감사하는 마음으로 받을 수밖에 없었을 것이다. 다른 한편, 영국 정부가 유럽 전역의 궁정에 파견한 외교관들 역시 왕이 축성한 부적을 본국 정부에 끈질기게 요구함으로써, 뇌물로 능숙하게 자기 이익을 추구할 수 있을 뿐만 아니라, 기적을 행할 수도 있다는 주군의 자만심에 아첨할 수 있었다.

여러 가지 방법으로 해당 지역에 반입된 경련반지는 영국에서와 마찬가지로 매매 대상이 되었다. 적어도 런던 궁정을 위해 비밀 첩자노릇을 했던 제노아 사람 안토니오 스피놀라(Antonio Spinola)가 파리에서 빚쟁이들에게 억류된 1515년 6월, 울지에게 반지 한 다스를 보내라고 부탁한 것은 분명 돈을 마련하기 위해서였다. 왜냐하면 그가 편지에 쓰기를, '부유한 신사들'이 끈질기게 돈을 요구한다고 했기 때문이다.[55] 그러나 대부분 지역에서 반지가 매매되었

51) *Letters and Papers, Foreign and Domestic, Henry VIII*, XV, no. 480; R.B. Merriman, *Life and Letters of Thomas Cromwell*, II, no. 185; 메리맨(Merriman)이 출판한 크롬웰의 편지(1536년 4월 30일자)는 당시 프랑스 대사로 가 있던 가디너(Gardiner) 주교에게 보낸 것이다. 가디너는 1547년에 다시 리들리(Nicholas Ridley)에게 '경련반지'에 대해 편지를 써서 보냈다. "게다가 내가 프랑스에 있을 때, 반지의 효과 덕분에 나는 매우 존경받았다. 그리고 그것을 구해 달라고 여러 방법으로 간청했다. 그것은 이중의 가치가 있었다."(아래 각주 67에서 언급한 편지. *loc. cit.*, p.501)

52) *Letters and Papers, Foreign and Domestic, Henry VIII*, II, 2, no. 4228 and 4246; XX, 1, no. 542. 메리 치세, 황제가 퇴위하기 전 브뤼셀에 거주할 때에도 마찬가지였다. *Calendar of State Papers, Foreign, Mary*: 1555년 4월 25일, 4월 26일, 5월 2일. 반면 크로퍼드는 스털링의 책(W. Stirling, *The Cloister Life of Emperor Charles V*, London, 1853)을 읽고서, 황제의 보물들 중 영국의 경련반지가 포함되어 있을 것이라고 잘못 생각했다. 나는 그 목록에서 치질 치료제로 사용된 주술반지 이외에는 발견할 수 없었다.

53) *Letters and Papers, Foreign and Domestic, Henry VIII*, XVIII, 1, no. 576.

54) 왕실 회계장부(Livre de comptes de l'Hôtel), *Trevelyan Papers*(Camden Society), I, p.150. "[1529년] 4월 6번째 날(the vj-th day of Aprill) 매우 중요한 편지를 지닌 채 로마로 파견된 알렉산더 그레이(Alexander Grey)에게, 동시에 왕은 경련반지도 보냈다." 1529년 4월 4일 앤 볼린(Anne Boleyn)이 가디너에게 보낸 편지. Gilbert Burnet, *The history of the reformation*, éd. Pocock, V, 1865, p.444.

55) *Letters and Papers, Foreign and domestic, Henry VIII*, II, 1, no. 584(1515년 6월 15일). 영국에

다고 하더라도, 그다지 비싸게 팔리지는 않았다. 벤베누토 첼리니(Benvenuto Cellini)는 자신의 『회고록』에서 반지 가격이 비싸지 않다고 하면서 "이 작은 경련반지는 영국에서 왔는데 소액 화폐인 1칼린(calin) 정도 가치밖에 없다"고 했다.[56] 그러나 1칼린도 여전히 일정한 가치를 지닌 셈이었다. 격식을 차린 문구로 진실성이 의심되는 외교관의 증언과 달리, 의심할 수 없는 여러 가지 증거가 있다. 심지어 영국 밖에서 '아넬리 델 그란초(anelli del granchio, 게의 반지)'는 헨리 8세를 설득하여 믿게 했던 반지처럼 명성을 얻지는 못했지만, 벤베누토의 문구가 제시하는 것보다는 더 높은 평가를 받았다.

이것은 이런 종류의 미신을 믿지 않는다고 여겨지는 사회에서도 마찬가지였다. 독일에서는 루터의 친구 카테리나 폰 슈바르츠부르크(Catherine de Schwarzbourg)조차 반지를 요구하는 편지를 쓴 적이 있다.[57] 본업은 의사이지만, 위대한 기욤 뷔데(Guillaume Budé)와 친분이 있던 영국의 인문주의자 리내커(Linacre)도 그리스어 편지를 정서한 다음 여기에 반지 몇 개를 동봉해 보냈는데, 이것이 뷔데의 마음에 들 것이라고 확신하고 있다. 똑같이 학자풍 언어로 쓴 답장에서 뷔데는 다소간 조롱하고 있다. 그러나 조롱이 너무나도 경쾌한데다가 감춰져 있어서, 그 진의를 알 수는 없었다.[58] 의사 뒤 로랑스의 말에

서의 '경련반지' 판매에 대해서는 Hubertus Thomas Leodius, *loc. cit.*, p.98. "[영국 왕이] 의식에서 축성한 금과 은으로 된 반지를 그들에게 선물로 주었는데, 그들은 그것을 금은 세공업자에게 팔아버렸다."

56) *La vita di Benvenuto Cellini*, éd. A. J. Rusconi et A. Valeri, Rome, 1901, l. II, chap. I, p.321. "나는 그에게 이렇게 대답했다. 전하(페라라 공작)께서 선물로 주신 반지는 대략 10스쿠도(scudo – 이탈리아 화폐 단위 – 옮긴이)의 가치가 있다. 내가 공작에게 해준 일은 200스쿠도 이상의 가치가 있다. 그러나 나는 영국에서 들여온 게의 반지를 보내준 공작 전하의 호의를 높이 평가한다. 비록 그것이 1칼린 정도 가치를 가졌다고 하더라도 내가 살아 있는 동안 전하를 기억하는 근거가 될 수 있다."

57) 편지의 일부가 다음 글에 번역, 인용되어 있다. Mrs. Henry Cust, *Gentlemen Errant*, London, 1909, p.357, n. I. 커스트 여사가 어떤 서지사항도 제공하지 않았기 때문에, 문제의 편지를 확인할 수 없었다. 그럼에도 커스트 여사의 다른 증거들을 신뢰할 수 있었으므로, 나 역시 이 증거를 사용했다. 경련반지를 이용한 의례의 인기는 15세기 말 이후 독일을 보면 알 수 있다. G. Hollen, *Preceptorium divinae legis*, Nuremberg, 1497, fol. 25 v., col. I.

58) *Epistolae Guillelmi Budei*, in-4, Paris, 1520, p.18(리내커(Linacre)가 뷔데(Budé)에게 보낸 1517년 6월 10일자 편지); fol. 16 v(뷔데가 리내커에게, 7월 10일자). 뷔데는 반지에 대해 이

따르면, 프랑스에서는 앙리 4세 시대에도 여전히 많은 사람이 이 의료용 반지를 몇 개씩 소중히 보관했다고 한다. 그런데 이 시대는 이미 약 50년 전부터 영국 왕이 의료용 반지를 더 이상 만들어내지 않고 있을 때였다.[59] 르네상스 시대 유럽에서 왕의 기적에 대한 믿음은 모든 측면에서 여전히 훌륭하게 살아 있어서 중세와 마찬가지로 국가의 경쟁관계에 거의 영향을 주지 않았다.

그러나 16세기 후반이 되면서, 왕의 기적은 전 서구 세계에 걸쳐 정치 제도와 종교 제도를 뒤흔든 격변으로 인하여 심각한 타격을 받게 될 것이었다.

르네상스와 종교개혁

1535년 리옹에서 미셸 세르베(Michel Servet)는 프톨레마이오스(Ptolemaios)의 『지리학』에 주석을 붙여 번역했다. 부록에 다음과 같은 말이 있다. "프랑스 왕과 관련해 잊지 말아야 할 두 가지가 있다. 첫째는 랭스 교회에는 성스러운 향유가 영원히 가득 차 있는 병이 있는데, 이것은 하늘에서 보낸 것으로 역대 국왕이 도유를 받는 대관식에서 사용된다는 것이다. 둘째는 왕이 손을 얹는 것만으로도 연주창을 치료한다는 것이다. 이 병에 걸린 많은 환자에게 왕이 손을 대는 것을 내 눈으로 보았다. 다만 정말 건강을 회복했는지는 잘 모른다." 표현은 절제되어 있지만 회의적인 시각을 감추지 않고 있다. 1541년 역시 리옹에서 이 책의 2판이 출판되었다. 거기에는 마지막 구절이 삭제되고 다음과 같이 대체되어 있다. "많은 환자가 건강을 회복했다고 말하는 것을 내가 들었다."[60]

렇게 썼다. "내 친척이나 친구 중에서 여자들에게 나누어주었다. 나는 그것을 엄숙하게 전달하고, 그것이 질병을 예방하고 심지어 중상모략으로 인한 상처까지도 예방할 수 있다고 말했다." 보낸 것은 금반지 하나와 은반지 18개였다.

59) De mirabili, p.29. "영국 왕들은 반지를 주어 간질병을 치료했다. 간질병 환자들은 그 반지를 부적으로 지니고 다녔다. 지금도 프랑스의 대부분의 보물창고에는 그 일부가 남아 있다."

60) 1판, Claudii Ptolomaei Alexandrini geographicae enarrationis libri octo, Lyons, Trechsel, atlas, 6e feuillet v°. 2판, fol., Lyons, Delaporte, 1541, atlas, 6e feuillet v°. 1판과 2판의 마지막 구절에서 나타나는 미묘한 차이에 대해서는 다음을 참고했다. "Extrait d'une lettre de M. Des Maizeaux à M. De La Motte," Bibliothèque raisonnée des ouvrages des savans de l'Europe, III, 2, 1729, p.179. 프톨레마이오스의 두 판본과 2판의 미묘한 차이에 대해서는 Julien Baudrier,

이것은 자기주장을 철회하는 문구(palinodie)이다. 이 사소한 서지학상 일화는 매우 시사적이다. 첫째, 왕의 기적에 의문을 던지는 대담무쌍한 작가가 오랫동안 어떤 사상적 계보에 속해 있었는지 여기서 엿볼 수 있다. 그때까지 금과옥조로 받아들여지던 다른 모든 신앙을 거부하며 개종하지 않은 이교도들을 제외하고는 이러한 사람들을 만나볼 수 없었다. 그들은 세르베나 그보다 후배인 바니니(Vanini)처럼 매우 유능한 사람들이었다. 바니니에 대해서는 나중에 살펴볼 기회가 있을 것이다. 이 사람은 당시 정통종교에 속하는 여러 사람들에 의해 화형대에서 죽음을 맞이한 인물이다. 그러나 세르베는 자기주장을 철회한 사람이다. 그가 자발적으로 철회하지는 않았을 것으로 추측된다. 틀림없이 철회를 강요당했을 것이다. 오랫동안 그는 프랑스에서는 물론 곧바로 영국에 시도 인쇄된 책에서 왕정의 권위와 관련된 미신을 공공연히 공격했다. 적어도 그것은 다른 사람이라면 하지 않을 무모한 시도였다.

당연히 외국작가에게 그러한 제재가 가해지지는 않았다. 16세기와 17세기 초에 이탈리아에 자연파라고 불러도 좋을 만한 사상가 집단이 있었다. 이들은 우주가 기적으로 가득 차 있다는 조상들의 생각을 계승하면서도, 그러한 우주에서 초자연적 영향을 배제하려고 했다. 물론 그들의 자연관은 우리의 자연관과는 거리가 멀다. 오늘날의 시각에서 보면 그들의 자연관은 경험이나 이성과 반대되는 표상으로 가득 차 있는 것처럼 보인다. 이들 자유로운 정신의 소유자만큼 점성술이나 주술에 빠져든 사람도 없을 것이다. 그들이 보기에 주술이나 점성술은 사물의 질서와 불가분의 관계에 있어서 일군의 신비한 현상을 설명하는 데 분명히 도움이 된다는 것이다. 그런 신비한 현상에 대해 당시 과학은 설명해주지 않았고, 예전부터 전해오거나 주변 사람들이 주장하는 학설은 인간을 뛰어넘는 의지가 자의적으로 발현되는 것으로 해석했으므로, 이들은 이러한 해석을 받아들이지 않았다.

그런데 이처럼 기적에 사로잡혀 있던 시대에 명백하고 친숙하여 거의 일

Michel Servet: ses relations avec les libraires et imprimeurs lyonnais, Mélanges Emile Picot, I, 1913, p.42, p.50 참조. 프랑스 국립도서관에는 2판이 있는데 여기에는 지도가 없다. 나는 대영박물관에 있는 것을 참고했다.

상적이기까지 한 기적, 즉 왕의 치료 기적을 무시하는 자는 대체 누구란 말인가? 이탈리아 학파를 대표하는 주요 인사들 중에서 유명한 사람으로는 폼포나치(Pomponazzi), 카르다노(Cardano), 줄리오 체사레 바니니(Giulio Cesare Vanini) 그리고 인문주의자 칼카니니(Calcagnini)가 있는데, 이 사람들 모두 이 첨예한 문제에 대해 정면으로는 아니더라도 의견을 표명했다. 그들 중 어느 누구도 이 치료가 효과가 있다는 것을 의심하지는 않았지만, 자연에서 그 원인을 찾으려고 노력했다. 자연에서 얻은 관념과 관련지어 생각했다는 뜻이다. 나로서도 이들이 표현한 문제를 이 책 끝부분에서 다시 거론할 생각인데, 그때 이들이 제시한 해결 방안을 검토할 것이다. 여기서 중요한 것은 이들이 전통적 이론을 거부했다는 점이다. 그들에게 왕의 신성한 성격은 더 이상 군주의 치료 능력을 설명할 수 있는 충분한 이유가 못 되었다.[61]

그러나 이들 한 줌의 '무신자들(libertins)'의 생각은 왕의 능력과 직접 관련이 있는 두 나라에서는 낯선 것이었고, 일반인의 의견에도 아무런 영향을 미치지 못했다. 훨씬 결정적이었던 것은 종교개혁가들의 태도였다. 종교개혁가들도 초자연 현상을 배제하지는 않았다. 그러기는커녕 그 반대였고, 적어도 그들이 박해받지 않는 한, 왕권을 공격한다고도 생각하지 않았다. 루터는 말할 필요도 없고, 칼뱅에 대해서도 "그의 저서 『기독교 강요』(Institution Chrétienne)에 있는 왕권신수설은 보쉬에의 작품만큼이나 성경의 고유한 말씀에 굳건히 뿌리를 두었다"라는 평가가 옳지 않은가?[62] 대부분 종교개혁가들은 적어도 원칙적으로 정치적 사항에 대해서는 명확하게 보수적이며, 우주를 순수하게 이성적으로 해석하는 것에 대해서도 적대적인 태도를 취했는데, 왕이 기적을 행한다는 믿음에 대해서만 갑자기 반대하는 입장을 취할 수 있겠는가? 우리는

---

61) 이탈리아의 자연학파는 일반적으로 '파도바' 학파라는 이름으로 알려져 있는데, 이에 관한 서지정보는 461쪽 이하를 참조하라. 그 부분에서 왕의 기적에 대한 이들의 태도와 관련하여 정확한 정보를 얻을 수 있을 것이다. 앙리 2세의 궁정에 와 있던 베네치아인 콘타리니가 손대기 치료에 대해 다소 회의적인 입장을 취한 것도 부분적으로는 파도바 학파의 영향이 아닐까? 이 둘의 관계는 다음을 참조하라. Armand Baschet, *La Diplomatie vénitienne. Les princes de l'Europe au XVIe siècle*, 1862, p.436.

62) Lucien Romier, *Le Royaume de Catherine de Médicis*, II, in-12. 1922, p.222.

사실 그들이 오랫동안 아주 교묘하게 타협해왔다는 점을 살펴볼 것이다.

이 점에 관해서 프랑스의 예는 별로 도움이 되지 않는다. 오랫동안 종교개혁가 측에서 연주창에 대한 비난의 목소리는 전혀 없었다. 그러나 앞서 이야기했듯이, 이 침묵은 다른 이유에서가 아니라 최소한의 신중함에서 빚어졌다. 왕조의 기적에 관한 모든 부분에 이러한 태도가 퍼져 있었다. 1566년에도 여전히 앙리 에티엔은 『헤로도토스를 위한 변명』에서 단어 놀이를 하듯이 병을 치료하는 역할을 맡은 성인을 열거하면서 성 마르쿨의 이름을 생략했는데, 이것은 단순히 잊어버려서 그런 것으로만 보기는 어렵다. 그러면 신교 국가로 눈을 돌려보자.

알다시피 독일의 경우, 원래 루터는 많은 점에서 전래되는 민중적 표상에 영향을 받고 있어서, 순진하게도 치료약이 군주의 손에 의해 주어지면 거기에서 특수한 효과가 생긴다고 믿었다. 신교의 영웅이었던 카테리나 폰 슈바르츠부르크는 영국의 경련반지를 찾아다녔다.[63] 영국에서는 교황청과 단절한 이후에도 두 가지 치료 의례는 계속되고 있었다. 사상적으로는 거의 개신교라고 말하기 어려운 헨리 8세는 물론, 교황이라는 '미신'의 흔적을 모든 면에서 지워버리려고 그토록 노력했던 에드워드 6세도 마찬가지였다. 에드워드 6세 치하에서는 성금요일 행사에서 가톨릭을 연상시키는 형식이 제거되었다. 적어도 1549년 이후 영국인이 십자가를 향해 '기어가는 것'은 금지되었다.[64] 그래도 신학자 같았던 이 어린 왕(에드워드 6세-옮긴이)은 예수수난축일에 치료반지의 축복을 그만두지 않았다. 이 왕의 회계장부 기록에 약간 덧칠을 해서 말하면, 그가 죽던 해, 죽음에 임박하여 그는 '전래의 법도와 관습에 따라' 조상 전래의 행사를 치렀다.[65]

---

63) 루터에 대해서는 174쪽, 카테리나 폰 슈바르츠부르크에 대해서는 365쪽 참조.

64) '십자가를 향해서 기어가는 것(creeping to the cross)'은 1549년 과거의 신조에 따른 신앙과 문화적 관습을 금지한 대칙령으로 금지되었다. G. Burnet, *The History of the Reformation*, éd. N. Pocock, IV, Oxford, 1865, p.244, art. 9; David Wilkins, *Concilia Magnae Britanniae*, in-4, 1737, IV, p.32. 1536년에도 여전히 집회에서 추천하는 의식들 중 하나로 등장한다.

65) 에드워드 6세의 회계장부는 이 왕이 반지를 축복했음을 보여준다. 부록 1, 각주 37을 보라. 왕이 손대기 치료를 시행했다는 확실한 증거는 없다. 그러나 왕이 두 의례 중 하나만 유지하

그러나 장기적으로 보면 종교개혁은 왕의 치료에 심각한 타격을 가했다. 왕이 기적을 행하는 능력은 왕의 신성한 성격에서 나온다. 이 성격은 축성이라는 하나의 의식에 의해 만들어지거나 확인된다. 그리고 그 의식은 오랜 종교적 의례 중 하나였다. 프로테스탄티즘은 사회 통념상 성인들 덕택이라고 간주되는 기적을 두렵게 바라보았다. 왕이 수행하는 기적에 대해서도 비슷하게 생각했던 것은 아닐까? 게다가 영국의 성 에드워드나 프랑스의 성 마르쿨은 전문적으로 연주창을 치료하는 수호성인이었다. 어떤 사람들이 보기에는 수호성인이 매우 위험한 존재였던 것이다. 혁신세력은 그들의 세계에서 초자연적 힘을 배제하는 것과는 거리가 멀었다. 다만 이러한 초자연적 힘이 일상생활에 끼어드는 것을 그들의 이전 세대는 당연하게 생각했으나 그들은 대부분은 이러한 개입을 꺼려했다.

1603년 손대기 의례에 대한 혐오감을 변명하기 위해 영국 왕 제임스 1세가 늘어놓은 이유를 보자. 교황청이 파견한 첩자의 보고서에 따르면, "왕은 이렇게 말했습니다. …… 기적 없이 어떻게 환자를 치료할 수 있는지 나는 모르겠다. 그런데 기적은 끝났고, 이제 더 이상 일어나지 않는다"[66]라고 했다. 서유럽 왕정에 배어 있는 기적의 분위기는 거의 대부분 청교도 신앙의 지지자들에게

고 -그중에서도 오래된 신앙과 밀접하게 관련되어 있고 엘리자베스가 폐지한 것- 다른 것은 폐지하는 일은 거의 일어날 것 같지 않다. 경련반지에 대한 에드워드 6세의 태도에 대해서는 이 책 371쪽을 보라. 그의 치세에 손대기 치료를 하기 위해 어떤 의식을 치렀는지 알 수 없다. 아마도 프로테스탄트적인 방향에서 이전의 의식을 변형했을 것으로 추측된다. 그보다 앞서 종교개혁 이후 헨리 8세 치세에 변화가 있었는지에 대해서도 마찬가지로 알 수 없다. 변화가 있었을 가능성은 없지만, 완전히 불가능했다고 말할 수도 없다. 우리는 메리 튜더 시대의 전례서에 묘사된 부분만을 통해서 헨리 8세의 예배의식을 알 수 있다(위 각주 30 참조). 분명히 메리는 로마와 단절하기 전에 행해지던 대로 따라서 했을 것이다. 그러므로 이후에 손질이 있었다고 하더라도, 메리는 틀림없이 그것을 전혀 고려하지 않았을 것이다. 해먼 레스트레인지(Hamon l'Estrange)는 1659년 쓴 책에서(*Alliance of Divine Offices*, p.240) 에드워드 6세가 십자가 표시를 했고 엘리자베스가 그를 모방해 십자가 표시를 했다고 주장했다. 그러나 이처럼 뒤늦은 증거가 무슨 소용이 있겠는가? 화폐가 에드워드 6세가 손대기 치료를 했다는 생각을 지탱해주는 요소이기도 한데, 화폐와 관련된 정보에 대해서는 Farquhar, I, p.92.

66) 아래 각주 81을 보라.

충격을 주었다. 일종의 종교적 절제에 젖어 있는 사람들에게 성스러운 유리병 전설이 끼쳤을 영향이 어떠했을지 쉽게 상상할 수 있다. 자신들의 고유한 생각을 더욱 명확하게 의식하게 되면서, 특히 칼뱅파의 영향이 점점 확대됨에 따라 종교개혁가들은 마침내 왕의 기적은 초기의 진정한 기독교에서는 찾아볼 수 없는 것이며, 우상숭배 시대의 불경스러운 발명품이므로 폐기해야 한다고 간주했다. 그리고 비국교도들이 한마디로 표현했듯이 근절해야 할 '미신'으로 간주될 수밖에 없었다.

그러나 종교개혁은 왕의 치료능력에 대한 오래된 믿음을 위기로 몰아넣은 것만은 아니며, 게다가 그것은 본래 의미에서의 종교적 행동에 의한 것도 아닐 것이다. 이러한 관점에서 보면 그것의 정치적 실과는 심대했다. 영국과 프랑스에서 동시에 일어난 혼란 속에서 왕의 특권은 심각하게 공격을 받게 되었고, 그중에는 기적을 행하는 특권도 포함되어 있었다. 그런데 거대한 두 왕국에서 치료능력이 겪은 위기의 심각성은 상당히 달랐다. 16, 17세기 양국의 역사는 모든 면에서 다른 길을 갔다. 위기가 가장 격렬하고 결정적인 형태로 나타난 나라는 영국이었다. 그러므로 이 나라를 먼저 살펴보자.

영국 왕의 초자연적 능력이 표명된 마지막 법령은 동시에 새로운 정신을 처음으로 극복한 법령이다. 반지의 축복은 16세기에는 살아남지 못했다.

그것은 에드워드 6세 시대에 이미 위태로웠다. 아마 1547년의 일이라고 생각되는데, 재의 수요일(사순절 시작일-옮긴이)에 전위적인 설교사 니콜라스 리들리(Nicolas Ridley)는 왕과 신하들 앞에서 우상숭배로 여기는 몇 가지 관행, 그중에서도 특히 성상 숭배와 주술에서 축복을 내리는 물의 사용을 공격했다. '의료용' 반지에 대해서도 감히 공개적으로 공격을 가한 것은 아닐까? 어쨌든 적어도 암묵적으로나마 청중은 그가 그러한 관행을 공격한다는 인상을 받았을 것이다. 당시에 헨리 8세의 이념을 물려받은 좀더 온건한 개혁파는 젊은 왕을 자신들 편으로 끌어들이려고 노력했다. 그들은 왕정의 영광과 관계되는 영역에 대해 투쟁할 용의가 충분히 있었다. 그들 중 한 명으로 유명 인사였던 가디너(Gardiner) 주교가 리들리에게 항의 서한을 보냈다.[67] 이 편지에서 그는 이 열정적인 설교사가 명시적으로든 암시적으로든 공격했던 모든 것에 대해 반박했는데, 그중에서도 특히 '이 왕국의 역대 왕들'의 특권이자 '신의 선물'인 경련반지의 은총을 옹호했다. 이 논쟁을 통해서 로마식 의례에 반대하는 사람들의 비위를 건드린 것이 연주창 치료 자체라기보다는 오히려 오래된 주술적 관습이었음을 알 수 있다. 당연한 일이지만 그들은 이 관습에서 주술적 관념을 느꼈다. 그들이 보기에 반지를 담그고 축성을 한 물은 미신의 확실한 표시였다.[68] 그 뒤 에드워드 6세는 가디너를 냉대하고 리들리를 런던의 주교로 임명했다. 그래도 이미 보았듯이, 왕의 기적에 관해서는 "치료능력을 잊지 말라(ne negligat donum curationis)"라는 문구가 축성의 첫 번째 문구로 끝까지 남아 있었다. 이러한 점에서 볼 때, 왕에게는 왕권의 명예에 관한 문제가 복음의 교리보다 훨씬 중요했다고 할 수 있다.

물론 메리 튜더 시대에는 성금요일 의식이 규칙적으로 거행되었다. 얼마나 엄숙하게 실시되었는지는 이미 살펴본 바 있다. 그러나 엘리자베스가 즉위 (1558)한 이후 프로테스탄트로 바뀐 새로운 궁정에서는 이 의식이 시행되지 않았다. 아마도 여왕 치세의 첫해에 소리도 없이 사라졌을 것이다.[69] 잠시 동안 민중은 옛 군주들이 축복한 경련반지를 쌓아놓고 있었다.[70] 그 이후 점차

---

67) 이 편지는 출판되어 있다. *The Works of Nicholas Ridley*(*Parker Society*), Cambridge, 1841, p.495.

68) 여러 차례 미뤄진 끝에 마침내 축성된 물의 사용이 금지된 것은 리들리가 설교한 이후 얼마 지나지 않은 시점인 1548년이었다. W.P.M. Kennedy, *Studies in Tudor History*, London, 1916, p.99 참조.

69) 연주창 치료에 대한 투커와 클로우즈의 책(335~336쪽)에는 경련반지에 대한 어떤 언급도 없다.

70) 1654년에 죽은 영국의 가톨릭교도 역사가 리처드 스미스는 메리 튜더가 축성한 반지를 가지고 있었다(2부 6장 각주 7 참조). 마찬가지로 프랑스에서도 앙리 2세 치세에 이 반지를 여전히 금고 속에 소중히 간직하고 있었다(Du Laurens, 위의 각주 59에 인용된 증언 참조). 17, 18세기 영국 문학에서 때때로 경련반지에 대한 언급을 여전히 발견할 수 있다(cf. C.J.S. Thompson, *Royal and other medycinable rings*, pp.9~10). 그렇지만 국왕의 경련반지나 다른 주술적 관습을 통해 경련을 완화시키는 효과를 지닌 반지가 필요하지 않았을까? 게다가 제임스 2세 시대에는 성금요일 의례가 사라지지 않았던 것이 확실하다. 아마도 왕 측근 사이에

아무런 특이점도 없는 금속 고리 따위는 거들떠보지도 않았다. 사실 겉으로는 평범한 반지와 구별되지 않았다. 진짜 왕의 경련반지 중에서 지금까지 남아 있는 것은 하나도 없다.[71] 설사 남아 있다고 해도 그것을 식별할 길이 없다. 신을 믿지 않는 세대는 반지의 능력이 가진 비밀에 관심이 없어졌다. 그래서 그 비밀이 우리에게까지 전해지지 못했다. 엘리자베스는 오래된 의례를 완전히 죽여버렸던 것이다.

남동생인 에드워드보다 개혁에 훨씬 미온적이었던 엘리자베스가 리들리와 그 일파의 공격에도 불구하고 그동안 유지되어오던 전통과 왜 단절해야 한다고 생각했을까? 아마도 메리 튜더 치세에 맹위를 떨쳤던 가톨릭 반동세력이 여왕을 민감하게 만들었을 것이다. 혹은 어잉이 무슨 수를 써서라도 연주창 치료만큼은 유지해야겠다고 마음먹었을 수도 있다. 아니면 오래된 신앙에 반대하는 자들을 어느 정도 만족시켜주기 위해 두 치료 의례 중 하나를 희생하려고 했을 수도 있다. 두 치료 의례 중에서 군주가 병으로 고통받는 군중 앞에 모습을 드러내지 않아도 된다는 점에서 왕정의 위신에는 덜 영향을 주는 쪽이 선택되었을 것이다.

사실 엘리자베스는 연주창 '치료'를 중단하지 않았다.[72] 전례에서 성모와 성인들을 부르는 기도문을 하나 빼고, 예전부터 내려오던 라틴어 의례를 영어로 바꾸었을 뿐 전통의식을 충실히 지켰다.[73] 엘리자베스 치세에 여왕에게서 치

서는 이것을 부활시키려는 움직임이 있었던 듯하다. 이에 관해서는 431쪽을 참조하라.
71) 이 사실은 종종 주목을 받는다. 예를 들어 Waterton, *On a remarkable incident*, pp.112~113; Thompson, *Royal and other medycinable rings*, p.10. 물론 왕이 축복한 반지에 눈에 띄는 표시는 없다. 반면 찰스 2세 때부터 특별히 치료용으로 만들어진 메달은 말할 것도 없고, 왕의 손대기 치료를 위해 만들어진 주화까지도 리본을 끼우기 위해 뚫어놓은 구멍이 있어서 식별할 수 있다. 그러나 만약 왕의 경련반지의 효력이 우리 시대에 가까운 시대까지 존속했다면, 적어도 이런 종류의 반지 몇 개는 진품의 계보를 타고 우리에게 전해졌을 것이다.
72) 후일 사람들은 엘리자베스가 아무런 주저 없이 환자들을 만지지는 않았을 것으로 생각했다. 크로퍼드(*King's Evil*, pp.75~76)는 이러한 전통이 틀림없이 투커의 책(*Charisma*)에 나온 문구를 잘못 해석한 데에서 비롯되었다고 했다.
73) 엘리자베스 시대의 전례는 투커의 책을 통해 알 수 있다. Tooker, *Charisma*(Sparrow Simpson, *On the forms of prayer*, p.298에 수록. 번역문은 Crawfurd, *King's Evil*, p.72). 투커는 그것을 라틴어로 기록했으나, 실제로 라틴어로 했는지 어떻게 알 수 있겠는가? 그 당시에는

료받은 환자의 숫자를 정확히 전해주는 사료는 남아 있지 않지만, 모든 면에서 여왕은 기적을 행하는 능력을 성공적으로 수행한 것으로 보인다.[74] 그렇지만 꽤 강력한 반대가 없었던 것은 아니다. 몇몇 자유사상가들이 바로 그들이다. 이탈리아 철학자들에게서 직접 영향을 받고, 영국에서 주술 신앙을 반대한 초창기 사람들 중 하나인 레지날드 스코트(Reginald Scot)와 같은 몇몇 자유사상가들이 신중하게 회의적 시각을 보이기는 했지만, 그것은 그다지 위험하지는 않았다.[75]

그러나 여왕의 능력을 인정하지 않은 유력한 집단이 둘 있었다. 하나는 가톨릭으로서, 여왕이 이단자이며 파문을 당한 사람이기 때문이라는 것이 그 이유였다. 다른 하나는 급진적 신교도로서, 이때부터 청교도라는 이름으로 불리던 사람들인데, 이들은 이 관행을 단도직입적으로 미신으로 취급하며, 이미 말한 교리상의 이유로 단호한 태도를 취했다. 그러므로 이 능력을 믿지 않는 자들에게 맞서 영국 왕조에서 내려오던 특권을 방어할 필요가 있었던 것이다. 공식 설교사들은 높은 설교단에서 이 일을 수행했고,[76] 문필가들도 이때부터 붓을

영어가 교회의 공식 언어였다. 굳이 손대기 치료 의례만 전체적인 규칙을 적용하지 않을 이유가 있었겠는가? 게다가 제임스 1세 때부터는 의식이 확실히 영어로 진행되었다는 것을 우리는 알고 있다(아래 각주 83 참조). 크로퍼드(앞에서 인용한 책 71쪽)와 파카(*Royal Charities*, I, p.97)가 이미 추론했듯이, 투커가 이것을 라틴어로만 출간한 것은 단순히 책에서 언어상의 일치를 유지하기 위해서였을 가능성이 크다. 왜냐하면 그 책은 전체가 라틴어로 되어 있으므로 영어로 된 긴 인용문이 들어간다면 얼룩과 같을 것이기 때문이다.

74) 그럼에도 우리가 아는 한 엘리자베스가 치료한 환자의 수가 무척 적다는 것을 확인해둘 필요가 있다. 투커의 책이 출판된 1597년 또는 1598년 이전의 성금요일에 38명(Tooker, *loc. cit.*, Crawfurd, *King's Evil*, p.74). 1575년 7월 18일 케닐워스(Kenilworth)에서 9명(Laneham의 당시 기록, Farquhar, I, p.70, n.1. *Shakespeare's England*, I, Oxford, 1917, p.102에 수록). 이처럼 빈약한 정보에서는 어떤 결론을 이끌어낼 수는 없다.

75) *The discoverie of witchcraft*, éd. Brinsley Nicholson, London, 1886, Book 13, chap. IX, p.247. 프랑스 왕이 주장하는 치료능력에 대해 이렇게 말했다. "프랑스 왕이 그 능력을 우리 여왕과 마찬가지로 나쁘지 않게 사용한다면, 신께서는 그로써 불쾌하게 생각하지는 않으실 것이다. 여왕은 약간의 자선헌금과 더불어 오직 경건하고 신성한 기도만을 이용하고, 치료는 신과 의사에게 맡기기 때문이다." 스코틀랜드 사람이 폼포나치를 인용한 것은 주목할 만하다. 폼포나치는 앞서 언급했듯이 가장 중요한 이탈리아 자연주의 사상가이기 때문이다. 이 책의 초판은 1584년에 나왔다.

76) John Howson, *A sermon preached at St. Maries in Oxford the 17 Day of November, 1602, in*

휘둘렀다. 연주창의 손대기 치료를 논한 최초의 책도 이 여왕 치세에 출판되었다. 그 책은 '지극히 신성하신 여왕 전하의 미력한 궁정 전속사제' 투커가 1597년『치료능력론』(*Traité du charisme de la guérison*)이라는 제목으로 출판했다. 여왕에게 헌정된 이 책이 왕의 기적에 대한 열정적인 찬가임은 말할 필요도 없다. 게다가 형편없는 작품으로서 이를 읽고 견해를 바꾸는 사람이 있을 거라고는 도저히 생각할 수 없는 책이다.[77] 5년 후 여왕 전속 외과의사 윌리엄 클로우즈(William Clowes)가 궁정 전속사제에 질세라 영국의 왕과 여왕들의 연주창 치료에 관한 '유용하며 공인된' 논문을 썼다. 그 당시에 교회 사람들은 여전히 라틴어에 충실했는데, 이번에 이 사람은 영어로 썼다.[78] 이런 종류의 옹호론이 등장한 것은 바로 시대의 상징이었다. 영국의 경우 왕이 기적을 행하는 능력은 전혀 없어지지 않았다. 그러나 이제 더 이상 만장일치로 인정하지는 않게 되었다. 이것이 바로 엘리자베스에게 옹호론자들이 필요했던 이유다.

1603년 제임스 1세의 즉위는 왕의 기적에 거의 치명타를 입힌 셈이었다. 이상한 점은 이 왕이 정치 저술에서는 절대왕정과 왕권신수설의 강경한 이론가처럼 보이는데,[79] 국왕 권력의 초인간적 성격을 그렇게 완벽히 표현하는 의례를 실행하는 것은 망설였다는 점이다. 그러나 이 명백한 역설은 쉽게 설명될 수 있다. 제임스 1세는 스코틀랜드에서 엄격한 칼뱅주의 환경에서 성장했다.

---

defence of the festivities of the Church of England and namely that of her Majesties Coronation, 2nd éd., Oxford, 1603. 하우슨은 신이 왕에게 부여한 은총을 열거하면서 이렇게 외쳤다. "셋째, 왕들은 불치병을 치료할 수 있는 재능이 있다. 이 재능은 기적적인 것이며 초자연적인 것이다. 타키투스에 따르면, 과거 '베스파시아누스'가 그러한 치료를 보여주었을 때, 사람들은 그가 황제가 되어야 한다고 결론 내렸다고 한다." 이처럼 로마 역사에 빗대어 말하는 것에 대해서는 이 책 1부 2장 각주 22 참조.

77) 정확한 제목은 참고문헌을 참조하라. 가톨릭에 대한 논쟁은 90쪽 이하(특히 91~92쪽을 보면, 어느 가톨릭 신자가 왕의 손대기 치료로 낫자, 파문 따위는 "아무런 문제가 되지 않는다"라는 것을 깨달았다는 교훈적인 이야기가 실려 있다. 청교도에 대한 논쟁은 109쪽 참조. 헌정사가 담긴 편지에는 다음과 같이 사인되어 있다. "가장 신성하신 여왕 전하, 비천한 전속사제 윌리엄 투커."

78) 정확한 제목은 참고문헌 참조. 왕의 손대기 치료를 나타내는 영국의 판화 중에서 가장 오래된 것은 엘리자베스 여왕 시대의 판화일 것이다. 부록 2, 각주 7 참조.

79) 이 책 391쪽.

1603년에는 여전히 초기 스승들의 교육에 젖어 있었다. 그런데도 치세를 시작하면서 주교직을 옹호했는데, 교회의 계서제가 왕권의 확실한 버팀목이라고 생각했기 때문이었다. 그러나 종교적 감정은 교육받은 그대로 남아 있었던 것이다. 그는 사람들이 기적이라고 하는 것을 미신이나 사기라고 간주하도록 교육받았기 때문에 이 의례를 수행하는 데 혐오감을 느꼈다. 처음에 그는 면제해 달라고 요청했다.[80] 결국 영국 자문위원들의 간주에 따라 체념하고 받아들였다. 그러나 혐오감까지 없애기는 어려웠다.

1603년 10월에 거행되었을 왕의 첫 번째 손대기 치료행위에 대해 교황청의 첩자가 비꼬는 보고서를 올렸다. 의식에 앞서 칼뱅주의 목사가 설교를 했다. 그다음에 왕 자신이 신학의 측면도, 웅변술의 측면도 소홀히 하지 않으면서 말을 했다. 그는 자신이 당면해 있는 심각한 딜레마를 드러냈다. 즉 미신이나 다름없는 행동을 하거나, 예전부터 왕국의 백성들에게 행복을 가져다주기 위한 것이라는 관념에서 자라난 오래된 관습과 단절하거나 둘 중 하나를 선택해야 한다는 딜레마였다. 그리하여 그는 한 번 도전해보기로 했으나, 자신이 실행하

---

80) 프랑스에 파견된 교황대사 카메리노 주교에게 익명의 제보자가 보낸 편지(1604년 1월). Arch. Vatican, Francia Nunz², t.XLIX, fol. 22. 사본은 Public Record Office, Roman transcripts, Gener. Series, t.88, fol. 8 이하. 발췌본은 Crawfurd, *King's Evil*, p.82. "그런데 사실 영국 왕위에 즉위한 초기부터 왕은 세 가지를 원하고 요구했습니다. …… 둘째 연주창 환자를 만지지 않고 싶다. 또 손대기만 함으로써 병을 치료하는 신성한 능력과 덕성을 자랑하고 싶지 않다. …… 그런데 주변의 조언자들은 전하가 이 일을 피한다면 왕국에 커다란 위험을 초래할 수 있다고 조언했다." 베네치아에서 파견한 대사 스카라멜리의 편지도 참조, *Calendar of State Papers, Venetian*, X, no. 69(1603년 6월 4일). 역사가 윌슨의 저서 중 한 문단도 참조. Arthur Wilsons *The History of Great Britain, being the Life and Reign of James I*, 1653, p.289(인용된 곳, Farquhar, IV, p.141). 작센 바이마르의 공작 요한 에르네스트(Johan Ernest von Saxen-Weimar)의 1613년 영국 궁정 여행기는 폰 쿤트하르트에 의해 출판되었다. von Kundhardt, *Am Hofe König Jacobs I von England, Nord und Süd*, p.109(1904), p.132. 제임스 1세의 종교적 감정에 대해서는 트레빌리언의 예리한 관찰을 참조하라. G.M. Trevelyan, *England under the Stuarts*(*A History of England*, ed. by C. Oman, VII), p.79. 그리고 성 토머스의 기적의 기름으로 축성받기를 거부한 최초의 왕이 바로 제임스라는 것을 기억할 필요가 있다. 이 책 273쪽 참조. 다음과 같은 해석은 어느 문서에서도 찾아볼 수 없지만 해볼 수는 있다. 즉, 왕의 손대기 치료에 대한 제임스의 반감은 원래 그의 칼뱅주의 신조에서 나왔을 것이며, 이 예민한 남자가 내키지 않는 의무를 해야 하는 데에서 오는 거부감 때문에 손대기 치료에 대한 반감이 한층 더 강화되었다고 볼 수도 있다.

는 의례가 환자를 치료하기 위해 하늘에 바치는 일종의 기도에 불과하다고 생각했으므로, 다른 사람에게 도움을 요청했다. 이러한 배경에서 그는 연주창 환자를 만지기 시작했다. 이 글을 쓴 정보원은 심술궂게도 다음과 같은 문구를 더했다. "그리고 왕은 연설하는 동안 마치 사전에 이 점에 대해 양해를 구해두기라도 했다는 듯이, 주변에 있던 스코틀랜드인 목사에게 여러 차례 눈을 돌려서, 승인의 표시를 기다리는 듯했다."[81]

이 고집스러운, 기적을 행하는 자(왕-옮긴이)가 전통적 의식을 순화한 것이 이때부터였는지는 알 수 없다. 어쨌든 얼마 지나지 않아 그렇게 되었다. 엘리자베스는 가톨릭 교도였던 선왕들과 헨리 8세를 따라서 환자의 환부에 십자기 표시를 했는데, 이것이 신교도 신하들 중 몇몇에게는 불미스러운 일로 보였다.[82] 이 점에서 제임스는 여왕의 전철을 밟지 않았다. 일단 손으로 치료받은 환자들이 다시 왕 앞을 지날 때 금화를 목에 걸어주거나 스스로 걸도록 하는 데 그쳤고, 오래된 신앙을 생생하게 연상시키는 상징적 행동은 하지 않았다. 동시에 그때까지 '엔젤화'를 장식한 십자가 표시를 없애고, 명문에서도 '기적(mirabile)'이라는 단어를 없애서 글자 수를 줄였다.[83] 이러한 수정 덕분에,

---

81) 1603년 10월 8일자 런던으로부터 전달된 [익명의] 편지 요약. Arch. Vatican, Inghilterra. 사본은 Record Office, Roman Transcripts, General Series, t.87. 이 편지 일부는 Crawfurd, *King's Evil*, p.82. "그날 왕은 영국 왕이라면 왕의 질병을 치료한다는 오래된 관습을 수행할 수밖에 없었다. 그리하여 상기 환자들이 왕의 대기실에 모여들었다. 먼저 칼뱅파 목사에게 이 행위에 관해 설명했다. 그리고 왕은 이 고귀한 일을 어떻게 해야 할지 모르겠다고 말했다. 한편으로 그는 어떻게 기적 없이 환자를 치료할 수 있는지 이해할 수 없었다. 그리고 이미 기적은 더 이상 일어나지 않으며, 자신도 일으킬 수 없었다. 일종의 미신을 행하는 것에 두려움도 있었다. 다른 한편으로 오래된 관습인데다가 백성에게 유익하므로 그는 시도하려는 마음도 있었다. 그러나 단지 기도로 그것을 기원했다. 모든 사람이 자신과 함께 기도해주기를 바랐다. 이 기도와 함께 환자를 만졌다. 우리는 곧 효과가 나타나는 것을 볼 수 있었다. 왕이 연설하면서 아래에 있던 스코틀랜드 목사에게 종종 눈길을 돌렸다. 마치 그가 말한 것에 대해 목사의 승인을 기다리기라도 하듯이 먼저 목사에게 눈길을 주었다."

82) Tooker, *Charisma*, p.109.

83) 제임스 1세 시대의 전례를 우리에게 알려주는 자료로는 런던 골동품 협회 도서관에 보존되어 있는 '브로드사이드(앞면만 인쇄된 종이)'가 한 장 있다. 그것은 Crawfurd, p.85에 게재되어 있다. 그 전례는 찰스 1세 때의 것과 똑같다. 찰스 1세 때의 전례는 1633년 판 『일반 기도서』(*Book of Common Prayer*)에 포함된 덕분에 잘 알려졌으며, 여러 차례 출판되었다.

그리고 자신이 여기에 적응했을 뿐만 아니라 젊은 시절 받은 교육이 오래되기도 해서, 결국 제임스 1세는 치료하는 업무를 정기적으로 수행하게 되었다. 그리고 맨 처음 시도할 때 했던 주의 깊은 연설도 매번 하지는 않은 듯이 보인다. 게다가 이 문제를 계속해서 심각하게 여겼던 것 같지는 않다. 1618년 터키 대사가 종교적 절충주의에 따라, 사실은 장난삼아, 연주창을 앓는 자신의 아이를 만져달라고 했을 때, 왕은 제의를 거절하지 않으며 활짝 웃었다고 한다.[84]

셰익스피어가 『맥베스』를 상연한 것은 제임스 1세의 치세 초기였다. 이 연극은 새로운 왕을 기쁘게 해주기 위해 만들어졌다. 스튜어트 왕조를 뱅코 (Banqou, 맥베스의 손에 죽은 동료―옮긴이)의 자손으로 간주하지 않았는가? 4막의 환상적 예언 장면에서 놀라 무서워하는 맥베스 눈앞에 그에게 희생된 자

Beckett, *A free and impartial inquiry*, Sparrow Simpson, *On the forms of prayer*, p.299; Crawford, p.85. 엘리자베스 시대의 기도서와 비슷하지만, 군주의 행동 지침들 중에서 성호를 긋는 행위가 빠져 있다. 이처럼 과거부터 내려오던 전례에 가해진 변형이라는 주제로 크로퍼드는 다양한 증거를 수집했는데(Crawfurd, p.88), 이러한 증거들은 전례를 검토하는 것만으로도 충분히 얻을 수 있는 결론과 다르지 않다. 증거들 중에서 단 하나만 일치하지 않는 것이 있었다(이에 대해서는 다음 각주에서 다룰 것이다). 그러나 다른 모든 증언이 일치하기 때문에 우리로서는 이 하나의 예외를 잘못된 것으로 여길 수밖에 없다. 가톨릭 측에서는 제임스가 몰래 십자가 성호를 그었다고 주장하기도 했다(이 책 2부 6장 각주 8 참조). 그러나 이것은 완전히 꾸며낸 이야기로서, 이단적인 왕이 시행했다는 치료를 정통교리로 설명하기 위한 것이다. 엔젤화에서 십자가가(뒷면 배의 돛대 위에 있었다)가 사라진 것, "이것은 주님이 행하며 우리 눈앞에서 일어나는 기적이다"라는 명문 구절에서 "우리 눈앞에서 일어나는 기적이다"라는 구절이 빠졌다. Farquhar, I, pp.106~107 참조. 저자는 이러한 끝부분의 변형을 중요하게 여기지 않았는데, 내가 보기에는 그렇지 않다.

84) '포비 씨(Mr. Povy)'가 더들리 칼튼 경(Sir Dudley Carleton)'에게 보낸 편지는 Crawfurd, *King's Evil*, p.84에 게재되어 있다(서지사항은 부정확함). 찰스 1세 치세에 의전관이었던 존 피네트 경(Sir John Finett)에 따르면, 제임스가 터키 아이의 머리 위에 십자가 성호를 그었다고 한다. 그러나 존 경의 기억은 잘못된 것이다. *Finetti Philoxenis: some choice Observations of Sir John Finett, Knight, and Master of the Ceremonies to the two last Kings touching the Reception ······ of Forren Ambassadors*, London, 1656, p.58. 들랑크르(De l'Ancre, *La Mescreance du sortilège*, 1622, p.165)에 따르면, 제임스 1세가 한번은 프랑스 대사인 트르넬(Trenel) 후작에게 손대기 치료를 시술했다고 한다. 그러나 무엇에 근거해서 그러한 이야기가 나왔는지는 나로서는 알 길이 없다. 제임스는 1617년 3월 30일과 4월 1일 링컨에서 각각 50명과 53명의 환자를 만졌다(John Nichols, *Progresses of James I*, III, pp.263~264, 인용된 곳은 Farquhar, I, p.109). 작센 공 오토는 1611년 제임스가 이 의례를 시행하는 것을 목격했다. Feyerabend, *Die Grenzboten*, 1904, I, p.705.

의 자손이 나타난다. 오보에 소리와 함께 왕 8명의 환영이 차례로 지나가는데, 마지막 왕은 세 왕국의 통치권을 지니고 있었다. 그가 바로 제임스인 셈이다 (제임스는 스코틀랜드, 잉글랜드, 아일랜드 왕이었다-옮긴이). 앞서 말했듯이, 시인이 이 비극 속에 기적을 행하는 능력을 찬양하는 구절을 삽입하는 것이 좋겠다고 생각한 것은 참으로 놀라운 일이다.

"이 훌륭한 왕에게는 매우 위대한 기적의 기술이 있다."[85]

암시인가? 조심스러운 조언인가? 아니면 단순히 이 '기적 행위'를 수행할 때, 뱅고의 마지막 후손이 머뭇거렸다는 사실을 몰랐을까? 어찌 그것을 알겠는가? 다른 많은 점에서도 그렇지만 이 점에 관해서 셰익스피어는 민중의식을 충실히 전하고 있다. 시민 대다수는 아직도 여전히 '치료의 축복'이라는 은총이 없는 왕은 진정한 왕이 아니라고 생각했다. 왕정에 충실한 사람들의 의견은 왕 자신의 불안감을 압도할 만큼 힘을 가지고 있었던 것이다.

찰스 1세도 부왕과 마찬가지로 손대기 치료를 실행했지만, 국교주의 분위기에서 성장했기 때문에 부왕과 같은 내적 불안감은 없었다. 그래서 스튜어트 왕조 초기에 이 문제에 대응하는 태도가 결정적으로 확립되었다. 왕의 기적에 대한 신앙은 국왕의 '특권'을 지지하는 세력과 기존 교회를 지지하는 세력, 즉 이 나라의 대다수가 관련된 반(半)종교적이며 반정치적인 논란의 일부를 형성하고 있었다. 극렬한 소수 종교집단은 왕의 기적을 배격했다. 그들은 기적을 오래된 미신의 슬픈 유산이자 자신들이 혐오하는 절대왕정의 상징으로 보았기 때문이다.

앞서 보았듯이 프랑스에서는 왕에게 부여된 치료자로서의 능력에 대해 칼뱅주의자들은 존경심 때문에, 혹은 조심성 때문에 긴 침묵을 지키고 있었다. 침묵했다고 해서 웅변이 없는 것은 아니었다. 예를 들어 앙브루아즈 파레 (Ambroise Paré)가 외과학에 대한 논문 중 '연주창' 부분에서 당시 의학서의

---

85) 시(詩)는 이미 앞서 인용했다. 이 책 1부 1장 각주 30.

관례와 반대로 왕의 질병인 연주창을 치료하는 기적 요법을 언급하지 않았는데, 이보다 더 의미있는 일이 있겠는가?[86] 게다가 적어도 혼란이 시작된 이후 개혁파 중에는 침묵의 항의에 그치지 않는 사람도 있었다. 예수회의 루이 리슘(Louis Richeome) 신부는 1597년 출판된 『가톨릭 신앙에 관한 세 가지 논의』에서 "진실로 기도교적인 프랑스 왕에게 부여된 연주창 치료의 능력"을 다루면서, "손재주도 없고 양심도 없는 몇몇 프랑스 외과의사, 루터의 묘약을 너무 많이 복용해 기적을 중상모략으로 약화시키고 권위를 실추시키며 플리니우스에게 악평을 쏟아 붓는 자들"의 무신앙과 파렴치를 공격했다.[87]

이 표현은 명백히 특정인을 겨냥하고 있지만 그것이 누구인지는 알 수 없다. 적어도 신교도 문필가였던 것은 분명하다. 그러나 전체적으로 보아, 이 점에 대한 개혁파의 논박은 그렇게 적극적으로 이루어지지 않은 듯하다. 이 진영의 문필가들이 인기 있는 특권 중 하나를 빌미로 왕권을 공격하지 않은 것은 확실

---

86) *Oeuvres*, éd. Malgaigne, 1, 1840, p.352. 그 당시 의학 서적들이 중세 의학의 전통을 계승해 종종 왕의 기적을 언급했다는 것을 생각해보면, 이러한 침묵은 더욱더 인상적이다. 프랑스에 대해서는 Jean Tagault, *De chirurgica institutione libri quinque*, 1543, livre 1, chap.xiii, p.93; Antoine Saporta(d. 1573), *De tumoribus praeter naturam*(Gurlt, *Gesch. der Chirurgie*, 2, p.677에 수록). 영국에 대해서는 1547년 출판된 Andrew Boorde, *Breviary of Health*(Crawfurd p.59 참조); Thomas Gale, *Institution of a Chirurgian of 1563*(Gurlt, *Gesch. der Chirurgie*, III, p.349에 수록); John Banister, *Of tumors above nature*(*Ibid.*, III, p.369). 이탈리아 의사들에 대해서는 이 책 2부 1장 각주 61 및 142쪽 참조. 또한 375쪽의 클로우즈에 대한 설명과 382쪽에서 뒤 로랑스에 대한 설명 참조. 그러나 파레와 유사한 경우는 다음 각주를 보라.

87) *Premier Discours. Des miracles*, chap.xxxvi, §4; éd. de 1602, Rouen, p.183. 저자에 대해서는 H. Brémond, *Histoire littéraire du sentiment religieux en France*, 1, 1916, p.18 이하 참조; Henri Busson, *Les Sources et le développement du Rationalisme dans la littérature française de la Renaissance*(thèse lettres Paris) 1922, p.452. 리슘(Richeome)이 말하는 의사가 '갈리아의 의사 페트루스 데 크레스켄티스(Petrus de Crescentiis, Medicus Gallus)'와 같은 인물인지 나로서는 알 수 없다. Crusius(?), *De preeminentia*를 참조한 르브룅(Le Brun, *Histoire critique des pratiques superstitieuses*, II, p.120 주석)에 따르면, 이 페트루스는 왕의 치료를 부정하는 사람이었다고 한다. 그 의사가 자크 달샹(Jacques Daleschamps, 1513~88)이라고 생각할 수도 있다. 이 사람은 플리니우스 편집자로 유명한데(내가 본 플리니우스 책의 판본은 1587년 리옹 출판사에서 폴리오판으로 나온 것이었는데, 거기에는 지금 이 주제와 관련된 언급이 없었다). 달샹은 자신의 저서(J. Daleschamps, *Chirurgie françoise*, Lyons, 1573)에서 '연주창'에 대해 썼지만(chap.XXXV), 파레와 마찬가지로 왕의 기적에 대해서는 침묵했다. 그러나 나는 그가 프로테스탄트였다는 증거를 발견하지는 못했다.

하다. 이들은 대부분 매우 자주 실망했음에도 불구하고, 왕이 호의적이거나 적어도 관용적이 될 것이라는 희망을 버리지 않았다. 기적을 행하는 능력에 대한 적극적인 공격은 그들과는 다른 곳에서 왔다. 그것도 모든 왕의 기적에 대해서가 아니라 특정 왕의 기적에 대해 공격한 것이었다.

앙리 3세가 귀족 동맹과 결정적으로 사이가 틀어졌을 때, 귀족 동맹은 왕의 불경(不敬) 때문에 가문에 부여된 초자연적 능력을 행사할 자격을 잃은 것으로 간주했다. 왕족 한 사람이 연주창을 앓아서 왕이 몇 번이나 손으로 만졌지만 아무런 효과가 없었다. 왕실 전속사제 뫼리에(Meurier)는 앙리 3세가 죽은 뒤 앙리 4세에 반대하는 견지에서 『도유식에 대해』를 썼는데, 이러한 의료적 무능력은 프랑스인에게 내려진 신의 경고라고 했다. 정식으로 축성되지 않은 왕을 프랑스 인민이 왕으로서 받아들인다면(그 당시 앙리 4세는 아직 신교도였던 데다가 랭스는 반대파(구교도-옮긴이)의 수중에 있었다), 이제 연주창 환자가 기적의 치료라는 축복을 더 이상 받을 수 없을 것이라고 했다.[88]

이 베아른 지방(Béarnais, 앙리 4세 출신지-옮긴이) 사람은 가톨릭으로 개종하고 왕으로 축성되었다. 그러나 랭스에서도 아니었고, '성스러운 유리병'의 향기 나는 기름으로 축성된 것도 아니었다. 샤르트르에서 옛날에 천사가 성 마르탱에게 전해주었다는 기름으로 축성되었다. 그도 연주창 환자에게 손대기를 시행했다. 뫼리에 신부 지지자들이 어떻게 생각하든 군중은 왕 주변으로 모

---

88) Meurier, *De sacris unctionibus*, p.262(이 책은 1593년 출판되었다. 그러나 글을 쓰기 시작한 것은 1591년부터였을 것이다. 왜냐하면 이 책에는 1591년 10월 17일자인 두 사람의 승인이 담겨 있기 때문이다. 한 사람은 루앙의 고해신부 장 다드레(Jean Dadré), 다른 한 사람은 파리 대법관(prochancelier) 장 부셰(Jean Boucher)였다. 부아사르(J.J. Boissardus(d. 1602), *De divinatione et magiicis praestigiis*; Oppenheim, 출판일자 미상, 86쪽)는 '찬탄할 만한 치료능력'이 앙리 2세의 아들 대에서 끝나게 되었다고 생각했다. 앙리 3세의 후계자가 없는 데에 따른 전설은 블롱델의 책에도 반영되어 있다(David Blondel, *Genealogiae francicae plenior assertio*, Amsterdam, 1654, I, fol. LXX*). 블롱델은 디모데를 치료하지 못한 성 바오로의 예를 들며 왕을 변호했다. 실제로 앙리 3세는 예상대로 선왕들처럼 손대기 치료를 시술했고, 우리가 믿듯이, 똑같이 성공을 거두었다. 특히 그는 1581년, 1582년, 1586년에 샤르트르에서 치료자처럼 행동했다(J.B. Souchet, *Histoire de la ville et du diocèse de Chartres*(*Public. Soc. Histor. Eure-et-Loir*, VI, Chartres, 1873, p.110, p.111, p.128)). 1577년 8월 15일에는 푸아티에에서 그렇게 행동했다(Cerf, *Du Toucher des ecrouelles*, p.265).

여들었다. 최초의 의식은 축성식 직후가 아니라 1594년 4월 10일 부활절 일요일 왕의 행렬이 파리에 입성한 지 18일째 되는 날 시행되었다. 파리에서는 1588년 앙리 3세가 피신한 이후(1588년 앙리 3세는 파리 시민들이 봉기를 일으키자 피신했다—옮긴이) 이런 행사를 본 적이 없었다. 많은 환자가 모여들었다. 파빈(Favyn)은 600~700명이라고 했고, 투(Thou)는 960명이라고 했다.[89] 그 후에도 계속해서 앙리 4세는 4대 축일인 부활절, 성신강림절, 만성절, 크리스마스는 물론 기회가 닿으면 언제든 연주창 환자에게 치료의 축복을 내렸고, 여기에는 항상 몇백 명, 심지어 몇천 명이 모였다.[90]

모든 프랑스 왕과 마찬가지로 그도 서서 환자에게 손을 댔으며, 그것을 피곤한 일로 생각했으나 결코 피하려 하지는 않았다.[91] 왕정의 재건을 바라는 그가 어떻게 왕의 임무 중 일부를 소홀히 할 수 있겠는가? 다년간의 내전으로 동요된 권력을 견고하게 만들기 위해서는 행정상 조치만으로는 충분하지 않았다. 마음속에 왕조의 권위를 높이고 군주의 정통성에 대한 믿음을 키우는 것이 필수적이었다. 조상에게서 물려받은 기적의 능력은 이 위신을 세우기 위한 최선의 수단이자 정통성을 위한 가장 빛나는 증거가 아니겠는가? 이러한 이유로 앙리 4세는 기적 의례를 효과적으로 수행하는 데 만족하지 않고 자신이 직접 하거나 측근을 통해서 기적을 행하는 능력을 찬양하는 선전을 한 것이다.

선전의 첫 번째 도구는 책이었다. 1609년 국왕주치의 앙드레 뒤 로랑스는 "진정으로 기독교적인 왕에게만 신성하게 주어지는 연주창 치료의 경이적 능

---

89) L'Estoile, *Mémoires, Journaux*, éd. Brunet, IV, p.204(1594년 4월 6일자 일기); J.A. Thuanus, *Histoira sui temporis*, lib. CIX, t. V, folio, 1620, p.433. "그곳에 연주창 환자 560명, 그리고 다른 방에 지체 높은 분 20명이 있었다." Favyn, *Histoire de Navarre*, p.1555.

90) Du Laurens, *De mirabili*, p.5. 뒤 로랑스는 환자 1,500명이 왕에게 온 것을 보았다고 주장했다(6쪽). 환자는 특히 성령강림축일에 많았다. 1608년 부활절에는 왕 자신의 증언에 따르면 환자 1,250명을 만졌다고 한다. 베르뇌유 후작(Marquise de Verneuil)에게 보낸 4월 8일자 편지, *Recueil des lettres missives de Henri IV*, éd. Berger de Xivrey(*Documents inédits*), VII, p.510. 바젤 출신 의사 플라터(Thomas Platter)는 앙리 4세가 1599년 12월 29일 루브르에서 환자를 만지는 것을 보았다. *Souvenirs*, trans. L. Sieber, *Mém. Soc. Hist. Paris*, XXIII, 1898, p.222; L'Estoile, 1609년 1월 6일 참조.

91) 각주 90에서 인용한 베르뇌유 후작의 편지 참조.

력"이라는 글을 써서 주군에게 바쳤다. 장황한 변론이지만 그 내용은 다음에 인용한 장(章) 제목에서 쉽게 추측할 수 있다. "프랑스 왕에게 부여된 연주창 치료라는 기적을 행하는 능력은 초자연적이며 결코 악마에게서 나온 것이 아니다……. 그것은 신에 의해 자유롭게 주어진 은총이다."[92] 이 책은 큰 성공을 거둔 듯하다. 거듭 인쇄되었을 뿐만 아니라, 외국어로도 번역되었다.[93] 1628년 새로운 판을 출간하면서 앞부분에 기 파탱(Gui Patin)이 라틴어 운문으로 된 서문을 썼다. "왕의 영광 또는 저자의 학식을 이 책보다 더 성공적으로 쓴 책은 본 적이 없다." 두꺼운 책을 읽는 대중뿐만 아니라 그림을 보는 더 많은 대중의 관심을 끌어야 할 필요도 있었다. 같은 시기 생자크 거리에 타유두스(Taille Douce) 출판사를 가지고 있던 플랑드르 출신 판화가 피렌스(P. Firens)는 왕의 손대기 치료 의식을 사실적으로 묘사한 판화를 판매했다.[94] 왕은 열을 지어 무릎을 꿇고 있는 환자들 옆을 지나왔다. 그 뒤에는 전속사제가 뒤따르고 있다.

왕이 환자에게 손을 얹을 때, 전속의사는 그 머리를 받쳐든다. 이 장면은 둔중한 건축물 가운데서 장대한 군대 행렬이 지켜보는 가운데 야외에서 이루어지고 있다. 그림 아래에는 왕을 '신의 살아 있는 초상'이라고 찬양하는 문구가 있으며, 특히 왕의 신앙심과 기적을 찬양하는 문구가 있다. 그리고 끝에는 이렇게 쓰여 있다. "독자들이여, 나의 대담함을 용서하시오. 나는 위대한 왕에 대한 지지를 옹호하며, 위대한 신의 기적을 보여주려는 강렬한 열망을 가지고 있다."[95] '위대한 왕에 대한 지지'라는 문구는 문자 그대로 해석해도 된다. 그밖

---

92) Cap.ix, Cap.x. 이 작품의 정확한 제목은 참고문헌 참조.

93) 책 한 권만으로 그렇게 되었던 것은 아니다. 1628년 새로 출판된 『전집』(*Oeuvres complètes*)은 라틴어로 되어 있는데, 1613년부터 1646년 사이에 변화 없이 4, 5회 재출간되었으며, 심지어 1661년 판도 있다. 참고문헌에서 언급한 터너(E. Turner)의 논문을 참조하라. 기 파탱의 시(詩)도 그 논문 416쪽에 인용되어 있다.

94) 이 책 부록 2와 그림 3.

95) 같은 문구 중 다음 구절에 국내 평화의 회복에 관한 특징적 언급과 함께 선전 의도가 명백히 드러나 있는 점에 주목하라. "그러한 이유로 나는 상기 왕의 모습을 동판에 새기는 것이 내 의무라고 생각한다. 그것은 우리 왕에게 작동하는 신성한 능력을 찬양하며 명예를 드높이기 위한 것이며, 이 프랑스 왕국에서 유지되는 평화와 화합을 위해, 그리고 우리에게 전해진 자산을 지키기 위해 왕에게 복종할 수 있도록 하기 위함이다."

에도 다른 자료로부터 피렌스가 자주 자신의 판화가들을 왕정을 선전하는 데 이용했다는 것을 알 수 있다.[96] 국왕 주치의와 판화가는 각자 나름대로의 방식으로 상부에서 내려준 하나의 정책에 봉사한 것이다.

이렇게 영국과 마찬가지로 프랑스에서도 16세기의 투쟁 이후 국왕의 초자연적 능력에 대한 오래된 신앙은 다시 한 번 승리를 차지했다. 적어도 겉으로 보기에는 그렇다. 그 신앙은 프랑스에서는 루이 14세의 절대왕정에서 꽃피운 국왕 숭배의 여러 요소 중 하나가 되었다. 반대로 영국에서는 일시적 회복이 없지는 않았지만 정치와 종교의 새로운 전개 속에 서서히 묻혀버렸다. 지금 여기서 이 신앙 전체에 대해 한마디 해두는 것이 좋겠다. 이 신앙 없이는 기적을 행하는 능력의 생명력을 도저히 설명할 수 없을지도 모른다.

절대왕정과 신성한 왕권: 프랑스 왕가의 마지막 전설[97]

루이 14세 시대 정치 영역에서 대다수 프랑스인이 행동하는 방식과 느끼는 방식은 우리가 보기에는 다소 놀라운 것이며 심지어 충격적인 것이기도 하다. 스튜어트 왕조 시대 영국인의 여론도 마찬가지다. 당시의 왕과 왕권에 대한 숭

---

96) 여전히 남아 있는 앙리 4세의 초상화와 1610년에 새겨진 루이 13세 초상화 판화가 있다. E. Bénézit, *Dictionnaire des peintres, sculpteurs et dessinateurs de tous les temps et de tous les pays*, II.

97) 안타깝게도 이런저런 저술가의 사회철학 이론의 하나라는 관점에서가 아니라, 한 시대 전체의 공통된 생각이나 감정의 움직임을 표현한 것이라는 관점에서 절대왕정의 원리에 대해 만족할 만한 성과를 내놓을 연구는 없다. 지금 소개하는 간략한 서지정보는 이러한 간극을 메우려는 것이 아니다. Figgis, *The divine right of kings*와 Hitier, *La Doctrine de l'absolutisme* 두 작품에서 우리가 얻어낼 수 있는 것은 성급한 사고와 너무나도 이론적인 성격뿐이다. 마찬가지로 르메르의 책은 지나치게 법학적 관점에 서 있다. André Lemaire, *Les Lois fondamentales de la monarchie française d'après les théoriciens de l'ancien régime*(thesis, Paris), 1907. 라쿠르게예의 책(Lacour-Gayet, *L'éducation politique de Louis XIV*)은 다른 곳에서 찾을 수 없는 귀중한 정보를 제공한다. 문제는 겨우 언급만 했다는 점이다. 다음 책을 보는 것도 좋다. Henri Sée, *Les Idées politiques en France au XVIe siècle*, 1923. 왕당파 선동가의 문학에 대해서는 오늘날에도 유용한 참고문헌 서지사항을 제공해주는 책이 있다. 스트루베(Struve)의 *Bibliotheca historica*가 바로 그런 것으로서, 뫼젤이 재출간했다. J.G. Meusel, X, i, Leipzig, 1800, p.179; *Scriptores de titulis, praerogativis, majestate et auctoritate Regum*[Franciae].

배를 우리는 제대로 이해할 수 없다. 이것을 우리가 모르는 노예와도 같은 비천함의 결과라고 잘못 해석하지 않으리라고 장담할 수 없다. 문학적 전승을 통해 친숙한 시대의 심성을 이렇게 중요한 관점에서 파악하려고 할 때 직면하는 어려움은 우리가 통치에 관한 여러 관념을 오로지 위대한 이론가들에게만 기대어 연구하는 것과 관계있다. 절대왕정은 종교와 같은 것이다. 그런데 신학자들을 통해서만 종교를 안다는 것은 종교의 활력 넘치는 원천을 영원히 모르며 지내는 것은 아닐까? 이 경우 위대한 이론가들이 당대의 사상이나 감정을 종종 가면을 씌워서 표현했기 때문에 이런 방법은 그만큼 위험하다.

고전적인 교육으로 인하여 그들에게는 논리적인 논증을 선호하는 경향과 더불어 모든 정치적 신비주의에 대한 반감이 수입되었다. 그들은 자신들을 둘러싼 사상 중에서 합리적으로 설명할 수 없는 것들이 있다면, 그러한 모든 것을 제외하거나 은폐한다. 아리스토텔레스의 영향을 받고, 토마스 아퀴나스에게서 직접 또는 간접으로 영향을 받은 보쉬에가 바로 그러한 경우이며, 홉스(Thomas Hobbes)도 거기에 가깝다. 지극히 합리주의적인『성경 본래의 말씀에 따른 정치』라는 저작과 저자 주변 사람들과 똑같이 저자도 참여하고 있는 관습, 즉 왕조를 숭배하다시피 하는 관습 사이에는 뚜렷한 대비점이 있다. 즉 보쉬에는 고도의 과학적 저작에서 우리에게 추상적인 군주상을 보여주는 반면, 전심을 다하는 사제로서, 그리고 충성스러운 신하로서 군주가 랭스에서 하늘의 기름으로 축성받았으므로 기적을 행할 수 있다는 것을 정말 믿었다. 이두 가지, 즉 추상적인 군주상과 기적을 행하는 군주 사이에는 깊은 심연이 자리 잡고 있다.[98]

그러므로 속아서는 안 된다. 유명한 왕정 이론가들을 이해하려면 이전 시대

---

98) 그리고 아마도 가장 오해되기 쉬운 시대란 영원히 살아 있는 문학적 전통을 통해 인식되는 시대일 것이다. 예술작품은 각 세대가 자기 세대 고유의 것 중에서 일부를 조금씩 추가함으로써 생명력을 유지한다. 그렇게 되면 마침내 그 의미는 점차 변해 마침내 완전히 반대가 되기까지 하며, 원래 그것이 자라난 환경에 대한 정보를 우리에게 제공하지 않게 된다. 고대 세계의 문학 위에서 자라났는데도 18세기 사람들은 고대를 불완전하게만 이해했다. 그리고 그들이 그리스와 로마 사람들에 대해 불완전하게 이해하듯이, 우리 역시 18세기 사람들에 대해 마찬가지다.

의 유산으로서 당대에도 여전히 살아남아서 더욱 강한 활력을 보여주고 있는 집단 표상을 이해할 필요가 있다. 방금 전에 했던 비교를 다시 이용하자면, 모든 신학자와 마찬가지로 그들의 저작은 지극히 감정적인 것에 지적인 외피를 입힌 것으로서 주변 사람들에게 퍼지고 무의식적으로 자기 자신에게도 주입된다. 홉스는 신하들의 신앙은 군주의 결정에 달려 있다고 했다. 11세기의 황제파 논객에게나 어울릴 법한 말로 이렇게 썼다. "왕은 성직자로서 사제의 일을 하는 것은 아니지만, 성직과 관련하여 교회재판권을 가지고 있는 한 순수하게 속인은 아니다."[99]

이러한 사상의 뿌리깊은 기원을 충분히 이해하기 위해서는 홉스가 표명한 사회적 염세주의와 정치적 불간섭주의만으로 설명하는 것은 충분치 않다. 또한 이 위대한 철학자가 군주 스스로 "세속적 문제에 대해서뿐만 아니라 영적인 문제, 다시 말하면 교회 문제에도 왕국의 최고통치자"라고 말하는 그런 나라의 시민이었다는 사실을 기억하는 것만으로도 충분하지 않다. 사실 이 사상의 배후에 있는 것은 신성한 왕권이라는 아주 오래된 개념이다. 발자크(Jean Louis Guez de Balzac)가 "군주는 그가 누구이건 간에 신성하고 침범할 수 없는 존재로 우리에게 받아들여져야 한다"라고 인정했을 때, 또는 그가 '왕에게 표시된 신의 손가락의 흔적'에 대해 이야기했을 때,[100] 왕에 대해 그렇게 표현한 것은 수많은 세대에 걸쳐 불쌍한 연주창 환자들이 프랑스 왕에게 찾아갈 때 가졌던 것과 근본적으로 똑같은 감정을 단지 순화된 형태로 나타낸 것은 아닐까?

역사가에게는 끊임없이 이러한 위대한 일류 사상가를 참조하는 것보다, 왕의 공권력에 대한 개설서나 왕정에 대한 찬사를 쓴 이류 작가들을 들여다보는 것이 더 도움이 될 수도 있다. 예를 들어 16, 17세기 프랑스에서 많이 만들어졌던 왕의 존엄에 대한 논문, 왕가의 기원과 권위에 대한 소논문, 백합꽃에 대한 찬사 등이 그런 것이다. 이 책을 읽는 것이 큰 지적 만족을 주지는 못했을

---

99) *De Corpore Politico*, 2, VIII, II(éd. Molesworth, IV, 199).

100) *Aristippe, Discours septiesme*, 2nd éd., 1658, p.221. 발자크의 정치적 관념에 대해서는 다음을 참조. J. Declareuil, "Les Idées politiques de Guez de Balzac," *Revue du droit public*, 1907, p.633.

것이다. 이 작품들은 대개 사상적 수준이 매우 낮은 것이었다. 장 페로(Jean Ferrault), 클로드 달봉, 피에르 푸아송 드 라 보디니에르(Pierre Poisson de la Bodinière), 뒤부아(H. Du Boys), 루이 롤랑(Louis Rolland), 이폴리트 롤랭 (P. Hippolyte Raulin), 발타사르 드 리에(Balthasar de Riez) 등 이외에도 얼마든지 더 나열할 수 있지만, 이 모든 이름은 사회사상사 영역에서 어떤 명예로운 지위도 얻지 못했다. 샤를 그라사유(Charles Grassaile), 앙드레 뒤셴(André Duchesne), 제롬 비뇽 등은 조금 더 높게 평가받을지 모르지만 잊힌 인물이 되어버린 현재 상태보다 더 나은 평가를 받지는 않을 것이다.[101] 그러나 이러한 성격의 저작들은 평범함과 조잡함으로 공통의 관념에 매우 근접해 있다는 장점이 있다. 만약 때대로 고용된 비방 전문작가가 논을 받고 써주었을 것이라고 의심된다면, 혹은 별로 흥미롭지도 않은 생각의 끈을 쫓아가기보다는 돈을 버는 것에 신경을 쓴 것은 아닌지 의심스럽다면, 민중의 감정을 생생하게 파악하기를 원하는 우리에게는 그것이 훨씬 좋다. 왜냐하면 이러한 직업 선전가들이 즐겨 전개하는 주장은 분명히 독자 대중의 반응을 불러일으킬 것으로 기대되는 주장일 것이기 때문이다.

16, 17세기 왕정 선전가들이 활발하게 전개한 사상은 그 이전 시대의 문학작품을 훑어본 사람에게는 종종 진부하게 보일 것이다. 거기서 오래된 중세의 유산을 느끼지 못한다면 오히려 그것이 놀라운 일이다. 인문주의자들의 견해에 따라 우리는 유럽의 과거를 대개 1500년 전후에 전통이 단절된 것으로 생각하지만, 다른 모든 종류의 역사보다 정치 이념의 역사에 대해서는 이 단절을 심

---

101) 페로, 롤랭, 그라사유의 작품은 참고문헌에서 언급했다. 3~4쪽. 달봉의 작품은 19쪽에서 언급했다. Pierre Poisson, sieur de la Bodinière, *Traité de la Majesté Royale en France*, 1597; H. du Boys, *De l'origine et autorité des roys*, 1604; Louis Rolland, *De la Dignité du Roy ou est montré et prouvé que sa Majesté est seule et unique en terre vraymant Sacrée de Dieu et du Ciel*, 1623; 카푸친회 설교사 Fr. Balthasar de Riez; *l'Incomparable Piété des très chrétiens rois de France et les admirables prerogatives qu'elle a méritées à Leurs Majestés, tant pour leur royaume en général que pour leurs personnes sacrées en particulier*, 2 vol., 1672~74; André du Chesne, *Les Antiquitez et recherches de la grandeur et maiesté des Roys de France*, 1609; Jérôme Bignon, *De l'Excellence des rois et du royaume de France*, 1610. 테오필레(Théophile)라는 필명으로 쓴 Dujay, *La Grandeur de nos roys et leur souveraine puissance*, 1615.

각하게 생각하지 않는 것이 좋다고 생각한다. 중세 저술가들이 수없이 주장한 국왕의 신성한 성격은 근대에 들어와도 끊임없이 조명받는 명백한 진리로 남아 있었다.[102] 왕의 반성직자로서의 성격도 완전히 같은 목소리를 내는 것은 아니었지만 마찬가지였다.

이 점에 대해서는 가장 열렬한 왕권주의자조차 항상 머뭇거렸다. 게다가 그것이 점점 더 심해진 것 같다. 그라사유는 프랑스 왕정의 위대함에 젖어서 일종의 기적의 영광을 만드는 모든 전설을 수집했지만, 왕이란 교회와 관련된 모든 특권을 가졌음에도 불구하고 근본적으로는 속인이라는 점을 명확히 해야 한다고 여러 차례 말했다.[103] 그 이후 적어도 프랑스 가톨릭에서는 트렌토 공의회 이후 벌어진 대항종교개혁으로 교회의 규율이 강화되었고 정식 서품된 사제와 속인의 구분이 과거보다 더 뚜렷하게 되었다. 이 모든 것에도 불구하고 많은 관계와 의례 속에 내재된 오래된 관념은 여전히 수많은 지지자를 유지했고, 그 지지자 중에는 심지어 성직자도 있었다. 1597년 에브뢰 주교 로베르 스노(Robert Ceneau)는 이렇게 썼다. "존엄하신 프랑스 왕은 완전히 속인이라고 할 수 없다. 이에 대해서는 수많은 증거가 있다. 첫째로는 바로 하늘에서 유래한 성스러운 도유식, 그다음으로는 성 마르쿨의 중재에 의한 연주창 치료능력이라는 하늘이 부여한 특권, 마지막으로는 국왕 고유권으로서, 현재 사람들이 보듯이 특별한 권리로 교회의 축복을 부여할 수 있는 능력을 포함한 영적 고유

---

102) 여기에 인용할 수 있는 사료는 무수히 많다. 여기서는 보쉬에의 작품만 들겠다. *Politique tirée des propres paroles de l' Ecriture Sainte*, 3권 두 번째 항목: *L'autorité royale est sacrée*. 그리고 이 항목의 두 번째 조항: *La personne des rois est sacrée*.

103) *Regalium Franciae iura omnia*, 1538, lib. II, cap. 2 참조. 국왕 고유권에 대한 유명한 논문(*Tractatus Juris regaliorum*, *Praefatio*, *Pars* III, *in Opera*, 1534, pp.16~17)에서, 아르눌 뤼제(Arnoul Ruzé)는 꽤 주저하면서 왕에 대해 '혼합적인(mixte)' 입장이며 이로써 "성직자로 간주될 수 있다"라고 주장했다. 반대로, 1500년 11월 16일 '르메트르(Lemaistre)'는 국왕의 검찰총장으로서' 파리고등법원에서 과거의 원칙에 따라 다음과 같이 단언했다. "어떤 왕들은 대관식만 하고, 어떤 왕들은 대관식과 도유식을 한다. 그런데 프랑스 왕은 여기에 축성이 더해진다. 그러므로 왕은 단지 속인이 아니라 영적인 존재이다." 그리고 이러한 이론에 근거해 즉각적으로 영적 고유권을 주장했다. Arch. Nat. X la, 4842, fol. 47 v.(Delachenal, *Histoire des avocats*, p.204, n.4 참조).

권 등을 증거로 들 수 있다."[104] 앙드레 뒤셴은 1609년 이렇게 말했다. "우리의 위대한 왕들은 순수한 속인이었던 적이 없다. 성직자의 성격과 왕의 성격을 모두 지녔다."[105] 1611년 클로드 빌레트(Claude Villette)라는 사제는 『가톨릭교회를 이루는 성무와 의식에 관한 논거』라는 제목의 책을 펴냈다. 이 책은 전례서로서, 그 이후 여러 차례 판을 거듭할 정도로 성공을 거두었다. 저자는 이 책의 한 부분에서 국왕 도유식의 의례를 길게 설명하고 있는데, 그러한 의례들 중에서 손에 하는 도유식과 국왕이 주는 봉헌, 특히 두 가지로 수행되는 영성체 등을 근거로 왕이 '복합적이면서도 성직자인 존재'라고 결론지었다.[106]

1645년에도 여전히 국왕 자선금담당관 뒤 페라는 훨씬 더 명확하게 프랑스 국왕에게 허용된 성찬식 특권을 다음과 같이 정낭화하고 있다. "내가 보기에 사람들이 프랑스 왕에게 그러한 자격을 주는 이유는 프랑스 왕이 이교도 왕처럼 성직자는 아니지만, 성무를 수행하므로 순수한 속인이 아니기 때문이다."[107] 1672년 왕조에 대한 길고 장중한 찬양가를 쓴 발타사르 리에(Balthasar de Riez)의 견해에 따르면, 왕이 "신성한 존재이며 어떤 의미에서는 성직자인 것"은 축성에 근거가 있었다.[108]

---

104) *Gallica historia in duos dissecta tomos*, 1557, p.110. 이 글의 저자에 대해서는 A. Bernard, *De vita et operibus Roberti Cenalis*(thèse lettres Paris), 1901.

105) *Les Antiquitez et recherches*, p.164; Sée, *loc. cit.*, p.38, n.3.

106) Paris, 1611, 특히 pp.220~222. 빌레트(Villette)는 축성식을 다룬 장 골랭의 논문을 알고 있었다(이 책 532쪽 참조). 그는 골랭이 두 종류 성체성사에 대해 썼던 신중함에 약간 변화를 주며 이렇게 적었다. "사제와 마찬가지로, 그리고 옛날 작가가 말했듯이, '프랑스 왕은 자신의 권위가 사제와 왕권 모두에 있다는 것을 보여주기 위해' 두 종류로 영성체를 한다……."

107) *Histoire ecclésiastique de la Cour*, p.728. 루이 13세 축성식 보고서 참조. Godefroy, *Ceremonial*, p.452. "왕은 빵과 포도주 두 가지, 우리 주님의 귀중한 살과 피로 영성체를 한다. 그 후 사람들은 사제에게 하듯이 그에게서 세정(洗淨)을 받는다. 그것은 그의 권위가 왕이자 사제임을 나타내기 위한 것이었다."

108) *L'Incomparable Piété des très chrétiens rois de France*, 1, p.12. "여기서 우리는 이렇게 말할 수 있고, 또 말해야 한다. 우리 왕의 축성이 프랑스 왕위의 권리를 확실하게 하기 위해 반드시 필요한 것은 아니다. 프랑스 왕위는 상속에서 나온다. 그러나 그는 하늘의 특별한 은총을 받는 성스러운 의식을 받음으로써 신성한 성격을 부여받으며 어느 정도 사제로서의 성격도 부여받는다. 또 그는 차부제와 같은 옷을 입고 민소매 제의(장백의, chape)나 과거 사제

영국의 왕권주의자들도 똑같이 생각했다. 이 말에 대한 증거로서 『아이콘 바실리케』(Eikon Basilikè)이라는 책의 저자는 포로가 된 찰스 1세에게 전속사제 일을 맡기기를 사람들이 거부하는 장면에서 찰스 1세의 입을 빌려 이렇게 말했다. "아마도 내가 그와 같은 일을 하는 것을 거부하는 자들은 내게 성직자와 마찬가지로 신에 대한 의무를 다할 능력이 있다고 생각했을 것이다. …… 사실 나는 왕으로서의 임무와 성직자로서의 임무 두 가지 모두 오래전부터 하나의 이름 아래 통합되어 있었으며 둘 다 하나의 인격에 있다고 믿는다."[109]

게다가 초기 기독교에 대한 학문은 두 '임무' 사이의 이러한 오래된 복합을 뒷받침할 수 있도록 전 세대의 논쟁가가 몰랐던 주장을 제공해주었다. 동로마 제국에서 콘스탄티누스가 개종한 이후, 심지어 382년 그라티아누스가 전통적 직위인 대사제장(Pontifex maximus)을 포기한 이후에도 황제에게 일종의 신관으로서의 지위가 부여되어 있다는 생각이 폐기된 적은 없다. 이러한 개념을 나타내는 문헌들이 중세에는 알려지지 않았다가 17세기에 발굴되었다. 451년 칼케돈 공의회에 모인 교부들이 황제 마르키아누스(Marcianus)에게 경의를 표하며, "사제 만세, '황제' 만세!(Longue vie au prêtre, au *basileus!*)"를 외쳤다는 기록이 그것이다. 명백히 비잔티움제국의 궁정 의식인 이 외침을 1699년 다게소(Daguesseau)는 파리 고등법원에서 낭독한 『성인의 말씀에 반대되는 교황 교서의 등록에 대한 논고』(*réquisitoire pour l'enregistrement de la Bulle conte les Maximes des Saints*)에서 이를 루이 14세에 대한 칭찬으로 바꾸어서 이렇게

의 제의(祭衣, chasuble)와 비슷한 왕의 망토를 걸친다."

109) "아마 거부한 자들은 비록 내가 인민에 대한 군주의 의무는 이행하지 못했지만, 신에 대한 성직자로서 의무는 이행하기에 충분하다고 생각한 것 같다. 사실 나도 왕과 성직자 두 직무가 한 몸에 동시에 있다고 생각한다. 옛날에는 이 두 가지가 하나 이름으로 불렸고, 장자(長子)의 두 가지 권리도 마찬가지였다." Figgis, *Divine Right*, p.256, n.1. 『아이콘』의 작자는 진지하게 말한 것이었다. 흥미로운 것은 후에 세인트 헬레나 섬에 유폐되어 있던 나폴레옹의 입에서 이와 똑같은 생각이 나왔을 때에는 농담이 되어 있었다. 나폴레옹은 구르고 남작(baron Gourgaud)에게 이렇게 말했다. "이봐, 나에게 고해하라고. 나는 도유를 받았어. 그러니 자네가 나에게 고해해도 괜찮아." Général Gourgaud, *Saint-Hélène*, 출판연대미상, II, p.143.

말했다. "왕과 사제는 완전히 하나다. 이것이 칼케돈 공의회의 용어다."[110] 특히 몇 번씩 인쇄된 에우세비우스(Eusebius)의 콘스탄티누스 대제 전기에는 황제에게 부여된 칭호가 담겨 있는 유명한 구절이 있다. "신이 외부에 세운 주교(τῶν ἐχτὸς ὑπὸ θεοῦ καθεσταμένος ἐπίσκοπος)." 당시에 이것을 정확하게 번역했는지 아닌지는 차치하고, 대개 '외부 주교 또는 외부에 있는 주교'라고 번역했다.[111] 17세기부터 이것은 프랑스 왕에게 적용되는 상투적인 단어가 되었다.[112] 이렇게 다시 태어난 학문(르네상스 시대 고전의 부활-옮긴이)이 기독교의 가면을 쓰고 이교의 유물에 새로운 삶을 불어넣었다.

17세기만큼 분명하고도 노골적으로 왕정에, 나아가 왕의 존재 자체에 신과 유사한 성격이 있다는 점을 상소한 시대도 없다. 영국 왕 제임스 1세는 세자에게 이렇게 말했다. "그러므로 나의 아들아, 무엇보다도 하느님을 이해하고 하느님을 사랑하는 법을 배워야 한다. 너는 하느님에 대해 두 가지 의무를 져야 한다. 왜냐하면 첫째, 하느님은 너를 사람으로 만들어주셨기 때문이다. 둘째, 너를 작은 하느님으로 만들어서 당신 자리에 앉도록 하고, 사람들을 통치하게 하셨기 때문이다."[113] 프랑스에서는 오베르뉴의 지방장관이자 국왕대리인이었던 장 사바롱은 왕이란 육체를 가진 신이라고 생각했다.[114] 앙드레 뒤셴은 왕을 '지상의 신'으로 여겼다.[115] 1625년 11월 13일 샤르트르 주교는 성직

---

110) *Oeuvres*, éd. Pardessus, 1819, I, p.261. 공의회 문서와 다른 유사 문서는 이 책 2부 3장 각주 4 참조.

111) Eusebius, IV, 24. 바뷔(E.-C. Babut)에 따르면 콘스탄티누스가 말하려고 했던 것은 '이교도 주교'였을 것이라고 한다. Babut, *Revue critique*, new series, 68, 1909, p.261.

112) B. de la Roche-Flavin, *Treize Livres des Parlemens de France*, 13, chap.XLIV, §XIV, Bordeaux, 1617, p.758. "프랑스 공통의 주교, 이것은 공의회의 일부 문서로서 콘스탄티누스 황제에게 주었던 찬가의 일부다." d'Aguesseau, *loc. cit.* p.261 ('외부의 주교, évêque extérieur'). 심지어 18세기에도 1766년 5월 24일 칙령에서 '외부에 있는 주교'라는 표현이 있다. Isambert, *Recueil général*, XXII, p.452.

113) *Basilikon Doron*, livre I, éd. MacIlwain (*Harvard Political Classics*, I), 1918, p.12.

114) 세 번째 논문, *De la Souveraineté du Roy*, 1620, p.3. "가장 강력한 자이시여. 당신은 당신의 왕국에 대리인을 만드시어 살아 있는 신으로서 모든 백성에게서 존경받고 봉사받고 복종받는다."

115) *Les Antiquitez et recherches*, p.124, p.171도 참조.

자 회의를 대표해 다음과 같이 말했다. "그러므로 다시 말하면, 인민과 신민의 한결같은 동의는 말할 것도 없고 예언자가 말하고, 사도가 확인하고, 순교자가 고백했듯이, 왕은 신에게서 서임된다. 단지 거기에 그치지 않고 왕 자체가 신이다. 이것은 이교도의 맹목적 아첨이나 호의로 꾸며낸 이야기가 아니다. 바로 성경에 분명하게 나와 있는 진리 자체이며, 어느 누구도 이것을 부정하거나 의심할 수 없다. 그렇게 한다면 불경과 신성모독이 될 것이다."[116]

이러한 사례는 이외에도 많은데, 프롱드 반란 시기에 왕권옹호론자가 펴낸 소책자 제목은 「군주의 이미지 또는 인간의 특성을 지닌 신의 모습」[117]이라고까지 되어 있다. 1662년 성지주일에 보쉬에는 루브르궁전에서 '왕의 의무'에 대한 연설 중 이렇게 외쳤다. "왕들은 신들입니다(Vous êtes des dieux). 비록 왕은 죽더라도 그 권위가 죽지는 않습니다."[118] 그날 한 설교자의 입에서 이런 말이 나왔어도 어느 누구도 놀라지 않았을 것이다. 다만 오늘날 우리에게는 무척 대담하고 거의 신성모독에 가깝게 보인다. 그러나 그 당시에는 완전히 평범한 말이었다.

작가나 연설가가 어떤 전거를 이용했는지 찾아내기는 어렵지 않다. 먼저 성경을 들 수 있다. 사람들은 공통적으로 시편 82장의 두 구절에서 왕을 나타내는 구절을 찾아냈다. "나의 선고를 들어라. 너희가 신들이요 모두 지극히 높으

---

116) 성직자 회의의 선언문. 두 소책자에 대한 비난을 담았다. *Misteria Politica* & *Admonition de G.G.R. Theologien au Tres Chretien Roy de France et de Navarre Louis XIII.* 두 책 모두 프랑스와 프로테스탄트의 동맹을 비난했다. *Mercure françois*, 11, 1626, p.1072. 샤르트르 주교는 자신의 생각을 더 정교하게 만들었으나, 너무 자극적일까 봐 어투를 부드럽게 해서 다음과 같이 표현했다. "그러나 결론은 다음과 같다. 신이라고 불리는 자들이 신이 되는 이유는 본질에 따라서가 아니라 참여에 따라서, 그리고 천성에 따라서가 아니라, 은총에 따라서 이루어지며, 영원히 존재하는 것이 아니라, 전능하신 신의 진정한 대리인으로서 어떤 시점에만 존재하고, 신성한 하느님을 모방해 현세에서 신의 모습을 보여준다."

117) C. Moreau, *Bibliographie des mazarinades*(Soc. de l'hist. de France), II, no. 1684. 다른 특징적 인용구는 Lacour-Gayet, *L'éducation politique de Louis XIV*, pp.357~358. 무엇보다 내가 인용한 마지막 세 문구는 이 책에서 따왔다. du Boys, *De l'origine et autorité de sroys*, 1604, p.80도 참조(37쪽과 비교해보라).

118) *Sermon sur les Devoirs des Rois*(1662년 4월 2일), *Oeuvres oratoires*, éd. Lebarq, C. Urbain and E. Levesque, IV, p.362에서 재검토.

신 이의 아들들이다. 그러나 너희는 보통 인간처럼 죽을 것이다." 칼뱅도 『시편 주해』[119]에서 방금 인용한 보쉬에의 설교와 마찬가지로 이 두 구절을 왕을 나타내는 데 적용했다. 이것이 전부가 아니다. 당시 교양인은 성경뿐만 아니라 고전문학의 교육도 받고 자랐다. 샤르트르 주교는 이것을 '이교도의 천한 아첨이나 추종'이라고 비난했다. 이것은 이교도들(고대인-옮긴이)이 왕을 신과 동일시했다는 것을 주교가 인정한 것이다. 샤르트르 주교 이전에도 이미 클로드 달봉은 고대 철학자들이 "왕은 인간 이상이다. 즉 신이거나 적어도 절반은 신이다"라고 주장했다는 것을 인정했다.[120] 여기서 다시 학자들의 기억에 따라 열광적인 기독교인조차 이교적 생각이 가득 담긴 말을 쓰게 되었다.

여기서 12세기 위대한 인문주의자로 교권 우월주의를 열렬히 옹호한 존 오브 솔즈베리가 로마인에 대해 이야기한 것을 들어보자. "이 족속은 우리가 주군을 속이는 데에 이용하는 단어들을 발명했다."[121] 이미 중세에 그 영향력을 어느 정도 느낄 수 있다. 12세기 고프레도 다 비테르보(Goffredo da Viterbo)는 황제 하인리히 6세에게 이렇게 썼다. "당신은 신이시며, 신의 가문 출신입니다." 고프레도는 현학자인데, 그와 동료인 피에트로 다 에볼리(Pietro da Eboli)도 고프레도의 호적수라고 할 만하다. 그는 평소에 하인리히 6세를 '천둥의 주

---

119) *Opera*(*Corpus Reformatorum*), XXXII, Psalm ex, col. 160. 왕의 신성한 이미지에 대해 호의적이지 않은 문구는 *In Habacuc*, I, ii, col. 506. 위에서 인용한 시편 82장 6절과 7절은 근대 주석가들을 곤란하게 만들었다. 이 부분은 스스로 신이라 칭하는 비(非)유대인 왕에 대한 조롱으로 해석되기도 한다. F. Baethgen, *Die Psalmen*(*Handkommentar zum alten Testament*, Göttingen,) 1897, p.252.

120) *De la Maiesté royalle*, p.6. "군주는 백성들에 대해 덕성, 관대함, 고결함, 온화함, 포용력 등을 가지고 다른 모든 사람을 압도한다. 그러므로 타당하게도 많은 고대 철학자들은 왕이 인간 이상이며 신이라고 했다. 적어도 그런 생각에 못 미치는 사람이라도 군주의 완성도 때문에 절반의 신이라고 했다."

121) *Policraticus*, III, 10, éd. C.C.J. Webb, I, p.203. "수많은 영광으로 특별함을 장식하고 있지만, 이 민족은 주군을 속이는 말을 만들어냈다." 앞으로 살펴보겠지만, 여기서 문제가 되는 것은 주군의 복수형이다. 그러나 앞서 존 오브 솔즈베리는 황제 신격화를 문제 삼으며 다음과 같이 말했다(202~203쪽). "군주가 그 이름으로 지위에 합당한 덕과 진정한 신앙을 가지고 있어서 스스로 신이라고 생각하고 신이라고 불리는 것을 기뻐하는데, 이것은 가톨릭 신앙에 어긋나는 오랜 관습이다."

피터,' 황제비를 '유노'라고 했다.[122] 거의 한 세기 뒤 에지디오 콜로나는 왕을 '절반의 신'이라고 불렀다.[123] 에지디오 역시 고대 작가들의 작품을 많이 읽었다. 그러한 독서로 그는 자신의 정치적 체계와는 어울리지 않게, 세속권력에 그다지 호의적이지 않은 단어를 무의식적으로 쓰게 되었다. 요컨대 중세에 이와 같은 단어를 쓰는 일탈은 예외적인 것이었다.

이와 같이 신의 이름을 남용하는 것은 17세기가 되어서야 일반화되었음을 알아야 한다. 물론 이러한 언어의 과도함이 갖는 힘을 과장해서는 안 된다. 여기에는 순전히 문학적 차용만 있었다고 할 수 있는데, 이것은 우리가 그것을 지나치게 중요하게 여겨서는 안 된다는 경고를 준다. 그러나 동시에 그 의미를 너무 축소하지도 말자. 단어는 결코 사물과 분리될 수 없다. 그래서 이전 시대에는 우상숭배로 배척되었을 표현이 이러한 신앙의 시대에 지속적으로 사용되었다는 것은 놀라운 일이다. 개혁 교황 그레고리우스 7세가 샤르트르 주교의 말을 들었다면 어떻게 생각했을까?[124]

---

122) Godefroy de Viterbe, *Speculum regum*; *Monum. Germ.*, SS, XXII, p.39, v.196. "폐하는 조상인 트로이인의 왕위를 유지하고 계십니다. 그들의 후손인 폐하는 신이십니다." 에베메로스 (évhémériste, 신화실재론-신화의 주인공들은 실재 영웅들을 신격화한 것이라는 설-옮긴이)식의 설명은 p.138, v.178 이하 참조. 또 조금 뒤인 1269년 유사한 표현이 이탈리아의 호헨슈타우펜 지지자인 피에트로 다 프레차(Pietro da Prezza)가 작성한 *Adhortatio*에 나온다. 피에트로 다 프레차는 이 책 2부 3장 각주 65에서 말한 바 있다. Grauert, *Histor. Jahrbuch*, XIII(1892), p.121에 재인용.-*Des magisters Petrus de Ebulo liber ad honorem Augusti*, éd. Winckelmann, Leipzig, 1874, 인용은 p.82, n.9에 있다(이것의 다른 판본은 G.B. Siragusa, *Fonti per la storia d' Italia*, 1906). 이러한 방법으로 황제에게는 신의 이름이 부여되었지만, 그 적대자였던 교황에게도 때때로 이러한 방법이 적용되었을까? *Revue des sciences religieuses*, 2, 1922, p.447에서, 장 리비에르 신부(l'abbé Jean Rivière)는 이렇게 물었다. "교황 인노켄티우스 3세가 '신'인가?" 그리고 이에 대해 부정적으로 대답했다. 그러나 그가 몰랐던 것은 인노켄티우스 3세에게 잘못 적용된 교리상 오류가 이미 1260년 '파사우(Passau)의 익명작가'가 당시 사람들의 미신을 비난했을 때 나온다는 것이다. *Abhandl. der histor. Klasse der bayer. Akademie*, XIII, 1, 1875, p.245. "교황은 지상에서 신이며 인간을 초월하며 천사와 같아 죄를 짓지 않는다. 그리고 로마의 교황좌는 신성함을 찾아내 돌려준다. 로마 교황좌는 오류를 범할 수 없다."

123) *De regimine principum*, Venice, 1498, I, pars I, cap.ix: "왜 왕은 완전히 신성하고 절반은 신인가?" cap.vi: "군주는 인간 이상이며 완전히 신성하다고 말할 수 있다."

124) 1615년 파리의 신학자 필사크(Jean Filesac)는 「정치적 우상숭배와 전통군주 숭배에 대해」

16세기 말부터 17세기 초 어느 시점에 종교 갈등으로 인하여 예전의 '왕권'과 '교권'의 해묵은 논쟁이 되살아난 것으로 보인다. 벨라민(Bellarmin)과 영국 왕 제임스 1세의 논쟁은 마치 그레고리우스 개혁 시대의 마지막 잔향으로 여겨진다.[125] 게다가 폭군 살해를 둘러싼 신학자들의 오랜 논쟁을 연상시킨다. 그러나 전체적으로 교회의 견해는 성스러운 왕권에 점차 호의적으로 변했는데, 이는 특히 프랑스에서 두드러졌다. 왕들이 주장하는 성스러운 성격 속에서 성직자에 대한 권한의 침해보다는 오히려 종교에 대한 존중을 보게 되었기 때문이다. 특히 신학을 이유로 왕의 기적을 도편추방의 대상으로 삼을 수는 없었다. 에스파냐 성직자로서 정통교리의 완고한 파수꾼인 복자(福者) 루이스 데 그라나다(Luis de Granada)가 1527년 저술한 『신앙의 상징 입문』은 여러 차례 판을 거듭했고 번역되기도 했는데, 그는 브래드워딘이 과거에 그랬듯이, '전염성 불치병, 즉 연주창을 치료할 수 있는 능력'을 아주 자연스럽게 당시 기적 가운데 하나로 들면서, 꽤 길게 설명했다.[126]

마찬가지로 1547년 교황 바오로 3세도 황제 칼 5세와 대립한 결과 발루아 왕조와 우호관계를 맺고 이 '능력'이 진짜임을 확실히 인정했다. 즉, 그해 1월 5일 랭스대학 설립 교서에서 "지극히 기독교적인 왕들이 대주교의 손을 통해,

---

(De idolatria politica et legitimo principis cultu commentarius)라는 제목의 논문을 발표했다. 제목은 흥미로운 논쟁을 예상하게 했다. 그러나 불행하게도 이 작은 책자는 지극히 모호한 생각을 담고 있다. 저자는 도유식이 왕에게 사제의 특성을 부여한다는 생각에 전혀 호의적이지 않았다(74쪽). 그러나 그것에 대해 공개적으로 논쟁을 벌이지는 않았다. 신하들은 왕에게 아들이 아버지에게 하는 것과 똑같이 '숭배'해야 한다는 것이다. 필사크는 변덕스럽기로 유명했는데, 당시 사람들은 이러한 사실을 잘 알았다. 그래서 그는 "'이럴 땐 이렇게 저럴 땐 저렇게' 씨(氏)(Monsieur le voici, le voilà)"라고 불리곤 했다(P. Féret, *La Faculté de théologie de Paris*, *Époque moderne*, 4, 1906, p.375). 세속군주에게 신의 이름을 붙이는 관례는 중세에는 샤를마뉴와 존 오브 솔즈베리가 비판했다(이 책 1부 2장 각주 26. 위의 각주 121 참조).

125) J. de la Servière, S.J., *De Jacobo I Angliae rege, cum Cardo Roberto Bellarmino, super potestate cum regia tum pontificia disputante*, 1900.-"Une controverse au début du XVIIe siècle: Jacques 1er d'Angleterre et le cardinal Bellarmin," *Études*, t.94, t.95, t.96(1903).

126) Fra Luys de Granada, *Segunda Parte de la introduction del symbolo de la fe*, Saragossa, 1583(나는 초판(Antwerp, 1572)을 참조했다). p.171, §VIII.

하늘의 축복을 통해 성스러운 도유 및 환자 치료능력을 받는데, 그 장소가 바로 랭스"라며 이 도시를 자랑스러워했다.[127]

그러나 저술가들이 이 기적의 힘을 항상 똑같은 방식으로 다루었던 것은 아니다. 예를 들면 루이 12세 시대의 뱅상 시고(Vincent Cigaud) 또는 프랑수아 1세 시대의 그라사유에서 앙리 3세 시대의 포르카텔(Forcatel)에 이르기까지 16세기 왕권옹호자들은 모두, 혹은 거의 모두 자신들의 저작에서 이를 특별한 것으로 취급했다.[128] 이에 반해 17세기에 이것은 절대왕정의 정치 문헌을 확실히 두 가지 범주로 구분하는 시금석으로 이용되었다. 그 두 가지 범주란 이른바 철학적 작품과 통속문학으로서 후자, 즉 통속문학가에 속하는 사람, 예를 들어 아루아, 이폴리트 롤랭, 멩부르(Maimbourg) 등은 독자들에게 호소하는 훌륭한 논거로 기적을 최대한 활용했다. 이와는 반대로 전자, 즉 정치 철학을 쓴 작가들은 기적을 언급하는 것을 피했다. 예를 들어 발자크는 『군주론』이나 『아리스티프』에서, 보쉬에는 자신의 주요 작품에서 왕의 치료능력에 대해 최소한의 암시조차 하지 않았다. 회의주의일까? 분명히 그것은 아니다.

이 침묵에는 여러 가지 뜻이 담겨 있지만, 무엇보다도 엄밀한 합리적 구성을 갖고 있지 않은 것에 대해 사상가들이 가지고 있는 혐오감을 표현한 것으로 보아야 한다. 그래도 이것이 연주창 손대기 치료의 미래에 위협적이었던 것만은 사실이다. 보쉬에도 개인 편지에서 이 기적을 명백한 일로서 언급했을 정도로,[129] 여전히 거의 모든 사회가 이 위대한 기적을 믿었던 것은 분명하다. 그러나 사상가들은 그것을 상당히 대중적인 신앙으로 취급하여 그것에 관해 말하

---

127) Marlot, *Théâtre d'honneur*, p.760, 1547년 1월 5일.

128) 이상한 점은 베르나르 드 지라르 뒤 아양(Bernard de Girard de Haillan)이 자신의 책 어느 곳에서도 왕의 손대기 치료에 대해 언급하지 않았다는 것이다. 먼저 *De l'Estat et succez des affaires de France*(1570년 초판 발행. 나는 1611년 판을 참조했다)에서 그는 4권 첫 부분에 왕의 '대권, 권리, 권위, 특권(prerogatives, droicts, dignitez et privileges)' 등을 열거했으나 손대기 치료에 대한 언급은 하지 않았으며 다른 책인 *Histoire générale des rois de France*, 1576에서도 그러한 언급은 찾아볼 수 없다. 물론 그가 선호하던 왕정이란 어떠한 신비주의적인 요소도 없는, 합리성을 갖춘 절제된 왕정이며, 그가 이론화한 것은 이러한 왕정이라는 점은 사실이다.

129) 이 책 2부 4장 각주 150 참조.

는 것에 일종의 부끄러움을 느끼게 되었다. 그리고 나중에는 믿는 것조차 부끄러워하게 되었다.

바오로 3세가 옛날 전통에 입각해서 치료능력의 원천으로 간주한 것은 위에서 말한 대로 도유식, 그것도 특히 성스러운 유리병에 담겨 있는 기적의 기름이다. 그것에 의해서, 언제나 원칙적으로는 다소 의심스러운 데가 있던 능력이 완전히 기독교적인 의례에 결합되었다. 이 생각에는 성 마르쿨에 대한 열렬한 지지자를 제외하면 대체로 반대자가 없었다. 알다시피 이 사람들도 일찌감치 약화되었던 것이다. 열렬한 왕권옹호자들 중에서 어느 누구도 이 문제에서 도유의 역할에 이의를 제기하려는 사람은 없었다. 물론 뒤 아양(du Haillan)이 말했듯이, 이런 견해의 이론가 모두에게는 축성식이 '경선한 의식'에 불과하게 되어서 '군주권의 본질과는 관계없어졌으며,' 그것이 없다고 해서 왕이 '왕으로' 인정받지 않는 것은 아니었다.

앙리 4세 치세 초기를 장식한 여러 사건으로 정치적 작가들은 한 번 더 이 이론을 공식적인 교리로 선언할 기회를 얻었다.[130] 사람들은 왕의 위신이 교회의 절차에 의존한다는 것을 받아들이지 않았다. 그러나 기적을 행하는 능력에 대해서는 덜 예민했던 것으로 보인다. 앙리 4세는 축성을 받기 이전부터 이미 왕이었다. 그러나 축성 이전까지는 손대기 치료를 하지 않았다. 그는 코르베니에 결코 가지 않았고, 대관식 때 그곳은 접근이 차단되어 있었다. 그러므로 적

---

130) B. de Girard du Haillan, *De l'Estat et succez des affaires de France*, 1611 (초판 1570년), p.624. "왕이 대관식과 축성을 받지 않았다고 해서 왕이 아닌 것은 아니다. 대관식과 축성은 매우 경건한 의식이며 단지 공개적으로 인정받느냐 하는 문제와 관련이 있을 뿐, 주권의 본질과는 관련이 없다." 같은 이론을 벨포레(Belleforest)와 벨루아(Belloy)에게서 볼 수 있다. G. Weill, *Les Théories sur le pouvoir royal en France pendant les guerres de religion*, 1892 (thèse lettres Paris), p.186, p.212. 앙리 4세 치세 초기 이 문제의 상황에 대해서, 특히 1591년 샤르트르에서 열린 성직자회의의 결정사항에 대해서는 Pierre Pithou, *Traitez des droitz et libertez de l'église gallicane*, p.224를 참조하라. 그리고 1593년 1월에 작성된 기묘한 소책자인 Claude Fauchet, *Pour le Couronnement du Roy Henri IIII roy de France et de Navarre. Et que pour n'estre sacré, il ne laisse d'estre Roy et légitime Seigneur* (*Oeuvres*, 1610 재수록)도 참조하라. 영국에 대해서는 Figgis, *Divine Right*, p.10, n.1. 18세기에 도유식에 대해 교황이 부여한 중요성에 대해서는 합스부르크 가문과 관련된 기묘한 사실을 참조하라. Batiffol, *Leçons sur la messe*, 1920, p.243 참조.

어도 그가 치료능력을 부여받기 위해 사전에 해야 할 일은 성스러운 기름에 의한 도유이며 성 마르쿨의 가호가 아니었다.[131] 다른 주제들과 마찬가지로 왕의 기적의 기원이라는 주제에 관해서는 17세기에 교권수호자들과 왕권의 열렬한 지지자들 사이에 일종의 타협이 생긴 것이다.

성스러운 유리병, 백합꽃 문양, 왕의 깃발 등 오래된 전설이 프랑스에서는 여전히 통용되었다. 16세기 말 이 전설들에 새로운 이야기가 더해졌다. 그것은 우리가 여기서 특별히 관심을 가지고 있는 전설로서 클로비스가 처음으로 연주창을 치료했다는 전설이다.

왕에게 치료능력을 주는 것은 축성이라는 것이 가장 널리 퍼져 있는 견해였다. 클로비스는 도유를 받은 첫 프랑스 군주로, 그것을 하늘로부터 직접 받았다. 그러니 저 높은 곳(하늘-옮긴이)의 도움을 받은 이 군주가 연주창을 치료한 최초의 왕이라고 생각하는 것은 자연스러운 일이었다. 사실 놀라운 일은 이 전설이 늦게서야 출현했다는 점이다.[132] 이 전설이 햇빛을 보기 위해서는 남부의 한 선전가의 달변이 필요했다. 베지에(Béziers) 출신의 에티엔 포르카텔(Etienne Forcatel)은 법학 역사에서 오명을 남긴 인물이다. 퀴자스(Cujas)가 툴루즈대학 법학부에 강좌를 신청했을 때, 퀴자스의 새로운 방법론이 대학 강단의 전통주의를 위협했기 때문에 툴루즈대학 교수들이 위대한 퀴자스보다 포르카텔을 더 선호했다는 이야기가 바로 그 오명이다. 퀴자스의 전기작가 파피르 마송(Papire Masson)은 그에 대해 '교육능력이 없는 멍청이(homine insulso et ad docendum minus idoneo)'라고 말했다.[133] 어쨌든 1579년 초판이

---

131) 우다르 부르주아는 앙리 4세가 생클루에 있는 성에서 성 마르쿨에 대한 9일 기도를 했다고 단정했다. 그러나 그의 증거는 의심스럽다. 이 책 547쪽 참조. 치료능력의 기원에 관한 일반적이면서 반(半)공식적인 견해는 17세기 전례서(典禮書)에 명료하게 나와 있다. Franklin, *La Vie privée, Les Médecins*, p.303(아래 각주 145 참조). "우리 왕의 자비는 이 의식에서 매우 중요하다. 왕의 축성식 날, 하늘은 우리 왕에게 자비로움을 명하며, 다른 왕들보다 우월한 특권을 부여하셨다."(강조는 블로크)

132) 교황 비오 2세에게 파견된 샤를 7세의 대사는 앞서(이 책 165쪽 및 2부 1장 각주 102) 언급한 연설에서 마치 클로비스가 이미 연주창 환자를 고쳤다는 것을 믿는 듯한 발언을 했다. 그러나 그들이 전설의 정확한 줄거리를 암시했다기보다는 말하다 보니 그렇게 된 것 같다.

133) Berriat de Saint-Prix, *Histoire du droit romain*, Paris, 1821, p.482 이하에 수록된 부록 *Vie de*

나온『프랑스인의 제국과 철학』(*Traité de l'empire et la philosophie de France*)을 보면 알 수 있듯이, 포르카텔은 독창성 없는 사상가이자 구성력과 명료함이 그다지 탁월하지 않은 문필가였다. 그러나 지극히 평범한 이 책은 여러 차례 판을 거듭했다.[134]

 나아가 마침내 그렇게도 유명해진 기적을 행하는 클로비스에 관한 일화를 세상에 내놓은 영예는 이 책에 돌아가야 한다. 이것을 인용한 17세기 작가 이외에 그 이전에 이 이야기를 담은 문헌은 찾아볼 수 없다. 그 전설은 순전히 포르카텔의 창조적인 머리에서 나왔다고밖에 볼 수 없다. 여기에 짧게 소개하겠다.[135] 클로비스에게는 총애하는 시종(écuyer)이 있었다. 이 남자 이름은 라니세(Lanicet)인데, 이름으로 보더라도 이 전설을 만든 저자가 메로빙 시대 인명학에 거의 익숙하지 않다는 것을 알 수 있다. 라니세가 연주창에 걸렸다. 여러 가지 치료를 해보았지만 소용이 없었다. 특히 셀스(Celse, 고대 로마의 저술가옮긴이)의 처방에 따라 두 번이나 뱀을 먹기도 했다.

 그때 클로비스는 꿈을 꾸었다. 자신이 그냥 만지는 것만으로도 라니세가 치료되는 꿈이었다. 동시에 그의 방이 타오르는 빛으로 가득 차 있는 듯이 보였다. 깨어나자마자 신께 감사 기도를 올린 뒤 실제로 시종에게 손을 댔더니 말할 필요도 없는 일이지만 병이 사라졌다.[136] 이렇게 탄생한 클로비스의 능력은

Cujas 참조. 여기에 이미 언급한 바 있는 파피르 마송의 글-클로비스가 연주창을 치료했다는 전설에 관한 글-이 수록되어 있다. Du Peyrat, *Histoire ecclésiastique de la Cour*, p.802. 저자에 관한 간략한 설명은 G. Weill, *Les Théories sur le pouvoir royal en France pendant les guerres de religion*, p.194. Kurt Glaser, "Beiträge zur Geschichte der politischen Literatur Frankreichs in der zweiten Hälfte des 16. Jahrhunderts," *Zeitschrift für französische Sprache und Literatur*, XLV(1919), p.31에서 글라서는 그에 대해 경멸적으로만 언급했다.

134) 이 책은 전집에 수록된 것을 제외하고도, 1580년과 1595년 두 번이나 재판으로 출판되었다. 국립도서관 목록을 참조하라.

135) *De Gallorum imperio*, p.128.

136) Mézeray, *Histoire de France depuis Faramond jusqu'au règne de Louis le Juste*, 1685, livre VI, p.9에 따르면, 몽모랑시(Montmorency) 가문은 라니세까지 거슬러 올라간다고 주장한다고 한다. André Duchesne, *Histoire généalogique de la maison de Montmorency*, 1624; Desormeaux, *Histoire de la maison de Montmorenci*, 2e éd., 5 vol., 1768, 이 두 작품은 이러한 전설을 몰랐거나 일부러 무시했을 것이다. 이 전설은 므냉이 계승했다. Menin, *Traité*

아들에게, 그리고 아들의 아들에게 전달되었다. 이 하찮은 이야기가 엄청난 성공을 거둔 것은 상상력의 논리적 귀결에 이 이야기가 들어맞았기 때문이었다. 1597년 이후에는 왕실 전속사제 뫼리에가 이 전설을 다시 말해주었다.[137] 이 전설은 매우 빠르게 왕권옹호자들의 공통 관심사가 되었고 그들의 신조가 되었다.[138] 명백히 뒤 페라라든가 스키피옹 뒤플레와 같은 훌륭한 역사가들은 그 전설을 무시했다.[139] 그러나 누가 그들의 말에 귀를 기울이겠는가? 뒤 페라의 비난에도 뒤 로랑스는 연주창 치료에 대한 자신의 유명한 논문에서 이것을 언급했고, 곧 이것이 권위를 얻게 되었다.[140]

그 전설은 국경을 넘어갔다. 그리하여 1628년 에스파냐 역사가의 작품에서도 발견된다.[141] 그 전설은 프랑스의 전설과 감정의 유산에 완전히 흡수되었다. 루이 14세가 미성년일 때 출판된 『프랑스 왕이며 나바르 왕이신 루이 13세가 친애하는 장자에게 주는 유언변경증서』라는 소책자의 저자는 기묘한 애국적 축제의 계획을 확장하여 '부활절 후 두 번째 일요일'을 "성스러운 유리병과 연주창 치료를 통해 성 클로비스(원문 그대로)와 프랑스 모든 왕에게 주신 능

---

historique et chronologique du sacre, 1724, p.325.

137) De sa cris unctionibus, p.260.

138) 예를 들면, [Daniel de Priezac], Vindiciae gallicae adversus Alexandrum Patricium Armacanum, theologum, 1638, p.61; Balthasar de Riez, L'incomparable piété, I, pp.32~33과 II, p.151; Oudard Bourgeois, Apologie, p.9. de l'Ancre, L'incrédulité et mescreance du sortilège, 1622, p.159. 역사가들로는 P. Mathieu, Histoire de Louys XI, 1610, p.472, 그리고 약간 주저되는 바가 있지만 Charron, Histoire universelle, Paris, 1621, chap. XCV, pp.678~679. 샤롱(Charron)은 라니세의 역사에 대해 썼다. "내 친구 중 한 명이 랭스에서 아주 오래된 필사본에서 그것을 읽었다고 확인해주었다." 마를로(Dom Marlot, Le Théâtre d'honneur, p.715) 역시 이 필사본에 대해 암시했다. 그럼에도 그 필사본의 존재는 내가 보기에는 여전히 의심스럽다.

139) Du Peyrat, Histoire ecclésiastique de la Cour, p.802 이하. 이 전설에 대해 잘못 생각하는 뒤 로랑스를 설득하려고 노력하는 부분은 p.805, 이 책 15쪽 참조. S. Dupleix, Histoire générale de France, II, pp.321~322. 메즈레(Mézeray)는 조심스럽게 의심하는 태도를 취하고 있다(위의 각주 136에서 인용한 바 있다).

140) De mirabili, p.10 이하. Mauclerc, De monarchia divina, 1622, col. 1566도 참조.

141) Batista y Roca, Touching for the King's Evil에서 그리고 이에 바탕을 두고 Esteban Garibay, Compendio historiai de las Chronicas y universal historia de todos los Reynos de Espana, III, Barcelona, 1628, l. XXV, c.XIX, p.202에 나온다.

력에 대해 신에게 감사하는 날로 정하자"라고 제안했다.[142]

얼마 지나지 않아 데마레 드 생소를랭(Desmarets de Saint-Sorlin)이 민족적·종교적 대서사시『클로비스 혹은 기독교 국가 프랑스』를 썼는데, 거기서도 이 아름다운 이야기를 잊지 않았다. 그리고 이야기에 극적인 재미를 주려고 약간 수정했다 하더라도, 그것은 에티엔 포르카텔이 처음 만들어놓은 이야기를 근거로 했다.[143] 툴루즈 출신의 이 법률가는 학자의 신중함이나 최소한의 성실함도 없이 뻔뻔하게도 대중에게 기적의 왕권을 완성하기 위해 필요한 전설을 제공했던 것이다. 이러한 속임수가 성공하는 것에 놀랄 수도 있다. 일련의 작품들이 이미 그렇게도 많은 손쉬운 사례를 제공하고 있어서, 개인적 창작은 집단적 흐름에 편승하기만 하면 스스로 보급될 수 있었기에 가능한 것이었다.[144]

그러나 기적의 왕권이 가진 능력을 선전가들의 제안이나 모든 전설보다 더 잘 보여주는 것은 17세기 프랑스에서 왕의 기적이 누린 인기에서 확인된다. 또 같은 시기 영국 내전에서 그 능력이 수행했던 역할에서도 확인된다.

---

142) p.46, 4. 1643년이라는 거짓 출판연도까지 만들어낸 이 책자에 대해서는 Lacour-Gayet, *Éducation politique*, p.88 이하 참조. 클로비스에게 부여된 성인의 지위에 대해서는 Jean Savaron, *De la Saincteté du roy Louys dit Clovis avec les preuves et auctoritez, et un abrégé de sa vie remplie de miracles*, 3e éd., Lyons, 1622. 그런데 이 책에서는 왕의 손대기 치료에 대해 언급하지 않았다.

143) 제25권. 클로비스가 치료해준 아이는 라니세가 아니고, 부르공드 제노발드(Burgonde Genobalde)의 아들이다. 각 권의 순서를 조정한 1673년 판에서는 이 이야기가 제19권에 나온다.

144) 클로비스 이외에 다른 군주가 우연히 연주창 치료능력의 창시자로 여겨지는 경우도 있다. 샤롱(Charron, *Histoire universelle*, folio, 1621, p.679)은 샤를 마르텔에게 이 역할을 부여하는 전설을 제시했다. 에스파냐 역사학자 안톤 베우테르는 성왕 루이가 이집트 십자군 동안 포로가 되어 있을 때, 치료 특권이 성왕 루이에게 부여된 것으로 생각했다. 이 천사는 좀더 오래된 전설에서 성왕 루이에게 잃어버렸던 시간전례서를 찾도록 해준 그 천사였다. Anton Beuter, *Segunda Parte de la Coronica generale de España*, ⋯⋯ Valencia, 1551, chap. L, fol. CXLIII. 이것은 앞서 각주 126에서 인용한 루이스 데 그라나다(Louis de Granada)의 이론과 같다.

절대왕정기 프랑스와 내전기 영국에서 연주창 손대기

17세기 프랑스 왕정에서 연주창 치료는 결정적으로 주군의 위엄을 보여주는 경건한 의식 속에 자리 잡았다.[145] 루이 13세와 루이 14세는 부활절, 성령강림축일, 크리스마스, 신년일, 때때로 성촉절, 삼위일체축일, 성모승천일, 만성절 등 대축일에 치료 의식을 정기적으로 수행했다.[146] 의식이 파리에서 열리는 경우, 총 대관(代官, Grand Prevot)이 며칠 전 나팔소리로 알리고 게시판에 고지했다. 우리는 루이 14세 시대의 게시문을 몇 개 가지고 있다.[147] 그중 하나를

---

145) 뒤 페라는 왕의 손대기 치료를 매우 정확하게 묘사했는데(du Peyrat, *Histoire ecclésiastique de la Cour*, p.819) 이것은 앙리 4세 말기 뒤 로랑스가 묘사한 것(Du Laurens, *De mirabili*, p.6)과 완전히 일치한다. 국립도서관에는 프랑스어 필사본 4321호(ms. franç. 4321)라는 분류기호 아래 *Recueil general des ceremonies qui ont esté observées en France et comme elles se doibvent observer*라는 제목으로 17세기(말할 필요도 없이 루이 13세)의 문헌들이 수집되어 있다. 이 자료의 1쪽과 2쪽은 '연주창 환자를 손대서 치료하는 의식(Ceremonie a toucher les malades des escrouelles)'이라고 되어 있다. 이와 똑같은 문헌이 마자린 도서관 필사본 2734호(ms. 2734 de la Mazarine)에 근거해 출판되었다. Franklin, *La Vie privée, Les Médecins*, p.303 이하. 뤼니히(Johann Christian Lünig, *Theatrum ceremoniale historico-politicum*, II, p.1015)는 프랑스 왕의 손대기 치료에 대한 설명을 제공하고 있으나, 새로운 정보를 담고 있지는 않다. 루이 13세에 대한 것은 왕 주치의 에로아르가 꾸준히 써온 일지에서 관련된 세부 사항과 수치들을 볼 수 있다. Héroard, *Journal de Jean Héboard sur l'enfance et la jeunesse de Louis XIII*, éd. Soulié, et de Barthélemy, II, 1868. 그러나 불행하게도 이 출판물은 부분적이다(다음 각주를 참조하라). 루이 14세에 관해서는 비록 수치가 종종 부정확하기는 하지만 다양한 기록, 특히 당조(Dangeau)의 『일기』(*Journal*)와 수르슈 후작(marquis de Sourches)의 『회고록』에서 유용한 정보를 얻을 수 있다. 수르슈 후작은 왕실 대관(Prévôt)이자 프랑스 총대관(1681~1712)이었으므로, 직무 때문에라도 손대기 치료에 각별한 관심을 가져야 했다. éd. Cosnac and Bertrand, vol. 13, 1882 이하. 당시의 신문에도 흥미로운 사항들이 있다. 예를 들어 우리는 신문발행인 로비네에게서 1666년 부활 전야에 루이 14세가 환자 800명을 치료했다는 것을 알아냈다. *Les Continuateurs de Loret*, éd. J. de Rothschild, 1881, I, p.838. 그림에 대한 정보는 부록 2 참조.

146) Saint-Simon, *Mémoires*, éd. Boislisle, XXVIII, pp.368~369. 루이 14세는 "기사단 목걸이와 주름 장식을 달고 망토를 두른 채 1년에 다섯 차례 성체성사를 하는데, 성토요일에는 교구 성당에서, 나머지 네 번, 즉 성령강림축일 전야, 성모승천일 당일, 만성절 전야와 크리스마스 전야에는 대미사(grand messe) 이후에는 왕실 예배당에서 이루어진다. …… 그때마다 왕은 환자에게 손대기를 시술했다." 사실 이처럼 엄격하게 규칙적이지는 않았을 것이다.

147) 이것은 국립도서관에 *Registres d'affiches et publications des jurés crieurs de la Ville de Paris*라는 시리즈에 포함되어 보관되어 있다. 비록 이 시리즈-F.48에서 61까지는 큰 판형(folio) 14

DE PAR LE ROY,

ET MONSIEVR LE MARQVIS DE SOVCHES,

Preuoſt de l'Hoſtel de ſa Maieſté, & Grande Preuoſté de France.

ON faict à ſçauoir à tous qu'il appartiendra, que Dimanche prochain iour de Paſques, Sa Maieſté touchera les Malades des Eſcroüelles, dans les Galleries du Louure, à dix heures du matin, à ce que nul n'en pretende cauſe d'ignorance, & que ceux qui ſont attaquez dudit mal ayent à s'y trouuer, ſi bon leur ſemble. Faict à Paris, le Roy y eſtant, le vingt-ſixieſme Mars mil ſix cens cinquante-ſept. Signé, DE SOVCHES.

Leu & publié à ſon de Trompe & cry public par tous les Carrefours de cette Ville & Fauxbourgs de Paris, par moy Charles Canto Crieur Iuré de ſa Maieſté, accompagné de Jean du Bos, Jacques le Frain, & Eſtienne Chappé Jurez Trompettes dudit Seigneur, & affiché, le vingt-ſixieſme Mars, mil ſix cens cinquante-ſept. Signé, CANTO.

1657년 3월 26일 부활절 아침 10시 루브르궁전에서 연주창 환자에 대한 손대기가 있음을 모두에게 알리는 포고문. 왕실 대관이자 프랑스 총대관인 수르슈 후작이 서명자이다.

위에 인용했다. 위에 있는 그대로 거리의 벽에 붙어 있는 게시물을 그 당시의 구경꾼들이 읽었다. 의식은 상황의 필요에 따라 다른 장소에서 열렸다. 파리에서는 대개 루브르의 대회랑에서 열렸고, 드물게는 궁전 아래층 방에서 열리기도 했으며, 성채의 정원, 공원, 수도원 내 정원, 교회 등지에서 열리기도 했다. 사람들이 너무 많이 왔으므로 의식은 매우 피곤한 것이었고, 특히 열기가 피곤함을 가중시켰다. 즉위 초의 루이 13세처럼 왕이 어릴 때는 가중되었다.[148] 그러나 군주는 몸이 불편하지 않는 한 자신에게 주어진 이 임무를 피할 수 없었다. 군주는 신하의 건강을 위해 자신을 희생시켜야 했다. 전염병이 유행할 경우

권으로 1651년부터 1745년에 걸쳐 있기는 하지만, 왕의 손대기 치료에 관해 정보를 담고 있는 것은 맨 앞 2권뿐이다. F48 fol. 419는 1655년 부활절 의식을 예고하는 것이다. F49, fol. 15, 35, 68, 101, 123, 147, 192 등은 1655년 만성절, 1656년 1월 1일, 부활절, 만성절, 1657년 1월 1일과 부활절, 1658년 1월 1일 등의 의식을 예고하는 내용이다. 이 모든 것이 똑같은 모델에서 나왔다. Lecoq, *Empiriques, somnambules et rebouteurs*, p.15. 총대관이 다가올 의식을 "파리 또는 전하가 계시는 어느 곳에나"처럼 예고하는 관습에 대해서는 du Peyrat, p.819 참조.

148) Héroard, *Journal*, II, p.32. "왕은 약간의 노동으로 창백하게 되었고, 남 앞에 나서려고 하지 않았다." p.76, "왕은 매우 쇠약해졌다."

만 감염이 확산되거나 왕에게까지 전염될까 봐 두려워 환자를 받지 않았다.[149] 그러나 그럼에도 불구하고 환자들은 찾아왔다. "그들은 나를 아주 심하게 박해한다. 그들은 왕이 페스트로 죽지는 않는다고 말한다. 그들은 나를 트럼프의 왕으로 생각한다." 마침내 '박해'에 화를 내며 젊은 루이 13세가 한 말이다.[150]

이것이 증명하는 것은 기적을 행하는 능력이 과거에 변함없는 인기를 유지하고 있었다는 점이다. 루이 13세 시대에 치료한 숫자를 아주 정확하지는 않지만 알고 있으며, 루이 14세 시대에 대해서도 알고 있다. 그 숫자는 과거의 규모와 비슷하다. 한 번에 수백 명, 때로는 수천 명이었으며, 1611년에는 1년 동안 적어도 2,210명, 1620년에는 3,125명, 1613년에는 부활절 단 하루에 1,070명이었다.[151] 1701년 5월 22일 삼위일체축일에는 2,400명이었다.[152] 이러저러한 이유로 정기적 개최가 이루어지지 않았을 때에는 그 직후에 열릴 때 엄청난 숫자가 몰려들었다. 1698년 부활절에 루이 14세는 통풍이 재발하여 손대기치료를 시행하지 못했다. 뒤이은 성신강림축일에는 거의 3,000명에 달하는 연주창 환자가 왔다.[153] 1715년 6월 8일 토요일 성령강림축일 전날 '너무나 더웠는데도' 죽음이 임박했던 왕은 마지막으로 손대기 치료를 시행했다. 그는 거의 1,700명의 환자를 만졌다.[154]

과거와 마찬가지로 정해진 날이 되면 여러 나라에서 온 군중들의 물결이 왕궁 주변을 가득 채웠다. 과거와 전혀 다름없이, 프랑스의 기적에 대한 평판이 왕국 국경에서 멈춰 서지 않았다. 사실 맹부르 신부(Maimbourg)처럼 말하자면, 이 기적을 행하는 왕의 '제국'은 어떤 자연국경으로도 경계 지어지지 않는

149) 1603년 10월 20일 앙리 4세는 몇몇 도시와 지방을 휩쓸고 있는 '전염병(malladie contagieuse)'을 이유로 돌아오는 만성절에는 손대기 치료가 없을 것이라는 것을 칙령으로 공포했다. 이 칙령은 다음 책에 출판되어 있다. J.J. Champollion-Figeac, *Le Palais de Fontainebleau*, 1866, p.299.

150) Héroard, *Journal*, II, p.237.

151) Héroard, *Journal*, II, p.59, p.64, p.76(Bibl. Nat., ms. franç. 4024); Héroard, ms. franç. 4026, fol. 294, 314 v, 341 v, 371 v; Héroard, *Journal*, II, p.120.

152) *Gazette de France*, 1701, p.251

153) Dangeau, *Journal*, éd. Soulié, V, p.348.

154) *Ibid.*, XV, p.432.

다. 즉 '피레네 산맥으로도, 알프스 산맥으로도, 라인 강으로도, 대양으로도 경계 지어지지 않는다'라는 것이다. 왜냐하면 '자연 그 자체가 왕에게 속해 있기' 때문이다.[155] 목격자 조쉬에 바르비에(Josué Barbier)는 1618년 6월 생제르맹앙레(Saint-Germainen-Laye)에서 궁정 근처에 있었다. 그는 잡다한 사람들에 관한 생생한 묘사를 우리에게 전해주고 있다. '프랑스인만큼이나 많은 에스파냐인, 포르투갈인, 이탈리아인, 독일인, 스위스인, 플랑드르인' 등이 있었다. 이들은 성령강림축일에 '대로변과 공원의 나무그늘 아래서' 젊은 왕을 기다리며 열을 지어 서 있었다.[156]

교회 관계자들도 다른 사람과 마찬가지로 몰려갔다. 적어도 포르투갈 출신 예수회 수도사 세 명이 그 당시 손대기 치료를 받기 위해 프랑스 여행을 했다.[157] 때로는 예술이 이러한 세계적 명성에 기여했다. 볼로냐 시민은 시청사를 방문했을 때 눈을 들자마자 프랑스 왕이 자연에 대해 가지고 있는 놀라운 능력을 볼 수 있었다. 1658년과 1662년 사이에 추기경 지롤라모 파르네세(Girolamo Farnese)는 교황대리대사로 시를 통치하고 있었는데, 옛 '궁정(palazzo)' 회랑을 볼로냐파의 화려한 극장 취향의 프레스코화로 장식했다. 8개의 대형 화면이 있는데 그것이 사실인지 전설인지 모르지만 오래된 이 도시의 역사적 일화가 그려져 있었다. 그는 프랑스와 밀접한 정치적 관계를 가지고 있던 군주 가문의 일원이었는데, 1515년 프랑수아 1세가 볼로냐 시민들이 보는 앞에서 기적의 임무를 수행했던 것을 우연히 기억해낸 것이다. 오른쪽 벽에는 오늘날에도 여전히 카를로 치냐니(Carlo Cignani)와 에밀리오 타루피(Emilio Taruffi)가 그린 대로 국왕이 무릎을 꿇고 있는 여인의 목을 손으로 스

---

155) *De Galliae regum excellentia*, 1641, p.27.

156) *Des Miraculeux Elfects*, p.25.

157) Héroard, ms. franç. 4026, fol. 341 v(15 Aug. 1620년 8월 15일). "두 명의 포르투갈인 예수회 수도사가 손대기 치료를 시술했다." A. Franco, *Synopsis annalium Societatis Jesu*, 본문은 이 책 3부 각주 42에 인용되어 있다(프랑코가 언급한 예수회 수도사는 1657년에 죽었는데, 그 시점은 틀림없이 손대기 치료를 받은 지 얼마 지나지 않은 시점일 것이다. 그런데 프랑코가 언급한 수도사가 바로 에로아르가 1620년에 시술을 받았다는 두 예수회 수도사 중 한 사람이라는 것은 날짜로 보아 있을 법하지 않다).

치며, 그 주위에 시종과 군인, 환자가 서 있거나 앉은 채 고전예술의 법칙에 맞추어 교묘하게 균형을 이뤄 무리를 형성하고 있다.[158]

이렇게 프랑스 왕에게 치료를 받기 위해 찾아오는 외국인 중에서는 에스파냐인이 가장 많았다. 그 열의를 보상해주기 위해, 의식 전에 환자를 차례대로 줄을 세울 때, 에스파냐인을 첫 번째 줄에 서도록 했다.[159] 게다가 프랑스인은 일반적으로 하나의 집단으로서의 에스파냐인을 호의적으로 생각하지 않았기 때문에 그들의 특징인 성급함을 비웃었다. 잘 알려져 있듯이, 가톨릭 동맹 시절에 벨라르민, 코몰레(Commolet), 다른 예수회의 유명인들이 왜 그렇게 프랑스 왕국을 에스파냐 왕가에 주려고 했는지 루이 13세 시대 정치인과 신교도들은 잘 알고 있는데, 그들이 제시한 이유는 연주창에 걸린 이 사람들이 매력적인 의사 선생님에게 오기 쉽게 만들기 위한 자비심 때문이라는 것이었다.[160]

---

158) 이 책 부록 2, 파르네세가 한 역할과 프랑스가 1658년 이후 교황 반대파에 지원해준 것에 대해서는 C. Gérin, *Louis XIV et le Saint Siège*, 2 vol., 1894. 1667년 추기경 파르네세는 프랑스 왕이 선호하는 교황 후보자 중 한 명이었다(*Ibid.*, II, p.185).

159) 이에 관한 증언은 많다. Héroard, II, p.215, p.233; du Laurens, p.8; de l'Ancre, p.166; du Peyrat, p.819; René Moreau, *De manu regia*, 1623, p.19; Franklin이 펴낸 의전서, p.305. 루이 13세 시대에는 외국인이 프랑스인보다 더 많은 자선금을 받았다. 2수 대신 1/4에퀴를 받았다. du Peyrat, p.819; Héroard, II, p.33도 참조. 오루(Oroux, *Histoire ecclésiastique de la Cour*, I, p.184, note q)에 따르면, 루이 14세 치세에는 자선금의 가치를 적어도 명목화폐로 표시했을 때에는 전체적으로 증액되었다. 그러나 외국인과 '프랑스 태생(naturel françois)' 사이에는 여전히 차이가 있었다. 외국인이 30수, 프랑스 태생이 15수였다. 보나벤투라 데 소리아(Bonaventure de Sorria, *Abrégé de la vie de la tres auguste et tres vertueuse princesse Marie-Thérèse d'Austriche reyne de France et de Navarre*, 1683, p.88)에 따르면, 이 여왕(이 참고문헌은 루이 14세의 왕비의 전기─옮긴이)이 푸아시(Poissy)에 구호소를 세워 멀리 떨어져 있는 나라에서 왕의 손대기 치료를 받으러 오는 환자들을 그곳에 머물도록 했다. 그러나 노엘이 인용한 자료에서는(Octave Noël, *Histoire de la ville de Poissy*, Paris, 1869, p.254, p.306 이하), 푸아시 구호소가 아셰르의 전장(camp d'Achère)에서 귀환한 병사들과 '그곳을 지나는 병사들'을 위해 지어진 것이라고 한다. 적어도 루이 13세 시대에는 과거와 마찬가지로, 왕의 치료 날짜로 정해진 날보다 일찍 도착한 환자들은 기다려야 했고, 그동안 생활하기 위해서 미리 자선금을 받기도 했다. du Peyrat, p.819. 루이 14세의 건강 상태가 다른 사람을 치료할 정도로 좋지 않았을 때 시술한 에스파냐 사람들에 대해서는 Sourches, *Mémoires*, IX, p.259, XI, p.153. 같은 상황에서 치료를 받은 에스파냐 사람들과 이탈리아 사람들에 대해서는 *ibid.*, VII, p.175.

160) 이러한 우스갯소리는 다음 팸플릿에서 볼 수 있다. André Rivet: *Andreae Riveti Pictavi* ……

혹은 루앙 성당학교에서 상을 수여하는 날 맹부르 신부가 학생들을 즐겁게 해 주었던 이런 우스꽝스러운 이야기도 있다. 저 먼 나라의 위대한 군주가 연주창에 걸렸다. 그는 프랑스 왕과 접촉만 하더라도 건강을 회복한다는 것을 알고 있었다. 그러나 자존심 때문에 그는 자신의 병을 인정하기도 싫었고, 특히 적국 왕의 능력을 믿는 것은 더욱 싫었다. 그리하여 그는 방문하는 척하면서 당시 앙리 4세가 머무르던 퐁텐블로(Fontaine bleau)로 갔다. 그는 갑옷을 입고 그 당시 유행하던 커다란 주름 장식으로 병에 걸려 흉하게 된 목을 가렸다. 왕은 환영의 뜻을 표하기 위해 군주를 포옹했다. 그는 완쾌되었다.[161] 그러나 사려 깊은 정치가들은 웃지 않았다. 그들은 에스파냐인 환자의 감정을 꿰뚫어보고, 그것을 선전의 도구로 이용했다. 리슐리외 시대에 카탈루냐에 있는 프랑스 당파의 한 선전가는 자기 동료들을 부르봉 왕가 지지로 돌려세우기 위해 기적에 관한 이야기를 내세웠다.[162]

이처럼 전 유럽에 걸친 명성은 경쟁 왕조의 우려를 낳았다. 오스트리아 왕가에 고용된 작가들의 가치 없는 공격에서 입증되듯이, 경쟁 왕조들이 불안감을 느꼈다는 사실만큼 프랑스 왕의 명성을 잘 입증해주는 것이 있겠는가? 이런 종류의 소책자 작가들은 특히 17세기 전반에 많았는데, 프랑스 왕의 기적에 관한 특권에 각별한 애착을 보이고 있다. 대부분 자신들의 주인(빈 또는 마드리드의 합스부르크 왕가)에게도 같은 특권이 있다고 주장했다. 그러나 거기에는 아무런 근거도 없었다. 이미 우리가 살펴본 바와 같이 기껏해야 이제는 믿지 않게 된, 오래된 기적의 시도를 기억해내거나, 심지어 더 단순하게 상상력에서

Jesuita Vapulans, sive Castigatio Notarum Sylvestri Petrasanctae Romani, Loyolae Sectarii, in epistolam Petri Molinaei ad Balzacum ……, Leyden, 1635, chap.XIX, p.388. 이 작은 책자가 탄생하는 계기가 된 논쟁에 대해서는 C. Sommervogel, *Bibliothèque de la Compagnie de Jésus*, article *Pietra-Santa*, VI, col.740, no.14. 재미있는 일은 모르호프는 이 농담을 매우 진지하게 받아들였다는 점이다. Morhof, *Princeps medicus*(Diss.academicae), p.157.

161) *De excellentia*, p.31 이하.

162) Francisco Marti y Viladamor, *Cataluna en Francia*, 1641(이후 p.431 참조). 책머리에 두 헌정자의 이름이 있다. 루이 13세와 리슐리외이다. 연주창에 관한 장은 백합꽃 문장과 군기에 관련된 전설 다음에 나온다.

나오는 즉흥적 생각에 의존하는 정도였다. 아무튼 이들은 이처럼 인기가 있던 이 능력의 가치를 떨어뜨리려고 노력했다. 다음에 나오는 것은 이러한 기묘한 정신 상태의 사례다.

1635년 『프랑스의 군신』(*Mars Gallicus*)이라는 제목으로 에스파냐 사람이 쓴 소책자가 꽤 유명해졌다. 저자 이름은 알렉산더 파트리키우스 아르마카누스(Alexander Patricius Armacanus)라고 되어 있었다. 저자는 프랑스의 기적을 전혀 부정하지 않았다. 기적을 부정하다니 그것은 너무도 무모한 일이었다. 그러나 그는 기적의 능력이 순수하게 아무런 대가 없이 신에 의해 부여되었으며, 그처럼 신성한 의지에 의해 능력을 부여받은 자가 누구이든 그자에게 성스러운 성격은커녕 어떤 우월함도 없다는 것을 입증하려고 노력했다. 발람의 당나귀가 예언했다(민수기 22장 참조-옮긴이). 그렇다고 해서 당나귀가 당나귀 주인에게 최상위 대권을 가지고 있다고 말할 수 있겠는가?[163] 이 책자의 바탕에 있는 것은 엄격한 정통 교리이지만, 이처럼 과도하게 주장하는 경우도 드물다. 사실 아르마카누스라는 필명으로 자신을 숨기고 있는 사람은 위대한 신학자이자 이프르의 주교인 얀세니우스(Jansenius)였다. 이것은 정치적 열정이 신의 은총과 우연에 대한 어떤 이론에 근거하여 세상에 다소 소란을 일으킨 경우였다. 그러나 책을 만든 사람들은 성과가 없었다. 에스파냐 사람들은 여전히 프랑스 왕에게 찾아갔다.

파리를 방문하는 주요 인사들, 심지어 루터파조차도 손대기 치료를 받으러 가는 것을 빠뜨리지 않았다. 그것은 음악이 있는 미사나 아카데미의 성대한 회

---

163) *Mars Gallicus*, éd. 1636, p.65 이하. 연주창 치료의 기적에서 프랑스 왕이 다른 왕들보다 더 탁월한 능력을 지녔다는 증거를 찾아내는 것은 '기독교 신앙에서 신앙을 빼내는 것'과도 같은 것으로서, 후스파보다 더 미친 짓을 하는 것이다. 후스파는 권위의 정통성이 권위를 가진 자의 덕성에 달려 있다고 생각하며 적어도 그들에게 예외적인 은총을 요구하는 데까지 나가지는 않았다. 신은 당나귀에게 이렇게 말했다. "당나귀들 중에서 힘세고 고집 센 녀석에게 어떤 특권을 인정하겠는가?" *Mars Gallicus*에 대해서는 다음 책을 참조하라. G. Hubault, *De politicis in Richelium lingua latina libellis*(thèse lettres Paris), St-Cloud, 1856, p.72 이하. 이 책은 참고문헌에서 인용한 아루아의 책에 대한 답변이다. 그는 찬사를 곁들여 인용하고 있으며, 스페인의 관점은 브뤼셀 출신 유명한 의사인 판 헬몬트에 의해 채택되었다. *De virtute magna verborum ac rerum*; *Opera omnia*, Frankfurt, 1707, p.762, col. 2.

합과 함께 꼭 구경해야 할 수도의 명물 중 하나가 되었다.[164]

그러므로 17세기 프랑스에서 왕의 기적에 관한 역사는 매우 평온한 역사다. 물론 믿지 않는 사람들도 있었다. 신교도는 대부분 확실히 이러한 부류에 속한다. 이들 중 한 문필가인 조쉬에 바르비에는 원래 신교 목사였지만 루이 13세 치세 초에 가톨릭으로 개종했다. 어느 모로 보나 그는 이러한 개종을 자신의 이익을 위해 사용하고자 했던 사람이다. 그는 왕의 기적에 대해 찬양조 작품을 바치는 것보다 더 궁정의 환심을 사는 것은 없다고 믿고, 『지극히 기독교적인 프랑스 왕의 성스러운 손에 의한 기적의 효과: 환자의 쾌유와 이교도의 개종을 위하여』라는 책을 썼다. 그는 과거에 같은 신앙은 가지고 있었던 사람들이 이러한 '기석의 효과'를 믿지 않는다며 신랄하게 비난했다. 신교도들은 치료된 것처럼 보이는 이유가 '악마의 현혹' 때문이라고 하거나 단순히 그 치료의 실체가 없다며 부정하고 있다고 했다.[165] 물론 이것은 낭트칙령 폐지(1685년-옮긴이) 이전이나 심지어 그 이후에도, 개혁된 교회의 의견이 전체적으로 왕정을 적대시했다는 뜻은 아니다. 신교에 뿌리를 둔 절대왕정 문학도 있었다.

1650년 목사 무아즈 아미로(Moyse Amyraut)가 출판하여 영국 혁명파를 공격한 『국왕의 주권에 관한 강의』와 1685년 목사 엘리 메를라(Elie Merlat)가 출판한 『주권자의 절대 권력론』은 매우 진지한 책이기는 하지만, 마음 깊은 곳에서부터 충성이 우러나오는 신민의 작품이다. 그러나 이들 왕의 충실한 봉사자들이 독자에게 제시하는 왕정의 이미지는 전설도, 기적도 없는 왕정이며, 오로지 왕권신수설에 유리한 관점에서 성경을 해석하여 여기에 대한 존경에만 감정적 기반을 두고 있는 왕정이다. 칼뱅파가 걷어내려고 했던 기적이나 신비에 근거를 두지 않고 대중의 충성심이 그렇게 오래도록 맹목적인 열정으로 유

---

164) 다음의 매우 흥미로운 소책자를 참조하라. Joachim Christoph Nemeiz, *Séjour de Paris*(제목만 프랑스어로 되어 있고 내용은 독일어로 되어 있다), Frankfurt, 1717, p.191. 네마이즈는 1714년 자신의 학생 두 명과 함께 파리에 왔다. 그 두 명은 스웨덴 장군 스텐 보크(Sten bock)의 두 아들이었다.

165) pp.69~73(초판은 1618년). 저자에 대해서는 *France protestante*, 2e éd., I, col. 797; Jacques Pannier, *L'Église réformée de Paris sous Louis XIII*(thése théolog. prot. Strasbourg), 1922, p.501.

지될 수 있었을 것인가라는 의문을 가질 수 있다. 무아즈 아미로는 자신의 저서 『강의』의 주제로 성경 구절을 들었다. "나의 도유를 받은 자를 만지지 말라"(역대기상 16장-옮긴이)라는 구절이다. 그러나 이 말은 주군이 축성일에 하늘에서 비둘기가 가져온 향유로 도유를 받았다고 믿는 사람들에게는 큰 의미가 있는 말이지만, 랭스의 향유가 아무리 초자연적이라고 한들, 그것을 믿지 않고 도유 의례가 그 자체로는 아무런 효과가 없다고 하는 자들에게는, 아미로가 가르쳤듯이, 단순하고 무미건조한 상징적 가치만을 갖는 것으로 생각되지 않았을까?[166]

이런 의미에서 조쉬에 바르비에가 개혁된 종교와 왕정의 감정 사이에 있는 일종의 모순을 지적한 것, 적어도 17세기 프랑스에서 고무된 왕권파가 일반적으로 이해하는 그대로 지적한 것은 아마도 완전히 틀리지는 않았을 것이다. 궁정 내에서조차 모든 사람들이 기적을 심각하게 받아들인 것은 아니었다. 루이 14세의 처제인 오를레앙 공작부인은 다른 나라에서 개신교 교육을 받고 자랐는데, 대왕이 죽은 뒤 솔직한 심정을 담은 편지를 보냈다. "이 나라에서는 일곱 번째 아들이 손을 대면 연주창이 치료된다고 믿고 있습니다. 내가 보기에, 그의 손대기 치료는 프랑스 왕의 손대기 치료와 같은 효력이 있다고 생각합니다." 물론 효과가 거의 없다고 말하는 것이다.[167] 비록 다른 왕의 치세에 살았고 무의식적으로 새로운 사상운동의 영향을 받았던 사람이기는 하지만, 생시몽 역시 이에 대해 의견을 표명했는데, 그것은 나중에 살펴볼 것이다.[168] 아마도 이밖에도 왕 주변, 특히 자유사상가들 중 몇몇은 거의 믿지 않았다. 다만 침묵했을 뿐이다. 그러나 일반 대중이 믿었다는 것은 의심할 여지가 없다. 환자가 쇄도한 것이 충분히 그들의 열정을 나타낸다. 그런데 같은 무렵 영국에서 기적의 역사는 훨씬 더 심하게 요동친다.

언뜻 보기에 찰스 1세 시대는 프랑스에서 이루어졌던 것이 거의 그대로 반

---

166) Amyraut, pp.77~78 참조.
167) *Briefe der Prinzessin Elisabeth Charlotte von Orleans an die Raugräfin Louise*, éd. W. Menzel(*Bibliothek des literarichen Vereins in Stuttgart*, VI), 1843, p.407. 1719년 6월 25일.
168) 이 책 441쪽.

복되었다는 점에서 특별한 것이 없어 보인다. 대체로 연주창 치료는 부르봉 왕조의 궁전에서보다 더 자주 열렸다. 전염병이 창궐하거나 더위가 특히 심할 때에는 중지되었다. 일정은 미리 국왕 포고령에 의해 전국에 고지된다.[169] 전례는 엘리자베스와 제임스 1세가 영국 국교회(성공회-옮긴이)의 관례에 맞춰 채택한 전례형식에 따라 진행되었는데 대성황을 이루었다. 이 왕의 치세에 관해서 정확한 숫자는 알려져 있지 않지만, 어느 모로 보나 환자들의 믿음과 열의는 조금도 떨어지지 않았다. 왕에게 너무 심한 피로감을 주거나, 분명히 국고에 쓸데없이 부담을 줄 위험이 있었으므로 과도하게 몰려드는 것을 자제시켜야 할 정도였다.

어떤 사람들은 한 번 손대기 치료를 받은 후에도 다시 한 번 만져주기를 원하기도 했다. 첫 번째 시도에서 충분히 병세가 개선되지 않았기 때문에 새로운 손대기 치료에서 더 나은 결과가 나올 거라고 기대하는 경우도 있었고, 단순히 자선금이 상당했던 데다가 전통적으로 수여되는 엔젤화를 부적으로 팔아먹으려는 사람도 있었다. 이러한 폐해를 방지하기 위해 한 번 이상 치료받으러 오는 것이 금지되었다. 그리고 이 조치의 실행을 보증하기 위해 의식에 참석하려는 연주창 환자는 모두 아직 한 번도 만져주지 않았음을 증명하는 문서를 교구 목사나 여러 당국자로부터 미리 발급받아 가져올 것을 의무화했다.[170] 이 왕의

---

169) 몇몇 포고문이 다음 책에 수록되어 있다. Crawfurd, *King's Evil*, p.163 이하. 이 포고문은 찰스 1세 치세의 것으로서(그리고 찰스 2세 치세의 것은 한 건), 왕의 손대기 치료의 날짜를 정해놓았다. 전염병이 창궐하는 기간에는 궁정으로 환자가 오는 것을 금지했으며, 의식의 집행 조건을 규정해놓았다. *Calendar of State Papers, Domestic, Charles 1*, 1625년 5월 13일, 6월 18일; 1628년 6월 17일; 1630년 4월 6일, 8월 12일(마지막 사례는 1629~31년도 기록부 554쪽에 나와 있다); 1631년 3월 25일, 10월 13일, 11월 8일; 1632년 6월 20일; 1633년 4월 11일; 1634년 4월 20일, 9월 23일, 12월 14일; 1635년 7월 28일; 1637년 9월 3일.

170) 처음으로 이 조건이 요구된 것은 아마도 앞서 각주 42에서 인용한 1625년 5월 13일 포고문인 듯하다(이 조건은 1626년 6월 18일 개정되었다. Crawfurd, p.164). 그리고 그 이후 찰스 1세의 치세 동안 계속 증명서가 요구되었다. 찰스 2세 치세에는 각 교구에서 이 증명서의 기록부를 보관하라는 조치가 내려졌다. *Notes and Queries*, 3th series, I, 1862, p.497. 결과적으로 이 시기 이후 자료들은 현재까지 잘 보존되어왔다. 많은 자료, 특히 찰스 2세 시대의 자료들이 알려져 있고 출판되었다. 예를 들어 J. Charles Cox, *The Parish Registers of England*, London(The Antiquary's Books), 1910, p.180; Pettigrew, *On superstitions connected with the*

치세에 이러한 기적의 의례가 이 나라 정규 종교 생활에 완전히 편입되었다. 1633년 이후 중요한 혁신이 이루어졌는데, 그것은 국교회가 신도 전원에게 나누어주는 기도서인 '일반 기도서'에 '치료'를 위한 종교의식이 등장했다는 점이다.[171] 요컨대, 사람을 끌어모으기 위해 만들어진 기적의 모든 장면들이 질서정연한 왕정 국가의 제도 중 하나가 된 것이다.[172]

완전한 절대왕정 국가도 마찬가지였다. 루이 13세와 루이 14세의 프랑스 왕정은 '일곱 번째 아들'에 대해 관대한 태도를 보였다. 사실 그들은 의사 역할을 하는 왕에게 만만치 않은 경쟁 상대였다. 실제로 루이 13세 시대에 보르도 대주교 앙리 드 수르디(Henri de Sourdis)는 자신이 주교로 있는 도시에서 연주창을 치료한다고 주장하는 어떤 사람들-아마도 '일곱 번째 아들'-이 계속해서 그 재주를 실행하는 것을 금지했다. 금지의 근거는 "그러한 환자를 만지는 특권은 진정으로 기독교적인 우리 왕의 성스러운 몸에 한정된다"라는 원칙에 있었다.[173] 그러나 이러한 설명은 완전히 예외적인 것이었다. 반대로 영국에서는

history …… of medicine, p.138; Thiselton-Dyer, *Social life as told by Parish Registers*, 1898, p.79; Barnes, *Transactions of the Cumberland …… Antiquarian Society*, 13, p.352; Andrews, *The Doctor*, p.15; *Notes and Queries*, 8th series, VIII(1895), p.174; 10th series, VI(1906), p.345; Farquhar, III, p.97 이하. 이 자료가 이렇게 많다는 것 자체가 왕의 손대기 치료의 인기를 입증해주고 있다. 물론 프랑스에서와 마찬가지로 영국에서도 환자는 의사의 예비 검진을 받아야 한다. 찰스 1세 시대에는 담당 의사가 입장권과 같은 역할을 하는 금속으로 만든 원형 인증표를 주곤 했다. Farquhar, I, p.123 이하. 틀림없이 찰스 2세 때에도 마찬가지였을 것이다. Farquhar, II, p.124 이하.

171) *The boke of common prayer*, 1633, British Museum, 3406, fol. 5. 이 의식은 왕정복고 이후 일반기도서에 다시 등장했다. *Book of Common Prayer* 1662년 판(Brit. Mus. C 83, e, 13); [Simpson], *A collection of articles …… of the Church of England*, London, 1661, p.223에 이미 등장. 그리고 이 의식은 일반 기도서 이후의 판본에도 계속 등장하며, 심지어 영국 왕이 더 이상 기적의 치료를 하지 않게 된 이후에도 등장한다. 이 책 2부 6장 각주 24 참조. 영국의 의식에 대한 묘사는 그다지 흥미롭지는 않지만 다음 책을 참조하라. J.G. Lünig, *Theatrum ceremoniale historico-politicum*, II, pp.1043~1047.

172) 프랑스에서와 마찬가지로 대규모 의식 이외에, 신분상 대중과 함께할 수 없는 사람들을 위해 개인적 치료 의식이 열렸다. 틀림없이 이러한 방법으로 이후에 설명하게 될 포울레트 경의 딸이 치료받았을 것이다.

173) 이 칙령은 다음 문헌에 인용되어 있다. G. Brunet, "Notice sur les sculptures des monuments religieux du département de la Gironde," *Rev. archéol.*, série I, XII, 1, 1855, p.170. "1679년

찰스 1세 또는 그 신하들이 국왕 특권의 경쟁자에게 가차 없이 전쟁을 선포했다. 왕도 아닌 사람이 연주창 환자에게 손을 대는 것은 대역죄로서, 필요하다면 그 유명한 성실청(Star Chamber, 국왕 재판소로서 천장에 별표시가 있다 하여 '별이 있는 방'이라는 뜻인 성실청이라 부름-옮긴이)에서 재판을 받을 수도 있었다.[174] 이처럼 과도하게 예민한 반응을 보이는 것은 아마도 부르봉 왕조에 비해 절대 권력이 확고하지 못하다는 증거일 것이다.

게다가 스튜어트 왕조가 기적의 독점을 선호했다는 것은 어렵지 않게 알 수 있다. 병에서 회복되어 이를 왕의 손 덕분이라고 생각하는 환자는 왕정에는 확실한 충신이었다. 운 좋게 치료 효과를 본 한 사람의 정신 상태를 생생하게 그려주는 문헌이 정말로 우연히도 남아 있다. 귀족 포울레트(Poulette) 경에게 딸이 하나 있었는데, 불행하게도 연주창으로 비참한 상태에 있었다. 포울레트 경은 이 아이를 궁정에 보냈고, 1631년 소녀에게 왕의 손이 닿자마자 상태가 호전되었다. 국무대신 도체스터(Dorchester) 경은 반드시 소녀를 왕에게 데려가야 할 의무가 있었다. 일이 있은 후 아버지는 국무대신에게 감사의 편지를 썼다. 정말로 감동받은 아버지의 논조가 그대로 남아 있는 편지가 여기에 있다.

[보르도의 생미셸교회의 생루이 예배당에서] 연주창에 걸린 환자들에 대한 손대기 치료가 이루어졌다. 그해 8월 23일 대주교 앙리 드 수르디의 칙령은 이 행위를 금지했다. "그 질병을 손대기 치료하는 특권은 독실한 기독교 신자인 우리 왕의 신성한 인격에게만 부여되어 있다. 그 능력을 가진 자는 누구이건 우리의 명시적 허가증 없이 해서는 안 된다." 마지막 문장은 이러한 금지가 절대적으로 지켜지지는 않았음을 보여준다. 1679년이라는 연대에 대해 살펴보면, 그것은 틀림없이 '오류'다. 왜냐하면 앙리 드 수르디가 보르도 주교였던 것이 1629년부터 그의 사망시점인 1645년 6월 18일까지였기 때문이다. 지롱드 문서고의 문서학자 브뤼타유(M. Brutails)는 해당 도립문서고에는 문서의 흔적조차 없다는 사실을 친절하게 알려주었다. 보르도의 연주창 치료사가 예배실에서 시술을 하는 것에 대해 놀랄 이유는 없다. 나중에 살펴보겠지만, 성 위베르 기사단이라는 비슷한 종류의 약장사들이 파리 예배당에서 광견병자를 치료할 수 있는 허가를 주교에게서 받아내기도 했다.

174) 1632년 자크 필리프 고드르 또는 부아고드르(Jacques Philippe Gaudre, ou Boisgaudre)에 관한 사건. *Calendar of State Papers, Domestic, Charles I*, 1632년 1월 13일과 6월 7일. 1637년 리처드 리브레트(Richard Leverett) 소송(성실청에서 심리 진행). Charles Goodall, *The Royal College of Physicians of London*, London, 1684, p.447 이하; *Calendar of State Papers, Domestic, Charles I*, 1637년 9월 19일; Crawfurd, *King's Evil*, p.95 참조. 이와 유사하게 1637년에는 서머싯 주 프레슬리의 길버트(Gilbert of Prestleigh) 사건이 있다. 이 책 332쪽 참조.

"아이가 이 정도까지 회복해서 돌아옴으로써 환자나 마찬가지였던 아버지를 살려냈습니다.…… 국왕 전하가 그 축복된 손으로 제 불쌍한 여식을 만져주신 것은 저에게는 큰 기쁨입니다. 그리하여 신이 축복으로 도우사 시체를 치우라고 지시하는 것 이외에 아무런 희망을 걸 수 없었던 여식을 국왕 전하께서는 저에게 되돌려주셨습니다.…… 여식은 무사히 귀가해 날이 갈수록 건강을 회복하고 있습니다. 여식을 볼 때마다 여식과 저에 대한 폐하의 관대하신 인자함을 다시 생각하며, 겸손한 마음으로 감사의 마음을 폐하께 바칩니다."[175] 다른 사람들의 목소리가 오늘날까지 전해지지는 않지만, 수많은 다른 평범한 아버지나 어머니도 이 귀족이 그 당시에 표현한 감정과 같은 감정을 가지고 있었을 것이다.

이와 같은 기쁨이 명백히 환상으로부터 나왔다는 것이 오늘날 우리에게 어떤 의미가 있을까? 편파적인 생각에서, 이러한 감사하는 마음의 표현을 역사에서 배제한다면, 왕조에 대한 충성심의 힘을 정당하게 평가할 수 없을 것이다. 포울레트 경은 청교도 출신이지만 나중에 의회파에 반대하여 왕당파에 가담했다. 틀림없이 과거에 받았던 기적에 대한 기억이 유일한 이유도 아니고 주요한 이유도 아닐 것이다. 그러나 그가 결심한 날 과거의 어린 환자, 완전한 절망으로부터 회복한 어린 환자에게 생각이 미치지 않았다고 어떻게 믿을 수 있겠는가?

마침내 내전이 시작되었다. 기적을 행하는 능력에 대한 믿음은 왕당파 신앙의 교리로 알려져, 장기의회 지지자들에게는 배격의 대상이 되었다. 그러나 대중의 마음에는 항상 살아 있었다. 1642년 런던 시민과 수공업자가 의회파에 가담하면서 찰스 1세는 런던을 떠나 곧 근거지를 옥스퍼드에 설치했다. 이듬해 "왕의 병이라고 불리는 고통스러운 질병에 시달리는 수백 명의 불쌍한 백성이 국왕 전하에게 요청한 겸허한 청원" 문서가 인쇄되어 런던 시중에 돌아다녔다. 실질적으로 연주창 환자인 우리는 '초자연적 병'에 걸렸다. "신성한 국

---

175) 1631년 4월 30일자 편지로서, 그린(A. Green)이 출판했다. Green, *On the Cure by Touch*, p.80. *Calendar of State Papers, Domestic, Charles I*, 1631년 4월 30일 참조. 존 포울레트, 즉 초대 남작 포울레트에 대해서는 *Dictionary of National Biography* 참조.

왕 전하의 손에 대대로 전해지는 초자연적 치료 방법" 이외에 다른 방법으로는 치료될 가망이 없다. 전하가 계신 옥스퍼드는 '수많은 군단에 둘러싸여 있어서' 우리가 접근할 수 없다. 바라옵건대 전하께서는 화이트홀 왕궁으로 돌아오소서. 자칭 청원자들은 "자신들의 참상이 위중하므로 전혀 정치에 휘말리고 싶지 않다"라고 단언했다. 이를 액면 그대로 받아들일 수는 없다.

이 문서는 분명히 왕당파의 선전 책자에 지나지 않는다. 끝부분에 이르러 이들은 속뜻을 드러내는데, 자신들이 왕의 귀환을 원하는 것은 단순히 환자를 치료하기 위한 것일 뿐만 아니라, "전하가 화이트홀 왕궁을 떠난 이후 시들어가는 이 나라를 치료하기 위해서"라고 했다. 그러면서 "전하의 옥체가 이곳으로 돌아오지 않는 한, 우리는 더 이상 이 나라의 질병을 치할 수 없다"라고 했다.[176] 그런데 찰스 1세가 런던 귀환을 거부한 것이 아니라, 런던 시민이 왕의 귀환을 거부했고, 적어도 절대 군주의 귀환을 인정하지 않았다. 그래서 이 소책자의 표적은 런던 시민들이어야 했다. 선전자는 교묘하게 불쌍한 연주창 환자의 입을 빌려 이 대도시의 여론을 움직이려고 했다. 심금을 울리기 위해 이것을 선택한 데에는 그만한 이유가 있었다. 왕이 포로가 되어 있는 동안 목격한 광경을 생각하면 연주창에 시달리는 사람들이 향후 치료사가 없다는 점을 한탄했을 법하다. 1647년 2월 스코틀랜드군으로부터 신병이 인도된 찰스는 의회에서 파견된 위원에 의해 남쪽으로 호송되었다. 여행 도중 환자들이 동전

---

176) 제목에 대해서는 이 책의 참고문헌을 참조하라. 이 책에서 다루고 있는 질병을 살펴보면, 4쪽에서는 '바로 그 기적적이며 초자연적인 질병'이라고 하고, 6쪽에서는 "모든 질병이 의사에 의해 치료되겠지만, 알 수 없는 신비로운 원인에 의해 일어나고 있는 지금 우리의 질병은 오직 초자연적 치료법을 요구하고 있습니다. 그러한 힘은 전하께서 원래 가지고 계십니다"라고 했다. 같은 쪽에서 청원자들은 자신들이 현재의 불행과 불안에 관여되기를 원치 않는다고 하면서, "우리 불행에 대해 충분히 반성하고 또 생각해보았습니다"라고 했다. 8쪽에서는 자신들이 왕에게 접근할 수 없다고 불평하면서, "전하께서 옥스퍼드에 머무르고 계시는 한, 수많은 병사가 전하의 궁정이나 궁정 사람들에게 우리가 접근하는 것을 막고 있습니다. 예전에 궁정과 궁정 사람들이 런던에 있을 때는, 질병을 고치려던 사람들이 자유롭게 접근할 수 있었습니다"라고 했다. 같은 쪽에서, "화이트홀 왕궁에서 우리는 우리 질병의 치료뿐만 아니라 이 나라의 회복도 전하께 기원할 수 있었습니다. 전하께서 그곳을 떠나신 뒤 지겨운 질병이 이 나라를 쇠약하게 만들었습니다. 그러므로 전하께서 은혜롭게도 되돌아오시지 않는다면 이 질병은 치료되지 않을 것입니다."

을, 즉 능력이 있는 사람은 금화를, 아니면 은화를 손에 든 채 쇄도했다.

사람들은 연주창 치료 의례가 완전한 효과를 내려면 왕이 동전을 환자 목에 걸어주어야 한다고 믿었는데, 왕에게는 더 이상 지갑에서 돈을 줄 만한 여유가 없다고 생각했기 때문이다. 의회 위원은 그들을 따돌리려 했다. 그래서 감염의 우려가 있다는 상당히 위선적인 구실을 마련했다. "그들 대부분은 실제로 [연주창이 아닌] 다른 위험한 병에 감염되어 있고, 전하 면전에 나타나서는 안 될 사람들"이라는 이유를 댔다.[177] 여전히 포로였던 왕이 홈비에 이르렀을 때 같은 광경이 반복되었다. 그곳에서 하원은 이것을 차단하기로 결정했다. 그래서 『연주창 치료의 미신에 대해 인민에게 공포되어야 할 선언』을 작성하기 위한 위원회를 설치했다.[178] 이 포고령을 담은 문서는 없어져버린 것 같다. 안타까

177) *Journal of the House of Lords*, IX, p.6. 새로운 역법에 따른 1647년 2월 9일자(새해의 시작을 1월 1일로 하는 달력. 중세 유럽의 국가들은 공식적인 1년 시작일을 중요한 기독교 축일로 정해놓았다. 영국의 경우 3월 25일, 즉 새로운 역법 1647년 2월 9일이라면 실제 공식문서에는 1646년 2월 9일로 기록되어 있다-옮긴이) 국왕 경비 담당 위원회의 편지. 그 편지에 따르면, 왕이 리펀과 리즈를 여행하는 중 "수많은 사람들이 리본과 금화를 가지고 모여들어 아무런 다른 의식 없이 손대기 치료만 받았다." 이 위원회는 2월 9일 자신들이 리즈에서 출판한 선언문의 사본을 보냈다. "다양한 사람들이 날마다 병에 걸렸다는 구실로 궁중에 드나들었다. 그리고 그들 중 많은 사람은 실제 다른 위험한 병에 걸려 있었고 전하를 알현하는 것이 부적절했다." 국왕의 여행 중에 그를 만나려는 환자들의 열망에 대해서는 파카가 제공하는 증언을 참조하라. Farquhar, I, p.119. 내전기에 찰스는 심지어 포로가 되기 전에도 금화가 부족해서 손대기 치료를 하면서 자선금으로 은화를 주기도 했다. Χειρεξοχη, p.8; Wiseman, *A treatise of the King's Evil*, p.247. 다음 각주에 인용된 브라운의 인용문을 보면, 왕이 포로가 되어 있을 때에도 손대기 치료를 받기 위해 찰스를 찾아온 사람들이 금화나 은화를 가져왔음을 분명히 알 수 있다.

178) *Journal of the House of Commons*, V, 1647년 4월 22일자. 하원은 "1647년 4월 20일자(20° *Aprilis* 1647) 홀든비(Holdenby)발 위원회의 편지를 받았다. 그것은 수많은 사람들이 손대기 치료를 받기 위해 모여들고 있다"라는 내용이었다. "왕의 병을 손대기로 치료한다는 미신과 관련하여 인민에게 알려주어야 할 선언"을 마련하기 위해 위원회가 설치되었다. 위원들은 "그 병을 손대기 치료로 고치기 위해 사람들이 그곳에 모여드는 것을 금지해야 한다"라고 했고, 그 지역에 이러한 선언을 공포하도록 했다. B. Whitelock, *Memorials of the English Affairs*, London, 1732, p.244. 나는 이 선언문을 발견하지 못했다. 그것은 크로퍼드의 방대한 수집물에도 없고 로버트 스틸의 목록에도 없다. Robert Steele, *A bibliography of royal proclamations*, 1485~1714(*Bibliotheca Lindesiana* V-VI). 홈비에서 손대기 치료를 받은 아이에 대해서는 Browne, *Adenochoiradelogia*, p.148. 왕이 포로로 있는 동안 손대기 치료를 받은 다른 사례에 대해서는 나중에 살펴볼 것이다. *Ibid.* pp.141~146. *Ibid.* p.163. 그리고

운 일이다. 성스러운 왕권을 둘러싼 한 당파의 감정에 흥미 있는 빛을 던질 것 같은 그들의 동기를 그 문서에서 알아낼 수 있었을 것이기 때문이다. 한편 그 것이 대중에게 얼마나 영향을 미쳤는지 의심스럽게 볼 만한 상당한 이유가 있 다. 1643년의 자칭 청원자가 연주창 치료는 왕의 몸에서 빼앗지 못하는 유일 한 특권이라고 단언한 것은 전혀 틀린 것이 아니다.[179] 찰스가 처형된 뒤 생전 에 그의 손에 쥐어져 있던 손수건이 피로 물들었는데, 사람들은 이러한 손수건 과 같은 유물에도 치료능력이 담겨 있다고 여겼다.[180] 신교 국가에서도 역시 순교자가 된 왕은 성인의 반열에 오르는 경향이 있었다.

후일 왕당파는 크롬웰이 기적의 능력을 행사하려고 시도해 왕권의 초자연 적 특권까지 자신을 위해 찬탈하려고 했다고 주장했다.[181] 그러나 이것은 확실 히 이유 없는 중상모략이다. 공화국과 호국경 제도 아래서의 영국에서는 이제 어느 누구도 연주창 치료를 하지 않았다. 그러나 예전의 믿음은 없어지지 않았 다. 찰스 2세는 망명지에서 조상 전래의 기적을 실행했다. 단지 재정상 어려움 때문에 금화가 아닌 은화를 주었다. 그래도 사람들은 모였다. 약삭빠른 장사꾼 은 영국과 스코틀랜드의 연주창 환자를 바다 건너 왕의 초라한 궁중이 있는 네 덜란드의 마을로 데려다주는 여행업을 시작했다.[182] 그것뿐이 아니다. 감히 표 현하자면, 이미 죽은 왕의 능력과 똑같은 능력이 살아 있는 자의 성유물에도 있다고 주장했다. 찰스 1세가 우스터(Worcester) 전투 후에 스코틀랜드로 도

이 책 427쪽 참조.

179) 4쪽.

180) Browne, *Adenochoiradelogia*, p.109, p.150 이하. p.150에 있는 일화에 따르면 의회군 장교조 차도 이러한 종류의 성유물이 효력을 가지고 있다고 생각했는데, 이것이 전혀 불가능한 일 이 아니었다. *Gentleman's Magazine*, 81, 1811, p.125에 실린 왕당파 팸플릿(*Gentleman's Magazine Library*, éd. G.L. Gomme, III, 1884, p.171에 재수록) 참조; Wiseman, *Severall Chirugical Treatises*, I, p.195; Crawfurd, *King's Evil*, p.101; Farquhar, *Royal Charities*, II, p.107; W.G. Black, *Folk-Medicine*, p.100.

181) Browne, p.181.

182) Browne, *Adenochoiradelogia*, p.156 이하; *Relation en forme de journal du voyage et séjour que le sérénissime et très puissant prince Charles II royale de Grande-Bretagne a fait en Hollande*, La Haye, 1660, p.77.

망갔을 때 코피를 닦았던 손수건에 연주창을 치료하는 효력이 있다고 했다.[183] 1660년에 이루어진 왕정복고를 이해하고자 할 때에는 이러한 사실을 염두에 두는 것이 좋다. 물론 연주창을 고치려고 일부러 왕정을 복귀시켰다고 생각해서는 안 된다. 그러나 기적을 행하는 능력에 대한 신앙이 지속된 것은 이 사건을 다루는 역사가가 무시할 수 없는 정신 상태의 한 징후다.

왕정복고를 이룩한 자들도 왕정이라는 종교가 사람들 마음속에서 활성화되기를 원했으므로, 기적의 위신을 잊지 않고 있었다. 1660년 5월 30일 의회가 왕을 승인한 직후 찰스 2세는 아직 외국의 브레다(Bréda)에 있었는데, 거기서 새삼스럽게 장엄한 치료 의식을 지냈다.[184] 그는 영국으로 돌아오자마자 화이트홀 왕궁의 연회실에서 여러 차례 손대기 치료를 시행했고, 그때마다 환자들이 무리지어 몰려들었다.[185] 왕권옹호자들은 웅변과 펜을 가지고 민중의 열광을 부추겼다. 1660년 12월 2일 생크로프트(Sancroft)는 웨스트민스터에서 설교하면서, "치료할 수 있는 기적의 능력을 신께서 신성한 손에 나누어주었는데," 이 신성한 손이 인민과 교회의 고통을 완화시켜줄 것이라는 희망을 가지라고 격려했다.[186] 이 의미심장한 비유는 1661년에도 매우 장황하기도 하고 다소 광기가 섞이기도 한 소책자인 존 버드의 『찰스의 기적』

183) Farquhar, II, pp.103~104. 당시 왕당파 블라운트(Blount)와 페피스(Pepys)에 대한 증언. cf. Crawfurd, *King's Evil*, p.102(서지 사항 없음).

184) *Relation*(위 각주 182), p.75, p.77.

185) Pepys, *Diary* and *Mercurius Politicus*. 두 의식 모두 1660년 6월 23일에 있었다. Farquhar, *Royal Charities*, II, p.109에 인용되어 있다. *Diary and Correspondence of John Evelyn*, éd. W. Bray, London, 1859. l, p.357(1660년 7월 6일). 찰스 2세의 의례는 그 부왕의 의례와 똑같았다. 그것은 『일반 기도서』에 나와 있다. 위 각주 171 참조; Crawford, p.114에 재수록. 매우 상세한 설명은 Evelyn, *Diary*, *loc. cit.*를 보라.

186) W. S[ancroft], *A sermon preached at St Peter's Westminster on the first Sunday in Advent ⋯⋯*, London, 1660, p.33. "그러므로 우리는 우리 민중의 딸이 받은 상처를 치료할 수 있다는 희망을 품어보자. 민중은 이제 바로 그 손, 치료할 수 있는 기적의 능력을 신에게서 받은 바로 그 손아래에 있기 때문이다. 그 손은 마치 우리에게 희망을 주려는 듯하다. 장차 그 성스러운 손으로, 나아가 신의 가호 아래 우리는 왕의 질병뿐만 아니라 교회의 질병과 민중의 질병까지 치료할 수 있을 것이다."

(*Ostenta Carolina*)에서도 여전히 기조를 이루고 있었다.[187] 1665년에는 더 이상 변형시키지 않고 연주창 치료만 논한 익명 필자의 작은 작품 『케이렉소키』(Χειρεξοχη), 즉 『왕의 손의 효과와 탁월성에 대하여』가 나타났다.[188] 마침내 1684년에는 왕 전속의사 중 한 명인 존 브라운(John Browne)의 『선종양(腺腫瘍)학』(*Adenochoiradelogia*)이 나왔는데, 이상의 책은 70년 이상 시간적 격차가 있지만, 프랑스의 뒤 로랑스의 논고에 대응하는 영국판으로서, 추론과 일화를 가득 담은 왕의 치료능력을 지지하는 긴 논증이다.[189]

마음속의 비밀을 찾는 것은 역사의 일이 아니다. 신하들이 매우 쉽게 왕에게 부여한 이 독특한 재능을 찰스 2세가 마음 깊은 곳에서 어떻게 생각했는지 우리가 알 수는 없을 것이다. 그러나 서둘러 회의주의나 사기로 규정하고 싶지는 않다. 그것은 왕조의 자부심에 부여된 힘을 정당하게 평가하는 길이 아니다. 게다가 도덕적으로 다소 경솔해졌다고 해서 뿌리깊은 믿음이 없어지지도 않는다. 아무튼 왕의 마음속으로야 기분이 어쨌건 간에, 치료 기적의 수행은 그가 할 수 있는 한 양심적으로 할 수 있는 왕의 직무 중 하나였다. 그는 이웃 프랑스의 왕보다 더 자주 환자를 만졌다. 무더운 기간은 제외하고, 원칙적으로 매주 금요일에 시행했다. 식순은 부왕과 조부왕 때와 같았다.

단 한 가지 다른 점이 있다면 그것은 1665년 이후 환자에게 주는 화폐가 폐지되고 이를 위해서 메달이 주조되었는데, 그 메달이 더 이상 통화로서 유통되지는 않았다는 점이다.[190] 지금도 종종 영국 주화 수집품 가운데 그 아름다운 금메달을 볼 수 있다. 그 메달은 과거의 엔젤화처럼 성 미카엘이 용을 땅에 때려눕히는 모습이 그려져 있으며, "오직 신께 영광(Soli Deo gloria)"이라고 새

---

187) 버드는 찰스 2세가 워낙 크게 성공해서 왕국에서 연주창은 물론이고 '구루병(reckets)'도 영원히 사라질 것이라고 믿었던 듯하다.

188) 요크 공작(후일 제임스 2세)에게 헌정됨(Dedicated to the Duke of York(the future James II)). 'Χειρεξοχη'는 '손의 존엄(Excellence de la Main)'으로 번역되어야 한다.

189) 뒤 로랑스의 논문과 마찬가지로 *Adenochoiradelogia*라는 책은 순전히 연주창에 대한 의학적 연구다. 오직 제3부만이 *Charisma Basilikon*이라는 제목을 가지고 있는데 이곳에서 왕의 손 대기 치료를 독점적으로 다루었다.

190) Farquhar, II, p.134 이하.

겨져 있다. 반대 면에는 돛대가 세 개 달린 범선이 돛 가득히 바람을 머금은 그림이 있다. 이것이야말로 기적의 치료를 받은 자들이 부적으로 소중하게 간직했던 것이다. 지금까지 많이 남아 있다는 것은 그만큼 많은 양이 나눠졌다는 증거다.

찰스 2세가 의사로서 누린 명성은 숫자로 측정해볼 수 있다. 여기 몇몇 사례를 살펴보자. 의례를 시작한 1660년 5월부터 1664년 9월까지 4년 약간 넘는 기간 동안 대략 2만 3,000명이 손대기 치료를 받았다. 1669년 4월 7일부터 1671년 5월 14일까지 2년이 채 안 되는 기간에는 적어도 6,666명이거나 어쩌면 그 이상일 것이다. 1684년 2월 12일부터 1685년 2월 1일까지 치세 말년(찰스 2세는 그 후 2월 6일에 죽는다)의 거의 일 년 동안은 6,610명이었다. 그래서 브라운이 1684년 "행운의 왕정복고 이후 국민의 거의 절반이 성스러운 국왕 전하의 손대기 치료를 받고 회복되었다"라고 한 것은 분명히 과장되었다.[191] 찰스가 통치했던 15년간 약 10만 명의 연주창 환자가 왕 앞에 나섰다고 생각하면, 실수는 없을 것이다.[192] 게다가 브라운을 믿는다면, 그중에는 외국인도

---

191) 105쪽, "왕정복고 이후에 백성 절반 정도가 전하의 손대기 치료를 받았다고 믿는다."

192) 찰스 2세가 손대기 치료를 시술해준 환자의 통계는 두 가지 사료에서 나온다. (1) Browne, *Adenochoiradelogia*, 부록, pp.197~199. 여기서 얻을 수 있는 것은 (a) 1660년 5월부터 1664년 9월 사이의 월간 수치. 이것은 왕실 예배당의 '관리인(sergeant)' 토마스 헤인즈가 보관해온 기록부에 따른 것이다. (b) 1667년 5월부터 1682년 4월 사이의 월간 수치. 이것은 '왕실 의복실 관리인(keeper of his Majesties closet)' 둥클리의 기록부(왕실 예배당 소장)에 따른 것이다. (2) 수여된 메달과 관련된 증명서에서 얻은 수치. 이것은 부록 1(492쪽)에서 다룰 것이다. 이 두 번째 자료가 더 믿을 만하다. 대부분의 달에 대해 브라운이 제공하는 수치와 이 자료가 제공하는 수치를 비교해볼 수 있다. 약간의 차이가 있을 때가 있는데, 어떤 때는 브라운이, 어떤 때는 증명서의 수치가 잘못되어 있으며, 대부분 브라운이나 그 정보 제공자들이 옮겨 적으면서 저지른 실수이거나 더 단순하게 인쇄 실수로 볼 수 있다. 그러나 전체 숫자에서 의미 있는 변화를 가져올 만한 오류가 아니며, 통계상 대강의 규모는 파악할 수 있다. 내가 본문에서 표시한 수치는 다음 자료에 의한 것이다. (1) 1660년 5월에서 1664년 9월 사이의 수치는 브라운의 자료에서 얻은 것(정확하게는 2만 3,801명). (2) 1669년 4월 7일부터 1671년 5월 14일 사이의 수치는 공문서 보관소에 보관되어 있는 증명서에서 얻은 것. 적어도 6,666명은 보류되어야 할 필요가 있다. 왜냐하면 증명서에는 약간의 누락이 있기 때문이다(1670년 6월 15일부터 7월 4일 사이, 1671년 2월 26일부터 3월 19일 사이). 이것이 우연에 의한 것인지, 실제로 이 기간에 손대기 치료가 시행되지 않은 것인지 알 수 없다. (3) 1684년 2월 12일부터 1685년 2월 1일 사이의 수치는 증명서에서 얻은 것

섞여 있었다. 독일인, 네덜란드인, 심지어 프랑스인조차 포함되어 있었으며, 미국으로 건너간 식민자의 모습도 보였다(우리는 이에 대한 문헌 증거를 가지고 있다). 버지니아나 뉴햄프셔에서 대서양을 가로질러 화이트홀 왕궁까지 치료를 받으러 왔던 것이다.[193]

물론 영국인과 스코틀랜드인이 대다수를 차지했던 것은 사실이다. 요컨대 기적의 왕으로서 찰스만큼 성공한 사람은 없다. 장기 의회와 크롬웰 시대의 기적의 중단은 오히려 민중 신앙의 불길을 부추기는 결과가 됐다. 오랫동안 초자연적 치료를 할 기회를 빼앗겼던 환자가 존엄하신 치료자들을 향해 맹렬하게 몰려든 것이다. 더구나 이것은 짚을 태운 것과 같이 일시적인 것이 아니라, 앞서 살펴보았듯이, 치세 내내 이어졌다. 1647년 하원이 그토록 경멸하고 미신으로 몰아붙인 기적의 왕권이라는 관념은 전혀 사라지지 않았던 것이다.

그러나 반대자가 없었던 것은 아니며, 이들은 여전히 무기를 가지고 있기까지 했다. 『선종양학』에서 브라운이 비국교도에 반대해 전개한 논쟁이라든가, 비국교도가 기적의 치료로 효과를 보고 왕권을 존중하게 되었다고 그가 즐겨 인용했던 감동적인 일화 등은 민중 신앙에 동조하는 사람만 있었던 것은 아님을 웅변적으로 증명하고 있다. 1684년 한 장로교 목사가 연주창 치료를 나쁘게 말했다는 이유로 고소당했다.[194] 그러나 그 목사 지지자들 가운데도 기적이

(1684년 1월 1일부터 14일 사이 누락). 브라운이 다루고 있는 두 시기(약 2년 반씩 두 번을 제외한 치세 전 기간, 즉 1664년 10월 1일부터 1667년 5월 1일까지, 1682년 5월 1일부터 1685년 2월 6일까지의 두 기간, 각각 2년 반씩인 이 기간을 제외한 치세 전 기간)의 전체 수치는 9만 761명이다(Farquhar, II, p.132 참조). 따라서 치세 전 기간에 대해 적용하면 10만 명가량 된다. 그럼에도 불구하고 하나의 요소로 평가해서는 안 된다는 것을 잊지 않는 게 좋을 것이다. 모든 가능성에 비추어, 어떤 환자들은 반복되는 처방에도 불구하고 여러 차례 손대기 치료를 받으러 오기도 했을 것이다. 이러한 재발률은 얼마나 되겠는가? 결코 우리는 알 수 없다. 왕의 손대기 치료가 시행되는 날에 보여지는 열정에 대해서는 J. Evelyn, *Diary*, II, p.205(1684년 3월 28일), Crawfurd, *King's Evil*, p.107, n.2에 수록된 것 참조.

193) Crawfurd, pp.111~112.

194) Cobbett's *Complete Collection of State Trials*, X, p.147 이하. 피고 로스웰은 별로 확실하지 않은 증거에 의해 배심원들에게 유죄평결이 내려졌다. 이후 왕이 사면해주었다. 찰스 2세 시대의 정부는 찰스 1세 시대의 정부보다 왕의 기적의 특권에 덜 집착했다. 그레이트레이크스(Greatrakes, 이 책 426쪽 참조)가 위협받지 않았던 것은 주목할 만하다. Crawfurd, *King's*

라는 무기를 경시해서는 안 된다고 생각하는 이들이 있었다. 찰스 2세의 서자 먼머스(Monmouth)는 가톨릭 신앙 때문에 왕위에서 멀어진 사람으로 알려져 있다. 그는 휘그당에서 삼촌인 요크 공작을 대신해서 왕위계승자가 되어야 한다고 간주되던 인물로서, 1680년 서부 지방을 승리자로서 여행했다. 지지자의 눈으로 보아도 아직은 국왕 예정자에 불과했음에도 불구하고 이때부터 이미 연주창 환자를 만지기 시작했다.[195]

1685년 이미 제임스 2세가 된 삼촌에 대항해 신교도의 이름으로 무력을 사용하며 왕위를 요구하고 있을 때에도, 그는 왕이 하는 모든 임무를 수행했다. 물론 그중에는 치료 의례도 포함되어 있다. 나중에 제임스 2세의 사법관이 작성한 사후 고발장에서 먼머스가 저지른 죄목 중에 이 치료행위도 포함되어 있었다.[196] 여전히 기적 없이는 진정한 왕이 될 수 없었던 것이다. 그러나 이처럼 마지막 빛을 발하는 오래된 의례도 영국에서는 소멸을 눈앞에 두고 있었고, 프랑스에서는 최소한 쇠퇴를 맞고 있었다.

Evil, p.120 참조.

195) Green, "On the cure by Touch," p.89 이하; *Gentleman's Magazine*, t.81(1811), p.125(*Gentleman's Magazine Library*, éd. G.L. Gomme, III, London, 1884, p.171에 게재).

196) T.B. Howell, *State Trials*, XI, Col. 1059.

6 손대기 치료의 쇠퇴와 소멸

어떻게 왕의 기적에 대한 믿음이 소멸되었나

먼저 영국에서, 그리고 뒤이어 프랑스에서 일어난 정치적 혁명은 연주창 치료를 최종적인 소멸로 이끈 직접적 원인이었다. 그러나 혁명이라는 사건이 영향을 미치는 것은 왕권의 초자연적 성격에 대한 신앙이 겉으로 보기에는 그렇지 않지만 적어도 두 나라 사람들의 정신 깊은 곳에서는 흔들리고 있을 때에만 가능하다. 그러한 불투명한 정신적 움직임을 여기서 생생하게 묘사하려는 생각은 전혀 없다. 다만 오래된 신앙이 쇠퇴하게 된 원인 몇 가지를 지적하고 싶을 뿐이다.

왕이 수행하는 치료는 다른 많은 기적적인 치료 중 하나에 불과했으며, 이러한 치료들은 오랫동안 의심을 받지 않았다. 몇 가지 사실이 이러한 심성을 잘 보여준다. 프랑스에서 앙리 2세 시대부터 짧게 잡아도 앙리 4세 시대에 이르기까지 오랫동안 명성을 얻은 바이윌(Bailleul) 가문은 문자 그대로 접골사 집안으로, "심한 낙마로 뼈가 삐었거나, 어떤 충격으로 부러졌을 때 뼈를 다시 맞추어주거나, 신경과 신체 일부에 멍이 들었을 때 그것을 치료하거나, 뼈가 탈구되었을 때 제자리를 찾아주거나, 체력을 회복시켜주는 비밀스러운 능력"을 대대로 소유하고 있었다. 바이윌 가문은 고향인 코 지방(Pays de Caux)에서 세상에 알려지지 않은 채 집안 대대로 내려오는 비법을 사용하고 있었다. 그러다가 앙리 2세 치세에 궁정에 등장했다. 장은 주아양발 수도원장이자 왕실 자선담당관, 니콜라는 국왕 마구간 시종이자 회계원 관리, 또 다른 니콜라인 니콜라 2 세는 루이 13세 치세에 고등법원 수석판사와 재무총감 등 고위관직을 지내면 서 삐거나 부러진 곳을 고쳐주었다. 틀림없이 이 집안의 이와 같은 성공은 대 대로 전달된 교묘한 기술 때문이므로 조금도 초자연적인 것은 아니다. 하지만 분명히 주변 사람들은 그렇게 생각하지 않았다.

시인 세볼라 드 생트마르트(Scévola de Sainte-Marthe)가 「골족 중에서 탁월 한 자들」이라는 제목으로 라틴어 찬양시를 썼는데, 이것이 터무니없이 이루어 진 일은 아닐 것이다. 그 시에서 시인은 "신께서는 단지 손을 대는 것만으로도 까다로운 불치병인 연주창을 치료할 수 있는 축복을 왕에게 내리셨는데, 천상 의 특별한 호의로 그러한 은총을 이 집안에도 내리셨다"라고 했다.[1] 당시의 대 부분의 사람들에게 이 두 가지 치료능력은 동일한 기원을 가지고 있는 것으로 보였고, 이것을 믿든 저것을 믿든 그 믿음은 동일한 지적 태도를 드러내는 것 이었다.

온갖 세습 치료사가 모든 종류의 병에 있었다. 이미 여러 차례 살펴보았듯이, 이탈리아의 성 바오로의 '친족,' 에스파냐의 성녀 카타리나의 '친족,' 프랑스의 성 로크, 성 마르탱, 성 위베르의 '친족' 등이 여기에 해당한다. 특히 프랑스 성 인들의 친족은 17세기에 빛나는 생애를 보냈다. 우리는 그들 중 많은 사람을 알고 있다. 귀족이거나 자칭 귀족이거나(유명한 가문이라는 것이 귀족칭호가

---

1) Scaevola Sammarthanus, *Gallorum doctrina illustrium qui nostra patrumque memoria floruerunt elogia*, 1re éd., 1598. 여기서는 1633년 판을 참조했다. *Scaevolae et Abelii Sammarthanorum ······ opera fatina et gallica*, I, pp.155~157(주석은 앙리 4세 사후 수정되었음이 틀림없다). 여 기서는 콜테(Colletet)의 번역을 이용했다. Scevole de Sainte-Marthe, *Eloge des hommes illustres*, Paris, 1644, p.555 이하. 이 저작에 대해서는 A. Hamon, *De Scaevolae Sammarthani vita et latine seri ptis operibus*(thesis, Paris), 1901 참조. 바이월의 족보에 대해서는 François Blanchard, *Les Présidents à mortier du Parlement de Paris*, 1647, p.399 및 Fr. Anselme, *Histoire généalogique de la maison royale de France*, II, 1712, p.1534 참조. 두 저작 모두 기적의 능력에 대해서는 언급하지 않고 있다. 그뿐만 아니라 수도사 피에르 르무안(Fr. Pierre Le Moine) 역 시 자신의 책(*Epistre panegyrique à Mgr. le Président de Bailleul*과 *Le Ministre sans reproche*, 1645)에서 이에 대해 언급하지 않기는 마찬가지다. 생트마르트는 니콜라 2세(니콜라의 아 들)가 아버지의 시술에 참여했다고 명시적으로 말했는데, 그러한 니콜라 2세가 나중에 그 시 술을 중단했을 가능성이 없지 않을 것으로 생각된다.

아니겠는가) 또는 수도원의 영광스러운 수도사다. 가장 유명한 사람은 조르주 위베르(Georges Hubert)이다. 1649년 12월 31일자 국왕 특허장은 명백히 그가 '영광스러운 아르덴의 성 위베르의 혈통이자 자손'임을 인정하고 있으며, 이 혈통 때문에 "미친 늑대나 개 또는 광견병에 걸린 다른 동물에게 물린 사람을 다른 치료나 약품을 이용하지 않고 머리에 손을 얹는 것만으로도 치료하는 능력이 있다"라고 인정했다.

'성 위베르의 기사'라고 불린 이 사람은 오랫동안 자신의 기술을 시행하여 막대한 이익과 명성을 얻었다. 1701년이 되어도 여전히 '손대기 치료를 원하는 사람들 때문에 그 소재를 가르쳐주는' 안내 인쇄물이 있었던 것으로 알려져 있다. 그이 접촉에는 예방 효과도 있는 것으로 알려진 만큼 환자 수는 엄청났는데, 이 환자들 중에는 프랑스 왕 루이 13세와 루이 14세를 비롯해 가스통 도를레앙(Gaston d'Orléans), 콩티 공, 로크루아 전투의 승리자가 확실한 콩데(Condé) 공 등이 있었다. 이들 대귀족은 모두 사냥에 열광적이어서 개에 물리는 부상이 결코 상상 속 위험이 아니었다. 파리에 머물 때에는 대주교 장 프랑수아 드 공디(Jean françois de Gondi)의 특별한 허가를 받아서, 그리고 그 이후에는 그 후계 대주교들의 허가를 받아서 생퇴스타슈(Saint-Eustache) 교구의 예배당에서 손대기 치료를 받았다. 자신의 관할 주교구에서 시술을 인가해준 주교 또는 대주교가 30명 이상이었다.

1665년 7월 8일 브르타뉴 지방삼부회는 400리브르의 특별수당을 그에게 지급하기로 결의했다. 이 경우 여전히 일반적 의견은 기적을 행하도록 타고난 인물이 가지고 있는 기적의 능력과 공식적으로 왕에게 부여된 기적의 능력이 비슷하다고 보는 것이었다. 어디에나 있는 회의주의자들이 이 기사와 그 대리자들의 치료에 대담하게도 의문을 던졌을 때, 자신도 믿지 않는 쪽이었던 르 브롱 수도원장의 증언에 따르면, 신자들은 왕의 예를 들어 반박했다고 한다. 모두 왕이 시행하는 손대기 치료의 효과는 인정하면서 왜 "특정 혈통의 사람들이 특정 병을 치료하는 것이 있을 수 없다고 생각하는가?"라고 물었다고 한다.[2]

---

2) 성인의 친척에 대한 개별적 사실에 대해서는 이 책 2부 2장 각주 33, 그리고 336쪽 참조. 성 위

사실 왕국 내에서조차 타고난 권리로서 연주창 환자를 치료할 수 있는 것은 부르봉 왕가뿐이 아니었다. 일곱 번째 아들에 대해서는 앞서 충분히 논의했기 때문에 여기서 되풀이하지는 않겠지만, 그것을 제외하더라도 17세기 프랑스에는 왕가가 자랑하는 능력과 똑같은 능력을 혈통에 의해 전승받는 가족이 적어도 하나는 있었다. 부르고뉴의 귀족가문으로서 베리 지방에도 영지를 가지고 있던 오몽(Aumont) 가문의 큰아들은 축복받은 빵을 배분함으로써 연주창 환자에게 건강을 회복시켜줄 수 있다고 알려져 있었다. 앙드레 파빈(André Favyn)은 『나바르의 역사』에서 이것을 '날조된' 전설이라고 썼다. 왕권옹호자들이 반감을 표명한 것이다. 그들은 '왕의 병'을 치료하는 특권은 왕의 가문으로 한정되는 것이 좋지 않을까 하고 생각했다. 비록 지방의 범위를 벗어나지 못했다고 해도, 그것이 어느 정도 인기를 누렸다는 사실을 부정하기에는 너무 많은 중요한 작가들이 이를 언급하고 있다.[3]

영국에서 찰스 2세 시대에 아일랜드의 귀족 발렌틴 그레이트레이크스(Valentin Greatrakes)라는 사람이 어느 날 갑자기 신의 계시에 따라 자신에게

베르의 친척, 특히 조르주 위베르에 대해서는 게도즈의 책에 있는 참고문헌을 참조하는 것만으로도 충분하다. Henri Gaidoz, *La Rage et St Hubert*, pp.112~119. 1701년 왕의 손대기 치료에 대한 안내서와 문구에 대한 정보는 le Brun, *Histoire critique des pratiques superstitieuses*, II, p.105, p.121 참조. Tilfaud, *L'Exercice illégal de la médecine dans le Bas-Poitou*, 1899, p.18에는 성 마르쿨의 후예에 대한 언급이 있다.

3) Du Laurens, *De mirabili*, p.21; Favyn, p.1058; du Peyrat, *Histoire ecclésiastique de la Cour*, p.794; *Traité curieux de la guérison des écrouelles par l'attouchment des septennaires*, p.13, p.21; Thiers, *Traité de superstitions*, p.443. 이 저자들은 종종 상호 교정을 해주었다(du Peyrat, *loc. cit.*를 보라). 이를 통해서 그들이 단순히 베끼지 않았음을 알 수 있다. 이 가문이 가진 기적의 능력은 동방박사의 유물과 관련이 있는 것으로 알려져 있다. 이 유물은 프리드리히 바르바로사가 밀라노에서 쾰른으로 옮겨온 것으로, 원래는 오몽에 모셔져 있던 것이다. 그곳에는 성스러운 샘물이 있었고 이 샘물과 더불어 경배되었다고 한다. 그즈음에 성 마르쿨에게 왕이 기적의 수호성인이 되었던 것과 같은 신앙의 전이가 일어난 것으로 보아도 무방하다. K. Maurer, "Die bestimmten Familien zugeschriebene besondere Heilkraft," *Zeitschrift des Vereins für Volkskunde*, 1896, p.443에는 치료능력을 부여받은 몇몇 가문의 사례에 대한 연구가 실려 있다. 그러나 시칠리아(*Ibid.*, p.337)와 스칸디나비아의 가문들이다. Thiers, *loc. cit.*, p.449에는 방돔 지방 쿠탕스(Coutance) 가문의 사례가 실려 있는데, 이들은 "카로(carreau)라고 불리는 어린이의 질병을 손대기로 치료한다"라고 알려져 있었다.

연주창을 치료하는 재능이 있다는 사실을 깨달았다. 도처에서 환자가 찾아왔다. 브르타뉴 지방삼부회가 성 위베르의 기사에게 수당지급을 결의한 것과 비슷한 시기에, 우스터 시 당국은 스트로커(stroker, 만지는 자)라고 불리던 이 아일랜드 치료사에게 훌륭한 연회를 열어주었다. 그레이트레이크스의 성공은 무엇 하나 빠진 것이 없었다. 문필가들의 논쟁도 잊지 않고 벌어졌다. 찬성자와 반대자들 사이에 소책자를 통한 논쟁이 펼쳐졌다. 그를 믿는 이들은 보잘것없는 사람만이 아니었다. 왕립협회 회원으로 근대 화학의 창시자 중 한 명인 로버트 보일(Robert Boyle)도 왕의 기적뿐만 아니라 그에 대한 믿음을 표명했다.[4]

또한 연주창 치료를 믿는 사람들의 성신 상태는 왕의 기적 능력을 다룬 작품 자체에 분명하게 반영되어 있었다. 가령 의사이며 뉴턴과 같은 시대 사람인 브라운은 원시 주술 관념을 받아들인 듯했다. 그의 저서에 나오는 윈턴(Winton)이라는 여관 주인의 특별한 이야기를 들어보자. 이 사람은 연주창에 걸려서 도자기로 된 작은 병에 담긴 물약을 약국에서 샀다. 처음 복용했을 때에는 아무런 효험이 없었다. 그러나 의회파 군대가 접근을 허락하지 않자, 멀리서 찰스 1세의 축복을 받은 뒤 다시 약을 마셨더니 회복됐다. 그의 상처가 아물고 종양이 서서히 작아짐에 따라, 작은 병의 몸통에 이상한 돌기가 나타났고 병의 표면이 갈라지기 시작했다. 안타깝게도 어느 날 누군가 작은 병을 닦아보겠다는 생각을 하자, 병이 재발했다. 병 청소를 멈추자, 드디어 결정적으로 치료되었다. 브라운은 드러내놓고 말하지는 않았지만, 다른 말로 하면 연주창이 사람으로부터 도자기 병으로 전이된 것이다.[5] 사실 왕의 기적이라는 생각은 우주관과 관계를 가지고 있었던 것이다.

그런데 르네상스 이후, 특히 18세기에 이러한 관념이 점점 설 땅을 잃어버렸다는 것은 의심할 여지가 없다. 어떻게 그렇게 되었을까? 그것은 여기서 밝힐

---

4) 필요한 정보와 참고문헌 목록은 다음 책에서 얻을 수 있다. *Dictionary of National Biography*; Crawfurd, *King's Evil*, p.143; Farquhar, III, p.102.

5) *Adenochoiradelogia*, p.133 이하(윈체스터 칼리지의 기숙사 사감이 브라운(Browne)에게 보낸 편지가 수록되어 있는데, 이 편지가 일화의 진실성을 입증해준다).

문제가 아니다. 왕의 기적이 쇠퇴한 것은 초자연적이며 임의적인 세계 질서를 제거하고 동시에 합리적 형태의 정치제도를 만들려는 정신적 노력, 적어도 엘리트들의 노력과 긴밀히 관련되어 있다는 것을 상기하는 것만으로도 충분하다.

왜냐하면 거기에는 바로 그것과 똑같은 지적 발전의 두 번째 국면이 있는데, 이 국면은 첫 번째 국면과 마찬가지로 여기서 우리가 논의하고 있는 오래된 신앙에 치명적이기 때문이다. '계몽사상가들'은 주군이란 국가의 세습적 대표자에 불과하다고 간주하는 데 익숙해지도록 여론을 이끌었다. 그리고 동시에 주군에게서 뭔가 기적적인 어떤 것을 찾아내려 하고 마침내 발견해내는 습관을 여론에서 없애려 했다. 사람은 신성한 권한을 지닌 우두머리가 기적을 행해주기를 원한다. 그런데 신성한 권한 자체가 일종의 극도의 신비로움에 근거를 두고 있다. 관료에 대해서는 그 사람의 지위가 아무리 높아도, 그 역할이 공공의 문제에서 아무리 필요하다고 하더라도 기적을 요구하지는 않는다.

영국과 프랑스 두 왕국의 백성들이 왕의 손대기 치료능력에 바쳤던 신앙이 몰락에 이르게 된 데에는 더 특별한 원인이 있었다. 이 신앙은 세속과 종교 두 측면에서 벌어진 투쟁으로 타격을 받았다. 이미 보았듯이 영국에서는 급진 신교도가 교리상 이유와 동시에 자신들을 박해하는 절대왕정에 대한 증오 때문에 일찍부터 왕의 기적에 대해 적대적이었다. 특히 두 나라에서는 어느 한 나라에서 그렇게 하면 다른 나라에서도 그렇게 했는데, 한 나라에서는 가톨릭 왕조가, 같은 시기에 다른 나라에서는 신교 왕조가 각각 기적을 주장했다. 이것은 두 교파 신도들 사이에서 논란을 불러일으켰다. 종교개혁 때까지 프랑스 왕의 신하들은 영국 왕의 야심을 큰 동요 없이 받아들였고, 그 반대의 경우, 즉 영국 쪽에서도 마찬가지였다. 종교적 분열이 결정적이 된 이후 이러한 평정은 과거의 일이 되어버렸다.

사실 대체로 영국 저술가들이 프랑스 왕의 치료를 인정하는 것은 그다지 어렵지 않았다. 이들은 역사를 무시하고 처음으로 치료사인 왕이 있던 나라는 자신들의 나라라고 주장하는 데에 그쳤다.[6] 대체로 가톨릭이 강경한 태도를 보

---

6) Tooker, *Charisma*, p.83; Browne, *Adenochoiradelogia*, p.63; 이 책 57쪽.

였다. 영국 왕들이 십자가 표시를 유지하는 한 '교황파' 백성은 영국인이 조상 대대로 믿어온 국왕이 기적을 행하는 능력에 대해, 비록 그것이 국민적 자존심에 불과한 것이었지만, 섣불리 이의를 제기하지는 않았다. 그리고 설사 십자가 표시가 이교도의 손에 의해 이루어진다고 하더라도 십자가 표시 자체의 힘으로 치료가 시행되고 효과를 갖게 된다고 생각하여, 십자가 표시를 마지막 원천으로 여겼다.[7] 제임스 1세는 이 마지막 핑곗거리를 제거해버렸다. 프랑스에서는, 그리고 일반적으로 대륙에서는 애국적인 고려에 사로잡혀 있지 않기 때문에 모두 극단적인 해결, 즉 영국의 기적을 부정하기에 이르렀다.[8] 1593년 이후 몇 번이고 판을 거듭하며 오랫동안 권위를 누렸던 『주술 연구』를 쓴 에스파냐 출신 예수회 수도사 델리오(Delrio)의 입장이 여기에 해당한다.[9] 이보다 약간 뒤에 프랑스인 뒤 로랑스와 뒤 페라의 입장도 마찬가지다.[10]

이들에 따르면 영국 왕의 연주창은 아무런 효과가 없고 그가 주장하는 특권 따위는 기만이거나 착각에 불과한 것이었다. 이것은 폭넓은 집단적 오류의 가능성을 인정하는 것이다. 이것은 위험한 자신감이다. 왜냐하면 부르봉 왕가에 속한 것으로 간주되는 능력이 결국에는 바다 건너 튜더나 스튜어트 왕가에 호의적인 선전가들이 제시하는 근거들과 다른 근거에서 나오는 것이 아니기 때문이다. 왕의 손이 행하는 능력을 영국인이 오해했다면, 프랑스인 역시 오해하고 있는 것은 아닐까? 이 모순에 대해서는 특히 델리오가 진정으로 무서운 비판력을 보였다. 프랑스인이 아니었기 때문에 좀더 자유롭다고 느꼈을 것이다.

---

7) 엘리자베스가 수행한 치료에 관한 문제에 대해 스미테우스는(Smitheus(Richard Smith), *Florum historiae ecclesiasticae gentis Anglorum libri septem*, Paris, 1654, l. III, cap. 19, sectio IV, p.230) 에드워드 고해왕의 영향력을 빌려온 것이라고 했다. 여왕은 "고유의 능력에 의해서가 아니라 십자가의 능력과 여왕에게 왕위를 물려준 성 에드워드의 공덕을 가지고" 치료한 것이었다. 1625년부터 1629년까지 영국의 교황대리를 하고 있던 스미스는 엘리자베스의 후계자들이 치료했다는 것을 받아들이지는 않았던 것 같다.

8) De l'Ancre, *L'Incrédulité et mescreance du sortilège*, 1622, p.165. 이 책은 예외적이다. 그는 제임스 1세가 치료를 시행했음을 인정했으나 왕이 틀림없이 몰래 손으로 십자가 표시를 그었을 것으로 생각했다.

9) *Disquisitionum*, éd. de 1606, p.60 이하.

10) Du Laurens, *De mirabili*, p.19; du Peyrat, *Histoire ecclésiastique de la Cour*, pp.796~801.

물론 프랑스를 통치하고 있는 가톨릭 왕조가 수행한 기적의 실재에 이의를 제기한 것은 아니었다. 다만 그의 경우에는 종교에 대한 열정이 국민적 자부심을 넘어섰던 것이다. 그는 분명하게 기적을 진짜라고 인정했다. 그러나 그가 프랑스 왕의 신하였다면 기울였을 우려, 즉 의사이자 왕인 우리 왕의 권위를 흔들어놓을 위험한 지경까지 나아가지 않을까 하는 우려가 그에게는 없었다. 그가 기적을 행하는 엘리자베스의 명성을 기적에 의존하지 않은 채 설명하려고 했을 때, 세 가지 답 사이에서 망설였다. 우선 비밀스러운 고약의 사용, 다른 말로 하면 조잡한 속임수, 그다음으로는 악마의 영향, 마지막으로 단순한 허구, 즉 여왕이 사실 정말로 아픈 사람이 아닌 자를 치료했다는 것이다.

왜냐하면 델리오가 관찰해보니 여왕은 출두한 자 전원을 치료하지는 않더라는 것이 그 이유다.[11] 특히 이 마지막 지적사항과 이에 기초한 가설은 위협에 차 있다. 『주술 연구』의 독자 가운데 어느 누구도 이러한 생각을 프랑스 왕에게 적용해본 사람이 없었을까? 1755년 기사 조쿠르(Jaucourt)는 『백과사전』의 '연주창' 항목을 집필했다. 확실히 그는 자기 나라 왕이 가지고 있는 기적을 행하는 능력조차 믿지 않았다. 그의 시대에는 이미 '계몽 사상가들'이 오래된 신앙을 결정적으로 흔들어놓은 상태였다. 그러나 그는 프랑스 왕조가 주장하는 특권을 감히 정면으로 공격하려고 하지는 않았다. 이 점에 대해서 그는 짤막한 언급에 그치고 영국 군주의 주장에 대해서만 비판과 조롱을 퍼부었다. 명백히 이것은 당국과 말썽을 피우지 않은 채 이 미묘한 상황에서 벗어나기 위한 단순한 우회일 뿐이다. 독자라면 두 왕조에게 똑같이 타격이 가해진다는 사실을 충분히 이해하고 있었을 것이다. 그러나 백과사전 집필가의 이러한 책략은 많은

---

11) *loc. cit.*, p.64. "그러나 우리가 말할 수 있는 것은 만약 아프지 않은 사람이었다면 속임수를 쓴 것이거나, 고약의 효과로 치료되었거나, 악마와의 은밀한, 혹은 명시적인 거래가 있었다는 것이다." 왕에게 손대기 치료를 시술받았으나 완쾌되지 못한 사람에 대한 관찰 기록은 p.61 그리고 이 책 466~468쪽 참조. *Disquisitionum* 초판이 나온 해(1593)는 앙리 4세가 개종한 해였다. 그러므로 사람들은 프랑스가 가톨릭 왕에 의해 통치된다고 거의 생각하지 못했을 것이다. 델리오는 연주창을 설명하면서 이러한 어려움을 암시하려고 했던 것일까? 1606년 이전의 판본을 보지 않은 나로서는 알 수 없다. 그러나 1606년 이후 판본에는 다음과 같은 신중한 구절이 있다. "역대 프랑스 왕 중 어느 누구도 이단을 표명한 적은 없다."

사람들이 가지고 있었던 신중한 지적인 움직임을 나타낸 것이었다. 우선 정통 교리가 금지하는 외국의 기적을 의심하기 시작했고, 그다음에 자기 나라의 기적으로 의혹이 점차 넓어졌던 것이다.

영국에서 의례의 종말

무엇보다 정치적 사건들로 인하여 연주창 치료라는 오랜 관습이 끝나게 된 곳은 영국이었다.

물론 제임스 2세는 왕가의 특권인 이 기적이 쇠퇴하도록 내버려둘 인물이 아니었다. 오히려 이 점에서는 조상들이 선해준 세습 재산을 늘려갔다. 측근 중에는 전래의 치료용 반지 의례를 부활시키려는 사람도 있었다. 결국 그것은 생각만을 남긴 채 실행되지는 못했다.[12] 반대로 제임스 자신은 자주 손대기 치

---

12) 워싱턴에 있는 미국 육군의무감(Surgeon General) 도서관에는 연주창 손대기 치료에 대한 자료집이 있는데, 그중 여덟 쪽으로 된 8절판 작은 책자(in-8, 전지를 8개로 나눈 크기의 책자옮긴이)가 있다. 그 제목은 *The Ceremonies of blessing Cramp-Rings on Good Friday, used by the Catholick Kings of England*이다. 나는 개리슨 중령(Lieutenant-Colonel F. H. Garrison)의 각별한 호의로 그 사본을 구할 수 있었다. 중령은 자신의 논문(A relic of the King's Evil)에서 이에 대해 언급한 적이 있다. 그 문헌이 다음 책에도 수록되어 있다. (1) 필사본에 따른 *Literary Magazine*, 1792. (2) W. Maskell, *Monumenta ritualia*, 2e éd., III, p.391. 마스켈 (Maskell)은 1694년으로 되어 있는 필사본을 사용했다. 그 필사본은 *Ceremonies for the healing of them that be diseased with the King's Evil, used on the Time of King Henry VII* 라는 제목의 책에 포함되어 있었는데, 이 책은 왕의 명령으로 1686년 인쇄되었다(Sparrow-Simpson, *On the forms of prayer*, p.289 참고). (3) Crawfurd, *Cramp-rings*, p.184에도 있는데 이것은 의심할 여지없이 마스켈 본(本)의 사본이다. 이것은 메리 튜더 시대의 전례서와 같은 오래된 전례서를 충실히 번역한 것이다. 워싱턴에 있는 책자는 1694년 판으로 되어 있다. 그러므로 그 책자도 제임스 2세의 몰락(1688) 이후 인쇄된 셈이다. 그러나 *Notes and Queries*, 6th series, 8, 1883, p.327의 각주는 이 소책자의 존재를 인정한 뒤, 이 소책자가 재판 (再版)인 것이 확실하며 초판은 1686년에 나온 것으로 여긴다고 했다. 바로 같은 해 왕립출판부가 왕명으로 연주창에 관련된 오래된 전례서를 발간했다(아래 각주 15 참조). 게다가 그때는 제임스 2세가 연주창 치료에서 영국 국교회 사제단의 간섭을 축소하려고 노력하던 시기였다. 또 제임스 복위파들 사이에서 스튜어트 왕조의 말기 왕들이 반지를 축성했다는 소문이 나돌았던 것 같다. 제임스 3세의 편지에 대해서는 그 사실을 부정하는 비서의 편지 (Farquhar, IV, p.169에 인용)를 참조하라.

료를 시행했고, 형(찰스 2세-옮긴이)과 마찬가지로 수많은 환자를 자기 곁으로 끌어들였다.

1685년 3월(아마 그가 실제 치료를 시작한 첫 달일 것이다)부터 같은 해 12월까지 4,422명에게 시술을 베풀었다.[13] 몰락하기 거의 1년 전인 1687년 8월 28일과 30일에는 체스터 성당의 성가대석에서 각각 350명과 450명에게 베풀었다.[14] 즉위 초에는 영국 국교회 목사의 참석을 받아들였지만, 1686년 이후에는 점차 그들에게 의존하지 않고 즐겨 가톨릭 성직자들에게 의존했다. 동시에 제임스 1세 이후 해오던 의례를 폐지하고, 헨리 7세에서 유래한 구식 전례를 부활시켰다. 라틴어 기도문, 성모와 성인에 대한 기원, 십자가 성호 등을 채택했다.[15] 이러한 역행은 왕의 기적이 혐오스럽고 과장된 제례와 혼동되는 결과를 초래하고, 일부 신교 민중 사이에 기적에 대한 불신감을 조성했다.[16]

1688년 명예혁명으로 왕위에 오른 오란녀 공 윌리엄(Guillaume d'Orange)은 제임스 1세와 마찬가지로 칼뱅파 교육을 받고 자랐으므로 치료 의례를 미신적 관행으로만 생각했다. 게다가 제임스 1세보다 훨씬 믿음이 강해서 환자

---

13) 런던 공문서보관소(Public Record Office)에 남아 있는 메달 분배에 관련된 증명서에 따른 것이다. 부록 1 참조.

14) *The Diary of Dr Thomas Cartwright, bishop of Chester*(Camden Society, XXII, 1843), p.74, p.75.

15) 제임스 2세의 태도와 관련된 모든 증언은 파카 여사가 열심히 수집해서 적절한 토론을 거친 것들이다. Farquahr, *Royal Charities*, III, p.103 이하. 사실 우리는 제임스 2세가 사용한 예배 의식을 정확히 알지는 못한다. 우리는 단지 1686년 왕립출판부에서 왕명에 의해 헨리 7세의 것으로 알려진 오랜 가톨릭 전례서를 두 권으로 출판했는데 그중 하나가 라틴어판(이 책 2부 5장 각주 31 참조)이며 다른 하나가 영어로 번역된 것이라는 사실만 알고 있을 뿐이다. Crawfurd, *King's Evil*, p.132. 다른 한편, 1686년 6월 3일자 칼라일 주교(Bishop of Carlisle) 의 친서(éd. Magrath, *The Flemings in Oxford*, II, *Oxford Historical Society's Publications*, LXII, 1913, p.159. 파카 여사의 책에 인용되어 있다. Farquhar, III p.104)에는 다음과 같은 구절이 포함되어 있다. "지난주 윈저에서 열린 치료 의식에서, 전하는 프로테스탄트 목사의 입회를 배제하고, 가톨릭 사제에 의해 의식이 치러지도록 했다. 기도는 헨리 7세 시대의 라틴어로 이루어졌다." 이것이 결정적으로 문제가 된 것으로 보인다. 교황의 기도문이 일으킨 소동에 대해서는 1687년 바스에서 이루어진 치료 의식에 대한 다음 책의 증언 모음을 참조하라. Green, *On the cure by Touch*, pp.90~91.

16) 1726년 리차드 블랙모어 경은 왕의 손대기 치료를 교황과 사제들의 사기와 마찬가지로 '미신'으로 간주했다. *Discourses on the Gout*, Preface, p.lxviij.

에게 손대기 치료를 거부하고, 끝까지 물러서지 않았다.[17] 두 사람의 개인적 기질 차이, 즉 한 명은 의지가 약하고 다른 한 명은 단호했다는 차이가 원인일까? 그것도 있었을 것이다. 그러나 두 시대에 집단의식의 상태가 달랐다는 점도 있다. 제임스 1세 시대의 여론은 제임스 1세의 치료 거부를 받아들이지 않았지만, 1세기 후의 여론은 아무런 문제없이 받아들였다. 몇몇 보수주의자라면, 왕이 회의적이었다고 하더라도 일단 손대기 치료를 시행했고, 그리하여 환자가 완치되었다는 이야기를 하는 것만으로도 만족했을지 모른다.[18]

그러나 토리당 사람들은 만족스럽게 여기지 않았다. 1702년 앤 여왕이 즉위했다. 이듬해 그들은 여왕에게 요청해 전통의 기적을 재개하는 데 성공했다. 의례가 단순하더기는 했지만, 여왕은 조상 왕들과 마찬가지로 연주창 환자에게 손을 댔다. 여기에는 다수 환자가 모였던 것으로 보인다.[19] 이 여왕의 치세

---

17) *Gazette de France*, 23 avril 1689, p.188. "런던 발, 1689년 4월 3일. 이달 7일, 오란녀 공은 뉴포트 공의 집에서 만찬을 했다. 일반적 관습에 따라 이날 공작은 정통 왕들이 항상 그랬듯이, 환자를 만지는 의식을 하고 많은 환자의 발을 씻어주어야 했다. 그러나 공작은 이러한 의식이 미신의 범주에서 벗어날 수 없는 것이라고 공언했다. 그리고 헌금만을 관례대로 나누어 주도록 명령했다." Sir Richard Blackmore, *Discourses on the Gout*, Preface, p.lx; Rapin Thoyras, *Histoire d'Angleterre*, 5권 에드워드 고해왕과 관련된 장, éd. de La Haye 1724, t.I, p.446; Macaulay, *The History of England*, chap.XIV, éd. Tauchnitz, I, pp.145~146; Farquhar, *Royal Charities*, III, p.118 이하.

18) Macaulay, *loc. cit.*

19) Oldmixon, *The History of England during the reigns of King William and Queen Mary, Queen Anne, King George VI*, London, 1735(휘그당의 입장), p.301. 이후 왕의 손대기 치료는 1703년 3월이나 4월쯤 다시 시작되었다. Farquhar, *Royal Charities*, IV, p.143. 존슨 박사는 어린 시절 앤 여왕에게서 손대기 치료를 받았다고 회상하곤 했다. Boswell, *Lift of Johnson*, éd. Ingpen, London, 1907, I, p.12, Farquhar, IV, p.145, n.1. 앤 여왕 치세에는 짧은 기도서 및 상당히 단순화된 의식과 더불어 새로운 의례가 도입되었고, 환자는 이제 단 한 번만 왕을 알현할 수 있게 되었다. 각 환자들은 손대기 치료를 받은 즉시 금화를 받았다. Crawfurd, *King's Evil*, p.146(의식 텍스트가 수록되어 있다). Farquhar, *Royal Charities*, IV, p.152. 런던에 있는 웰컴 의학사박물관(The Wellcome Historical Medical Museum)에는 자석이 하나 보관되어 있는데, 그것은 앤 여왕 시대 귀중품 관리인(Deputy cofferer)이었던 존 로퍼(Roper)의 집에서 나온 것으로서 여왕의 손대기 치료에 사용된 것이라고 한다. 환자와의 직접 접촉을 피하기 위해서 여왕은 이 자석을 가지고 있다가 치료하는 행위를 할 때 손가락과 환부 사이에 놓았다고 한다. Farquhar, IV, p.149 이하(사진 수록). 나는 이 박물관의 학예관 톰슨(C.J.S. Thompson)의 호의로 유용한 정보를 얻을 수 있었다. 그런데 이러한 전승의 가치에 대해 평

에 유명한『그레이트브리튼 교회사』를 쓴 제레미 콜리어(Jeremy Collier)는 여전히 이렇게 썼다. "이 세습적인 기적이 일어나는 현실을 부정하는 것은 극단적 회의주의이며, 우리 감각이 받아들인 증거를 부정하는 것이고, 의심을 넘어서 바보스러운 짓이다."[20] 충실한 토리 당원이라면 왕의 손대기 치료의 효과를 믿는다고 고백해야 한다. 스위프트조차 이 점에서는 예외가 아니었다.[21] 이 시기에 인쇄된 애국적 트럼프 카드에는 9번 하트 카드 장식으로 "연주창 환자에게 손대는 여왕 전하"라는 문구가 들어 있다.[22] '여왕 전하'가 마지막으로 치료행위를 한 것은 1714년 4월 27일, 서거 3개월 조금 전이었다.[23] 이날 이후 영국 땅에서 영국의 왕이나 여왕이 더 이상 환자의 목에 화폐를 걸어주지 않았다.

1714년 추대되어 그레이트브리튼 통합 왕국을 통치하게 된 하노버 왕조의 군주들은 연주창의 기적을 결코 시행하지 않았다. 조지 2세 치세 말에 이르는 긴 기간 동안 공식『기도서』가 왕의 '치료' 의식에 이용되었다.[24] 그러나 1714년 이후 유물로 남아 있었을 뿐이며, 낡은 기도서가 이용되는 경우는 없었다. 새 왕조가 이 일을 게을리한 것은 도대체 무엇에 근거했을까? 새 왕조를 지탱하고 충고해주던 휘그당이 왕권신수설에 기반을 둔 오래된 왕정을 상기시키는 것을 모조리 두려워했기 때문일까? 신교의 견해를 지닌 몇몇 교파를 자극하고 싶지 않다는 생각이었을까? 물론 그러한 요소들이 작용했을 것이다. 그러나 이러한 고려가 하노버 왕조 군주들의 결정에 영향을 미쳤을 수는 있지만,

---

가하기는 어렵다. 헨리 8세가 손대기 치료를 시술할 때 감염을 막기 위해 끼었다고 하는 루비 장식 반지에 대해서는 Farquhar, p.148 참조.

20) Jeremy Collier, *An ecclesiastical history of Great Britain*, éd. Barnham, I, London, 1840, p.532(초판은 1708년). "에드워드 고해왕은 이 질환을 치료한 최초의 왕이다. 그 후 이 능력은 후계자들에게 상속유산으로서 전해졌다. 이 사실에 대한 논란은 과도한 회의주의이며, 우리 감각을 부정하는 것이고, 의심을 넘어서 어리석은 짓이다."

21) *Journal to Stella*, lettre XXII(1711년 4월 28일), éd. F. Ryland, p.172.

22) 부록 2, 각주 17 참조.

23) Green, *On the cure by touch*, p.95.

24) 영어판은 1732년까지, 라틴어판은 1759년까지 이용되었다. Farquhar, *Royal Charities*, IV, p.153을 참조하라. 이 연구로 인해 이전 연구는 쓸모없게 되었다.

모든 것을 설명해주지는 못한다. 몇 년 전 엄격한 신교도의 지지를 받고 있던 먼머스도 환자를 만졌다. 게다가 그의 동료들이 그것을 문제 삼았다는 이야기는 없다. 그런데 거의 같은 교파에서 왕위에 오른 조지 1세는 왜 치료하려고 하지 않았을까? 먼머스와 조지 1세 사이에 엄격한 왕권에 대한 관점에서 큰 차이가 없었다면, 조지 역시 치료를 시도했을 것이다. 먼머스는 찰스 2세와 루시 월터(Lucy Walter)의 아들인데, 정당한 결혼에서 태어났다고 주장했다. 그러므로 그는 혈통상 자신이 왕이라고 했다.

제임스 1세의 증손자로서 신교도 왕위계승법의 요건을 충족하여 영국 왕이 된 하노버 선제후는 농담이 아니고는 이와 유사한 주장을 결코 하지 않았다. 제임스 복위파(jacobites, 제임스 2세 지지자—옮긴이)를 사이에는 다음과 같은 이야기가 퍼져 있었다. 어떤 신사가 조지 1세에게 아들을 만져달라고 요청했는데, 조지는 아주 불쾌한 어조로 바다 건너에 있는 스튜어트 가문의 왕위 참칭자에게나 가보라고 했다고 하는 이야기다. 이야기는 계속되는데, 신사는 왕의 권고에 따랐고, 아들은 완쾌되었으며, 그 이후 신사는 옛 왕조의 충실한 지지자가 되었다고 한다.[25] 이 일화가 하나부터 열까지 당파심에 따른 창작일 가능성이 있다. 그러나 심리적 신빙성이 없는 것은 아니다. 그러므로 사람들 사이에 퍼진 것이다. 그것은 영국 땅에 이민온 독일인들(독일 출신으로서 영국 왕이 된 하노버 왕조를 지칭—옮긴이)의 정신 상태를 꽤 정확하게 표현하고 있음에 틀림없다. 그들은 신성한 가문의 정통 후계자가 아니었다. 그들 스스로도 조상 대대로 내려온 기적을 계승할 자격이 없다고 생각했던 것이다.

추방당해 있던 제임스 1세도, 그의 아들도 치료행위를 멈추지 않았다. 그들은 프랑스, 아비뇽, 이탈리아 등지에서 환자에게 손대기 치료를 시행했다.[26]

---

25) Robert Chambers, *History of the rebellion in Scotland in* 1745~46, éd. de 1828, Edinburgh, I, p.183. 조지 1세는 어느 부인이 손대기 치료를 요청하자 수락하지 않았는데, 그녀가 왕을 만질 수는 있도록 허락했다는 이야기도 있다. 그 부인이 치료되었는지는 알 수 없다. Crawfurd, p.150.

26) 제임스 2세는 파리와 생제르맹에 있었다. Voltaire, *Siècle de Louis XIV*, chap.XV, éd. Garnier, XIV, p.300; *Questions sur l'Encyclopédie*, art. 'Ecrouelles', *ibid.*, XVIII, p.469(*Dictionnaire Philosophique*에 수록). 파리에서의 제임스 3세에 대해서는 Farquhar, *Royal Charities*, IV,

그들에게는 여전히 영국에서도 찾아왔고, 동시에 이들이 살던 곳의 이웃 나라에서도 환자가 왔을 가능성이 있다. 제임스 복위파는 전래 신앙을 세심하게 유지했다. 1721년 이 당파의 한 논객이 "요즈음 로마 근처에서 일어난 몇몇 놀라운 치료를 알리는 이 도시의 한 신사"의 편지를 공표했다. 거의 1세기 이전에 찰스 1세의 런던 귀환을 요구한 연주창 환자의 가짜 청원서에 기술되어 있는 것과 같은 논지인데, 좀더 발전되어 있다. "브리튼 사람들이여, 깨어나라. 만약 여러분들이 기적을 무시하거나 경시한다면, 네가 얻을 수 있는 기적의 힘과 혜택을 받을 자격이 없는 사람이 될 것이라는 점을 생각하라."[27] 반대 진영에서 응답할 필요를 느낀 것을 보면, 이 조그만 작품이 어느 정도 성공했음이 틀림없다. 이 임무를 맡은 이는 의사 윌리엄 베케트(William Beckett)였다.

그의 『연주창 치료를 위해 만지는 것의 유래와 효과에 관한 자유롭고 불편부당한 조사』라는 저작은 합리주의와 합리적 정신의 작품으로서 절제된 논조로 되어 있다. 요컨대 왕정의 오래된 '미신'을 설명한 것들 중에서 가장 이치에 맞는 작품이다. 이러한 위엄 있는 논조를 모두 지킨 것은 아니다. 반제임스 복위파 논쟁은 항상 다소 심한 조롱과 라블레풍 농담을 아끼지 않았다. 아직 빅토리아 시대의 분위기가 아니었다. 1737년 휘그당의 신문 「상식」에 실린 익명의 작은 논설이 그 단적인 증거다.[28] 1747년 논쟁이 새롭게 재연되었다. 이 당시 역사가 카트(Carte)는 자신의 책 『영국 통사』의 각주에 서머싯에 사는 웰스라는 한 주민의 일화를 삽입했다. 그 사람은 연주창에 걸려 고통을 받고 있었는데, 1716년 아비뇽에서 "실로 몇 세기 동안 이 질병에 대한 손대기 치료의 능

---

p.161(?). 아비뇽에서의 행적에 대해서는 아래 각주 29 참조. 루카에서의 목욕에 대해서는 Farquhar, p.170. 로마에서의 행적에 대해서는 아래 각주 27 참조. 화폐에 관련된 문헌에 대해서는 Farquhar, p.161 이하 참조. 제임스 2세는 성인으로서 사후 기적을 일으켰다고 전하지만 이 기적의 목록에 연주창 치료는 없었다(G. du Bosq de Beaumont et M. Bernos, *La Cour des Stuarts à Saint-Germain en Laye*, 2e ed., 1912, p.239 이하). 또한 Farquhar, *Royal Charities*, III, p.115, n.1.

27) 제목은 참고문헌을 보라.

28) *Gentleman's Magazine*, vol. 7 (1737), p.495에 수록.

력을 가지고 있던 왕가의 직계 장자로부터 치료를 받고 나왔다"라는 것이다.[29] 사람들은 이 각주를 그냥 지나치지 않았다. 런던 시 당국은 불쌍한 카트의 책에 대한 구입 예약을 취소했다. 그리고 휘그파의 여러 신문들은 몇 달간 항의 투서로 신문을 가득 채웠다.[30]

사실대로 말하자면, 이 당시 스튜어트 가문의 적대자들은 어떤 연유로 인하여 과민 반응을 보였던 것이다. 찰스 에드워드(Charls Edward, 소왕위요구자, 명예혁명으로 쫓겨난 제임스 2세의 직계손자-옮긴이)가 에든버러에 있는 홀리루드(Holyrood)의 오래된 왕궁에 당당하게 입성한 지 아직 2년도 지나지 않았다. 그는 적어도 왕을 칭하지는 않았다. 그는 단지 제임스 복위파의 입장에서 볼 때 아버지이지 진정한 왕인 '제임스 3세'의 대리인이자 상속인이라고 칭한 것에 지나지 않는다. 이상한 점은 그럼에도 불구하고 최소한 한 번, 그것도 바로 홀리루드에서 치료 의식을 실행했다는 것이다.[31] 앞서 보았듯이, 이미 1680년 상속권 요구자에 지나지 않고 왕위 요구자는 아니었던 먼머스가 감히 왕의 의례를 시행한 적이 있다.[32] 한 시대 전이라면 신앙과도 같은 왕권의 교리에 비추어 결코 허용되지 않았을 이러한 일탈 자체가 오래된 신앙의 쇠퇴를 나타내고 있다.

찰스 에드워드는 이탈리아에 가서 아버지 사후에 정통성을 가진 왕이 되었고 기적을 행하며 지냈다.[33] 제임스 2세 및 제임스 3세와 마찬가지로 외국에서

---

29) *A general History of England*, l. IV, §III, p.291, n.4. 왕의 손대기 치료가 시행된 장소에 대해서는 Farquhar, IV, p.167 참조.

30) *Gentleman's Magazine*, vol. 18(1748), p.13 이하(*The Gentlemen's Magazine Library*, III, p.165 이하); Farquhar, *Royal Charities*, IV, p.167, n.1.

31) Robert Chambers, *History of the rebellion in Scotland in* 1745~46, éd. de 1828, I, p.184. 제임스 3세는 이미 1716년 스코틀랜드에서 손대기 치료를 시술했다. Farquhar, *Royal Charities*, IV, p.166.

32) 그의 누이 메리(찰스 2세는 결코 인정한 적이 없는 누이) 역시 손대기 치료를 시술했다. Crawfurd, p.138.

33) 찰스 에드워드는 1770년과 1786년 피렌체, 피사, 알바노 등지에서 손대기 치료를 시술했다. Farquhar, *Royal Charities*, IV, p.174. 추방당한 스튜어트 가문 아래서 이루어진 손대기 치료에 사용된 화폐 연구는 파카 여사에 의해 세심하게 이루어졌다. IV, 161 이하 참조.

주조된 메달을 손대기 치료를 받은 환자의 목에 걸어주었다. 스튜어트 가문의 이 '손대기 동전'은 대개 은화였고, 아주 드물게는 금화도 있었다. 시대의 불운으로 이제 전통적 귀금속을 사용하지 못하게 된 것이다. 찰스 에드워드 사후에는 그의 남동생이며 요크의 추기경인 헨리가 왕위 요구자의 지위에 올라 치료 의례를 계속했다. 왕실 조각가 조아키모 아메라니(Gioacchimo Hamerani)가 여전히 그 전통적인 메달을 만들었다. 거기에는 관습대로 용을 땅에 내리친 대천사 미카엘의 모습이 있고, 뒷면에는 라틴어로 "그레이트브리튼, 프랑스와 아일랜드의 왕, 추기경, 투스쿨룸 주교인 헨리 9세"라고 쓰여 있었다.[34] '헨리 9세'는 1807년에 죽었다. 거기서 스튜어트 가문의 혈통은 단절되었다. 동시에 연주창 치료의 관행도 끝났다. 왕의 기적은 왕의 가문이 소멸하지 않으면 소멸되지 않는 것이었다.

1755년 흄(David Hume)은 자신의 『영국사』에서 이렇게 썼다. "연주창 치료 관습은 현 왕조-하노버 왕가에서 처음으로 중단되었다. 그 관습이 이미 대중의 마음을 움직일 수 없게 되었고, 양식을 가진 사람의 눈에 우스운 것으로 비친다는 것을 이 왕조가 알게 되었기 때문이다."[35] 두 번째 지적에 대해서는 누구나 흄의 견해에 쉽게 동의할 것이다. 그러나 첫 번째 지적은 그 당시 합리주의자의 공통적인 특징인 낙관론에 빠져서 너무 성급하게 '계몽사상(lumière)'의 승리를 믿은 결과이므로, 이 지적은 확실히 틀렸다고 할 수 있다. 민중의 마음은 옛 신앙을 오래도록 버릴 수 없었다. 하노버 가문이 거부했다고 해서 신앙의 모든 자양분이 제거되었다고 볼 수 없다. 확실히 이 이후 왕의 손에 의해 직접 치료가 시행된 환자의 수는 격감했다. 흄의 시대에도 스튜어트 가문은 피신처에서 여전히 기적을 행하고 있었지만, 건강을 회복하기 위해 그렇게 먼 스

---

34) Farquhar, IV, p.177에 수록. 혁명전쟁 기간에 '헨리 9세'는 구리나 납 위에 은도금이 된 화폐를 지급한 것으로 보인다. Farquhar, *loc. cit.*, p.180.

35) Chap.III, éd. de 1792, p.179. 볼테르는 *Questions sur l'Encylopédie*, 'Ecrouelles' 항목, éd. Garnier, t. XVIII, p.470에서 다음과 같이 썼다. "영국 왕 제임스 2세가 로체스터에서 화이트홀로 왔을 때(즉 1688년 12월 12일 처음으로 도망을 시도했을 때), 사람들은 제임스에게 연주창 치료와 같은 왕의 몇몇 행위를 하도록 놔두었지만, 아무도 오지 않았다." 이러한 일화는 가능성이 별로 없으며, 맹목적 비난이므로 받아들여서는 안 된다.

튜어트 가문의 피신처까지 만나러 온 영국인의 수는 결코 많지 않았을 것이다. 기적을 믿는 사람들은 대부분 대용품으로 만족했다. 과거에 손대기 치료가 시행되는 당일에 배분하기 위해 튼튼한 재질로 주조된 메달은 대중에게는 여전히 부적으로서 가치가 있었다. 1736년 글로스터셔 민친햄프턴 교구의 교구위원(churchwarden)은 금화를 목에 걸 때 사용되는 리본을 교체해주는 일을 맡아서 했는데, 그 금화는 연주창 환자가 과거에 왕에게서 손대기 치료를 받을 때 받은 것이었다.[36] 그와 같은 시기에 또는 그보다 더 이후까지, 어떤 종류의 화폐에는 치료능력과 유사한 능력이 있는 것으로 간주되었다. 즉, 본래는 전적으로 통화로서 주조되었는데, 거기에 새겨진 찰스 1세, 즉 순교한 왕의 초상이 일종의 특수한 효력을 발휘한다는 것이다. 셰틀랜드제도에서는 1838년까지, 어쩌면 그 후까지도 왕의 크라운 금화나 반(半)크라운 금화는 연주창에 큰 효능이 있다고 여겨졌고 대대로 상속되었다.[37]

이와 같은 성격의 능력은 몇몇 개인적 유물에 부여되어 있다고 여겨지기도 했다. 아일랜드에서는 1901년이 되어서도 여전히 요크 추기경의 피 얼룩이 있는 손수건이 '왕의 병'을 치료한다고 생각했는데, 이 경우의 손수건이 바로 그러한 사례다.[38] 왜 성 유물에 대해 말하는 것일까? 빅토리아 여왕 치세에 스코틀랜드의 로스 백작령에서 농민이 만병통치약으로 여긴 것은 극히 평범한 금화였는데, 그것이 만병통치약이 된 이유는 거기에 '여왕의 모습'이 있었기 때문이다.[39] 물론 이러한 부적은 소중히 여겨지기는 했지만 결국 왕과 관계를 맺는 데서 간접적 수단에 지나지 않는다는 것을 사람들은 잘 알고 있었다. 그래서 더 직접적인 것이 있다면 더욱 가치가 있었던 것이다. 1903년 셰일라 맥도널드 양은 『로스 백작령에 남아 있는 과거의 자취』에 있는 각주에 이렇게 썼

36) *Archaeologia*, XXXV, p.452, n.a. 조지 1세 시대 동전을 몸에 지니고 다니는 것에 대해서는 Farquhar, IV, p.159 참조.

37) Pettigrew, *On superstitions*, pp.153~154. 구멍을 뚫어서 목이나 팔에 걸고 다닌 성왕 루이의 동전은 프랑스에서는 종종 질병을 퇴치하는 부적으로 이용되기도 했다. Le Blanc, *Traité historique des monnoyes*, Amsterdam, 1692, p.176.

38) Farquhar, IV, p.180(그리고 파카 여사와의 개인적 의견교환에 근거함).

39) Sheila Macdonald, "Old-world survivals in Ross-shire," *Folklore*, XIV (1903), p.372.

다. "연주창에 시달리는 양치기 노인이 있었다. 그는 고(故) 여왕 폐하(빅토리아 여왕)가 자신을 직접 만질 수 있을 정도로 그녀에게 가까이 다가갈 수 없게 된 것을 종종 개탄했다. 만약 그렇게 된다면 그의 병은 이내 나을 것이라고 믿었다. 그는 슬픈 듯이 중얼거렸다. '아아, 안 돼. 그 대신에 조만간 로체이버(Lochaber)에 가서 주술사에게 고쳐달라고 하는 수밖에 없지'……." 주술사는 일곱 번째 아들이었다.[40]

솔직히 말하면, 만약 신성한 혈통이 아니어서 국민의 선택 이외에는 거의 정통성을 주장할 수 없는 왕조가 영국에 등장하지 않았다면, 도대체 민중의 의식(conscience populaire)은 언제까지 왕이 오래된 기적의 관습을 행하기를 바랐을까? 1714년 왕권신수설에도, 개인적 인기에도 의지할 수 없는 외국 태생의 군주가 즉위함으로써 그레이트브리튼 왕국은 의회 제도를 견고하게 만들 수 있었다. 또한 이 즉위로 인해 오래된 의례가 폐지되고, 더불어 이 의례가 완벽하게 구현하던 구시대의 개념인 왕권의 신성함도 사라졌으며, 이로써 프랑스보다 먼저 정치에서 초자연적 성격이 제거되었던 것이다.

프랑스에서 의례의 종말

18세기 프랑스에서 치료 의례는 여전히 왕에 의해 엄숙하게 시행되고 있었다. 루이 15세가 손대기를 시행한 환자의 수는 단 한 번, 그것도 대략의 숫자만 알고 있을 뿐이다. 그것은 그의 축성식 다음 날인 1722년 10월 29일 랭스의 생레미 교회의 정원에서 이루어졌는데, 2,000명이 넘는 연주창 환자가 몰려들었다.[41] 몰려든 민중의 수가 과거에 비해 줄어들지 않았음을 알 수 있다.

그러나 이 왕의 치세는 모든 면에서 왕정의 위신이 추락했던 시기였고, 그리하여 오래된 의식도 심각한 타격을 받았다. 적어도 세 번은 왕의 과실 때문에 의식을 집행할 수 없었다. 오래된 관습에 따르면, 왕은 영성체를 한 이후에만

---

40) *Loc. cit.*, p.372.
41) 인쇄된 보고서. *Gazette de France*, Arch. Nat. K. 1714, n.20.

의식을 집행할 수 있었다. 그런데 1739년 루이 15세는 마담 마이이(Madame de Mailly)와 밀애를 시작했기 때문에, 고해신부에 의해 영성체 탁자에 접근하는 것을 금지당했고, 부활절 예배도 하지 못했다. 마찬가지로 1740년 부활절과 1744년 크리스마스에도 영성체를 자제할 수밖에 없었다. 세 번 모두 왕은 환자를 만지지 않았다. 파리는 펄쩍 뛰었다. 적어도 1739년에는 그랬다.[42] 이처럼 왕의 비행 때문에 기적이 중단되면, 민중은 기적에 호소하는 관습을 더 이상 유지하지 않을 위험이 있었다. 교양인들 사이에서는 회의주의가 점점 더 모습을 드러냈다.

이미 1721년에『페르시아인의 편지』는 다소 조롱하는 태도로 '마법사왕'을 다루었다.[43] 생시몽(Saint-Simon)은 1739년부터 1751년에 이르는 동안『회상록』에서 불쌍한 수비즈 공주(princesse de Soubise)를 조롱했다. 루이 14세의 정부였던 그녀도 연주창으로 죽었다고 말했다. 이 일화는 꽤 신랄하다. 그러나 부정확한 것 같다. 마담 드 수비즈(Madame de Soubise)는 왕의 정부였던 적이 없으며, 연주창에 걸린 적도 전혀 없었다. 아마도 생시몽은 비방하는 이 이야기의 소재를 젊은 시절 궁정에서 주위들은 험담에서 따왔을 것이다. 어쨌든 그가 여기서 말로 펼친 기교는 의도적이든 아니든 새로운 정신의 영향을 받았음을 입증해주고 있다. "사람들이 우리 왕의 손대기와 관련 있다고 '주장하는'

---

42) 1739년의 부활절에 대해서는 Luynes, *Mémoires*, éd. L. Dussieux et Soulié, II, 1860, p.391; Barbier, *Journal*, éd. de la *Soc. de l'Hist. de France*, II, p.224("이것이 베르사유에 큰 스캔들을 일으키고, 파리에 많은 소문을 불러일으켰다." 바르비에는 "우리는 교황과는 상당히 좋은 관계를 가지고 있다. 그리하여 교회의 장자(프랑스 왕-옮긴이)는 자신이 처해 있는 상황에서 신성모독을 저지르지 않으면서 확고한 신념을 가진 채 치러야 하는 부활절 예배를 면제받았다"). Marquis d'Argenson *Journal et Mémoires*, éd. E.J.B. Rathery(*Soc. de l'Hist. de France*), II, p.126. 1740년 부활절에 대해서는 Luynes, III, p.176. 1744년 크리스마스에 대해서는 Luyens, VI, p.193. p. de Nolhac, *Louis XIV et Marie Leczinska*, 1902, p.196에서 제시하고 있는 1738년에 대한 정보는 확실히 잘못된 것이다. Luynes, II, p.99 참조. 루이 14세는 이미 1678년 부활절에 와병 중이었던 드라셰즈(p. de la Chaise) 신부를 대신하여 나온 고해신부 드샹(p. de Champs)이 사면해주는 것을 거부한 적이 있었다(Marquis de Sourches, *Mémoires*, I, p.209, n.2). 왕은 아마도 그 부활절에 아무런 손대기 치료도 시행하지 않았을 것이다.

43) 이 책 68쪽.

기적"이라고까지 말하지 않았던가?[44] 볼테르는『편지』에서는 물론이고『백과사전의 제 문제』에서도 한층 더 공공연하게 왕조의 기적 능력을 비웃지 않을 수 없었다. 큰 반향을 불러일으킬 만한 실수들을 재미삼아 드러내보였다. 그에 따르면, 루이 11세는 성 프란체스코(saint François de Paule)를 치료할 수 없었고, 루이 14세는 그의 정부 중 한 명-틀림없이 마담 드 수비즈일 것이다-을 '실컷 만졌지만' 치료하지 못했다.

『풍속에 관한 시론』에서는 이 '특권'을 포기한 오란녀 공 윌리엄의 사례를 프랑스 왕에게 견본으로 제시하며, 심지어 이렇게 쓰기까지 했다. "우리나라에서도 조금씩 진보하고 있는 이성이 이 관습을 폐지시킬 때가 올 것이다."[45] 수 세기에 걸친 의례의 권위가 이 정도까지 떨어짐으로써 우리는 매우 불편한 곤경에 처하게 되었다. 특히 이 의례의 역사를 쓰기가 너무 어려워진 것이다. 18세기 말의 여러 신문, 심지어 궁정의 뉴스만을 다루는 신문조차 이렇게 저속한 의례에 관한 이야기를 자신들보다 수준이 낮다고 생각했기 때문이다.

그러나 루이 16세는 옛 관례에 충실하게도 축성식 다음 날 연주창 환자 2,400명에게 손대기 치료를 했다.[46] 그도 선왕들과 마찬가지로 대축일마다 손

---

44) Ed. Boislisle, XVII, pp.74~75. 생시몽은 또한 마담 드 수비즈의 아이들 중 몇몇은 연주창으로 죽었다고 잘못 알고 있었다. 기적임을 주장하는 문구에 뒤이어, 그는 정확한 의미를 알 수 없는 말을 다음과 같이 썼다. "그들(왕들)이 환자를 만진다면, 그것은 영성체를 마친 다음이라는 것은 사실이다."

45) *Questions sur l' Encyclopédie*, 'Ecrouelles' 항목(éd. Garnier, *Dictionnaire philosophique*, XVIII, p.469), 이 책 470쪽에는 프랑수아 드 폴의 일화도 실려 있다. "성인은 왕을 고칠 수 없고, 왕도 성인을 고칠 수 없다." *Essai sur les Moeurs*, Introduction XXIII (t.XI, pp.96~97)에는 윌리엄 3세의 거절에 대해 실려 있다. "만약 영국이 다시 자신을 무지에 빠뜨리는 대혁명을 겪지 않는다면, 그때야말로 기적이 매일같이 일어날 것이다." 본문은 chap.XLII, *ibid.*, p.365에서 인용했다. 1746년 5월『르 메르퀴르』(29쪽 이하)에 발표된 이 장의 초판에는 이 문장이 없다. 진정한 초판인 1756년 판은 참조하지 못했지만, 1761년 판(1권, 322쪽)에는 이 부분이 수록되어 있다. 1775년 7월 7일 프리드리히 2세에게 보낸 편지(루이 14세의 연인의 일화) 그리고 『말실수』(*Sottisier*)라는 이름으로 알려진 필사본의 주석도 참조. *Sottisier*, t.XXXII, p.492.

46) 보고서 인쇄본은 *Gazette de France*: Arch. Nat. K 1714, n. 21 (38)에 게재. 볼테르가 1775년 7월 7일 프리드리히 2세에게 보낸 편지. 루이 14세가 성 마르쿨의 성유물함 앞에서 기도하고 있는 그림은 부록 2, 각주 23.

대기 치료를 했을까? 그것이 거의 확실하지만, 문헌상의 증거는 찾지 못했다. 어쨌든 과거처럼 평온한 신앙의 분위기 속에서 기적이 벌어진 것이 아님은 분명하다. 이미 루이 15세 시대, 축성식 당일부터 왕은 사심 없이 전래의 관습을 충실하게 따라한다고 믿었겠지만, 한 사람 한 사람 환자에게 손을 댈 때마다 말하는 전통적 구절의 형식은 미묘하게 변화했다. 즉, 두 번째 구절 중에서 "신이 너를 치료하노라(Dieu te guérit, 직설법으로서 사실을 나타냄-옮긴이)"가 "신이여, 이 사람을 치료해주소서(Dieu te guérisse, 접속법으로서 기원을 나타냄-옮긴이)"[47]로 변해 있었다.

이미 17세기부터, 몇몇 문필가들은 이 의식을 묘사할 때 이 표현을 썼다. 다만 그것을 쓴 사람들이 일을 겪은 후 기억을 더듬었거나, 어떤 권위나 공적인 구속력도 갖지 않은 삼류기자들이므로, 그것들은 증거로서 가치가 없다. 모든 훌륭한 문필가들도, 이 세기에 작성된 전례서 자체에도 모두 직설법이 사용되었다. 뒤 페라는 접속법을 부적절한 것으로 간주해 거부했다. 우리 왕조 말기의 기적을 행하는 왕들은 무의식적으로 확신이 결여된 쪽으로 나아갔다. 거의 눈치챌 수 없는 미묘한 변화이지만 그래도 여기에 하나의 징후가 있는 셈이다.

더 시사적인 것은 치료 인증서에 얽힌 일화다. 18세기의 처음과 끝이 완전히 대조를 이루고 있다. 루이 15세 즉위 후 얼마 지나지 않아 당시 에노(Hainaut) 도지사였던 아르장송 후작(marquis d'Argençon)은 자신의 관할구역에서 한 환자를 만났다. 그 사람은 랭스를 여행했을 때 왕의 손대기 치료를 받고 완쾌된 지 3개월째였다. 바로 후작은 엄밀한 진위 심사를 한 후 이 사례에 대한 증명서

---

47) 루이 15세에 대해서는 위의 각주 41(598쪽) 참조. Regnault, *Dissertation*, p.5 참조. 루이 16세에 대한 보고서는 위의 각주 46 참조; *Le Sacre et couronnement de Louis XVI, roi de France et de Navarre*, 1775, p.79; [Alletz], *Ceremonial du sacre des rois de France*, 1775, p.175. 루이 15세의 축성식 보고서 및 루이 16세의 여러 문헌을 보면 다음 두 문장의 순서가 뒤바뀌어 있음을 알 수 있다. "신이 너를 치료하고, 왕이 너를 만지노라." Clausel de Coussergues, *Du Sacre des rois de France*, 1825에는 루이 14세의 축성식 보고서가 수록되어 있는데, 거기서는 접속법으로 된 문구를 사용했다(150쪽, 697쪽). 그러나 출처가 명시되어 있지는 않다. 17세기 공식 문서에 대해서는 이 책 2부 5장 각주 23 참조. 샤를 10세 역시 접속법을 사용했으며, 그것이 이미 전통이 되어 있었다. 그러나 Landouzy, *Le Toucher des écrouelles*, p.11, p.30에서 샤를 10세가 처음 접속법을 사용했다고 한 것은 잘못된 것이다.

를 왕의 허영심에 아첨하도록 작성해 서둘러 파리로 보냈다. 이것은 아첨하는 것이었지만 기대한 결과를 얻지 못했다. 국무장관 라 브리에르(La Vrilliere)는 "우리 왕이 행하는 기적의 능력은 잘 알려져 있으며 아무도 의심하지 않는다고 아주 냉담하게 대답했다"[48]라고 한다. 진정한 신자로서 교리 증명을 원한다는 것 자체가 의심이 이미 마음속에 생겼다는 것 아닐까? 52년 뒤에는 사정이 크게 달라졌다. 마투그(Matougues) 교구의 레미 리비에르(Rémy Rivière)라는 사람이 랭스에서 루이 16세의 손대기 치료를 받고 나왔다. 샬롱도지사 루예 도르 푀유(Rouillé d'Orfeuil)는 그 사실을 알고, 1775년 11월 17일 서둘러 '현지 외과의사, 사제, 주민대표가 서명한 인증서'를 베르사유로 보냈다. 12월 7일 샹파뉴 지방과의 관계를 담당하고 있던 국무장관 베르탱은 이렇게 답했다.

"지사님, 당신의 편지를 받았습니다. 레미 리비에르의 치료와 관련하여 지사님이 보내신 편지를 받았습니다. 국왕 전하께 보여드렸습니다. 앞으로도 유사한 치료에 대해 알고 계시면 저에게 알려주시기 바랍니다."[49]

이외에도 같은 관할구역과 수아송 징세구에서 1775년 11월과 12월에 작성된 치료 인증서가 4통 더 있다. 루이 16세가 축성식 직후에 손을 댄 아이 4명이 건강을 회복했다는 것이다. 장관이나 왕에게 보고되었는지는 알 수 없지만, 베르탱의 편지로 미루어볼 때 지방장관이 이런 종류의 사실을 알게 되는 경우 등한히 하지 않도록 했을 것으로 판단된다.[50] 사람들은 기적의 실증적 증거를 더

---

48) *Journal et Mémoires du marquis d'Argenson*, I, p.47.

49) 루예 도르푀유(Rouillé d'Orfeuil)의 편지와 베르탱의 답신, Arch. de la Marne, C. 229. 인쇄 초판은 Ledouble, *Notice sur Corbeny*, p.211. 후자는 도립 문서고의 문서학자의 호의 덕분에 복사할 수 있었다.

50) 증명서 인쇄본은 Cerf, *Du Toucher des écrouelles*, p.253 이하. 그리고 (두 부분을 고친 것) Ledouble, *Notice sur Corbeny*, p.212. 연대는 최대로 늘려 잡아서 1775년 11월 26일에서 12월 3일 사이다. 둘 중 어느 판본도 정확한 출처를 밝히지 않고 있다. 아마도 둘 다 생마르쿨 구호소에서 얻은 것으로 추측된다. 그런데 랭스에 있는 구호소문서고(*Archives hospitalières*) 생마르쿨 자료의 목록(inventaire du fond, 국립문서고에 사본이 있다. Arch. Nat. F2 I 1555)에는 그와 같은 정보는 없다. 환자의 담당 교구는 수아송 교구에 있는 뷔시이(Bucilly)라는 곳

444

이상 소홀히 하지 않았다.

루이 16세가 이른바 신으로부터 받은 왕권을 포기했듯이 기적의 힘을 포기해야 할 때가 왔다. 누가 봐도 1789년이 바로 그때다. 그런데 이 왕이 마지막으로 연주창 환자를 만진 것은 언제일까? 아쉽게도 나는 그것을 발견하지 못했다. 내가 할 수 있는 것은 연구자들에게 이 흥미로운 작은 문제를 제기하는 것뿐이다. 이 문제를 해결하려면 여론이 옛날부터 내려오던 성스러운 왕권에 대한 지지를 언제 그만두게 되었는지 비교적 정확하게 알아야 한다.[51] 과거 영국왕 찰스 1세의 경우와 달리 '순교자 왕'의 유물 중에서 왕의 병을 치료하는 힘을 가진 것이 있다고 생각한 자는 한 명도 없었던 것 같다. 왕의 기적은 왕정에 대한 충성심과 함께 사멸한 것 같다.

그러나 다시 한 번 기적을 부활하려는 시도가 있었다. 1825년 샤를 10세가 축성되었다. 신성하며 반(半)사제인 왕권은 성대하지만 다소 낡아빠진 장면을 연출했고, 이것이 마지막 분출이었다. 빅토르 위고(Victor Hugo)는 자신의 『축성의 짧은 시』(*Ode du Sacre*)에서 하느님의 새로운 도유에 의한 축성을 묘사하면서 "여기에 사제이자 왕인 사람이 있다"라고 외쳤다.[52]

이와 동시에 연주창 치료의 전통도 복구되어야 한다고 생각했을까? 국왕 측근들의 의견은 양분됐다. 외무장관으로서 자신도 왕의 손이 가진 능력을 열렬

(2건), 그리고 샬롱 교구의 콩데레제르피(Condé-les-Herpy)및 샤토포르시앵(Château-Porcien)이었다.

51) 이 수수께끼의 해결책을 찾으려면 우선 당시 신문을 뒤져보는 것이 자연스러운 일이다. 내가 살펴본 신문은 「라 가제트 드 프랑스」 전체, 「메르퀴르」와 「주르날 드 파리」의 탐방기사였는데, 어느 것도 손대기 치료에 관한 언급은 없었다. 심지어 치료가 이루어졌을 가능성이 높은 시기의 신문에서도 그것을 발견하지 못했다. 내가 이미 지적했듯이 그 당시에 '개화된 사람들'에게 충격이었을 이러한 의식을 숨기고 싶은 마음이 사람들 사이에 있었을 것이다. 또 루이 16세의 일기(*Journal*)도 참조할 수 있다. 1766~78년에 대한 일기는 보상 백작(Comte de Beauchamp)에 의해 1902년에 간행됐다(그런데 이것은 오직 사적 회람을 위해 인쇄되었다. 나는 국립문서고에 있는 사본을 보았다). 그러나 거기에 왕의 손대기 치료에 대한 내용은 없었다.

52) *Odes et Ballades*, Ode quatrième, VII. 각주(p.322, de l'éd. des *Oeuvres Complètes*, ed. Hetzel and Quentin)에 다음과 같이 되어 있다. "너는 멜기세덱의 명에 따라 영원한 제사장이다. 교회는 왕을 '외부의 주교(*l'évêque du dehors*)'라고 부른다. 왕은 두 종류의 영성체를 받는다."

히 신봉하던 다마스(Damas) 남작은 의견 대립을 『회상록』에 반영하여 이렇게 적고 있다. "배운 사람들 중 대부분은 이 문제의 검토를 요청받고서 연주창의 손대기 치료는 그저 오래된 민간의 미신이므로 다시 실행되지 않도록 주의해야 한다고 단언한다. 우리들은 기독교도임에도 불구하고 이 의견을 받아들이고, 성직자들의 반대를 누르고 왕이 그 관행을 다시 시작해서는 안 되는 것으로 결정했다. 그러나 인민은 그렇게 생각하지 않는다."[53] 여기서의 '배운 사람들'이 과거의 유산 중에서 자신들 뜻대로 선택할 권리를 손에 쥐고 있었었을 것이다. 그들은 중세를 선호했지만 현재의 기호와 타협했다. 다시 말하면 완화된 표현을 했다. 중세 관습 중 시처럼 보이는 것은 되살리고 자신들이 보기에 '고트족의' 야만성이 매우 강하게 느껴지는 모든 것들은 폐기했다.

절반만 전통주의자가 될 수는 없게 되었다고 생각한 어느 가톨릭 역사가가 이러한 난처함을 비웃으며 이렇게 말했다. "기사도는 훌륭하다. 성스러운 유리병은 이미 대담한 시도였다. 연주창에 관한 한 그 말을 듣기조차 싫어한다."[54] 그리고 그 후에 「종교의 벗」에 실렸듯이, 사람들이 "불신자에게 조롱의 평계를 제공하지 않을까" 두려워한 것도 하나의 이유였다.[55] 그러나 수도원장 데주네트(Desgenettes), 외방전교회(外邦傳敎會)의 사제들, 랭스 대주교 라티유(Latil) 등 극우왕당파(Ultra) 사제를 우두머리로 하는 매우 적극적인 집단은 다른 사안과 마찬가지로 이 기적에 관해서도 과거의 전통을 부활시켜야 한다고 했다. 이것을 기획했던 이 사람들은 우유부단한 왕의 손을 무리하게 움직이려고 했던 것 같다. 이들은 옛날처럼 샤를 10세가 자신들의 지역으로 순례 오게 해달라는 코르베니 주민들의 청원을 무시하고, 바로 랭스의 생마르쿨 구호소-17세기에 개원한 구호소-에 연주창 환자들을 불러모았다.[56] 게다가 다마스

---

53) *Mémoires*, II, 1923, p.65. 다마스가 랭스 대주교 구세 신부를 방문한 뒤, 1853년 쓴 책 2권 부록(305~306쪽)에 왕의 손대기 치료에 대한 묘사가 있다. 나중에 인용하기로 하자.

54) Léon Aubineau, *Notice sur M. Desgenettes*, 1860, p.14와 아래 각주 56 참조. 오비노(L. Aubineau)는 오귀스탱 티에리(Augustin Thierry)의 이론을 비판했지만, 그것은 이제 와서는 별로 가치가 없다.

55) 1825년 11월 9일자, 402쪽.

56) 수도원장 데주네트의 역할에 대해서는 Léon Aubineau, *Notice sur M. Desgenettes*, 1860,

남작이 지적했듯이, '민중' 전체는 아니라고 하더라도, 적어도 일반 여론의 일부라도 자신들을 지지해줄 것이라고 생각했다. 과거의 기적에 대한 모든 기억, 그리고 과거에 자신들을 움직였던 열정의 기억이 가난한 사람들 사이에서 완전히 없어지지는 않았을 것이라고 생각했다.

샤를 10세는 끝까지 설득되지 않았다. 어느 날 왕은 치료 의례를 기다리며 모여 있는 불쌍한 사람들을 돌려보내라고 명령했다. 그 뒤 생각을 바꾸었다. 1825년 5월 31일 구호소에 나간 것이다. 해산 명령서가 환자의 상태를 말해준다. 그들은 120명이나 130명에 불과했다. 당시 한 신문기자의 표현에 따르면 '왕국 제일의 의사인 국왕'은 환자들을 만졌다. 전통적인 문구인 "국왕이 너를 만진다. 신이여, 이 사람을 치료해주소서"를 외치며 덕담을 해주었는데, 특별히 성대한 행사는 아니었다.[57] 루이 16세 때와 마찬가지로 그 이후 성 마르쿨

---

pp.13~15(이 글은 다음 책에 재수록됨. abbé G. Desfossés, "Notice Biographique," *Oeuvres inédites de M. Charles-Eléonore Dufriche Desgenettes*, 1860, pp.LXVI~LXVII). also Cahier, *Caractéristiques des saints*, 1867, I, p.264 참조. 코르베니 주민들의 청원은 다음에 출판되어 있다. S.A. *L'hermite de Corbeny ou le sacre et le couronnement de Sa Majesté Charles X roi de France et de Navarre*, Laon, 1825, p.167. 그리고 Ledouble, *Notice sur Corbeny*, p.245.

57) 생마르쿨 구호소에 대한 동시대 저술 중에서 가장 완벽한 것은 「종교의 벗(*Ami de la Religion*)」1825년 6월 4일자, 특히 11월 9일자이다. 그리고 F.M. Miel, *Histoire du sacre de Charles X*, 1825, p.308 이하를 보라(그 책 312쪽, "왕의 방문 후 환자의 한 사람은 왕이 왕국 제일의 의사라고 말했다"). 6월 2일자 「르 콩스티튀시오넬」, 「르 드라포 블랑」, 「라 코티디엔」 및 다음 두 작품도 참조하라. *Précis de la cérémonie du sacre et du couronnement de S.M. Charles X*, Avignon, 1825, p.78; *Promenade à Reims ou journal des fêtes et cérémonies du sacre …… par un témoin oculaire*, 1825, p.165; Cerf, *Du toucher*, p.281. 생마르쿨 구호소(그 건축물은 17세기에 지어졌고 폭격으로 반쯤 부서졌으며, 오늘날에는 미군 병원이 있다)에 대해서는 H. Jadart, "L'hôpital Saint-Marcoul de Reims," *Travaux Acad. Reims*, CXI(1901~1902). 랭스는 이 행사를 기회로 성 마르쿨 숭배를 부활하려고 힘썼다. 1773년에는 성인을 숭배하는 『작은 기도서』(*Petit Office*)라는 소책자가 재간행되었다(Biblioth. de la ville de Reims, R. 170*bis*). 왕이 말하는 문구에 대해서는 「르 콩스티튀시오넬」에 왕이 손대기를 시행하면서 "오래된 문구 '왕이 너를 만지고 신이 너를 치료하노라'를 단 한 차례도 말하지 않았다"라고 되어 있다. 그러나 그곳에 있던 다른 사람들의 공통된 증언에 비추어, 이것은 잘못된 듯하다. 이것은 이미 「종교의 벗」1825년 6월 4일자(104쪽, n.1)에서 지적된 사항이다. 수많은 환자들에 대해서는 다양한 자료들이 각기 다른 수치를 제공하고 있다. 다마스 남작은 120명, 밀(F.M. Miel)은 121명, 「종교의 벗」11월 9일자(403쪽)는 약 130명, 세르프 신부(283쪽)는 130명이라고 했다.

수도원의 수도사가 치료 인증서를 만들었다. 이것에 대해서는 나중에 다시 말할 기회가 있을 것이다.[58] 요컨대, 시대에 뒤떨어진 의례의 부활은 이전 세기의 철학으로부터 비웃음을 샀고 이제 거의 모든 당파의 사람들로부터 시대에 맞지 않는 것으로 평가받았던 것 같다. 예외적으로 몇몇 열광적인 극우왕당파가 있기는 했지만 말이다. 샤토브리앙(Châteaubriand)의 『무덤 저편의 회고』를 믿는다면, 샤를 10세가 자신의 결정을 뒤집기 전인 축성식 전날 밤, 샤토브리앙은 그날의 일기에 이렇게 적었다. "연주창을 치료할 능력을 지닌 손은 이제 더 이상 존재하지 않게 되었다."[59] 그 의식이 치러진 이후, 「라 코티디엔」도, 「르 드라포 블랑」도, 「르 콩스티튀시오넬」과 마찬가지로 그다지 열띤 어조를 보이지 않았다.

「라 코티디엔」은 이렇게 썼다. "만약 왕이 오랜 관습이 명하는 바에 따라 의무를 실행하면서 환자들을 치료하기 위해 불쌍한 이들에게 접근했다면, 올바른 정신을 가진 사람이라면 다음과 같이 생각했을 것이다. 즉, 비록 육체적 상처에 치료제가 될 수 없다고 하더라도, 적어도 정신적 슬픔을 위로해줄 수는 있을 것이라고 말이다."[60] 좌파 사람들은 기적을 행하는 자를 이렇게 놀려댔다. 베랑제는 『샤를 단순왕의 축성』에서 평범한 어조로 이렇게 노래했다.[61]

새야, 기적을 행하는 왕이
모든 연주창 환자를 고칠 것이라고 하는구나.

당연하게도 샤를 10세는 대축제일마다 환자를 만지지는 않았으므로 이 점에서는 조상의 본보기에 충실했다고 볼 수 없다. 1825년 5월 31일 이후 유럽에

---

58) 이 책 3부 각주 35.

59) 1860년 판, IV, p.306.

60) 2 juin, *Correspondance particulière de Reims.* 같은 호에 같은 어조의 논문이 실렸다. *Extrait d'une autre lettre de Reims.* 미엘이 샤를 10세에게 직접 했던 단어와 비교해보라. Miel, lac. cit., p.312. "왕이 환자를 떠나면서 이렇게 말했다. '친애하는 친구여, 내가 너에게 위로의 말을 보내노라. 너의 병이 낫기를 진정으로 열망한다고.'"

61) *Oeuvres,* éd. de 1847, II, p.143.

서는 어떤 왕도 연주창 환자의 상처에 손을 대지 않았다.

왕권에 기적의 명성을 돌려주기 위한 마지막 시도는 너무나도 조심스럽게 이루어졌고 별로 관심도 받지 못했다. 이러한 사실이야말로 왕조에 대한 오래된 신앙이 결정적으로 쇠퇴했다는 것을 무엇보다도 더 잘 느끼게 해준다. 프랑스의 연주창 치료는 영국보다 늦게 사라졌다. 그러나 해협 저쪽에서 일어났던 것과 달리, 프랑스의 경우 치료 의식이 실행되지 않게 되었을 때, 그토록 오랫동안 의례를 지탱해오던 신앙 자체가 거의 소멸되어 완전히 사라지기 직전이었다. 물론 시대에 뒤떨어진 몇몇 신도의 목소리가 있기는 했다. 1865년 연주창 치료의 역사에 관한 귀중한 회고록을 쓴 랭스의 사제 세르프(Cerf)는 다음과 같이 썼다. "이 책을 쓰기 시작했을때, 나는 역대 프랑스 왕이 연주창을 치료할 수 있다는 특권을 믿고 있었다. 물론 굳게 믿는 것은 아니었다. 내 연구를 다 마치지 않았지만, 내가 보기에 이 특권은 이론의 여지가 없는 진실이라는 것을 알았다."[62] 이것은 완전히 관념적이 되어버린 하나의 신념을 증언하는 마지막 증언이다. 오늘날에는 신념을 사실에 비추어 시험해보아야 할 위험이 더 이상 없기 때문이다.

19세기 영국에서는 오래된 신앙의 유물이 민간에서 여전히 나타났던 데 비해, 프랑스에서는 앞서 살펴보았듯이 왕을 계승한 일곱 번째 아들과 왕의 표시인 백합꽃 이외에는 남아 있지 않았다. 과거에 민중의 의식은 '일곱 번째'의 능력과 왕의 손이 가진 특권 사이에 불분명하게나마 관계를 만들어놓았으나, 오늘날 보베트의 '마르쿠'의 고객들 중에서, 혹은 더 많은 다른 '마르쿠들'의 고객들 중에서 과연 누가 그 관계를 생각해낼 수 있겠는가?

오늘날 사람들 대다수는 더 이상 어떤 형태의 기적도 믿지 않는다. 그들에게는 의문점이 해결된 상태다. 다른 사람들은 기적을 전적으로 부정하지는 않는

---

62) *Du Toucher*, p.280. 또한 같은 의미에서 다음 글도 참고하라. Père Marquigny, "L'Attouchement du roi de France guérissait-il des écrouelles?," *Études*, 1868; Abbé Lebouble, *Notice sur Corbeny*, 1883, p.215. 1853년 랭스 대주교 구세 신부는 다마스 남작에게 왕의 손대기 치료에 대한 자신의 믿음을 표현했다. 그러나 그는 그 효과가 전부 기적이라고 생각하지는 않았다. Damas, *Mémoires*, p.305. 그리고 이 책 3부 각주 37 참조.

다. 그러나 그런 사람조차도 정치권력이, 심지어 왕가의 혈통이 초자연적 혜택을 줄 수 있다고 생각하지는 않는다. 이런 의미에서 그레고리우스 7세는 승리를 거둔 셈이다.

3
왕의 기적에 대한 비판적 해석

"무서운 질병이 왕들의 손과 접촉하고 나면

치료된 것처럼 보이거나

때때로 정말로 치료되는 것을 보고서,

사람들은 모두 거기에 신성함이 있는 것으로 생각했다.

어떻게 거기서 인과관계를 볼 수 없단 말인가?

어떻게 예견된 기적을 볼 수 없단 말인가?

기적에 대한 신앙을 만든 것은 거기에

기적이 있어야 한다는 생각이었다."

1 왕의 기적에 대한 비판적 해석

합리주의적 해석의 첫 시도

지금까지 문헌이 허락하는 한 왕의 기적에 대한 장기적인 변화를 추적해왔다. 이 연구 과정에서 우리는 집단 표상과 개인적 의지를 해명하려고 노력했다. 이 두 가지는 서로 얽혀 일종의 심리적 복합체를 형성하여 프랑스와 영국 두 나라 왕이 기적을 행할 수 있는 능력을 지녔다고 주장하게 만들었고, 민중이 그것을 인정하게 만들었다. 그렇게 해서 우리는 이 기적의 기원과 장기간에 걸친 성공을 어느 정도까지 설명했다. 그러나 그 설명은 여전히 불충분하다. 즉, 기적의 능력에 대한 역사에서 한 가지 점은 여전히 불분명한 채로 남아 있다. 과거에 손대기나 의료 반지에 의한 치료를 실제 일어난 일로 믿은 사람들은 그 치료를 통하여 한마디로 경험적 차원에서의 사실, 즉 브라운이 힘주어 말했듯이 '햇빛 아래서처럼 명백한 진실'을 보았다고 할 수 있다.[1]

만약 이렇게 수많은 신도의 믿음이 단지 착각에 불과하다면, 기적이 경험을 거치면서도 꿋꿋하게 살아남은 것을 어떻게 이해해야 하는가? 다른 말로 하면, 왕이 정말로 치료했을까? 만약 그랬다면 어떤 방법으로 치료했을까? 반대

---

1) J. Browne, *Charisma*, p.2. "내 생각에 신앙과 헌신을 지닌 기독교 신자라면 누구나 치료능력을 부정하지 않을 것이라고 생각한다. 그것은 햇빛 아래 있는 명백한 진실(A Truth as clear as the Sun)이다. 그리고 그것은 기독교 신자인 왕이나 통치자들 사이에 계승됨으로써 유지되며, 기독교의 양분을 흡수함으로써 풍부해진다."

로 만약 정말로 치료하지 않았다면, 어떻게 그렇게도 긴 기간 동안 왕이 치료한다고 믿도록 만들 수 있었을까? 물론 원인을 초자연적인 것으로 돌려버린다면, 문제 자체가 제기되지 않을 것이다. 그러나 이미 말했듯이, 이처럼 특별한 사례를 다루면서, 오늘날 누가 그런 초자연적인 것에 원인을 돌릴 생각을 하겠는가? 과거의 해석이 합리적이지 않다고 해서, 그 해석을 다른 방식으로 생각해보지 않고 배제해버리는 것은 명백히 만족스럽지 못하다. 그것을 대신해서 합리성에 부합하는 새로운 해석을 찾아야 한다. 이것은 피하고 싶은 미묘한 과제이지만, 피한다면 지적으로 비겁한 행동으로 취급될 것이다. 또한 이 문제의 중요성은 이것이 왕권의 이념에 대한 역사를 넘어선다는 데에 있다. 우리는 기적의 심리학 전체와 관련되어 있는 일종의 결정적인 경험을 설명하는 것이다.

사실 왕의 치료는 초자연적 현상이라고 일컬어지는 것들 중에서 가장 잘 알려져 있다. 따라서 가장 연구하기 쉬우며, 감히 말하건대, 과거가 제공하는 확실한 현상 중 하나다. 르낭(Renan)은 과학 아카데미 앞에서는 어떤 기적도 일어나지 않았다고 단언하곤 했다. 그러나 적어도 과학적 방법에 대해 최소한의 지식이라도 있는 많은 의사들이 이 기적을 관찰했다. 대중은 열성적으로 기적을 믿었다. 그러므로 이 기적에 관해서 우리는 극단적으로 입장이 다른 수많은 증언을 가지고 있다. 이런 종류의 현상으로서 거의 8세기 가까이 이렇게 연속성과 규칙성을 가지고 이루어진 것이 이것 이외에 또 있는가? 이미 1610년 진정한 가톨릭 신자(bon catholique)이자 열렬한 왕권 지지자였던 역사가 피에르 마티외(Pierre Mathieu)는 "이것이야말로 기독교 신앙과 프랑스 왕가에 영원히 남아 있는 유일한 기적"이라고 썼다.[2]

그런데 매우 우연하게도, 모두에게 알려져 있었고 놀라울 정도로 오랫동안 유지된 이 기적이 오늘날에는 아무도 믿지 않는 것이 되어버렸다. 역사가가 이 기적을 매우 비판적인 방법으로 연구한다고 하더라도, 경건한 사람의 귀를 거슬릴 위험이 없는 그런 현상이 되어버렸다. 이것은 매우 드문 특권이니 잘 이

---

[2] *Histoire de Louys XI roy de France*, folio, 1610, p.472. '영원한 기적'이라는 표현은 뒤 페라에 의해 다시 쓰였다. du Peyrat, *Histoire ecclésiastique de la Cour*, p.818. 또한 Balthasar de Riez, *L'Incomparable piété des très-chrétiens rois de France*, II, 1672, p.151.

용하는 편이 좋겠다. 게다가 누구나 이 기적의 연구에서 얻은 결론을 이러한 종류의 다른 사실에도 자유롭게 적용할 수도 있을 것이다. 초자연적 현상을 부정하려는 경향이 있는 철학을 갖고 있는 사람들은 민중이 오랫동안 왕에게 치료능력을 부여했다는 사실을 이성에 입각해서 설명해야 할 필요를 느끼는데, 이것은 오늘날에만 있는 일은 아니다. 오늘날의 역사가가 그런 필요를 느낀다면, 일상적으로 왕의 기적을 경험했던 옛 사상가들은 그 필요성을 훨씬 더 절실하게 느끼지 않았겠는가?

사실 경련반지는 크게 논란의 대상이 된 적이 없다. 그 반지의 제조가 너무 일찍 중단되어서 근대 무신론자들이 오랫동안 천착해서 볼 기회가 없었기 때문이리고 생각된다. 그렇지만 1622년 프랑스인 드 랑크르(de l'Ancre)가 '마법(sortilège)'을 비난하는 소책자를 쓰면서, 그중에서 반지를 언급했다. 그보다 13년 전에 뒤 로랑스가 반지를 부적으로 수집하는 풍습을 확인해주었듯이, 저자 주변에서는 이 풍습이 아직도 완전히 없어지지 않은 상태였다. 그는 반지의 능력을 부정하지는 않았다. 그러나 어떤 기적이 되었든 그 능력이 반지에 있다고 생각하지는 않았다. 그가 가지고 있는 이러한 불신이 철학적 태도에서 비롯된 것인지는 확실하지 않다.

그러나 민족적 자존심 때문에 영국의 기적을 진실로서 인정하지 않은 것은 확실하다. 그에게 이 '치료반지'는 영국 왕이 다소 주술적인 어떤 비방, 예를 들어 '큰사슴의 발'이라든가 '작약(péonie)의 뿌리' 같은 것이 섞인 약을 은밀하게 금속에 집어넣었기 때문에 효과를 나타낼 수 있는 것이었다.[3] 요컨대 축성은 속임수에 불과한 것이었다. 곧바로 살펴보게 되겠지만, 드 랑크르는 연주창의 기적에 대해서도 이런 설명을 다양하게 펼쳤다. 치료반지와 달리 손대기 치료에 대한 해석에서는 논쟁이 많았다.

이미 살펴보았다시피, 이 문제를 처음 제기한 이들은 이탈리아의 초기 '자유사상가들'이었다. 그다음에 독일의 몇몇 신교도 신학자들, 즉 16세기 말 보

---

3) *L'Incrédulité et mescreance du sortilège*, p.164. "치료용 반지에 사슴의 발이나 페오니아의 뿌리를 넣는다면, 왜 자연의 작용으로 생길 수 있는 것을 기적이라고 하는가?"

이커(Peucer), 그다음 세기에는 모르호프와 젠트그라프 등이 매우 유사한 생각을 가지고 이 문제를 제기했다. 비록 그들이 선배들과 마찬가지로 초자연적인 것을 완전히 부정하지는 않았지만, 그들 역시 선배들만큼이나 프랑스의 가톨릭 왕, 나아가 영국의 왕조에 기적의 능력을 부여하려고 하지 않았다. 17세기에는 왕의 치료라는 수수께끼가 다소 음울한 독일 대학 생활에 가끔 활력을 불어넣는 공개적 연구주제로는 인기가 있었던 것 같다. 적어도 모르호프나 젠트그라프의 소논문, 그리고 안타깝게도 제목만 알고 있는 트링크후시우스(Trinkhusius)의 소논문도 틀림없이 로슈토크(Rostock), 비템베르크(Wittemberg), 예나(Jena) 등 학술집회에서 발표된 논문을 바탕으로 작성된 것이다.[4]

지금까지 살펴본 바에 따르면, 논쟁이 벌어진 곳은 왕의 기적과 직접 관련이 있는 두 왕국 이외의 지역이었다. 프랑스에서도 영국에서도 회의주의자들은 침묵을 정책으로 삼을 수밖에 없었다. 18세기가 되면 영국에서조차 사정은 달라진다. 왜냐하면 영국 왕이 치료한다고 주장하지 않게 되었기 때문이다. 이 문제를 둘러싼 휘그당과 제임스 복위파 사이의 논쟁에 대해서는 이미 말한 바 있다. 논쟁은 정치적 이해관계만을 갖고 있지는 않았다. 1749년 흄이 유명한 『기적론』(Essai sur le Miracle)을 출간했는데, 이 책은 논쟁에 철학적·신학적 권위를 부여했다. 그러나 그토록 강력하고 충실한 이 책 어느 곳에서도 왕의 손이 보여주었다는 특권에 대한 아무런 암시조차 찾을 수 없다. 흄은 여기서 순수한 이론가로서 말했으며, 사실에 대한 비판적 검토에는 거의 지면을 할애하지 않았다. 이 점에 관한 정확한 견해는 그의 저서 『영국사』를 뒤져야 한다.

우리가 예상했듯이, 그리고 우리가 이미 살펴보았듯이, 그의 견해는 지극히 회의적이며 18세기 사람들이 '미신'에 대해 가지고 있던 경멸적인 어조를 띠었다. 그러나 『기적론』은 문제의 전체적 질서에 대해 주의를 환기하면서, 전체적으로 보아 기적에 대해 일종의 지적인 현실성을 가졌다. 1754년 영국 장관

---

4) 모르호프, 젠트그라프, 트링크후시우스의 작품은 이 책의 참고문헌을 참조하라. 보이커에 대해서는 아래 각주 19를 참조하라.

더글러스(John Douglas)는 『기준』(Criterion)이라는 제목의 책에서 『기적론』을 반박하고, 문제를 역사의 영역으로 옮겨왔다. 이 소책자는 분별력 있고 섬세한 관찰로 가득 차 있으며, 결론에 대한 생각이야 어떻든 비판적 역사 방법론에서 명예로운 위치를 차지하고 있다. 그가 초자연적이라고 하는 모든 현상을 아무런 차이도 두지 않고 옹호한 것은 아니었다. 더글러스는 이 책의 부제로서 적절하게 표현한 대로 "신약성경에서 언급된 기적의 능력과 거의 최근까지 존속했다고 하는 기적을 비교하려고 하는 자들의 주장"을 반박하며 "증거라는 관점에서 보았을 때, 이 두 기적 사이에는 근본적으로 큰 차이가 있음을 보여주려고" 했다. 이렇게 함으로써 "전자만이 진정한 기적이며 후자는 거짓임이 드러날 것"이라고 했다. 요컨대 그는 그 시대의 세련된 사람이라면 결코 믿지 않는 최근에 일어난 기적과 복음서 기적의 관계를 끊음으로써 복음서의 기적이라도 구하려고 한 것이다. 그 시대의 거짓 기적 중에는 부사제 파리스(Paris)의 묘 위에서 이루어지는 치료 이외에도 왕의 손으로 하는 연주창 치료가 꼽혔다. 이 두 가지 사례가 18세기 사람들 사이에서 기적으로 간주되는 가장 친숙한 사례였다.[5]

그런데 좀더 이전 시대에 속하는 이탈리아 자연철학파 칼카니니와 폼포나치에서 젠트그라프나 더글러스에 이르기까지 이러한 문필가들은 모두 왕이 기적을 행하는 능력과 관련해서는 같은 입장에 서 있다. 그 이유는 서로 다르지만, 초자연적 기원을 부인한다는 점에서는 일치한다. 게다가 기적의 능력 자체를 부정하지 않는 점도 일치한다. 또한 왕이 치료를 효과적으로 수행한다는 점에 대해서도 이의를 제기하지 않는다. 이것은 그들 자신들이 보기에도 다소 기묘한 태도였다. 왜냐하면 그들은 이러한 치료, 보이커의 표현을 빌리면 "어떤

---

[5] 본문에서 인용한 더글러스 저서의 전체 제목은 이 책 참고문헌을 참조하라. 이 작품은 익명의 회의주의자에게 헌정되었는데, 그는 다름 아닌 애덤 스미스였다. 더글러스는 흄과 마찬가지로 왕권을 초자연적인 것으로 해석하는 것을 경멸적 어조로 거부했다. "투카나 와이즈먼과 같은 해석이 폴리도루스 베르길리우스 시대에는 통용되었을지 모른다. 그러나 오늘날 그렇게 설명하려는 사람이 있다면, 그는 마땅히 모두의 조롱을 받을 것이다."(200쪽) 부사제 파리스의 기적에 대해서는 흄이 자신의 저서 『기적론』에서 똑같은 암시를 던지고 있다. 이것이 흄이 기적에 대해 언급한 거의 유일한 사례다.

일에 대한 솜씨 좋은 장난질"[6]이 실제로 존재하는 것이라고 인정하는 한, 이 것에 대해 자연의 질서 또는 적어도 그와 유사한 질서에 근거한 설명을 찾아내 야 한다고 생각했는데, 그것이 쉽게 이루어질 일은 아니었기 때문이다. 도대체 무슨 근거로 그들은 이런 입장을 취한 것일까? 치료능력의 존재에 대해 솔직 하게 결론을 내리는 편이 훨씬 편하지 않았을까? 그들의 비판 정신은 아직 충 분히 날카롭지 않았기 때문에, 그만큼 대담하지 못했음에 틀림없다. 많은 연주 창 환자가 왕에 의해 병에서 해방되었다는 것은 민중의 소리(voix populaire)가 한결같이 인정하는 바였다.

다수의 증인, 또는 증인임을 주장하는 사람들이 실제 일어났다고 인정하는 사실을 실제가 아니라고 부정하기 위해서는 사람들의 증언에 대한 연구를 통 해 도출된 결과를 신중하게 받아들이고 그것을 정당화하는 용기가 필요하다. 그런데 증언의 심리학은 그들 시대에는 물론이고 오늘날에도 여전히 걸음마 단계의 학문이다. 폼포나치의 시대, 심지어 더글러스의 시대에도 그것은 불확 실한 상태에 있었다. 겉보기와는 달리 그 당시 가장 단순하고 아마도 가장 이 치에 맞는 지적인 방법은 공통의 경험으로 입증되었다고 간주되는 것을 사실 로서 받아들이고, 민중의 상상력이 제공한 원인과는 다른 원인을 찾아보려고 하지 않는 것이었다. 과거에는 몇몇 사람, 심지어 정신이 자유로운 사람들조차 전반적인 소문으로 확인된 것들을 잘못된 것으로서 결연히 거부하지 못함에 따라 어려움에 직면했는데, 오늘날 우리는 그러한 어려움을 더 이상 고려하지 않는다.

위클리프는 성인을 자처하는 자들이 일으키는 기적에 대한 설명을 요청받 고, 그 자신이 생각해도 그들의 참여가 교회의 부에 기여하는 것에 불과하다고 생각하여, 그 기원이 신의 은총을 흉내내는 악마에게 있다고 함으로써 그 질문 에 대답할 수 있었다.[7] 마찬가지로 예수회의 델리오 역시 만약 엘리자베스 여 왕이 실제로 치료했다면, 거기서 악마가 어떤 역을 맡았을 가능성이 있다고 넌

---

6) 아래 각주 19 참조.

7) *De papa*, c.6: *English works of Wyclif*, éd. F.D. Matthew, *Early English Texts*, 1880, p.469; Bernard Lord Manning, *The people's faith in the time of Wyclif*, p.82, n.5, no. III.

지시 말했다.[8] 바르비에의 증언에 따르면 프랑스의 신교도들도 왕이 기적의 능력을 갖고 있다기보다는 오히려 악마의 심부름꾼이라고 흔히 생각했다.[9] 그러나 이것은 종교개혁 신학자들 자신이 남용을 좋아하지 않는다는 논거가 되었고, 자연철학자들과 결정적으로 다르다고 주장할 수 있는 논거가 되었다.[10]

르네상스의 이탈리아 사상가가 연주창 치료에 대해 처음으로 시도한 설명은 우리가 보기에는 상당히 독특해 보이며, 솔직히 말하면 상당히 기괴해 보인다. 무엇보다 기적에 대한 설명에서 어느 정도 진전이 있었다고 하는 것을 거의 이해하기 힘들다. 그들의 시대로부터 우리 시대에 이르는 동안, 거의 모든 물리학과 자연과학이 발전해왔기 때문이다. 그러나 우리는 이 선구자들을 정당하게 평가해주어야 한다.[11] 앞서 지적한 대로, 진보란 그 낭시까지 세상의 정상적인 질서 밖에 있는 것으로 여겨져온 현상을 자연법칙-비록 그것이 부정확하게 이해되었다고 하더라도-의 일부분이 되도록 만드는 것이다. 이러한 노력은 불확실하며 서투른데, 그 서투름이 마치 어린아이의 걸음마와도 같다. 게다가 제시되는 해석이 매우 다양한데, 이러한 다양성 자체는 저자들이 주저하고 있음을 드러내 보여주는 것이다.

피렌체의 천문학자 융크티누스(Junctinus Giuntini)는 카트린 드 메디시스의 넷째 아들인 앙주 공의 자선담당관이었는데, 왕의 치료 원인을 인간으로서는 알 수 없는 천체의 신비로운 영향력에서 구했다고 한다.[12] 이러한 상상력은 우리가 보기에는 매우 이상하지만, 당시의 취향에 근거를 두고 있는 것이

---

8) Delrio, *Disquisitionum*, p.64. 이 책 2부 6장 각주 11.
9) 이 책 409쪽.
10) 보이커는 악마 가설을 완강히 거부했다. 아래 각주 19 참조.
11) 이탈리아 자연철학파에 대해서는 다음 책에서 유용한 정보를 얻을 수 있다. J.R. Charbonnel, *La Pensée italienne au XVIe siècle et le courant libertin*, 1919; Henri Busson, *Les Sources et le développement du Rationalisme dans la littérature française de la Renaissance*(1533~1601), 1922, p.29 이하, p.231 이하 참조.
12) 융크티누스의 견해는 다음 책에 인용되어 있다. Morhof, *Princeps Medicus(Dissertationes Academicae)*, p.147. 내가 저자인 베네치아 출신 프란시스쿠스 융크티누스(Franciscus Junctinus Florentinus)에 대해 아는 것은 *Speculum Astrologiae*, 2 vol. Lyons, 1581이라는 책이 전부인데, 거기서 왕의 기적에 관한 것은 아무것도 찾아볼 수 없었다.

다. 그러나 그의 주장은 보잘것없는 성공만을 거둔 것처럼 보인다. 카르다노는 일종의 속임수라고 생각했다. 그에 따르면 프랑스 왕은 의료 효과가 있는 향신료를 먹은 다음, 이것을 환자에게 전해준다는 것이다.[13] 칼카니니는 다른 속임수를 생각해냈다. 그에 따르면 프랑수아 1세가 볼로냐에서 엄지손가락에 침을 묻혔다는 것이다. 카페 왕가의 침이야말로 그 가문 고유의 생리학적 특성으로서, 거기에 치료능력이 숨어 있다는 것이다.[14]

여기서 우리는 그 당시 사람들의 마음에 어쩔 수 없이 떠오르는 하나의 관념을 볼 수 있다. 그것은 치료능력이 피를 통해 전달된다는 관념이다. 그 당시 유럽에 가업으로서 이러저러한 질병을 치료할 수 있다고 주장하는 돌팔이들이 얼마나 많았는가! 이미 지적한 바 있듯이, 이탈리아의 교회법학자 펠리노 산데이-1503년에 사망-는 프랑스 왕이 병을 치료하는 능력을 기적으로 볼 수는 없으며, 그 원천이 '조상의 힘'에서 나온다고 말함으로써, 발루아 왕조의 오래된

---

13) Hieronymi Cardani, *Contradicentium medicorum libri duo*의 이 구절은 여러 책에서 인용되었다. del Rio, *Disquisitionum*, éd. 1624, p.27(이 문구는 1606년 판에서는 빠졌다), du Peyrat, *Histoire ecclésiastique de la Cour*, p.797, Gaspard A. Reies, *Elysius jucundarum*, p.275. 이 책에는 적절한 목차가 없어서 그 인용을 찾을 수 없었다. Delrio, *loc. cit.*, 카르다노는 "장 브로도의 가죽으로 된 책 8권 중 기타 편 10장"에 들어맞는다고 했다. 장 브로도(Jean Brodeau)의 책 (*Miscellaneorum*)은 하나의 판본(Bâle, 1555)만 있는데, 프랑스 국립도서관에 여섯 권이 남아 있다.

14) Caelio Calcagnini, *Opera*, Bâle, 1544, *Epistolicarum quaestionum*, liber I, p.7. 자신의 조카 토마스 칼카니니(Thomas Calcagnini)에게 보낸 편지. "볼로냐 사람들은 프랑스 왕 프랑수아가 엄지손가락에 침을 듬뿍 묻혀 종기를 치료하는 것을 보았다. 이것은 별로 놀랄 일도 아니며, 하물며 미신에 빠져 있는 것도 아니다. 대부분 인간의 침, 특히 단식 중 침에는 여러 질병을 치료하는 성분이 포함되어 있다." 칼카니니(1479~1541)는 폼포나치나 카르다노와 같은 집단에 속하지도 않으며, 같은 세대도 아니었다. 그러나 그는 틀림없는 자유사상가였다. 그는 코페르니쿠스의 체계에 경도되어 있었다. 에라스무스는 그에게 찬사를 보냈다. 그의 경력에 대해서는 Tiraboschi, *Storia della letteratura italiana*, VII, 3, Modena, 1792, p.870 이하. 침(타액)의 치료효과 관념은 매우 오래된 민속요법이었다. C. de Mensignac, *Recherches ethnographiques sur la salive et le crachat*(*Extrait des bulletins de la Soc. anthropologique de Bordeaux et du Sud-Ouest*, année 1890, t.VI), Bordeaux, 1892; Marignan, *Études sur la civilisation française, II, Le Culte des saints sous les Mérovingiens*, p.190. 영국에서는 때때로 일곱 번째 아들이 손대기 치료 전에 그들의 손에 침을 발랐다고 한다. *Folklore*, 1895, p.205. 왕의 사기극이라는 생각에 대해서는 델리오가 영국 왕의 비밀스러운 '고약'에 대해 가설을 세운 적이 있다. 이 책 429쪽.

옹호자들 중 한 명인 자크 보노 드 소세(Jacques Bonaud de Sauset)의 분노를
불러일으켰다.[15] 파도바 학파를 대표하는 유명한 철학자 피에트로 폼포나치
는 똑같은 가설을 재탕하면서, 모든 기적의 설명에 적용되도록 결정적으로 이
론화했다. "이러저러한 풀, 이러저러한 돌, 이러저러한 동물이…… 각각 특정
질병을 치료하는 힘을 가지고 있듯이 이러저러한 사람들도 개인적 자질에 따
라 이런 종류의 능력을 가질 수 있다." 그의 견해로는 프랑스 왕의 경우 이 자
질은 고립된 개인의 특권이 아니라 가문 전체의 특권이었다. 매우 불경스럽게
도 그는 이탈리아 주술사 '성 바오로의 친척들,' 즉 앞서 말한 바 있듯이 독사
에 물린 상처의 치료사로 알려져 있는 이탈리아 주술사들과 대군주들을 같이
취급한 셈이나. 그는 어느 쪽에 대해서도 개인적 재능을 문제 삼지 않았다.

　그의 사상 체계에서 이 유전적 소질은 광물과 식물의 약효 성분과 마찬가지
로 완전히 자연에서 온 것이다.[16] 줄리오 체사레 바니니도 최소한 큰 틀에서는
이와 같은 입장이었다.[17] 그러나 바니니의 설명은 이미 폼포나치와 공유하고
있는 유전이론과 뒤섞여서 다르게 나타나는데, 이는 나중에 베케트나 더글러
스에서 다시 나타나게된다.[18] 이 저자들에 따르면 치료는 '상상력'의 소산이

---

15) 산데이의 문구는 이 책 2부 1장 각주 108에서 인용했다. 자크 보노 드 소세의 저작과 문구는
　　참고문헌에 있다. 프랑스 왕의 기적이 '상속되는 능력(vertus héréditaire)'의 결과라는 생각
　　은 이탈리아인 레오나르도 바이로에게서도 볼 수 있는데 그는 합리주의자가 아니었다. L.
　　Vairus, *De fascino libri tres*, 1583, lib. I, c. XI, p.48.

16) Petri Pomponatii, *Mantuani, …… de naturalium effectuum Causis*, éd. Bâle, 1567, chap.IV,
　　p.43. "그다음으로, 이것은 충분히 일어날 수 있는 일이다. 전제에서 말했듯이, 이러저러한
　　풀, 이러저러한 돌, 이러저러한 동물이 각각 특정 질병을 치료하는 힘이 있듯이, 이러저러한
　　사람들도 개인적 자질에 따라 이런 능력을 가질 수 있다." 그리고 48쪽에서 수많은 사례를
　　열거했다. "프랑스 왕들은 종기를 치료했다고 한다." 폼포나치와 초자연적인 것에 대한 그
　　의 태도에 대해서는 L. Blanchet, *Campanella*, 1922, pp.208~209 참조. 흥미로운 점은 캄파
　　넬라가 마음속으로는 이것을 믿지 않았음에도 불구하고 폼포나치에 반대해 기적을 옹호하
　　려고 했다는 점이다. 그리하여 그 역시 다른 많은 사례 중에서 왕의 기적의 사례를 들었다.
　　De Sensu rerum, IV, c.4, Frankfurt, 1620, pp.270~271; Blanchet, p.218 참조.

17) Julii Caesaris Vanini, *De admirandis Naturae Reginae Deaeque Mortalium Arcanis*, Paris, 1616,
　　p.433, p.441. 이 문구는 다소 모호하며 프랑스 왕에 대한 찬가와 섞여 있다.

18) 더글러스 역시 같은 입장이다. "축복이 일어나는 바로 그 순간, 적절한 원인이 작용하고 그리
　　하여 결과를 이끌어낸다면, 손대기와 치료가 동시에 일어날 수도 있다."(202쪽) 현대 저술가

아니었다. 그들은 치료를 가공의 것, 즉 존재하지 않는 것으로 간주하지는 않았다. 환자는 엄숙한 의식, 왕의 화려함, 무엇보다도 건강을 회복하고자 하는 희망 등에 마음이 흔들리며 신경상의 충격을 경험하게 되는데, 그것만으로도 회복될 수 있다고 생각했다. 연주창의 손대기 치료는 결국 일종의 심리치료법이라고 할 수 있는데 왕은 샤르코(Charcot, 근대 신경의학 창시자-옮긴이)와는 달리 심리치료법에 정통하지는 못했던 것이다.[19]

천체의 생리적 영향, 침의 의료효과, 약초의 섭취와 전달, 가문의 유전에 의한 타고난 치료능력 등의 설명은 오늘날에는 아무도 믿지 않는다. 왕의 기적을 심리치료법으로 설명하는 것은 몇몇 지지자가 있기는 하다. 실제로는 과거와 같이 단순한 형태가 아니라, 훨씬 더 정교하고 그럴듯한 신경과학 이론을 외피

중에서 엡스타인(Ebstein, *Heilkraft der Könige*, p.1106)은 이 손대기가 실제로는 일종의 마사지이며 그러한 효과를 나타냈다고 생각한다. 그러나 이 이론에 대해서는 논의가 필요하다고 생각한다.

19) 보이커는 기적을 행하는 능력에 대한 믿음을 미신으로 간주하려는 경향을 가지고 있다. 그러나 그가 살던 시대에 치료를 설명하기 위해 제시된 여러 가설 가운데 어느 하나를 지지하지는 않았다. "De incantationibus," *Commmtarius de praecipuis divinationum generibus*, éd. 1591, Zerbst, p.192. "침을 묻히거나, 아니면 짧고 엄숙한 문구와 더불어 만지기만 함으로써 연주창 환자를 치료하는 것에 프랑스 왕들은 익숙해져 있다. 어떤 악마의 주문도 없이 행해진다는 것을 어떤 약보다도 쉽게 확인할 수 있다. 마치 병이 퍼져나가듯이, 자연의 씨를 통해서 조상들에게서 전해받은 다른 막강한 힘이 있어서 가능한 것인지, 몸과 정신의 유사성에 의한 것인지, 신이 제공하는 독특한 능력에 의한 것인지, 봉헌으로 이루어지는 왕의 축성에 의해 어떤 장소에서 발생하는 것인지, 미신은 없는지 등 모든 것들이 쉽게 판단하기 어려운 것들이다. 나는 충분히 검토되지 않은 일에 대해 어떤 것도 무모하게 확신할 수는 없다." 모르호프와 젠트그라프의 논문에 관해 말하자면, 그들은 단지 편집자로서의 가치만을 가지고 있을 뿐이다. 편집자로서도 그들은 매우 가치 있는 일을 했다. 그러나 그들은 독자적인 사상을 주장하지는 않았다. 모르호프의 태도는 명확하지 않다. 그는 기적을 행하는 왕의 능력을 신이 동의한 초자연적 은총으로 생각하는 것처럼 보인다(155쪽). 그러나 결론에서는 다소 회의적인 시각을 보이고 있다(157쪽). 젠트그라프는 단순히 자연의 질서를 설명할 수 있다는 것을 보여주려는 목적만 있다. 자신 앞에 놓여 있는 수많은 설명들 중에서 어느 것을 선택해야 할 필요는 없다고 생각했다. 그는 일종의 사기라는 쪽으로 기울어 있는 듯하다(왕이 특별한 향수를 손에 바르고 있다고 생각했다). 그러나 그렇게 주장하지는 않았다. 그리고 조심스럽게 다음과 같이 결론을 내렸다. "그러므로 그것을 만들어낸 방법이 완전히 설명되지는 않았지만, 파라오의 마술사 앞에서 모세가 기적으로 만들어낸 뱀은 자연에서 만들어진 것임이 확실하다."(p.B2, v)

로 두르고 있다. 오늘날 누가 윌리엄 베케트처럼 혈액이 상상으로 움직이고 막힌 임파선을 뚫어준다고 말하겠는가? 그렇기 때문에 그것에 관해 한마디 해두는 편이 좋겠다.

치료용 반지에 대해 여기서 따로 다루는 편이 좋을 것 같다. 기적의 능력을 발휘하는 것에 관한 한 바니니나 더글러스의 가설이 전혀 가능성이 없는 것이 아니다. 모두는 아니지만 몇몇 경우는 그 가설로 설명이 가능하기 때문이다. 성금요일에 축성된 금반지나 은반지로 치료했다는 병이 무엇이었는지 생각해보자. 간질, 쥐나는 것(경직), 예를 들어 류머티즘이나 통풍같이 '통증'이라고 막연하게 정의된 증상 등은 정신과 진료에 속하지 않는다. 그러나 과거 의사들, 그것도 똑같이 전문지식을 지닌 의사들이 가지고 있었던 관점이 어떻게 없어질 수 있겠는가? 예부터 전해 내려오는 민간요법을 어떻게 잊어버리겠는가? 어느 경우에도 병명의 정의나 진단에 너무 많은 정확성을 기대할 수는 없다. 영국의 왕들이 '경련반지'를 축복하던 시대에, 사람들은 틀림없이 하나의 이름 아래 원래 그 이름이 나타내는 질병 이외에 여러 가지 증상을 혼동해서 불렀을 것이고, 그것이 편리하기도 했을 것이다.

즉, 간질이라는 이름으로, 혹은 간질병(mal comitial, morbus comitialis, 민회(民會)병-옮긴이), 생장(Saint-Jean)병, 기타 등 간질의 수많은 동의어 중 하나의 이름 아래, 원래의 간질 증상은 물론이고 그밖에 다른 신경 통증, 예를 들어 경련, 몸서리, 근육 수축 등 순전히 감각적인 데 원인이 있는 것들로, 오늘날 신경과학에서 암시 또는 자기 암시에서 발생하는 하나의 증상으로 취급해 '암시증(暗示症, pithiatique)'이라는 이름으로 부르는 일련의 증상을 뭉뚱그려 불렀을 것이다. 이 모든 증상은 정신적 충격 또는 부적의 암시 효과로 완전히 사라질 수 있는 일시적 증상이다.[20] 마찬가지로 이러한 통증들 중에는 신경질환의

---

20) 감정이나 암시에 의한 장애에 대해서는 특히 J. Babinski, "Démembrement de l'Hystérie traditionnelle, Pithiatisme," *Semaine médicale*, XXIX, 1909, p.3 이하 참조. 게도즈(Gaidoz)에 따르면, 성 위베르 순례에서 관찰되는 광견병 치료현상, 적어도 몇몇이 외견상 치료되는 것으로 보이는 현상 역시 진단의 혼동으로 보인다고 했다. "광견병의 경련과 발작은 여러 신경 관련 질병이나 정신관련 질병의 증상과 유사하다." *La Rage et Saint Hubert*, p.103.

성격을 가진 것도 있었을 테지만, 여기에는 '상상'-그 당시 저자들이 사용한 의미에서의 상상-이 작용했을 것이다. 반지를 끼고 있는 자들 중에서는 증상 완화는 물론이고 단순한 고통 경감만으로도 그것이 왕의 부적에 바치는 굳건한 신앙 덕분이라고 생각하는 사람들이 있었다. 이제 가장 유서 깊고, 가장 빛나며, 가장 잘 알려진 기적의 형태, 바로 연주창에 대한 손대기 치료로 돌아가보자.

17세기에 왕권의 초자연적 성격을 옹호하는 자들은 왕의 신성한 손에 의해 이루어지는 치료가 상상의 결과일 수 있다는 생각에 대해 여러 차례 반박했다. 그들의 일반적인 주장에 따르면 어린아이는 이해력이 부족하기 때문에 어떤 암시도 받을 수 없는데 이런 어린아이들이 치료되는 사례가 자주 있다는 것이다. 이러한 관찰은 그 자체로는 가치가 있다. 입증되지 않기는 마찬가지인 어른의 치료는 인정하면서, 왜 아주 어린아이의 치료는 부정하는가?[21] 그러나 왕의 기적에 대한 심령학적인 해석을 받아들이기 어렵게 만드는 주요 요인은 다른 차원에 있다. 약 50년 전에는 신경과 의사들과 정신과 의사들 사이에 견해 차이가 거의 없었다. 샤르코와 그의 학파 이후 일반적으로 사람들은 '히스테리성'으로 규정된 어떤 신경장애가 상처와 부종을 만들어낸다고 생각하게 되었다. 동일한 원인을 가진 상처라면 마찬가지로 동일한 성격을 가진 다른 자극으로부터 영향을 받기도 쉽다고 여기는 것은 매우 자연스러운 일이다.

이러한 이론을 받아들인다면, 왕의 치료를 받기 위해 알현한 연주창의 상처와 종양 중에서 적어도 어느 정도는 '히스테리성'이었다고 추측하는 것보다 더 간단한 일이 있겠는가? 그러나 이러한 생각은 오늘날 거의 완전히 받아들여지지 않고 있다. 좀더 잘 전개된 연구에 따르면 정확한 관찰에 따라 과거에는 히스테리 작용이 원인이라고 했던 신체적 현상이 신경과는 아무런 관련이

---

21) 예를 들어, Wiseman, *Severall Chirurgical Treatises*, I, p.306. 헤일린(Heylin)이 풀러(Fuller)에게 한 답변은 아래 각주 37에 인용되어 있다. Le Brun, *Histoire critique des pratiques superstitieuses*, II, p.121. 신앙이 없으면 치료되지 않는다는 점에 비추어볼 때, 1853년 뒤늦게 왕의 기적을 믿게 된 랭스 대주교 구세(Mgr. Gousset)가 "오늘날 어린아이들은 훨씬 쉽게 치료된다"라고 말한 것은 다소 이상한 일이다(Baron de Damas, *Mémoires*, II, p.306에서 제기된 문제다).

없는 질환이거나 가짜 질환임이 알려졌다.[22] 남아 있는 문제는 암시가 고유의 연주창, 즉 결핵성 임파선염 또는 일반적 임파선염에 치료효과가 있느냐는 것이다. 당연한 일이지만 나 자신을 불신하는 나로서는 내 무능력으로 말미암아 이 문제를 여러 의사와 생리학자에게 질문해야 한다고 생각했다. 그들의 대답은 개인적 기질에 따라 다양한 형태를 가지고 있었으나, 기본적으로는 유사했고, 그들 중 한 사람의 말로 요약할 수 있었다. 즉, 이와 같은 학설을 지지하는 것은 '생리학의 이단'을 보호하는 것이라는 말이었다.

어떻게 사람들은 왕의 기적을 믿었나

요컨대 르네상스의 사상가도, 그 직접 후계자들도 왕의 기적에 대해 충분히 설명하는 데에 이르지는 못했다. 그들의 잘못은 문제 제기를 잘못했다는 데에 있었다. 그들이 지닌 인간사회의 역사에 대한 지식은 집단적 환상의 힘을 측정하기에는 너무 불충분했다. 오늘날 우리는 그 놀라운 힘을 훨씬 잘 이해하고 있다. 그것은 퐁트넬(Fontenelle)의 오래된 역사서가 항상 잘 이야기해주고 있다. 슐레지엔 지방에서 한 소년의 입에 금으로 된 이가 났다고 한다. 이 기적을 설명하기 위해 학자들이 수많은 이유를 댔다. 그러고 나서야 사람들은 기적이 일어난 턱을 보려는 생각이 들었다. 그리고 보통의 이에 금박이 교묘하게 입혀져 있다는 것을 알았다. 이러한 잘못된 박사들의 전철을 밟지 않도록 주의해야 한다. 왕이 어떻게 치료했는지를 연구하기 전에 정말로 치료했는지 질문하는 것을 잊지 말아야 한다. 기적을 일으킨 왕조의 임상서류를 한 번 훑어보는 것만으로도 그 점은 금방 밝혀질 것이다. '의사인 군주'는 사기꾼이 아니었다.

그러나 슐레지엔의 소년이 금니를 가지고 있지 않았던 것과 마찬가지로, 왕은 어느 누구에게도 건강을 가져다주지는 않았다. 그러므로 진정한 의문점은

---

22) 특히 Déjerine, *Seméiologie du système nerveux*, 1904, p.1110 이하 참조; J. Babinski, "Démembrement de l'Hystérie traditionnelle," *Semaine médicale*, 1909; J. Babinski et J. Froment, *Hystérie, Pithiatisme et troubles nerveux d'ordre réflexe en Neurologie de guerre*, 2e éd., 1918, p.73 이하.

왕이 치료하지 않았음에도 불구하고 어떻게 사람들은 왕이 기적을 행할 수 있다고 믿었는가 하는 데에 있다. 이 경우에도 역시 임상서류가 우리에게 정보를 줄 것이다.[23]

무엇보다 왕의 손이 지닌 효력이 사라진다는 것이 눈에 띈다. 상당히 다양한 사례에서 많은 환자들이 손대기 치료를 여러 차례 받았다는 것을 알 수 있다. 첫 번째 시도가 충분하지 못했다는 명백한 증거다. 스튜어트 왕조 말기 치세에 한 성직자는 찰스 2세를 두 번, 제임스 2세를 세 번 알현했다.[24] 브라운도 다음과 같이 서슴없이 인정했다. 어떤 사람은 "두 번째 치료에서야 완쾌되었는데, 이런 사람들은 첫 번째 치료에서 이 축복을 못 받았던 것이다."[25] 영국에서는 하나의 속설이 나타났는데, 그것에 따르면 국왕과의 접촉은 횟수가 거듭될 때에만 진정으로 효과가 있다는 것이었다. 그것은 첫 번째 손대기가 종종 효과가 없었기 때문이 아니라면 생겨나지 않았을 미신이다.[26] 마찬가지로 19세기 보스 지방에서 보베트의 '마르쿠'의 환자들도 첫 번째 치료로 낫지 않으면 이 시골의사를 여러 차례 방문했다.[27] 그러므로 왕도, 일곱 번째 아들도 단 한 번에 성공한 것은 아니었다.

그뿐이 아니다. 왕이 아무도 낫게 하지 못했다는 것을 왕권에 대한 신앙이 전성기일 때라면 당연히 프랑스와 영국의 신봉자들이 절대로 받아들이지 않았을 것이다. 그러나 신봉자들 대부분이 어렵지 않게 왕이 아무도 고치지 못했다고, 심지어 여러 차례 치료를 받았음에도 고치지 못했다고 고백했다. 더글러스가 이를 적절하게 지적하고 있다. "어느 누구도 왕의 손대기가 사람들이 시

---

23) 경험에 거듭 어긋남에도 불구하고 기적의 행위를 이처럼 쉽게 현실로 받아들이는 것은 '원시' 부족에서 끊임없이 나타나는 현상으로서, 심지어 '원시' 심성의 본질적 특징이라고 할 수 있을 정도다. 이에 관한 흥미로운 사례는 다음 글을 참조하라. L. Lévy-Bruhl, *La Mentalité primitive*, 1922, p.343(피지(Fiji) 군도의 사례).

24) Crawfurd, p.109.

25) *Adenochoiradelogia*, p.106. 영국에서는 찰스 1세 이래 환자들이 그 이전에 손대기 치료를 받은 적이 없다는 증명서를 제시하도록 했다.

26) Browne, p.91을 보라. 물론 그도 이 믿음에 반대했다.

27) *Gazette des hôpitaux*, 1854, p.498.

혜를 받는 모든 경우에 효험이 있었다고 주장하지는 않았다."[28] 이미 1593년 예수회 신부 델리오는 투커의 증언을 이용해 영국의 기적을 공격하는 주장을 폈다.[29] 그것은 이단의 여자 군주의 주장(엘리자베스-옮긴이)을 무너뜨리기 위한 것이었다. 가벼운 마음에서 시작하여 무거운 결론을 내기 위해서는 종교적 열정을 가지고 눈을 뜨고 있어야 한다. 투커 자신의 사례나 그 이후 브라운의 사례에서 보듯이, 사람들은 대개 훨씬 더 융통성이 있다.

조쉬에 바르비에가 과거에 신앙이 같았던 신교도의 의심에 대해 대답한 것을 들어보자. "당신들은 이러한 기적의 능력이 비추는 빛을 가리려고, 손대기 치료를 받은 연주창 환자들 중 완쾌된 사람이 거의 없다고 말하고 있다. 그러나 완쾌된 사람 숫자가 여전히 병에 걸려 있는 사람 숫자보다 너 석기 때문에, 당신들의 수장에 동의한다고 하더라도, 그들의 완쾌가 기적이 아니거나 경탄할 만한 일이 아니라고 할 수 없다. 천사가 일 년에 단 한 차례 베데스다 연못에 내려와서 물을 휘젓고 나면, 처음으로 그 연못에 들어가는 사람만 치료되는 것과 마찬가지다. 사도들이 모든 병자를 치료하지 않았더라도, 완쾌된 사람에게는 기적을 행한 것이다." 성경에 나오는 다른 사례를 살펴보자.

예수의 말에 따르면, 그 당시에도 "이스라엘에 나병 환자가 많았는데 예언자 엘리사(Elisée)에 의해 깨끗하게 치료받은 자는 오직 시리아인 나아만(Naaman)뿐이었다." 모든 죽은 자 가운데 예수가 살려낸 자는 나사로(Lazare)뿐이었다. 하느님의 옷자락에 닿아서 치료된 자는 혈루증(기능성 자궁출혈-옮긴이) 여인뿐이었다. "옷자락을 만지고도 아무런 보람도 얻지 못한 사람이 얼마나 많을 것인가?"[30] 마찬가지로 영국에서 높은 학식을 가진 신학자로서 매우 충성스러웠던 조지 불(George Bull)은 이렇게 썼다. "어떤 병자들은 왕의 치료를 받은 후 아무런 효과도 보지 못한 채 돌아왔다고 한다. …… 신은 이 능력

---

28) *Criterion*, pp.201~202. Baron de Damas, *Mémoires*, t.II, p.305. 왕의 손대기 치료에 관한 각주. "모두 다 치료된 것은 아니다."

29) *Disquisitionum*, p.61(이 책 429쪽); Tooker, *Charisma*, p.106, Browne, *Adenochoiradelogia*, p.III.

30) *Les Miraculeux Effects*, pp.70~73. 성경 서지: 시리아인 나만은 누가복음 4장 27절. 베데스다 연못에 대해서는 요한복음 5장 4절.

을 우리 왕가에게 완벽하게 부여한 것이 아니다. 그래서 신은 자신의 손에 그 고삐를 쥐고서, 자신의 뜻에 따라 고삐를 조이기도 하고 풀기도 한다." 무엇보다 사도들조차 예수에게서 병을 치료할 능력을 받았어도 항상 사도들이 사용할 수 있도록 받은 것이 아니며, 단지 하느님이 좋다고 판단하실 때에만 사도들을 통해 사용하도록 한 것이다.[31] 오늘날 우리는 기적에 대해 그것이 비타협적인 것이라는 생각을 가지고 있다. 한 개인이 초자연적 능력을 누릴 때는 그가 그것을 항상 사용할 수 있어야 한다고 생각하고 있다. 이러한 차원의 기적의 표현이 삶의 친숙한 방식을 이루고 있던 신앙의 시대에는 이 점을 훨씬 단순하게 생각했다. 그들은 기적을 행하는 자가 산 자이든 죽은 자이든, 성인이든 왕이든, 그들에게 항상 똑같은 효능을 요구하지는 않았다.

게다가 기적이 통하지 않은 환자가 막돼먹어서 불평한다고 하더라도, 왕권 옹호자들은 그런 사람에게 거의 대꾸도 하지 않았다. 예를 들어 영국의 브라운이나[32] 프랑스의 왕실 전속사제 레뇨가 말한 것처럼, 사람들은 그 사람에게 믿음이 부족하다고 대답했다. 이 믿음이란 레뇨가 썼듯이 '항상 기적 치료에 필요한 준비조치'다.[33] 아니면 오진으로 결론을 내렸다. 샤를 8세 치세에 장 에스

---

31) *Some important points of primitive christianity maintained and defended in several sermons ......*, Oxford, 1816, p.136. "병자들 중 몇몇은 왕의 치료를 받은 뒤 아무런 효과도 없이 돌아왔다. 신은 우리 왕가에게 완벽하게 절대적인 능력을 부여한 것이 아니다. 신은 당신이 원하는 대로 풀거나 조일 수 있는 고삐를 자신의 손에 남겨두셨다." 그리고 314쪽에서는 성 바오로와 사도에 대한 논의를 더 발전시켜 그들이 예수에게서 치료능력을 부여받았으나, 그것은 "마음대로 처분할 수 있는 권리로서 받은 것이 아니라, 신이 적절하다고 생각되는 사람에 대해 그들이 시행할 수 있도록" 부여한 것이라고 했다. 다음 책도 참조하라. Regnault, *Dissertation historique*, 1722, p.3. "모든 환자가 치료되지 않는다는 것을 나도 잘 알고 있다. 우리 왕들이 예언자나 사도보다 큰 권한을 갖지 않았음을 인정해야 한다. 예언자나 사도들도 구원을 요청하는 모든 환자를 치료한 것은 아니었다."

32) *Adenochoiradelogia*, p.111. "그러므로 모든 불신자는 만족한 상태로 남아 있을 것이다. 국왕 전하가 환자를 손대서 치료할 수 있는 능력이 있다는 점을 환자가 충분히 믿지 않는다면, 치료는 그의 기대에 부응하지 못할 것이다."

33) *Dissertation*, p.4. Baron de Damas, *Mémoires*, II, p.306에 있는 랭스 대주교 구세의 말. "이러한 치료는 특별한 은총으로 생각되어야 한다. 국왕의 신앙과 손대기 치료를 받은 환자 모두의 신앙에 달려 있다." 아르덴의 성 위베르 신자들은 과거에도 그리고 오늘날에도 순례를 간다. 그들 중 몇 명은 성인의 무덤에 순례를 했음에도 불구하고, 광견병으로 죽는데, 이것을 설명

카르(Jean Escart)라는 불쌍한 사람이 툴루즈에서 손대기 치료를 받았으나 전혀 차도가 없었다. 나중에 성 프란체스코가 그에게 경건한 습관과 약초 끓인 물(허브차)을 권해 그를 질병으로부터 해방시켰다. 성 프란체스코를 성인으로 시성(諡聖)하는 과정에서 에스카르의 증언이 기록되었다. 그에 따르면 만약 그가 군주에게 청원했으나 효과를 보지 못했다면, 그 이유는 그가 마땅히 걸렸어야 할 병(연주창-옮긴이)에 걸리지 않았기 때문이라는 것을 장 에스카르 스스로 인정했다.[34] 결국 왕의 병이란 왕이 고치는 병이었던 것이다.

이렇듯 '의사인 군주'의 '신성한 손'이 항상 만족스러운 것은 아니었다. 우리가 성공 대 실패의 비율을 숫자로 나타내기는 어렵다. 루이 16세가 축성식을 한 뒤 발행한 증명서는 완전히 우연한 것으로서 전체 구도를 보여주지 않는다. 샤를 10세가 축성식을 한 후에는 좀더 조직적인 시도가 이루어졌다. 생마르쿨 구호소의 수녀들은 환자들을 추적하고 그들의 운명에 관한 자료를 수집할 생각을 했다. 이들의 의도는 좋았으나 아마도 부주의했던 것 같다. 왕은 120명 내지 130명가량을 만졌다. 그중 8명이 치료되었는데, 3명은 불확실한 증언만 했을 뿐이다. 수치가 너무 빈약해 이것이 통상적 비율을 반영한다고 보기는 어렵다. 틀림없이 수녀들은 너무 서두르는 실수를 했을 것이다. 앞의 5건만 확실한 것이지만, 이것들은 의례 이후 3개월 반 이내에 확인된 것들이다. 그 시간이 지나고 나서 조사가 실시되지는 않은 것 같다. 따라서 좀더 끈질기게 지속했어야 했다. 1825년 5월 31일 기적의 치료를 받은 사람들을 계속 관찰하면, 모든 가능성에 비추어, 그 사람들 중에서 새로운 치료 사례를 볼 수 있었을 것이다.[35]

하는 데에 같은 논법이 적용된다. Gaidoz, *La Rage et Saint Hubert*, p.88.

34) *AA. SS. aprilis*, I, p.155, n.36.

35) 1825년 10월 8일 보고서에는 다섯 번의 치료 사례가 기록되어 있는데, 두 종류의 기록으로 남아 있다. 하나는 생마르쿨 구호소 수녀들의 증언이며, 다른 하나는 의사 노엘의 증언이다. *Ami de la Religion, 9*, Nov. 1825; Cerf, *Du Toucher des écrouelles*, p.246에 수록됨. 1826년에야 수녀원에 입회한 한 수녀가 1867년 자신이 알고 있는 다른 세 건을 증언했다. Marquigny, *L'attouchement du roi de France guérissait-il des écrouelles?* p.389, n.1. 1825년 관찰된 치료자 다섯 명은 모두 어린이였다. 성인도 치료를 받았다. 그런데 수녀들이 추적을 하지 못한 것일까? 이 통계수치를 보통의 비율과 같다고 생각할 수 없는 이유가 여기에 있다. 이 다섯 가지 사례밖에 모르던 다마스 남작은 이렇게 썼다. "수녀원장은 더 많은 사례가 있지만 확인하기

이 문제에 관한 한 신앙의 시대에 가장 현명한 규칙은 인내인 셈이다.

사실 사람들이 손대기를 받자마자 곧바로 치료되기를 바랐다고 생각할 수는 없다. 사람들은 기적의 손길로 갑자기 상처가 낫는다거나 종양의 부기가 빠질 것이라고는 전혀 기대하지 않았다. 성인전 작가들은 에드워드 고해왕이 이렇게 갑작스럽게 완치시켰다고 했다. 우리 시대에 좀더 가까운 사례로는 찰스 1세가 유사한 행위를 했다고 전해진다. 어떤 젊은 여자가 왼쪽 눈에 연주창이 걸려서 실명하고 말았는데, 왕이 만져주자 완전하지는 않았지만 바로 그 자리에서 시력을 회복했다고 한다.[36] 사람들이 일상생활에서 그러한 즉각적 효과를 원했던 것은 아니다. 의례가 거행된 뒤 언젠가, 심지어 아주 오랜 시간이 지나서라도, 차도가 있다면 사람들은 그것으로 만족스럽다고 생각했다.

그러한 이유로 영국 역사가 풀러(Fuller)는 기적을 행하는 왕권에 대해 매우 미온적인 지지만을 보냈는데, 군주의 치료능력에는 오직 '부분적으로만' 기적이 포함되어 있다고 보았다. "왜냐하면 기적이란 그 자리에서 완전하게 작용해야 하는데, 이러한 치료는 대개 단계적으로 혹은 점진적으로만 진행되기 때문이다."[37] 그러나 풀러는 적어도 절반 정도는 회의주의자였다. 진정한 신도라

___

를 게을리했다고 생각했다." 나로서는 오비노(L. Aubineau, *Notice sur M. Desgenettes*, p.15) 가 '왕의 손대기 치료를 처음으로 받은 환자 11명이 치료되었다'라고 한 것이 무엇에 근거했는지 알 수 없다.

36) 에드워드 고해왕에 대해서는 이 책 1부 1장 각주 32 참조. 찰스 1세에 대한 것은 우데르트(Oudert) 일기의 일부이며 다음 책에 인용되어 있다. Edward Walford, *Old and New London*, III, London, s.d., p.352.

37) 풀러는 1655년(크롬웰 시대) 출간된 그의 책(*Church History of Britain*)에서 왕의 기적에 대해 미온적인 말투로 다음과 같이 말했다. "다른 사람들은 그것이 환상이나 지나친 상상력 때문이라고 했다."(fol. 145) 헤일린은 다른 많은 점과 마찬가지로 이 점도 공격했다. Peter Heylin, *Examen historicum or a discovery and examination of the mistakes ...... in some modern histories*, pet, London, 1659. 풀러는 이 주제에 대해 다음과 같이 답변했다(*The appeal of injured Innocence*, London, 1659). "나는 비록 공상이 기적에 상당한 도움이 될 것으로 생각하기는 하지만, 그것은 부분적인 것이라고 생각한다. ...... 내가 부분적이라고 한 이유는 완전한 기적이란 즉각적이고 완전한 것인 데 비해, 이러한 치료는 대개 서서히 진행되고 중간에 멈추는 경우도 있기 때문이다." 1610년 국교회주의자이자 왕당파였으나 오늘날 용어로 하면 저교회파(Low Church, 영국 국교회 중 의식보다 복음을 중요시하는 교파—옮긴이)였던 모튼(Th. Morton)은 자신의 저서(*A catholike appeale for protestants*, London, p.428)에서

면 덜 민감했을 것이다. 코르베니 순례자들은 '여행' 이후 언제라도 낫기만 하면, 성 마르쿨을 축복하는 행동을 주저하지 않았다. 군주가 손을 대는 시술을 한 연주창 환자들은 그 시기가 언제이든 회복하기만 하면 자신이 기적의 대상이 되었다고 생각했다. 루이 15세 치세 다르장송은 3개월 지나서 얻은 결과를 담당자에게 알려줌으로써 궁정의 신임을 얻으려 했다.

엘리자베스의 전속의사였던 윌리엄 클로우즈는 여왕이 만진 지 5개월 후 병에서 해방된 한 환자 이야기를 찬양조로 썼다.[38] 영국의 귀족 포울레트 경이 아버지로서의 애정을 담아서 쓴 감동적인 편지를 앞서 말한 바 있다. 기적을 받은 어린아이에 대해 이렇게 썼다. "건강이 날마다 회복되고 있습니다." 그러므로 그렇게도 수중한 그 아이의 건강이 그 시점에서는 아직 완전히 회복되지 않았던 것이다. 여기서 아이가 결국에는 완전히 회복했을 것이라고 추측하려는 사람도 있을 것이다. 그러나 잘 생각해보면, 다른 많은 경우에서와 마찬가지로 이때도 존엄한 분의 손대기가 풀러의 표현대로 '단계적으로만 또는 점차적으로만' 느껴질 정도였던 것이다. 이러한 초자연적 작용은 대개 일어난다고 하더라도 아주 늦게 작용한다.

때때로 효과가 있기는 했지만 부분적으로 있었음이 틀림없다. 사람들은 외형적 성공에 불과한 절반의 성공을 투덜거리지 않고 받아들였을 것이다. 1669년 3월 25일 브르타뉴 지방의 오레(Auray)라는 곳에 의사가 두 명 있었는데, 이들은 어느 남자에게 눈썹 하나 까딱하지 않고 치료증명서를 발행해주었다. 이 남자는 연주창 종양이 여러 군데 있어서, 왕에게서 손대기 시술을 받고 확실한 예방책으로서 코르베니 순례에 참여했다. 그 결과 하나를 제외하고 모든

왕의 치료를 말 그대로 기적이라고 생각하는 것을 거부했다. (1) 왜냐하면 순간적으로 일어나는 일이 아니기 때문이며, (2) 대체로 왕의 손대기가 의사의 치료 이후에 이루어지기 때문이라고 했다. 다마스 남작에 따르면(*Mémoires*, II, p.306), 랭스 대주교인 구세(Gousset) 역시 이러한 치료를 엄밀한 의미에서의 기적이 아니라고 생각했는데, 그 이유는 다른 데 있다고 했다. 즉 "세계를 지배하는 일반법칙에 어긋나지 않는" 것이라는 데에 있었다. 다마스 남작은 대주교로부터 정보를 얻었고, "치료가 곧바로 일어나지 않는다"라는 것을 알고 있었다(같은 책, 같은 쪽).

38) Crawfurd, *King's Evil*, p.77.

종양이 사라졌다.[39] 현대 의학이라면 이러한 경우에 이렇게 말할 것이다. 병증상은 멈췄지만 병 자체가 사라진 것은 아니며, 병이 항상 몸에 있는 이상 다른 부위에 나타날 수 있다고 말이다. 그 이후 병이 재발했지만 사람들은 크게 놀라거나 불평을 하지는 않은 것으로 보인다.

1654년 잔 뷔갱(Jeanne Bugain)이라는 여자는 루이 14세에게서 축성식 다음 날 손대기 시술을 받았다. 그녀의 "병세는 완화되었다." 그 이후 병이 재발하자 마침내 코르베니 순례를 다녀온 후 완쾌되었다. 그녀 고향의 사제가 발행한 증명서를 통해서 이를 확인할 수 있다.[40] 이 증명서를 써준 시골 사제는 사람들이 이 증명서에서 왕에 대한 불경한 결론을 이끌어내리라고는 상상하지 못했음이 틀림없다. 확고한 신앙은 쉽게 흔들리지 않는다. 앞서 이미 말했듯이, 서머싯 지방의 웰스에 사는 크리스토프 로벨(Christophe Lovel)은 1716년 아비뇽으로 스튜어트 가문의 왕위 요구자를 찾아갔고, 그 사람 덕에 치료되었다고 말했다. 이 훌륭한 성공은 제임스 복위파들 사이에서 커다란 열정을 불러일으켰고, 역사가 카트(Carte)가 실패하게 되는 중요한 원인이 되었다. 그런데 불쌍한 로벨은 다시 병에 걸렸음이 확인되었다. 그는 신앙에 가득 차서 왕을 만나기 위해 두 번째 여행을 떠났는데, 가는 도중에 죽고 말았다.[41]

마지막으로 당시 의사들로서는 거의 발견할 수 없었던 다른 종류의 재발에 대해 기록해두는 편이 좋겠다. 우리 선조들이 연주창이라고 불렀던 질병이 결핵성 임파선염이라는 것을 우리는 알고 있다. 결핵균은 여러 신체기관을 감염시키는데, 이러한 감염이 신체 일부에만 나타날 가능성이 있고, 그중 하나로서 임파선에 나타난 질병이 바로 결핵성 임파선염이다. 임파선염은 멈췄는데, 결핵은 지속되어 다른 형태로 나타날 수도 있고, 종종 더 악화되는 일도 생길 수

---

39) Archives de Reims, Fond de St-Rémi, liasse 223, renseignements. no. 7.

40) Archives de Reims, Fond de St-Rémi, liasse 223, renseignements. no. 11 (29 april 1658).

41) Crawfurd, p.157. 로벨의 마지막 순간에 대해 우리가 알고 있는 것은 「제너럴 이브닝 포스트」 신문 1747년 1월 13일자에 아미쿠스 베리타티스(Amicus Veritatis, 진리의 벗-옮긴이)라는 이름의 브리스톨 통신원이 게재한 편지밖에 없다. éd. *Gentleman's Magazine Library*, III, p.167. 그에 대한 증거는 거의 확실하지 않다. 그러나 토리당이 부정하지 않았다는 점이 그의 진실성을 증명해준다. 카트에 관련된 것은 393~394쪽 참조.

있다. 안토니오 프랑코(Antonio Franco)가 1726년 발행한 『포르투갈 예수회 연보 요약집』에 부속학교 교장 미셸 마르팀(Michel Martim)이 코임브라에서 사망했다는 기사가 있다. "미셸 마르팀은 지극히 신앙심 깊은 왕의 손대기 시술을 통해 연주창을 치료하고자 프랑스로 가서 건강을 회복한 뒤 포르투갈로 돌아왔다. 그러나 다른 병에 걸렸다. 즉 오랫동안 천천히 쇠약해져서 죽었다."[42]

요컨대 환자의 일부, 그 이상도 아닌 일부만 건강을 회복한다. 그중 몇몇은 일시적으로, 혹은 또는 불완전하게 회복했다. 치료된 자들 중 대부분은 치료 의례 이후 상당한 시간이 흐른 뒤에야 효과를 봤다. 프랑스와 영국 왕들이 발휘한 기적의 능력이 작용했다고 하는 실병이 무엇인지 상기해보자. 왕들이 기적의 능력을 발휘하던 시절, 의사들은 자신들이 사용할 수 있는 엄격한 용어도, 확실한 진단 방법도 가지고 있지 않았다. 리차드 와이즈만(Richard Wiseman)의 책과 같이 오래된 책들을 읽어보면 연주창이라는 이름 아래 수많은 다양한 증상이 포함되어 있다. 그중에는 양성종양도 있다. 이것은 때때로 짧은 시간이 지나면 자연히 치료되기도 했다.[43] 그러나 이러한 유사한 연주창은 놔두고 진정한 연주창, 즉 결핵성 연주창을 살펴보자. 왕의 치료에 등장하는 것은 대부분 결핵성이었다. 연주창은 쉽게 낫는 병이 아니었다. 그리고 오랜 기간에 걸쳐, 어쩌면 거의 평생토록 재발할 가능성이 있었다. 그러나 이것

---

42) Antonius Franco, *Synopsis Annalium Societatis Jesu in Lusitania*, Augsburg, in-4, 1726, p.319.

43) Crawfurd, pp.122~123. 이러한 혼동에 대해서는 Ebstein, *Die Heilkraft*, p.1104, n.2 참조. 잇몸 농양을 '연주창'의 한 종류로 오인하는 경우가 있다. 이러한 이유로 이 병이 일곱 번째 딸의 일곱 번째 딸에게 맡겨졌지만 당연히 치료되지 못했다. A.G. Fulcher, *Folklore*, VII (1896), pp.295~296. 적어도 민중 사이에서는 왕의 병이 어떤 병인지 인식되기 어려웠다는 점을 기억해야 한다. 이러한 점은 18세기 작은 의학처방집이 보여주는 기묘한 진단법을 보면 알 수 있다. *Folklore*, XXIII (1912), p.494에 실려 있다. 경우에 따라 손대기 치료에 더하여 다른 치료법도 병행되었음을 기억해야 한다. 샤를 10세가 '치료한' 어린 환자 다섯 명이 그러한 사례다. 1825년 10월 8일 노엘이라는 의사의 증명서에 이렇게 적혀 있다. "증명하노니…… 치료하기 위해 관습적 처치(traitement habituellement) 이외에 아무것도 취하지 않았음."(Cerf, *Du Toucher des écrouelles*, p.246) 이와 같은 경우 치료는 누가 했을까? 왕일까? 아니면 '관습적 처치'일까? 위 각주 37에 있는 모튼의 말 참조.

은 다른 질병보다 치료되었다는 착각을 주기에도 쉬운 병이었다. 왜냐하면 그 증상인 종양, 누(瘻, fistule), 화농(化膿) 등은 자연스럽게 사라지기도 하기 때문이다. 단 나중에 그 부위나 다른 부위에 재발할 가능성이 있다. 이러한 일시적 차도, 혹은 진정한 치료(이 경우는 물론 불가능한 일은 아니었지만, 매우 드물었을 것이다)가 왕이 만진 뒤 얼마 지나지 않아 일어날 수도 있다. 그렇다면 그야말로 기적을 행하는 능력에 대한 믿음이 정당화되는 것이다.

이미 보았듯이, 프랑스 왕이나 영국 왕의 충실한 신민들은 그 이상의 것을 요구하지 않았다. 만약 왕이 기적을 틀림없이 일으킬 것이라고 생각하는 데 미리 익숙해져 있지 않았다면, 사람들은 기적을 외칠 생각을 하지 않았을 것이다. 이러한 기대에 대해 그것을 상기할 필요가 있을까? 모든 것들이 사람의 마음을 기울게 만들었다. 신성한 왕권이라는 관념은 거의 원시 시대 유산으로서, 도유 의례에 의해, 그리고 왕정에 관련된 전설이 꽃을 활짝 피움에 따라 강화되었다. 여기에 더하여 몇몇 능란한 정치가들은 흔히 일반적 편견을 공유하고 있었으므로 그만큼 더 능란하게 이 관념을 이용했다. 그리하여 이 관념은 민중의 의식을 사로잡게 되었다. 그런데 기적 없는 성인은 없었다. 초자연적 능력이 없는 성인이나 성물은 없었다. 게다가 우리 조상들이 살았을 것으로 생각되는 기적의 세계에서 우주의 정상적 질서를 넘어서는 이유로도 설명할 수 없는 현상이 무엇이겠는가? 프랑스의 카페 왕가나 영국의 노르만 왕가의 왕들 중에서 몇몇은 -아니면 측근들이 왕을 위해서- 다소 약한 자신들의 권위를 보강하기 위해 기적의 치료사 역할을 시도해볼 생각을 잠시 했다. 왕들 스스로 자신들의 직분이나 가문이 부여한 신성함을 확신하며 아마도 매우 단순하게 이러한 능력을 요구하려고 생각했을 것이다.

무서운 질병이 왕들의 손과 접촉하고 나면 치료된 것처럼 보이거나 때때로 정말로 치료되는 것을 보고 사람들은 모두 거기에 신성함이 있다고 생각했다. 어떻게 거기서 인과관계를 볼 수 없단 말인가? 어떻게 예견된 기적을 볼 수 없단 말인가? 기적에 대한 신앙을 만든 것은 거기에 기적이 있어야 한다는 생각이었다. 이러한 신앙이 살아남도록 만든 것 역시 바로 그 생각이었다. 시간이 지남에 따라 세대를 거듭해 증언이 축적되었고 점점 증가했으며 사람들은 경험에 근거해서 말했으므로 그것을 전혀 의심하지 않았다. 존엄하신 분의 손가락과 접촉했음에도 병이 지속되는 경우는 꽤 많았을 텐데, 이러한 경우 사람들은 그것을 빨리 잊어버렸다. 믿음을 지닌 자들이 가지고 있는 행복한 낙관주의란 그런 것이다.

이렇듯 왕의 기적에 대한 신앙에는 집단적 오류의 결과 이외에 다른 것은 없다. 오류이기는 하지만, 인간의 역사를 가득 채운 대부분의 오류보다는 위험하지 않다. 오란녀 공 윌리엄의 시대에 영국의 의사 카(Carr)가 이미 말했듯이, 왕의 손대기 시술의 효과에 대해 사람들이 어떻게 생각하든, 적어도 한 가지 이점은 있다. 그것은 해로운 것이 아니라는 점이다.[44] 이것은 과거의 약국처방이 연주창에 대해 추천해주었던 수많은 치료제보다 훨씬 나은 치료법이다. 일반적으로 효과적이라고 알고 있는 기적의 치료법에 호소함으로써 환자가 때때로 더 위험한 방법을 사용할 기회를 피하게 해줄 수 있었던 것이다. 순전히 소극적 관점인 이러한 관점에서 보면, 한 명 이상의 불쌍한 환자가 군주 덕택에 병에 차도가 있었다고 생각해도 될 것 같다.

---

44) R. Carr, *Epistolae medicinales*, p.154. "그러므로 내가 생각하기로는 이렇다. 왕의 손대기 치료는 유익한 것일 수 있다. 대체로 효과가 없지만 조금도 해롭지도 않다." Crawfurd, *King's Evil*, p.78. 특히 Ebstein, *Die Heilkraft*, p.1106.

부록

1 프랑스와 영국의 회계장부에 나타난 왕의 기적

손대기 치료는 국왕의 재정 지출을 필요로 한다. 그렇기 때문에 이 주제와 관련된 프랑스와 영국의 회계장부를 살펴보아야 한다. 그러나 이러한 종류의 문서는 해석하기 지극히 어렵다. 무작위로 선정해서 세세히 살펴보는 것은 만족스럽지 못한 결과를 나을 것이다. 이 사료로부터 결실을 거두려면 조직적으로(요령 있게) 조사해야 한다. 특히 가까이서 이 자료를 살펴본다면, 어떤 시기에 대해서는 풍부한 정보를 제공하지만 다른 시기에 대해서는 정보를 거의 제공하지 않거나 아무것도 제공하지 않는다는 것을 알 수 있다. 이러한 뚜렷한 변화에 대해서는 설명이 필요하다. 그러므로 아래에 나오는 비판적 검토를 통하여 설명해보려고 한다.

프랑스부터 시작해보자.

프랑스 회계장부에서 연주창 손대기 치료

무엇보다 먼저 한 가지 사실, 즉 일반적으로 역사가들이 종종 유감스럽게 생각하곤 하는 사실은 프랑스 왕정의 재정기록 문서고에는 극히 적은 문서밖에 없다는 것이다. 이렇게 부족한 데에는 여러 가지 원인이 있는데, 이 원인을 놓고 논란을 벌일 수도 있지만, 가장 중요한 원인은 잘 알려져 있듯이 1737년 10월 26일 밤에서 27일에 걸쳐 시테 섬에서 일어난 화재이다. 이 화재로 인하여 회계원의 문서가 불타버렸다. 과거 회계행정에 관련하여 남아 있던 거의 모든 자료가 이 화재로 소실

되었다.[1] 그러므로 우리가 이용할 수 있는 것은 우연히 재난을 피한 극히 일부 자료에 불과하다.

연주창 치료 의례에 대한 다소간의 정보를 제공하고 있는 회계기록 중에서 최초의 것은 필리프 미려왕 시대까지 거슬러 올라간다. 이 당시에는 손대기 치료를 받은 모든 환자가 자선금을 받지는 못했다. 오직 외국인이나 국왕의 거처에서 멀리 떨어진 지방에서 온 프랑스인들만이 받았다.[2] 자선금은 자선담당관이 직접 주거나 종자나 문지기와 같은 하급자가 주었으며, 그 돈은 왕실 금고에서 나왔다. 그리고 운 좋게도 성왕 루이, 필리프 3세와 4세 치세에 왕실 금고 관리직원들이 자신들의 업무를 자세히 기록해놓은 밀랍 서판이 남아 있다.[3] 이 서판 중 가장 오래된 것에는 연주창 환자에게 자선금을 주었다는 기록은 없다. 아무리 생각해도 연주창 환자가 원칙적으로 왕의 관용에서 배제되었을 것 같지는 않다.

서판에는 자선금이라는 항목으로 지급된 총액만이 여러 차례 기록되어 있으며, 때때로 이름이 기록된 것 이외에는 다른 자세한 사항이 기입되어 있지 않다. 그 총액 중 일부는 손대기 치료를 받기 위해 온 사람들에게 지급되었을 것이다. 명시적인 기록은 없지만, 그것은 출납관이 이러한 지출에 해당하는 수혜자를 정확하게 기록하는 데에 관심을 기울이지 않았기 때문이다. 돈이 연주창 환자에게 지급되건, 아니면 어떤 불쌍한 사람에게 지급되건 그것은 관건이 아니었다. 출납관에게 중요했던 것은 자선금이라는 점이었다. 역사가에게는 다행스럽게도 어느 주의 깊

---

1) 더 자세한 사항은 다음을 보라. Ch.-V. Langlois, *Registres perdus des archives de la Chambre des Comptes de Paris*; *Notices et extraits*, XL, p. I. Lenain de Tillemont(*Vie de Saint Louis*, éd. de la Soc. de l'Histoire de France, V, p.301)에는 루이 9세의 결혼비용 항목이 게재되어 있으며, 이 항목에는 "상스에 온 환자들을 위해 20리브르"라는 문구가 있다. 그렇지만 연주창 때문에 손대기 치료를 받으러 온 사람일까?

2) 이것은 르노 드 루아(Renaud de Roye)의 기록에 있는 출신지 정보를 근거로 한 것이다. 이 기록은 외국에서 왔건 왕국의 먼 곳에서 왔건 모두 언급하고 있다. 이 책 127쪽 이하 참조. 손대기 치료를 받은 환자 모두가 자선금을 받았음을 고려하면, 왕의 기적은 외국인에게만 인기가 있었거나 최소한 왕의 권력이 직접 미치는 곳 이외에서만 인기가 있었다고 결론짓고 말게 될 것이다. 이것은 전혀 있을 것 같지 않은 결론이라고 해도 지나친 말이 아니다.

3) 이 문서는 다음 책에 출간되어 있다. *Recueil des Historiens de France*, t.XXI et XXII. 이에 대한 연구는 Borrelli de Serres, *Recherches sur divers services publics*, I, 1895, pp.140~160, II, 1904, pp.69~76.

은 회계원이 재무기록을 담당한 적이 있다. 1304년 1월 31일부터 1307년 1월 18일 사이에 왕실 금고 담당자는 장 드 생쥐스트에서 르노 드 루아로 바뀌었다. 우리는 르노 드 루아가 기록한 두 종류 서판 중 일부를 가지고 있다. 하나는 1307년 1월 18일부터 1307년 6월 28일까지이며, 다른 하나는 1308년 7월 1일부터 같은 해 12월 20일까지이다.[4] 우리는 이 기록에서 '왕의 병을 앓고 있는' 사람을 위해 꽤 많은 액수를 지급했음을 볼 수 있다. 그리고 매번 수혜자 이름과 출신지를 정성스럽게 기록해놓은 점으로 보아 이 지급이 매우 신경 써서 행해졌음을 알 수 있다.[5] 왕의 기적에 대해 우리가 가지고 있는 가장 정확한 기록 중 일부는 놀라울 정도로 꼼꼼한 이 관료 덕분이다.

거의 2세기에 가까운 기간을 뛰어넘어 보자. 필리프 미려왕에서 샤를 8세에 이르는 기간에 치료능력을 언급한 회계자료는 단 한 건도 없다. 아주 오래전부터 연주창 환자에게 선물을 주거나, 좀더 일반적으로 말하면 자선금을 주기 위한 자금을 관리하는 기관이 왕실금고에 더 이상 속해 있지 않았던 것 같다. 샤를 6세 치세의 왕실 회계는 더 이상 이러한 종류의 언급을 하지 않고 있다.[6] 이때부터 왕실 전속사제는 별도로 금고를 갖게 되었고, 그것을 자신이 직접 운영하거나 전문기술을 가진 자를 자기 밑에 두어 관리했다. 당연히 자신의 회계장부도 관리했다. 그러나 그 장부 대부분은 없어졌다. 샤를 8세 이전 시대의 것으로서 남아 있는 유일한 장부는 국립문서고(AN) 분류번호 KK9와 KK66에 보관되어 있다.

이 분류번호의 자료 중 KK9는 장 2세, 샤를 5세, 샤를 6세 치세의 것이며, KK66은 루이 11세 치세의 것으로서, 앞의 자료는 종교시설에 대한 자선금과 예배와 관

---

4) 이 문서는 다음 책에 출간되어 있다. *Histor. de France*, XXII, pp.545~565. 1307년 서판에 대하여 나는 국립도서관 ms. latin 9026에 있는 사본을 이용했는데, 몇몇 군데에서는 이 사본이 출간본보다 더 완벽하다. 이 책 2부 1장 각주 40 이하 참조. 르노 드 루아에 대해서는 Borreli, *loc. cit.*, II, p.75 참조. 또한 같은 책 72~73쪽에는 여기서 다루고 있는 서판이 설명되어 있다.

5) 단 하나의 예외가 있다. *Hist. de France, loc. cit.*, 554B: "토마 졸리(Thomas Jolis), 왕의 병 환자"라고 되어 있으며 출신지가 생략되어 있다.

6) 이 회계자료는 다음 책에 분석되어 출판되었다. L. Douet D'Arcq, *Comptes de l'hôtel des rois de Frnace aux XIVe et XVe siècles*(*Soc. de l'hist. de France*), 2 vols. 1865.

련된 자료만으로 이루어져 있으며, 뒤의 자료 역시 대부분 같은 종류의 자료로 이루어져 있다. 그런데 그런 종류의 자선금은 여기서 다룰 문제는 아니다.[7] 1485년이 되어야 자선금 장부라고 부를 만한 것이 등장한다. 여기에 그 목록을 작성해놓았다. 내가 국립문서고는 샅샅이 뒤져보았지만, 국립도서관은 철저하게 뒤져보지 못했음을 알려둔다. 분류기호에 대해 특별한 언급이 없으면 모두 국립문서고에 있는 것을 말한다.

1. 기록부 일부: 지출. 1485년 9월 자료 중 일부. K111, fol 49-53.[8]

2. 기록부 일부: 지출. 1487년 3월과 4월 자료 중 일부. KK111, fol. 41-48.

3. 기록부: 1497년 10월 1일부터 1498년 9월 30일까지. KK77.

4. 기록부에 없는 지출 회계장부: 1502년 10월: 국립도서관 ms. français 26108, fol. 391-392.

5. 기록부: 1506년 10월 1일부터 1507년 9월 30일까지. K88.

6. 기록부: 1528년 5월 19일부터 1530년 12월 31일까지. 대부분은 문서보관소 (A.N) KK101에 보관되어 있다. 그러나 누락이 많고 이것들이 모두 지출에 관련된 부분이다. fol. 15-22(1528년 5월, 6월, 7월 일부)는 오늘날에는 국립도서관 ms. français 6762의 fol. 62-69로 되어 있다. fol. 47-62(1528년 12월 일부, 1529년 1월, 2월, 3월 일부)는 위와 같은 번호의 필사본 fol. 70-85로 되어 있

---

7) ms. fr. 11709는 14세기 자선금 지급에 대한 부분을 포함하고 있지 않다. 여기에는 어떠한 손대기 치료에 대한 언급도 없다.

8) K111은 여기저기 흩어져 있던 단편들을 하나의 책으로 제본한 작위적인 기록부이다. 표지기재사항에 언급되어 있듯이, 이것은 몽테유(A. Monteil) 총서에서 나온 것이다. 그러나 1871년 간행된 장서 분류 목록(Tableau Méthodique des fonds) 686란에 기록된 몽테유 총서의 목록에는 나오지 않는다. 이 사료를 이루고 있는 각 부분들은 모두 위에서 나열되었다(왜냐하면 이것들은 모두 자선금 기록부에서 가져왔기 때문이다). 다만 마지막 장(fol. 54)은 예외인데, 이것은 원래 자선금 기록부의 마지막 장으로서, 자선담관이 기록한 것이 1489년 12월 회계원에 보내졌던 것으로 보인다(1489년 12월 14일 "상기 회계원의 소액 출납을 담당하는" 출납관에게 20리브르를 지불했다는 기록이 있다). 지출장부 중에서 자선금 기록의 내용은 해당 월별 기록 내에서 날짜 순서로 기재되어 있지는 않다. 먼저 봉헌물이 적혀 있고, 그다음 순수한 의미에서의 자선금이 나온다. 그런데 이 두 부분은 각각 날짜 순서로 되어 있다.

다. fol. 71-94(1529년 4월 일부, 5월, 6월 일부), fol.171-186(1529년 8월 일부, 9월 일부), fol. 227-258(1529년 11월, 12월 일부), fol. 275-296(1530년 1월 일부, 2월), fol. 331-354(1530년 4월 일부, 5월), fol. 403-434(1530년 8월 일부, 9월, 10월 일부)는 완전히 누락되어 있다.

7. 기록부 일부: 지출. 1547년 7월 자료 중 일부(연도가 표시되어 있지는 않으나, 몇몇 항목이 축성식 여정과 관련되어 있다): KK111, fol. 33-40.

8. 기록부 일부: 지출. 1548년 4월, 5월, 6월, 7월, 8월 일부: KK111, fol. 17-32.

9. 기록부 일부: 1549년 1월 1일부터 12월 31일까지 회계연도. 수입 전체 내용과 1월 및 2월 일부 지출: KK111, fol. 1-16.

10. 기록부: 1569년 1월 31일부터 12월 31일까지: KK137(보존상태가 좋지 않음).

2번을 제외한 모든 기록부, 기록부의 일부, 회계장부의 일부에 등장하는 손대기 치료에 대한 언급은 종종 숫자로만 표현되어 있었다. 환자 이름이 적힌 경우는 예외적이었다. 1539년 12월 31일부터 왕정 몰락 때까지 자선금에 대한 어떤 기록부도 더 이상 발견되지 않았다.[9]

영국의 회계장부

영국 왕실은 매우 훌륭한 재정기록을 남겼다. 여기에 비하면 파리에 있는 기록들은 보잘것없다. 영국에서는 왕궁의 화재와 같은 참사가 없었기 때문이다. 자료가 너무나도 풍부해서, 프랑스인이라면 진정으로 경탄하면서도 다소간 공포감까지도 느낄 것이다. 이 모든 자료 속에서 어떻게 헤쳐나갈 것인가? 영국 행정의 역사는 거의 알려져 있지 않다. 연구될 수 없다는 것이 아니라, 오랫동안 관심 밖에 있었다고 할 수 있다. 의원들의 생애에 대한 재미있는 일화만이 오로지 관심의 대

---

9) 국립문서고 분류번호 상자 O1 750에는 루이 16세 치세의 대자선금(Grande Aumonierie)과 관련된 자료들이 포함되어 있다. 여기에는 회계장부가 포함되어 있지 않으며, 손대기 치료와 관련된 자료는 아무것도 포함되어 있지 않다. 루이 16세 치세에는 루이 14세 시절부터 자선금 기록부를 담당했던 오루(Oroux)가 여전히 담당하고 있었던 것 같다. *Histoire ecclésiastique de la cour*, I, p.184, n. q.

상이었다. 학자들은 관료제의 모호한 활동에 대해 기꺼이 눈길을 보내지는 않았다. 그러나 얼마 전부터 새로운 연구자 세대가 열심히 작업하고 있다.[10]

그리하여 오늘날에는 거우 추측할 수밖에 없는 사회적 변화와 헌정상 변화의 비밀을 언젠가는 꿰뚫어볼 수 있을 것이다. 그러나 그들의 작업이 완수되려면 아직 멀었다. 특히 재정 기록에 대한 연구는 분류, 비교, 토론 작업으로서 이러한 작업은 수고에 비해 산출이 적지만, 그 결과는 매우 중요한데, 아직 시작 단계에 머물러 있다. 그럼에도 불구하고 나는 여기서 그러한 어려운 자료들을 이용할 수밖에 없었다. 왜냐하면 그 자료들이 치료의례의 지식에 대한 주된 정보들을 담고 있기 때문이다. 나는 그 정보들 중에서도 특히 한 범주의 정보, 즉 왕실 회계장부에 주목했다. 나는 그것을 이용하면서 사료 비판을 하지 않을 수 없었다. 이전의 연구들은 충분한 설명을 제시해주지 못했다.[11] 나는 나름대로 최선을 다했다. 그러나 내가 연구를 수행했던 조건에서 이루어진 이러한 종류의 연구에 실수할 위험이 있다는 것을 인정하지 않는 것은 아니다. 회계와 관련된 부서에서 관료가 수행한 방법을 어느 정도 정확하게 재구성하기 위해서는 아주 신중하게 선택한 연대의 두 지점 사

---

10) 나는 특히 투트(T.F. Tout) 교수의 훌륭한 연구를 염두에 두고 있다. 다음 각주 11을 참조하라.

11) 물론 나는 투트의 책에서 많은 도움을 받았다. T.F. Tout, *Chapters in the administrative history of mediaeval England: the Wardrobe, the Chamber and the Small Seals*(*Publications of the University of Manchester: Historical Series*, 34), 2 vols., 1920. 불행하게도 이 훌륭한 책은 내가 기대했던 것보다 훨씬 짧은 시기만을 다루고 있다. 또한 그 책에서 다루는 문제들은 나의 관심사와 정확하게 일치하지는 않는다. 다음 책도 참조. A.P. Newton, "The King's Chamber under the early Tudors," *English Historical Review*, 1917. 영국 재정의 역사와 관련된 참고문헌, 적어도 중세와 관련된 참고문헌은 다음 책에 나와 있다. C. Gross, *The sources and literature of English History*, 2nd ed., London, 1915. 크로퍼드와 파카는 치료 의례에 대한 연구를 하면서 많은 회계자료를 이용했으나, 체계적이지 못했다. 젠킨슨은 이 「부록」을 작성하기 위해 수많은 정보를 나에게 전해주었는데, 특히 몇몇 수정사항은 매우 유용했다. 그러나 내가 저질렀을지 모를 실수들은 결코 젠킨슨의 책임이 아니라는 점을 말해두고 싶다. 모든 실수를 완전히 피하고자 했다면, 수고스럽게 멀리 떨어진 런던까지 가서 작업을 한 이 작은 책의 집필을 포기했을 것이다. 사실 이 작업을 포기하려는 유혹을 수도 없이 느꼈다는 점을 굳이 말해야 할까? 결국 비판하려는 노력조차 하지 않은 채 사료를 이용하기보다는 명백한 근거를 가진 질책이라면 감수하는 편이 좋겠다고 생각했다. 그렇기는 해도 모호한 이 문제에 내가 약간의 빛을 비추었다고 믿는다. 그러므로 독자들도 내가 제공한 약간의 유익한 정보를 봐서라도 나의 무모함을 용서해주기 바란다.

이에 있는 모든 가능한 자료를 검토해야 한다. 달리 표현하면 기간은 상대적으로 짧게 설정하고 연구는 깊이 해야 한다. 그런데 반대로 나는 지극히 긴 시간 범위를 설정해야 했고, 표본조사만 해야 했는데, 그 양이 너무나 많아서 어쩔 수 없이 불충분할 수밖에 없었다. 아래 설명된 것에는 확실한 사실들이 있을 것이고, 그것은 여러모로 유용할 것이지만, 그 해석은 추측에 불과하다. 주석에 내가 본 사료들의 정확한 목록을 적어놓았으므로, 나의 가설이 무엇에 기반하고 있는지를 판단할 수 있을 것이다.[12]

에드워드 1세 치세까지의 회계기록은 거의 남아 있지 않다. 우리가 다루고 있는 주제에 관해서는 아무것도 없다.[13] 반대로 에드워드 1세 치세부터 행정은 훨씬 더 잘 조직되고 정확해졌으며 문서에 근기하게 핌에 따라, 분서들이 잘 보존되어 있다. 실제 런던 공립 문서보관소에 있는 경탄스러운 일련의 재무기록은 이때 전면적으로 시작되었다. 이 기록은 대영박물관의 총서와 어느 정도 겹치는데, 그것은 시대에 관계없이 공식기록관리에서 소홀히 취급된 문서들이 이곳으로 옮겨졌기 때문이다. 과거 영국 왕실의 재정기록이 제공하는 정보는 두 가지로 나누어서 따로 연구하는 것이 좋을 것이다. 하나는 연주창 손대기 치료에 대한 연구이고, 다른 하나는 치료용 반지에 대한 것이다.

영국 회계장부에서 연주창 손대기 치료

국왕에게서 '십자 표시'를 받거나 '축복'을 받은 환자들은 돈을 약간 받았다. 에

---

12) 이하의 인용은 참고문헌의 규칙에 따라 작성되었다. 꺾쇠괄호 안의 숫자(예를 들어 [18]-옮긴이)는 치세를 나타낸다. 치세 연도를 오늘날의 역법에 맞추기 위해 월리스의 작은 책자의 도움을 받았다(J.E.W. Wallis, *English regnal years and titles*(*Society for promoting christian knowledge, Helps for Students of History*, no. 40), London, 1921). 연주창의 손대기 치료에 관해 아무런 언급이 없는 문서에는 별표(*)를 했다. 시간관계상, 런던 공립문서보관소(R.O), 대영박물관 필사본, 인쇄된 사료집 등으로 국한했다. 무엇보다 불완전하다는 점을 감수해야 한다. 런던의 양대 문서보관소는 과거 영국 왕정의 재정 기록 대부분을 소장하고 있다. 그러나 다른 공립 문서보관소나 사립 문서보관소도 참조해야 한다. 투트가 왕실 회계 문서에 대해 철저하게 조사하지는 않았다(1장, p.48 참조). "왕실 수장고(wardrobe) 출납 장부는 워낙 여기저기 흩어져 있어서 체계적으로 조사하기 곤란하다."

13) 헨리 3세의 지출장부 두 건을 보았지만 아무런 성과도 없었다. E.A. *349,23 및 *349,29.

드워드 1세 시대로 가보자. 자선금은 자선담당관의 책임 아래 지급되었다. 이때 지급 내용은 서로 다른 세 종류 사료에 기록되어 있다. 그것은 다음과 같다.

1. 자선담당관의 '기록부(rôle).' 일정한 기간 담당자가 지급한 금액을 적어놓은 단순한 메모(대개는 일 년 단위). 여기에 기록된 지출은 일 단위, 주 단위, 또는 예외적으로 보름 단위로 되어 있다.[14]

2. 매 회계연도, 즉 치세 연도마다 '왕실 수장고 출납관(custos garderobe)'이 작성한 요약 장부. 15) 왕실 재정운용의 책임을 지고 있는 관리를 그렇게 부른다. 수장고(Garderobe)라는 이름은 애매한 단어인데, 그 이름이 한편으로는 의상, 귀금속, 다른 유사한 물건을 담당하는 관직을 가리키며, 다른 한편으로는 (일반적으로 '크다'는 접두어를 붙여서 '대수장고(Magna Gardaroba, Grande Garderobe)'라는 단어로 사용되는 데에서 보듯이) '왕실 관청 전체(또는 hospicium이라고도 함)'를 가리키기도 하기 때문이다. 원래 의미에서의 수장고와 대수장고의 관계도 애매하다. 여기서 이 복잡한 문제를 단정적으로 해결할 의도도 없고 정확하게 하려는 의도도 없다. 그러나 이러한 용어의 모호함이 때때로 왕실 회계에 대한 연구를 어렵게 만든다는 점을 지적하고 싶다.[16]

3. 수장고 감찰관(contrarotulator Garderobe)의 연도별 장부.[17] 이 문서는 대조용 장부(contre-rôle, contra-rotulamentum)라고 불리는데 어느 모로 보나 운

---

14) 내가 참조한 것은 E.A. 350,23[5]; 351,15[12]; 352,18[17]; *353,16[21]; *361,21[30].

15) 내가 참조한 것은 런던 공립 문서보관소(R.O.) Chancery Miscellanea, IV, 1[6, 단 1월 31일 이후 기록]; *IV, 3 [14]; IV, 4 [18]; Exch. Treasury of Receipt, Misc. Books *202[22-23]; Brit. Mus. Add. mss. 7965[25]; 35291[28]; 8835[32]. Add. mss. *35292는 치세 31년에서 33년 사이의 금고일지(*Jornale Garderobe de receptis et exitibus eiusdem*)인데, 나는 이 자료에서 아무것도 얻지 못했으며, mss. Add. *37655 [34]도 마찬가지였다.

16) 이러한 모호함으로 말미암아 좁은 의미에서의 수장고의 몇몇 회계장부를 조사할 수밖에 없었고, 그 결과 아무것도 얻지 못했다. 에드워드 3세 시대에 대해서는 E.A. *384, 1[2 et 3], 그리고 *388, 9[11 et 12]를 봤는데, 둘 다 감찰관 장부를 기반으로 한 것이었다. 리처드 2세 치세에 대해서는 *Archaeologia, LXII, 2(1911), p.503[16 et 17]. 에드워드 4세 치세에 대해서는 Brit. Mus., Harleian. *4780. 리처드 3세 치세에 대해서는 *Archaeologia, I(1770), p.361.

17) 내가 본 것은 *Liber quotidianus contrarotulatoris garderobe……*, Society of Antiquaries of London 발행, London, 1787[28; 위 각주 15에서 인용한 Brit. Mus. Add. ms. 35291와 비교]; Brit. Mus. Add. ms. *7966A [29].

용을 검증하기 위한 장부였을 것이다. 장부와 대조용 장부는 같은 형식으로 작성되어 있지만, 원칙적으로는 서로 독립적으로 작성되었을 것이다. 이 두 장부를 회계 감사관이 대조했을 것이다. 나는 에드워드 1세 치세 28년에 손대기 치료에 사용된 금액을 한편으로는 수장고 출납관이 기록한 금액과, 다른 한편으로는 감찰관이 기록한 금액과 대조해보았다. 그 두 금액은 동일했다. 그러나 그것은 사례로 든 한 경우뿐이었다. 일반적으로는 두 문서 중 어느 한쪽은 없었다. 나머지는 큰 문제가 아니다. 왜냐하면 그 둘은 항상 거의 같은 수를 기록했을 것이기 때문이다. 의심 많은 어떤 관료가 이처럼 장부를 이중으로 작성하는 방법을 고안해낸 덕택에, 오늘날 우리는 수장고 서기의 연도별 장부가 없을 때에도 감찰관이 장부로 보충할 수 있으며, 그 반대도 가능하다.

왕의 기적을 연구하는 역사가가 보기에, 이러한 모든 장부는 심각한 결함을 가지고 있다. 이 장부들은 숫자만 제공해줄 뿐 이름을 제공하지는 않는다는 점이 그것이다. 이 자료를 통하여 우리는 에드워드 1세가 어느 날에 혹은 어느 주에 환자를 몇 명 만졌는지를 알 수 있다. 그것은 이미 대단한 일이다. 그러나 우리는 더 많이 알고 싶다. 왕에게서 치료를 받으려는 이 불쌍한 환자들이 어디서 왔는가? 필리프 미려왕의 왕실 회계는 이것에 대해 말해주고 있지만, 에드워드 1세의 장부는 침묵하고 있다. 그러나 그 자체만으로도 귀중한 자료다. 그 이후 치세에 대한 정보는 더 적다. 이러한 부족의 원인은 행정관례의 변화에 있다. 무슨 일이 일어났는지 살펴보자.

에드워드 2세 치세(1307~27-옮긴이)부터 자선담당관의 장부는 갑자기 없어지고 그 뒤로 영원히 다시 나타나지 않는다.[18] 이런 일이 왜 일어났을까? 이 주제에 관하여 추측만 할 수 있을 뿐이다. 자선담당관이 지출을 기록하지 않았을 가능성은 없다. 틀림없이 관리관이 점점 자신에게 들어오는 장부를 자기 수중에 보관하는 습관이 생겼을 것이다. 사실 자선담당국의 문서가 완전히 독립적으로 오랫동안 존재했던 것을 우리는 알고 있다. 그러는 사이에 일부는 화재 때문에, 그리고 일부

---

18) 그럼에도 재무부 회계장부에는 에드워드 3세의 자선금 장부가 들어 있다. E.A. *394, 1 (이 장부에서는 아무런 정보도 얻을 수 없었다).

는 관리소홀이나 망실 때문에 과거 문서가 완전히 없어지고 말았다.[19] 뒤이어 지적하겠지만, 남아 있다면 유용한 정보를 얻을 수 있을 것으로 기대할 수 있는 다른 문서고, 가령 국왕예배당(Chapelle royale) 문서고도 마찬가지다.[20]

수장고 출납관이 작성한 것이든 감찰관이 작성한 것이든, 회계연도마다 요약 장부는 남아 있다.[21] 안타깝게도 우리의 문제에 관한 한 대략 에드워드 2세 치세 중반부터는 이전과 같이 세세하게 적지 않고 있다.[22] 국왕의 손대기 치료를 받은 연주창 환자에게 주던 금액을 연대순으로 자세하게 적던 관습이 없어진 것이다. 이때부터는 해당 회계연도 기간 중에, 또는 예외적으로는 이 회계연도 중 일정 기간 중에 자선담당관이 환자당 얼마씩, 얼마나 많은 '축복받은(bénis)' 환자에게 지급했는지 그 총액만 몇 파운드, 몇 실링, 몇 펜스로 나타내고 전체적인 언급만 하면 충분하게 되었다. 더 이상 자세한 내용은 없었다.[23] 이러한 관행은 에드워드 2세 후반과 에드워드 3세 치세 동안 일관되게 계속되었다.[24]

---

19) *Second Report of the royal commission on public records*, II, London, 1914, 2e partie, p. 172. 국왕 자선국(The Royal Almonry)의 문서고에는 현재 1723년 이전의 문서는 없다.

20) 앞의 각주 19에서 인용한 저작, p.69.

21) 에드워드 3세 치세 때부터 회계연도와 치세연도가 일치하지 않았다. 그 기간은 종종 변동이 있었는데, 이것은 재정 행정이 무질서했음을 증명하는 증거이다.

22) 에드워드 2세 치세 10년차의 회계장부(1316년 7월 8일~1317년 7월 7일까지)에 대해서는 나는 스태플턴의 서술을 통해서만 알 수 있었는데, 이 장부는 과거의 형식을 따른 것으로 보인다. T. Stapleton, *Archaeologia*, 26(1836), p.319 이하.

23) 사례: Brit. Mus. Add. ms. 9951, Counter-roll(?), 에드워드 2세 치세 14년차(1320년 7월 8일~1321년 7월 7일), fol. 3 v: "상기 당해 회계연도 내에 재위 중이신 왕으로부터 여러 차례 축복을 받은 79명의 환자에게 지급한 자선금; 즉 불쌍한 자 각각에게 1펜스씩 6실링 7펜스."

24) 에드워드 2세 치세에 대해서는 앞에 있는 각주 22에서 언급한 *Archaeologia*에 게재 논문 이외에 다음 자료를 보았다. E.A. *376,7 *9; 대조용 장부(counter-roll), 다루고 있는 기간이 1월 31일부터 6월 9일까지로 짧다는 점, 그리고 거기에 담긴 내용이 간단한 특징만을 담고 있다는 점이 주목할 만한 자료이다; Brit. Mus. Add. ms. 17362[13; 수장고 회계장부(wardrobe account)]; 9951[14; 대조용 장부; 여기에 더하여, 그리고 실수로, 감찰관의 개인적 지출 장부도 있다. E.A. *376,13[8 et 9]. 에드워드 3세 치세에 대해서는 다음과 같다. Brit. Mus. ms. Cotton Nero C VIII, [치세 8년차 : 대조용 장부]; E.A. 388, 5[치세 8년차부터 11년차까지: 대조용 장부]; R.O. Treasury of Receipt, Misc. Books, 203[12-14: 수장고 회계장부]; E.A. *396, II[43: 대조용 장부]. 여기에 더하여 에드워드 2세에 대해서는 Brit. Mus. Add. ms. *36763, 지출 기록부. 이 기록부는 1323년 7월 8일부터 10월 9일까지 일종의 왕실 금고 금전출납부로 날마다 기록되어 있으나, 매일의 기록에는 항목에 대해 자세하고 정확하게 기입되어 있지 않

리처드 2세(1377~99-옮긴이) 이후에는 회계연도 말에 하는 명세서 작성을 완전히 중단해서, 우리는 연주창에 대해 아무런 정보도 얻을 수 없다.[25] 그 시점에 영국의 군주들이 갑자기 기적을 행하는 능력을 포기한 것일까? 전혀 그렇지 않다. 과거와 마찬가지로 영국의 군주들은 기적을 행하는 의사임을 계속 자처한 것으로 알려져 있다. 아마도 이러한 갑작스러운 침묵은 약간의 관료제도의 개혁으로 설명될 수 있을 것이다. 이 당시 수장고 회계장부이건 대조용 장부이건 지출에 관련된 부분이 둘로 나뉘어 있었다. 하나는 시간 순서대로 기록된 현재 지출을 기록한 부분이고, 다른 하나는 앞의 기록에 포함되지 않은 지출에 대한 상세 설명, 즉 소항목을 직무별로 기록해놓은 부분이었다. 이런 확실한 기록 방법이 새로운 것은 아니었으나, 이것이 이 당시 결정적으로 짐작되었다. 이전 왕들의 치세에 이러한 유형의 과거 회계장부에서는 왕에 의해 '축복된' 환자들에게 지급된 자선금이 항상 (우리가 보았듯이 일괄적으로) 2부 자선(Aumône)이라는 '장(titulus)'에 기입되어 있었다.

사람들은 이것을 예외적인 지출로 간주한 것이다. 리처드 2세 치세에 손대기 치료에 관련된 조목은 자선금 항목에서 영원히 없어졌다. 아무리 생각해봐도 이것이 없어진 것은 이때부터 이 금액이 정규 지출의 하나로 잡히게 되었기 때문인 듯하다. 이 금액은 일지 형식으로 작성된 1부로 옮겨진 것이다. 불행하게도 그 일지는 아주 정확하게 작성되지는 않았다. 매일 또는 매주 각 부서에 지급된 금액을 적어놓는 데에 그치고, 그 금액의 정확한 사용처를 기록하지는 않았다. 포도주에 얼마, 주방에 얼마, 자선금으로 얼마, 이런 식이었다.[26] 자선관리관이 일정한 금액을 지

고 단순히 업무별 지출만 기록되어 있다.

25) 에드워드 3세와 리처드 2세 치세에 대해서 내가 참조한 회계장부의 목록은 다음과 같다. 리처드 2세: Brit. Mus. Add. ms. *35115[16: 대조용 장부]; E.A. *403,10[19: 대조용 장부]. Henry IV: E.A. *404,10[2: 장부; 수장고 출납관]; Brit. Mus. ms. Harleian *319[8: 대조용 장부; cf. *Archaeological Journal*, 4(1847), p.78 참조]. Henry V: E.A. *406,21[1: 왕실 회계국 장관 (treasurer of the Royal Household)]. Henry VI: E.A. 409,9[20-21: 대조용 장부]. 에드워드 4세: E.A. *412,2[6-7: 대수장고 출납관(Keeper of the Great Wardrobe)]. 재무성 공식 회계장부 (Enrolled Accounts of the Exchequer)에서는 어떤 정보도 얻을 수 없다. 여기에 기록되어 있는 왕실 지출은 매우 간략하다. 내가 참조한 것은 *Exch. Enrolled Accounts, Wardrobe and Household*, *5이다.

26) 이 기재방법을 이해하기 위해서는 사례를 한 가지 보는 것보다 좋은 방법은 없을 것 같다. 여

불한 것은 알아야 하지만, 누구에게 무슨 이유로 지불했는지 상세한 내역은 관심사가 아니었다. 그러므로 이러한 기재 방식에서 손대기 치료와 관련된 지출은 군주가 행한 다른 자선에 묻혀버렸던 것이다. 거의 한 세기 동안의 회계장부에서 왕의 기적에 관한 흔적을 찾았으나 허사였다.

헨리 7세와 헨리 8세 치세(1485~1547-옮긴이)에 이 자료들이 다시 나타난다. 이 시기에, 그리고 그 이후 시기에도, 대수장고 서기나 감찰관의 연간 기록부가 이전 시기에 비해 더 많은 정보를 제공해주는 것은 아니다.[27] 그러나 이 두 치세의 왕실 지출 일지가 약간 남아 있으며, 거기에서 우리는 국왕이 '치료한 환자'에게 지급된 금액에 대한 기록이 여러 차례 나오는 것을 볼 수 있다.[28] 이 지불은 자선

기에 우연히 에드워드 6세 치세의 수장고 회계장부의 1일분 기록이 있다. 1466년 10월 7일자 기록이다. 국왕은 그리니치에 머물고 있었다. "지불(dispensa): 27실링 6펜스. 포도주 관리관(Buttillaria): 115실링 1펜스. 수장고 출납관(Garderoba): 31실링 11펜스 오볼(반 펜스-옮긴이). 주방장(Coquina): 6파운드 12실링 3펜스. 가금류 담당관(Pullieria): 61실링 8펜스. 시동(Scuttillaria): 6실링 6펜스 오볼. 생선 담당관(Salsaria): 2실링 4펜스. 시종과 침실 담당관(Aula et Camera): 18실링 9펜스. 마필 담당관(Stabulum): 29실링 9펜스 오볼. 환불(Vadia): 76실링 10펜스 오볼. '자선금(Elemosina)': 4실링. 총액: 25파운드 6실링 9드니에 오볼."

27) 나는 헨리 7세 치세에 대해서는 치세 8년차의 대조용 장부를 봤다. E.A. *413,9. 헨리 8세에 대해서는 치세 13년차와 14년차의 대조용 장부를 봤다. E.A. *419,6; 대수장고 출납관 회계장부 Brit. Mus. Add. ms. *35182[23-24], 에드워드 6세 치세에 대해서는 대조용 장부 E.A. *426, 6[2 and 3], 에드워드 6세 치세 6년차와 메리 여왕 치세 1년차에 대해서는 왕실 회계장부(Royal Household accounts), Brit. Mus. Add. ms. *35184, 엘리자베스 치세에 대해서는 회계장부 E.A. *421, 11[2] 및 대조용 장부 E.A. *421, 8[1-3]을 참조했다. 헨리 8세 치세의 상세 사항에 대해서는 파카의 자료를 참조하라. Farquhar, *Royal Charities*, I, p.73, n.3.

28) 헨리 7세 치세에 대해서는 다음 자료를 참고했다. E.A. 415, 3[15-17]; Brit. Mus. Add. ms. 21480[20-21]; Samuel Bendey, *Excerpta historica*, London, 1831(원본 C. Ord.에서 발췌한 지급장부의 일부. C. Ord의 묶음은 Brit. Mus. Add. ms. 7099). 헨리 8세 치세에 대해서는 다음 자료를 참고했다. N.H. Nicolas, *The privy purse expenses of King Henry the Eighth from November MDXXIX to December MDXXXII*, London, 1827(내실 회계관 브라이언 튜크 (Bryan Tuke)의 장부로 현재는 대영박물관 소재: Brit. Mus. Add. ms. 20030). 헨리 8세, 에드워드 6세, 그리고 메리 여왕 시대에 대해서도 이와 유사한 장부의 여러 발췌본이 있으므로 참조하라. *Trevelyan Papers*, I et II(*Camden Society*), London, 1857, 1863; Farquhar, I, p.82, n.1. 손대기 환자에게 지불했다는 어떤 언급도 찾아볼 수 없을뿐더러, 자세히 기록되어 있지도 않지만, 자선담당관이 지급했다는 기록은 여러 차례 나온다. 헨리 7세 치세 21~24년차 및 헨리 8세 치세의 지출 장부(*Boke of Payments* de Henry VII[21-24] et Henry VIII), P.R.O. Treasury

담당관이 한 것은 아닌 것으로 보인다. 이 자선담당관들 중에서 헨리 8세 치세에 자기가 금액을 먼저 지불하고 나중에 환급을 받은 관료 이름을 우리가 알고 있는데, 그는 국왕 내실 책임자(premier Gentilhomme de la Chambre)였다.[29] 게다가 손대기 치료와 관련된 언급은 이 기록에서는 매우 드물었다. 그리하여 이 기록들이 이런 종류의 지출과 관련된 사례 전체를 포괄하고 있는가라는 의문을 가질 수 있다. 내 생각에 병자에게 지급된 금액 중 일부—아마도 대부분—는 자선담당관의 손으로 지급되었을 것이다. 이 관료는 틀림없이 전체 지급액에 포함하여 계산했을 텐데, 우리는 그 지급액을 자세히 알지 못하는 것이다.

이제 17세기로 넘어가보자. 이때부터는 왕실 회계장부가 우리에게 아무런 정보도 주지 않는다.[30] 우리에게 정보를 제공해주는 것은 다른 차원의 재정문서다. 15세기경 영국 왕들은 손대기 치료를 받은 환자들에게 다양한 은화나 다른 형태의 주화로 일정 금액을 지급한 것이 아니라, 오직 한 가지 금화, 즉 '엔젤화(Angel 貨)'만 지급했다.[31] 점차 엔젤화는 다른 주화들처럼 돈으로서의 기능을 잃었다. 치료 의례용으로만 주조되기에 이르렀던 것이다. 찰스 2세 치하에서 이 금화는 화폐로서의 성격을 전혀 갖고 있지 않은 메달로 대체되었다. 이 메달이 바로 '손대기 동전'이었다. '엔젤화'와 '손대기 동전'은 17세기에 런던탑 주조소에서 주조되었다. 정부의 여러 부처에서 화폐주조와 관련하여 이 주조소의 감독관에게 보낸 명령서가 상당수 남아 있다. 또한 주조된 동전의 양에 대한 정보를 어느 정도 제공해주는 장부도 남아 있다.[32] 이 통계자료는 매우 흥미롭다. 주조소에서 발행한 동전

---

of the Exchequer Misc. Books *214. 헨리 8세의 지출 장부에도 손대기 치료에 대한 언급이 없기는 마찬가지다(Brit. Mus. Add. ms. *2182[1-8]). 에드워드 6세 치세 2~3년의 출납장부와 엘리자베스 시대의 기초 장부도 검토했지만 성과가 없었다(E.A. *429,11). 튜더 시대의 회계 장부는 파카에 의해 자세히 검토되었다. 특히 다음과 같은 부분에 있는 정보를 참조하라. I, p.79, p.81, p.88 n.3, 91 n.4.

29) 해당 인물은 '담당관 헤니지(master Hennage)'로서, 다른 사료에서는 '국왕 내실 책임자 (Chief Gentleman of Privy Chamber)'로 되어 있다.

30) 나는 찰스 2세의 대조용 장부 2부를 혹시나 해서 살펴보았으나, 당연히 아무것도 찾아내지 못했다. R.O. Lord Steward's Dept *I, 3 et 10.

31) 손대기 치료와 관련된 화폐주조의 역사에 대해서는 이 책 136쪽 및 419쪽.

32) 파카 여사가 매우 정성을 기울여 이 자료를 연구했다. Miss Farquhar, II et III.

이나 메달의 숫자를 보면(적어도 엔젤화가 왕의 기적을 위해서만 사용되도록 주조된 이후부터) 손대기 치료를 받은 환자의 숫자에 대한 결론을 도출할 수 있기 때문이다. 그러나 이러한 방법으로는 아주 정확한 정보까지 알 수는 없다. 기껏해야 규모 정도를 알 수 있다. 왜냐하면 주어진 어느 시점에 제조된 동전이나 메달이 어느 정도의 기간 동안 유통되었는지를 알 수 있는 방법이 없기 때문이다.

우리는 일반적으로 이에 대해 잘 모른다고 할 수 있다. 다만 찰스 2세 치세와 제임스 2세 치세 초기에 대해서는 잘 알고 있다. 이 왕들 치세에 손대기 치료의 메달 주조와 관련된 회계 체제는 다음과 같다.[33] 당시 왕실 재무를 책임지고 있던 관료는 내실금고 관리관(Keeper of the Privy Purse)이었는데, 이 사람이 주조소를 직접 관리했다. 그는 상당히 많은 양의 메달을 미리 사들인 다음, 필요에 따라 녹여서 사용했다. 매번 구입할 때마다 필요한 경비는 미리 재무부에서 받았다. 그러나 주조 후에 이 금액의 사용 내역을 중앙 재정 기관에 보고해야 했다. 물론 화폐 주조국의 청구서로 끝나지 않고, 이들이 작성해야 했던 메달 지급서도 요구되었다. 그다음 주조를 위한 신규 금액을 지급하기에 앞서 그 이전에 지급된 금액이 남김없이 정당하게 사용되었는지 확인해야 했다. 그러므로 일정한 기간에 대해 손대기 치료를 받은 환자의 숫자를 일별로 기록한 증명서를 작성해야 했는데, 이론상 이 환자의 숫자는 메달을 지급받은 숫자와 같다. 의사 두 사람이 서명하고 이 당시 의식을 관리하기 위해 파견된 성직자, 즉 '국왕 전속 성직자(Clerk of the Closet)'가 연서한 이 서류는 적절한 때에 회계감사에게 제출되었다. 이것은 뛰어난 증거 자료였다.

그리고 오늘날 역사가에게는 놀라울 정도로 정확한 정보를 제공해주는 사료이다. 불행하게도 보존 상태가 좋지 않다. 이 자료들은 일시적인 필요밖에 없었으므로, 이것을 군이 서류에 포함시켜서 복잡하게 만들려고 하지 않았을 것이다. 그중 다섯 건은 언제 어떻게 해서 수집가의 수중에 들어갔는지 알 수 없으나, 미국 워싱

---

33) 이 체제는 재무위원회가 1668년 1월, 특히 3월 2일 내린 일련의 결정에 따라 성립된 것으로 생각된다. Farquhar, II, p.143 이하, 특히 p.149 하단 참조. 예를 들어 이 방법은 1668년 2월 12일과 1673년 3월 25일자 내실금고 관리관 밥티스트 메이(Baptist May)의 회계장부에 매우 명확하게 나타나 있다. R.O. Pipe Office, Declared Accounts 2795.

턴에 있는 미국 육군 의무사령부 도서관으로 흘러들어갔다.[34] 그러나 이러한 종류의 증명서라고 해서 모두 다 공립 문서보관소(Record Office)에서 나온 것이 아니다. 운 좋게도 나는 이 문서보관소의 재무성 소장 자료 중에서 '여러 가지 자료집'에 끼워져 있는 어느 문서철에서 15건의 증명서를 발견했다.[35] 틀림없이 더 깊이 연구하면, 다른 사실들을 알아낼 수 있을 것이다. 지금으로서는 1685년 12월 '국왕 전속 성직자'였던 뒤렘(N. Duresme)이 작성한 증명서가 왕의 기적과 관련된 재정 자료 중에서 가장 최신의 자료로 간주되어야 한다.[36]

영국 회계자료에 있는 치료용 반지

치료용 반지와 관련된 회계자료는 우리에게 연주창 치료에 비해 훨씬 더 정확하고 지속적인 정보를 제공해준다. 앞서 설명한 바 있는 성금요일 의례에는 매년 화폐 지급이 필요했으므로 이 지급이 당연히 기록되어야 했다. 정의에 따르면 이 지출은 일 년에 한 차례 이루어진다. 이 때문에 이 지출은 우리 기억에 연대순으로 작성되는 연간 회계장부에서 결코 1부에 기록되지 않고, 항상 2부 자선금이라는, 예외지출을 다루는 항목에 기록되어 있다. 이것은 에드워드 3세부터 에드워드 6세에 이르는 기간(1327~1553-옮긴이) 내내 그렇게 시행되어왔다.[37] 이 항목에 대한

---

34) 사료에 대한 편집과 분석은 F.H. Garrison, *A relic of the King's Evil* 참조. 그리고 문헌에 대한 수정사항은 Garrison, III, pp.117~118.

35) Exchequer of Receipts, Miscellaneous Books, E.407, 85(1). 내가 이 서류철까지 참조하게 된 것은 다음 책에 포함되어 있는 정보 덕택이었다. G. Fothergill, *Notes and Queries*, 10th series, 4(1905), p.335. 이 문서들은 1669년 4월부터 1685년 12월 사이의 것이며, 숫자를 포함하고 있다. 이 책 420~422쪽 참조.

36) 물론 '손대기 동전'의 주조는 의례가 지속될 때까지 계속되었는데, 이와 관련된 문서들은 제외한 것이다. Farquhar, IV, p.159.

37) 이 부록 1, 각주 14~28을 보면 내가 검토한 왕실 회계에 대한 서지사항이 있다. 그래서 여기에는 치세별로 반지 의례에 관한 어떤 정보를 얻을 수 있는 회계 목록을 싣는다. 에드워드 3세부터 에드워드 6세의 기간에 오직 에드워드 5세 치세만이 빠져 있음을 알 수 있을 것이다. 그의 치세는 성금요일을 한 번도 치르지 못할 정도로 짧았기 때문에 이 자료에 기록될 수 없었다. 그리고 리처드 3세 치세는 두 번만 포함되어 있다. 이 책 198쪽 및 2부 2장 각주 30 참조. 꺾쇠괄호 사이의 숫자는 반지가 축성된 성금요일 날짜를 나타낸다. Edward III: Brit. Mus. Cotton Nero C. VIII, fol. 202[1335년 4월 14일], fol. 205[1336년 3월 29일], fol. 206 v[1337년 4월 18일], (첫 두 조목은 다음 책에 게재되어 있다. *Stevenson, On Cramp rings,*

이야기는 전체적으로 단순한데 우리의 관심을 비교적 길게 끌 수 있는 매우 미묘한 문제가 한 가지 있을 뿐이다.

에드워드 3세, 리처드 2세, 헨리 4세 치세 동안 그리고 헨리 5세 치세 중에는 적어도 1413년에 '경련반지'와 관련된 자선금 항목의 조목이 항상 똑같은 형식으로 작성되었는데, 그것은 우리가 알고 있는 의례의 본질과 정확히 일치한다. 즉 같은 금액이 두 차례 연속해서 지급되었다고 표시되어 있다. 첫 번째 지급은 왕이 제단에 올려놓은 주화로서, 그것은 곧바로 회수되고 녹여져 반지로 변형된다. 두 번째는 첫 번째 주화를 '되사기'하는 것으로 간주되는 봉헌물을 말한다.[38] 1442년 (헨리 6세 치세 중 첫 번째 언급이 있던 해)부터 작성 방법이 달라졌다. 단 한 차례

---

p.49; *Gentleman's Magazine Library*, p.40; 세 조목 모두 Crawfurd, pp.169~170에 게재); E.A. 388, 5[1338년 4월 10일]; R.O. Treasury of Receipt, Misc. Books, 203, fol. 150[1339년 3월 26일] 및 fol. 153[1340년 4월 14일]; E.A. 396,11, fol. 12[1369년 3월 30일]; "Account Book of John of Ypres"[1370년 4월 12일], Crawfurd, p.170에 게재. Richard II: Brit. Mus. Add. mss. 35115, fol. 33 v[1393년 4월 4일]; E.A. 403,10, fol. 36[1396년 3월 31일](Crawfurd, p.170에 게재). Henry IV: Brit. Mus. mss. Harleian 319, fol. 39[1407년 3월 25일](*British Archaeological Journal*, IV(1847), p.78에 게재). -Henry V: E.A. 406, 21, fol. 37[1413년 4월 21일]. -Henry VI: E.A. 409, 9, fol. 32[1442년 3월 30일]. -Edward IV: E.A. 412, 2, fol. 31[1467년 3월 27일] (1468년 4월 15일자 기록은 서지사항 없이 Crawfurd, p.171에 인용되어 있음). -Henry VII: E.A. 413, 9, fol. 31[1493년 4월 5일]. -Henry VIII: Brit. Mus. Add. mss. 35182, fol. 31 v[1533년 4월 11일]. -Edward VI: E.A. 426, 1, fol. 19[1547년 4월 8일]; Brit. Mus. Add. mss. 35184, fol. 31 v[1553년 3월 31일]. 이 목록을 지금까지 검토해본 자료와 비교해보면, 특별한 이유 없이 이 수장고 회계장부에는 반지 의례를 치르기 위한 경비에 대한 언급이 없다는 점을 알 수 있을 것이다. 중세 행정 사료를 이용하는 역사가들이 미리 감수해야 할 비정상적인 사례이다.

38) 사례: 에드워드 3세 치세, 1335년 4월 14일: "4월 14일 성금요일(paraceue)에 클립스톤 (Clipstone)의 장원에 있는 국왕 예배당에서 기네스(Gneyth) 십자가에 국왕이 봉헌하는 데에 2플로린 화폐로 6실링 8펜스; 그리고 같은 장소, 같은 날, 그것으로 반지를 만들기 위해 앞서 말한 플로린 화폐를 되가져오는 대신, 그곳에 두는 데나리우스 화폐 6실링. 총 12실링 8펜스." Brit. Mus. Cotton Nero C. VIII, fol. 202, Stevenson, On Cramp-rings, p.49에 게재 (*Gentleman's Magazine Library*, p.40); Crawfurd, p.169. 헨리 5세 치세, 1413년 4월 21일: "성금요일에 랭글리(Langley) 수도원 예배당에서 십자가에 대해 예배를 하면서 국왕 전하의 봉헌으로서 품질 좋은 금화 3닢과 은화 5닢, 25실링. 치료용 반지를 만들기 위해 상기 화폐를 되돌려받은 대신 예배당 사제에게 지불한 돈: 25실링." E.A. 406, 21, fol. 19. 에드워드 3세와 관련된 문서에서 두 번의 연속된 지출 사이에 약간 금액 차이가 있음을 볼 수 있는데, 그 설명은 간단하다. 첫 번째 지출을 질이 좋은 화폐로 해야 할 필요 때문에 외국 화폐가 사용되었는데, 이것의 가격이 국내 명목화폐의 가격과 정확히 일치하지 않았기 때문일 것이다.

지급만 기록되게 된 것이다. 무엇보다 형식이 분명하지 않다. "성금요일에 십자가에 예배를 드리면서 국왕이 봉헌물로 바쳐야 할 치료용 반지를 만드는 데에 사용될 금화와 은화로 25실링,"[39] 그리고 헨리 8세 치세 이후로는 "성금요일에 국왕전하가 십자가에 예배를 드리면서 봉헌물로 바쳐야 할 치료용 반지 및 그것의 되사기를 위해, 금화와 은화로 25실링."[40] 이 형식이 모호하다면, 그 이유는 회계담당자가 과거의 표현을 계속 사용했기 때문인데, 이러한 표현을 사용함으로써 제단에 봉헌물로 바친 주화를 되사서 반지로 만드는 관습이 여전히 지속되고 있다는 것을 말해주고 있다. 실제로 일어났던 일은 다음과 같이 추론하는 것이 매우 확실해 보인다. 적어도 1369년 이후 25실링을 두 차례 지급하던 초기의 지불방식에서[41] 단 한 차례 지급하는 깃으로 횟수가 줄어들였으며, 과거 지급되었던 액수의 절반에 해당하는 액수만 지급되었던 것이다.

왕이 덜 관대해진 것은 아니다. 왕은 예배당에 항상 똑같은 선물을 준 셈이다. 왜냐하면 사실 예배당은 과거에는 두 번째 봉헌물, 결과적으로 25실링만 받았기 때문이다. 첫 번째 봉헌은 과거에는 반지를 만드는 데에 사용하기 위해 다시 가져왔다. 바로 그 첫 번째 봉헌이 없어진 것이다. 왜 없어졌을까? 회계자료가 아닌 다른 문헌을 보자. 헨리 8세의 전례서 중 하나로 포테스큐가 쓴 『랭카스터 가문의 권리 옹호』(*La défense des droits de la maison de Lancastre*)라는 글은 이에 대한 충분한 설명을 제시해주고 있다.[42] 그 이후로 반지는 성금요일에 완전히 준비된 상태로 운

---

39) 헨리 6세, 1442년 3월 30일: "성금요일에 십자가에 대해 예배를 하면서 치료용 반지를 만들기 위해 국왕 전하가 금화와 은화의 형태로 바친 봉헌물: 25실링," E.A. 409, 9, fol. 32 v. 비슷한 형식의 문구: E.A. 412, 2, fol. 31(에드워드 4세); 413, 9, fol. 31(헨리 7세).

40) 헨리 8세, 1532년 3월 29일: "성금요일 십자가에 대해 예배를 하면서 국왕 전하가 봉헌으로서, 그리고 치료용 반지를 만들어서 구제받기 위하여 올해 계산된 금액: 25 실링." Brit. Mus. Add. mss. 35182, fol. 31 v. 이 형식은 E.A. 426, 1, fol. 18(에드워드 6세: 1547년 4월 8일)에도 불완전하지만 비슷하게 표현되어 있다. "오래된 관습과 규정에 따라 성금요일 십자가에 대해 예배를 하면서, 그리고 치료용 반지를 만들어서 구제받기 위하여 국왕의 봉헌물로 올해 계산된 금액: 35실링(아마도 25실링을 잘못 쓴 것일 것이다)." 이 문구는 Brit. Mus. Add. mss. 35184, fol. 31 v.(에드워드 6세: 1553년 3월 31일)에도 반복되고 있다.

41) E.A. 396, II, fol. 12.

42) 이 책 203쪽 참조.

반되었다. 제작을 위한 금속은 축제 훨씬 이전에 국왕 금고에서 반출되었다. 이때 금은세공업자에게 지급되는 지출은 더 이상 자선금 항목에 기입되지 않았다. 이것은 왕실의 패물과 관련된 특별회계에 들어가야 했다. 적어도 에드워드 4세 이후 특별회계에서 실제로 몇 차례 그것을 발견할 수 있다.[43]

요컨대 과거 영국 왕정의 재정기록 보관소는 치료 의례, 특히 연주창 손대기 치료와 관련해서는 단편적이고 매우 부정확한 정보만 제공해준다. 프랑스의 문서보관소는 더 빈약하지만, 어떤 점에서는 좀더 유리하다. 이런 예상치 못한 일은 이러한 종류의 자료에서는 흔히 있는 일로서, 이러한 자료는 귀중한 만큼이나 실망스러운 것이 보통이다. 일정한 형식을 가진 일련의 서류들 속에서 기록 방식의 약간의 변화는 이런저런 시점에 도입될 수 있다. 언뜻 보기에 별로 중요하지 않은 이러한 변화는 사실 매우 중요한 정보일 수 있음에도 불구하고 역사가의 시야에 포착되지 않기 일쑤다. 하위 관료가 선임자의 일상적인 관습을 지키지 않고 엉뚱한 생각을 하는 경우에도, 우리는 그것의 영향을 받는다. 이것이 회계장부의 외형적인 침묵에서 논의를 이끌어내기 어려운 이유다.

---

43) 에드워드 6세 치세에 대해서는 Privy Seal Account를 보라. 이것은 Crawfurd, *Cramprings*, p.171에 인용되어 있다. *Liber Niger Domus Regis in A Collection of ordinances and regulations for the government of the Royal Household London*(Soc. of Antiquaries), 1790. p.23('보석상'에 대한 지급) 참조. 헨리 7세: W. Campbell, *Materials for a history of the reign of Henry VII*(Rolls-Series), II, p.142. 헨리 8세: 왕실 출납 장부, Brit. Mus. Add. mss. 2181, 2년차, 1511년 4월 19일; *Letters and Papers, Foreign and Domestic, Henry VIII*, XV, no. 862; XVIII, 1, no. 436; 2, no. 231, p.125, p.127. 헨리 8세 치세. 늦어도 1542년 이후 치료용 반지 의례에 소요되는 불규칙적인 지출은 몰수된 수도원 수입으로 만들어진 '증가 자금(fonds Augmentation)'에서 충당되었다(이 자금에 대해서는 F.A. Gasquet, Henry VIII and the English Monasteries, II, 6th éd., 1895, p.9 참조). 메리 튜더: [J. Nochols], *Illustrations of the manners and expenses of antient times in England*, London, 1797, *New Years' Gifts presented to Queen Mary*, p.27.

여기에는 왕의 기적과 관련된 자료들 중에서 내가 수집할 수 있는 그림 자료에 대한 간략한 정보를 모아놓았다. 이 목록 세 번째 항목과 관련하여 많은 정보를 가진 살로몽 레나크와 같은 학자조차 1908년 이 주제와 관련된 어떤 그림도 '본 적이 없다'고 했다(*Rev. archéologique*, 4th series, XII(1908), p.124, n.1). 내가 운 좋게 손대기 치료와 치료 의례 전반에 걸쳐 그림 자료를 상당히 증가시켰음을 독자들은 알게 될 것이다. 그러나 그것은 여전히 빈약한 상태다. 분명히 나보다 운 좋은 연구자가 훗날 더 많이 증가시킬 수 있을 것이다. 적어도 기적을 행하는 왕정의 마지막 2~3세기 동안에 대해서는 그럴 것이다. 중세에 관해서는 더 이상 새로 발견할 것은 많지 않을 것이라고 생각한다. 뒤리외 백작과 앙리 마르탱은 내가 문의한 바에 대하여 여기에 조사된 것 이외에 손대기 치료와 관련된 그림은 알지 못한다고 알려주었다. 근대에 대해서는 카르나발레 박물관장인 쥘 로비케와 생트 쥐느비에브 도서관장인 샤를 모르테가 자신들이 관리하고 있는 컬렉션 중에는 연주창 치료를 표현한 작품이 하나도 없다고 확인해주었다.

분류를 위해 나는 세부항목마다 연대순 배열을 채택했다. 별표가 되어 있는 번호는 이전의 문헌에서 언급만 되었을 뿐 없어졌거나 내가 발견하지 못한 작품들이다.

작품마다 수록된 문헌이 있는 경우 명시해두었고, 그에 관한 연구가 있는 경우에도 밝혀두었다. 또한 필요하다면, 짧은 설명을 덧붙였다. 엄밀한 의미의 설명은 실제 유용하게 사용되기 위해서 길어질 수밖에 없으며, 종종 본문의 설명과 중복

될 것이다. 다음 두 경우에만 설명을 한 번 하는 데에 그쳤다. 즉 논의에 필요한 경우, 그리고 작품이 이 책을 비롯하여 어떤 다른 문헌에도 출판되지도 않고 사본이 실리지도 않은 경우가 바로 그 두 경우다. 여기에 사본을 게재하는 경우 이해를 쉽게 하기 위한 것이므로 제한을 둘 수밖에 없었다.

내가 선택한 기준은 다음과 같다. 나는 독자들이 볼 수 있도록 두 장의 판화 이미지를 실었다. 하나는 프랑스의 치료 의례이고 다른 하나는 영국의 의례다(8번과 13번). 하나는 프랑스 고유의 것으로서 치료사로서의 왕과 성 마르쿨이 같이 있는 제단에 빛이 비춰지는 그림이다(16번). 이 작지만 아름다운 그림은 16세기의 것으로서 미상의 작자가 신성한 왕권을 이루는 가장 특별한 두 측면을 교묘하게 한자리에 모아놓은 것이다. 즉 (영성체 의례를 통해 갖게 된) 사제의 권위와 기적을 행하는 권능이 거의 유사한 것이라는 점을 보여주고 있다(3번). 이 특징적인 자료들에 더하여 생리키에 프레스코화(20번)를 게재하고자 했다. 이 그림은 성 마르쿨이 왕의 기적을 중재하는 역할을 맡고 있음을 상징하는데, 이런 그림을 찾은 것은 매우 운 좋은 경우였다. 그러나 나 자신이 직접 사진을 찍을 수도 없었고, 그 이후에 필름이나 인화물을 구하지도 못했다.

여러 곳에 산재되어 있던 자료들을 모으는 데에 여러 가지 방법으로 도움을 주신 분들에게 이 자리를 빌려 감사드린다. 뒤리외 백작, 앙리 마르탱, 살로몽 레나크, 쥘 로비케, 샤를 모르테, 앙리 지라르, 아브빌에 있는 생불프랑의 수석사제, 유명한 출판가 프랑수아 파야르, 문화재보호위원회의 건축담당 책임관 폴 구, 투르네 문서고 문서담당관 오케, 토리노의 레알레 피나코테카(왕립미술관)의 굴리엘모 파키오니, 볼로냐의 마르티노티 교수와 두카티 교수, 그리고 헬렌 파카 여사 등이 그들이다.

연주창 환자에 대한 손대기 치료

1. 「여성 연주창 환자에게 손대기 치료를 시행하는 에드워드 고해왕」: 13세기 세밀화로 케임브리지 도서관 필사본 분류번호 Ee III 59이며, '성인 에드워드 왕 이야기(*La Estoire de Seint Aedward le Rei*)'라는 제목의 시가 포함되어 있다.

수록: Crawfurd, *King's Evil*, p.18 옆면; C. Barfoed, *Haands-Paalaeggelse*, p.52(크로

퍼드의 언급에 따른 것임)

연구: H.R. Luard, *Lives of Edward the Confessor*(*Rolls Series*), London, 1858, p.12, no. XXXVII; 이 책 59쪽과 357쪽 참조.

2.*「연주창 환자에게 손대기 치료를 하는 프랑스 왕」: 몽생미셸 수도원 교회에 있는 생미셸뒤시르퀴 예배당의 축성식을 나타내는 스테인드글라스의 상부 원형 장식. 이 장식은 1488년 수도원장 앙드레 로르의 지시로 만들어졌다.

이 유리창은 현재는 없어졌으므로, 과거에 이를 묘사해놓은 기록으로만 확인이 가능하다. 특히 수도원장 피종의 묘사가 훌륭한데, 그 내용은 폴 구의 책에 다시 실려 있다. l'abbé Pigeon, *Nouveau Guide historique et descriptif du Mont Saint-Michel*, Avranches, 1864; Paul Gout, *Le Mont Saint-Michel*, II, pp.556~557. 이 책 170쪽에서 이 묘사의 일부를 인용한 바 있다. 아래 그 전체를 인용해놓았다.

"[상부] 두 번째 원형 장식물에는 왕이 두 종류로 영성체를 받은 다음 수많은 환자들이 모여 있는 정원에서 환자를 한 명씩 오른손으로 이마에서 턱까지, 그리고 한쪽 뺨에서 다른 쪽 뺨 방향으로 만지며, 이렇게 말했다. '신이 그대를 치료하고, 왕이 그대를 만지노라!'"

그림 한쪽 구석에는 새장이 있는데, 자유의 상징인 수많은 새들이 날아가고 있다. 새들은 새로 즉위한 왕이 많은 죄수에게 부여한 자유, 그리고 백성들이 누리게 될 자유를 상징한다.

'신이 그대를 치료하고, 왕이 그대를 만지노라'라는 문구는 스테인드글라스에는 없다. 수도원장 피종은 내가 보았던 것과 마찬가지로 자신이 직접 보았다는 언급을 하지 않았다. 그러나 이 점에 관해서 그의 책이 그다지 명확하지 않다는 것을 인정해야 할 것이다.

연구: 이 책 170쪽.

3.「두 종류로 영성체를 받고 연주창 환자를 만지는 프랑스 왕」: 16세기 그림. 18세기에 제노아의 발비 가에 있었다(Ratti, *Guido di Genova*, 1780, I, p.209). 1824년 사르데냐 왕이 입수하여 현재는 토리노 왕립미술관 194번으로 등재되어 있다.

수록: *Reale Galleria illustrata*, IV, p.153; Paul Richer, *L'art et la médecine*, s. d., p.296; Eugen Hollaender, *Die Medizin in der klassischen Malerei*, Stuttgart, 1903, p.265; S. Reinach, *Répertoire de peintures du moyen-âge et de la Renaissance*, 4, 1918, p.663; Martinotti, "Re Taumaturghi" p.135; 이 책 그림 1.

연구: Hollaender, *loc. cit.*, S. Reinach, *Revue archéologique*, 4e série, 12(1908), p. 124, n.1; 이 책 353쪽 참조. 본문과 부록에서 인용한 수많은 귀중한 정보는 왕립미술관장 굴리엘모 파키오니(Guglielmo Pacchioni)의 편지 덕분이다.

이 그림의 주제는 정확하게 무엇인가? 이를 정확하게 말하기 위해서는 먼저 몇 단어로 이 그림을 묘사해보는 것이 좋다(이 책 그림 1참조-옮긴이).

그림 왼편에는 오른쪽이 트인 예배당이 있고 그 안에 백합꽃으로 장식이 된 망토를 입고 수염을 기른 프랑스 왕이 왕관을 쓰고 있다. 그의 왕홀과 손모양 장식이 달린 정의의 지팡이가 그 옆에 있다. 왕은 제단으로 보이는 일종의 대리석 탁자 앞에 무릎을 꿇고 앉아 있으며, 두 손으로 뚜껑이 달린 성배를 잡고 있다. 그의 면전에는 무릎을 꿇은 주교가 있는데 그 역시 두 손으로 어떤 물건을 잡고 있다. 그 물건은 틀림없이 성반(聖盤)일 것이며 비어 있을 것이다.

제단 주변에 다른 주교 한 명과 사제 한 명이 무릎을 꿇고 있으며 다른 사제 한 명과 세 명의 속인(한 명의 시종은 맨 처음 말한 주교의 옷자락을 붙잡고 있으며, 다른 한 사람은 왕관 위에 덮어씌우는 투구 같은 물건을 가지고 있다)이 서 있다. 오른편으로는 궁정 안뜰이 있는데 예배당이 그쪽으로 열려 있으며, 안뜰 끝에는 총안이 있고 거대한 문이 있는 성벽이 있다. 목발을 짚은 두 명의 환자(한 명은 무릎을 꿇고 있고, 다른 한 명은 서 있다)가 있고, 어떤 여인이 팔에 아이를 안고 있으며, 두 명이 더 있는데 그중 한 명은 손을 모으고 있다. 그리고 문 근처에는 경비병이 있다. 성벽 너머에는 도시가 있는 풍경이 펼쳐지는데, 한 무리 기사가 도시를 향해 나아가고 있다.

경비병을 제외하고 오른편에 있는 모든 사람이 손대기 치료를 기다리는 연주창 환자일 것이라는 점은 누구나 알 수 있을 것이다. 왼편 장면에 대해서 홀렌더와 레나크는 왕의 도유식으로 해석했다. 내가 보기에는 왕조의 전통에 비추어볼 때 오히려 빵과 포도주 두 종류의 영성체로 보는 것이 나을 것 같다. 성반이 있는 것으로 보아 의심의 여지가 없다. 국왕은 이미 빵으로 영성체를 마치고 이제 막 성배의 포도주로 영성체를 할 참이다. 그러고 나서 환자들을 만질 것이다. 이러한 영성체가 축성식일까? 무엇보다 왕의 복장을 보면 그렇게 생각하기 쉽다. 그러나 이러한 복장이 당시 예술에서 해당 인물이 왕, 그것도 프랑스 왕임을 나타내기 위해 이용된 상투적 기법이라는 것은 잘 알려진 사실이다. 아무리 생각해보아도, 작가는 단순히 프랑스 왕정의 두 가지 빛나는 특권, 즉 사제와 동등한 영성체 및 치료의 기적이라는 특권을 모두 표현하려고 했을 것이다. 이와 유사한 생각이 이미 몽생미셸의 스테인드글라스를 제작한 사람에게도 영향을 미쳤던 것 같다. 그러나 거기서는 스테인드글라스의 전체 주제가 축성식이고 그림에 표현된 영성체는 틀림없이 이 의식을 수행하는 도중에 거행된 의식이었을 것이다.

이렇게 해도 작가를 추정하는 일은 여전히 남아 있다. 그림에는 작가의 사인이 들어 있지 않은데, 알브레히트 뒤러(Albrecht Dürer(Ratti, *loc. cit.*)), 쾰른파(Ecole de Cologne), 루카스 판 라이던(Lucas van Leyden), 베르나르트 판 오를리(Bernard van Orley) 등이 차례로 고려 대상이 되었다. 판 오를리라는 견해는 부르크하르트(Burckhardt)가 키케로네(Cicerone)라는 책에서 채택했고, 바우디 디 베스메(Baudi di Vesme)가 편집한 『미술관 목록집』(*Catalogue de la Pinacothèque*)에서도 채택되었는데, 거의 공식적인 견해라고 할 수 있다. 그러나 이 견해에는 난점이 있다. 어떻게 마르그리트 도트리슈(Marguerite d'Autriche)와 마리 드 헝가리의 총애를 받았던 화가가 프랑스 왕의 기적을 찬양하는 작품 중 하나를 헌신적으로 그릴 생각이 났겠는가? (그의 경력에 대해서는 A. Wauters, *Bernard Van Orley*, 1893 참조.) 이 그림은 이탈리아 예술의 영향을 받은 어떤 네덜란드 예술가가 그렸을 가능성이 크다. 이 정도 모호한 주장 말고는 더 이상 추정할 수 없다.

4. 「연주창 환자를 만지고 있는 프랑스 왕」: 목판화. Degrassalius(Grassaille), *Regalium Franciae iura*, 1538, p.62.

5. 「연주창 환자들을 만지고 있는 앙리 2세」: 앙리 2세 기도서 삽화. 프랑스 국립도서관, ms. latin 1429, fol. 106 v.

수록: du Bastard, *Peintures et ornements des manuscrits,* VIII(컬러); *Livre d'heures de Henri II, reproduction des 17 miniatures du ms. latin 1429 de la Bibliothèque Nationale*[1906], pl. XVII; Landouzy, *Le Toucher,* 본문 외; Crawfurd, *King's Evil,* p.58 옆면(사진, 좌우가 바뀌어 있음); Farquhar, *Royal Charities,* I, p.43 옆면.

연구: 필사본 전체에 대한 연구로는 L. Delisle, *Annuaire-Bulletin de la Soc. de l'Histoire de France,* 1900과 *Exposition des primitifs français······, Catalogue,* 1904, *Manuscrits à peintures,* n.205. 이 세밀화에 대한 것은 이 책 354쪽 참조.

6. 「젊은 연주창 환자를 만지고 있는 메리 튜더」: 여왕 기도서 수록. 웨스트민스터 성당 도서관 소장

수록: Crawfurd, *King's Evil,* p.68 옆면.

연구: 기도서에 대해서는 Sir Henry Ellis, *Proceedings of the Society of Antiquaries,* 1st series, 2(1853), pp.292~294, 그리고 Sparrow Simpson, *On the forms of prayer,* pp.285~287.

7.* 「연주창 환자를 만지는 엘리자베스 여왕」: 플랑드르 판화가 데혼트(Joos de Hondt)가 제작한 판화. 그가 영국에 체류하던 기간(1583~94)에 제작되었을 가능성이 높다.

이 자료에 대한 언급은 투커의 책에서 본 것이 전부다. Tooker, *Charisma, Epistola Dedicatoria,* p.10. "지리와 수로 목록(*Tabulis Geographicis et Hydrographicis*) 안에 이 효과적인 치료법에 대해 그림과 더불어 설명되어 있는 것을 보았다. 그리고 이러한 신성한 의식을 내 눈으로 직접 보았다." 그 여백에 이런 주석이 붙어 있다. "요스 플랑드르. 지구에 관한 묘사 또는 목록(Iodocus Flandr. in descript. sive tab. orbis terr)." Delrio, *Disquisitionum,* 1606년 판, p.61 참조. 이 책에서 델리오는 투커가 엘리자베스 여왕의 시술을 입증하기 위해 제시한 증거들을 나열하고 있다. "요스 혼트라는 자가 이 치료를 그림으로 그려서 보여주었음을 입증하고 있다." 나는 혼트의 여러 지도들을 살펴보았지만 이와 유사한 것을 찾아내지 못했다. 내가 참조한 지도들은 다음과 같다. *Theatrum imperii Magnae Britanniae······opus nuper a Iohanne*

Spedo……, nunc vero *a Philemone* Hollandoo……, *donatum,* Amsterdam, 1616,
"ex Officina Judoci Hondii"; *Thrésor. des Chartes,* La Haye, 연대미상; Pierre Bertius,
*La Géographie raccourcie*o……, *avec de belles cartes* o……, par Judocus Hondius,
Amsterdam, 1618; 그리고 메르카토르의 다양한 출판본 지도.

혼트의 영국 체류에 대해서는 다음 책을 참조하라. *Bryan's Dictionary of Painters
and Engravers,* éd., G.C. Williamson, 그리고 *Dictionary of National Biography* 중에서
혼트 항목.

8. 「독실한 프랑스와 나바르의 왕 앙리 4세가 연주창 환자를 만지는 실제 광경」: 뷔렝
동판화. 피렌스(P. Firens) 삭. 연대미상. 내가 알고 있는 사본은 다음과 같다. (1)
Bibl. Nat. Estampes, coll. Hennin, XIV, fol. 5; (2) Bibl. Nat. Imprimés, coll. Cangé,
L b35 23b, fol. 19(본문 앞); (3) *Ibid.*, fol. 21; (4) *Oeuvres de Me André du Laurens
……* recueillies et et traduites en françois par Me Théophile Gelée, fol. Paris, 1613, Bibl.
Nat. Imprimés, T25 40b 안에 있는 *Discours des Escrouelles*의 첫머리 간지(間紙)에
있는 그림(본문 앞); (5) Andreas Laurentius, *De Mirabili strumas sanandi vi* ……,
Paris, 1609, British Museum. 1187 a 2의 첫머리 간지에 있는 그림(본문 앞); (6)
Ibid., 5번 서적의 다른 판본 첫머리에 있는 그림. 대영박물관 소장(본문 앞).

수록: Abel Hugo, *France historique et monumentale,* 5, 1843, pl.1(상태가 좋지 않
음); *Nouvelle iconographie de la Salpêtrière,* 4, 1891, pl.XV; A. Franklin, *La Vie privée
d'autrefois, Les Médecins,* p.15 옆면(부분 게재); Landouzy, *Le Toucher,* p.2; Crawfurd,
King's Evil, p.78 옆면; Martinotti, "Re Taumaturghi", p.136; Roshem, *Les Escroulles,*
p.ix(매우 축소되어 있음); 이 책 그림 3.

연구: 이 책 383쪽. 뒤로랑스가 연주창 치료에 대한 저서나 번역서를 쓰면서 몇
몇 판본에 이 판화를 수록했다는 사실 때문에 종종 이 판화가 그의 저서, 특히 대영
박물관에 두 부가 소장되어 있는 1609년 판의 표제그림으로 사용되기 위해 제작
되었다고 생각했다. 그러나 이 두 판본의 판화는 프랑스 국립도서관에 있는 1613
년 번역본에 있는 판화와 마찬가지로 간지에 수록되어 있다. 게다가 아무런 글자
도 없으며 40cm×30.5cm 크기인데 이 크기는 1609년 판과 같은 작은 8절판 책의

표제그림으로 사용하기에는 너무 크다. 그림이 수록되어 있지 않은 판본은 여러 종류가 있다.

9. 「연주창을 앓고 있는 여성을 만지고 있는 왕」: 뷔렝 동판화. S. Faroul's, *De la Dignité des roys de France*, 1633의 옆면.

수록: Landouzy, *Le Toucher*, p.20.

10. 「성 마르쿨 앞에서 연주창 환자를 만지고 있는 루이 13세로 추정되는 왕」: 뷔렝 동판화. Oudard Bourgeois, *Apologie*, 1638 표지.

수록: Landouzy, *Le Toucher*, p.18.

연구: 이 책 323쪽.

11. 「1515년 12월 15일 볼로냐에서 연주창 환자를 만지는 프랑수아 1세」: 치냐니 (Carlo Cignani)와 타루피(Emilio Taruffi)가 1658~62년 동안 볼로냐 교황대사였던 파르네제(Girolamo Farnese)의 명에 따라 그린 프레스코화. 볼로냐 시청 파르네제 방(Palazzo Comunale, Sala Farnese) 소장. 여백에 다음과 같은 글귀가 있다. "프랑스 왕 프랑수아가 수많은 연주창 환자들을 치료했다."

수록: G. Martinotti, "Re taumaturghi," *L'illustrazione medica italiana*, 4(1922), p.134.

연구: G. Martinotti, *loc. cit.*, 이 책 364쪽(이 부분에 관하여 내가 사용한 정보들은 친절하게도 두카티 교수(Prof. Ducati)가 제공해준 것이며 그중 어떤 것들은 무치의 책에서 발췌한 것이다. Salvatore Muzzi, *Annali della città di Bologna dalla sua origine al 1796*, 8, Bologna, 1846, p.12 이하.

12. 「연주창 환자를 만지는 찰스 2세」: 뷔렝 동판화. F.H. van Houe 작품. 손대기 의식을 수록한 인쇄물(뒷면만 인쇄), 또는 '브로드사이드(broadside, 포고령, 포스터, 선전 등을 위해 한 면만 인쇄한 인쇄물-옮긴이)'의 표지 그림; London, Dorman Newman, 1679.

수록: Landouzy, *Le Toucher*, p.25; Crawfurd, *King's Evil*(본문 외); Eugen Hollaender, *Wunder, Wundergeburt und Wundergestat in Einblattdrucken des fünfzehnten bis achtzehnten Jahrhunderts*, Stuttgart, 1921, p.265.

특기사항: 이 책 2부 5장 각주 33.

13. 「연주창 환자를 만지는 찰스 2세」 : 뷔렝 동판화. Robert White 작품. J. Browne, *Charisma Basilikon* 표지 그림. 이 책은 *Adenochoiradelogia*, London, 1684의 제3부.

수록: Landouzy, *Le Toucher*, p.27; *Home Counties Magazine*, 14(1912), p.118; Crawfurd, *King's Evil*, p.114 옆면; Farquhar, "Royal Charities," II, 본문 외; 이 책 그림 4.

연구: 이 책 2부 5장 각주 33.

14. 「성 마르쿨 앞에서 연주창 환자를 만지는 루이 14세」 : Jean Jouvenet 회화작품. 솜 도(Somme道) 생리키에에 있는 옛 수도원의 생마르쿠 예배당 소재. '주브네 1690년작(Jouvenet, p[inxit] 1690)'이라는 표시가 있다.

수록: *La Picardie historique et monumentale(Soc. des antiquaires de Picardie; fondation E. Soyez)*, IV, 1907~11, 생리키에에 대한 뒤랑의 연구(*St-Riquier*, par Georges Durand), pl. LV.

연구: G. Durand, *loc. cit.*, p.230, pp.337~338도 참조; 이 책 323쪽. 작자에 대한 가장 기본적인 저작은 르루아의 것이다. F.M. Leroy, *Histoire de Jouvenet*, 1860; Pierre-Marcel Lévi, *La Peinture française de la mort de Lebrun à la mort de Watteau*, 연대미상(thèses lettres, Paris)도 참조.

15. 「성 마르쿨 앞에서 연주창 환자를 만지는 루이 14세」 : 17세기 회화. 작자미상. 아브빌에 있는 생불프랑 성당의 성가대석 소재.

특기사항: *La Picardie historique et monumentale*, 3, p.39; 이 책 323쪽; 아브빌 수도원의 수석사제는 파야르(F. Paillart) 씨를 통해서 나에게 유용한 정보를 기꺼이 제공해주었다.

그림의 보존상태는 열악하다. 딱히 특징적인 부분을 가지고 있지 않은 루이 14세가 담비 목도리와 망토를 두르고 오른쪽을 향해 선 채, 무릎을 꿇고 있는 환자의 이마를 만지기 위해 몸을 숙이고 있다. 그 오른편에는 성 마르쿨이 있는데 주교 지팡이를 손에 쥐고 있다. 손대기 치료를 받고 있는 환자 옆에는 다른 사람이 무릎을 꿇고 있다. 아래 오른편에 열린 복도 아랫쪽에 환자인지 경비병인지 모를 사람들이 마구 뒤섞여 있다.

16. 「연주창 환자를 치료하는 프랑스 왕과 성 마르쿨」: 제단화(祭壇畵). 17세기 후반. 투르네의 생브리스 성당 소재.

수록: 이 책 프랑스어 판 그림 2.

연구: 이 책 323쪽. 내가 얻은 귀중한 정보들은 고문서 담당관인 오케(Hocquet) 씨 덕분이다. 그 지방의 전승에 따르면 그림은 1630년부터 1677년 사이에 투르네에서 학교를 운영했던 부용(Michel Bouillon)의 작품이라고 한다. 생브리스 문서고에는 이 점에 관한 어떤 정보도 없다.

17.* 「어린 소년을 만지고 있는 앤 여왕」: 애국적 이미지를 담은 트럼프 카드 중에서 하트 9번 카드. 이것은 카드 소유자(G.W.L)가 확인해주었다. *Gentleman's Magazine,* 1, 1814, p.128(C.G.L. Gomme, *Gentleman's Magazine Library,* 9, p.160). 하트 9번 카드에는 이렇게 쓰여 있다. "하트 9 – 병을 만져서 치료하시는 여왕 전하." 여왕의 오른손은 바로 앞에 무릎을 꿇고 있는 어린 소년의 이마 위에 있다.

특기사항: 이 책 434쪽.

〈의심스러운 작품들〉

18. 「연주창 환자를 만지는 왕을 표현한 부조」: 모나코의 라콩다민에서 발견된 부조의 일부. 모나코 박물관 소장(생베르맹 앙 레(Saint-Germain en Laye) 박물관에 부조의 틀이 있음).

수록: *Rev. archéologique,* 4e série, 12, 1908, p.121; E. Espérandieu, *Recueil des bas-reliefs de la Gaule*(미출간), II, no. 1684.

연구: S. Reinach, "Sculptures inédites ou peu connues," *Rev. archéologique,* loc. cit., p.118 이하. E. Espérandieu, *loc. cit.*

부조는 중세, 아마도 13세기쯤의 것으로 보인다. 그러나 여기에 설명을 붙이기는 어렵다. 레나크와 그를 이어 에스페랑디외가 제시한 설명, 즉 가운데에 있는 사람이 왕관을 쓰고 있으므로 왕을 나타내며 그가 연주창 환자를 만지고 있다는 설명은 추측에 불과할 뿐이다. 부조의 '왕 추정 인물'이 근처에 있는 사람들을 실제로 만지고 있지 않다는 점뿐만 아니라 손대기 치료를 시행하는 장면을 나타낸다고 보기에는 중세 회화의 관습에 들어맞지 않는 부분이 많다.

치료용 반지의 축성

19. 「기도하면서 치료용 반지를 축성할 준비를 하고 있는 메리 튜더」:

수록: Crawfurd, "Cramp-rings," p.178 옆면.

연구: 이 책 207~209쪽; 미사에 대해서는 위에 있는 그림 설명 6번 참조

성 마르쿨과 프랑스 왕

20. 「프랑스 왕에게 연주창 환자 치료능력을 부여하고 있는 성 마르쿨」: 1521년경 이후. 프레스코화. 생리키에 수도원 출납관 사제 필리프 왈루아의 명에 따라 제작. 솜도 생리키에 성당 수장고 서쪽 벽면 소재.

수록: *La Picardie historique et monumentale*, 4, *Saint-Riquier*, pl. XXXII(해당 벽면 장식 전체 수록)

연구: G. Durand, *La Picardie, loc. cit.*, p.305; 이 책 321쪽(그리고 그림 2)

21* 「프랑스 왕에게 연주창 환자 치료능력을 부여하고 있는 성 마르쿨」: 판화. 에베르(H. Hebert) 작품. 이 작품은 다음 책에만 설명되어 있다. L.J. Guénebault, *Dictionnaire iconographique des figures, légendes et actes des saints*, col. 388(Migne, *Encyclopédie théologique*, 1re série, vol. 45). 이 작품에서 성 마르쿨은 자신의 곁에 무릎을 꿇은 왕의 턱 아랫부분을 만지고 있는 모습으로 표현되어 있다. 겐보(L.J. Guénebault)는 이 판화를 마자랭 도서관 '작품번호(portefeuille) 4778(38), fol.

58, no. 8'에서 보았다. 1860년 11월 15일 이 작품번호는 다른 판화작품집과 함께 국립도서관 판화실로 옮겨졌다. 이관된 작품에 대한 어떤 상세정보도 현재까지 작성되지 않았으므로, 나는 판화실에서 에베르의 판화를 확인할 수 없었다. 『성인작품집』에는 없었다.

연구: 이 책 323쪽.

22.「무릎을 꿇고 있는 왕의 머리에 오른손을 얹고 있는 성 마르쿨」: 17세기 말 또는 18세기 초쯤에 아라스에서 주조된 메달에 조각된 성화(聖畵). 명문(銘文)의 문구: 성 마가(S. Marco). 뒷면: 성 리에뱅(S. Liévin). 성 리에뱅은 성 마르쿨과 더불어 아라스의 생트크루아 성당에 봉헌된 인물이다. 당쿠안 컬렉션(Collection Dancoisne).

수록: J. Dancoisne, "Les médailles religieuses du Pas-de-Calais," *Mémoires Académie Arras*, 2e série, XI(1879), pl. XVII, no. 130.

연구: *Ibid.*, p.123, 그리고 이 책 324쪽.

23.「성 마르쿨에 기도를 올리는 프랑스 왕」: 브라반트에 있는 그레두아소 순례를 위한 '작은 깃발(drapelet)'에 그려진 음각 판화. 연대미상(18세기): 앙베르 소재 판 호이르크 컬렉션(Collection Van Heurck).

수록: Schépers, "Le Pèlerinage de Saint Marcoul a Grez-Doiceau," *Wallonia*, 1899, p.180(아마도 판 호이르크 컬렉션의 판화와는 다른 판본을 참조한 듯하다); E.H. Van Heurck, *Les Drapelets de pèlerinage en Belgique et dans les pays voisins*, 1922, p.157.

연구: Van Heurck, *loc. cit.*; 이 책 324쪽.

똑같은 주제가 두 가지 다른 형태로 그레두아소 성당에 구현되어 있다. "다른 작은 조각상에는 성 마르쿨이 무릎 꿇고 있는 왕에게 동그란 물체를 내밀어 입을 맞추게 하는 모습이 나타나 있다. 솜씨 좋지 못한 한 회화 작품에도 같은 주제가 나타나 있는데, 이 그림에는 멀리서 그레두아소 성당을 향해 나아가고 있는 순례자들의 모습도 들어 있다."(Van Heurck, p.158) 이 두 작품의 연대는 판 호이르크가 적시하지 않았으므로 알 수 없다. 아마도 그가 연대를 정확하게 밝힐 수 없었기 때문이었을 것이라는 것이 가장 그럴듯한 이유일 것이다. Schépres, *loc. cit.*, p.181.

24.「축성식을 마치고 성 마르쿨의 유물함 앞에서 기도를 하고 있는 루이 16세」 : 18세기 말의 제단화. 콩피에뉴의 생자크 성당(좌측 복도 두 번째 예배당) 소재. 작자미상.

그림 한가운데에 국왕이 있는데, 국왕은 백합꽃 무늬가 들어 있는 파란색 망토와 흰담비 목도리를 두르고 있으며, 무릎을 꿇은 채 손을 모아 쥐고 있다. 제단 위에는 성유물함이 있는데, 그 위에는 성인의 작은 조각상이 있다. 제단 오른편에는 추기경이, 왼편에는 제례복을 입은 사제가 책을 한 권 들고 서 있다. 국왕 뒤편에는 끈을 가지고 있는 영주 두 명, 주교 두 명, 호위병 두 명이 있다. 난간 뒤 먼 곳에는 일군의 구경꾼들(아마도 환자들이 아닐까?)이 있다. 이 광경은 고딕양식의 교회에서 벌어지고 있다. 아래 왼편에는 사각형 상자가 있고, 거기에 이렇게 적혀 있다. "축성식이 끝난 뒤 환자들을 만지기에 앞서, 성 마르쿨 유물함 앞에서 신에게 기도를 올리고 있는 루이 16세. 1773년 6월 11일."

이 작품은 썩 좋지 않은 솜씨로 그려져 있다.

3 축성식과 국왕 도유식의 등장

여기에는 본문에서 인쇄상의 필요 때문에 아무런 증거를 대지 않고 했던 주장(1부 2장 86쪽 이하)을 정당화하기 위한 몇 가지 정보를 모아놓았다. 물론 도유식이 전파되었던 서유럽 국가들에 국한되어 있다. 즉 스페인, 프랑크 왕국, 영국, 그리고 켈트족 국가도 포함될 것이다. 또한 비잔티움제국에 대해서도 동등하게 언급할 것이다. 다른 유럽 국가에서 뒤늦게 확산된 것은 추적하지 않았다. 나바라와 스코틀랜드의 경우 1257년과 1329년에 도유식이 교황의 칙령에 따라 뒤늦게야 인정되었음을 명기했다. Baronius-Raynaldi, éd. Theiner, XXII, p.14, no. 57, et XXIV, p.422, no. 79. 스코틀랜드에서 그 특권은 부여받기 훨씬 이전부터 요청되던 것이었다.

일반적으로 호스티엔시스(Hostiensis)라는 이름으로 알려진 교회법 학자 쉬즈(Henri de Suse)는 1250년에서 1261년 사이에 저술한 저서 황금대전(Summa Aurea, lib. I, c. XV, fol. Lyon 1588, fol. 41v)에서 다음과 같이 적었다. "만약 새로 도유식을 받기를 원하는 자가 있다면, 아라곤 왕이 했듯이,[44] 그리고 스코틀랜드 왕이 늘 하고 있듯이 교황에게 요청하여 허가를 얻어야 한다." 이 책 2부 3장 각주 17 참조. 앞으로 사실이 논란거리가 되지 않을 때에는, 매우 짧은 서지정보만 전할 것이다.

---

44) 처음으로 도유식을 받은 아라곤 왕은 페드로 2세인 듯하다. 그는 1204년 11월 11일 이노켄티우스 3세로부터 도유식을 받았다. G. de Blanca, *Coronaciones de los serenissimos reyes de Aragon*, Saragossa, 1641, p.1 이하.

스페인의 서고트 왕국

스페인의 서고트 왕국에서 국왕 도유식의 역사는 다음 책에 나와 있다. Dom Marius Férotin, *Le Liber ordinum en usage dans l'eglise wisigothique et mozarabe d'Espagne*(*Monumenta ecclesiae liturgica* V), 1904, *Appendix* II, col. 498~505. 나는 여러 차례 이 훌륭한 저작을 이용했다.

도유식을 받은 것이 확실한 최초의 왕은 왐바(Wamba)로서 672년 9월이었다 (Julien de Tolédo, *Liber de historia Galliae*, c. 3 et 4; Migne, *Patrologia Latina*, t.196, col. 765~766). 그러나 이 의식을 전하는 당대 기록자들은 이 의식이 명백히 전통적인 의례였다고 생각하고 있다. 왐바 이후 이 의례를 이어받은 사례는 자주 등장한다.

결국 의례가 도입된 것은 확실히 왐바 이전이다. 그러나 그 시기를 확정할 수 있을까? 페로탱 신부는 이것을 확정할 수 있는 사료는 없다고 생각했다. 그는 서고트 왕국에서 최초의 가톨릭 왕으로 간주될 수 있는 사람으로서 유사한 개혁을 이끈 레카레두스(Flavius Reccaredus, Reccarède 1er, 586~601)를 들고 있다. 쉬킹 (Schücking, *Regierungsantritt*, p.74)은 세비야의 이시도루스(Isidorus Hispalensis, Isidore de Seville)의 책『고트족의 역사』중에서 이 군주의 즉위와 관련된 한 구절에 주목했다. 그것은 다음과 같다. "왕에 대관되었다(regno est coronatus)"(*Monum. German. AA.,* XI, p.288). 그러나 이 문장에서 정확한 정보를 얻어내기는 힘들다. "왕에 대관되다"라는 단어들은 무슨 뜻으로 해석되어야 하는가? 문자 그대로 그것은 대관식을 의미하는가? 즉, 비잔티움식으로 교회 의식 중간에 펼쳐지는 엄숙한 대관식인가?

사실 서고트족의 왕권은 여러 가지 점에서 비잔티움의 관례를 모방했다. 그렇게 생각할 수도 있다. 다만 톨레도의 율리아누스(Julianus Toletanus, Julien de Toléde) 가 왐바와 관련된 경건한 즉위식을 상세하게 묘사함으로써 서고트 왕들이 대관식은 몰랐지만 도유식은 알고 있었다는 점을 우리에게 알려주지 않았다면 말이다. 그렇다면 쉬킹이 제시하듯이 이시도루스가 상기시키려고 했던 것이 도유식 자체인가? 이러한 제시를 받아들이게 되면, 문제의 문구가 은유적 의미밖에는 가지고 있지 않다는 것을 인정하는 셈이 된다. 일단 이러한 가능성을 받아들이면 끝까지 밀고나가야만 한다는 것은 명백하다. 이시도르는 왕관이 왕권의 최고 상징이라고 생각했다. 이것은 비잔티움에서 이때부터 있었던 것이며, 특히 성경에 나타나 있는 것이었다(이 책 521쪽 참조). 아마도 서고트 왕들은 즉위할 때 왕관을 받지 않고 종교적 의례 도중에 자신들의 권위의 상징으로서 때때로 왕관을 썼을 것이다.[45] 이시도르가 "왕관을 쓰다(coronatus)"라는 표현을 단순히 이미지로서 사용했던 것이 아닐까? 감히 말하건대, 오늘날 우리가 아무런 특별한 의미를 부여하지 않고도 고상한 문체로 국왕이 "왕좌에 올랐다"라고 자의적으로 표현하듯이, 이시도루스 역시 문학적인 상투적 표현으로 사용한 것은 아닐까? 결국 672년 이전에 스페인에 도유식이 도입되었다는 것은 확실하다고 하더라도, 현재의 사료만 가지고 그 정확한 등장시기를 결정하기는 완전히 불가능한 일이다.

아이히만이 잘못 인용한(Eichmann, *Festschrift G. von Hertling dargebr.*, p.263) 638년 톨레도 공의회에 관해 말하자면, 이 공의회의 결정문은 어떤 종류의 도유식이나 국왕의 축성식에 관해서도 언급하지 않았다. Mansi, *Concilia*, éd. de 1764, X, col. 659 이하. 반대로 681년 똑같은 도시에서 열린 공의회의 결정문에는 도유식에 대한 상당한 암시가 들어 있다. *Ibid.*, XI, col. 1028.

이슬람의 침공으로 오래된 서고트 왕권이 무너졌을 때, 오비에도에서는 새로운 기독교 왕조가 나타나서 적어도 886년부터 도유식의 전통을 부활시켰다(Férotin, col. 505; Barrau-Dihigo, *Recherches sur l'histoire politique du royaume asturien*(thèse lettre), Paris, 1921, p.222, n.2 참조). 토착 의례를 이어받은 것일까? 아니면 반대로 마지막 의례가 사라지고 새로운 프랑크족의 관습을 모방한 것일까? 사료만으로는 이 두 가지 가설 중에서 하나를 선택할 수는 없다.

프랑크 왕국

751년 페팽의 도유식에 관련된 수많은 증언에 관해서는 뵈머뮐바허(Bohmer-Mühlbacher, *Die Regesten des Kaiserreichs*, 2 éd., p.32)를 참조하는 것만으로도 충분

---

45) 서고트 왕국에서 왕관 착용에 대해서는 다음을 참조하라. Felix Dahn, *Die Könige der Germanen*, 4, 1885, Leipzig, pp.530~531.

하다. 날짜에 대해서는 M. Tangl, "Die Epoche Pippins," *Neues Archiv*, 39(1914), pp.259~277을 참조하라.

페팽이 754년 7월 28일 교황으로부터 두 번째로 도유를 받았음을 우리는 알고 있다. Bohmer-Mühlbacher, p.38. 날짜에 대해서는 Erich Caspar, *Pippin und die römische Kirche*, Berlin, 1914, p.13, n.2를 보라.

페팽이 정말로 도유식을 받은 첫 번째 프랑크 왕인가? 아직까지는 거의 모든 사람들이 그렇게 믿고 있다. 최근 사제 제르맹 모랭은 한 논문 "Un Recueil gallican inédit de bénédictions épiscopales," *Revue bénédictine*, 29(1912)에서 이에 대해 의문을 제기했다. 모랭은 뮌헨의 9세기 필사본에서 축성 전례서를 발견하고, 그것을 프랑크족의 지역에서 가장 오래된 것으로 생각했다. 내 생각에도 충분히 그럴 수 있다고 생각한다(p.188; 이 책 1부 1장 각주 45 참조). 그러나 다시 말하지만, 그것은 9세기의 필사본이므로, "성스러운 향유로 왕을 도유하는 것이 갈리아에서 알려진 것은 메로빙 시대이다"라는 "널리 받아들여지고 있는 견해"에 의문을 던질 수 있는 논거를 어떻게 마련할 수 있을지 모르겠다(p.188, n.3). 새로운 독창적 연구가 나오지 않는 한, "널리 받아들여지고 있는 견해"를 포기해야만 할 필요는 없는 것 같다.

제국의 도유식

샤를마뉴가 복원한 서로마제국에서 황제 도유식의 역사는 푸파르댕에 의해 완전히 밝혀졌다(René Poupardin, "L'onction royale," *Le Moyen-Age*, 1905, pp.113~126). 나로서는 별로 중요하지 않은 세부사항을 제외하고는 이 놀라운 저작에 더할 내용이 없다.

샤를마뉴는 왕으로서 도유식을 했다. 그것도 아마 두 차례나 했을 것이다(Böhmer-Mühlbacher, p.38, p.57). 대부분의 사료에 따르면 그가 황제로서 다시 도유식을 받지는 않았던 것으로 보인다(*Ibid.*, p.165). 교황 레오 3세는 그에게 관을 씌워주는 것으로 만족했다. 그러나 다양한 시대에 걸쳐 여러 저자들이 반대의 전승을 반복하고 있다. 그 전승에 따르면 이때 프랑크족 우두머리가 대관식과 동시에 도유식을 받았다는 것이다. 사실 이에 관한 모든 증언은 하나의 증언에서 나온다. 그것은 비잔티움의 연대기 작가 테오파네스(Theophanes)의 증언이다(*Chronographia*, a. 6289, éd. C. de Boor, I(1883), p.473). 12세기 비잔티움의 콘스탄티노스 마나세스(Constantinods Manasses)는 물론이고(*Histor. de France*, V, p.398), 871년에서 879년 사이에 바실레오스가 마케도니아(비잔티움제국 황제 867~886 - 옮긴이)에게 보내는 유명한 편지를 작성한 황제 루드비히 2세(*Chronicon Salernitanum*, Pertz, *SS.*, III, p.523) 역시 테오파네스에게서 착상을 얻었다는 것에는 이론의 여지가 없다.

푸파르댕은 대체로 정확하지만 맨 마지막에 언급한 편지와 테오파네스 작품과의 연관성을 간과한 듯하다. 그러나 그 연관성은 확실하다. 사실 그 편지를 '사서' 아나스타시우스(Anasthase dit le "bibliothécaire")가 쓴 것은 틀림없는 사실이다. 그런데 아나스타시우스가 테오파네스의 작품을 몰랐을 리 없다. 왜냐하면 그가 테오파스의 『연대기』(*Chronographia tripartita*)를 라틴어로 번역했기 때문이다. 이 작품에서 샤를마뉴의 도유식과 관련된 테오파네스의 문구들이 완전히 똑같이 수록되어 있다(Théophanes, éd. de Boor, II, p.315).[46] 이 세부 내용이 『몬테카시노 연대기』(*Chronicon Casinense*)(Muratori, *Scriptores*, II, p.364 E)에도 수록되어 있는데, 편집이 잘되어 있지는 않은 이 연대기는 아나스타시우스 자신이 쓴 것으로 되어 있으나 사실은 12세기 전반에 피에르 디아크르(Pierre Diacre)가 쓴 것이며, 여기에 나와 있는 세부내용 역시 『연대기』를 베낀 것이다.

이제 남은 문제는 테오파네스의 유일한 증언에 대해 어느 정도 신뢰할 수 있는가를 살펴보는 것이다. 그가 글을 쓴 것은 9세기로서 시간상으로는 가깝지만 공간상으로는 멀리 떨어져 있었다. 그의 글이 프랑크족과 로마의 사료가 제공하는 정확한 정보에 비해 더 낫다고 할 수 없다. 가장 그럴듯한 것은 그의 머릿속에서, 또는 그에게 정보를 전해준 사람들의 머릿속에서 샤를마뉴가 대관(그리고 의례적 환호)을 함으로써 얻게 된 황제로서의 축성이 있었고, 같은 날 새로운 황제의 큰아

---

[46] 나는 러시아어로 된 프레오브라젠스키의 연구를 브룩스의 서평을 통해서만 읽었다(E.W. Brooks, *Byzant. Zeitschrift*, 22, 1913, pp.154~155). 프레오브라젠스키는 우리가 가지고 있는 연대기의 그리스어 필사본과 아나스타시우스의 라틴어 번역본 사이에 공통으로 들어가 있지 않은 내용을 가필로 간주했다.

들로서, 같은 이름을 가지고 있는 샤를이 왕으로서의 도유식을 받았는데, 테오파네스나 그에게 정보를 제공해준 사람들의 머릿속에서 이 두 가지가 혼동을 일으켰던 것이다(Bohmer-Mühlbacher, p.165). 게다가 성유로 도유를 하는 것이 동방 전례에서 익숙한 것이 아니었으므로 비잔티움에서는 비웃음을 샀을 것이다.

테오파네스는 교황이 샤를마뉴에게 "머리끝에서 발끝까지 기름을 발라주었다(χρίσας ἐλαίῳ ἀπὸ κεφαλῆς ἕως ποδῶν)"고 이야기하고 있다. 이 표현이 그이후 샤를마뉴와 관련된 모든 텍스트에서 반복되었다. 예외가 있다면, 그것은 루트비히 2세의 편지일 것이다. 루트비히는 프랑크 왕들이 황제 지위를 차지하는 것을 정당화하기 위해 편지를 쓰기는 했지만, 자세히 쓴다면 자신이 데리고 있는 강력한 제후들의 비웃음을 살 것이 뻔했으므로 자세히 쓸 수 없었음에 틀림없다(이책 84쪽).

황제로서 처음으로 도유를 받은 군주는 경건왕 루이로서 816년 랭스에서 교황 스테파누스 4세에게서 미사 중간에 기름에 의한 축성과 대관을 동시에 받았다(Bohmer-Mühlbacher, p.265). 도유식은 이때부터 황제 축성 의식의 일부가 된 것으로 보인다.

영국

때때로 앵글로색슨 왕의 도유식이 프랑크 왕의 의례보다 더 오래되었다고 생각되기도 했다. 심지어 프랑크 왕의 의례가 이웃한 섬나라로부터 전해진 것이라고 여기기까지 했다. 브루너는 여전히 이러한 이론을 주장하고 있다(H. Brunner, *Deutsche Rechtsgeschichte*, II, p.19). 이 주장의 근거는 이른바 에그버트 주교 전례서(Pontifical dit d'Egbert)에 포함된 축성 의례에 두고 있다(éd. *Publications of the Surtees Society*, XXVII, 1853; cf. Dom Cabrol, *L'Angleterre chrétienne avant les Normands*, 2e éd., 1909, 그리고 *Dictionnaire d'archéologie chrétienne* 안에 카브롤이 쓴 에그버트(Egbert) 항목 참조). 그러나 이 문서는 똑같은 결론에 이르고 있지는 않은 것 같다. 이 문서의 연대는 불확실하다. 우리가 가지고 있는 사료(Bibl. Nat. lat. 18575)는 10세기 이전의 것은 아니다.

사실 그 문서는 필사본보다 이전의 전례를 말하고 있지만, 요크 대주교 에그버트(주교 재위 기간 732?~766)의 것으로 볼 수 있는 충분한 증거를 제시하지 못하고 있다. 오직 그 필사본의 첫머리에 그가 작성했음이 틀림없는 참회규정서의 일부가 놓여 있다는 것에만 근거하고 있다. 저자가 다른 두 작품이 서로 베낀 것임에 틀림없다. 필사본 3쪽(편집본, pp.11~12)에는 전례서가 주교 에그버트의 작품이라는 언급이 명시되어 있는데, 이 언급에 관해 말하자면, 그것은 1682년 목록(Catalogue)의 저자인 니콜라 클레망(Nicolas Clément)의 펜 끝에서 나온 것이었다. 즉 그 필사본은 어떤 증거 능력도 없다는 것이다. 게다가 '왕의 대관식(coronatio regis)'을 거행했다는 것은 문서집 원본에는 포함되지 않았던 것으로 보인다(Dom Cabrol, *Dictionnaire*, col. 2213). 결국 에그버트를 전례서의 저자로, 특히 '대관식'의 저자로 인정하고자 한다면, 이 주교가 프랑크 왕의 첫 번째 도유식이 있은 지 15년 뒤에 죽었다는 점을 잊지 말아야 한다.

사실 영국의 군주들 중에서 처음으로 도유를 받은 것이 확실한 군주는 에그버트이다. 그는 우연히 요크 대주교와 동명이인인데, 머시아(Mercia)의 왕 오파(Offa)의 아들로서 부왕이 살아 있을 때 왕위에 올라 공동왕이 되었다. 그의 의식은 787년 첼시 공의회에서 교황 특사가 참석한 가운데 열렸다. *Two of the Saxon chronicles parallel,* éd. C. Plummer, Oxford, 1892, I, pp.53~54, 그리고 이와 관련된 2부 각주를 참조하라. A.W. Haddan et W. Stubbs, *Councils and ecclesiastical documents relating to Great Britain and Ireland,* III, Oxford, 1878, p.444 이하. 물론 이 사료들에서 도유식과 같은 단어는 사용되지 않았다.

연대기들에 따르면 에그버트는 왕에 '축성'되었다(to cyninge gehalgod-고대 영어, 번역 consecrated as king이라는 뜻-옮긴이). 그러나 이 단어들은 주교의 서임을 가리킬 때 쓰는 용어였으며, 앵글로색슨의 전례에서는 성스러운 기름을 사용하는 것을 포함하고 있었다. 게다가 교황 특사가 교황 하드리아누스 2세에게 보냄으로써 알려지게 된 공의회의 결의를 보면(Haddan et Stubbs, p.447, 그리고 *Monum. Germaniae, Ep.*, IV, p.19, no.3), 왕의 '선출(élection)'을 사제직에 임명하는 것과 동등한 효력을 지닌 조건에서 수행하려는 경향이 있었음을 알 수 있다. "우리는 간통이나 근친상간으로 태어난 자가 왕으로 뽑히지 못하도록 명령했다. 그것은 오늘날 교회법에 따르면 간통으로 태어난 어떤 아이도 사제직에 오를 수 없는 것과 마찬가지며, 정당한 결혼에 따라 태어나지 않은 아이는 하느님의 도유를 받을 수 없고, 왕국 전체의 왕도, 조국(patrie)의 계승자도 될 수 없는 것과 마찬가지다.”[47] 이처럼 규칙의 영역에서 사제와 국왕이라는 두 권위가 확실하게 서로 닮아갔는데, 그렇다면 동시에 이것이 의례 영역에도 반영되어야 하지 않았을까? 마지막으로 우리는 '하느님의 도유(christ du Seigneur)'라는 단어에 주목해보자. 이 단어는 그 뒤에서도 다시 사용되었다(이 책 88쪽). 다른 경우에는 이 단어가 순수하게 은유적 의미로 사용되었을 것이다. 예를 들어 여러 비잔티움 문헌에서는 그렇게 사용된 것처럼 보인다(이 책 아래 "8. 비잔티움 제국" 참조). 그러나 여기서 연대기의 '축성(gehalgod)'이라는 말과 함께 사용된다면, 좀더 구체적으로 해석하여, 그 단어가 도유식이라는 의례를 정확하게 암시한다고 생각하지 않을 수 있겠는가?

그러면 이제 첼시 공의회의 이야기에 프랑크 왕이 영향을 미쳤을 가능성에 대해 검토해보아야 한다. 오파가 대륙에 있는 강력한 이웃과 관계를 유지하고 있었음은 잘 알려진 사실이다. 그러나 그 이상의 일이 있었다. 공의회를 주재했던 교황 특사들이 786~787년 사이에 영국에서 임무를 수행하는 동안 비그보드(Wigbod)는 프랑크족 수도원장과 함께 다녔는데, 이 수도원장은 '지극히 위대하신 국왕 샤를'을 공식적으로 대표하고 있었다(Haddan et Stubbs, pp.447~448; *Monum. Germ.*, p.20). 마지막으로 도유식처럼 성경에 근거하기도 하면서 동시에 프랑크족에도 기원을 두고 있는 다른 제도인 십일조가 공의회의 결의에 의해 결정되었다(c. XVII). 이러한 사실을 보면, 에그버트에 적용된 축성 방식이 36년 전에 이루어진 카롤링 왕조의 잘 알려진 선례에서 직접 영감을 얻었다는 것을 의심할 수는 없다.

여기서 매우 흥미로운 유사성 한 가지에 주목하는 것이 좋겠다. 프랑크족의 국가에 도유 의례가 출현하는 것과 같은 시기에, 아마도 이르면 페팽의 치세 때부터이고, 늦어도 그의 아들들인 샤를마뉴와 카를로만 시대에, 왕실 문서국(chancellerie royale)에서는 왕의 칭호에 '신의 은총으로(gratia Dei)'라는 유명한

---

47) C. XII. Monum., pp.23~24. 이와 똑같은 결의가 이전에 노섬브리아에서 교황 특사가 참석한 가운데 열린 한 공의회에서도 결정된 바 있다. 이 두 공의회의 결의는 모든 점에서 일치한다. 그러나 노섬브리아에서는 틀림없이 왕의 도유식이 없었으므로 그 당시에 왕의 도유식에 관한 언급이 없는 것이다.

단어를 도입함으로써 왕정에 종교적 성격을 나름대로 표현하는 방법을 생각해냈다. 몇몇 학자들은 이러한 관용구 사용에 대해 카롤링 왕조의 군주나 서기가 앵글로색슨의 관습에서 차용한 것으로 간주하고 있다. 아마도 잘못된 견해일 것이다. 최근 연구에 따르면 관건이 되는 두 단어가 프랑크족의 공증인들이 이미 사용한 지 몇 년이 지난 다음에야 앵글로색슨의 문서, 특히 머시아의 오파의 문서에 등장한다고 한다. 이 문제에서도 대륙이 앞서 나갔던 것이다(Karl Schmitz, *Ursprung und Geschichte der Devotionsformeln*, Stuttgart, 1916, pp.174~177). 서고트 왕국의 경우 너무 급격한 붕괴로 말미암아 그 영향력을 잃어버렸고, 중요한 일에서나 사소한 일에서나 기독교 방식으로 축성된 왕권의 모델을 서유럽에 제공해준 것은 바로 카롤링 왕들이었다.

787년 에그버트의 도유식 이래로 즉위 의례가 모든 앵글로색슨 왕국들에 확산되고 정착되었다는 것에는 의심의 여지가 없다. 영국의 축성 의례에 대해 알려주고 있는 가장 오래된 문헌은 이른바 에그버트 전례서이다(다른 문헌은 이 책 522쪽 및 W. Stubbs, *Histoire constitutionelle de l'Angleterre*, trad. Petit-Dutaillis, I, p.186 이하). 그럼에도 957년부터 노섬브리아와 머시아의 왕이며, 959년부터 전 앵글로색슨의 왕이었던 에드거(Edgar)가 973년에 이르러서야 도유를 받고 대관식을 했다는 점을 눈여겨볼 필요가 있다. 놀라울 정도로 뒤늦게 이루어진 것이 사실이지만 그 이유는 알려져 있지 않다(후일 교회의 전설이 만들어낸 이유들은 아무런 가치가 없다. *Two of the Saxon Chronicles Parallel*, éd. Plummer, II, pp.160~161). 그러나 이처럼 뒤늦게 이루어졌다는 사실은 이 당시에 도유식을 받지 않고도 상속이나 선출에 의해 왕이 될 수 있었다는 것을 뒷받침해준다. 샤를 대머리왕(Charles le Chauve)이 마찬가지로 늦게 축성을 받은 것에 대해서는 이 책 523쪽을 참조하라. 그리고 독일의 하인리히 1세가 거부한 것에 대해서는 이 책 524쪽을 참조하라.

생존해 있는 아버지를 계승하는 도유식은 오파와 에그버트가 의례 초창기부터 순수한 모델을 제공해주고 있는데, 내가 편집한 오스버트의 편집본에 나와 있는 다른 사례를 참조하라(Osbert of Clare, *Analecta Bollandiana*, 1923, p.71, n.1).

켈트 왕국들

나는 위에서(이 책 87쪽) 구약성경을 본받으려는 사상의 흐름이 어떻게 갈리아에서 아일랜드의 영향력을 증대시키고 프랑크족의 국가에서 왕의 도유식의 도입을 손쉽게 만들었는지를 지적한 바 있다. 켈트족 국가들, 특히 아일랜드가 프랑크족의 갈리아 지방이나 앵글로색슨의 영국에 구체적인 사례를 제공하지 않았을까 생각해볼 수도 있다. 국왕 도유 의식 자체가 이 지역의 교회에서 매우 오래전부터 시행되고 있지 않았던가? 불행하게도 확실하게 말할 수는 없다. 관련된 사료들 중 결정적인 것이 없다.

6세기에 『브리타니아의 몰락과 정복』을 쓴 질다스(Gildas)는 21장(*Mon. Germ.*, *AA.*, XIII, p.37)에서 로마 군단이 철수한 뒤 벌어진 재해에 대해 "왕들이 신에게서 도유를 받지 못했다(ungebantur reges non per deum)"라는 표현을 사용했다. 이 표현은 구체적 의례를 말하는 것일까, 아니면 성경의 어법을 단순히 단어 그대로 반복한 것일까? 그것을 어찌 알겠는가? 질다스는 역사가로서는 가장 부정확한 사람이다.

아이오나 수도원장 아다만(l'abbé d'Iona Adaman)(704년 사망) 덕분에 성 콜룸바(Columba)의 생애가 알려져 있다. 그 책(III, c. V, éd. J.T. Fowler, Oxford, 1894)[48] 134쪽에는 콜룸바가 꿈을 꾸고 나서 왕을 서임했다는 이야기가 나온다. 그러나 거기에 서술된 의례는 손을 얹고 축복을 내렸다는 것밖에 없다. 도유라는 단어는 등장하지 않는다.

마지막으로 아일랜드 교회법 총서 『이베르넨시스』(éd. H. Wasserschleben, *Die irische Kanonensammlung*, 2e éd. Leipzig, 1895; 참고문헌에 대해서는 Sägmüller, *Lehrbuch des katholischen Kirchenrechts*, 3e éd., I, p.152 참조)의 25권 1장「국왕의 서임에 대해」(De ordinationi regis)는 도유식에 관련된 성경 구절을 인용하고 있다. 『이베르넨시스』는 아마도 8세기의 것으로 생각되는데, 그것이 프랑크족의 교회에 끼친 영향력은 막대했다. 불행하게도 편집본은 모두 만족스럽지 못하다. 왜냐하면

---

48) 아다만 훨씬 이전부터 이 전기의 축약본이 있었다고 하지만, 사실 그 축약본은 아이오나 수도원장의 작품을 요약한 것이었다. 이에 대해서는 다음 책을 참조하라. G. Bruning, "Adamnans Vita Columbae," *Zeitschrift für celtische Philologie*, XI(1916).

원본과 이후 부가된 내용을 구분하지 않았기 때문이다(바서슐레벤의 편집본에 대해서는 헬만(S. Hellmann)의 세둘리우스 스코투스(Sedulius Scottus) 편집본에 들어 있는 것을 참고하라. S. Hellmann, *Liber de rectoribus,* p.141, 그리고 P. Fournier, *Revue celtique,* 1909, p.225, n.3도 참조하라). 게다가 왕의 '서임'에 관련된 문구가 원본이라고 가정해도, 『이베르넨시스』가 있던 상황에서 실제로 행해졌던 의례들에 관해서 확정적인 결론을 내리기는 여전히 주저된다. 성경 구절을 인용했다고 해서 이러한 인용이 제도가 존재했음을 정당화해준다고 결론을 내리는 것은 얼마나 대담한 일인가? 브르타뉴의 족장이었던 노미노에(Nominoë)가 샤를 대머리왕 치세에 왕을 칭하고 곧바로 스스로 도유식을 받았다는 사실에 주목할 필요가 있다(J. Flach, *Les Origines de l'ancienne France,* IV, p. 189, n.3 참조). 이 경우는 명백히 프랑크족의 관습을 모방한 것이지만 흥미로운 경우이다. 왜냐하면 이 시기부터 갈리아에서는 도유식을 받은 사람을 제외하고는 진정으로 완벽한 왕이 없었다는 점을 이 사례가 증명하고 있기 때문이다.

요컨대 예상치 못하게 사료를 발견하지 않는 한, 이 문제는 부정적 해답이든 긍정적 해답이든 모든 해답을 내리기 어려운 상태로 남아 있을 것이다. 기독교를 받아들인 켈트족이 프랑크족의 갈리아, 영국 그리고 스페인에 앞서서 왕의 도유를 알고 있었는가라는 문제는 여전히 비밀을 간직하고 있다.

대관식, 왕위와 도유를 동일한 하나의 의식으로 통합하다

서양에서 고유한 의미의 대관식이 비잔티움에서 어떻게 해서 수입되었는지에 대해 앞서(이 책 87쪽) 밝힌 바 있다. 비잔티움 황제가 콘스탄티노플 총대주교에게서 대관식을 받듯이, 샤를마뉴는 교황에게서 대관식을 받았다. 경건왕 루이는 이와 같은 의례 도중에 도유와 대관을 함께 받은 첫 번째 인물이다(Böhmer-Mühlbacher, p.165, p.265). 비잔티움의 왕관과 왕관 장식에 대해서는 다음을 참조하라. Jean Ebersolt, *Mélanges d'histoire et d'archéologie byzantines,* p.19 이하, 그리고 특히 p.67. 로마의 관습에 대해서는 다랑베르(Daremberg)와 살리오(Saglio)의 사전이나 폴리비소바(Pauly-Wissowa)의 사전에서 '왕관(Corona)' 항목과 '왕관 장식(Diadema)' 항목을 참조하는 것으로 충분하다. 또한 J. Hastings, *Encyclopaedia of*

*Religion and Ethics*의 '왕관' 항목도 참조하라.

사실, 왕관이나 왕관 장식 같은 왕의 상징물에 대해 야만족 왕들도 모르지 않았을 것이다. 이와 관련된 서고트족에 대해서는 이 책 512쪽을 참조하라. 그레구아르 드 투르의 증언(*Hist. France*, II, 38; 이 책 81쪽)에 따르면, 프랑크족의 왕들 중에서는 클로비스가 투르에서 신하들에게 왕관 장식을 보여주었다고 한다. 그의 후계자들도 때때로 똑같은 상징으로 장식했을까? 그들이 주조한 동전에도 종종 그렇게 그려져 있는가? 종종 그렇게 그려져 있지만, 이 보잘것없는 초상화는 제국화폐의 형식을 서투르게 모방한 것에 불과하지 않은가? 다른 역사적·고고학적 자료들도 해서차기는 어렵다(W. Schücking, *Der Regierungsantritt*, p.131 참조). 단 한 가지 확실한 사실은 샤를마뉴에 앞서 프랑크족의 왕들이 왕관 장식을 머리에 둘렀다고 하더라도 다른 표시는 물론이고 그 왕관 장식 표시조차 그들의 즉위를 알리는 종교의식의 과정에서는 이루어지지 않았다는 점이다.

이에 반해 왕관을 최고 정치권력의 상징으로 사용하는 것이 쉽게 확산되었다는 점을 검토해보자. 그것은 도유식의 전파가 그랬던 것과 마찬가지로 성경의 선례에 의해 이루어졌다. 성경이 성스러운 기름에 관련된 모델을 제공해주었듯이 대관식 의례에도 모델을 제공해준 것은 아니었다. 그러나 구약성경에서 여러 차례 왕권의 표시나 상징으로서 왕관을 언급하고 있다(Vigouroux, *Dictionnaire de la Bible*, Couronne 항목). 요컨대 고유한 의미에서의 대관식이 서양에 전해지자마자, 왕관에 신비로운 의미를 부여하려는 착상이 떠올랐다. 성경의 여러 대목에서 구체적으로 또는 은유적으로 선택된 자들에게 영광의 왕관을 준다고 되어 있는데, 국왕의 왕관을 이 왕관에 비유하였다. 위에서 언급한(이 책 1부 2장 각주 45 참조) 샤를 대머리왕 축성식에서 처음으로 확인된 기도문을 참조하라.

루이 경건왕의 대관식은(왕의 관 대신-옮긴이) '황제의' 관을 쓴 것에 불과하다. 그러나 '왕의' 즉위식에서도 왕관은 도유와 더불어 매우 빠르게 정착되었다. 838년 이후 종교의식 없이도 루이 경건왕은 장차 샤를 대머리왕이 될 아들 샤를에게 국왕 대관식을 해주었다(B. Simson, *Jahrbücher des fränkischen Reichs unter Ludwig dem Frommen*, II, p.180). 848년 샤를이 상스 대주교의 축성을 받을 때, 단지 도유식만을 치른 것이 아니었다. 대주교는 샤를에게 왕관을 씌워주었고 심지어 왕홀(이것은 새로운 행위이다)을 주었다(관련 서지사항은 이 책 523쪽을 참조하라). 왕관을 쓰는 행위 또는 일반적으로 왕의 상징물을 수여받는 행위가 도유와 결합함으로써 진정한 축성식이 탄생한 셈이다.

영국에서도 마찬가지로 두 종류의 근본적인 행위가 매우 빠르게 결합되었다. 다른 유럽 국가에 대해서는 여기서 다루지 않겠다(독일에 대해서는 이후에 나오는 7절을 참조하라). 앵글로색슨의 전례서(ordo) 중에서 가장 오래된 것은 위(僞) 에그버트 전례서로서(이 책 516쪽) 9세기경의 것인데, 이미 이때 왕관임이 틀림없는 'galeum'을 왕에게 수여했다고 말하고 있다(Surtees Society éd., p.103). 에설레드(Ethelred)의 것으로 알려져 있는 전례서(J.W. Legg, *Three Coronation Orders, Bradshaw Soc.*, XIX, p.57)와 쥐미에주의 전례서(Benedictional de Robert de Jumièges)(éd. Wilson, Henry Bradshaw Soc., XXIV, p.144)에는 명백히 왕관이 언급되어 있다. 973년 에드거의 국왕 축성식에서도 마찬가지로 언급되고 있다. 이 네 문헌 모두 왕홀의 사용을 언급하고 있다. 이렇게 프랑크와 앵글로색슨의 의례는 사람들이 믿고 있듯이 서로 영향을 주고받지 않았다고 할 수는 없으며, 서로 평행하게 발전했다.

도유 의례의 지속, 독일의 단절

왕의 도유와 같은 부류의 의례는 그 본질상 일단 어떤 나라에 왕의 관습으로 도입되면 거의 무한히 지속되는 것 같다. 사실 서고트 왕국 시대의 스페인(이 책 511쪽)이나 앵글로색슨 시대의 영국(이 책 518쪽), 그리고 노르만 왕조의 영국에서는 그 의례가 꽤 지속되었던 것으로 보인다. 카롤링제국이 분해되어서 나온 국가들이나 서프랑크, 한마디로 프랑스에서도 마찬가지였다. 848년 6월 6일 샤를 대머리왕은 상스 대주교 가늘롱에게서 도유, '왕관 장식', 그리고 왕홀을 받았다(Levillain, "Le Sacre de Charles le Chauve à Orléans," *Bibl. de l'Ecole des Chartes*, 1903, p.31, 그리고 F. Lot et Louis Halphen, *Le Règne de Charles le Chauve*, 1909, p.192 이하). 뒤늦은 축성식이었다. 샤를은 오래전부터 왕이었으나 도유를 받지는 않았다. 우리가 이미 보았듯이(이 책 521쪽), 샤를은 838년 이후 부왕(父王) 루이 경건왕에게서

종교의식과는 무관하게 왕관을 받은 상태였다.[49]

그러나 샤를은 종교적인 장엄한 의식의 중간 과정으로서 고위 성직자에게서 왕관과 왕홀을 받는 의식과 도유식이 자신의 권위에 필수적이라고 생각했던 것이다. 샤를뿐만 아니라 그의 후계자들도 이 의례를 그냥 지나쳐서는 안 된다고 생각했다. 왕관과 더불어 도유식은 이탈리아(Ernst Mayer, *Italienische Verfassungsgeschichte*, II, p.166 이하), 로렌 왕국(Robert Parisot, *Le Royaume de Lorraine sous les Carolingiens*, 1899, p.678), 심지어 프로방스와 부르고뉴 같은 작은 왕국(René Poupardin, *Le Royaume de Provence*, 1901, p.112, n.8, and 457, n.4; *Le Royaume de Bourgogne*, 1907, p.66, n.2)에서조차 시행되었다. 그러나 동프랑크에서 또는 시대착오적인 용어지만 편리하기 때문에 사용하는 용어를 사용하면, 독일에서 국왕 축성식의 역사는 이처럼 단순하지 않다.

루트비히 게르만왕 및 그의 아들들 그리고 아르눌프(Arnulf)와 관련된 어떤 사료도 종교적 축성에 대해 언급하지 않았다(G. Waitz, *Verfassungsgeschichte*, 4e éd., VI, p.208, n.4; U. Stutz, *Der Erzbischof von Mainz und die deutsche Königswahl*, Weimar, 1910, p.5, n.3). 이 침묵은 우연일까? 우리가 가진 자료가 매우 불완전하기 때문에, 감히 그렇지 않다고 말하지는 못할 것이다. 그럼에도 불구하고 모든 사료가 하나같이 침묵하고 있는 것은 주목할 만한 일이다. 적어도 이러한 침묵은 연대기 작가들이 이러한 종류의 의식에 관심이 없었다는 것을 입증해준다. 그러므로 이 당시 게르만족의 지역에서는 즉위식의 종교 의례가 갈리아 지역만큼 중요하지 않았다고 할 수 있다. 또한 아르눌프를 포함하여 그 시기에 이르기까지 왕들이 이러한 종교 의례를 이용한 적이 있는지 심각하게 고려해야 한다. 루트비히 유아왕에 대한 자료들은 모호하다(cf. Stutz, *loc. cit.* and Böhmer-Mühlbacher, p.796). 반면 콘라트 1세는 확실히 도유와 왕관을 받았다(Bôhmer-Müh1bacher, p.823).

---

49) 마찬가지로 영국 왕 에드거는 자신의 치세 16년째 되는 해가 끝나갈 무렵 축성을 받았으며, 원래 의미에서의 대관식 훨씬 이전에 왕위를 차지하고 있었다. 『오스왈드 전기』(*Vita Oswaldi*)(J. Raine, *The Historians of the Church of York(Rolls Series)*, I, p.437)를 보면, 의식이 있던 날 왕은 머리에 왕관을 쓴 채로 교회로 들어간 다음, 제단에 그 왕관을 놓두고, 일단 도유를 받은 뒤, 대주교 던스턴(Dunstan)의 손에 의해 왕관이 다시 왕의 머리에 올라갔다고 한다.

마지막으로 하인리히 1세 시대를 보자. 이 시기에 이르면 관련 사료들이 명확해진다. 하인리히는 마인츠 대주교의 도유와 왕관 수여 제의를 사양했다(사료와 더불어 근대 역사가들의 견해는 G. Waitz, *Jahrbücher des deutschen Reichs unter König Heinrich I*, 3e éd., *Excursus* 10; Böhmer-OttenthaI, *Die Regesten des Kaiserreichs unter den Herrschern aus dem Sächsischen Hause*, p.4 참조). 이러한 결정 때문에 성직자 사회의 일부에서는 소동이 일어났는데, 그것은 『성 울리히 전기』(*Vita Udalrici*)에 실려 있다. 사도 베드로가 아우크스부르크 주교인 성 울리히에게서 나타나서 두 개의 검, 하나는 자루가 붙어 있고 다른 하나는 자루가 붙어 있지 않은 검 두 개를 보여주며 이렇게 말했다고 한다. "하인리히 왕에게 전하라. 자루가 없는 칼은 교황의 축복 없이 왕국을 가진 왕을 의미한다. 그러나 자루가 있는 칼은 신의 축복으로 지배권을 얻은 왕을 의미한다." 왜 하인리히 1세는 '고위 성직자의 축복을 받지 않고' 통치하기를 고집했을까?

이 책 위에서(90쪽) 이미 지적했듯이, 나는 이 점에 관해서 역사가들이 일반적으로 인정하고 있는 견해에 동의한다. 이러한 거부는 오직 하나의 원인밖에 갖고 있지 않았음에 틀림없다. 그것은 왕의 권위가 오직 성직자의 손에서 나오는 것처럼 보이는 것에 대한 두려움 때문이었다. 이 문제와 관련하여 하인리히의 궁정에서는 모든 면에서 교회의 영향력이 상당히 약했다는 점을 지적해두는 편이 좋겠다(A. Hauck, *Kirchengeschichte Deutschlands*, 3e éd., III, p.17, n.3). 어쨌거나 그레고리우스 교황의 개혁이 있기 훨씬 이전인 10세기에 교회의 우월함이 왕권을 위험에 빠뜨릴 수도 있다는 느낌을 군주들이 강렬하게 가지고 있었다는 점은 놀라운 일이다. 이리하여 크뤼거와 같은 대담한 가설도 나온다(J. Krüger, Grundsätze und Anschauungen bei den Erhebungen der deutschen Könige in der Zeit von 911~1056(*Untersuchungen zur deutschen Staats-und Rechtsgesch*., h. 110), p.42 이하). 하인리히 1세의 행적에 관해 우리가 주로 근거하고 있는 사료는 비두킨트(Widukind) 연대기인데, 앞서 말한 크뤼거는 연대기의 내용을 단순 명료하게 '환상(phantastisch)'으로 치부해버렸다.

그렇다면 비두킨트보다 약간 뒷 시기이며 비두킨트의 영향을 받지 않았음이 확실한 『성 울리히 전기』의 증언은 어떻게 생각해야 하는 것인가? 그리고 우리의 이론틀에 맞지 않는다고 해서 텍스트를 거짓말로 취급하는 것은 지나치게 편의주의적이다. 요컨대 하인리히 1세의 불안감에 대해 크뤼거가 놀란 것은 명백히 과장된 것이었다. 이미 앞서(이 책 89쪽) 밝힌 바 있듯이, 교회의 저술가들은 그레고리우스 개혁이 이루어지기도 전에 왕의 도유식으로부터 자신들의 주장에 가장 유리한 요소를 이끌어냈다.

오토 1세는 936년 즉위와 더불어 도유식과 대관식을 치렀다. 그 이후 후계자들은 모두 그의 사례를 따랐다(Böhmer-Ottenthal, p.34, 그리고 Köpke-Dummler, *Jahrbücher der deutschen Geschichte: Otto der Grosse*, I, p.27 이하).

비잔티움제국

여기서 비잔티움제국 축성의 역사 전체를 검토할 생각은 없다. 나는 다만 이러한 의식의 한 요소인 도유식에만 집중할 것이다. 사실 서유럽 왕정의 축성에 대해 연구하는 사람이라면 누구나 황제의 도유식이 비잔티움에 도입된 것이 언제인가 하는 문제를 중요하게 생각한다. 그것은 두 가지 이유에서 그렇다. 만약 이 점에서 동방의 관습이 앞서 있었다는 점을 인정해야 한다면, 스페인이나 프랑크족 지배하의 갈리아에서 처음으로 하느님의 도유를 받은 자들이 단순히 동방의 사례를 모방한 것인지 아닌지에 대해 검토하는 것은 당연한 일이다. 여기에 더하여 그 시기가 이르건 늦건, 황제 숭배 전통이 이미 확고하게 자리 잡은 나라에서 성경에 근거한 이러한 제례가 나타났다면, 유럽의 여러 나라들 사이에 즉위식의 역사를 비교함으로써 얻어낼 수 있는 결론은 다소간 수정될 수밖에 없을 것이다.

우선 의심할 여지가 없는 점은 다음과 같다. 1204년 라틴(서방교회-옮긴이) 전례에 따라 이루어졌기 때문에 여기서 대상이 되지 않은 플랑드르 백작 보두앵의 축성을 제외하면, 황제의 도유식을 명시적으로 언급하고 있는 첫 번째 확실한 사료는 게오르기오스 파키메리스(Georgios Pachymeris)가 전하는 미카엘 9세 팔레올로구스(Michael IX Paleologus) 대관식에 대한 묘사이다. 미카엘 9세는 1295년 5월 20일 대관식을 했는데, 파키메리스가 쓴 것은 1310년이었다(*De Andronico Paleologo*, Migne, *Patrolagia Graeca*, t.144, col. 216). 니케포로스 그레고라스(Nicephoros Gregoras)는 테오도로스 라스카리스(Theodoros II Laskaris)가 1254년 도유식을 한 것으로 이야기하고 있다(*Byzantinae Historiae*, lib. III, Cap. II; *P.G.*, t.148, col. 181). 그러나 니케포로스가 이것을 쓴 것은 1359년이다. 그의 작품은 동시대 관습의 영향을 받았을 가능성이 있는데다가 한 세기나 이전에 일어난 사건에 대해 어떤 것도 확실하게 입증하지 못하고 있다. 황제 요안네스 칸타쿠제노스(Joannes VI Kantakouzenos)는 자신이 쓴 『사서 4권』(*Quatres livres d'histoire*)에서 1325년에 있었던 안드로니코스 팔레올로구스의 대관식을 묘사하면서 도유식에 관해 마찬가지로 적고 있다. 그가 그 작품을 쓴 것은 1355년에서 1383년 사이였다(*Histor.*, lib. I, cap. XLI, *P.G.*, p.153, col. 276 이하). 그러므로 14세기 초에 황제들이 성스러운 기름으로 도유를 받았음은 논란의 여지가 없다. 의례는 제국이 끝날 때까지 지속되었음이 틀림없다. 그러나 정확히 언제 시작되었는가? 여기에 관해서는 논쟁이 끝없이 펼쳐진다.

14세기 이전의 문서들 중 상당히 많은 문서에서 황제의 임명을 묘사하기 위해 '도유'나 '기름을 바르다(χρίσμα, χρίειν)' 같은 단어를 사용하고 있으며, 황제에게 '주의 기름부음을 받은 자(oint du Seigneur, Χριστὸς Κυρίου)'라는 명칭을 부여하고 있다. 문제는 그것이 문자 그대로의 의미인지, 아니면 반대로 성경에서 이미지를 빌려와서 순수하게 은유적인 의미로 쓴 것인지를 알아내야 한다는 것이다. 첫 번째 설명, 즉 문자 그대로의 의미라는 설명은 지켈의 것이다(W. Sickel, "Das byzantinische Krönungsrecht bis zum 10. Jahrhundert," *Byzantinische Zeitschrift*, VII(1898), p.524 그리고 특히 p.547 이하, n.80에서 n.83까지). 그런데 지켈이 제시한 가장 오래된 사료조차 9세기 후반에 불과하다는 점을 지적할 필요가 있다.

그 사료는 바로 유명한 총대주교 포티오스(Photios)가 황제 바실레오스 1세에게 보낸 편지로서, 거기서 이 고위 성직자가 황제에게 축성에 관해 다음과 같이 말했다. '왕에 대한 도유와 안수(按手)(χρίσμα καὶ χειροθεσίαν βασιλείας)'(Ep. 1, 10; *P.G.*, t.102, col. 765). 바실레오스 1세의 즉위 연도는 867년이었다. 페팽이 프랑크 왕들 중에서는 처음으로 도유를 받았던 것보다 한 세기 이상 지났을 때이며, 서고트 왕들의 최초 도유식 이후부터 계산하면 두 세기 이상 지난 셈이다. 어쨌든 지켈이 제시한 사료들에서 서방의 왕들이 동방의 관습에서 도유식을 차용했다는 주장을 이끌어낼 수는 없다.

지켈에 반대한 학자들은 포티오스의 편지나 이와 유사한 문헌에서 사용된 표현이 단순한 은유에 불과하다고 생각한다(J.J. Reiske, *De Cerimoniis*(Constantinus Porphyrogenitus 작품) 편집본(Constantini Porphyrogeniti. De Cerimoniis aulae Byzantina Libri II-옮긴이) (*Corpus SS. historiae Byzantinae*) II, p.351; Brightman, "Byzantine imperial coronations," *Journal of Theological Studies,* II(1901), p.383; Jean Ebersolt, *Mélanges d'histoire et d'archéologie byzantines*(extr. de la *Rev. d'hist. des religions,* LXXVI(1917), pp.22~23, p.27).[50] 내가 보기에 그들은 그럴 만한 강력한 근거를 가지고 있다. 포티오스의 같은 글에서 '안수(χειροθεσίαν, 손대기)'라는 단어는 어느 모로 보나 하나의 상징으로밖에 생각되지 않는다. 어떤 황제의 축성 의례에서도 손을 얹는 행위는 나타나지 않는다. '도유(χρίσμα)'와 '안수(χειροθεσίαν)'라는 두 단어가 한 문장 안에서 서로 긴밀하게 연결되어 있을 때, 안수라는 단어가 전적으로 상징적인 의미만 가지고 있는데, 어떻게 도유라는 단어가 구체적인 의미를 갖겠는가?

또 있다. 황제 콘스탄티노스 포르피로게네토스(Constantinos Porphyrogenitos, 945~959)가 쓴 유명한 책 『의식』(*Cérémonies*)에는 축성에 관한 상세한 설명이 있지만, 여기에 도유식은 전혀 나오지 않는다. 마찬가지로 12세기 초 어느 동방교회 전례서(Euchologe)에 축성 전례가 포함되어 있는데, 여기에도 도유에 관한 것은 전혀 없다(Brightman, p.378). 문제의 의례가 10세기에도, 심지어 12세기 초에도 시행되지 않았다고 간단하게 설명하지 않는다면, 두 문서의 이러한 침묵에 대해 설명할 길이 없다.[51]

---

50) 피셔의 논문(W. Fischer, "Eine Kaiserkrönung in Byzantion," *Zeitchr. für allg. Geschichte,* IV, 1887)은 위에서 언급한 칸타쿠제노스의 묘사에 대한 단순한 주석에 불과하다.

51) 지켈은 비잔티움의 도유식이 오래되었음을 입증하기 위해 10세기 아르메니아의 사료를 이용했다. 이 사료에는 아르메니아 왕이 도유와 대관을 동시에 했다고 되어 있다. 지켈에 따르면 아르메니아가 비잔티움의 의례를 차용했을 것이라고 했다. 동방의 일에 관해 무지한 나로서는 그 부분만 따로 떼어낸 사료에 대해 논쟁을 벌일 능력도, 정말로 아르메니아의 도유식이 비잔티움의 관례를 모방한 것인지 검토할 능력도 없다. 그렇지만 어떻게 해도 포르피로게네토스의 침묵에 대해 반증하기는 어려울 것으로 보인다.

그러나 에버솔트(Ebersolt)의 주장에도 불구하고(*loc. cit.*, p.27) 12세기 말 이후 1204년 라틴십자군의 정복 이전 어느 시점에 도유식이 도입된 것으로 보인다. 1195년 알렉시오스 3세 앙겔로스(Alexios III Angelos)의 축성식을 1210년경 니케타스 아코미나토스가 묘사한 것을 보면(Nicétas Acominatos, *De Alexio Isaacii Angeli fratre,* lib. I, *P.G.*, t.139, col. 829), 그 안에서 구체적 행위에 대한 암시를 읽을 수 있다. "관습에 따라, 그는 도유식에 의해 황제가 되고 최고 권력의 상징을 받았다(ὅπως κατὰ τὸ ἔθιμον ἐς βασιλέα χρισθῇ καὶ περιβαλεῖται τὰ τοῦ κράτους σύμβολα)." 도유식과 상징의 인수야말로 본질적으로 유사한 서유럽 축성식에서와 마찬가지로 의식의 가장 기본적 특징이 아닌가?

특히 내가 보기에 브라이트만이 자세히 해석하지 않은 하나의 문헌이 1200년경 비잔티움의 관습에 황제의 도유식이 도입되었다는 것을 결정적으로 증명해준다. 그것은 그즈음 테오도로스 발사몬(Theodoros Balsamon)이 작성한 앙카라 공의회 결의 제12조에 대한 주해이다(*P.G.*, t.137, col. 1156). 발사몬이 이야기해주는 바에 따르면, 969년 황제 요안네스 치미스케스(Ioannes I Tzimiskes)는 선황제 니케포로스 포카스(Nicephoros Phocas)를 암살하고 처음에는 총대주교 폴리에욱테스(Polyeuctes)가 '대성당'에 들어오는 것을 금지했지만, 뒤이어 종교회의의 결정에 따라 들어오는 것을 허용했다. 이것에 대해 우리의 이 저자 발사몬은 다음과 같은 설명을 하고 있다(이 책 224쪽).

"최고 종교회의에 발맞추어 그 당시 공포되고 그 원본이 문서고에 보관되어 있는 종교회의의 결정에 따라, 총대주교는 이렇게 선언했다. 성스러운 세례에 사용된 기름은 이전에 저지른 죄가 아주 크고 많더라도 그 모든 죄를 씻어낼 수 있다. 마찬가지로 왕의 도유도 모든 점에서 유사한 행위를 하므로 치미스케스가 도유를 받기 전에 저질렀다고 하는 살인죄를 씻어낼 수 있다."

발사몬이 종교회의 결정사항 작성법에 맞추어 정확하게 옮겼는지 알 수는 없다. 그것은 그다지 중요하지 않다. 비록 '도유(χρίσμα)'라는 단어가 "문서고에 보관된"이라는 문장에서 발견된다고 하더라도, 이 단어를 10세기의 관습이었던 은유적 의미로 해석하지 못할 이유는 없다. 어쨌든 발사몬의 주해를 계속 읽어보자. 그는 많은 사람들이 이 법령으로부터 주교의 죄도 마찬가지로 '축성식의 도유로써

(διὰ τοῦ χρίσματος τῆς ἀρχιερωσύνης)' 사면된다는 결론을 이끌어내기에 이르렀다고 전하고 있다. 여기서 '도유(χρίσμα)'란 어떤 의미일까? 명백히 상징적 의미다. 동방정교회 의례에서 주교가 도유를 받는 경우는 결코 없었기 때문이다. 계속 읽어보자. 마침내 발사몬이 정확하게 자신의 은유를 설명하는 부분을 볼 수 있다. "구약에서 왕과 대사제들에게 부어졌던 기름 대신에, [이 견해를 지지하는 사람들이 말하기를] 오늘날 [주교들의 축성식 날] 마치 멍에처럼 복음서(신약성경-옮긴이)를 주교들의 목에 얹고 성령에 대한 기도를 하며 손을 얹는 것만으로도 주교들에게는 충분하다."[52]

"오늘날 …… 주교들에게는 충분하다"고 했다. 문장의 뒷부분에서 왕은 문제가 되지 않았다. 왜 그랬을까? 깜빡 잊어서 쓰지 않은 것은 아닌 것 같다. 만약 우리의 주해자가 성경에서 정한 왕의 도유식과 동등한 제례가 현재에는 무엇인지를 지적하지 않았다면, 그것은 동등한 것이 행해지지 않기 때문이었을 것이다. 당시 주교들은 구약성경의 대사제들(그리스 단어로는 ἀρχιερεύς)에 비유되고 있었으나 그들의 히브리인 선배들과는 달리 성스러운 기름으로 축성을 받지 못했던 반면에, 황제들은 어쨌거나 다윗과 솔로몬처럼 도유를 받았다.

남아 있는 문제는 비잔티움에 도유식이 도입되기까지 왜 그렇게 오래 걸렸는지에 대한 것이다. 뒤셴 신부(Mgr. Duchesne)는 다음과 같이 올바르게 지적하고 있다(*Liber Pontificalis*, II, p.38, n.35). 동방의 축성 의례는 오랫동안 성유를 사용하지 않았는데, 이것은 사제나 주교의 서임식에서 기름을 사용하지 않던 동방교회의 일반적 관습에 따른 것에 불과하다는 것이다. 이미 지적한 바 있듯이, 내 생각에는 비잔티움 황제권이 로마의 성립 이래 줄곧 신성시되었고 황제 숭배가 잔존해 있었으므로, 서유럽 야만족 왕권만큼 일찍부터 성경을 모방한 의례를 통하여 신성화될 필요를 느끼지 못했다고 생각된다.

서유럽의 사례가 끼친 영향은 훨씬 뒤 감지되었다. 십중팔구 비잔티움은 뒤늦게

---

52) (원문) Ἀντὶ δὲ τοῦ χριομένου ἐλαίου τοῖς βασιλεῦσι καὶ τοῖς ἀεχιερεῦσι, κατὰ τὸν παλαιὸν νόμον, εἶπον ἀρχεῖν τοῖς ἀελιερεῦσι τὸ ἐπικείμενον ζυγὸν τοῦ Εὐαγγελίου τῷ τραχήλῳ αὐτῶν, καὶ δι᾽ ἐπικλῄδεως τοῦ ἁγίου πνεύματος σφραγίδα τοῦ χειροτονοῦντος.

야 프랑크제국에서 유래한 국가들로부터 왕정의 도유식을 빌려왔던 것이다. 그러므로 서고트 왕국이나 페팽이 도유식을 비잔티움에서 가져온 것이 아닌 것은 확실하다.

1372년 갈멜회 수도사 장 골랭은 샤를 5세를 위해 기욤 뒤랑의 『성무교리』를
번역하면서 프랑스 왕들의 축성식에 대한 짧은 논문을 써넣었는데(Bibl. Nat., fr.
437, fol. 2 v., col. 1), 서론에서 지적하고 있듯이, 이 "현명하고 동정받아야 할" 국
왕의 주변 인물들 사이에서 유행했던 이념들에 대해 중요한 증언을 제공하고 있
다. 적어도 한 부분 이상에서, 그리고 연주창의 손대기 치료에 대한 부분에서도, 주
군의 생각을 표현하고 있다. 그 전문을 게재하지 않았다고 비난할 독자가 있을지
모르겠다. 그러나 이미 부록이 꽤 긴데, 이것을 무한정 늘릴 수는 없다. 그리고 장
골랭이 축성의 '전례'에 할애한 긴 논의는 우리가 다른 사료들, 특히 브래드쇼 협
회(Bradshaw Society)가 편찬한 『전례서』[53]와 같은 사료들을 통해 의례에 대해서
알 수 있는 것 이외의 사실을 알려주지는 않는다.

각 의례의 세부적 기술과 더불어 나오는 상징에 관한 주해는 자세하기는 하지만
산만하며, 샤를 5세가 좋아했던 지식인 집단의 정신적 경향에 대해서 알려주기는
하지만, 이것은 이미 잘 알려져 있어서 새로울 것이 없다. 그리하여 모든 점을 고려
한 끝에, 발췌하여 싣고 짧은 분석을 덧붙이는 것에 그치기로 했다. 그렇지만 이 짧
은 글에는 왕의 기적, 프랑스 왕정에 얽힌 일련의 전설, 그리고 발루아 왕조의 궁정
에서 형태를 갖춘 남자가계를 통한 왕위계승 이론 등에 대한 귀중한 정보뿐만 아

---

53) *The Coronation Book of Charles V of France*, éd. E.S. Dewick, 1899 (*Bradshaw Soc.*, XVI).

니라, 튀르팽과 관련된 흥미로운 전설, 프랑스 왕들의 '초상화(ymages)'에 대한 도 상학적 정보, 지금까지 잘 알려지지 않았던 상스 대성당에 있는 조각상들의 진정 한 의미를 알려주는 정보, 그리고 '성당 전속사제(chapelain)'라는 단어가 가지고 있는 재미있는 어원(이 책 536~539쪽) 등이 포함되어 있다. 마지막으로 연주창의 치료에 관하여 라울 드 프렐이 『신국론』을 번역하면서 사용한 표현들에 대한 장 골랭의 비판이 포함되어 있으며, 이를 통하여 레오폴드 델릴이 『샤를 5세 문서고 연구』(*Recherches sur la librairie de Charles V*)에서 1376년경이라고 제시한 이 작품의 출판연도를 수정할 수 있을 것이다. 지금은 이 유명한 작품이 1372년에 완성된 것 이 확실하다고 간주되고 있다.

『성무교리』의 번역은 1503년 베라르(Antoine Verard, 14~15세기 출판업자-옮 긴이)에 의해 출판되었다.[54] 번역본은 이 형태로 꽤 성공을 거둔 것 같다. 1611년 출판하여 여러 판을 거듭했던 의례에 관한 개론서를 쓴 빌레트(Claude Villette)도 읽고 축성식에 관한 영감을 여기서 얻었다.[55] 그러나 빌레트 판본은 오류가 많다. 필사본은 많으며 특히 국립도서관(Bibl. Nat. franç, 176, 14세기)과 아스날(Arsenal 2001 et 2002, 15세기)에 있는 것이 유명하지만, 정본을 만드는 데에는 하나의 판 본, 즉 오늘날 국립도서관 판본(Bibliothèque Nationale le n. 437 du fonds français) 만 있어도 된다. 특히 이것은 샤를 5세를 위해 만들어진 것이며 마지막 장에 국왕 자필의 장서표(藏書票, ex-libris, 책의 소유를 나타내기 위해 써넣거나 도장처럼 찍는 표시-옮긴이)와 1374년이라는 연대가 남아 있다. 축성에 관한 내용은 43장 뒷면(fol. 43 v)에서 55장 뒷면까지 실려 있다.[56] 명백한 한두 가지 오류를 수정한 것을 제외하고는 나는 이 사본을 충실히 따랐으며, 수정한 부분은 필요에 따라 표

---

54) *Le Racional des divins offices*, Paris, 1503.
55) *Les raisons de l'office et ceremonies qui se font en l'Eglise catholique, apostolique et romaine, ensemble les raisons des ceremonies du sacre de nos Roys de France, et les douze Marques uniques de leur Royauté Céleste, par dessus tous les Roys du Monde*, 1611. '장 골랭(Ian Goulain)'이라는 이름이 명백히 언급된 곳은 (어머니이자 왕비인 분에 대한) 헌사에서이다. 축성에 대해서는 pp.211~250 참조. 특히 장 골랭에 대한 정보는 220쪽 참조.
56) 그러나 번호를 잘못 매겨서 54장에 이어서 곧바로 56장이 나온다. 축성에 관한 논문은 3개 세밀화로 장식되어 있다. 왕의 도유식(44장 뒷면), 왕비의 도유식(50장) 그리고 군기에 대한 축복(51 v)이 그것이다.

시해두었다.

이 사본은 흥미로운 특징을 보여주고 있다. 축성에 관한 부분에서, 그리고 그 부분에서만, 여백에 주석을 붙여놓았다. 서기와 같은 시대 사람이기는 하지만 서기보다 더 훌륭한 서체를 가지고 있다. 이것은 저자가 수정한 것이 아니다. 왜냐하면 한 부분에서 주해자 자신이 모순되는 말을 하고 있기 때문이다(이 책 537쪽과 263쪽 참조). 이것은 매우 주의 깊은 독자가 수정한 것이다. 그 독자가 왕이었을까? 사람들은 그러한 가정을 하고 싶어하지만, 가설을 입증해줄 증거는 아무것도 없다. 서체는 매우 개성 없는 글씨체이며 샤를 5세의 글씨체는 아니다. 아마도 왕이 자신의 견해를 받아쓰도록 한 서기의 글씨체일 가능성이 있다. 그러나 그것을 어떻게 증명한다는 말인가? 아래에서 괄호〈 〉사이에 있는 부분이 여백의 주석 중 일부이다(둥근 괄호( ) 안의 내용은 블로크의 설명이다-옮긴이).

[프랑스 왕과 왕비의 축성에 대하여][57]

서문: 축성의 규모, 샤를마뉴에 의한 프랑스 왕위계승 규정, 샤를 5세 축성식 상세 설명[fol. 43 v~44]

"그리고 우리의 전하이자 최고 주군께서는 1364년 성삼위일체 축일에 랭스 대주교 장 드 크랑에 의해 프랑스 왕으로 축성되셨는데, 그분에 대한 경의를 표할 때 군주의 축성식이 잊히지 않도록 이에 대한 짧은 논설을 작성한다.[58]

확실히 로마와 콘스탄티노플의 황제는 모두 도유를 받는다. 그러나 왕들 중에서는 몇몇 왕, 예를 들어 예루살렘, 스페인, 영국, 헝가리의 왕들은 도유를 받지만, 어떤 왕들은 도유를 받지 않는다. 왕에 속하는 샤를 6세[59]는 선대왕들의 방법에 따라 랭스에서 대관을 받고 축성을 받았는데, 이 축성은 주교나 약사의 손으로 만들어진 기름이나 향유가 아니라 성스러운 향유병(Sainte Ampole)에 담겨서 랭스의

---

57) 제목은 인쇄본에서 차용했다. 필사본에는 아무런 제목도 없다.

58) MS. ccclx. 실제 성삼위일체 일요일은 1364년 5월 19일이다. 첫 번째 문장은 부정확하고 너무 짧게 끝나 있다. 베리 공작 도서관 프랑스어 필사본 176(fol. 26)에는 다른 형태의 구문, 즉 '복되신 성삼위일체 축일(la benoite Sainte Trinité)'이라고 되어 있다.

59) 원문에 '샤를 6세(Charles VIe)'로 되어 있다. 뒤이어 나오는 535쪽, 그리고 더 나아가 541쪽, 543쪽을 참조하라. 장 골랭은 자신의 왕을 '샤를 5세(Charles le Quint)'라고 불렀다.

생레미 수도원에 보관되어 전해온 천상의 성스러운 기름으로 이루어진 것이다. 이 기름은 고귀하고 위엄 있는 프랑스 왕들을 낡은 법과 새로운 법이 정한 어떤 왕보다 더 고귀하고 성스럽게 도유하기 위해 천사가 하늘에서 가져온 것이다. 이러한 이유로 프랑스 왕은 가장 고귀하고, 가장 기독교적이며, 신앙과 교회의 수호자라고 불리며 어떤 세속군주도 그보다 위에 있지 않다.

샤를마뉴는 사라센에 대해 놀라운 승리를 거둔 이후, 교회의 조언에 따라, 그리고 가톨릭 신앙에 도움을 주고 로마를 지키기 위해 모여든 기독교도 왕들의 조언에 따라, 자신이 귀족이자 황제로 있는 로마(샤를마뉴 자신이 귀족이자 황제이다)의 원로원 의원, 그리고 고귀한 세속의 왕들에 더하여 교회의 고위 성직자들이 참석한 전체 공의회에 의해 이 권위가 지켜지도록 명령했다. 그리고 공의회는 교황과 함께 다음과 같이 정했다. 교황 선출은 추기경에 의해, 그리고 황제 선출은 독일 귀족들에 의해 이루어지며, 프랑스 왕국은 신성하고 성스러운 혈통을 이어받은 남자 상속인인 프랑스 왕에게 속함으로써, 이러한 축복이 한 왕으로부터 다른 왕에게 전해질 수 있다.

그리고 이러한 이유로 왕비도 축성을 받는다. 우리의 최고 주군과 함께 축성을 받은 왕비 전하는 바로 이 성스러운 혈통의 후예이시며 고귀한 군주이신 부르봉 공작의 딸 잔 드 부르봉(Jehanne de Bourbon)이다. 왕비는 왕의 사촌이다. 그러나 왕은 교회의 허가를 얻어 그녀와의 결혼을 감행했다. 이러한 신성한 축성을, 그것도 축복을 내릴 수 있는 다른 사람이 아닌 바로 신이 내린 축성을 받았으므로, 프랑스 왕이 되는 것은 황제나 다른 어떤 왕위에 오르는 것보다 더 큰 권위를 가진다는 것이 나의 결론이다. 여러 연대기와 업적록들이 이를 증명해준다."

(뒤이어 '보잘것없는 상태에서 선출된' 많은 로마 황제 이야기가 나온다.)

[fol. 44] "이러한 이유로 샤를마뉴와 교회는 귀족들이 로마 황제를 선출하고 교황이 황제를 축성하고 도유해야 한다는 포고문을 내리게 되었다. 그러나 여기에 사용된, 신이 보냈다고 하는 성스러운 기름병은 완전히 다른 기름과 향료로 만든 것이다. 확실히 그 기름단지, 즉 작은 병은 사람들이 비슷한 것조차 본 적이 없고 흉내조차 낼 수 없는 재료로 만들어져 있으며, 그 안에 들어 있는 액체는 어느 누구도 맡아본 적이 없는 아름다운 향기를 뿜는다. 이 기름으로 현명하시고 자비로

우시며 선량하신 샤를 6세가 도유를 받았는데, 앞서 말했듯이, 이것은 성 삼위일체 축일에 신성한 기도로 선택되어 그렇게 행해졌다. 그리고 그가 하느님을 기쁘게 했듯이 하느님도 도유 도중에 그의 아들에게 이렇게 말했다. '이는 내 사랑하는 아들, 내 마음에 드는 아들이다.'[60] 그리고 성령이 비둘기의 형상을 하고 내려와서 '즐거움의 기름을 다른 사람 제쳐놓고(oleo laetitiae prae participibus suis)'[61] 그에게 부었다. 그리고 인간의 육신을 가진 아들이 바로 이러한 성스러운 축성을 받았다. 그러므로 성삼위일체를 진정으로 믿는 상기 주군은 지극히 헌신적으로 성스러운 성사를 받았다. 이러한 은총으로 인하여 왕의 적수인 영국인이나 다른 사람들로서는 이러한 왕과 왕국을 공격할 힘도 의지도 갖지 못하게 되었다. 그리하여 왕은 돌아오는 길에 상기 축성식을 방해하려는 의도로 시작된 코슈렐전투에서 사로잡힌 수많은 포로를 만났다.[62] 일은 적들이 생각했던 것과는 사뭇 다르게 진행되었던 것이다. 우리의 자비로운 왕은 성스러운 삼위일체 덕분이라고 생각하여 파리로 돌아오는 길에 가난한 걸식수도회와 다른 가난한 사람들에게 자선을 베풀었다. 왜냐하면 왕은 랭스 대주교의 전례서에 있는 대로 진행된 의식에서 도유식의 자비로운 은총을 느꼈기 때문이었다. 이것의 의미는 바로 다음에 설명될 것이다."

(이제부터 프랑스 국왕 축성의 의미를 설명한다.)

성사에 대해 서술하고, 여러 의례에서의 상징적 의미, 즉 신비로운 의미에 대해 설명할 것이다. 다음 설명에 주목하라.

연주창 치료[fol. 46 et v]: 일단 의식이 끝나면 성스러운 유리병이 생드니 교회나 생니콜라 예배당으로 옮겨진다.[63]

---

60) 베드로 전서 1장 17절.
61) 시편 44장 8절(불가타 성경. 현대 성경에서는 시편 45장 7절-옮긴이) "즐거움의 기름을 다른 사람 제쳐놓고(oleo laetitiae prae consortibus suis)."
62) 이 흥미로운 이야기는 다른 연대기에는 나오지 않는 내용이다.
63) 생드니 교회는 10세기에 성당참사회에 의해 건축되었으며, 당시에는 성채 밖에 있었다 (Marlot, *Histoire de Reims*, II, p.689). 생니콜라 예배당은 구호소에 있는 예배당이다. *The Coronation Book*, éd. Dewick, col. 7 및 Godefroy, *Ceremonial*, p.247 참조.

생드니 교회는 성 드니가 프랑스로 가져온 신앙을 상징한다. 그러므로 사람들은 깊은 신앙심을 가지고 위에서 말한 성스러운 유리병을 이곳으로 다시 가져온다. 생니콜라 예배당에 안치하는 것은 기적에 의해 성인의 사지(四肢)에서 흘러나온 기름을 상징한다.[64] 그것은 이 성스러운 유리병에 담긴 기름이 신의 기적과 신성한 명령에 의해 신성하게 되는 것과 마찬가지다. 성 니콜라의 신체에서 흘러나온 기름을 바른 사람들이 곧바로 나았듯이, 왕이 이 기름으로 도유와 축성을 받았을 때, 이 성스러운 유리병에 담긴 기름으로 도유를 받은 왕이 연주창에 걸린 사람들에게 손을 갖다 대면, 확실히 곧바로 회복하여 건강해진다. 그리고 만약 정당한 왕이 아니거나 올바르게 도유받지 않은 어떤 사람이 이 일에 끼어든다면, 과거에 나타났듯이 곧바로 성 레미 병(mal Saint Remy)에 걸릴 것이다.[65]

상스에 있는 콘스탄티누스 대제 조각상(교회를 보호하겠다는 왕의 축성식 서약에 대한 주석): [fol. 47]: "그리고 이것은 이스라엘의 왕이 사제들에게 바쳤던 서약, 그리고 앞서 다루었던 이야기에서 알렉산드로스 대왕이 바쳤던 서약을 상징한다.[66] 그리고 콘스탄티누스가 상스 교회에 했던 그 서약은 마치 상스 교회의 정문에 그가 정말로 있기라도 하다는 듯이 서 있는 조각상 위에 금박으로 된 문구로 적혀 있는데, 거기서 황제는 이렇게 맹세하고 있다. '진정한 통치를 하는 진정한 신앙을 가진 자가 되기를 원하며, 성직자에 속하는 것과 자유를 보호할 것을 맹세한다.'"[67]

왕의 의복과 제례복의 유사성: [fol. 47]: 차부제의 튜닉과 같은 방법으로 제작된 긴 겉옷〈이와 함께 부제복(domatique, dalmatic)〉. 그리고 그 위에 코트를 걸친다. 〈사각형으로 된 천을 한편으로는 제의를 만드는 방식으로, 다른 한편으로는 망토를 만드는 방식으로 만든 자루 같은 겉옷〉

---

64) 이 전설에 관해서 나는 아무것도 알아내지 못했다.

65) 성 레미 병이란 페스트를 말한다. L. Dubroc de Seganges, *Les Saints patrons des corporations*, II, p.303. 나로서는 장 골랭이 언급한 이야기에 대해 아는 바가 없다.

66) 앞서(fol.47 col. 1) 장 골랭은 알렉산드로스 대왕이 예루살렘 사제들에게 바친 서약에 대해 이야기했다.

67) 이 조각상은 나중에 필리프 드 발루아를 나타내는 것으로 간주되었다. 이에 관해서는 다른 곳에서 설명하겠다.

백합꽃의 기원(백합꽃 무늬가 있는 왕의 의복을 열거하고 설명한 이후): [fol. 48]: 이 모든 장식을 도입한 사람은 생드니 수도원장이다. 확실히 성 드니가 프랑스 왕에게 백합꽃 문장을 주었다〈아니다. 신이 몽 주아(Montjoie)에서의 기적을 통하여 그것을 보내신 것이다〉.[68]

축성은 왕의 죄를 '씻는다': [fol. 48]: 왕이 옷을 벗는 것은 왕으로서의 종교적 지위를 갖기 위해 이전에 가지고 있던 세속적 지위를 버린다는 것을 의미한다. 왕이 마땅히 해야 할 일로서 그러한 경배를 한다면, 마치 처음으로 종교에 귀의한 자가 그러하듯이, 왕의 죄가 완전히 씻겨진다고 나는 믿는다. 이에 대해 성 베르나르가 자신의 책 『계율과 특별 면제(관면, 寬免)』(De praecepto et dispensatione) 마지막 부분에서 이렇게 말했다. 세례에서 죄가 용서되듯이 종교에 귀의할 때에도 마찬가지다. 성 베르나르의 원문은 이렇게 시작된다. '듣기를 원한다(Audire vult)' 등.[69] 그러므로 만약 속죄하면서 살기를 원하고 지속적으로 신에게 봉사하며 살기를 원해서 죄가 면제된다면, 이렇게 많은 불안과 고통을 겪는 상태에 있는 사람에게 얼마나 많이 그렇게 해주어야 하겠는가.

국왕 전속사제(chapelain)의 어원: [fol. 48 v]: 승리를 가져다주는 이러한 신앙을 위해 고귀한 프랑스 왕들은 과거에 법과 관습에 따라 성 마르탱의 제례복(chappe)을 전쟁터에 가지고 갔다. 이것은 모직물(laine)로 되어 있었으며 사제가 그것을 성 유물함에 넣어서 성심을 다하여 보존했다. 이러한 이유로 사람들은 이 모직물로 된 제례복을 공경하기 위해 그것을 사제라고 부르지 않고 샤플랭이라고 불렀다. 이 단어는 제례복(chappe)과 모직물(laine)의 합성어이다. 그리하여 이것은 샤플랭(chappelains, 국왕 전속사제)이라고 부르게 되었다.

장갑, 왕의 상징물, 성스러운 기름에 대한 공경: [fol. 49 v]. (상징물들을 받은 후): 장갑을 받은 후 그것을 축복한다. 그다음 대주교는 성스러운 향유가 다른 곳에 묻지 않도록 향유를 바른 왕의 손에 장갑을 끼운다. 어떤 사람들은 향유가 도유된 곳을 면으로 닦아내고 장갑을 끼운다고 말하기도 한다. 이렇게 함으로써 다른 국왕

---

68) 장 골랭은 같은 책 뒷부분에서는 백합꽃의 기원을 주아양발(Joyenval)의 은자에게 돌리고 있다. 이 책 263쪽 참조.

69) *De praecepto et dispensatione*, XVII, 54(Migne, *P.L.*, t.182, col. 889).

과 달리 프랑스 국왕은 특별히 손에 도유를 하기 때문에 초상화에서 그의 손에는 항상 장갑이 끼워져 있다.[70] 성왕 루이는 이것을 알고 있었다. 성왕 루이가 중동(outremer)의 사라센인의 포로가 되었을 때, 손을 언제 씻을 것인지, 식사 전인지 식사 후인지를 선택하라고 했다. 성왕은 한 번밖에 씻을 수 없다면, 식후에 씻겠다고 했다. 성왕은 씻고 난 후에는 자신이 공경하는 성스러운 향유와 성스러운 도유를 인정한다는 의미에서 손에 장갑을 착용했다. 유사한 이유로 대주교는 왕의 머리에 도유를 한 뒤에, 머리에 도유를 했으므로 신성함을 받을 자격이 있다는 표시로 왕의 머리에 모자를 씌우고, 그것을 항상 착용하도록 했다. 항상 기억하도록 하기 위해 왕은 평생 모자를 써야 했고 머리를 깎지 않아야 했다. 그는 순수한 나사렛 사람으로서 신에게 헌신했다. 마찬가지로 축성식에 입었던 옷은 '불태워졌다.'

(fol. 50, col. 2부터 왕비의 축성식에 대한 묘사가 있고, 그 뒤에 다음 내용이 이어진다.)

두 주권자의 영성체: [fol. 51]: 왕과 왕비는 자리에서 내려와서 공손하게 제단으로 다가온다. 그리고 대주교의 손에서 우리 주님의 살과 피를 받는다. 이 과정에서 왕으로서의 권위와 사제로서의 권위 둘 다 드러난다. 사제가 아니라면 어느 누구도 주님의 피를 따로 받지는 않기 때문이다.

(마침내) 왕 군기(軍旗)에 대한 축복: [fol. 51 v]: 그 이후 왕 군기에 대한 축복이 이어진다. "주여, 기도에 당신의 귀를 기울여주소서……." 이 축복은 랭스에서 왕 군기에 대해 이루어져야 한다.[71] 그 이후 국왕이 전쟁터에 나가려고 할 때, 생드니 교회에서 화염기에 대한 축복이 이루어져야 한다.

(뒤이어 화염기의 유래에 대한 이야기가 이어진다. 콘스탄티노플의 황제 마누엘(Manuel)은 사라센이 침입했을 때, 꿈에서 기사를 보았다. 그 기사는 머리끝에서 발끝까지 무장을 하고 황제의 침대 끝에 말을 타고 서 있었으며, 손에 금을 입힌 듯

---

70) 이러한 도상학적 법칙의 정확성에 대해서는 자세히 검증할 필요가 있다. 언뜻 보기에 이러한 법칙이 전반적으로 엄격하게 적용되지는 않은 것 같다.

71) 즉 백합꽃 문양이 그려진 군기를 말한다. 그러나 이 문서의 삽화는 화염기(火焰旗, 오리플람)에 대한 축복을 나타내고 있다. 축복의 문구는 다음 책에 실려 있다. Dom Martene, *De antiquis ecclesiae ritibus*, III, p.221, 그리고 Dewick, *Coronation Book*, p.50(이 책의 도판 38은 동일한 삽화인데, 화염기로 그려져 있다).

이 빛나는 창을 들고 있었는데, 이 창에서 '불꽃'이 날름거렸다. 꿈에서 깨어난 황제에게 한 천사가 나타나서 이 기사가 사라센으로부터 제국을 구할 것이라는 계시를 보여주었다. 그때 마누엘은 샤를마뉴의 특징들을 떠올리고, 꿈에서 본 인물이 샤를마뉴임을 알았다. 그리고 구원을 요청하는 편지를 썼다. 생드니에서 샤를마뉴가 화염기를 들어 올린 것에 대한 설명.)

튀르팽에 대한 전설: [fol. 52 v]: 어떤 역사서에 따르면, 이교도와 싸우게 될 샤를마뉴 군대에게 상기 군기를 처음으로 가져온 이는 튀르팽이었다고 한다. 튀르팽은 병자들이 기거하는 쥐미에주 수도원의 수도사였고, 그 이후 랭스의 대주교가 되었으며, 많은 역사서에서 알 수 있듯이, 여러 차례 적그리스도와 싸움을 벌여 신앙을 지켜낸 사람이다. 그의 유해는 프로방스 지방의 아를르블랑 너머 레샹에서 영면을 취하고 있는데, 그 유해가 석관에 담겨서 비바람에 노출되어 있음에도 불구하고, 관을 열어보면, 그는 여전히 자연스러운 피부를 가지고 온전한 신체를 유지하고 있는 듯이 보인다. 이것은 내가 직접 본 것이다.[72]

하늘에서 온 두 종류의 왕 군기: [fol. 52 v]: 프랑스의 이 두 종류의 군기 중에서 백합꽃이 그려져 있는 하나의 군기는 은자(隱者) 성 주아양발이 주었고, 다른 하나는 천사가 놀라운 환상과 뚜렷한 모습으로 나타나서 계시를 통해서 전달해주었으며 귀중한 승리를 통해 입증되었다.

(두 군기의 발전에 대해 길게 설명한다.)

---

72) 사실 튀르팽은 아주 평범하게 랭스 대성당에 묻혀 있다(Flodoard, *Historia Remensis ecclesie*, II, 17; *Monumenta, SS.*, XIII, p.465). 그러나 전설이 어떻게 그런 평범한 무덤에 만족하겠는가? 사람들은 한 군데 이상의 장소에 그 무덤이 있다고 한다. 롤랑의 노래(Chanson de Roland, v. 3961)에 따르면, 그는 생로맹 드 블라유 교회에 롤랑과 올리비에의 곁에 묻혀 있다고 한다. 튀르팽의 이름으로 유통되고 있는 유명한 책 『샤를마뉴와 롤랑』(*Historia Karoli Magni et Rotholandi*, 위(僞) 튀르팽 연대기)의 서문을 쓴 사람이 칼릭스투스 2세인데, 그가 썼다고 하는 편지에는 비엔(Vienne)에 묻혀 있다고 되어 있다. éd. F. Castets(*Publications de la Soc. pour l'etude des langues romanes*, VII), p.65. 내가 알기로는 롤랑이 알리스캉의 오래된 로마 시대의 묘지에서 영면을 취하고 있다고 명시적으로 주장한 사람으로는 장 골랭 한 사람밖에 없다. 그러나 이미 카를라마그누스 사가(Karlamagnus Saga)에서 기사 열두 명의 묘도 거기에 있다고 했다(독일어 번역 *Romanische Studien, hgg.* v. Ed. Böhmer, III, p.348). 롱스보에서 전사한 것으로 알려진 이 용감한 대주교가 그의 동료들과 함께 묻혔다고 생각하는 것이 자연스러운 일이다.

국왕은 전쟁터에 진짜 군기를 가지고 가지 않는다: [fol. 53]: 프랑스 왕이 전쟁터에 나갈 때, 샤를마뉴가 콘스탄티노플에서 가져온 깃발의 모사품을 가지고 간다. 이 새로운 군기에 축복을 받게 하고 샤를마뉴의 군기는 남겨둔 채, 새로운 군기를 가지고 간다. 승리한 이후에는 그 깃발을 생드니로 가져간다.

로마 독수리의 기원에 얽힌 일화(플리니우스의 설이라고 잘못 설명하고 있다): [fol. 53]: 아우구스투스 황제가 어느 정원에 앉아 있을 때, 한 마리 독수리가 그의 위로 날아와서 발톱에 쥐고 있던 암탉 한 마리를 내려놓았다. 그 암탉은 아주 흰색이었으며, 열매가 달린 월계수 가지를 부리에 물고 있었다(이것이 전쟁의 승리자, 특히 황제에게 월계관을 수여하는 기원이며, 동시에 독수리가 황제의 문장과 제국의 군기에 들어가게 된 기원이다.[73] 또한 저자의 시대에는 여전히 '로마 공동체(communité de Romme)'의 붉은 깃발에 이 독수리가 들어가 있다). 여기에 더하여 군기에 그려진 한쪽 '뿔나팔'에서 다른 쪽 '뿔나팔' 사이에 비스듬하게 'S.P.Q.R.'이라는 네 글자가 적혀 있다. 이것은 '로마 인민의 상징'을 가리키는 말로 해석하는 사람도 있고, '원로원과 로마 인민(Senatus Populusque Romanus)'으로 해석하는 사람도 있다.

프랑스와 제국: [fol. 53 및 53 v]: 그래서 몇몇 사람은 이렇게 이야기한다. 콘스탄티노플의 황제가 본 환상을 통해서 샤를마뉴에게 주어진 이 군기는 샤를마뉴가 로마 인민의 황제가 될 것임을 나타내는 전조였으며, 실제로 그렇게 되었고, 로마의 귀족이자 황제로 불렸다. 이 제국의 표시는 로마나 독일처럼 선거에 의하지 않고 남성 상속자를 통해 계승됨으로써 영원한 제국의 상징으로서 프랑스에 남아 있다. 더욱 바람직한 일은 프랑스의 황제가 하늘에서 전해진 귀중한 기름으로 도유를 받았으므로 훨씬 더 고귀하며, 그가 낳은 아이는 그것을 부계 상속재산으로서, 그리고 신의 명령에 따라 이어받는다.

(일단 두 군기와 국왕의 도유에 사용되는 기름이 하늘에서 유래했음을 밝힌 다음에는, 이러한 전제조건으로부터 결론을 끌어내는 것이 필요하다.)

---

73) 아르투로 그라프는 자신의 책(Arturo Graf, *Roma nella memoria e nelle immaginazioni dei Medio Evo*, II, Turin, 1883)에서 몇 쪽에 걸쳐(p.453 이하) 독수리에 관해 설명했지만 이 전설에 관한 언급은 없었다.

결론: 연주창 치료, 남계 상속, 기적을 행하는 능력에 대한 샤를 5세의 태도: [fol. 53 v-54]: 이로부터 두 가지 결론을 얻을 수 있다. 하나는 프랑스 국왕의 지위는 막강한 권위를 갖는다는 점이다. 왜냐하면 왕이 하늘에서 가져온 성스러운 기름으로 도유를 받기 때문이다. 이 도유식을 합당하게 받았으므로 왕은 연주창이라고 하는 놀라운 질병을 치료할 수 있다. 이런 점 때문에 왕이 성인이라거나 기적을 행한다고 해서는 안 된다. 왕은 위대한 왕의 지위 때문에 다른 어떤 군주들보다 우위에 있는 이 특권을 가지고 있다.

사제는 사제로서의 축성을 받았다는 점에 근거하여, 성사를 집전하는 성직자로서 축성의 말을 하면서 예수 그리스도의 성체를 축성할 수 있다. 그러나 이 때문에 신성한 사제라고 불리거나 기적을 행하는 것이 아니다. 왜냐하면 설령 사제가 죄를 지었다고 하더라도 축성으로 부여받은 권위와 특성을 가지고 축성할 수 있기 때문이다. 마찬가지로 왕이 도유를 받았기 때문에 그러한 특성을 갖는 것이 아니라, 축성과 신성한 혈통에 의해 신이 기꺼이 연주창이라는 질병을 치료하는 능력을 부여했다고 나는 말하고 있다. 사도 역시 그렇게 말한 바 있다. "남을 잘 지도하는 원로들은 갑절의(두 배의-옮긴이) 대우를 받아야 합니다."[74] 그 두 배의 대우란 하나는 사제직의 권위로서 이것은 영적인 위엄에서 나오는 것이며, 다른 하나는 자신에 내재하는 선(善)으로서, 이것은 개인적인 것이다.

연주창을 치료하는 능력의 근거인 왕의 권위는 신성한 도유에 근거한 영적 권위에서 나오는 것으로서, 이것은 개인적인 것이 아니다. 비록 이때 발현되는 개인적 선이 사제로서의 선과 잘 어울리기는 하겠지만 말이다. 또한 이 때문에 왕이 사제와 마찬가지로 성인이거나 기적을 행했다고 말해서는 안 된다. 왜냐하면 고리대금업자나 널리 알려진 죄인이 사제가 될 수 있고, 그렇게 되면 성직자의 권위를 가지고 축성을 할 수 있는데, 이를 두고 사람들이 그가 성인으로서 기적을 행했다고 말하지는 않기 때문이다. 그러므로 왕권의 고귀함과 권위도 이와 같은 방식으로 이해되어야 한다. 나에게 이 축성식문을 번역하도록 시킨 우리 군주, 즉 현명하고 신앙심 깊은 국왕 샤를 5세는 지극히 현명하므로, 사람들이 당신을 성인으로 간주하

---

74) 디모데전서 5장 17절(공동번역).

거나 기적을 행한다고 생각하기를 원하지 않으셨다. 왜냐하면 전하께서는 이 작업을 통하여 세상의 찬사보다는 신에게 도움이 되기를 원하셨기 때문이다. 물론 전하는 왕의 지위가 마땅히 받아야 할 평가보다 더 낮게 평가받는 것을 원하지 않았고 그래서도 안 된다고 생각하셨다. 이것은 사도의 말과도 일치한다. "나는 이방인들을 위한 사도로서 내가 맡은 직책을 영광으로 생각합니다."[75] 이것은 사도 바오로의 말이다. 그는 항상 스스로를 난쟁이라고 불렀고 성인이라고 부르지 않았다. 그리고 성인이 행하는 기적을 신의 덕택과 신의 영광으로 돌렸다.

(마찬가지로 (누가복음 7장 28절에서) 그리스도께서도 세례자 요한에게 여성에게서 태어난 자들 중에서 그보다 더 위대한 사람은 없으나 천상의 왕국에서 가장 낮은 자라도 그보다 더 위대하다고 말했다.)

내가 왕의 동의를 얻어서 전하에게 "전하는 살아서 기적을 행했습니다"라고 말했다고 주장하려는 것은 아니다. 전하는 우리가 말로 하는 이러한 허망한 영광에 패념치 않고, 모든 것을 신에게 돌리면서, 신의 영광과 적들의 굴욕을 위해 통치하고 있으며 앞으로도 통치할 것이다. 이것이 나의 첫 번째 결론이다.

(두 번째 부분은 여왕이 도유를 받지 않았으며 왕의 축성식이 끝날 때쯤 백합꽃 문장군기와 화염군기(오리플람)에도 축성하지 않았다는 데 대한 설명이다. 그것은 다음과 같다.)

[fol. 54 et v] 어떤 여자도 왕이 도유를 받듯이 성직에 근접한 사람은 없으며 상기의 질병을 치료할 능력을 부여받지도 못했다. 이러한 이유로 여자는 프랑스의 상속자가 될 수도 없고 되어서도 안 되며, 그렇게 된다면 왕국에 해가 될 것이다. 육체를 통한 계승에 의해 최초의 왕이 도유를 받았고 여자는 성스러운 병에 있는 기름으로 도유를 받지 않았기 때문이다. '그러므로(ergo)' 여자는 왕위를 계승받을 수도 없고 선출될 수도 없다. 화염군기를 수여받고 교황 선출의 권리를 받은 샤를마뉴가 황제이자 프랑스 왕으로서 교회와 더불어 교황, 로마의 신성한 사제단, 수많은 주교, 국왕, 공작 그리고 수많은 다른 군주 등 이 모든 사람의 동의를 얻어, 프랑스 왕국은 혈통상 가장 가까운 남자 상속자를 통해 유지된다고 선포했다.

---

75) 로마서 11장 13절(공동번역).

이성적인 사람이라면 여자에게 그러한 도유에서 나오는 어떠한 위엄도, 통치할 어떤 무기도 없다는 결론에 이르게 될 것이다. 이것은 인간의 명령이기보다는 신의 명령이며 성삼위일체와 같은 것이다. 왕의 최고권을 상징하는 백합꽃 문장은 최고 권력을 가진 성부(聖父)를 상징하는 것으로 이해될 수 있다. 그러므로 다른 사람들이 신성함에서 성부의 성격과 같을 수 있지만, 성자는 인간의 형상을 하고 있으므로 열등하다. 이와 관련하여 신앙고백에 다음과 같이 쓰여 있다. "성자는 성부와 신성함에서는 동등하고 인간성에서는 열등하다."[76] 그러므로 사람들은 세 개의 백합꽃을 하느님의 최고권에 비유할 수 있다. 이리하여 세 가지 위격은 모두 결합해 있지만, 도유에 관한 한 신비롭게도 분리되어 성령이 도유를 의미한다. 또한 그것은 비둘기의 형상을 하고 상기 유리병을 가지고 예수 그리스도의 세례에 나타났고, 이에 교회는 이렇게 찬미했다. "성령이 비둘기의 형상으로 현현하시었다(In specie columbe Spiritus Sanctus visus est)." 진홍색 화염군기는 성자께서 인간의 형상으로 십자가에 못 박혀 진홍빛을 띤 고귀한 피를 흘리셨음을 의미한다.

이러한 존엄함은 여자보다는 남자에게 속하는 것이며, 영국 왕 에드워드가 모계를 통하여 프랑스 왕국에 일정한 권리가 있다고 주장하는 잘못을 오랫동안 범해왔으나, 이는 자신의 행위에 대한 정확한 정보를 가지고 있지 않은 데에서 비롯된 것이다. 만약 그것이 아니라면, 그가 탐욕에 눈이 어두웠을 것이다. 죄로 인하여 그는 신의 심판을 받아 지금 비천한 처지에 떨어져 있고 앞으로도 그럴 것이다. 에드워드를 이 심판에 부칠 사람은 내가 앞서 말한 최고 주군이신 샤를 5세인데, 그분은 신이 자신의 왕국에서 행하신 기적들을 자신의 공으로 내세우지 않고 자신에게 지혜와 분별력을 주신 신의 선함과 은총으로 돌리면서, 시편에 나오는 다윗의 말을 인용하여 위대한 헌신에 대해 이렇게 말했다. "당신은 위대한 기적을 만들어내시는 유일한 신이시며 유일하게 위대한 기적을 만들어내는 유일한 신이십니다."[77]

---

76) 이른바 아타나시우스의 신앙고백(H. Denzinger, *Enchiridion Symbolorum*, 12e éd., Freiburg, 1913, p.19): "aequalis Patri secundum divinitatem, minor Patre secundum humanitatem."

77) 시편 86장(불가타 85장) 10절: "주님은 위대하시어 놀라운 일 이루시니, 당신 홀로 하느님이시옵니다.";71장 18절: "당신 홀로 놀라운 일 행하셨으니 이스라엘의 하느님, 야훼는 찬미 받으소서.";135장 4절: "홀로 놀라운 일 이루셨다."

신학의 용어를 사용하지 않는 자가 창조주에게 돌아가야 할 것을 피조물에게 돌린다고 해도, 이는 놀라운 일이 아니다. 왜냐하면 사람들은 이렇게 말하기 때문이다. "이런 성인은 기적을 행하고 저런 성인은 저런 질병을 치료한다." 그리고 그것은 그들 안에 있는 신의 능력 덕분이지 그들 자신의 고유의 장점 때문이 아니라는 것은 성 베르나르가 교황 에우게니우스에게 보낸 책 제4권에 비추어보면 알 수 있다. "사실 능력이란 신성함이 자신의 내부에 있으면서 작용하는 것이다."[78]

나의 스승 라울 드 프렐이 『신국론』 서문에서 '나의 주군이 살아 있을 때 기적을 행하고 연주창 환자를 고치는 능력을 부여받았다고 한 것'[79]에 대해 반박하기 위해 이 주제를 여기에 덧붙인 것은 아니다. 내가 이것을 논한 것은 나의 상기 주군보다 덜 명민하고 학문적으로 덜 훈련을 받은 자들이 헛된 영광을 갖지 않도록, 그리고 스스로 성인이 되거나 기적을 행하려고 했다고 생각하지 못하도록 하기 위해서이다. 이를 위하여, 그리고 오로지 그 이유 때문에, 주화의 주변에 다음과 같은 명문(銘文)을 새겨놓는다. "그리스도가 승리하고 그리스도가 지배하고 그리스도가 명령한다."[80] 그리하여 신은 나의 주군에게 학문을 닦을 수 있는 지적 능력이라는 은총을 주었고, 이를 이용하여 나의 주군은 자신의 구원과 신의 영광을 위하여 신학의 용어를 이해하려고 노력하고 있으며 왕국의 통치에 적용하기 위해 다른 학문의 용어를 이해하려고 노력하고 있다. 이러한 것들은 명백히 드러나고 있다. 이를 위하여 제르베즈(Gervaise)는 귀족들에게 교훈을 주기 위해서 『제국의 평화』(De ociis imperialibus)라는 책을 썼다.[81]

---

78) 장 골랭이 여기서 말한 네 번째 책은 성 베르나르가 교황 에우게니우스(3세)에게 보낸 논저 사색에 관하여(De consideratione)의 제4권을 지칭하는 듯하다. 그러나 그 책에서 여기에 인용된 문구는 찾을 수 없었다. 그 대신 성 베르나르의 다른 저작에서 찾을 수 있었다.

79) 이 책 2부 1장 각주 93.

80) 부활절 찬송에서 발췌한 문구로서 성왕 루이 이래 프랑스 금화에 대부분 등장하는 문구이다. G. Froehner, *Annuaire de la Soc. française de numismatique*, 1889, p.45. 장 골랭은 이미 fol. 45, col. 2에서 이것을 인용한 바 있다.

81) 이것은 제르베 드 틸베리(Gervais de Tilbury)가 쓴 『제국의 평화』(*Otia imperialia*)라는 책으로서 신성로마제국 황제 오토 1세를 위한 것이었다.

5 프랑스 왕의 축성식 이후 코르베니 순례 및 성 마르쿨 유골함의 랭스 이전

여기에는 축성식 이후 프랑스 왕이 성 마르쿨에게 바쳤던 헌신에 관한 정보를 모아놓았다. 앞에서는 이 정보들이 내 설명을 방해할까 봐 언급하지 않았다. 성왕 루이의 축성식에 대해서는 Lenain de Tillemont, *Vie de Saint Louis*(*Soc. de l'Hist. de France*), I, p.429 이하를, 그리고 왕이 미성년일 당시 파리 시민들의 충성에 대해서는 주앵빌 연대기 26장(Joinville, c. XVI)을 참조하라. 성왕 루이가 코르베니를 여러 차례 방문했음은 확실하다. 그것은 전혀 놀라운 일이 아니다. 왜냐하면 그 마을이 자주 통행하는 도로, 즉 과거 로마 시대의 도로상에 있었기 때문이다. 성왕 루이가 매번 그 지역의 성인에게 기도를 바쳤을 것이라고 추측하는 것은 당연하다. 문서에 의해 입증될 수 있는 가장 오래된 방문은 1248년 5월 28일에 이루어진 것이다(*Histor. de France*, XXI, p.275 J; 다른 방문에 대해서는 *ibid*., 399 C, 400 B, 402 A 및 G; Lenain de Tillemont, IV, p.70 and VI, p.276(여기서는 11월을 12월로 고쳐야 한다), IV, p.126, p.388; V, p.22).

그러므로 이 경건한 왕이 조상의 전통에 따라 연주창 환자를 만진 것은 아주 오래전이었음이 확실하다. 축성식을 끝내자마자 순례를 가는 것이 불가능했을 것으로 생각하는 세르프(Cerf, *Du Toucher*, p.236)와 르두블(Ledouble, *Notice sur Corbeny*, p.193)도 성왕 루이가 1229년(세르프는 좀더 구체적으로 1229년 12월 1일)에 코르베니를 방문했음을 인정했다. 그렇지만 나는 르넹 드 티유몽의 책에서도, 그리고 『프랑스 역사가 총서』(*Histor. de France*)의 편집자가 총서 21권에 작성해놓은 『숙소와 여정』(*Masiones et itinera*)에서도 이 사실을 찾을 수 없었다. 비록 그것이 입증되더라도, 성왕 루이를 코르베니 순례 관습의 창시자로 간주할 수는 없다. 왜냐하면 이 관습의 특징적 요소는 바로 성 마르쿨에 대한 참배가 축성식 직후에 이루어진다는 점이기 때문이다.

필리프 미려왕의 축성식 이후 여정은 왕실 출납관(caissier de l'Hôtel)의 서판에 나와 있다.

루이 10세의 경우, 국왕문서청의 기록부에 왕이 1315년 축성식이 있었던 달에 코르베리아쿰(Corberiacum)이라는 곳에서 발행한 왕의 명령서가 포함되어 있다 (Arch. Nat. JJ. 52, fol. 118 v, no. 229).『숙소와 여정』의 편집자들은 이것을 코르베니아쿰(Corbeniacum), 즉 코르베니로 수정하였으며 아마도 그것이 맞을 것이다(*Histor. de France*, t.XXI, p.465). 이 명령서는 샤롤레의 영주 장 드 클레르몽(Jean de Clermont sire de Charolais)과 그의 부인 수아송 백작부인 잔(Jeanne comtesse de Soisson)이 생쥐스트인안젤로(Saint-just in Angelo, 오늘날 우아즈(Oise) 도에 있는 생쥐스트앙쇼세(Saint-Just-en-Chassée)-옮긴이)에 구호소를 세우는 것을 허가해주는 문서인데, 이 문서의 사본이 과거에는 문서보관소(Trésor des Chartes)의 51번에 있었으며, 지금은 페트로그라드(상트페테르부르크-옮긴이)에 있다. 왜냐하면 이 기록부는 52번의 복사본이기 때문이다(정 안 되면 H. François-Delaborde, *Catalogue des actes de Philippe-Auguste*, p.lxv를 참조하라). 물론 나는 보지 못했다.

필리프 6세는 축성식 이후에 코르베니에 가지 않은 것이 확실하다(Jules Viard, "Itinéraire de Philippe VI de Valois," *Bibliothèque de l'Ec. des Chartes,* 1913, p.89, 그리고 "Itinéraire de Philippe VI de Valois [Additions et rectifications]" *Bibliothèque de l'école des chartes*, 1923, p.168.

프티(E. Petit)가 제시한 장 선량왕의 여정에는 1350년 9월 30일(국왕의 축성일은 26일)에 '코르미시아쿰(Cormisiacum)'에 들른 것으로 되어 있다. 코르미시아쿰은 '코르베니아쿰(Corbeniacum)'으로 읽어야 한다. 사실 랭스의 생레미 수도원 문서고(Liasse 190, no. 2)에는 1355년 11월 28일 [회계원의] '높으신 분들(seigneurs)'의 명령으로 작성된 1350년 성탄절까지의 왕실 회계장부의 원본 발췌문이 보관되어 있는데, 그 내용은 이렇다. "1350년 10월 25일 코르베니와 크란 마을 주민의 숙박세(gisto)에 대해. 앞서 말한 9월 30일 축성식이 이루어졌던 상기 코르베니에서 국왕이 정당하게 받은 숙박세로서 르네 코랑스(Renerum Coranci)가 계산한 바에 따르면 223리브르 10수 5드니에 파리지."

샤를 5세의 방문은 확실한 자료에 의해 입증되지는 않는다. 그의 여정 전체를 고려하면 가능성이 있다고 결론을 내릴 수 있다. 들라슈날이 그러한 결론을 내리고 있다(Delachenal, *Histoire de Charles V*, II, 1916, p.97).

샤를 6세는 방문한 것이 확실하다(E. Petit, "Séjours de Charles VI," *Bullet. historique et philologique*, 1893, p 409; Douët d'Arcq, *Comptes de l'Hôtel des rois de France aux XIVe et XVe siècles*(*Soc. de l'Hist. de France*), p.6 et p.64). 마찬가지로 샤를 7세의 방문도 많은 사료를 통해서 입증된다(이 책 2부 4장 각주 90 참조. Vallet de Viriville, *Histoire de Charles VII*, II, 1863, p.102. 그리고 de Beaucourt, *Histoire de Charles VII*, II, 1882, p.234). 또한 루이 11세도 마찬가지다(*Lettres*, ed. Dupont(*Soc. de l'Hist. de France*), XI, p.4).

샤를 8세부터 프랑수아 2세에 이르기까지 왕이 방문했다는 것은 일치하는 여러 증거로 입증되었다. 이에 대해서는 고드프루아를 참조하는 것만으로도 충분하다(Godefroy, *Ceremonial*, I, p.208, p.234, p.265, p.293, p.311). 루이 12세에 대해서는 이 책 2부 4장 각주 98을, 앙리 2세에 대해서는 2부 5장 각주 10을 참조하라.

샤를 9세와 앙리 3세의 방문에 대해서는 아무것도 찾아내지 못했지만, 이 군주들이 오래된 전통을 중단해야만 했을 것으로 추측할 만한 아무런 이유가 없다.

샤르트르에서 축성을 받은 앙리 4세가 코르베니 순례를 하지 않은 것은 확실하다. 우다르 부르주아가 주장한 바에 따르면(Oudard Bourgeois, *Apologie*, p.64), 앙리 4세는 파리에 입성하기 전에 생클루(Saint-Cloud)에서 성인에게 9일 기도를 바쳤다고 한다. 그러나 나는 이 정보를 입증해줄 어떠한 문헌도 알지 못한다. 우다르 부르주아는 성인의 영광을 자랑하는 데에 여념이 없는 사람이므로 정보 제공자로는 의심스러운 사람이다.

루이 13세에 대해서는 고드프루아의 책을 참조하라(Godefroy, *Ceremonial*, I, p.417). 공증증명서가 입증하는 바에 따르면 왕이 9일 기도를 1610년 10월 29일에 시작한 것으로 되어 있다(생레미 수도원 문서고, liasse 190, no. 5).

루이 14세의 축성식 때에는 성 마르쿨의 유물함이 랭스로 옮겨졌다. 이에 대해서는 1654년 6월 17일자 확인진술서(acte de notoriété)의 다음 내용을 참조하라. 국왕은 "자신의 급한 일 때문에, 그리고 도시가 파괴되고 피폐해졌기 때문에"코르베니에 갈 수 없었다(liasse 190, no. 14). 또한 1654년 7월 3일 발령되고 같은 해 7월 10일 수여된 안전보호증명서(lettre de sauvegarde)는 다음과 같다. "당면한 전쟁으로 방해받지 않았다면, 우리가 친히 방문하여 예배를 드렸을 그 장소(liasse 190, no. 15)." 1642년과 1653년에 군인들에 의해 자행된 코르베니 약탈에 대한 사료도 있다(liasse 190, no. 9 et 13).

루이 15세의 축성식 때에도 옮겨졌다(H. Dieudonné, "La chasse de Saint Marcoul au sacre de Louis XV," *Revue de Champagne,* 1911, p.84; 이 책 2부 6장 각주 41).

루이 16세의 축성식에 대해서는 르베(Leber)와 이 책을 참조하라(Leber, *Des cérémonies du sacre*, 1825, p.447; 이 책 2부 4장 각주 166).

뒤티예(Du Tillet)는 1170년 필리프 존엄왕에게 행해졌다는 축성식의 전례서를 번역 출간했으며(*Mémoires et recherches*, Paris, 1578, p.147 및 그 이하), 그의 뒤를 이어 충실하지는 않지만 고드프루아가 번역 출간했다. 뤼셰르(A. Luchaire)를 비롯한 여러 역사가들의 뒤를 이어 슈로이어(M. H. Schreuer)는 그것이 필리프 존엄왕의 것이 아니라고 했다. 이에 대해 부흐너(M. Buchner)는 슈로이어에 반대하여 그 전례서가 진짜라고 했다(이에 대한 참고문헌 서지는 *Revue historique*, CVIII, p.136을 참조하라). 전례서는 코르베니 순례를 언급하고 있다(Du Tillet, p.156; Godefroy, p.11). 뒤티예의 판본에서 순례와 관련된 문구(고드프루아가 삭제한 부분)가 뒤티예 자신에 의해 삽입된 것임이 명백하지 않다면, 우리도 이 논쟁에 참여해야 했을 것이다.

뒤 티예는 필리프 미려왕 시대에 있었던 손대기 치료의 발전을 자신이 당면한 사료에 추가해주는 편이 좋다고 생각했던 것이다. 그러나 1179년에 대해 그렇게 하는 것은 명백한 시대착오다. 게다가 이 훌륭한 서기가 해당 전례서의 본문에 이런 종류의 주석을 써넣은 것으로는 이것이 유일한 사례가 아니다. 155쪽에 장 2세의 아들 베리 공작에 대한 주석을 써넣기도 했다. 내가 보기에 슈로이어의 부정적 결론이 맞는 것 같다. 그러나 필리프 존엄왕으로 비정된 전례서의 연대에 대해 적극적인 판단을 내리기 위해서는 수정된 번역이 아닌 판본을 입수해야 할 것이다.

추가 및 수정 사항

게르만 부족의 원시 공화주의

55쪽 이하 – 아마도 논의 전개 과정에서 과거에 유명했던 이론, 즉 게르만족의 원시 공화주의 이론에 대해 건방지게도 침묵하고 지나갔다고 비난할지 모른다. 사실 누구나 알고 있듯이 모든 역사학자들의 학파들, 특히 독일의 학파들은 대부분 게르만족의 왕권이 민족 이동의 혼란기에 아주 늦게, 적어도 서부 게르만족들 사이에서 탄생한 것으로 생각했다. 그러나 이러한 개념이 면밀히 검토할 만한 것일까? 이러한 개념이 사료에 입각하고 있으며 단순히 낭만주의나 계몽사상의 매력적인 환상을 반영한 것이 아니더라도, 이중의 오해에 근거하고 있다. 무엇보다도 라틴 저술가들의 용어가 비판 없이 해석되고 있다. 라틴 저술가들은 게르만족 사회를 묘사하면서, 자의적으로 '왕(rex)'이라는 단어를 대규모 집단의 우두머리에게 붙였다. 그들에게 작은 집단의 우두머리는 '원수(principes)'에 불과했다.

그들의 언어를 프랑스어나 독일어로 번역할 때 미리 설명하지 않으면, 우리는 오해에 빠지게 된다. 현대 사회학 용어의 관점에서 왕과 원수는 모두 '왕(roi),' 즉 세습적 특권을 지닌 군주이다. 나는 '세습적'이라는 말을 의도적으로 사용했다. 왜냐하면 이 과거지향적인 공화주의를 주장하는 자들이 또 다른 혼동을 저지를 수 있기 때문이다. '원수(principes)'나 심지어 '왕(reges)'을 지명할 때에도 선출이 확실히 중요한 역할을 했다는 사실에 근거하여, 그들은 원수들이나 왕들 모두를, 특히 원수들을 순수한 선출 행정관, 감히 말하건대, 작은 공화국의 대통령으로 간주하려는 경향이 있다. 이러한 경향은 개인의 정통성에 더하여 가문의 정통성도 있을 수 있다는 것을 망각한 것이다. 사람들의 선택이 혈통에 의해 능력이 전달되는 하나의 가문 내에서만 이루어진다면, 게다가 항상 같은 가문 내에서만 이루어진다면, 그것은 세습이라고 할 수 있다.

이것이 고대 게르만족들의 일반적 규칙이었던 것으로 보인다. 이 문제에 관하여 나로서는 다음과 같은 책의 훌륭한 장(章)을 언급하는 것에 그칠 것이다. Heinrich Brünner, "Königtum und Fürstentum," in Deutsche Rechtsgeschichte, vol. 1(2e éd., 1906, pp.164~175; Grundzüge der deutschen Rechtsgeschichte, 7e éd., 1921, pp.14~15 도 참조). 그리고 아주 심각한 이러한 문제에 대해 이렇게 짧게 다루는 것에 대해 양해를 구하며, 내가 아주 크나큰 호의를 가지고 있음을 믿어 의심치 않는 한 역사가, 즉 돕슈가 최근에 표명한 견해를 인용하는 것으로 마치려 한다. "게르만 부족들 사이에서는 처음부터 왕권이 존재했다는 것에 대해 의심하는 사람은 오늘날 거의 없다"(Alphonse Dopsch, Wirtschaftliche und soziale Grundlagen der europäischen Kulturentwicklung, t.II, 1920, p.23).

사제로 인정받은 프랑크족의 왕들

위(1부 2장 1)에서 인용한 포르투나투스의 글에 명백히 추가해야 할 사항은 511년 오를레앙 공의회에 참석한 주교들이 자신들의 결정사항을 전달하기 위해 클로비스에게 보낸 편지의 문구이다. "영광스러운 가톨릭 신앙에 대한 크나큰 관심이 전하를 움직여서, 전하께서 '사제의 정신을 가지고' 필요한 일을 하기 위해 사제들로 하여금 한자리에 모이도록 명령했다……."(Concilia aevi merovingici; Monum. Germ., Concilia, I, p.2) 안타깝게도 이 문헌은 그다지 명료하지 않다. 모든 필사본들에 'affectum'이라고 되어 있어서, 이 문구가 편집자들을 당황하게 만든다. 아마도 'affectu'를 잘못 적은 것이 아닐지 추측된다. 이러한 해석이 인정된다면, 모든 모호함이 사라진다. 클로비스의 영혼을 공의회에 참석한 사제들이 '사제의(sacerdotal)' 영혼으로 인정해준 것이다. 동방교회의 공의회에서 사용된 문체와 매우 유사하다는 점은 놀라운 사실이다(이 책 2부 2장 4). 게다가 갈리아의 주교단이 프랑크 정복자들에게 호의를 베풀어 정말로 제국적인 용어를 수여했다는 점은 역사가로서는 정말로 흥미로운 점이다.

백합꽃 전설의 그림

(2부 3장 각주 103) 1. 샤를 테메레르(무모공, Charles Téméraire)의 결혼식 태피스트리: 장 드 에냉(Jean de Haynin)의 회고록의 서지로 대체한다. 그 서지는 다음과 같다. Mémoires de Jean, sire de Haynin et de Louvignies, éd. DD. Brouwers(Soc. des bibliophiles liégeois), Liège, 1906, II, p.25.

2. 위에서 밝히지 않은 작품

15세기 독일에서 전설의 인기는 다음 두 작품에 나와 있다. Triomphe de l'Empereur Maximilian, gravé par H. Burgmair, 1796, pl. 105. 여기서 클로비스는 수직으로 분할된

방패를 가지고 있는데, 오른쪽에는 두꺼비 세 마리, 왼쪽에는 백합꽃 세 송이가 그려져 있다. 클로비스의 조각상은 인스브뤼크의 호프키르헤에 있다(막시밀리안의 무덤 조각상 중 하나). 프랑크족의 왕은 똑같이 수직으로 분할된 방패를 가지고 있는데, 이번에는 반대로 백합꽃이 오른쪽에 있는 것으로 나타난다(K. Zimmeter, Führer durch die Hofkirche, p.6의 옆면 그림). 조각상은 암버거(Christopher Amberger)의 밑그림에 따른 것이다.

노르망디 공작의 축성식

(2부 3장 각주 16) 이 의식의 식순을 우리에게 전해주는 필사본에 관한 정보는 완전히 잘못되어 있으며 다음과 같이 고쳐야 한다. 루앙 시 역사도서관 및 문서고 관장인 앙리 라브로스(Henri Labrosse)의 지적에 따라 나의 오류를 인정하고 수정한다.

셰뤼엘(Chéruel)과 들라슈날(Delachenal)은 노르망디 공작의 의례를 17세기 사본을 통해서만 알고 있으며 그 둘은 각각 다른 사본이다. 하나는 루앙 시립문서고에 A/38이라는 번호로 보관되어 있고, 다른 하나는 같은 문서고에 S1으로 보관되어 있다. 그런데 이보다 더 오래된 사본이 존재한다. 루앙 도서관 Y7에 보존되어 있는 로베르 드 쥐미에주의 『축복 전례서』 fol. 181이 그것이다. 이것은 1903년 윌슨이 출판했다(H.A. Wilson, The Benedictional of Archbishop Robert; Henry Bradshaw Soc., 24). 『축복 전례서』는 영어로 쓰여 있는데, 아마도 윈체스터에서 10세기 말경에 쓰여서, 1052년 고드윈(Godwin) 백작에 패배한 캔터베리 대주교 로베르가 노르망디에 있는 쥐미에주 수도원으로 가져왔을 것이다. 그러나 fol. 181~183은 다른 글씨체로 쓰여 있는데 좀 더 나중 시기의 서체이다. 그 서체의 연대는 오몽이 12세기라고 한 것이 맞을 것이다 (Catalogue général des ms. des Bibliothèque des Départments; Rouen, no. 369). 그런데 윌슨은 13세기 말이라고 하지만, 라브로스는 필사본에 대한 개인적인 검토 끝에 이 연대가 확실히 너무 늦다고 나에게 알려주었다. 윌슨의 판본에 나와 있는 텍스트는 출처를 밝히지 않은 마르텐(Martene)의 텍스트와 일치한다.

게다가 윌슨은 『공작의 전례서』(Officium ad ducem constituendum)의 작성자가 단순히 축복전례서(출판본 p.140 이하)의 오래된 판본에 실려 있는 앵글로색슨의 『왕의 축성』(Consecratio regis)에 나와 있는 전례의 내용을 그대로 베낀 것임을 밝혔다. 요컨대 그것은 왕의 축성식 요약과 공작의 축성식을 다음과 같이 담고 있다. 1. 왕의 선서, 2. 반지와 장갑을 수여하는 것과 관련된 전례 문구들, 3. 공작의 의례를 마무리하고 왕의 의례가 시작되기 전에 이루어지는 축복. 대제후 즉위식이 왕의 즉위의례를 모방한 것이라는 사실은 매우 특징적이다. 그러나 사실 이러한 모방은 축약된 것이다. 특히 도유는 순수하게 군주의 행위로 남아 있었다.

제임스 2세의 사후 기적

(2부 6장 각주 26) 매튼은 제임스 2세의 중재에 의해 이루어진 기적의 치료에 관한 1703년 9월 28일자 보고서를 출판했다(Bulletin de la soc. académique de Laon, 15, 1865, pp.14~22). 간질(mal caducque)로 의심되던 소녀가 페르앙타르드누아의 병원에 입원해 있었는데, 경건한 왕에게 9일 기도를 바친 뒤에 나았다. 공포에 뒤이은 신경 장애를 '간질'이라는 이름으로 분류했다는 사실이 보고서에 뚜렷하게 드러나 있다. 그 장애는 9년 동안 지속되었다.

은총에 의해 주어진 은총(Gratia gratis data)

여러 문헌이 위의 문구를 인용했는데(특히 Félix Fabri, p.150, Benedict XIV, 291, n.2, Du Laurens, p.343), 이것은 '은총에 의해 주어진 은총' 또는 '은총에 의해 주어진 능력(donum gratis datum)'이라고 표현되는 것으로서 신이 여러 군주에게 부여한 치료능력을 의미한다. 이 문구를 인용하거나 때때로 번역하면서, 신학적 이론에 대한 이해가 있을 경우에만 이해가 가능하다는 점을 지적하지 않았다.

이러한 신학적 이론은 과거에는 교양 있는 사람들 사이에서 익숙한 것이었으나, 오늘날에는 덜 알려져 있다. 그것은 '은총에 의해 주어진 은총'이라는 말과 '은총이 만든 은총(gratia gratum faciens)'이라는 문구의 차이점이다. 전자는 자신의 본래 존재에 은총을 받아들인 자를 은총이 전혀 변화시키지 않는다. 은총은 어떤 행위를 통해서 다른 사람의 구원을 도와줄 수 있도록 만들 뿐이다. 후자는 훨씬 더 높은 차원에 속한다. 이 것은 대상이 되는 사람을 신이 보기에 받아들일 수 있도록 만들어준다. 아퀴나스의 말을 그대로 한다면, 그 은총은 그 사람을 신과 일체가 되도록 만들어준다(Summa theol., Ia, IIae, qu. CXI, a. I). 기적의 능력은 '은총에 의해 주어진 은총'의 고전적 사례이다. 왕의 치료는 기적의 특정한 형태에 불과하다. 이리하여 위에서 언급한 표현을 사용한 것이다.

일곱 번째 아들과 딸, 백합꽃, 성 마르쿨

(2부 4장 3) 일곱 번째 아들에 대한 문헌들에 더하여 아래에 국가별로 분류된 정보들을 덧붙였다.

헝가리: 우드바르헬리 도에 있는 폴소볼도그팔바(Folso-Boldogfalva)에는 한 어머니에게서 태어난 일곱 번째 아들은 경건하기만 하다면, 그리고 서약하지만 않았다면, 일곱 살에 그의 오른손 엄지에 양귀비 기름을 바르면, 투명해진 손톱을 통해 감춰진 보물을 발견할 수 있는 능력을 갖게 된다는 오래된 믿음이 있었다. Revue des traditions populaires, 13(1898), pp.120~121(일곱 번째 아들, 일곱 살 등 일곱이라는 숫자에 주

목하라).

프랑스 브르타뉴: 푸제르 근처 르쿠스(Lecousse) 교구의 푸케(Fouquet) 씨를 감시하라는 국왕의 명령을 실행하기 위해 브르퇴유(Breteuil) 및 말제르브(Malesherbes)와 도지사 사이에 오간 편지들을 보면, 푸케 씨가 자기 가족 중에서 일곱 번째 아들이고 턱에 일종의 백합꽃이 그려져 있어서 연주창 환자를 기적적으로 치료할 수 있다고 주장하고 있다고 한다. Inventaire sommaire des Archives Départementales, Ile et Vilaine, C206; Rev. des trad. popul., 21(1906), p.405 참조.

돌 지방(Pay de Dol): 일곱 번째 아들 또는 일곱 번째 딸은 신체의 어느 부위에 백합꽃 문양이 있으며, 사계재일(四季齋日, Quatre-Temps, 교회력에서 네 계절 초의 단식과 금욕을 지키는 수·금·토 3일―옮긴이)에 연주창 환자에게 손대기 치료를 시행한다. "만약 연주창이 치명적이라면, 죽을 때까지 일주일도 걸리지 않을 것이다." Rev. des trad. popul. 8(1893), p.374.

낭트와 방데 지방: 일곱 번째 아들은 혀 밑에 또는 팔뚝에 백합꽃이 있어서 모든 종류의 질병을 치료한다. Rev. des trad. popul., 15(1900), p.591.

노르망디 저지대 지방: 일곱 번째 아들 또는 일곱 번째 딸은 '장간막 신경절 결핵(du carreau)' 환자를 만졌다. Rev. des trad. popul., 24(1909), p.65.

루아르에셰르(Loir-et-Cher): 아들만 있는 한 가족에서 막내아들은 찬 기운(연주창)을 치료하는 능력을 가지고 있다. 사람들은 그에게 '마르쿠(Marcou)'라는 이름을 붙여주었다. Rev. des trad. popul., 15(1900), p.123. 마르쿠가 다른 질병도 치료했다는 이야기가 실려 있다. Ibid., p.381 참조.

베리(Berry): 오늘날에도 베리 지방의 한 마을에서는 일곱 번째 아들이 아주 최근에, 그리고 아마도 지금까지도, 기적의 능력을 아직도 발휘하고 있다. 아마도 그는 모든 종류의 질병을 만지는 것 같다. 그러나 오직 목요일부터 성금요일까지 밤에만 만진다(이미 지적한 바 있듯이, 여기서도 치료에 특별히 유리한 날이 금요일, 특히 성금요일이라고 한다). 수많은 손님이 그에게 몰렸다. 단지 가난한 사람들만 찾아오는 것은 아니었다. 그날 밤에 "그의 문 앞에는 마차뿐만 아니라 심지어 자동차도 온다"라고 말해주었다.

마지막으로 된(F. Duine, Rev. des trad. popul. 14(1899), p.448)은 일곱 번째 아들에 관하여 다음과 같은 자료를 알려주었으나, 내가 이용할 수 없었다. L. Morel이 편집한 Macbeth(영어, Paris, Hachette, 1888, p.226).

기타 추가할 사항과 수정 사항

(155쪽) 기욤 드 소크빌이 제시한 다윗이라는 이름의 기원은 명백히 성 히에로니무스로부터 차용한 것이다. Saint Hieronimus, De nominibus hebraicis; Migne, P.L., t.23, col. 857.

(2부 1장 각주 87) 톨로메오 다 루카의 참고문헌: 톨로메오의 정치적 저작은 문제가 있는 듯이 보인다. J. Bauermann, Studien zur politischen Publizistik in der Zeit Heinrichs VII und Ludwigs des Bayern, Breslau(Auszug einer Breslauer Diss.). 그러나 나는 톨로메오에 대한 매우 짧은 서평밖에 보지 못했다. Buchner, *Histor. Jahrbuch*, 41(1921), pp.336~337.

(177쪽) 알바레스 펠라요의 번역본에는 '상슈 왕'이라는 단어가 '탁월한 돈 상슈 왕(l'illustre roi don Sanche)'으로 되어 있다.

(305쪽) 성 마르쿨 숭배. 여기에 블루아(Blois)에 있는 생니콜라 교회를 추가(*Revue des traditions populaires*, 15(1900), p.123).

(2부 3장 각주 42) 두 종류로 하는 영성체에 대해서는 콩스탕이 쓴 책(*Concession à l'Allemagne de la communion sous les deux espèces*(*Biblioth. des Ecoles de Rome et d'Athènes*, fasc. 128), 1923, p.1 이하)의 앞부분에 요약되어 있는 것을 참조할 수 있다. 황제와 왕의 영성체에 대한 간략한 정보는 p.7, n.1 ; n.6 ; 콩스탕은 교황 클레멘트 6세의 교서 이후 프랑스 왕이 자신의 축성식 이외에는 성배를 이용하지 않았다고 생각했지만, 이것은 확실히 잘못 생각한 것이다. 막시밀리안 2세에 대한 두 종류의 영성체에 대해서는 *ibid*. p.153.

(2부 3장 각주 83) 힝크마르의 위조에 대해서는 다음 서지도 참고하라. E. Lesne, "La Lettre interpolée d'Hadrien 1er à Tilpin et à l'eglise de Reims au IXe siècle," *Le Moyen Age*, 1913, p.325, p.389.

(2부 4장 각주 77) 실수로 살, 부르, 브뤼슈 등을 알자스로 포함시킨 것은 잘못이다. 이 지역은 1871년 독일에 병합되었다가 지금은 저지대 라인 지방이 되었다. 그러나 사실 그 지역은 로렌에 속한다. 구체제하에서 이 지역은 로렌 공작령이었다.

(399쪽) 포르카텔이 암시하는 구절을 켈수스에서 발견하지 못했다. 잘 꾸며대는 이 법률가의 서지사항은 대개 신뢰할 만하지 못하다.

(2부 5장 각주 145) 루이 13세와 관련하여 손대기 치료를 받은 환자의 숫자들 중 몇몇은 *Revue des traditions populaires*, 17(1902), p.417에 실려 있는 *Gazette de France*에 따른 것이다.

(412쪽) 일곱 번째 아들에 대한 프랑스 왕권의 태도. 보르도 대주교가 취한 조치들을 위(추가사항 및 수정사항 VII)에서 지적한 18세기 편지와 비교해야 한다. 내가 이 정보를 너무 늦게 발견하여 복사를 하기에는 늦었다.

(467쪽) 내가 설교를 인용한 조지 불에 대해 이야기하면서, 나는 틀림없이 이 신학자가 살았던 시대를 명시했어야 했다. 조지 불은 과거에는 전 유럽에 명성을 떨쳤으나 오늘날에는 완전히 잊힌 인물이다. 내가 이용하고 각주에서 인용하기도 한 판본은

1816년 판인데, 이것은 오해를 불러일으킬 수도 있다. 조지 불은 1634년에 태어나서 1710년에 죽었다. 그의 설교는 사후에야 출간되었다.

(부록 2 그림 설명 12) "찰스 2세가 연주창 환자를 만지다."

매컬리의 *History of England*의 서평은 *Revue Historique*, t.119(1915), p.431에 실려 있다. 퍼스(C.H. Firth)의 배려로 제4, 5, 6권에 대해 알게 되었다. 이번 판의 도판 중에 "찰스 2세가 연주창 환자를 만지다"라는 도판이 있다. 나로서는 이 책을 직접 보지 못했다. 여러 가지 점에서 보면, 그것은 위에서 분류된 그림 설명 12번과 13번 자료인 듯하다. 여기에 더하여 위에서 밝힌 13번 자료가 게재된 문헌으로서 다음 사항을 추가한다. C. Barford, Haands-Paalaeggelse, p.72 옆면.

(부록 3 6절) 왕관형 장식과 왕관. 모르스(J. Maurice)에 따르면(*Bulletin de la soc. nationale des Antiquaires*, 1921, p.233), 오리엔트 지방의 왕들이나 디오클레티아누스 황제의 왕관 장식과는 반대로, '둥글고 늘어뜨린 보석으로 장식된 왕관'은 이스라엘의 것을 본뜬 것으로서 콘스탄티누스에 의해 도입되었다. 이 왕관은 왕관 장식과는 반대로 황제의 상징이 되었고 카이사르의 상징으로서 지속되었다. 이로부터 프랑스의 왕관이 나왔다.

(부록 4) 장 골랭에 대해서는 몰리니에가 제공하는 참고문헌 목록도 참조하라. A. Molinier, *Les Sources de l'histoire de France*, IV, no. 3344. A. 토머스에 관한 것은 관련이 없음에 주의할 것. A. Thomas, *Mél. [d'archéologie et d'histoire] de l'école de Rome*……, II, 455.

참고문헌

　두 종류의 참고문헌 목록을 아래 실어놓았다.

　첫 번째 항목(I) 아래 분류되어 있는 것은 본문에서 자주 인용된 왕권 전반에 관련된 작품 또는 프랑스나 영국의 왕권에 특별히 관련되어 있는 작품들인데, 수효가 많지 않다. 이것은 단지 참조를 위한 것일 뿐이며, 여기에 완벽한 참고문헌 목록은커녕, 선별된 참고문헌 목록조차도 제공하려는 것이 아니다. 각각의 책과 문헌에 특별히 기적을 행하는 왕권과 관련이 있는 부분이 있다면 괄호 안에 숫자로 페이지를 표시했다.

　나머지 항목(II 이하)에 분류되어 있는 것은 치료능력에 관한 것이며, 일곱 번째 항목(VII)은 왕의 기적 능력에 대한 믿음의 다른 형태인 왕의 '표시'에 대한 믿음에 관련된 것이다. 만전을 기했으나 이 목록은 전혀 완벽하지 않다. 틀림없이 본의 아닌 누락을 저질렀을 것이다. 내가 보기에 나열할 만한 가치조차 없을 정도로 의미가 없는 몇몇 잡지의 논문들은 잘 판단하여 제외했다. 이러한 주제에 대해서는 항상 '호기심 많은' 역사 애호가들이 너무나도 관심을 가지므로, 능력이 있는 작가여서라기보다는 순진하거나 대담한 작가가 되어서 일종의 가지치기를 하는 것이 불가피하다. 다만 나는 최대한 신중하게 처리했다. 연구하는 중에도 종종 경험한 바이지만, 근거가 빈약한 아주 작은 주석이 귀중한 단서가 될 수도 있기 때문이다. 사료가 너무나도 흩어져 있어서, 아무리 경험 없는 연구자라고 하더라도 편찬되지 않은 텍스트를 추가해준다면 환영받을 것이다.[1]

　기적을 행하는 능력이나 왕의 표시를 전문적으로 다루고 있는 작품 이외에도, 좀더

---

[1] 파카 여사가 '왕의 자선(Royal Charities)'이라는 제목의 매우 훌륭한 논문을 출판함으로써 영국의 치료용 화폐에 관한 이전의 모든 연구는 무용지물이 되었다. 파카 여사의 논문 덕택에 나의 목록에 불필요하게 포함되었을 뻔한 수많은 낡은 논문을 생략할 수 있었다.

일반적인 주제를 다루면서 경우에 따라서는 하나의 관념을 두 가지 방식으로 표현한 이 두 가지, 즉 기적의 능력이나 왕의 표시 중 하나에 대해 유용한 정보를 주는 저서와 논문도 포함시켰다. 그리고 이러한 작품은 매번 참조할 쪽수도 표시했다. 이러한 종류의 작품은 항상 가치 있다. 물론 독창적인 견해 없이 기존 연구에서 이미 널리 알려진 사실에 대해 단순히 언급만 한 작품은 제외했다.

몇몇 작품에는 별표가 되어 있는데, 그것은 내가 제목만 알고 있는 것들이다. 내가 접근할 수 없는 총서에서 장차 참조하게 될 연구자를 위해 작성해두었다.

하위 구분 안에서의 순서는 원칙적으로 저자 이름(저자 미상의 경우 작품명)은 알파벳 순서에 따랐다. [III]은 예외인데, 19세기 이전에 연주창 치료에 관한 작품을 모아놓은 부분이다. 여기서는 연대순을 따랐다. 그렇게 하는 것이 무엇보다도 왕의 기적에 대한 믿음과 관련된 문헌이 발전하는 모습을 보여주는 데에 적합하다고 생각했다.

간략하게 하기 위해, 책의 크기가 8절인 경우 이에 대한 정보는 생략했다(책의 크기에 대한 정보는 번역과정에서 모두 생략-옮긴이).파리에서 출판된 경우 출판지를 생략했다. 이것은 본문에서도 마찬가지다.

왕권에 대한 일반적 연구

John Neville Figgis, *The divine right of the kings*, 2e éd., Cambridge, 1914.

J.-C. Frazer, *The Golden Bough*, 12 vol., 3e éd., London, 1922; *Part I: The magic art and the evolutions of Kings*; I, pp.368~371; *Part II, Taboo and the perils of the soul*, p.134 참조.

J.-C. Frazer, *Lectures on the early history of Kingship*, London, 1905(특히 p.126); 프랑스어 번역본: *Les origines magiques de la royauté*, 1920, pp.135~137.

Frantz Funck-Brentano, *L'ancienne France, Le Roi*, 1912(특히 pp.176~181).

J. Hitier, "The doctrine l'absolutisme," *Annales de l'Université Grenoble*, 15(1903).

Fritz Kern, *Gottesgnadentum und Widerstandsrecht im früheren Mittelalter: Zur Entwicklungsgeschichte der Monarchie*, Leipzig, 1914(나의 서평 참조. *Revue Historique*, 138(1921), p.247).

G. Lacour-Gayet, *L'éducation politique de Louis XIV*, 1898.

Hans Schreuer, *Die rechtlichen Grundgedanken der französischen Königskrönung*, Weimar, 1911.

왕의 치료능력: 참고문헌

Ulysse Chevalier, *Topobibliographie*, I; In-4, 1894~99; '연주창' 항목 참조(또한 '코르베니' 항목도 참조. 그리고 *Biobibliographie*, II, 2e éd., 1907에서 '마르쿨(성)' 항목 참조).

Index Catalogue of the Surgeon General's Office U.S. Army, XII, Washington, 1891; '연주창 (scrofula)' 항목(p.793 이하) 참조. 그리고 특히 p.805 이하 참조; *Second Series*, XV. p.347.

Alphonse Pauly, *Bibliographic des sciences médicales*, 1874, Col. 1092~1094.

Julius Rosenbaum, *Addimenta ad Lud. Choulant Bibliothecam medico-historicam*. Halle, 1842~47, I, p.43; II. pp.63~64.

연주창 손대기 치료: 19세기 이전
프랑스 작품

Vincentius [Cigauld], *Allegationes super bello ytalico*, 1512; 마지막 장 p.XXXIX, v; 재게재: V. Cigauld, *Opus laudabile et aureum*(1516).

Johannes Ferraldus(J. Ferrault), *Insignia peculiaria chrisdanissimi Francorum regni, numero viginti, seu totidem illustrissimae Francorum coronae prerogativae ac preeminentiae*. 1520; '*Ius quartum*', pp.45~47.

Jacques Bonaud de Sauset, *Panegyricus ad Franciam Franciaeque regem*; 부록: Johannes de Terra Rubea, *Contra rebelles suorum regum*(Banaud 자신이 편집한 세 편의 논문), Lyon, 1526, p.110 v.

Carolus Degrassalius(Ch. de Grassaille), *Regalium Franciae jura omnia*, Lyon, 1538, lib. I, pp.62~65.

Bartholomeus Faius(B. Faye d'Espeisse), *Energumenicus*, 1571, pp.154~156.

Stephanus Forcatulus(Et. Forcatel), *De Gallorum imperio et philosophia, libri VII*, Lyon, 1595. pp.128~132.

H. Morus(Meurier), *De sacris unctionibus libri tres*, 1593, pp.260~262.

Andreas Laurentius(A. Du Laurens), *De mirabili strumas sanandi vi solis Galliae Regibus Christianissimis divinitus concessa*, 1609.[2]

Favyn A. *Histoire de Navarre*, fol., 1612. pp.1055~1063.

I. Barbier, *Les miraculeux effects de la sacrée main des Roys de France Tres-Chrestiens: pour la guarison des Malades et conversion des Heretiques*, 1618.

P. De l'Ancre, *L'incredulité et mescreance du sortilege plainement convaincue*, 1622, pp.156~173.

---

2) 이 작품과 번역판의 후속 출판 그리고 저자의 전기에 대해서는 다음을 참조하라. E. Turner, "Bibliographic d'Andre Du Laurens ······ avec Quelques remarques sur sa biographie," *Gazette hebdomadaire de médecine et de chirurgie*, 27(1880), p.329, p.381, p.413.

Michael Mauclerus(M. Mauclerc), *De monarchia divina, ecclesiasdca et seculari chrisdana, deque sancta inter ecclesiasticam et secularem illam coniuratione, amico respectu, honoreque reciproco, in ordine ad aeternam non omissa temporali felicitatem*, fol., 1622, Lib. VII, cap. X. col. 1565~69.

Hippolyte Raulin, *Panegyre orthodoxe, mystérieux et prophetique sur l'antiquité, dignité, noblesse et splendeur des fleurs de lys*, 1625, pp.116~180.

Renais de Ceriziers, S.J., *Les heureux commencemens de la France chrestienne sous l'apostre de nos roys S. Remy*, Reims, 1633, pp.190~206.

Besian Arroy, *Questions décidées, sur la Justice des Armes de Rois de France, sur les Alliances avec les heretiques ou infidelles et sur la conduite de la Conscience des gens de guerre*, 1634, pp.39~46.

[Daniel de Priezac], *Vindiciae gallicae adversus Alexandrum Patricium Armacanum, theologum*, 1638, pp.60~65.

Louis Maimbourg S.J., *De Galliae regum excellentia, ad illud D. Gregorii Magni: quanto caeteros homines Regia dignitas antecedit; tanto caeterarum gentium Regna Regni Francici culmen excedit, Panegyricus in solemnibus Rhotomag. gymnasii comitiis······ dictus XIII Kal. Decemb. anno* 1640, Rouen, 1641, pp.26~34.

Don Guillaume Marlot, *Le theatre d'honneur et de magnificence préparé au sacre des roys*, Reims, 1643; 2e éd., 1654, pp.710~724, pp.757~760.

Guillaume Du Peyrat, *L'histoire ecclesiasdque de la Cour ou les antiquitez et recherches de la chapelle et oratoire du Roy de France*, 1645, pp.793~819.

Theodore et Denys Godefroy, *Le ceremonial françois*, 2 vol., folio, 1649.

Jean Baptiste Thiers, *Traité des superstitions*, 1679, pp.424~441(chap. XXXVI). 제4판은 다음과 같은 제목이다. *Traité des superstitions qui regardent les sacremens*, I, 1777, pp.431~462(livre VI, chap. IV).

Menin, *Traité historique et chronologique du sacre et couronnement des rois et reines de France*, 2e éd., Amsterdam, 1724(제1판은 1723년 간행), pp.323~329.

[Regnault, chanoine de Saint-Symphorien de Reims], *Dissertation historique touchant le pouvoir accordé aux Rois de France de guerir des Ecroüelles, accompagné(sic) de preuves touchant la verité de la sainte Ampoule*, Reims, 1722. 동일 저자의 저작인 *l'Histoire des sacres de nos rois*의 후속편임.

Pierre Le Brun, *Histoire critique des pratiques superstitieuses*, nouv. éd. II, 1750, pp.112~135.

Oroux, *Histoire ecclésiasdque de la cour de France*, 1776, pp.180~184.[3]

영국 작품

Tooker W., *Charisma sive donum sanationis seu explicatio totius quaestionis de mirabilium sanitatum gratia, in qua praecipue agitur de solenni et sacra curatione strumae, cui Reges Angliae rite inaugurati divinitus medicati sunt et quan serenissima Elizabetha, Angliae, Franciae et Hiberniae Regina, ex coelesti gratia sibi concessa, Applicatione manuum suarum, et contactu morbidarum partium, non sine Religiosis ceremoniis et precibus, cum admirabili et faelici successu in dies sanat*, London, 1597.

William Clowes, *A right frutefull and approved treatise for the artificiall cure of that malady called in Latin, Struma, and in English, the Evill, cured by Kynges and Queenes of England*, London, 1602.

To the Kings most Excellent Majesty The Humble Petition Of divers hundreds Of the Kings poore Subjects, Afflicted with that grievous Infirmitie Called the Kings Evill. Of which by his Majesties absence they have no possibility of being cured, wanting all meanes to gain accesse to his Majesty, by reason of His abode at Oxford, London, *Printed for John Wilkinson, Feb. 20, Anno Dom. 1643*, [8 p.](British Museum Thomason Tracts E 90(6)).[4]

John Bird, *Ostenta Carolina, or the late Calamities of England with the Authors of them. The great happiness and happy government of K. Charles II ensuing, miraculously foreshewn by the Finger of God in two wonderful diseases, the Rekets and Kings-evil. Wherein is also proved, I that the rekets after a while shall seize in n more children but vanish by means of K. Charles II, II that K. Charles II is the last of Kings which shall so heal the Kings-evil*, London, 1661.

Χειρεζοχη, *The Excellency or Handywork of the Royal Hand*, London, 1665.

Richard Wiseman, *Severall Chirurgical Treatises*, Book IV: *A treatise of the King's Evil*, chap. I, *Of the Cure of the Evil by the King's touch*, 1re éd., London, 1676; 6e éd., 1734, I, pp.392~397.

J. Browne, *Adenochoiradelogia; or an anatomick-chirurgical treatise of gandules and strumaes*,

---

3) 로젠바움(Rosenbaum, I, p.43)과 폴리(Pauly, col. 1092)가 손대기 치료와 관련하여 인용한 르네 모로의 작품(René Moreau, De manu Regia, oratio panegyrica et inauguralis habita in collegio Cameracensi regio, Paris, 1623)은 사실 루이 13세에 대한 찬사여서 손대기 치료에 관해서는 우연히 언급한 것밖에 없다(p.5, 특히 pp.18~19).

4) 제목이 있는 면은 콕스의 작품에 게재되어 있다. Ch. Cox, *The parish register of England(The Antiquary's Books)*, London[1910], p.181.

or king's evil swellings; together with the royal gift of healing, or cure there of by contact or imposition of hands, performed for above 640 years by our kings of England, continued with their admirable effects and miraculous events; and concluded with many wonderful examples of cures by their sacred touch, London, 1684(3부의 제목이 Charisma Basilikon or the Royal Gift of Healing Strumaes or Kings-Evil로서, 왕의 기적에 대한 내용을 담고 있다. 이 부분은 별도로 쪽수가 매겨져 있다. 특별한 경우가 아니라면 내가 인용할 때에도 그 번호에 따랐다).

Richard Carr, *Epistolae medicinales variis occasionibus conscriptae*, London, 1691, ep. XIV, pp.152~158. *A Letter from a gendeman at Rome to his friend in London, giving an account of some very surprizing Cures in the King's Evil by the Touch, lately effected in the Neighbourhood of that City······Translated of the Italian*, London, 1721.

William Beckett, *A free and impartial inquiry into die antiquity and efficacy of touching for the cure of the King's evil······ Now first published in order to a compleat confutation of that supposed supernatural power lately justified in a pamphlet, intituled A Letter from a gentleman at Rome to his friend in London······*, London, 1722.

Richard Blackmore, *Discourses on the Gout, a Rheumatism and the King's Evil*, London, 1726.

[Samuel Werenfels], *Occasional thoughts on the power of curing for the king's-evil ascribed to the kings of England*, London, 1748(2부가 *A Dissertation upon superstition in natural things*라는 별도 제목을 가지고 있으며, 쪽 번호가 따로 매겨져 있는 소책자 형태로 되어 있다. petit in-4, London, 1748).

* John Badger, *Cases of Cures of the King's Evil perfected by the royal touch*, London, 1748(*Notes and Queries*, 3th series, I(1862), p.258에 표시되어 있다. 아마도 대영박물관에는 없는 것 같다).

[John Douglas], *The Criterion or Miracles examined with a view to expose the pretensions of Pagans and Papists to compare the Miraculous Powers recorded in the New Testament with those said to subsist in Later Times, and to shew the great and material Difference between them in Point of Evidence: from whence it will appear that the former must be True, and the latter may be False*, London, 1754, pp.191~205.

영국과 프랑스 이외의 국가의 작가가 쓴 작품

Martin Delrio S.J., *Disquisitionum magicarum libri sex*, Lib. I, cap. III, Quaestio. IV, Mainz, 1606, I. pp.57~65[5]; 몇몇 논점에 대해서는 1624년 판에서 보충했다(Mainz,

---

5) 초판은 1593년 마인츠에서 폴리오판으로 간행됨(나는 보지 못했다).

pp.24~27).

O. Wieselgreen, "The Kings Evil," Zwei gleichzeitige Berichte; Archiv für Kulturgeschichte, 12(1916), pp.410~411(스웨덴 사람 로젠하네(Rosenhane, Gustav Rosenhane, 1619~84-옮긴이)가 1629년 런던 방문기와 길덴스톨페(Gyldenstolpe, Nils Gyldenstolpe 1642~1709, 스웨덴 외교관-옮긴이)의 1699년 베르사유 방문기)

Armanacus Alexander Patricius[Jansenius], Mars Gallicus seu de iustitia armorum et foederum regis Galliae libri duo: editio novissima(2e éd.) s.l., 1636, Lib. I, c. 13, pp.65~72(초판 fol. 1635).

Doctor Francisco Martiy y Viladamor, *Cataluna en Francia Castilla sin Cataluna y Francia contra Castilla. Panegyrico glorioso al christianissimo monarca Luis XIII el Iusto*, Barcelone, 1641, cap. XI, pp.81~84

Philippus Camerarius, *Operae horarum subcisivarum sive meditationes historicae; Centuria tertia*, cap. XLII, *De peculiaribus donis Regum et Principum nonnullorum sanandi aegrotos et peculiaribus eorum notis*, Francfurt, 1644, pp.143~146[6]; 프랑스어 번역판은 S[imon] G(oulard) 번역: *Le Troisiesme volume des meditations historiques de M. Philippe Camerarius*, Lyon, 1610, pp.171~175(추가사항 포함).

Johannes Jacobus Chifletius, *De ampulla Remensi nova et accurata disquisitio*, folio, Anvers, 1651(특히 pp.57~58).

Joannis Lazari Gutierrii(J.L. Gutierrez), *Opusculum de Fascino*, Lyon, 1653, pp.153~156.

* Ge. Trinkhusius, *De curatione regum per contactum*, Iéna, 1667(Rosenbaum, *Addimenta*, II, p.64의 정보).

Gaspar a Reies, *Elysius jucundarum quaestionum campu*, Francfurt am Main, 1670, Quaestio XXIV et XXVIII.

Daniel Georgius Morhovius(Morhof), *Princeps medicus*, plaquette petit in-4, Rostock, 1665, 48 p.; 다음 책에 수록되어 있음. D.G. Morhofi, *Dissertationes academicae*, Hamburg, 1699.

Johannes Joachimus Zentgraff, *Disputatio prior de tactu Regis Franciae, quo strumis laborantes restituuntur*, Wittenberg, 1667(16 p.): *Disputatio posterior de tactu Regis Franciae*, 동일 출판지 동일 발행일(16 p.).

Johann Christian Luenig, *Theatrum ceremoniale historico-politicum*, II, in-4, Leipzig, 1720,

---

6) 내가 제공한 정보는 내가 볼 수 있었던 것 중에서 가장 오래된 판본이다. "Troisième Centurie" 의 초판은 1609년 프랑크푸르트에서 출판되었다(Meusel, Bibliotheca historica, I, 2, Leipzig, 1748, p.338). 이 책은 큰 성공을 거두어서 여러 차례 쇄를 거듭하여 출간되고 번역되었다.

p.1015, pp.1043~1047.

* S.P. Hilscher, *De cura strumarum contactu regio facta*, in-4, Iéna, 1730.[7]

연주창 손대기 치료: 1800년 이후 작품
일반

Chr. Barfoed, *Haands Paalaeggelse* (*Medicinsk-Historiske Smaaskriften ved Vilhelm Maar*, 8), Copenhagen, 1914.

Joseph M. Batista · Roca, *Touching for the King's Evil*; *Notes and Queries*, 12th series 3(1917), pp.480~482.

* J.R. Billings, *The King's Touch for Scrofula*; *Proceedings of Charaka Club New-York*, II.

Paulus Cassel, *Le roi te louche*, Berlin, 1864 (* 2e éd. Berlin, 1878).

A. Chéreau et A. Delambre, *Dictionnaire encyclopédique des sciences médicales*, t.32, 1885, "Ecrouelles" 항목, pp.481~486.

L. Choulant, *Die Heilung der Skrofein durch Königshand; Denkschrift zur Feier der fiiunfzigjährigen Amtsführung......J.A.W. Hedenus...... hgg. von der Gesellschaft für Natur- und Heilkunde in Dresden*, Dresden, 1833.

Raymond Crawfurd, *The King's Evil*, Oxford, 1911.

Ebstein, *Die Heilkraft der Könige*; *Deutsche mediz. Wochenschrift*, 1908, I, pp.1104~1107.

Ebstein, *Zur Geschichte der Krankenbehandlung durch Handauflegung und verwandte Manipulation*, Janus, 1910, pp.99~101, pp.220~228, p.1911.

E. Gurlt, *Geschichte der Chirurgie und ihrer Ausübung*, 3 vol., Berlin, 1898, I, p.104, p.108, p.110; II, p.139, p.871; III, p.570.

L. Landouzy, *Le Toucher des Ecrouelles. L'Hôpital Saint-Marcoul. Le Mal du Roi*, 1907 (잡지에 발표된 짧은 논문(*Presse Médicale*, 10 mai 1905)을 발전시켜서 l'Association française pour l'Avancement des sciences의 랭스 회의에서 발표).

* M.A. Starr, "The king's evil and its relation to psychotherapy", *Medical Record New-York*,

---

7) 로젠바움(Rosenbaum, *Addimenta*, II. p.64)은 손대기 치료나 왕의 치료 능력에 관련된 저작으로서 다음과 같은 것들을 들고 있다. Mich. Bernh. Valentin, De Arcano regis Galliarum absque sectione curandis, Giessen, 1697. 명백히 이 책은 다음 글과 동일한 책일 것이다. Michael Bernhardus Valendnus, "Disputatio IV: De nova herniarum cura," Polychresta exotica, Francfurt, 1700. 여기서는 '왕의 비밀'이라고 불리던 탈장 치료법이 문제였는데, 이러한 이름은 대중의 상상력을 자극하기 위해 단순한 약물처방에 붙인 것이지, 왕이 기적을 일으킬 수 있는 능력을 가진 것과는 상관없는 것이다.

1917 et 1918.

프랑스의 의례에 관한 작품

E. Brissaud, "Le mal du roi," *Gazette hebdomadaire de médecine et de chirurgie*, 22(1885), pp.481~492.

Dr. Cabanès, *Remèdes d'autrefois*, 2e série, in-12, 1913, pp.5~74.

Abbé Cerf, "Du toucher des écrouelles par les rois de France," *Travaux Acad. Reims*, 43(1865~66), pp.224~288.

Alfred Franklin, "Les rois de France et les écrouelles," *Nouvelle Iconographie de la Salpêtrière*, 4(1891), pp.161~166; 재수록: A. Franklin, *La vie privée d'autrefois, Les mèdecins*,1892, pp.254~268.

A. Jal, *Dictionnaire critique de biographie et d'histoire*, "Ecrouelles" 항목, 2e éd., 1872, pp.522~523.

C. Leber, *Des cérémonies du sacre*, 1825, pp.447~461, pp.523~524.

Ad. Lecocq, *Empiriques, somnambules et rebouteurs beaucerons*, Chartres, 1862, pp.11~19.

E. Marquigny, "L'attouchement du roi de France guérissait-il des écrouelles?," *Etudes religieuses, historiques et littéraires*, 4e série, 1(1868), pp.374~390.

Giovanni Martinotti, "Re thaumaturghi: Francesco I a Bologna nel 1515," *L'Illustrazione Medica Italiana*, 4(1922), pp.134~137.

R. de Maulde-La-Clavière, *Les Origines de la Révolution française au commencement du XVIe Isiècle*, 1889, pp.26~28.

R. de Maulde-La-Clavière, *La diplomatie au temps de Machiavel*, 1892, I, p.52, p.60(1893 년 다음과 같은 제목으로 재출간: *Histoire de Louis XII, Deuxième partie: La diplomatie*, I).

Roshem, "Les écrouelles, leur étiologie, leur traitement vers 1690," *Paris Médical*, 13(1923, numéro du 17 mars), Variétés, pp.VI~X.

Karl Wenck, *Philipp der Schöne von Frankreich, seine Persönlichkeit und das Urteil der Zeitgenossen*, in-4, Marbourg, 1905, pp.54~57.

영국의 의례에 관한 작품

William Andrews, *The doctor in history, literature, folklore etc.*, Hull et London, 1896, pp.8~23.

H. François-Delaborde, *Du toucher des écrouelles par les rois d'Angleterre, Mélanges d'histoire offerts à M. Ch. Bémont*, 1913.[8]

Helen Farquhar, "Royal Charities," *The Britich Numismatic Journal*, 12(1916), pp.39~135; 13(1917), pp.95~163; 14(1918), pp.89~120; 15(1919), pp.141~184.

Karl Feyerabend, *Bilder aus der englischen Kulturgeschichte*: I. *Die königliche Gabe*; *Die Grenzboten*. 1904, I, pp.703~714, pp.763~773.

Fielding H. Garrison, "A Relic of the King's Evil in the Surgeon General's Library(Washington D.C.)," *Proceedings of the Royal Society of Medecine*, 7(1914), *Section of the History of Medecine*, pp.227~234.[9]

Emanuel Green, "On the Cure by Touch, with Notes on some Cases in Somerset," *Proceedings of the Bath Natural History and Antiquarian Field Club*, 5(1883, no. 2), pp.79~98.

Edward Law Hussey, "On the cure of scrofulous diseases attributed to the royal touch," *The Archaeological Journal*, 10(1853), pp.187~211; *Ibid.*, p.337 참조.

Thomas Lathbury, *A history of the convocation of the Church of England*, 2e éd. London, 1853, pp.428~439.

W.E.H. Lecky, *History of England in the Eighteenth Century*, London, 1892, I, pp. 84~90.

Cornelius Nicholls, "On the obsolete custom of touching for the King's Evil," *The Home Counties Magazine*, 14(1912), pp.112~122.

Thomas Joseph Pettigrew, *On superstitions connected with the history and practice of medicine and surgery*, London, 1844, pp.117~154.

"The royal cure for the King's Evil," *British Medical Journal*, 2(1899), pp.1182~1184; *Ibid.*, p.1234 참조.

W. Sparrow Simpson, "On the forms of prayer recited 'at the healing' or touching for the King's Evil," *The Journal of the British Archaeological Association*, 1871, pp.282~307.

Archibald John Stephens, *The book of common prayer with notes legal and historical(Ecclesiastical history Society)*, London, 1850, II, pp.990~1005.

---

8) 이 저자가 다음과 같은 제목으로 출간한 논문이 Mélanges Bémont에 실린 논문의 요약본이라고 할 수 있다. "Le toucher des écrouelles par les rois d'Angleterre," *Bulletin soc. Antiquaires de France*, 1913, pp.86~88.

9) 이 논문의 요약본은 다음과 같은 제목으로 독일어로 수록되었다. "Medizinisch-Historische Denkmäler des Königsübels in der Medizinischen Bibliothek des Kriegsministeriums zu Washigton," *Archiv für die Geschichte der Naturwissenschaften und der Technik*, 6(1913), pp.113~116.

치료용 반지[10)]

Raymond Crawfurd, "The blessing of cramp-rings. A chapter in the history of the treatment of epilepsy," *Studies in the history and method of science*, edited by Charles Singer, 1, Oxford, 1917, pp.165~187.

Georg F. Kunz, *Rings for the finger, from the earliest known times to the present*, Philadelphia et London, 1917, p.336 이하.

Hermentrude, "Cramp-rings," *Notes and Queries*, 5th series, 9(1878), p.514.

William Jones, *Finger-ring lore*, 2⊠ éd., London, 1890, pp.522~526(뒤에 나오는 워터튼 (Waterton)의 논문을 그대로 수록함).

J. Stevenson, "On cramp-rings," *The Gentleman's Magazine*, 1(1834), pp.48~50; 다음 책 들에 다시 게재됨. *The Gentleman's Magazine Library*, éd. G.-L. Gomme[r 3], *Popular Superstitions*, London, 1884, pp.39~42.

C.J.S. Thompson, *Royal cramp and other medycinable rings*, plaquette, London, 1921(10 p.).

Edmund Waterton, "On a remarkable incident in the life of St Edward the Confessor, with Notices of Royal Cramp-Rings," *The Archaeological Journal*, 21(1864), pp.103~113.

성 마르쿨과 코르베니 순례

Balthasar Baedorf, *Untersuschungen über Heiligenleben der westlichen Normandie*, Bonn, 1913, pp.24~42.

Ed. de. Barthélemy, "Notice historique sur le prieuré Saint-Marcoul de Corbeny," *Soc. académique des sciences, arts······ de Saint-Quentin*, Troisième série, 13(1874~75), pp.198~299.

M.A. Benoit, "Un diplôme de Pierre Beschebien, évêque de Chartres: les reliques de Saint-Marcoul," *Procès-verbaux, Soc. archéolog. Eure-et-Loir*, 5(1876), pp.44~55.

Blat, *Histoire du pèlerinage de Saint-Marcoul à Corbeny*, 2e éd., Corbeny, 1853.

Oudart Bourgeois, *Apologie pour le pelerinage de nos roys à Corbeny au tombeau de S. Marcoul, abbé de Nanteuil, centre la nouvelle opinion de Monsieur Faroul, licencié aux droits, doyen et official de Mantes*, Reims, 1638.[11)]

---

10) 앞서 세 번째 항목(III)과 네 번째 항목(IV)에서 살펴본 저작들 중 상당수가 우연히도 치료 용 반지에 대한 정보를 담고 있음을 말해두어야 할 것 같다.

11) 바르텔레미(E. de Barthélemy)는 자신의 작품(Notice historique sur le prieuré Saint-Marcoul)에서 다음과 같이 썼다(p.210). "우다르 부르주아는 같은 해에 두 번째 작품(*Traité*

H.M. Duplus, *Histoire et pèlerinage de Saint Marcoul*, in-18, Dijon, 1856.

Simon Faroul, *De la dignité des roys de France et du privilege que Dieu leur a donne de guarir les escroüelles: ensemble la vie de saint Marcoul abbé de Nanteuil*, 1633.

Charles Gautier, *Saint Marcoul ou Marculphe abbé de Nanteuil, sa vie, ses reliques, son culte……*, Angers, 1899.

Emile H. van Heurck, *Les drapelets de pèlerinage en Belgique et dans les pays voisins. Contribution à l'iconographie et à l'histoire des pèlerinages*, Anvers, 1922.

Abbé Ledouble, *Notice sur Corbeny, son prieuré et le pèlerinage à Saint Marcoul*, Soissons, 1883.

Le Poulle, *Notice sur Corbeny, son prieuré et le pèlerinage à Saint Marcoul*, Soissons, 1883.

Notice sur la vie de Saint Marcoul et sur son pèlerinage à Archelange, Cîteaux, 1879.

C.J. Schépers, "Le pèlerinage de Saint-Marcoul à Grez-Doiceau (canton de Wavre)," *Wallonia*, 7 (1899), pp.177~183.

Louis Texier, *Extraict et abregé de la vie de S. Marcoul Abbé*, plaquette, Saumur, 1648, 8 p.(Discours touchant la fondation de la chapelle Nostre Dame de Guarison à Russé의 후속작).

'왕의 표시'[12)]

Otto Geissler, *Religion und Aberglauube in den mittelenglischen Versromanzen*, Halle, 1908, pp.73~74.

H. Grauert, "Zur deutschen Kaisersage," *Histor. Jahrbuch*, 13 (1892), p.122, pp.135~136.

Ferdinand Lot, "La croix des royaux de France," *Romania*, 20 (1891), pp.278~281 (가스통 파리 (Gaston Paris)의 주석 포함).

Pio Rajna, *Le origini dell'epopea francese*, Florence, 1884, cap. XII, pp.294~299.

Antoine Thomas, "Le 'signe royal' et le secret de Jeanne d'Arc," *Revue historique*, 103 (1910), pp.278~282.

---

des droits, privileges et immunités de l'église et monastere de Corbeny, 1638)을 출판했다." 나는 국립도서관에 없어서 이 책을 보지 못했다. 바르텔레미가 잠시 혼동한 것이 아닐까? 나와 마찬가지로, 르두블 수도원장(Notice sur Corbeny, p.131) 역시 '논고(Traité)'를 찾으려 했으나 찾지 못했다.

12) 이 목록에 다음과 같은 오래된 책을 추가한다. Camerarius, Operae horarum subcisivarum(이 책은 3장 3절에서 설명했다).

필사본과 연대기 인용에 관한 정보

필자가 참조한 주요 문서 보관소의 약어는 다음과 같다.

Arch. Nat.: Archives Nationales(국립문서보관소)

Bibl. Nat.: Bibliothèque Nationale(국립도서관)

Brit. Mus.: British Museum(대영박물관).

E. A.: 런던 공립 문서보관소(Public Record Office)의 Exchequer Accounts.

R. O.: 런던 공립 문서보관소(재무성 기록을 제외한 다른 자료)

따로 언급이 없으면 모든 날짜는 새로운 역법(1월 1일이 새해 시작인 역법, 과거 역법은
    부활전이 새해 시작이었다-옮긴이)을 따랐다. 영국의 경우 1752년 9월 14일 이전(마
    찬가지로 프랑스의 경우 1582년 12월 20일 이전)은 율리우스력을 따랐다.

용어 해설

기독교 용어

공동기도서 Book of common Prayer: 성공회에서 사용하는 기도서. 종교개혁 이후 영어로 된 성경의 필요에 의해 만들어짐. 1549년 에드워드 6세 치세에 처음 만들어 졌고 1662년 널리 사용되는 기도서가 만들어졌다.

도유 onction: 사람이나 사물에 기름을 붓거나 바르는 것을 말하며, 이러한 행위를 통하여 해당 사람이나 사물이 속(俗)의 영역으로부터 성(聖)의 영역으로 옮겨진다 고 생각했다. 이러한 관습은 오리엔트 지방에서 유래한 것인데, 이 지방은 건조하고 태양열이 강한 기후이므로, 건강을 위해서라도 몸에 기름, 특히 올리브 기름을 바르 는 것이 필요했을 것이다. 따라서 기름부음이란 원래 치료적 의미를 가지고 있었다 고 볼 수 있다. 이러한 의미가 확장되어 사람의 영혼을 구제하는 상징으로 전화되었 다고 추측할 수 있다. 그리하여 이스라엘 사람들은 미래의 구원자를 메시아, 즉 '기 름부어진 자'라고 불렀는데, 이 단어의 그리스어가 그리스도(Christo)이다.

사계재일 Quatres Temps, quatuor tempor: 교회 내의 사계(四季)란 봄의 사순절 첫 번째 일요일, 여름의 성신강림절, 가을의 성 십자가 축일(9월 14일), 겨울의 성 루시 아 축일(12월 13일)을 가리킨다. 이 사계 후에 맞는 첫 번째 수·금·토요일은 사계 의 재일(齋日)이라 하여 기도와 단식을 하며 보낸다.

성금요일 Good Friday: 부활절 직전의 금요일. 예수가 재판을 받고 처형을 받은 날로 서 예수의 수난과 죽음을 기념하는 날이다.

성모승천일 Assomption: 성모 마리아가 지상 생애를 마치신 뒤에 영혼과 육신이 모두 하늘로 불려 올라갔다는 것을 기념하는 축일(8월 15일)이다.

성모탄생축일 Nativite de la vierge, Conceptione Immaculata Beate Mariae Virginis: 12월 8일. '성모의 원죄 없으신 잉태 대축일'이라고도 한다. 성모탄생축일은 성모 마리아의 출생일이 아니라 성모 마리아의 잉태일을 기념하는 날이다.

성신강림축일 Pentecote, Pentecostes: 예수부활 후 제50일에 성신이 제자들 위에 강림한 사건을 기념하는 날. 성신강림 이후 만백성에게 복음을 선포하는 사도들의 활동이 시작되었으므로 이날은 교회의 탄생일이라고 할 수 있다. 성탄절, 부활절과 더불어 가장 중요한 죽일이나.

성주간 Semaine Saint, Holy Week: 부활절 직전의 한 주간을 말한다.

성체성혈대축일 Fête-Dieu, Corporis Christi: 그리스도의 몸과 피로 이루어진 성체성사(聖體聖事)의 제정과 신비를 기념하는 축일. 삼위일체대축일(성신강림대축일 다음 주일) 후 첫 번째 목요일이나 일요일.

예수승천일 Ascension: 그리스도가 부활하여 하늘에 오른 것을 기념하는 대축일. 부활 40일째 되는 날에 승천한 것으로 알려져 있다.

의식서 cérémonial: 종교의식이나 경배를 관리하는 규정서를 가리킨다. 의식서는 보통 예식 절차를 설명하는 책이다. 의식서는 미사와 성무일도에 관한 규정, 주교 선출 기념일과 주교 서품, 주교와 관련된 전례적 예우 및 사회 고관들에 관한 예우까지도 포함하고 있다.

전례서(典禮書), ordo: 성사나 다른 전례 행사의 관리를 위해 예식들을 묘사한 예식서. 노래하거나 낭송해야 할 본문들, 실천해야 할 예식들, 공적 경배에서 따라야 할 규칙들을 모아 놓은 공인된 모음집을 가리킨다.

종려주일 Rameaux, Palm Sunday: 부활절 직전 일요일. 예수가 예루살렘에 입성한 것을 기념하는 날.

축성 sacrement: 사람이나 물건을 성스럽게 하는 것. 이러한 교회의 의식을 축성식이라고 한다. 축성은 다음의 경우, 즉 빵과 포도주를 그리스도의 몸과 피로 변화시킬 때, 사제를 주교로 성성할 때, 성당·미사용 제구·종·교회 묘지 등을 성스럽게 할 때 행한다. 이 경우를 제외한 모든 축성은 주교만이 할 수 있고, 기름붓는 의식(도유식)이 따른다. 축성되는 사람이나 물건은 축성을 통하여 세속적인 것에서 성스러운 것으로 되기 때문에 하느님을 위한 목적으로만 사용되어야 하고, 세속적인 목적이나 용도로 사용될 수 없다.

퇴마사 exorcist: 사람이나 사물에서 악마나 악의 감염을 쫓아내는 것을 퇴마, 또는 구마라고 하는데, 이를 시행하는 사람을 구마사, 또는 퇴마사라고 한다. 예수 역시 악령에 시달리는 사람을 돕기 위하여 여러 차례 구마를 시행하였다. 가톨릭 교회에서는 구마사라는 직책이 3세기에 설립되었으며 신품(神品)성사의 7품급(品級)가운데 제3품에 해당한다.

인명

그레구아르 드 투르 Gregoire de Tours: 프랑스 중남부 클레르몽페랑에서 태어났으며, 573년에 투르의 주교로 축성되었다. 투르의 대성당을 비롯하여 수많은 교회들을 재건하였다. 그가 저술한『프랑크족의 역사』는 중세 초에 관한 가장 중요한 문헌으로서 프랑크족 왕들의 치료능력에 대한 언급이 있다.(1부 1장 참조)

그리모알드 Grimoald, 616~657: 메로빙 왕가의 궁재. 그리모알드는 왕이었던 시게베르트(Sigebert)의 아들 다고베르 2세를 추방하고, 시게베르트가 죽자 자신의 아들을 왕위에 앉혔다. 그러나 뉴스트리아 왕에게 잡혀 처형되었다.

기베르 드 노장 Guibert de Nogent: 프랑스 북부 보베 출신, 노장 수도원장.『자서전』으로 유명하며,『성유물에 대해』는 국왕의 손대기에 관해 언급한 첫 번째 사료이다.(1부 1장 참조)

루키우스 Lucius: 성 루치오. 2세기 브리튼족의 왕. 영국에 기독교를 들여온 전설상의 왕이라는 설이 있다. 이 기록은『교황전집』(Liber Pontificalis)의 6세기 판본에만 등장하는 것으로 보아 오늘날에는 잘못된 기록으로 간주되고 있다. 그러나 중요한 점은 영국에서는 오랫동안 브리튼 섬에 기독교를 들여온 왕으로 믿었다는 점이며, 종교개혁 시기에는 신구교 사이에 논쟁이 벌어지기도 했다. 즉 영국 국교회의 독립성을 주장하는 논거로 이용되었다. 블로크는 루키우스의 역할이 프랑스에서 클로비스가 한 역할과 같은 것이라고 했다.(1부 1장 참조)

베난티우스 포르투나투스 Venantius Fortunatus, 530?~600/609?: 메로빙 왕조 시대의 가장 뛰어난 시인. 이탈리아의 트레비소(Treviso)에서 태어나 600년경 프랑스 푸아티에의 주교로 임명되었다. 그의 시는 당시대에 대한 많은 정보와 관습, 가족생활, 건축, 예술, 여인상 등을 알려주는 매우 중요한 작품들로 평가되고 있다.

샤르코 장마르탱 Charco, Jean-Martin, 1825~93: 신경과 의사. 근대 신경의학의 창시자라고 불리며 근대적 심리치료법의 발전에도 크게 기여했다. 살페트리에르 병원을 신경병리학으로 유명하게 만들었다. 히스테리와 최면술을 연구했으며, 다발성경화증을 발견하여 이름을 붙인 것으로도 유명하다.(3부 참조)

샤를 당수 Charle d'Anjou, 1226~85: 프랑스 왕 루이 9세(성왕)의 동생으로서 1266년 시칠리아 섬과 이탈리아 반도 남부 나폴리 일대를 정복했다. 1282년에는 시칠리아에서 쫓겨나 나폴리 일대만 지배했다.

샤를마뉴 Charlemagne, 740?~814: 서로마제국이 붕괴한 이후 최초로 서유럽 대부분을 정복한 군주이다. 그리하여 800년 크리스마스에 교황으로부터 서로마제국 황제 칭호를 받았다. 야만족이 황제가 되었다는 데 대해 동로마제국 황제가 격분했으나 이후 황제로 인정했다. 이로써 과거 서로마제국 영토에는 종교의 수장인 교황이 정치의 수장인 황제에게 대관식을 해주는 관계가 형성되었고, 동로마제국에서는 황제가 종교의 수장을 겸하는 황제 교황주의가 그대로 유지됨으로써 동유럽과 서유럽의 차이가 나타나게 되었다. 800년에 있었던 서로마제국 황제 대관식에 대하여, 블로크는 대관식은 했으나 도유식은 하지 않았다고 했다.(1부 2장 참조)

앙리 4세 Henri IV, 1553~1610: 부르봉 왕가 최초의 왕. 나바라 왕국의 왕이었으나 발루아 왕가의 가계 단절로 인하여 프랑스 왕위에 올랐다. 원래 신교도였으나 종교를 둘러싼 내전 상황에서 내전을 종식시키기 위해 가톨릭으로 개종했다. 그렇지만 1598년 낭트칙령을 통해 신교도에게 동등한 권리를 인정해주었다.(2부 3장 및 5장 참조)

에드워드 6세 Edward VI, 1537~53: 헨리 8세의 아들로서 1547년 9세의 나이로 즉위했다. 미성년이었으므로 서머셋 공이 섭정으로서 통치했다. 그는 종교개혁을 지지하여 영국국교회에서 로마 가톨릭의 색채를 완전히 제거하려고 했다.(2부 5장 2절) 그러나 어려서부터 병약하여 16세라는 이른 나이에 죽고 말았다. 마크 트웨인의 소설『왕자와 거지』의 모델이기도 하다.

에드워드 고해왕 Edward the Confessor, 1003 또는 1005~1066: 신앙심이 깊은 것으로 유명한 잉글랜드 왕. 1161년 시성되었다. 중세시대 영국의 성인들 중에서 가장 공경받는 성인 가운데 한 명이다. 그는 로마로 순례를 가는 대신 기존 수도원이 있던 곳의 예배당을 증축했는데, 이것이 웨스트민스터 성당이다. 그의 문장은 반지이다.

윌리엄 정복왕 William the Conqueror, 1028?~87: 윌리엄 1세. 원래 노르망디 공작이었으며 1066년 헤이스팅스 전투에서 해럴드 고드윈선을 물리치고 잉글랜드 왕위를 차지했다. 이로써 노르만 왕조가 탄생했다.

장 골랭 Jean Golein, Golain, 1325~1403: 갈멜회 수도사이자 신학자. 루앙의 갈멜회 수도원에서 수도생활을 시작하여 파리로 옮겼다. 샤를 5세를 위해 라울 드 프렐 (Raoul de Presles)이나 니콜 오렘(Nicole Oresme)의 저서를 번역해주었다.

제임스 1세 James I, England, 1566~1625: 헨리 8세의 딸 마거리트가 스코틀랜드의 왕 제임스 4세와 결혼했고, 그로부터 3대손이 제임스 6세이다. 잉글랜드의 엘리자베스 1세가 사망하자 그 뒤를 이어 제임스가 잉글랜드 왕으로 즉위하게 되었다. 스코틀랜드 왕으로는 제임스 6세이지만 잉글랜드 왕으로서 제임스라는 이름이 처음이므로 제임스 1세이다. 제임스는 이미 스코틀랜드 왕인 상태에서 잉글랜드 왕위를 이어받게 되었으며, 잉글랜드 왕이 아일랜드 왕위도 가지고 있었으므로 아일랜드 왕위도 당연히 이어받았다. 셰익스피어의 『맥베스』에서 8명의 환영을 보는 장면에서 "마지막으로 나타난 왕이 '세 왕국의 통치권'을 가지고 있는데, 그가 바로 제임스"라고 했을 때 세 왕국은 바로 이 세 왕국을 의미한다.(2부 5장 참조)

제임스 노왕위요구자 James Francis Edward Stuart/제임스 스튜어트 1701~66: 제임스 노왕위요구자는 잉글랜드의 왕 제임스 2세의 아들로, 어머니는 가톨릭 신자인 모데나의 메리였다. 이복누나인 앤 여왕의 사후 잉글랜드의 왕위를 요구하였다. 스코틀랜드로는 제임스 8세이며, '노왕위요구자(Old Pretender)'로 불린다.

찰스 에드워드 스튜어트 Cahrles Edward Stuart : 제임스 2세의 손자이자 제임스 3세의 장남이다. '소왕위요구자(Young Pretender)'로 불린다. 제임스 2세를 지지하는 제임스 복위파는 1745년 찰스 에드워드 스튜어트를 왕위에 앉힐 것을 요구하며 반란을 일으켰다. 찰스 에드워드 스튜어트는 1745년 6월에 스코틀랜드로 입국했고, 이후 벌어진 제임스 복위파의 마지막 반란을 지휘했다. 그러나 1746년 컬로든 전투에서 참패했고, 찰스 에드워드 스튜어트는 스코틀랜드를 떠났다. 찰스 에드워드 스튜어트

는 1788년에 로마에서 죽었다.(2부 6장 참조)

뛰르팽 Turpin: 8세기 랭스 대주교.(『롤랑의 노래』참조)

제임스 프레이저 Sir James Frazer, 1854~1941: 영국의 인류학자. 주술과 종교의 기원에 관한 연구를 주로 했다. 12권으로 된 그의 저서 『황금가지』는 블로크의 연구의 시발점을 이루고 있다.(1부 1장 참조)

해럴드 고드윈선 Harold Godwinson, 1022?~66: 에드워드 고해왕의 왕비 에디스의 형제. 1064년 영불해협 근처에서 배가 난파당하는 사고를 겪는다. 이 사고로 해럴드는 노르망디 공작 윌리엄의 땅에 머무르게 되었고, 윌리엄의 잉글랜드 왕위 상속을 지지하기로 서약했다. 그러나 1065년 에드워드 고해왕이 죽자 그 뒤를 이어 왕위에 올랐다. 이로 인하여 윌리엄과 헤이스팅스에서 전투를 벌이게 되었고, 여기서 사망했다.(1부 1장 참조)

힝크마르 Hincmar, 806?~882: 생드니 출신 수도사. 랭스 대주교(845). 루이 경건왕의 측근. 그의 책에 국왕에 대한 도유식이 언급되어 있다.(2부 3장 참조)

주요 단어

과수원의 꿈 Songe du Verger: 14세기 교회권과 세속권의 관계, 특히 교황과 프랑스 국왕의 권력의 관계에 대해 대화형식으로 서술한 책. 샤를 5세에게 바치는 헌사로 시작된다. 중심 사상은 헌사의 다음과 같은 문장으로 충분히 대변된다. "국왕은 세속에서 신의 대리인(vicaire)이다." 프랑스혁명 때까지 갈리카니슴에 대한 논쟁에서 중요한 역할을 했다.

대척지인 antipodes: 원래 지구의 반대편 지점에 사는 사람을 뜻하지만, 자신들과 정반대의 사람들을 뜻하는 경우도 있다. 특히 중세에는 기괴한 사람들, 거꾸로 걷는다거나 외발로 걷는 사람들로 인식되었다.

도팽 Dauphin: 프랑스의 세자를 지칭하는 말. 도팽은 프랑스어로 돌고래를 나타낸다. 프랑스 남부 비엔을 영지로 가지고 있던 비엔 백작은 가문의 문장에 돌고래가 들어 있어 도팽이라고 불렀다. 1350년 비엔 백작이 자신의 영지를 국왕에게 주면서 조건을 붙였는데, 장차 프랑스 왕이 될 사람이 자신의 영지를 책임져달라는 것이 그것이었다. 이리하여 장 선량왕의 세자 샤를(장차 샤를 5세)부터 세자를 도팽이라고 부르게 되었다.(2부 3장 참조)

로마인들의 왕 Rex romanorum: 독일 왕을 가리키는 말. 제후들에 의해 독일 왕으로 선출되었으나 아직 교황에 의해 신성로마제국 황제로서 대관식을 받지 않은 상태를 가리키는 말이다. 그레고리우스 7세 교황이 하인리히 4세를 한 지역의 군주로 낮추어 부르기 위해 게르만족의 왕(rex teutonicum)이라고 하자, 이에 대해 하인리히 4세는 대립교황 클레멘트 3세로부터 황제 대관을 받기 전까지 로마인들의 왕이라는 칭호를 사용했다.(2부 1장 참조)

롤랑의 노래 Chason de Roland: 중세 프랑스의 무훈시. 샤를마뉴의 기사 롤랑이 주인공이며 778년 롱스보(Ronceveaux, 론세스바예스) 전투를 배경으로 하고 있다. 내용은 주군에 대한 충성과 이슬람에 대한 기독교의 승리를 담았다. 이 무훈시는 약 4,000행으로 이루어져 있으며, 초기 줄거리는 1040~1115년 사이에 만들어졌을 것으로 추정된다. 가장 널리 알려진 판본은 8세 랭스 주교 튀르팽(Turpin) 썼다고 알려진『샤를마뉴와 롤랑 이야기』(*Historia Karoli Magni et Rothonaldi*)이다. 그런데 이 판본의 가장 오래된 필사본은 12세기 초 산티아고 순례를 위해 작성된『교황 칼릭스투스 서책』(*Codex Calixtinus*)에 포함된 필사본이다. 시간상으로 4세기 차이가 나기 때문에, 샤를마뉴와 동시대 인물인 튀르팽이 썼다고 보기는 어렵다. 그리하여 이 책을 위(僞)튀르팽 연대기라고 한다. 이 책에서는 작자가 누구인지는 중요하지 않지만, 블로크는 이 점을 정확하게 지적하지 않고 오히려 튀르팽이 쓴 것으로 가정하여 논의를 전개하고 있다.

몽주아 생드니 Montjoie saint-Denis: 프랑스 국왕 군대의 함성소리. 어원은 불분명하다. 오리플람과 더불어 생드니 수도원에서 기원했으며,『롤랑의 노래』에 등장한다는 점도 동일하다.(2부 3장 참조)

산타페트로닐라 예배당 Capella Santa Petronilla: 성 베드로 성당 근처에 있던 예배당. 산타 페트로닐라는 성녀 베드로닐라라고 하며 사도 베드로의 딸로서 로마에서 순교했다. 7세기경 그녀의 것으로 확실시되는 무덤을 발굴했고 여기에 세워진 성당이 산타페트로닐라 성당이었다. 이 성당에 프랑크 왕국의 왕들의 무덤이 있었는데, 그 이유는 샤를마뉴가 800년 이후 베드로의 양자로 간주되었기 때문에 사도의 딸을 모시게 되었다고 한다. 이러한 이유로 프랑스 왕이 로마에 왔을 때 손대기 치료를 시행한 곳이 바로 산타페트로닐라 성당이었다.(2부 5장 참조) 그러나 예배당은 브라만테와

미켈란젤로에 의해 이루어진 성 베드로 성당 증축 때 성 베드로 성당의 일부로 포함되었고, 성녀 베드로닐라의 유해는 성 베드로 성당 중앙 교차 지점 근처의 제대에 안치되었다.

생갈 수도원 Saint-Gall: 장크트 갈렌(Sankt Gallen) 수도원. 스위스에 있는 베네디트회 소속 수도원으로서 풍부한 장서를 갖춘 도서관으로 유명하다. 612년 아일랜드 수도사 성 갈루스(Gallus)가 이곳에서 수도생활을 시작하였고, 747년 오트마르(Othmar) 수도원장이 베네딕토회 수도원을 건설하고 같은 시기에 학교를 설립했다.

샤를마뉴 서책 Libri Carolini: 샤를마뉴의 명에 의해 만들어진 4권으로 된 책. 787년 제2차 니케아 공의회의 설정에 대한 반박을 담고 있다.

엔젤화 angel: 중세 영국 화폐. 에드워드 4세가 1465년 처음 만들었다. 한쪽에 대천사 미카엘이 새겨져 있어서 엔젤화라고 부른다. 다른 한쪽에는 배와 왕실문장이 새겨져 있다.(2부 1장 및 5장 참조)

오리플람 oriflamme: 황금 불꽃이라는 뜻으로서, 프랑스 왕가의 군기(軍旗)의 이름. 원래 생드니 수도원의 깃발이었다. 벡생(Vexin) 백작이 생드니 수도원의 기사로서 전투에 참가할 때 이 깃발을 들었는데, 그 이후(12세기) 벡생 백작령이 왕령지로 편입되면서 왕의 깃발로 바뀌었다. 전설에 따르면 무훈시『롤랑의 노래』에서 샤를마뉴의 깃발이 황금 깃발이었던 데에 기원을 두고 있다고 한다.

유사요법 homeopathie: 인체에 현재 앓고 있는 질병과 비슷한 증상을 유발시키거나 질병 원인과 동일한 물질을 소량 사용하여 치료하는 방법. 동종요법이라고도 한다.

제임스 복위파 Jacobites: 명예혁명으로 쫓겨난 영국 스튜어트 왕조의 제임스 2세와 그의 자손(제임스와 찰스)을 정통군주로 지지하는 사람들을 제임스 복위파라고 한다. 영어로 재커바이트(Jacobites)라고 하는데, 이는 제임스라는 이름의 어원이 라틴어 야코부스(Jacobus, 야고보)에서 유래했기 때문이다.(소왕위요구자 찰스 에드워드, 노왕위요구자 제임스 참조)

치료동전 touch-piece: 질병을 치료하거나 행운을 가져다준다는 주화. 치료능력을 가진 자로부터 손대기를 통해서 그 능력이 전이된다고 한다.

클로비스 Clovis, 446~511: 프랑크 왕국의 첫 번째 왕. 496년 알라마니족과의 전투에서 전멸의 위기에 몰렸으나 아내 클로틸드가 믿던 기독교의 신에게 가호를 빌어 승리하게 되자, 그 이후 랭스에서 성 레미의 세례를 받아 정통 가톨릭으로 개종했다. 다른 게르만족들이 이단 아리우스파를 믿었던 데 반해 클로비스는 삼위일체를 인정하는 정통가톨릭으로 개종함으로써 향후 로마 교황청과 프랑크 왕국의 관계에 긍정적인 영향을 미쳤다.

연도	프랑스	영국
750	페팽 3세(751~768)	
760		
770	샤를마뉴(768~814)	
780		
790		
800		
810	루이 경건왕(814~840)	
820		에그버트(829~839)
830		
840	샤를 대머리왕(840~877)	
850		
860		
870	루이 말더듬왕(877~879)	
880	루이 3세(879~882)	
890	카를로만(879~884)	
900		
910		
920		
930		
940		
950		
960		
970		
980	〈카페 왕조〉 위그 카페(987~996)	
990		
1000	로베르 2세(996~1031)	
1010		
1020		

연도	프랑스	영국
1030	앙리 1세(1031~60)	
1040		에드워드 고해왕(1042~66)
1050		
1060	필리프 1세(1060~1108)	해럴드 2세 고드윈선(1066 윌리엄 1세 정복왕(1066~87)
1070		
1080		
1090		윌리엄 2세(1087~1100)
1100		헨리 1세(1100~35)
1110	루이 6세(1108~37)	
1120		
1130		스티븐(1135~54)
1140	루이 7세(1137~80)	
1150		〈플랜태지니트 왕조〉 헨리 2세 (1154~89)
1160		
1170		
1180	필리프 2세 존엄왕(1180~1223)	
1190		리처드 1세(1189~99)
1200		존(1199~1216)
1210		
1220	루이 8세(1223~26)	헨리 3세(1216~72)
1230	루이 9세 성왕(1226~70)	
1240		
1250		
1260		
1270	필리프 3세(1270~85)	에드워드 1세(1272~1307)
1280	필리프 4세(1285~1314)	
1290		
1300		에드워드 2세(1307~27)
1310	루이 10세 (1314~16)/장 1세 (1316) / 필리프 5세(1316~22)	
1320	샤를 4세(1322~28)	
1330	〈발루아 왕조〉	에드워드 3세(1327~77)
1340	필리프 6세 (1328~50)	
1350	장 2세 (1350~64)	
1360	샤를 5세 (1364~80)	
1370		
1380	샤를 6세(1380~1422)	리처드 2세(1377~99)
1390		
1400		〈랭카스터 가〉 헨리 4세 (1399~1413)
1410		헨리 5세(1413~22)
1420	샤를 7세(1422~61)	헨리 6세(1422~61)
1430		

연도	프랑스	영국
1440		
1450		
1460	루이 11세(1461~83)	〈요크 가〉 에드워드 4세(1461~83)
1470		
1480	샤를 8세(1483~98)	에드워드 5세(1483) 리처드 3세 (1483~85)
1490		〈튜더 가〉 헨리 7세(1485~1509)
1500	루이 12세(1498~1515)	
1510	프랑수아 1세(1515~47)	헨리 8세(1509~47)
1520		
1530		
1540	앙리 2세(1547~59)	에드워드 6세(1547~53)
1550	프랑수아 2세(1559 60)	메리 1세(1553~58)
1560	샤를 9세(1560~74)	엘리자베스 1세(1558~1603)
1570	앙리 3세(1574~89)	
1580		
1590	〈부르봉 왕조〉 앙리 4세 (1589~1610)	
1600		〈스튜어트 가〉 제임스 1세 (1603~25)
1610	루이 13세(1610~43)	
1620		찰스 1세(1625~49)
1630		
1640		
1650	루이 14세(1643~1715)	
1660		찰스 2세(1660~85)
1670		
1680		제임스 2세(1685~88)
1690		메리 - 윌리엄 공동왕(1689~1702)
1700		
1710	루이 15세(1715~74)	
1720		
1730		
1740		
1750		
1760		
1770	루이 16세(1774~92)	
1780		
1790		
1800		
1810	루이 18세(1814~24)	
1820		
1830	샤를 10(1824~30)	

* 이 책과 관련된 왕들을 비교하기 위한 것이며 연도와 왕의 이름이 정확하게 일치하지는 않는다.

옮긴이의 말

1980년대의 대학생들에게 필독서라는 것이 있었다. 역사학 분야로는『역사란 무엇인가』와『역사를 위한 변명』이 포함되어 있었다. 그렇지만 두 권의 비중이 달라서,『역사란 무엇인가』야말로 필독서 중의 필독서였고『역사를 위한 변명』은 좀더 관심이 생기면 읽는 책이었다. 옮긴이는 새로운 책을 읽을 때 항상 뒤에 있는 해설을 먼저 보는데, 그 책들도 마찬가지였다. 그런데『역사를 위한 변명』의 해설에서 읽은 마르크 블로크의 생애 마지막 장면은 너무나도 인상적이었다. 저자인 블로크가 레지스탕스 운동을 하다가 붙잡혀서 총살을 당했다는 것이었다. 게다가 죽기 전에는 같이 붙잡힌 16세 소년에게 따뜻한 위로의 말까지 건네며 프랑스 만세를 외치며 쓰러졌다는 것이다. 엄혹한 시절의 대학생에게 블로크가 남긴 첫인상은 실천적 지식인이라는 것이었다.

그 책이 인상에 남았던 것은 해설 때문만이 아니었다.『역사란 무엇인가』의 저자가 독자에게 설명해주려고 한다면, 블로크는 이야기해주려는 듯이 보였다. 그러한 인상을 받는 데 오래 걸리지 않았다. 해설을 읽고 서론을 펴자마자 블로크는 아들의 단순한 질문으로 역사학에 관한 이야기를 시작했다. 더욱 기억에 남은 것은 "글을 쓰는 사람에게는 학자에게나 초등학교 학생에게나 같은 어조로 이야기한다는 말보다 더 큰 칭찬은 있을 수 없다"고 한 말이었다. 이 이야기를 잊을 만한 시간이 지났을 때, 그것을 영원히 기억에 남게 하는 일이 있었다. 번역을 해야 하는 수업시간에 한참 쩔쩔 매면서 번역을 했는데, 그것을 듣던 교수님이 "자네가 번역한 것을 글로 써서 조카한테 보여주게. 그래서 조카가 이해할 수 있다면 잘된 번역이고 잘 쓴 글이라고 생각하면 되네." 물론 그날 옮긴이의 번역이 그러하지 못했음은 물론이요, 그 이후에도 그러한 경지에 이르지는 못했다. 그렇지만 어떻게 글을 쓰고 자신의 생각을 표현해야 하는지 깊이 생각하게 되었다. 블로크에 대한 두 번째 인상은 쉬운 글쓰기 선생인 셈이었다.

오랜 세월이 지나서, 강의를 하게 되었을 때, 블로크를 설명하기 위해 책을 다시 읽었다. 이번에는 블로크가 앙리 피렌과 만났던 이야기가 눈에 들어왔다. 분명 과거에도 그 부문을 읽었겠지만, 기어에 남아 있지 않았던 것이다. 피렌은 블로크에게 "내가 골동품 연구가라면 낡은 건물들만 찾아다니겠지만, 나는 역사가이거든. 그래서 나는 살아 있는 것을 사랑한다오"라고 말했다고 한다. 블로크는 피렌의 말을 인용하면서 역사가의 일이 "차디찬 문서 너머에 살아 있는 인간들"을 파악하는 것이라는 점을 말하고 싶었을 것이다.

이처럼 블로크의 책은 옮긴이에게 매번 새롭게 읽히는 책, 말하자면 '고전'이었던 셈이다. 옮긴이에게 특별한 지위를 차지하고 있는 블로크였지만, 옮긴이 역시 그를 중세 봉건제도 전문가로 여기고 있었다. 국내에 번역된 그의 저서가 대부분 중세 농촌사회나 봉건제와 관련된 것들이었기 때문이다. 물론 아날학파와 심성사가 소개되면서 '블로크가 심성사의 선구자이며『기적을 행하는 왕』이 심성사와 인류학적 역사학의 선구적인 책'이라는 사실이 알려지기는 했지만, 그 책이 어떤 점에서 그런 평가를 받는지 자세히 알 수는 없었다.

그러므로『기적을 행하는 왕』의 번역은 학문적으로나 개인적으로나 매우 중요한 작업이다. 이 책은 블로크의 저서 중 첫 번째 것으로서, 기적에 대한 사람들의 태도가 무엇이었는가에 대한 답변을 한다. 기적을 주제로 한 것은 매우 놀라운 일이다. 오늘날과 같이 이성이 지배하고 있는 세계에서 누가 기적과 같은 비이성적인 행위를 주제로 삼겠는가? 손으로 만지면 병이 낫는다는 터무니없는 생각을 어떻게 설명하려고 생각이나 해본단 말인가? 설사 그것을 주제로 삼았다고 하더라도, 기적을 행하는 주체, 즉 왕이나 정치집단, 혹은 주요 저술가들을 중심으로 그들의 논변이나 그들 사이의 논쟁을 살펴보는 것이 기존의 설명 방식이다. 앞서의 표현을 빌리자면, '차디찬 문서'를 통해서 얻을 수 있는 설명인 셈이다. 그런데 블로크는 이러한 기존의 설명 방식에 더하여 기적의 대상이 되는 민중의 입장에서 기적을 받아들이는 방식에 대해서도 같은 비중을 두어 설명하고 있다. 즉 문서 너머에서 살았던 사람들의 살냄새를 통해서 얻을 수 있는 설명이라고 할 수 있다. 이런 점에서 보면 심성사(적어도 블로크의 심성사)는 인간에 대한 따뜻한 시선과 살아 있는 인간을 이해하려는 태도에서 비롯되었다고 할 수 있다.

물론 냉정하지 않았기 때문에, 영국과 프랑스를 비교하면서 프랑스에 좀더 우호적인 면을 넌지시 보이고 있기는 하다. 그리고 중세에 대한 설명에서 민족 (nation)과 같은 단어를 사용하기도 하고 자신의 추론을 의문문으로 대신하기도 한다. 그리고 몇몇 이론적 근거들과 증거자료들은 오늘날에는 이미 폐기되다시피한 것들도 있고, 그 이후 상당한 진전을 보인 연구들도 있어서, 세부적인 몇몇 내용은 낡은 것처럼 보인다. 그렇지만 이러한 점들이 이 책의 장점을 가리지는 못한다.

이처럼 정평 있는 책이었으므로 이 책을 번역하는 것은 매우 기쁜 일이고 영광스럽기까지 한 일이었으리라. 그러나 그 과정은 평탄하지 않았다. 한길사로부터 이 책의 번역을 의뢰받은 분은 성백용 선생이었는데, 사정이 여의치 않았던지 옮긴이와 함께하자고 제안을 했다. 그리하여 번역이 시작되었는데, 성백용 선생이나 옮긴이나 서두르는 성격이 아니어서 차일피일 시간을 끌게 되었고, 결국 중단되고 말았다. 그렇게 몇 년을 잊고 지내다가 옮긴이가 속해 있는 연구원의 일 때문에 동료인 염정삼 선생과 함께 한길사에 들를 기회가 있었다. 그 자리에서 옮긴이는 전혀 기억을 하지 못했는데, 이 번역 작업에 대해 알고 있던 염정삼 선생이 기억을 되살림으로써 재계약이 성사되었다. 두 분 선생이 아니었다면 이 책의 번역 작업은 이루어지지 못했을 것이다. 이 자리를 빌려 두 분께 감사드린다.

번역을 가로막은 것은 옮긴이의 미약한 기억력만이 아니었다. 블로크의 문장은 다른 아날학파 역사가들보다는 좀더 명료하기는 했으나, 블로크의 지식의 폭을 따라갈 수 없었으므로, 옮긴이의 박약한 지식은 문장의 명료함이 가져다준 이득을 상쇄시키고도 남을 정도였다. 문장은 물론이거니와 단어를 옮기는 데에도 오류투성이였다. 여러 차례 교정을 봤음에도 불구하고, 여전히 오역이나 실수가 발견되었다. 게다가 블로크의 글에서 인간과 사회에 대한 냉철한 분석보다는 따뜻한 관심을 엿볼 수 있는 부분이 많았는데, 블로크의 의도를 잘 살려서 우리말로 옮겼다고 자부하기 어렵다. 이러한 부족함을 채워넣기 위해 노력한다면, 이 번역서도 블로크의 말마따나 "영원히 가방 속에 남아 있어야 할" 것이다.

이 책의 출판을 위해 힘써주신 여러분에게 감사드린다. 특히 한길사 김언호 사장님은 마르크 블로크에 대해 각별한 애정을 가지고 계셔서 이 번역에 특별한 관심을 보여주셨다. 재계약을 한 것이 2010년이었으니, 5년 가까이 원고를 만지작거리고만 있었던 셈인데, 그 오랜 기간 동안 무한한 인내심을 가지고 원고를 기다려주신 편집부에도 특별한 감사의 마음을 전하고 싶다.

2015년 3월
박 용 진

지은이 마르크 블로크

마르크 블로크는 파리고등사범학교를 졸업하고 몽펠리에와 아미앵의 고등학교에서 잠시
교편을 잡았다. 제1차 세계대전이 일어나자 1915년에 입대해 종군했다.
제대 후 1919년부터 1936년까지 프랑스 동북부의 새로운 학문 중심지로 떠오르던
스트라스부르대학에서 중세사 교수를 지냈다.
이곳에서 그는 평생 학문적 동반자가 된 뤼시앵 페브르와 함께 강의했다.
1920년 「왕과 농노」라는 논문으로 소르본대학에서 박사학위를 받은 이후
사회경제사·농업사 연구에 주력했다. 1924년에는 『기적을 행하는 왕』을 펴냈고,
1929년에는 페브르와 함께 『사회경제사 연보』, 이른바 『아날』(프랑스어로 '연보'라는 뜻)지를
창간했으며, 이후 『프랑스 농촌사의 기본성격』을 발표함으로써 학계에서 사회경제사가로서
독보적인 지위를 얻었다. 1936년에 블로크는 소르본대학의 성세사 교수로 취임했으며,
이후 『봉건사회』라는 중세에 관한 종합 연구서를 출간해 학자로서의 입지를 확고히 했다.
제2차 세계대전이 일어나자 53세의 블로크는 자원입대해 나치군에 맞서 싸웠다.
『이상한 패배』는 블로크가 직접 참전했던 1940년 5월 전투에서 프랑스가 독일에 패한 직후인
7월부터 9월 사이에 집필되었다. 프랑스의 입장에서 진술한 제2차 세계대전의
패전보고서이자 허무한 패배를 되풀이하지 않게 하려는 블로크의 충정이 담겨 있는 저작이다.
친독괴뢰 비시 정권 수립 이후 블로크는 레지스탕스 운동에 참여한다.
1944년 3월 게슈타포에 체포된 그는 같은 해 6월 16일 리옹 북동쪽의 생 디디에 드 포르망
근처의 벌판에서 총살당했다. 이 책 『기적을 행하는 왕』은 연주창이라는 질병을
손으로 만지는 것만으로도 치료한 프랑스 왕과 영국 왕에 대한 이야기다.
블로크는 이 기적의 기원, 발전과 확산, 쇠퇴와 소멸을 차례로 설명한다.
심성사, 심리학적 역사학, 인류학적 역사학 등 50년이 지나서야 등장하기 시작한
역사연구 방법을 개척한 선구적 연구서로 평가받고 있다.

옮긴이 박용진

박용진朴容進은 서울대학교 서양사학과를 졸업하고 같은 학교 대학원에서 석사학위를,
아미앵을 대상으로 한 중세 프랑스 도시사 연구로 박사학위를 받았다.
현재 서울대학교 인문학연구원 HK연구교수로 재직하고 있다.
지은 책으로 『유럽 바로 알기』 『중세 유럽은 암흑시대였는가』
『문명 밖으로』(공저), 『문명의 교류와 충돌』(공저) 등이 있으며,
옮긴 책으로 『기베르 드 노장의 자서전』, 피에르 노라의 『기억의 장소』(전 5권)가 있다.
「중세 말 프랑스 왕권과 파리의 부르주아」를 비롯한 프랑스 중세사에 대한 논문들을 발표했다.

기적을 행하는 왕

지은이 마르크 블로크
옮긴이 박용진
펴낸이 김언호

펴낸곳 (주)도서출판 한길사
등록 1976년 12월 24일 제74호
주소 413-120 경기도 파주시 광인사길 37
홈페이지 www.hangilsa.co.kr
전자우편 hangilsa@hangilsa.co.kr
전화 031-955-2000~3 **팩스** 031-955-2005

부사장 박관순 **총괄이사** 김서영 **관리이사** 곽명호
영업이사 이경호 **경영담당이사** 김관영 **기획위원** 유재화
책임편집 김지희 이상희 **편집** 백은숙 안민재 노유연 김지연 이지은 김광연 이주영
마케팅 윤민영 **관리** 이중환 김선희 문주상 이희문 원선아 **디자인** 창포
CTP출력 알래스카 커뮤니케이션 **인쇄** 오색프린팅 **제본** 경일제책사

제1판 제1쇄 2015년 5월 6일

값 28,000원
ISBN 978-89-356-6437-5 94920
ISBN 978-89-356-6427-6 (세트)

• 이 도서의 국립중앙도서관 출판시도서목록(CIP)은 서지정보유통지원시스템 홈페이지(http://seoji.nl.go.kr)와
국가자료공동목록시스템(www.nl.go.kr/kolisnet)에서 이용하실 수 있습니다.
(CIP제어번호: CIP2015011269)

한길그레이트북스 인류의 위대한 지적 유산을 집대성한다

● 한길그레이트북스는 계속 간행됩니다.